David Seidl
Werner Kirsch
Martin Linder

Herausgeber

Grenzen der Strategieberatung

: Haupt

David Seidl
Werner Kirsch
Martin Linder
Herausgeber

Grenzen der Strategieberatung

Eine Gegenüberstellung der Perspektiven
von Wissenschaft, Beratung und Klienten

Haupt Verlag
Bern · Stuttgart · Wien

Dr. *David Seidl,* 1971, Stellvertretender Vorstand des Instituts für Unternehmenspolitik und strategische Führung. Studium der Betriebswirtschaftslehre und Soziologie in München, London und Witten/Herdecke. 2001 Promotion in Management Studies an der University of Cambridge. Seit 2002 stellvertretender Vorstand des Instituts für Unternehmenspolitik und strategische Führung an der Ludwig-Maximilians-Universität in München. Zugleich Habilitand bei Prof. Dr. Günther Ortmann an der Bundeswehruniversität Hamburg. Seit 2004 Koordinator der Standing Work Group, «Strategizing: Activity and Practice» bei der European Group for Organisational Studies (EGOS). Momentan Visiting Scholar an der Stanford University.

Prof. Dr. Dres. h.c. *Werner Kirsch,* 1937, Vorstand des Instituts für Unternehmenspolitik und strategische Führung. Studium der Betriebswirtschaftslehre an den Universitäten München, Köln und FU Berlin. Promotion (1964) und Habilitation (1968) an der Universität München. 1969 Berufung an einen Lehrstuhl für Betriebswirtschaftslehre an der Universität Mannheim. Seit 1975 an der Ludwig-Maximilians-Universität München. Weitere Rufe an die FU Berlin, Universität der Bundeswehr München und Universität St. Gallen (HSG). Ehrenpromotion der privaten Universität Witten/Herdecke und der Universität St. Gallen. Begründer der «Münchner Schule» der strategischen Unternehmensführung. Über 200 Veröffentlichungen. Zudem Herausgeber der «Münchner Schriften zur angewandten Führungslehre». Aktivitäten in der Praxis: Vorsitzender des Aufsichtsrats der Berliner Dienstleistungsaktiengesellschaft (bis 2000). Vorsitzender des Verwaltungsrats der Dachser GmbH und Co. KG. Geschäftsführer des Beratungsunternehmens STRATEGEMA GmbH (bis 2000).

Dipl.-Kfm. *Martin Linder,* BA (Hons.), MBR, 1975, Wissenschaftlicher Mitarbeiter am Institut für Unternehmenspolitik und strategische Führung. Studium der Betriebswirtschaftslehre in München und Bournemouth. 2002 Diplom in BWL an der Ludwig-Maximilians-Universität München. Seit 2002 wissenschaftlicher Mitarbeiter und Doktorand am Institut für Unternehmenspolitik und strategische Führung an der Ludwig-Maximilians-Universität. Promotion zum Thema «Strategieberatung». Von 2002 bis 2004 Leitung von Beratungsprojekten des Instituts.

1. Auflage: 2005

Bibliografische Information der *Deutschen Bibliothek*

Die Deutsche Bibliothek verzeichnet diese Publikation in der Deutschen Nationalbibliografie; detaillierte bibliografische Angaben sind im Internet über http://dnb.ddb.de abrufbar.

ISBN 3-258-06920-4

Alle Rechte vorbehalten
Copyright © 2005 by Haupt Berne
Jede Art der Vervielfältigung ohne Genehmigung des Verlages ist unzulässig
Umschlaggestaltung: Atelier Mühlberg, Basel
Dieses Papier ist umweltverträglich, weil chlorfrei hergestellt
Printed in Switzerland

www.haupt.ch

Danksagung

Wir danken der Bilfinger Berger AG, der Deutschen Bank AG, der HVB Group sowie der Münchener Universitätsgesellschaft und dem Department für Betriebswirtschaft der Ludwig-Maximilians-Universität München für die finanzielle Unterstützung dieses Publikationsprojekts. Unser Dank gilt weiterhin Claudia Lusch, Nicola Prinz, Felix Isbruch und Anneke Behrendt für ihre wertvolle Tätigkeit im Rahmen der Organisation, Formatierung und Drucklegung. Nicht zuletzt möchten wir auch den Autoren der einzelnen Beiträge und Kommentare unsere Anerkennung dafür aussprechen, dass sie sich an diesem Projekt beteiligt und ihre Ansichten zur Strategieberatung in so offener Weise zur Diskussion gestellt haben.

München, im Juni 2005   Die Herausgeber

	Vorbetrachtung 11
I	**Abgrenzung und Zusammenspiel von Beratung und Management** 19
1	Strategieberatung – Anspruch und Realität 21
	Albrecht Schmidt und Wolfgang Strobel, HVB Group
	Kommentar 29
	Kai Obring und Georg Sticher, The Boston Consulting Group
2	Die Entwicklung der strategischen Planung im Wechselspiel zwischen Anwendung und Beratung 33
	Michael Mirow, ehemals Siemens AG
	Kommentar: Die Interaktion von Anwendern und Beratern als strategischer Erfolgsfaktor? 44
	Max Ringlstetter und Stephan Kaiser, Katholische Universität Eichstätt-Ingolstadt
3	Wachstumsstrategien – Möglichkeiten und Grenzen der Beiträge von Beratern 49
	Peter Baumgartner und Tobias Sitte, Mercer Management Consulting
	Kommentar: Bias To Plan 69
	Günter Müller-Stewens, Universität St. Gallen
4	Vom Berater zum Ratgeber 73
	Martin Reitenspieß und Peter Hardt, Booz Allen Hamilton
	Kommentar: …und wie wird man ein Ratgeber? Vertrauen ist die größte Hürde 83
	Uwe Bergheim, E-Plus
5	Die Grenzen der Strategieberatung liegen innen 87
	Gerd Walger und Ralf Neise, Universität Witten/Herdecke
	Kommentar 116
	Roswita Königswieser und Martin Hillebrand, Königswieser & Network
	Re-Kommentar: Zur Bedeutung von System und Mensch in der Strategieberatung 119
	Gerd Walger und Ralf Neise, Universität Witten/Herdecke
6	Grenzen der Unternehmensberatung bei der Unterstützung von Start up-Firmen 123
	Dodo zu Knyphausen-Aufseß, Universität Bamberg
	Kommentar 148
	Burkhard Schwenker, Roland Berger Strategy Consultants

7	Interne Managementberatungen zwischen Baum und Borke? Hartmut Maaßen, NewMark Human Resources	151
	Kommentar: Zur Kommunikations-, Vermittlungs- und Führungsfunktion interner Managementberatungen Thomas Deelmann und Arnd Petmecky, Deutsche Telekom AG	167
	Re-Kommentar: Wirklich „mittendrin"? Hartmut Maaßen, NewMark Human Resources	171
II	**Klientenvoraussetzungen als Grenze der Strategieberatung**	**173**
1	Fit für den Berater? – Können sich Klientenunternehmen und Berater sinnvoll auf Beratungserfolg vorbereiten? Thomas Rings, A.T. Kearney	175
	Kommentar Georg Schreyögg, Freie Universität Berlin	182
	Re-Kommentar: Zum Verhältnis von Praxis und Wissenschaft Thomas Rings, A.T. Kearney	187
2	Erfahrungen eines „beratungsresistenten" Klienten Jürgen M. Schneider, Bilfinger Berger AG	189
	Kommentar: Vertrauen schafft Wert. Der Berater – Experte, verlängerte Werkbank oder Ratgeber? Roland Klemann und Peter Hardt, Booz Allen Hamilton	198
3	Klientenprofessionalisierung – Strategien eines professionellen Umgangs mit Beratung Michael Mohe, Universität Oldenburg	203
	Kommentar: Von der Klientenprofessionalisierung zur ganzheitlichen Erklärung von Beratungserfolg Stephan A. Friedrich von den Eichen, Arthur D. Little	228
	Re-Kommentar: Klientenprofessionalisierung als neues Betätigungsfeld für Berater? Michael Mohe, Universität Oldenburg	232

4	Management von Management Consultants – Voraussetzungen, Umsetzung, Zukunft	235
	Arnd Petmecky und Thomas Deelmann, Deutsche Telekom AG	
	Kommentar: Vom „Powerless Victim" zum „Professional Client"	259
	Michael Mohe, Universität Oldenburg	
	Re-Kommentar: Über Gegenstand und Ansätze des Beratungsmanagements	263
	Arnd Petmecky und Thomas Deelmann, Deutsche Telekom AG	
5	Veränderte Klientenerwartungen und ihre Auswirkungen auf Beratungsfirmen	267
	Ansgar Richter, European Business School, Oestrich-Winkel	
	Kommentar: Das Geschäftsmodell der klassischen Strategieberatung ist nicht in Gefahr	283
	Peter Baumgartner, Mercer Management Consulting	
	Re-Kommentar: Nichts Neues im Beratungsmarkt?	287
	Ansgar Richter, European Business School, Oestrich-Winkel	
6	Die Etablierung und der Nutzen einer Beratergovernance	291
	Eva-Maria Wiemann, Cardea AG	
	Kommentar: Beratergovernance als Geschäftsmodell?	308
	Michael Mirow, ehemals Siemens AG	
7	Wissen Manager, ob Beratung ihr Geld wert ist?	313
	Berit Ernst und Alfred Kieser, Universität Mannheim	
	Kommentar: Manager wissen, ob Beratung ihr Geld wert ist!	334
	Wilhelm Rall, McKinsey & Company, Inc.	
	Re-Kommentar	337
	Berit Ernst und Alfred Kieser, Universität Mannheim	
III	**Grenzen traditioneller Beratungsansätze**	341
1	Organisation, Intervention, Reflexivität: Auf der Suche nach einem Beratungsparadigma jenseits von zweckrationaler betriebswirtschaftlicher Beratung und systemischer Prozessberatung	343
	Stefan Kühl, Universität der Bundeswehr Hamburg	
	Kommentar: Weiß Beratung um ihre Grenzen?	366
	Rudolf Wimmer, osb international	

2	Der Berater und seine Rollen – Höhere Klientenzufriedenheit durch erwartungszentrierte Beratung	369
	Stephan A. Friedrich von den Eichen, Arthur D. Little	
	Kommentar: Das zwiespältige Versprechen der Erwartungssicherheit	383
	Michael Faust, Georg-August-Universität Göttingen	
3	Anmerkungen zur Strategieberatung	391
	Clemens Börsig und Gurdon Wattles, Deutsche Bank AG	
	Kommentar: Strategieberatung im Umbruch?	407
	Christoph Lechner, Universität St. Gallen	
4	Was gute Strategieberatung ausmacht	411
	Burkhard Schwenker, Roland Berger Strategy Consultants	
	Kommentar: Zur Strategie guter Strategieberatung	417
	Gerd Walger und Ralf Neise, Universität Witten/Herdecke	
5	Über gewohnte Grenzen hinaus – Strategieberatung zwischen Analyse und Umsetzung	419
	Franz-Josef Seidensticker, Bain & Company, Inc.	
	Kommentar: Strategieberatung im Spannungsfeld harter und weicher Erfolgsfaktoren: Der Unique Selling Proposition auf der Spur	430
	Christoph Rasche, Universität Potsdam	
6	Neues Paradigma in der Strategieberatung?	435
	Wilhelm Rall, McKinsey & Company, Inc.	
	Kommentar: Bewirken Instrumente des Strategischen Managements eine Standardisierung von Strategien?	445
	Alfred Kieser, Universität Mannheim	
7	Durchsetzen von Strategien durch diskursive Beratung – Anschlussfähigkeit und Umsetzung in der Strategieberatung	451
	Thomas Schnelle, Metaplan GmbH	
	Kommentar: Diskursive Beratung – Rettung des alten Modells oder Aufbruch zu neuen Ufern?	463
	Jean-Paul Thommen, European Business School, Oestrich-Winkel	

Nachbetrachtung 467

Vorbetrachtung

Vorbetrachtung: Zum Dialog zwischen Wissenschaft, Beratung und Klienten

Strategieberatung ist seit einiger Zeit sowohl in der populären Presse wie auch in der wissenschaftlichen Literatur in starke Kritik geraten. Von vielen Seiten wird ihr – häufig polemisch zugespitzt – Unvermögen vorgeworfen. So betitelt beispielsweise der SPIEGEL Strategieberater als „Job-Killer und teure Besserwisser", die FINANCIAL TIMES DEUTSCHLAND verteilt „Ohrfeigen für die Besserwisser" und vom ehemaligen VW-Chef Ferdinand Piëch existiert das Bonmot: "Wenn man ein Unternehmen zerstören will, dann muss man nur versuchen, es mit externen Beratern in Ordnung zu bringen." Bei der gegenwärtigen Diskussion fällt es jedoch häufig schwer zu beurteilen, inwiefern solche und ähnliche Kritik auf fundiertem Wissen über die Funktionsweise von Strategieberatung basiert oder lediglich Ausdruck von Unkenntnis ist. Grundsätzlich gilt wohl, dass nur selbst aktiv in Beratungsprojekte Involvierte mit den tatsächlichen Möglichkeiten und Grenzen von Beratungsleistungen vertraut sind. Vielfach grassieren überzogene Machbarkeitsvorstellungen. Dies ist mitunter dadurch bedingt, dass sowohl Berater als auch Klienten (aus nachvollziehbaren Gründen) vergleichsweise wenig über Probleme bei ihren Projekten berichten. Stattdessen findet man fast ausschließlich (meist anekdotische) „success stories". Tiefergehende Informationen und aussagekräftige Erfahrungsberichte sind hingegen kaum zugänglich. Selbst in der Wissenschaft – oder vielleicht sogar gerade dort! – fehlt es weitgehend an realistischen Vorstellungen und Beschreibungen der Möglichkeiten strategischer Beratung. Diese Unwissenheit steht jedoch in starkem Kontrast zur Entwicklung und wirtschaftlichen Bedeutung strategischer Beratungsleistung in der Praxis.

Wir haben diese Diagnose zum Anlass genommen, in diesem Buch die Ansichten und Argumente von drei Gruppen, die sich zentral mit Strategieberatung befassen, gegenüberzustellen: Zum einen die Berater, um deren Leistung es letztlich geht, zum anderen die Klienten, die von dieser Leistung betroffen sind bzw. selbst eine aktive Rolle bei der Leistungserstellung übernehmen, und schließlich die Wissenschaftler, die versuchen, die Leistungen theoretisch zu fassen. Jede dieser drei Gruppen repräsentiert eine eigene Perspektive auf die Beratung, aus der heraus das Phänomen „Strategieberatung" betrachtet wird. Um in diesem Buch eine Art Dialog zwischen diesen unterschiedlichen Gruppen herzustellen, haben wir alle Beiträge von einem Vertreter der jeweils anderen Gruppen kommentieren lassen. Auf diese Weise versuchen wir zu erreichen, dass einzelne Aspekte von Strategieberatung aus mehreren Perspektiven beleuchtet werden. Gleichzeitig wird auf diesem Wege auch leichter deutlich, wo Konsens oder Dissens herrscht.

Ein solcher Dialog über die verschiedenen Gruppen hinweg ist jedoch keineswegs einfach. In gewisser Weise ist dieses Buchprojekt auch ein Experiment darüber, ob ein solcher Dialog funktionieren kann. Aufgrund ihrer unterschiedlichen Perspektiven ist es nämlich sehr wahrscheinlich, dass Berater, Klienten und Wissenschaftler auch in unterschiedlichen Kontexten denken und argumentieren. Man könnte auch sagen, Berater, Klienten und Wissenschaftler sprechen z.T. unterschiedliche „Sprachen". So kann man keineswegs davon ausgehen, dass Aussagen von Vertretern einer Gruppe automatisch auch im Kontext der anderen Gruppen verständlich sind. Vielmehr sind häufig „qualvolle Übersetzungen" (Habermas) zu leisten. Letztlich muss man im Zusammenhang mir der Diskussion der „Beratung" (stark vereinfachend) von mindestens vier verschiedenen „Sprachsphären" ausgehen, die wir anhand eines Modells veranschaulichen wollen (siehe Abbildung 1).

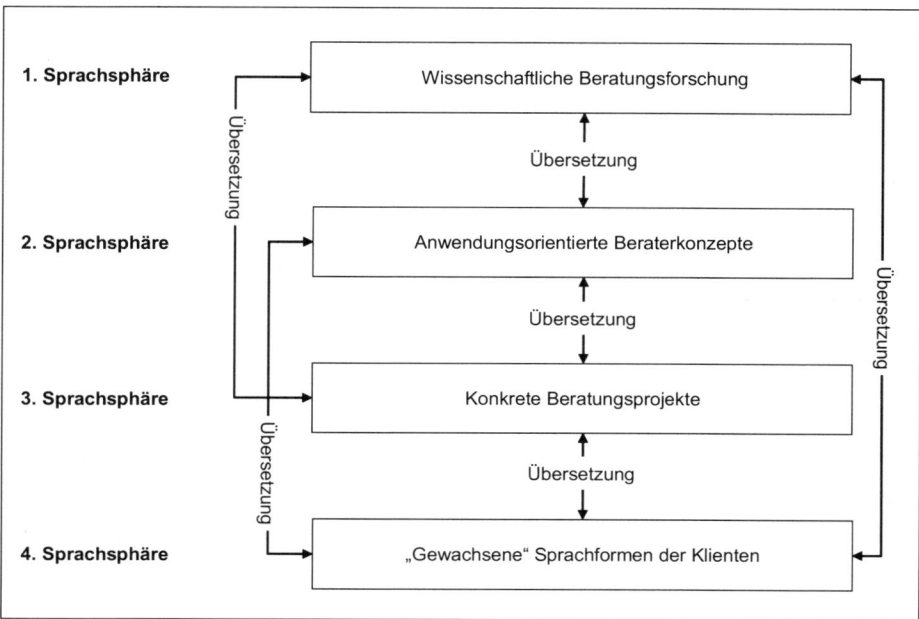

Abb. 1: Unterschiedliche Sprachsphären in und um die Strategieberatung

Diese verschiedenen Sprachsphären zeichnen sich durch eine je eigene Logik aus[1]. In jeder Sprachsphäre gelten andere Regeln der Kommunikation und andere Maßstäbe zur Beurteilung von Beiträgen. Jede Sprachsphäre stellt einen eigenen Kontext dar, aus dem heraus ihre einzelnen Beiträge zu verstehen sind. Aufgrund ihrer unterschiedlichen „Sprachformen" herrschen zwischen den Sprachsphären z.T. „Sprachbarrieren". Will man Aussagen aus einer Sprachsphäre in eine andere übertragen (symbolisiert durch die Pfeile), so müssen Übersetzungen geleistet werden. Wie sich diese Übersetzung konkret gestaltet, variiert von Fall zu Fall. Eine „blaupausenartige Eins-zu-eins-Übertragung" ist jedoch keinesfalls möglich.

Am einen Ende des Sprachsphärenmodells finden wir die Ebene der wissenschaftlichen Beratungsforschung[2]. Kommunikationen auf dieser Ebene richten sich primär an Wissenschaftler. Es geht in erster Linie um das zweckfreie

---

[1] Wir sprechen in diesem Zusammenhang auch von unterschiedlichen Lebens-, Sprach- und Wissensformen. Siehe hierzu ausführlich Kirsch (2001).

[2] Die Nummerierung der Sprachsphären ist willkürlich, sie spiegelt keine Wertungen oder Annahmen über eine Reihenfolge der Übersetzungen wider.

Ideal der ‚Wahrheitssuche'. Die praktische Verwertung der Ergebnisse steht demgegenüber im Hintergrund. Das andere Ende des Modells repräsentiert die Ebene der gewachsenen Sprachformen der Klienten mit ihrem Vorrat an kontextspezifischen Praxiserfahrungen. Dazwischen befindet sich die zweite Ebene des anwendungsorientierten Beraterwissens, welches in „beraterspezifischen Sprachen" kommuniziert wird. Es geht primär nicht um Wahrheitssuche, sondern um Praxisrelevanz. Anders als die wissenschaftliche Beratungsforschung richtet sich die Kommunikation hier in erster Linie an Praktiker bzw. potenzielle Klienten. In diesem Sinne gelten auch immer gewisse ‚didaktische' Erfordernisse. Neben den im Rahmen dieses Buches zentralen Sprachsphären findet sich in der Praxis letztlich mindestens noch eine weitere Sprachsphäre, die meist leider zu wenig Beachtung findet. Es handelt sich dabei um die dritte Sprachsphäre, welche sich durch die Konfrontation von zweiter und vierter Sprachsphäre in konkreten Beratungsprojekten formiert. Diese Sprachsphäre löst sich nach Anwendung normaler Weise wieder auf oder fließt in die anderen ein. Die vier verschiedenen Sprachsphären sind natürlich auch in sich nicht homogen, vielmehr lassen sich beispielsweise auf der ersten Ebene unterschiedliche wissenschaftliche Paradigmen unterscheiden. Auf der zweiten Ebene muss man sicherlich mindestens zwischen unterschiedlichen Beratungsphilosophien differenzieren. Ebenso hat jeder Anwendungsfall und jedes Klientenunternehmen mehr oder weniger eigene Sprachformen. In der Regel kann man jedoch davon ausgehen, dass Kommunikationen innerhalb einer Sprachsphäre leichter fallen werden, als über einzelne Sprachsphären hinweg.

Beim Lesen der Beiträge und Kommentare in diesem Buch kann es hilfreich sein, dieses (sicherlich in vielen Hinsichten auch verkürzte) Sprachsphärenmodell im Hinterkopf zu behalten. Einige Meinungsverschiedenheiten zwischen Vertretern verschiedener Gruppen erscheinen vor diesem Hintergrund eventuell in etwas anderem Licht. So schreibt beispielsweise Kieser in seinem Kommentar zu Rall: „Bei der Formulierung dieser Replik ist mir wieder einmal klar geworden, dass Wissenschaft, auch die Managementwissenschaft, ein anderes Sprachspiel ist als Praxis oder Beratung. Wenn Wissenschaftler Berater kritisieren, so läuft das im Grunde darauf hinaus, dass sie verlangen, Berater sollten so denken und agieren wie sie." Ähnlich äußert sich Rings in diesem Buch zur *wissenschaftlichen* Kritik an seinem *praxisbezogenen* Ansatz: „Experten …, deren Erfahrungsbereich eindeutig im Erarbeiten von Theorien liegt, sehen offenkundig auch da Theorie, wo Praxis vorherrscht." In diesem Sinne ist auch der Leser dieses Buches in besonderem Maße gefordert, zum Teil selbst Übersetzungen zwischen verschiedenen Beiträgen und Kommentaren zu leisten.

Eine weitere Besonderheit dieses Buches ist der explizite Fokus auf Grenzen der Strategieberatung. Diese Ausrichtung ist aus zwei Gründen gewählt worden. Zum einen sollte damit der natürlichen Tendenz zum Erzählen von „success stories" etwas entgegen gewirkt werden. Zum anderen schien uns eine Analyse der Grenzen am besten Aufschluss darüber zu geben, wie Strategieberatung tatsächlich funktioniert, markieren diese Grenzen doch letztlich sowohl, was möglich, als auch, was nicht möglich ist.

In den vorliegenden Beiträgen und Kommentaren wird eine Vielzahl an Grenzen diskutiert, die sich in drei übergeordnete Themenblöcke zusammenfassen lassen: Das erste Kapitel befasst sich mit dem Zusammenspiel und der Abgrenzung zwischen Management- und Beratungsfunktionen. Wie weit darf und kann ein Strategieberater in den Aufgabenbereich der Top-Manager eingreifen? Welche Aufgaben können vom Management an Berater abgetreten werden? In welchem Maße geht unternehmerische Verantwortung auch auf den beteiligten Berater über? Inwieweit lassen sich Beraterkonzepte im Alltagsgeschäft der Manager anwenden? Welche Möglichkeiten und Grenzen sind mit der vergleichsweise geringeren Distanz zwischen Inhouse Consulting und Management verbunden? Aufbauend darauf befasst sich das zweite Kapitel mit den Voraussetzungen des Klienten als Grenze für die Strategieberatung. Welche Grenzen der Strategieberatung gehen mit unterschiedlichen Graden der Professionalität der Klienten einher? Wie wirken sich die in jüngerer Vergangenheit beobachtbaren Veränderungen der Klientenerwartungen auf die Möglichkeiten der Strategieberatung aus? Mit welchen Möglichkeiten und Grenzen sind Manager bei der Auswahl von Beratungsleistung konfrontiert? Welche Grenzen sind der Evaluation von Beratungsleistung gesetzt? Schließlich befasst sich das dritte Kapitel mit den Grenzen der traditionellen Beratungsansätze. Dabei gilt es zum einen, die Erfahrungen mit den traditionellen Beratungsansätzen zu reflektieren, und zum anderen, veränderte Anforderungen an Beratungsleitung und ihre Konsequenzen für das Geschäftsmodell der Berater zu reflektieren. Welche Grenzen bringen die verschiedenen Beratungsparadigmen prinzipiell mit sich? Welche Grenzen resultieren aus den jüngsten wirtschaftlichen Veränderungen? Wie variieren Möglichkeiten und Grenzen der Strategieberatung hinsichtlich unterschiedlicher Beraterrollen?

Über diese grobe Darstellung der drei Themenblöcke hinaus mag der Leser am Anfang eines solchen Buches wahrscheinlich einen strukturierten Überblick im Sinne einer „Einführung" erwarten, in der alle Beiträge gleichsam „eingepasst" sind. Dies wollen und können wir jedoch nicht leisten – aber wohl auch jeder andere könnte dies nicht. Warum? Das empirische Feld „Strategieberatung" ist – besonders aus wissenschaftlicher Sicht gesehen – äußerst unübersichtlich. Trotz einer Reihe beachtlicher Beiträge zum Thema „Strategieberatung", findet sich in der wissenschaftlichen Diskussion kein „umfassender" Ansatz, der geeignet wäre, das Feld „Strategieberatung" übersichtlicher zu machen, und der darüber hinaus auch die Betroffenen (insbesondere die vielfältigen Berater selbst) vor dem Hintergrund ihres jeweiligen Selbstverständnisses „zufrieden" stellen könnte. Letztlich hängt dies auch mit dem oben beschriebenen Pluralismus an Kontexten zusammen. Ein jeder Bezugsrahmen zur Erfassung des Phänomens „Beratung" ist notwendigerweise kontextspezifisch und stellt deshalb auch nur einen von vielen möglichen dar (unseren eigenen Bezugsrahmen haben wir beispielsweise in KIRSCH/ECKERT (2005) dargelegt). Wir wollen deshalb unseren eigenen Kontext nicht zur Grundlage aller anderen Beiträge machen und dadurch Gefahr laufen, andere Kontexte zu „vergewaltigen". Vielmehr sollten die Beteiligten und Betroffenen so argumentieren, wie sie es aus ihrem jeweiligen Selbstverständnis heraus für richtig halten, auch wenn sich dann bei kritischer Betrachtung der Argumentationen und deren Kommentierungen die Frage aufdrängen mag, welche Zwecke die jeweiligen Texte verfolgen. Dies gilt nicht nur für die Berater, um deren Geschäft bzw. Geschäftsmodelle es letztlich geht, sondern ebenso für alle anderen Beteiligten. Auch Wissenschaftler, nicht zuletzt, wenn sie insbesondere polemisch-provozierend argumentieren, verfolgen ihre Ziele – wir selbst nehmen uns hier nicht aus. Wir kommen hierauf in unserer Nachbetrachtung zurück.

Literatur

KIRSCH, W. (2001): Die Führung von Unternehmen, München.
KIRSCH, W. (2005): Die Strategieberatung im Lichte einer evolutionären Theorie der strategischen Führung, in: BAMBERGER, I. (Hrsg.) Strategische Unternehmensberatung. Konzeptionen, Prozesse, Methoden, 4. Aufl., Wiesbaden, S. 331-384.

I

Abgrenzung und Zusammenspiel von Beratung und Management

1 Strategieberatung – Anspruch und Realität

Dr. Dr. h.c. Albrecht Schmidt
Vorsitzender des Aufsichtsrats, HVB Group
Wolfgang Strobel
Leiter des Unternehmensbereichs „Konzernentwicklung & Beteiligungen",
HVB Group

Anspruch an Strategieberater

Strategiefindung und -umsetzung sind äußerst anspruchsvolle Managementaufgaben. Verständlich, dass sich Manager dazu beraten lassen. Was Strategieberatung leisten kann und was nicht, und wie sie ihre Aufgaben erfüllt und wie nicht, das soll hier in der gebotenen Kürze dargestellt werden.

Die letzten Dekaden der Strategieentwicklung in diversen europäischen Finanzinstituten waren nicht unwesentlich durch externe Souffleure geprägt. Getreu dem Motto „Jedes Angebot schafft sich früher oder später seine eigene Nachfrage" nahmen Berater wieder und wieder die Vorstände von Banken und Versicherungen ins Visier.

Das Motiv und der Motor erfolgreichen Bankings sei doch nicht die Professionalität des Produkts und der Problemlösung, sondern - so klang es in den 80er Jahren des letzten Jahrhunderts landauf und landab von Beratern – die Pflege und Ausschöpfung der Kundenbeziehung und damit eine konsequente Ausrichtung des Unternehmens an den Kundengruppen. Die entsprechenden Konzepte zur dazu notwendigen Divisionalisierung brachte man gleich mit.

Kaum war die bestmöglich auf die Kundengruppen zugeschnittene Organisation gefunden, kaum eingeführt und noch gar nicht zu Erfolgen gebracht, schon schien die Konzentration auf die eigenen Stärken, so genannte Kernkompetenzen, im Vordergrund der heilbringenden Unternehmensstruktur zu stehen. Und wieder liefen Heerscharen von Beratern durch die europäischen Bankhäuser, um die Bedeutung des Investment Bankings, der Kompetenz „rund um die Immobilie", der Staatsfinanzierung oder des scheinbar simplen Privatkundenvertriebs zu lobpreisen. Immerhin ein Fortschritt, denn damit wurde Individualität akzeptiert und Profil gefordert, verblassten billige Blaupausen. Und wieder folgten einige Manager willig den plakativen Rufen der stolzen Visionäre.

Realität aus Kundensicht

Doch alsbald zeigte sich einmal mehr, dass die Welt komplexer ist, dass Märkte, Bedürfnisse, Usancen und Empfindungen auch regional verschieden sind, Globalität nicht Einförmigkeit bedeutet, jedenfalls nicht auf Knopfdruck erzeugt. „Think global, act local" wurde zum geflügelten Imperativ, zu dem beispielsweise die HVB Group mit dem „Bank der Regionen"-Konzept die Antwort fand. Dieses Konzept erlaubte der HVB Group – in Österreich und den großen sich rasch entwickelnden Märkten der zentral- und osteuropäischen Länder und Russlands – als einzige deutsche Bank eine bedeutende Marktposition aufzubauen und den Schwächen der deutschen Volkswirtschaft und des immer noch fragmentierten deutschen Bankenmarkts zwar nicht zu entfliehen, diese Schwächen aber zumindest teilweise zu kompensieren.

Solche Wellen der Strategieberatung innerhalb der letzten zwanzig Jahr erlebten viele. Die Inhalte variierten, nicht aber der Brustton der Überzeugung und die Brillanz von Vortrag und Folien zu ihren Ideen und deren Umsetzung. Die strategische Dimension schien sich im 5-Jahres-Rhythmus ändern zu müssen: Vom Produkt zur Division, von der Kernkompetenz zur Region. Manager setzten um, was Berater ihnen schmackhaft machten und wunderten sich oft über den geringen Erfolg. Das leuchtet ein, ist aber nur die halbe Wahrheit, denn dass Erfolg mehr braucht als nur eine Dimension, das wussten stets auch gute Manager und gute Berater, und dazu zählten sich nicht wenige in großen und kleinen Beratungsunternehmen.

Wer zu diesem Rhythmus den Takt vorgab, war nicht immer ersichtlich. Wollten tatkräftige Manager im Druck zum schnellen Erfolg einfach nicht innehalten, nachdem sie den alten Konzepten gerade erst zum Leben verholfen hatten? Musste Veränderung um jeden Preis, jedes Honorar her? Oder nutzten tüchtige Berater modische Veränderungen, um ihre Heerscharen an Junior- und Seniorconsultants gut an den Mann zu bringen? Ob letztlich also eine besonders gravierende Marktveränderung, wie beispielsweise die technische Möglichkeit und gesellschaftliche Akzeptanz des Direktmarketings oder die sukzessive

Entwicklung neuer Produkte und Problemlösungskompetenz bei der kapitalmarktnahen Projektfinanzierung, im Fokus standen? Es war wohl der rasche Wandel auf vielen Feldern, der Orientierung und Fokussierung verlangte, die manche sich allein nicht zutrauten.

Nicht immer war klar, wer das Orchester wirklich dirigierte. Dabei muss doch die strategische Kompetenz beim Top-Management eines Unternehmens liegen, unterstützt durch eine leistungsstarke interne Unternehmensentwicklung. Doch gerade in dieses Herzstück eigener Strategiekraft brachen Berater wiederholt ein. Hier kam und kommt es zu einem Tauziehen der strategischen Kompetenzen.

Strategische Dimension
- Produkt oder Kunde?
- Kernkompetenz oder Region?
- Das Unternehmen?

Strategische Kompetenz
- Top Management?
- Spartenmanagement?
- Strategieberater?

Strategisches Timing
- Marktveränderung?
- Kompetenzentwicklung?
- Mandatswunsch?

Strategische Umsetzer
- Management?
- Strategischer Berater?
- Andere Berater?

Abb. 1: Berater – die eigentlichen Konzernstrategen?

Berater soufflierten Vorständen neue Ideen, die den noch an den letzten Konzepten feilenden Konzernentwicklern auskömmliche 70-Stunden-Wochen sicherten. Nur eine nachhaltige Bodenbildung konnte angesichts des Wettlaufs von Idee und Konzept mit Umsetzung und Erfolg kaum stattfinden. Das waren die negativen Beispiele schlechter Zusammenarbeit von Management und Beratern. Und schlimmer noch: Oft wiederum zogen sich die Berater, kaum dass sie ihren vielversprechenden Auftrag wort- und grafikreich kommuniziert hatten, neben das Spielfeld zurück und überließen dem Management die mehr oder weniger erfolgreiche Gestaltung des Spiels. Traf dieses ins Tor, wurden Team und Trainer gelobt. Klappte dieses nicht, wurde nach Teamverstärkung gerufen, die sich in Form „umsetzungsnaher" Berater auch schnell fand.

Weitreichende Beobachtungen lassen wohl den zusammenfassenden Schluss zu, dass die im zyklischen Wechsel vorgetragenen Strategiekonzepte oft zu viel versprachen, auch weil sie in ihren Konzeptionen die Komplexität der Märkte, der Kunden, der Investoren, der Mitarbeiter und vor allem des Unternehmens insgesamt übersahen oder unterschätzten. Eine wesentliche Ursache des fehlenden Erfolgs lag sicher auch im zu wenig kritischen, zu gering reflektierenden Verhalten von Managern, die ihre ureigene Aufgabe der Strategieentwicklung zu weit „outgesourct" hatten. Glücklich der, wer die richtigen Berater im Dialog hatte.

Erfolgsmerkmale eines Strategieberaters

Es herrschen unterschiedliche Meinungen von Beratern, Praktikern und Wissenschaftlern, Tätern und Opfern und Schiedsrichtern zum Nutzen von Strategieberatung. Aus Unternehmersicht stellt sich nun die provokative Frage, was Berater wirklich besser können, was nicht auch ein gutes Management, ein gutes Unternehmensteam selbst kann bzw. können muss?

Kann ein Strategieberater der intelligente Sparringpartner für das Management sein? Wie weit darf er unternehmerische Verantwortung übernehmen, die er eigentlich nicht hat? Oder sind Berater nur hervorragend ausgebildete Akademiker, denen die Erfahrungen des wirklichen unternehmerischen Lebens bisher nicht vergönnt waren? Die daher zwangsläufig ihre am Schreibtisch ausgeklügelten, mit bunten Folien aufgezeigten Theorien endlich einmal an einem lebenden Objekt validieren möchten?

Erreichen Strategieberater wirklich den Transfer ihres brauchbaren Wissens in das Unternehmen? Beleben sie durch kritische Outside-in-Perspektiven die strategische Diskussion des Managements? Oder stehen statt des unternehmensindividuellen Transfers hochwertigen Wissens vielmehr der Verkauf von Plakaten mit hohem Deckungsbeitrag für die Beratungsgesellschaft im Mittelpunkt des beraterischen Alltags? Das Logo auf der Präsentation austauschen – und schon lässt sich die Strategie des einen als maßgeschneidertes Konzept für den anderen präsentieren; bei gläubigen Lemmingen funktioniert so etwas auch.

Können Strategieberater ihre soziale Kompetenz beweisen, indem sie die Identifikation der Mitarbeiter des Unternehmens mit den anvisierten Zielen und den Umsetzungsprozessen erreichen? Gelingt ihnen die Mobilisierung auch der nicht direkt in die Erarbeitung der Strategie eingebundenen Kräfte der betroffenen Firma? Oder machen sie es sich einfacher, durch die Übertragung von Konzepten ohne Rücksichtnahme auf die Betroffenen, die diese Strategie dann leben dürfen, das Ende ihres Projektes zu erreichen, nicht aber den nachhaltigen Erfolg des Unternehmens?

Schließlich werden Berater oft auch als vermittelnde Instanz, als „white knight" bei unterschiedlichen Meinungen über die Richtung hinzugezogen. Können sie Egoismen neutralisieren, zu nützlichen Empfehlungen bündeln? Oder können sie nur mit eigenen Konzepten Selbstverwirklichung betreiben, um mit ihrer Originalität beim nächsten Auftrag wieder gute Startbedingungen vorzufinden?

Zusammenspiel von Management und Strategieberatern

Eine funktionierende Strategieentwicklung verzahnt Berater und Unternehmen in allen Phasen des Strategieprozesses. Die stetige Einbindung der Mandanten, und hier ist nicht nur das Management gemeint, ist einer der wichtigsten Erfolgsfaktoren, denn vieles Aufoktroyierte wird abgestoßen.

	Analyse	Marktforschung	Angebotsdesign	Umsetzung
Beratung	• Methoden- und Strukturierungskompetenz • Modelling • Input externer Industriekenntnisse	• Fragebogendesign • Marktforschungsmodell zur nachträglichen Simulation von Akzeptanzquoten	• Moderation und Sicherstellung „Roter Faden"	• Sukzessive Übergabe der Analysetools an das Management • Aufbau der Reviewinstrumente
Unternehmen	• Einbringen unternehmensspezifischen Know hows • Kritische Prüfung der Thesen	• Steuerung des Marktforschungsunternehmens • Bereitstellung von Kundendaten	• Ausarbeitung der Detailangebote • Einbindung der relevanten Produkt- oder Prozessverantwortlichen	• Übernahme der Projektaufgaben • Sicherstellung der internen Kommunikation • Commitment des Managements

Abb. 2: Zusammenarbeit zwischen Beratern und Unternehmen

Ein gutes Management sucht und definiert seine Ziele und führt das Unternehmen – ein hochkomplexes Gebilde aus unterschiedlichen und vernetzten Interessen – mit Stärke und Konsequenz zu diesen Zielen. Ein guter Berater kann Diskussionspartner schon bei der Zieldefinition, sollte aber vor allem Maßschneider des Umsetzungskonzeptes und aktiver Begleiter des Umsetzungsprozesses sein. So wird die Zusammenarbeit mit dem Berater zum kritischen Dialog von auf Augenhöhe stehenden Partnern, die Erfahrungen zur gegenseitigen gedanklichen Befruchtung austauschen, gemeinsam die Erfolg versprechenden Ideen strukturieren und schließlich auch umsetzen. Der nachhaltige Erfolg, und nur der, qualifiziert Management und Berater. Vereinbarte Meilensteine dienen der notwendigen Erfolgskontrolle.

Ein Strategieberater sollte eine ausgeprägte Methoden- und Strukturierungskompetenz mitbringen. Er hält moderne und effektive Instrumente der Analyse und der Aggregation in seinem Werkzeugkasten bereit. Durch die Ergänzung von sektoralen Best Practice-Erfahrungen, branchenübergreifenden Benchmarks und vertieften Kenntnissen des Unternehmens und der relevanten Märkte seines Klienten kann er aus einer Vielzahl heterogener Quellen einen Fluss von Informationen bündeln und darin mit dem Management die Ziele und die Wege zu den angestrebten Ergebnissen des Unternehmens ausrichten.

Letztlich hängt der Erfolg vom Unternehmen selbst, seinen Managern, seiner klaren Zielorientierung, seinem Willen zu Veränderungen, seinem Mut und seiner Fähigkeit dazu ab. Eine neue Strategie führt zu neuen Wegen des Kundenzugangs, neuen Produkten, neuen Prozessen. Dies alles bedeutet ein hohes Maß an erlebter Unsicherheit, die schon im intellektuellen Zweifel an der Zieldefinition, nicht selten auch in der Angst vor der eigenen Courage bei Vermittlung und Umsetzung zum Ausdruck kommt. Dies ist nicht nur verständlich, sondern unterstreicht die Ernsthaftigkeit der Verantwortung und rechtfertigt, legitimiert die Zusammenarbeit mit guten Beratern. Ein guter Berater begleitet diesen Prozess behutsam, baut Vertrauen, insbesondere bei den Mitarbeitern des Unternehmens im Akzeptanz- und Veränderungsprozess auf. Er beachtet, wie wichtig das Commitment des Management und die Identifikation des Personals mit den neuen Konzepten sind. Und dies besonders im Dienstleistungsbereich, wo das gemeinsame Erleben nicht nur auf die Mitarbeiter beschränkt bleibt, sondern wo auch die Kunden in den Veränderungsprozess eingebunden sind. Dort werden die Strategie und das gefühlte Vertrauen des Personals auch für den Kunden erlebbar, entscheiden über Erfolg und Misserfolg beim Kunden.

Deshalb ist die gezielte Auswahl des Strategieberaters durch das Unternehmen ein wesentlicher Erfolgsfaktor. Die Individualität der Konzepte, die Intellektualität und Persönlichkeit der beratenden und beratenen Menschen, die Offenheit der Kommunikation und die wechselseitige Kritikfähigkeit bis hin zur Akzeptanz des gesellschaftlichen Gestaltungsraums, z.B. der Rechtfertigung eines Stellenabbaus für einen zusätzlichen Produktivitätsgewinn auch bei guten Unternehmensergebnissen, sind wesentliche Entscheidungsparameter, die die Auswahl des geeigneten Beraters beeinflussen. Selbstverständlich ist eine klare Definition der Projektinhalte und -aufgaben, die eine enge Verzahnung des Beraters mit allen internen Kapazitäten und Ressourcen berücksichtigen soll. So wird ein konsequenter Methodentransfer in das Unternehmen hinein möglich und damit die unternehmenseigene Fähigkeit zur strategischen Konzeption, Umsetzung und Zielerreichung gestärkt.

Deshalb ist vom Strategieberater eine wirklich tiefe und breite Analyse, der Dialog spätestens bei der Strukturierung des Prozesses und ihre aktive Mitwirkung bei der Umsetzung zu fordern. Damit kann die Brücke geschlagen werden zwischen abstrakter Intelligenz und konkreter Erfahrung, von der theoretischen Idee zur unternehmerischen Verantwortung, zur Wertschaffung – wie man heute aufzählt – für Kunden, Aktionäre und Mitarbeiter, präziser: zum nachhaltigen Nutzen des komplexen Unternehmens selbst.

Was bringt eine Strategieberatung mit?

- Methoden- und Stukturierungskompetenz
- Analysefähigkeit
- Externes Industrie Know-how (z.B. Benchmarks)
- Moderationsstärken
- Prozesstreiber
- Projekterfahrung

… Und was muss der Kunde sicherstellen?

- Zielorientierung
- Mut zur Entscheidung
- Vertrauen der eigenen Mitarbeiter
- Einschätzung der Umsetzungsfähigkeit im Haus
- Umsetzungswille und Commitment

Erfolgsfaktoren:
- **Zieldefinition durch Management und Maßschneidern durch Berater**
- **Gezielte Auswahl nach Individualität und Persönlichkeit durch Unternehmen**
- **Klare Definition der Projektaufgaben und -inhalte**
- **Enge Verzahnung mit internen Ressourcen (soziale Kompetenz)**
- **Konsequenter Methodentransfer ins Unternehmen (Umsetzungskompetenz)**

Abb. 3: Kompetenzen der Strategieberatung und Aufgaben des Kunden

Durch eine Konzentration auf die essenziellen Elemente des Strategieentwicklungs- und Umsetzungsprozesses kann ein Strategieberater Erfolg erzielen, wenn er gemeinsame Ideen mit Management und Mitarbeitern entwickelt, strukturiert und umsetzt. So entwickelt sich der intelligente, aber erfahrungsschwache Theorieproduzent zum nützlichen Sparringpartner bei der Ideensuche und zum hilfreichen Coach in den Prozessen.

Beispiel für eine gelungene Strategieberatung

Als Beispiel für eine gelungene weitblickende Konzeption und wirkungskräftige Umsetzung eines Strategieprojekts darf hier die HVB Group genannt werden. Das nachhaltige Commitment und der unbedingte Erfolgswille des Managements waren auch hier wesentliche Schlüssel für eine strategische Neupositionierung des gesamten Leistungsangebots für die Privatkunden der HVB Group. Ein Strategieberater, fokussiert auf Financial Services, konnte aufgrund seiner hohen Methodenkompetenz das Vertrauen von Management und Mitarbeitern gewinnen. Begünstigt durch den ergebnisbedingten Handlungsdruck moderierte der Strategieberater die Lösungsfindung, sodass die Mitarbeiter selbst die Lösungen erarbeiteten. Es existierten keine vorgefertigten Konzepte, keine Blaupausen anderer Finanzinstitute. Die Identifikation der Vertriebsmannschaft mit den erreichten Ergebnissen dieses Strategieprojekts, das den einprägsamen Namen „Move" trug, ist vorbildlich. Natürlich wurde dieser Erfolg auch getragen durch die positive Presse zu den Leistungen des Programms, das den Erfolg des eigenen Wirkens sehr rasch auch persönlich zum Erlebnis werden ließ. Letztlich waren die erfolgsbeeinflussenden Faktoren für „Move" die Einfachheit des Beratungskonzepts, die am Ergebnis orientierte Strukturierung, die permanente Einbindung der Personen, die die Ergebnisse leben müssen, und der Grundsatz „Unser Wissen bleibt uns, und nur uns, und das Ergebnis wird es auch".

Kommentar

Dr. Kai Obring
Geschäftsführer, The Boston Consulting Group
Georg Sticher
Geschäftsführer, The Boston Consulting Group

Ein Steuerberater versteht mehr vom deutschen oder internationalen Steuerrecht als sein Kunde. Der Rechtsberater verfügt über juristische Expertise, die der Laie dringend benötigt. Der technische Berater verfügt über bestimmte Kompetenzen etwa in der Mechanik, der Statik oder der Elektrotechnik und kann so dem Kunden konkret Hilfestellung geben.

Was aber ist ein Strategieberater? Jemand, der infragen der Unternehmensstrategie ein Spezialwissen hat, das es ihm ermöglicht, kompetenter als andere über die zukünftige Richtung eines Unternehmens zu diskutieren? Der also die ureigene Aufgabe des Top-Managements besser erledigen kann als eben dieses Management? Die outgesourcte Abteilung für die wirklich wichtigen Entscheidungen? Der professorale Experte mit Spezialwissen oder der weise Ratgeber mit klarer Urteilskraft? Vielleicht der kluge Moderator, der alle Aspekte vorhandenen Wissens strukturiert und berücksichtigt? Oder gar der Hofnarr und Querdenker, der als Katalysator die interne Reflexion stimuliert?

Die Antworten auf diese Fragen erscheinen wie die Propädeutik der Beratung und definieren das Selbstverständnis und die Ansprüche der Strategieberatung und damit die Fundamente unseres Geschäftes. Anspruch und Realität zu vergleichen erfordert zunächst die Definition der Ansprüche – sowohl der von den Beratern selbst erhobenen Ansprüche als auch der Ansprüche der Kunden an die Berater. Und gerade diesbezüglich lassen sich in den letzten Jahren eine große Bandbreite von Vorstellungen wie auch große Veränderungen innerhalb der Branche feststellen.

Zweifellos waren, so wie dies Schmidt und Strobel beschreiben, die letzten Dekaden des Beratungsgeschäfts von Wellen und Moderscheinungen der Themenlandkarten geprägt, die variierende Erfolgskonzepte moderner Unternehmensführung propagierten. Sich wechselseitig verstärkende Dynamiken zwischen Managern, Medien, Investoren, Analysten und Wissenschaft trieben die Amplituden und die Oszillation. Sicher waren auch Berater an der Erzeugung dieser Wellen beteiligt, sodass manchem Manager die Berater als Vertriebstruppen solcher „Standardstrategien" mit austauschbaren Folien und Präsentationen vorgekommen sein mögen. Doch wenn man etwas genauer hinschaut, sei eine Differenzierung in zweierlei Hinsicht erlaubt.

Zum einen ist es sicher nicht ausschließlich so, dass sich in der Beratungsbranche, wie Schmidt und Strobel schreiben, das Angebot „früher oder später seine eigene Nachfrage" geschaffen hat; auch der umgekehrte Fall war durchaus zu beobachten, und dies vor allem in Situationen von wirtschaftlicher Ungewissheit oder Krisenhaftigkeit, in denen Top-Manager händeringend nach Expertise und Ratgebern suchten. Wenn man die Frage, ob der Berater Erfahrung mit genau dieser Fragestellung in der relevanten Branche hat, zum Auswahlkriterium des externen Dienstleisters macht, so definiert und schafft man einen Markt, der eben zunehmend auch mit einem entsprechenden Leistungsangebot bedient wird.

Zum anderen sind natürlich „die Berater" keine homogene Masse. Gerade Strategieberatung, die häufig mit Fragestellungen von großer Reichweite für das Unternehmen konfrontiert ist, muss – will sie mittel- und langfristig erfolgreich sein – neben der notwendigen fachlichen Qualifikation auf sehr hohen ethischen Standards basieren. Die „einfache Antwort" oder „das schnell verkaufte Projekt" stehen dann nie im Vordergrund. Wer als Berater die Interessen des Kundenunternehmens vor die eigenen kurzfristigen ökonomischen Interessen gestellt hat, der war auch in den 80er und 90er Jahren kein reiner Vertriebsmann „seiner Heerscharen an Junior- und Seniorconsultants", wie es bei Schmidt und Strobel heißt.

Sowohl der Anspruch der Kunden an ihre Strategieberater, als auch der Anspruch der Strategieberater an sich selbst ist also durchaus differenziert zu sehen. Darüber hinaus ist aber auch eine deutliche Veränderung dieser Ansprüche festzustellen. Während der 90er Jahre, als die Nachfrage nach Beratung unendlich und das Geschäft nur durch die begrenzten Kapazitäten limitiert schien, wurde das Bild der Strategieberatung von einem „elitärem Expertentum", ja fast schon einer unreflektierten Mystifizierung geprägt. Nach dem Platzen des E-commerce-Bubbles und der sich anschließenden rückläufigen bis stagnierenden Entwicklung im Beratungsmarkt war es dann en vogue die ganze Zunft mit einer gewissen Skepsis und Häme zu betrachten. Symptomatisch hierfür war etwa ein Artikel im Spiegel, der 2003 den Beratern bescheinigte „Ratlos in eigener Sache" zu sein. Wurden früher neue Konzepte und Ideen als Leittrends überzogen verallgemeinert, so standen auf einmal die grundsätzliche Skepsis und die Warnung vor zu einfachen Rezepten im Vordergrund.

Insgesamt hat die Veränderung der letzten Jahre jedoch zu einer gesunden Rückbesinnung geführt. Bei Beratern wie auch bei Kunden hat eine intensivere Auseinandersetzung mit dem adäquaten Rollenverständnis und der richtigen Form der Zusammenarbeit stattgefunden. Der Umgang mit Beratungsunternehmen ist professioneller geworden und die Berater haben darauf reagiert.

Ein gutes Beispiel hierfür liefert der Beitrag von Schmidt und Strobel. Der Aussage, dass in einer funktionierenden Strategieentwicklung Berater und Unternehmen in allen Phasen des Strategieprozesses verzahnt sein sollten, ist wenig hinzuzufügen. Die explizite Auseinandersetzung mit den spezifischen Anforderungen an den Berater und an das Management bietet eine exzellente Grundlage, zu Beginn eines Projektes nicht nur über die inhaltlichen Fragestellungen und Vorgehensweisen zu diskutieren, sondern auch die Rollenverteilung und die wechselseitigen Ansprüche zu definieren. So entsteht gleichzeitig eine gemeinsame Messlatte, an der ex post Anspruch und Realität projektspezifisch gegeneinander abgewogen werden können.

Inhaltlich sind die Anforderungen an Kunde und Strategieberatung in dem konkreten Einzelfall, der in Schmidts und Strobels Beitrag beschrieben wird, sicher richtig und adäquat gewesen (immerhin war das Projekt offensichtlich erfolgreich). Und auch allgemein scheint uns dies ein grundsätzlich guter Bezugsrahmen zu sein.

Es fällt jedoch auf, dass Schmidt und Strobel die Kompetenzen der Strategieberatung sehr prozess- und methodenlastig und weitgehend inhaltsleer beschreiben. Hier würden wir einen Schritt weiter gehen. Ein guter Strategieberater ist mehr als Methodenlieferant. Eine solche Reduzierung der Beraterrolle würde mittelfristig zu einem Verkümmern der intellektuellen Fähigkeiten führen, die es Beratern erst ermöglichen, nachhaltigen Wert für ihre Kunden zu schaffen.

Gerade in Zeiten von zunehmender Globalisierung, Commoditisierung in vielen Branchen, von Konzentrationstendenzen und fundamentalen Marktverschiebungen, sind die Fähigkeit zu Innovation und die Kreativität eines Unternehmens zentrale, vielleicht sogar die lebensentscheidenden Erfolgsfaktoren. Auch wenn kein Unternehmen diese Fähigkeiten komplett auslagern kann und sollte, so sehen wir es doch als eine zentrale Aufgabe von Strategieberatungen an, durch die Anwendung neuer Ideen und die Darstellung einer unabhängigen und externen Perspektive einen Beitrag zur Steigerung der Innovations- und Leistungskraft ihrer Kunden zu erbringen. Sich hier lediglich auf Prozesssteuerung, Methoden, Analysen, Werkzeuge und Benchmarks zu beschränken, reicht aus unserer Sicht nicht aus.

Das Einbringen von neuen Ideen, eigenen Meinungen und unbequemen Urteilen ist eine unverzichtbare Aufgabe von Strategieberatern. Natürlich nicht mit der Erwartungshaltung, dass diese Inhalte übernommen werden. Die Atmosphäre der produktiven Konfrontation und die „unbequeme Auseinandersetzung" sind letztlich der Nährboden, der maßgeschneiderte und kreative Strategien entstehen lässt. Dies setzt freilich auch auf Seiten des Kunden eine intellektuelle Souveränität voraus, sich nicht mit eigenen Meinungen zufrieden zu geben. Diese intellektuelle Souveränität sich der Konfrontation mit dem externen, unabhängigen Urteil auszusetzen, wäre ein wesentlicher Punkt, wenn wir unser „Wunschprofil" eines Kunden formulieren würden.

2 Die Entwicklung der strategischen Planung im Wechselspiel zwischen Anwendung und Beratung

Prof. Dr. Michael Mirow
ehem. Leiter Corporate Strategies, Siemens AG
Technische Universität Berlin

Die bewusste Auseinandersetzung mit den ökonomischen Gesetzmäßigkeiten einer strategischen Unternehmensführung begann erst in den späten 1960er Jahren. Vorher war vieles Intuition, einiges explizit formuliert und begründet, wenig oder gar nichts konzeptionell durchdrungen und übertragbar. Viele Konzepte wurden in den letzten 30 Jahren entwickelt. Einige werden seit vielen Jahren mit großem Erfolg eingesetzt, andere bestechen durch intellektuelle Brillanz, haben aber den Eingang in die tägliche Unternehmenspraxis nicht gefunden, wieder andere waren nur kurze Modeerscheinungen.

- Welche Kriterien müssen erfüllt sein, damit ein strategisches Planungskonzept in das Führungssystem eines Unternehmens aufgenommen werden kann?
- Welche Konzepte haben sich im Laufe der Jahre bewährt, wie wurden sie weiter entwickelt?
- Welche Rolle haben die Berater in diesem Prozess?
- Welches werden die wichtigsten strategischen Fragen der Zukunft sein?

Die Ausführungen beruhen auf der Erfahrung des Autors mit der Entwicklung und Einführung der strategischen Unternehmensführung im Siemens-Konzern seit Beginn der 70er Jahre. Sie sind daher notwendig subjektiv. Sie sind aber mit Sicherheit auch unvollständig und ungerecht denen gegenüber, deren Konzepte in anderen Unternehmen mit Erfolg eingesetzt wurden.

Ein strategisches Planungskonzept kann nur dann erfolgreich in das Führungssystem eines Unternehmens aufgenommen werden, wenn es *erstens* den verantwortlichen Führungskräften plausibel vermittelt werden kann. Es muss in seinen Grundaussagen einfach sein und dem gesunden Geschäftsempfinden der Verantwortlichen entsprechen. *Zweitens* muss es in seinen Grundaussagen quantifizierbar und überprüfbar sein. Wo dieses nicht möglich ist, sollten die Kriterien für eine Skalierung, Rangfolge oder Gewichtung klar definiert und nachvollziehbar sein. *Drittens:* Die Aussagen sollten auf wenigen, relativ problemlos ermittelbaren und im Zeitablauf vergleichbaren Daten beruhen. Interne Zahlen sollten möglichst aus dem normalen Rechenwerk des Unternehmens hervorgehen, Sondererhebungen und Adjustierungen/Korrekturen aller Art sind zu vermeiden. Und schließlich muss das Konzept *viertens* in seiner Anwendung Kontinuität und auch Möglichkeiten zur Weiterentwicklung bieten.

Berater wurden vor allem dann eingesetzt, wenn sie *erstens* neue und anwendungsreife Konzepte hatten, *zweitens* helfen konnten, Kapazitätsengpässe in der Durchführung komplexer Analysen und Ausarbeitung von Empfehlungen zu beheben, und wenn schließlich *drittens* der Einsatz eines „neutralen" Außenstehenden aus politischen Gründen angezeigt war. Bei der Auswahl der Berater wurde zudem noch unterschieden zwischen dem breiten Einsatz von großen und renommierten Universalberatern und auf die Lösung von Spezialfragen fokussierten „Beratungsboutiquen". Dem Einsatz der Berater ging ein rigoroser Auswahlprozess voraus, der in einem unternehmensweiten Ranking und einer „prefered supplier list" dokumentiert wurde.

Phase 1: Langfristplanung

Bis in die Anfänge der 60er Jahre beschränkte sich die Planung in den meisten Unternehmen auf eine Fortschreibung buchhalterischer Ansätze im Rahmen der Budgetierung für ein bis maximal drei Jahre. Zweifellos vorhandene strategische Ideen wurden von den Unternehmern mehr oder weniger intuitiv entwickelt. In ihren allgemeingültigen Aussagen waren sie beschränkt.

Als erster Ansatz zur systematischen Entwicklung in die Zukunft gerichteter Strategien wurde in den 60er Jahren von fortschrittlichen Unternehmen eine so genannte *Langfristplanung* eingeführt. Die operativen Pläne wurden extrapolativ auf fünf, teilweise sogar auf zehn Jahre fortgeschrieben. Sie wurden Marktszenarien gegenübergestellt, die meist ebenfalls aufgrund von Trendextrapolationen ermittelt wurden. Diese gelegentlich auch als Vorwärtsbuchhaltung bezeichneten Bemühungen konnten in halbwegs stabilen Märkten mit konstanten Wachstumsraten oder hohen Korrelationen zur Entwicklung anderer Branchen durchaus erfolgreich sein. Ein gutes Beispiel ist die damals über viele Jahrzehnte festgestellte Korrelation zwischen dem Wachstum des Bruttosozialprodukts und der Entwicklung des Verbrauchs an elektrischer Energie. Sie ermöglichte Kraftwerksbetreibern und Kraftwerksherstellern zuverlässige und über lange Zeiträume stabile und aufeinander abgestimmte Kapazitätsplanungen. Mit der Deregulierung der Energiemärkte, der technologischen Entwicklung in allen Bereichen der Energiewirtschaft sowie einem stärker zyklisch geprägten Verhalten der Kunden war dieses Modell bald nicht mehr aussagefähig. In Zeiten kürzerer Produktlebenszyklen, Technologiebrüchen oder sich dynamisch entwickelndem Konsumentenverhalten in einer globalisierten Wirtschaft konnten derartige Prognosemodelle bald keine wesentlichen Beiträge zur Strategieentwicklung mehr erbringen.

Aus dem Bestreben, die Zukunft möglichst langfristig vorherzusagen, wurden in der Folge verschiedene über die reine Trendextrapolation hinaus gehende Methoden, wie z.B. die Delphimethode oder verschiedene Szenariotechniken entwickelt. Sie wurden jedoch wegen der nach wenigen Analyseschritten meist ausufernden Komplexität nur in Spezialfällen, wie z.B. der Erdölindustrie oder in jüngster Zeit der Telekommunikations- oder Automobilindustrie, mit Erfolg eingesetzt.

Unternehmensberater heutiger Prägung wurden in dieser Phase nicht eingesetzt. Die Leistungen wurden vielmehr von externen Instituten wie Prognos, Batelle, Hudson Institute, Standford Research Institute oder auch die Rand Corporation in Santa Monica, um nur einige zu nennen, erstellt und an einen interessierten Kundenkreis verkauft. Einige dieser Institute erarbeiteten dann im Auftrag der Unternehmen auch spezifische Studien oder Szenarioanalysen und führten Delphibefragungen durch.

Phase 2: Erfahrungskurve und Portfoliomatrix

Mit der empirischen Verifizierung der *Erfahrungskurve* durch die Boston Consulting Group gegen Ende der 60er Jahre stand erstmals ein überprüfbarer und quantifizierbarer Ansatz zur Entwicklung schlüssiger Unternehmensstrategien zur Verfügung. Mit diesem Ansatz und den daraus erstmals entwickelten Kriterien für die Ermittlung der Stärke im Wettbewerb über die aus der Erfahrungskurve abgeleitete Kostenposition wurde das Schaffen oder Halten von *Wettbewerbsvorteilen* als wichtigstes Ziel jeder Unternehmensstrategie postuliert.

Neben der Stärke im Wettbewerb wurde als zweite Dimension das *Wachstum* eingeführt als Indikator für das Zukunftspotenzial oder auch die Dynamik in der Veränderung des Umfeldes für ein Geschäft.

Die dritte und vielleicht wichtigste Forderung im Rahmen dieses Konzeptes war die nach einer korrekten Definition *(Segmentierung)* der Geschäfte für die es eine Strategie zu entwickeln gilt. Welches sind die jeweiligen Märkte und Kunden, welches ist die Arena, in der die Wettbewerber gegeneinander antreten, in der Wettbewerbsvorteile aufgebaut, gehalten oder auch verloren werden können?

Sehr hilfreich für die breite Anwendung dieses Konzeptes war die eingängige Visualisierung durch die bekannte *Portfoliomatrix*. Sie erlaubte mit ihren beiden Koordinaten „Stärke im Wettbewerb" (relative Marktposition) und „Wachstum" einen schnellen Überblick über die Positionierung der einzelnen Geschäfte in ihrem Markt- und Wettbewerbsumfeld.

Diese in ihren Grundüberlegungen klare und gut vermittelbare Methode entwickelte sich schnell zu einem klassischen Instrument der strategischen Unternehmensführung und prägt bis heute die Strategien der meisten Unternehmen. So hat z.B. Jack Welch, langjähriger CEO von General Electric die Devise ausgegeben, man müsse entweder die Nr. 1 oder Nr. 2 in einem Geschäft sein oder werden können, sonst müsse man es aufgeben. Andere Unternehmen haben das weniger martialisch ausgedrückt und wie z.B. Siemens die Forderung nach einer führenden Wettbewerbsposition in den einzelnen Geschäftsfeldern zur Maxime unternehmerischer Entscheidungen erhoben. Dieses war dann auch Grundlage der Entscheidung von Siemens, das Geschäft mit der Datenverarbeitung in ein Joint Venture mit Fujitsu einzubringen. Angesichts der Dominanz einer IBM auf dem Gebiet der Mainframes sowie damals Compaq bei Personal Computern sah Siemens keine Chance, mit vertretbarem Aufwand auf diesem Gebiet eine führende und damit langfristig profitable Position zu erringen. Durch die Zusammenführung mit Fujitsu konnte eine auch im Weltmaßstab wettbewerbsfähige Größenordnung erreicht werden, die wichtigsten Standorte wurden erhalten, die Stärke beider Marken konnte erfolgreich genutzt und den Kunden eine langfristige Perspektive für die Weiterentwicklung ihrer Systeme gegeben werden. Auf der anderen Seite gelang es Siemens mit der Übernahme des Energieerzeugungsgeschäftes von Westinghouse in den 90er Jahren, eine starke Nr. 2-Position auf dem Weltmarkt der Anlagen zur Energieerzeugung hinter der vor allem in ihrem großen Heimatmarkt dominierenden General Electric aufzubauen. Ein wichtiger Anteil am US-Markt mit einem großen, lukrativen und weniger zyklischen Servicegeschäft konnte gesichert werden.

Die Fallstricke der Portfoliomethode lagen eher in den Details der Durchführung, wie z.B. der korrekten Definition der Geschäftsfelder in ihrem Wettbewerbsumfeld sowie auch in der Versuchung, aus der Portfoliomatrix schematisierte und undifferenzierte Standardstrategien abzuleiten, die möglicherweise in einer Sackgasse endeten.

Die Berater, allen voran die Boston Consulting Group unter ihrem Gründer Bruce Henderson, waren die maßgeblichen Treiber in der Entwicklung dieses Konzeptes und seiner Anwendung. In mehr oder weniger abgewandelter Form gehörte es bald zum Standardrepertoire jedes großen Beratungsunternehmens.

Phase 3: Berücksichtigung der Branchen- und Wettbewerbsdynamik

Der Gefahr der Schematisierung entgegen wirkte die vor allem von Porter entwickelte Analyse der *Branchen- und Wettbewerbsdynamik*. Jedes Geschäftsfeld wurde in ein komplexes Wirkungsgefüge aus Markt- und Wettbewerbskräften eingebettet, den sog. „Five Forces":

- Bedrohung durch neue potenzielle Konkurrenten
- Bedrohung durch Substitutionsprodukte/Dienstleistungen
- Verhandlungsmacht der Lieferanten
- Verhandlungsmacht der Abnehmer
- Rivalität der Unternehmen in der Branche untereinander

Porters konzeptionellen Rahmen vollständig auszufüllen übersteigt allerdings im täglichen Geschäftsablauf oft die Möglichkeit einer Quantifizierung und damit auch Objektivierung. Dieses Schema bei der Entwicklung von Geschäftsstrategien im Kopf zu haben und im Hinblick auf einzelne Themenfelder bzw. in gezielten Projekten zu vertiefen, hat sich jedoch in vielen Fällen bewährt.

So war z.B. der Eintritt von Siemens in die Automobiltechnik in den 80er Jahren geprägt durch eine Umbruchsituation der Branche: Es zeichnete sich ein Technologiebruch von der Mechanik zur Elektronik ab. Die alte Vergasertechnologie wurde durch die elektronische Einspritzung abgelöst mit Auswirkungen auf die Motor- und Getriebesteuerung, die Karosserieelektronik trat ihren Siegeszug an. Eine gute Chance für Siemens, in dieses Geschäft mit seiner umfangreichen Erfahrung in der Elektronik und Systemkompetenz einzusteigen. Gleichzeitig wurde deutlich, dass der Automobilindustrie daran gelegen war, einen starken Zweitlieferanten neben dem dominierenden Bosch Konzern aufzubauen. Das Aufkommen weiterer Lieferanten hatte aber auch zur Folge, dass die Automobilindustrie, vor allem getrieben durch die von dem spanischen Einkaufsmanager Lopez in den 90er Jahren gestarteten Sparprogramme, ihre Verhandlungsmacht in einem Ausmaß ausspielen konnte, dass die langfristige Attraktivität dieses Geschäftes für viele Zulieferer fragwürdig wurde. Das wiederum hatte eine umfangreiche Konsolidierung in der Zulieferindustrie zur Folge, wie z.B. auch die Übernahme und erfolgreiche Integration der VDO-Automobiltechnik des ehemaligen Mannesmann-Konzerns in die Siemens-VDO Automotive. Dieses sowie die weitere Zunahme der Elektronik in allen wichtigen Bereichen des Automobils haben inzwischen dazu geführt, dass sich wieder ein besseres Gleichgewicht zwischen der Automobilindustrie und ihren Zulieferern abzeichnet.

Berater wurden in dieser Phase vor allem eingesetzt, um die Vielzahl der im praktischen Einsatz auftretenden methodischen Fragen zu lösen und auch um konkrete, allerdings mitunter auch sehr aufwendige Projekte durchzuführen.

Phase 4: Analyse der Wertkette und Benchmarking

Ein weiterer Schritt der Differenzierung erfolgte etwa Anfang der 1980er Jahre mit der ebenfalls von Porter entwickelten *Wertkettenanalyse*. Der Prozess der Wertschöpfung wurde in seine einzelnen Stufen zerlegt. Entscheidend für einen Wettbewerbsvorteil sind Kosten- oder auch Innovationsvorsprünge in jeder einzelnen dieser Stufen der Wertschöpfung. Nur dort können die Hebel angesetzt werden, die eine nachhaltige Verbesserung der Wettbewerbsposition ermöglichen.

Mit der Auflösung der Geschäftsstrategien nach den einzelnen Stufen der Wertschöpfung war auch das Fundament für einen weiteren wichtigen Baustein der Strategieentwicklung gelegt, dem *Benchmarking*. Über ein Benchmarking wird die Kostenposition für jede einzelne Stufe der Wertschöpfungskette im Vergleich zum jeweils besten Wettbewerber ermittelt und auch hinsichtlich ihrer wesentlichen Einflussgrößen quantifiziert. Kostenunterschiede werden nach Einflussgrößen aufgegliedert, wie z.B. Standortfaktoren, Volumen, Produktdesign, Fertigungsprozesse oder Vertrieb. Zum einen erhöhte diese differenzierte und am Wettbewerb orientierte Vorgehensweise die Glaubwürdigkeit und damit auch Akzeptanz der Ergebnisse. Zum anderen war damit gleichzeitig die Grundlage geschaffen für die Festlegung konkreter, quantifizierbarer und vor allem auch kontrollierbarer Maßnahmen zum Schließen dieser Kostenlücke.

Erste Benchmarkingkonzepte wurden ebenfalls von Beratern entwickelt. Ihr Einsatz erfolgte vor allem zur Durchführung von Pilotprojekten und zur Ertüchtigung der eigenen Organisation, solche Projekte in regelmäßigen Abständen für alle Geschäftsfelder dann in eigener Regie durchzuführen.

Phase 5: Der Einfluss der Kapitalmärkte – Vom Shareholder-Value zum Stakeholder-Value

Bis zum Beginn der 90er Jahre wurde die Strategieentwicklung vor allem getrieben durch das Streben nach Wettbewerbsvorteilen. Die im Erfolgsfall eingetretene Wertsteigerung war das Ergebnis dieser Bemühungen. Über die zunehmende Bedeutung institutioneller Investoren rückte bald die Wertsteigerung selbst in das Zentrum der unternehmerischen Zielsetzungen. Wert wird erst dann geschaffen, wenn mindestens die Kapitalkosten verdient werden. Das Potenzial eines Unternehmens zur Wertsteigerung kann aber letztlich wieder auf die beiden Faktoren des Portfolioansatzes, nämlich Stärke im Wettbewerb und Attraktivität der Branche, vor allem ausgedrückt durch Wachstum, zurückgeführt werden. Der Vektor „Stärke" wurde über die quantitativ ermittelbare relative Wettbewerbsposition hinaus erweitert um Dimensionen wie z.B. Standortvorteile, Schutzrechte, Innovationskraft oder auch die Marke. Analog dazu wurde der ursprünglich primär durch Wachstum bestimmte Parameter „Attraktivität" erweitert um z.B. Faktoren wie Zyklizität, Innovationsgeschwindigkeit, Substitutionsgefahr, Eintrittsbarrieren oder auch Konkurrenzdruck. Damit wurde das Portfoliokonzept der Boston Consulting Group mit Porters Branchenanalyse zu einem System von Indikatoren für das Potezial zur Wertsteigerung eines Geschäftes zusammengeführt.

Aus heutiger Sicht haben zwei Faktoren den Shareholder Ansatz in Misskredit gebracht: Zum einen hat er zu einer *Polarisierung* in der öffentlichen Meinung geführt. Die einseitige Betonung der Wertsteigerung für die Anteilseigner führte zu Auswüchsen, die politisch und auch ethisch nicht tragbar waren. Heute ist man daher eher bemüht, die Interessen aller beteiligten „Stakeholder" (Aktionäre, Mitarbeiter, Kunden, Lieferanten, Kreditgeber und – nicht zuletzt – die Gesellschaft) ausgewogen zu berücksichtigen. Nur über eine gemeinsame Anstrengung aller kann das Unternehmen zum Erfolg – letztlich jedoch gemessen an der Wertsteigerung – geführt werden.

Der zweite Faktor betrifft das *Risiko*. Starke Unternehmen in attraktiven Märkten wurden vor allem in den Jahren 2000/01 außerordentlich hoch bewertet. Erwartungen wurden als Realität angesehen, Risiken heruntergespielt. Analysten und institutionelle Investoren forderten eine klare Konzentration des Portfolios großer Unternehmen auf die Erfolg versprechenden Wachstumstechnologien. Viele dieser extremen Wachstumserwartungen sind jedoch nicht eingetroffen, das Pendel ist in die Gegenrichtung geschwungen und die Bewertung vieler dieser Unternehmen ist dramatisch eingebrochen oft bis auf einen Bruchteil der Werte der Jahre 2000 oder 2001. Als Folge dessen gewann in der *öffentlichen* Diskussion nun die Fraktion die Oberhand, die Unternehmen mit einem breit gestreuten und damit auch hinsichtlich der Risiken ausgeglicheneren Portfolio bevorzugt. Nur: Viele Unternehmen, die der Wachstumseuphorie der Analysten und Investoren folgten, sind heute vom Markt verschwunden oder nur noch ein Schatten ihrer einstigen Bedeutung. Im Gegensatz zu den Meinungen der Analysten ist der Schiedsspruch der Märkte irreversibel.

Die Konzepte der wertorientierten Unternehmensführung wurden vor allem von den Finanzberatern der großen Banken und institutionellen Investoren vorangetrieben, oft mithilfe renommierter Wissenschaftler. Überspitzt ausgedrückt: Die Fragen der Bewertung von Unternehmen aus betriebswirtschaftlicher Sicht feierten eine Renaissance und wurden im Hinblick auf die Entwicklung der Finanzmärkte angepasst. Die großen Strategieberater entwickelten daraus Konzepte zur Umsetzung einer wertorientierten Unternehmensführung auch als internes Steuerungsinstrument. Probleme resultierten hier eher aus dem Bestreben, das System über eine Vielzahl von Korrekturen und *Adjustierungen* zu perfektionieren. Das wiederum erhöhte die Komplexität in einem Ausmaß, dass viele aufwändige Projekte letzten Endes keinen Eingang in die Systematik der Unternehmensführung gefunden haben, es sei denn in zwar rudimentärer aber dafür praktikabler Form.

Phase 6: Vernetzte Unternehmenswelten

Die Bedingungen, unter denen Unternehmen Werte schaffen müssen, haben sich zuletzt dramatisch gewandelt. Die Wertschöpfung ist immer weniger durch einen integrierten und sequenziellen Prozess beschreibbar, der mit Beschaffung von Rohstoffen beginnt und mit Bereitstellung des fertigen Produktes endet. Sie gleicht heute einem Flickenteppich. Die Branchen, einst abgegrenzter Lebensraum ähnlicher Unternehmen, werden zu vernetzten Wertschöpfungsräumen. Altbekannte, nun aber neu konfigurierte Unternehmen, die sich aus einzelnen Wertschöpfungszellen verschiedener Herkunft zusammensetzen, sowie Unternehmen, die früher als branchenfremd bezeichnet worden wären, beginnen ein neues Spiel. Was einmal unter dem Dach einiger weniger großer und ähnlich konfigurierter Unternehmen gedeihen sollte, nehmen jetzt viele miteinander vernetzte Wertschöpfungszellen in Angriff. Die Unternehmung klassischer Prägung, breit aufgestellt, geschlossen, hoch integriert und hierarchisch tief strukturiert, wird zunehmend ersetzt durch die *fokussierte*, *offene* und *vernetzte* Hochleistungsorganisation.

Unternehmen sind damit nicht mehr unabhängig in der Formulierung und Verfolgung ihrer Strategien. Sie sind in ein Netzwerk eingebunden, das über die Grenzen des eigenen Unternehmens hinausreicht. Marktmechanismen ersetzen Führung durch Hierarchie. Die gemeinsame Wertschaffung innerhalb des Netzwerkes tritt in den Vordergrund. Strategien müssen abgestimmt, Kapazitäten gemeinsam geplant, Technologieentwicklungen verabredet und Risiken geteilt werden. Das alles reicht weit über eine herkömmliche Kunden–Lieferanten-Beziehung hinaus. Jedes Unternehmen muss vielleicht deutlicher als bisher die Frage stellen, welches die wirklichen Kernkompetenzen, die Kraftlinien seines Erfolges sind, die es zu erhalten und weiter zu entwickeln gilt. Trotz vieler Diskussionen über „grenzenlose Unternehmen": Ein Unternehmen definiert sich über seine Grenzen. Diese werden allerdings durchlässiger, auch für proprietäre Informationen, die Abhängigkeiten nehmen zu. Diese Entwicklung alleine auf das Stichwort „Outsourcing" zu reduzieren wird seiner eminent strategischen Bedeutung nicht gerecht. Die richtige Positionierung in einem derartigen Wertschöpfungsnetzwerk kann zur Existenzfrage werden. Auch hier besteht die Gefahr, dass das Pendel zu weit in eine Richtung ausschlägt. Zu selten wird z.B. die Frage gestellt, wann es wirklich sinnvoll ist, eine Unternehmensgrenze zwischen Entwicklung und Produktion und Produktion und Vertrieb zu legen. Dieses vor allem dann, wenn es sich um technisch anspruchsvolle und sehr schnelllebige Produkte handelt. Wenn hier ohne Fertigungskompetenz entwickelt und ohne direkten Zugriff auf Kapazitäten verkauft wird, ist der Weg in die Bedeutungslosigkeit oft nicht weit.

Fortschrittliche Berater haben sich in letzter Zeit vermehrt des Themas Vernetzung, zunächst unter dem Stichwort *„Outsourcing"*, inzwischen aber auch mit umfassenderen konzeptionellen Ansätzen angenommen. Insgesamt scheint hier aber der Suchprozess noch nicht abgeschlossen, die Synthese zwischen Konzeption und Umsetzung noch nicht in allen Punkten gelungen.

Ausblick: Strategie – quo vadis?

Globalisierung, Größenwettbewerb, Innovation und Zeitwettbewerb werden auf absehbare Zeit die bestimmenden Umweltfaktoren bleiben. Die Strategieentwicklung selbst hat vielleicht konzeptionell einen gewissen Reifegrad erreicht. Neue Horizonte öffnen sich durch die noch lange nicht ausgeschöpften Möglichkeiten moderner Informationstechnologien. Sie führen zu einer weiteren Verbesserung und Beschleunigung aller unternehmensinternen und -übergreifenden Abläufe, schnelleren Rückkopplungsprozessen und damit auch einer Beschleunigung der Entscheidungen. Die Planungshorizonte werden kürzer. Anstatt der üblichen Fünfjahresplanung sind Zweijahrespläne mit vielleicht noch einem weiteren Zieljahr heute eher die Norm. Jede über einen längeren Zeitraum gehende Planung wird zu oft von der sich ändernden Wirklichkeit überholt.

Eine maßgebliche Rolle in der Entwicklung zukünftiger Strategien wird die bewusste und als strategische Waffe im Wettbewerb eingesetzte Neugestaltung der gesamten Wertschöpfungskette spielen. Hier muss in vielen Fällen neu an den Wurzeln des unternehmerischen Selbstverständnisses angesetzt werden, um mit den eigenen Kompetenzen die richtige Rolle in einem komplexen Wertschöpfungsnetzwerk zu besetzen.

Berater werden in der Weiterentwicklung strategischer Konzepte und vor allem auch in ihrer Anpassung an die praktischen Erfordernisse der Unternehmen, differenziert nach den jeweiligen Branchen, weiterhin eine wichtige Rolle spielen. Begrüßenswert wäre es, wenn auch die Wissenschaft sich stärker in die Entwicklung umsetzungsorientierter Konzepte einschalten könnte. Damit könnte mancher Irrweg durch vorschnelles Vermarkten nicht ausgereifter Konzepte vielleicht vermieden werden.

Die größere Herausforderung für den Unternehmer von morgen ist allerdings weniger die Formulierung konsistenter Strategien als vielmehr ihre konsequente Umsetzung. Wie gelingt es, in einem zunehmend dezentral geführten und auf weitgehend autonomen Geschäftseinheiten aufgebauten Unternehmen zu einem gemeinsamen Strategieverständnis zu kommen? Oder, um noch einen Schritt weiter zu gehen: Wie kann in einem Netzwerk organisatorisch voneinander unabhängiger Unternehmen eine gemeinsame Willensbildung herbeigeführt werden? Hier gibt es bislang mehr Fragen als Antworten – und gerade deswegen sind auch hier, wo es noch stärker um die Nahtstelle zwischen Erkenntnis um Umsetzung geht, Berater weiterhin gefragt. Entscheidend aber bleibt: Den Erfolg bestimmt nicht die beste Strategie, sondern ihre beste Umsetzung.

Literatur

FRIEDRICH V. D. EICHEN, S. A./HINTERHUBER, H. H./MIROW, M./STAHL, K. H. (2003): Das Netz neu knüpfen, in: Harvard Business Manager, S. 99–107.

MIROW, M. (2000): Strategien zur Wertsteigerung in diversifizierten Unternehmen, in: HINTERHUBER, H. H./FRIEDRICH, S. A./MATZLER, K./PECHLANER, H. (Hrsg.): Die Zukunft der diversifizierten Unternehmung, München, S. 325-343.

Kommentar: Die Interaktion von Anwendern und Beratern als strategischer Erfolgsfaktor?

Prof. Dr. Max Ringlstetter
Katholische Universität Eichstätt-Ingolstadt
Dr. Stephan Kaiser
Katholische Universität Eichstätt-Ingolstadt

Es dürfte weithin unbestritten sein, dass sich die Entwicklung und Durchsetzung von Strategie- und Planungskonzepten im Rahmen einer gegenseitigen Auseinandersetzung zwischen den potenziellen und tatsächlichen Anwendern dieser Konzepte auf der einen und unternehmensexternen Beratern auf der anderen Seite abgespielt haben. Michael Mirow beschäftigt sich in seinem Beitrag mit genau diesem „Wechselspiel". Er zeichnet etwa vierzig Jahre der Historie dieses Wechselspiels nach. Dies geschieht aus der, wie er selbst zugesteht, subjektiven Perspektive seiner langjährigen Erfahrung in der strategischen Unternehmensführung im Siemens-Konzern. Das Aufsetzen auf der individuellen, aber äußerst fundierten Erfahrung führt zu einer unternehmensspezifischen Erläuterung der Fragestellung. Ein umfassender Blick auf potenziell ‚andere' Konstellationen des Wechselspiels kann freilich nicht geboten werden. In diesem kurzen Beitrag sollen nun die zentralen Argumente und Erkenntnisse aus wissenschaftlicher Sicht kommentiert werden, ohne dabei Inhalte zu wiederholen. Vielmehr wird gleichzeitig darauf abgezielt, die Aussagen des Beitrags um einige zusätzliche Aspekte zu erweitern.

Unterschiedliche Phasen und Gemeinsamkeiten des Wechselspiels

Neben der Frage nach der Zukunft der strategischen Planung findet sich in Mirows Beitrag vor allem ein historischer Abriss der Entwicklung von strategischen Planungskonzepten seit Anfang der 60er Jahre: Von der ersten Phase, dem Beginn der unternehmerischen Langfristplanung, bis hin zur sechsten Phase, die geprägt ist von vernetzten Unternehmenswelten und Unternehmensstrategien, die auch jenseits der traditionell gedachten Unternehmensgrenzen abgestimmt werden müssen. Die Darstellung einer Entwicklung in Phasen ist zwar nicht weiter überraschend und bietet sich gleichsam an. Nichtsdestoweniger ist sie sehr gelungen und dürfte nach Ansicht der Verfasser nicht nur für den Siemens-Konzern, sondern mit kleinen Abweichungen wohl für die meisten großen Konzerne in der (damals) westlichen Wirtschaftswelt Geltung besitzen.

Die Inhalte der Strategiekonzepte, mit denen sich Praktiker in den einzelnen Phasen auseinandersetzen mussten, haben sich freilich stark verändert. Trotzdem, und dies soll hier primär kommentiert werden, lassen sich einige Punkte festhalten, die für alle Phasen identisch waren. Eine erste Gemeinsamkeit besteht darin, dass sich laut Mirow immer nur die Konzepte durchgesetzt haben, die sich begreiflich an die Führungskräfte vermitteln ließen, die in ihren Grundaussagen überprüfbar waren und sich im Großen und Ganzen unkompliziert einführen ließen. Dieser Befund verwundert aus Sicht der Wissenschaft wenig, nachdem das Phänomen der Reaktanz gegenüber der Einführung neuer Planungsmethoden relativ gut erforscht ist (BREHM 1966; DRUMM/SCHOLZ 1983). Ein zweite Gemeinsamkeit fällt nicht sofort auf, ist aber umso erwähnenswerter. Über alle sechs Phasen der Entwicklung strategischer Planungskonzepte hinweg waren immer externe Berater beteiligt. Wenngleich sie auch unterschiedlicher Provenienz (z.B. Universalberater versus Boutiquen) waren, haben sie im Wechselspiel zwischen Anwendung und Beratung die Strategieentwicklung mit geprägt. Der Siemens-Konzern setzte diese Berater immer dann ein, wenn es entweder politisch notwendig war oder da spezifische Kapazitätsengpässe vorhanden waren. Beide Begründungen sind gut nachzuvollziehen. Umgekehrt ist es aus Sicht einiger theoretischer Auffassungen zunächst eher erstaunlich, dass externe Player in eine derartig zentrale, strategische Kernaktivität des Unternehmens eingeschaltet werden. Empfehlungen, die sich aus der Transaktionskostentheorie (WILLIAMSON 1990) oder auch aus dem Ressourcenorientierten Ansatz ableiten (BARNEY 1991), gingen tendenziell in eine andere Richtung. Neuere und andere theoretische Überlegungen sind in dieser Hinsicht jedoch differenzierter, sodass eine Beurteilung des Sinns eines Beratereinsatzes eher positiv ausfallen dürfte. Genannt seien hier etwa das Sozialkapital-Konzept (ADLER/KWON 2002) oder der so genannte „Relational View" (DYER/SINGH 1998). Letztgenannte Konzepte ließen es prinzipiell zu, die Interaktion von Anwendern und Beratern als strategischen Erfolgsfaktor zu interpretieren.

Die dahinter stehende Frage nach dem Sinn und Zweck des Einsatzes von Beratern zieht sich insgesamt als ein zentrales Thema durch den Aufsatz von Mirow, auch wenn dies an mehreren Stellen nur in indirekter Weise zu Tage tritt. So wird nicht nur gefordert, dass es sich bei den Strategiekonzepten um bewährte und ausgereifte Konzepte handeln soll, deren Erfolg permanent zu überprüfen ist. Vielmehr geht es auch um die Frage, wie die formulierten Strategien in der Unternehmenspraxis umgesetzt werden können. Unklar bleibt diesbezüglich, welche Rolle hier Strategieberater und andere Akteure spielen können, die traditionell nicht primär eine implementierende Funktion wahrgenommen haben (OETINGER 2004). Mirow plädiert an dieser Stelle unter anderem für die stärkere Einmischung von Wissenschaftlern in die Entwicklung der Strategiekonzepte, um den Irrweg des vorschnellen Vermarktens zu vermeiden.

Interaktion als strategischer Erfolgsfaktor?

Mit der Forderung nach einer Integration weiterer Akteure spricht Mirow letztlich einen zentralen Fragenkomplex an, der in der aktuellen Strategieforschung verstärkt in den Mittelpunkt des Erkenntnisinteresses stößt. Wer sind eigentlich die Akteure bzw. genauer die Strategen, die an der Strategiebildung mitwirken sollten, und wie sieht ihr Tagesgeschäft tatsächlich aus? Die entsprechende Forschungsrichtung wurde mit dem Etikett „Strategy-as-Practice" versehen (JARZABKOWSKI 2003; CHIA 2004; JARZABKOWSKI 2004; WHITTINGTON 2004). Dieses „Strategy-as-Practice"-Forschungsfeld könnte in Zukunft interessante Hinweise nicht nur dazu geben, wie die Formulierung von Strategien im Sinne des Wechselspiels von Anwendung und Beratung erfolgt, sondern auch auf welche Weise sich erfolgreiche Strategien umsetzen lassen und manifestieren. Die Vertreter der besagten Forschungsrichtung versuchen deshalb, aus einer Mikro- oder Akteursebene zu verstehen und zu beschreiben, wer eigentlich wann und in welcher Weise an der Bildung von Strategien beteiligt ist. Damit bieten sie prinzipiell einen Bezugsrahmen, mit dessen Hilfe auch das Wechselspiel zwischen Anwendung und Beratung untersucht und verstanden werden kann.

Die Herausforderung für die betriebswirtschaftliche Strategieforschung wäre es mithin zu untersuchen, ob und inwieweit das Wechselspiel zwischen Anwendern und Beratern den Erfolg und die Umsetzbarkeit von strategischen Konzepten beeinflusst. Jenseits der Feststellung von Gemeinsamkeiten des Wechselspiels ginge es also vor allem darum, dass Unterschiede in der interaktiven Entwicklung strategischer Konzepte herausgestellt und auf ihren Erfolgsbeitrag geprüft werden. Erste Überlegungen in diese Richtung gibt es natürlich auch auf Seiten der Management- und Strategieberater. Ausdruck hierfür ist – um ein Beispiel zu bemühen – die Entwicklung des Geschäftsmodells „Innovation Partnership", wie es von einem großen Beratungsunternehmen propagiert wird (SCHOLTISSEK 2004).

Ob es allerdings tatsächlich derartig einfache „Best Practices" für das Wechselspiel zwischen Anwendung und Beratung gibt, ist infrage zustellen. In seinem Ausblick verweist Mirow etwa auf eine höchst relevante Verkomplizierung des Wechselspiels, indem er die Strategiebildung in komplexen Konzernen und modernen Unternehmensnetzwerken schildert. Aus einer aktorenorientierten Sichtweise wäre damit zu konstatieren, dass neben Topmanagern, Wissenschaftlern und Partnern der Beratung, neben Klienten- und Beraterteams zumindest auch Führungskräfte von nur lose verbundenen Partnerunternehmen oder eigensinnigen Konzerntöchtern in das Wechselspiel zu integrieren wären. Zu bejahen und nicht aus dem Auge zu verlieren ist jedoch das Fazit von Michael Mirow, dass den Erfolg eines Unternehmens nicht die beste Strategie, sondern ihre beste Umsetzung ausmacht.

Literatur

ADLER, P. S./KWON, S.-W. (2002): Social Capital: Prospects for a New Concept, in: Academy of Management Review, Vol. 27 (2002), S. 17.

BARNEY, J. B. (1991): Firm Resources and Sustained Competitive Advantage, in: Journal of Management, Vol. 17 (1991), S. 99-120.

BREHM, J. W. (1966): A Theory of Psychological Reactance, New York.

CHIA (2004): Strategy-as-practice: reflections on the research agenda, in: European Management Review, Vol. 1 (2004), S. 29-34.

DRUMM, H.-J./SCHOLZ, C. (1983): Personalplanung. Planungsmethoden und Methodenakzeptanz, Bern.

DYER, J. H./SINGH, H. (1998): The Relational View: Cooperative Strategy and Sources of Interorganisational Competitive Advantage, in: Academy of Management Review, Vol. 23 (1998), S. 660-679.

JARZABKOWSKI, P. (2003): Strategic practices: An activity theory perspective on continuity and change, in: Journal of Management Studies, Vol. 40 (2003), S. 23-55.

JARZABKOWSKI, P. (2004): Strategy as practice: Recursiveness, adaptation and practices-in-use, in: Organization Studies, Vol. 25 (2004), S. 489 - 520.

OETINGER, B. V. (2004): Management- und Strategieberatung, in: RINGLSTETTER, M./BÜRGER, B./KAISER, S. (2004; Hrsg.): Strategien und Management für Professional Service Firms, Weinheim, S. 63-87.

SCHOLTISSEK, S. (2004): Business Innovation Partner – Ein Geschäftsmodell für die Zukunft der Beratungsbranche, in: RINGLSTETTER, M./BÜRGER, B./KAISER, S. (Hrsg.; 2004): Strategien und Management für Professional Service Firms, Weinheim, S. 379-394.

WHITTINGTON, R. (2004): Strategy after modernism: recovering practice, in: European Management Review, Vol. 1 (2004), S. 62-68.

WILLIAMSON, O. E. (1990): Die ökonomischen Institutionen des Kapitalismus: Unternehmen, Märkte, Kooperationen, Tübingen 1990.

3 Wachstumsstrategien – Möglichkeiten und Grenzen der Beiträge von Beratern

Peter Baumgartner
Geschäftsführer Deutschland, Mercer Management Consulting
Dr. Tobias Sitte
Associate, Mercer Management Consulting

Der vorliegende Beitrag setzt sich mit der Fragestellung auseinander, über welche Möglichkeiten Top-Management-Berater verfügen, um Führungskräfte eines Unternehmens in einem Strategiebildungsprozess zu unterstützen, und an welche Grenzen sie hierbei stoßen. Argumentiert wird entlang dem idealtypischen Verlauf der Entwicklung von Wachstumsstrategien aus Sicht der Berater selbst. Das zugrunde gelegte Verständnis des Begriffs „Grenzen" hebt sich dabei von den „klassischen", in der Literatur oft geäußerten Kritikpunkten an der Strategieberatung ab. Ziel ist es nicht, generelle Grenzen zu diskutieren wie das „Überstülpen" standardisierter Formate, die fehlende objektive Evaluierbarkeit der Beraterleistung oder den Vorwurf, Berater schüfen sich die Nachfrage nach den von ihnen angebotenen Lösungen durch Erfindung dazugehöriger Probleme selbst – um nur einige wenige Kritikpunkte zu nennen (vgl. u.a. KIESER 2002, S. 49ff.). All jene Vorwürfe entspringen einer übergreifenden, auf Anlass oder Ergebnis eines Beratungsprojekts gerichteten Perspektive. Anliegen dieses Artikels ist es komplementär hierzu, Möglichkeiten und Grenzen aufzuzeigen, mit denen sich Berater im Beratungsprozess selbst konfrontiert sehen.

Hierfür wird nach einer Einleitung zum unterstellten Grundverständnis der Strategieformierung zunächst ein vereinfachtes Phasenschema vorgestellt. Entlang den einzelnen Prozessschritten wird anschließend diskutiert, welche Anforderungen sich den beteiligten Führungskräften jeweils stellen und welche Beiträge ein in den Prozess eingebundener Berater leisten kann bzw. an welche Grenzen Beratung stößt.

1 Einleitung: Strategieentwicklung als singulärer Prozess

Die Beratungspraxis zeigt, dass sich der Strategieentwicklungsprozess in vielen Unternehmen zunehmend professionalisiert. Nicht zuletzt aufgrund der Notwendigkeit, am Kapitalmarkt eine klare, langfristig tragfähige Strategie kommunizieren zu können, wurden Strategieentwicklung und insbesondere die Außendarstellung ihrer Ergebnisse in den vergangenen Jahren systematisch verbessert. Aus der Innensicht betrachtet, läuft dieser nach außen hin wohlgeordnet erscheinende Prozess jedoch oft weitaus weniger geradlinig. Historisch existiert intern in vielen Unternehmen eine Vielzahl von Strategien, die aus vielfältigen Anlässen, zu unterschiedlichen Zwecken und gegebenenfalls sogar aus widersprüchlichen Interessenlagen heraus entstanden sind. Dies führt dazu, dass verschiedene strategische Prinzipien von unterschiedlichen Führungskräften mit variierender Intensität verfolgt werden und unter Umständen nicht einmal allen Beteiligten bekannt sind. Darüber hinaus existieren neben jenen Prinzipien, die zumindest ein Teil der Führungskräfte explizit kennt, zusätzlich noch Strategien, die als intuitiv bewährte Muster und als selbstverständlich gelebte Kultur implizit im alltäglichen Handeln verankert sind und im Zuge eines Strategieentwicklungsprozesses erst rekonstruiert und als bisher handlungsleitende Strategien explizit gemacht werden müssen. Zudem unterliegt jede etablierte Strategie einem kontinuierlichen Wandel. Versteht man Strategien als „mentale Muster", an denen Führungskräfte ihr Handeln orientieren, ist davon auszugehen, dass sich ihre Bedeutung im Handeln verschiebend reproduziert. Strategien werden laufend situativ (re-)interpretiert, um auf neue Herausforderungen angepasst und um für variierende Zwecke genutzt werden zu können. Ihr strategischer Gehalt entwickelt sich so lange „evolutionär" fort, bis sich der Kontext, vor dessen Hintergrund sich eine Strategie formiert hatte, so gravierend verändert, dass das alte Muster im Kern nicht mehr passt und durch eine neue Strategie ersetzt werden muss. Im Ergebnis kann deshalb nicht unhinterfragt davon ausgegangen werden, dass in Unternehmen eine übergreifende, allen relevanten Führungskräften bekannte und von allen geteilte Menge an Strategien existiert, auf deren Grundlage das Management das Unternehmen in eine einheitliche Richtung führt. Die Rede von *der* Strategie eines Unternehmens ist in aller Regel eine in der (Außen-)Kommunikation notwendige Glättung intern erheblich vielschichtigerer Prozesse.

Bereits anhand dieser wenigen Anmerkungen wird deutlich: Die strategische Landschaft, auf die ein Berater trifft, wenn er in ein Unternehmen gerufen wird, entspricht aus der Innensicht eher einer schwer durchschau- und steuerbaren Gemengelage denn einem wohlgeordneten Gesamtensemble (vgl. KIRSCH 2001: 512 f.). Lautet der Auftrag beispielsweise, eine neue Vertriebsstrategie für ein bestimmtes Geschäftsfeld zu entwickeln, so legt ein Berater Hand an eines von vielen existierenden strategischen Prinzipien. Interdependenzen zu anderen Strategien sowie der Stellenwert des Prinzips innerhalb des Gesamtsystems werden erst nach und nach deutlich. Zusätzliche Komplexität entsteht, wenn der Auftrag weniger klar als im obigen Beispiel formuliert ist und beispielsweise darin besteht, ein neues Business Design für profitables Wachstum zu entwickeln. In solchen Fällen muss erst sukzessive erarbeitet werden, wie umfassend eine Neuausrichtung ausfallen muss, welche Rahmenbedingungen gesetzt sind, welche Optionen infrage kommen und vor allem auch, was unternehmenspolitisch machbar ist.

Im Ergebnis erscheint Strategieentwicklung als ein hochgradig individualisierter Prozess mit mehreren Variablen: Unternehmen, Anlass, Aufgabenstellung, Managementkonstellation sowie andere externe und interne Rahmenbedingungen sorgen für eine singuläre Konstellation, der der Strategieentwicklungsprozess gezielt Rechnung tragen muss. Ein kundenspezifischer, individueller Zuschnitt ist ein wichtiger Garant dafür, dass der Prozess erfolgreich ist und für das Unternehmen einen echten Mehrwert liefert. Dabei ist es entscheidend, den Entwicklungsprozess systematisch zu planen und geeignete Steuerungsmechanismen zu etablieren. Diese Aufgabe kann durch die Einbeziehung von Beratern häufig methodisch und inhaltlich effizienter vorangetrieben werden als von im operativen Tagesgeschäft eingebundenen Managern allein. Der Berater fungiert als Prozesstreiber und steuert übergreifendes methodisches und inhaltliches Fachwissen bei, die kundenseitigen Projektmitglieder kennen die Unternehmensspezifika und verfügen über das entsprechende Netzwerk im Unternehmen, um die Diskussion bedarfsgerecht gestalten und Ergebnisse tatsächlich umsetzen zu können.

2 Phasen des Strategieprozesses

Das im Folgenden vorgestellte idealtypische Phasenmodell der Strategienentwicklung (vgl. Abbildung 1) erhebt nicht den Anspruch, alle denkbaren Varianten von Strategieprozessen abbilden zu können. Der skizzierte Ablauf vollzieht sich unter „geordneten" Bedingungen. Es geht um eine vom Management bewusst initiierte Neuausrichtung zur Erreichung nachhaltigen profitablen Wachstums. Wie Strategieentwicklung unter krisenhaften, „ungeordneten" Umständen abläuft und mit welchen Brüchen und Schwierigkeiten dabei zu rechnen ist, wird nicht behandelt[1]. Grundannahme ist, dass die fünf Phasen des vorgestellten Modells in einem gemeinsamen Projektteam aus Managern des Klientenunternehmens und Beratern durchlaufen werden. In Teilen der Phase 1 können Berater und Führungskräfte – insbesondere wenn es sich nicht um Folgeprojekte handelt – zunächst auch separat agieren bis ein entsprechendes Projekt zustande kommt. Weiterhin wird unterstellt, dass der Prozess sowohl im gemeinsamen Projektteam als auch in der Interaktion des Teams mit weiteren Mitarbeitern des Kundenunternehmens konsensorientiert und partizipativ angelegt ist.

Anhand der Ziffern 1 bis 5 in Abbildung 1 wird ersichtlich, welche Stadien ein Strategieentwicklungsprozess idealtypisch durchläuft. Stark vereinfacht kann dieser Prozess wie folgt beschrieben werden: Zunächst wird im Unternehmen ein Handlungsbedarf wahrgenommen und thematisiert. Dies stößt einen Diskussionsprozess über die Bedeutung des Themas, über Handlungsalternativen und Konsequenzen für das Unternehmen an. Hat sich im nachfolgenden Argumentationsprozess eine herrschende Meinung herausgebildet, wird das gewählte strategische Prinzip detailliert und eine Umsetzungsplanung ausgearbeitet. Um dann realiter als Strategie im Unternehmen wirksam zu werden, muss das strategische Prinzip schließlich formuliert, in die Breite getragen und in den Strukturen des Unternehmens verankert werden. Erst dann leitet es im Sinne einer Strategie tatsächlich das Handeln der Führungskräfte (vgl. SITTE

---

[1] Bezüglich möglicher Kategorisierungen von Prozessen strategischen Wandels findet sich in der Literatur eine Vielzahl von Vorschlägen. Beispielhaft wird hier auf die Typologie von Nadler/Tushman (1990, S. 79ff.) verwiesen. Anhand der Achsendimensionen „inkremental" oder „strategisch umfassend" bzw. „antizipatorisch" oder „reaktiv" unterscheiden sie vier Typen von „Changes". Dem hier vorgestellten Prozess entspricht am ehesten die sich aus der Kombination „strategisch umfassend/antizipatorisch" ergebende Variante der „Re-Orientation".

2003, S. 227ff.). Die einzelnen Phasen sind dabei nicht als klar voneinander abtrennbare Elemente zu verstehen, sondern gehen nahtlos ineinander über oder überlappen sich bezüglich einzelner Aspekte.

Phasen des Strategieprozesses	1 Wahrnehmung Handlungsbedarf	2 Thematisierung	3 Fokussierung Argumentation	4 Ausarbeitung	5 Strukturelle Verankerung
Inhalt der Strategie	Beobachtung aktueller Trends und Entwicklungen; Analogieschlüsse	Festlegung grober Stoßrichtungen	Diskussion und Bewertung von Alternativen; Herausbildung einer herrschenden Meinung	Detailklärung; Pilotprojekte; Maßnahmenplanung	Strategieformulierung; Anbindung an andere existierende Prinzipien
Stoßrichtungen Aufforderung zum Handeln (Change Management)	Beobachtung erfolgreicher Beispiele; Handlungsdruck	Schaffung von Bewusstsein; Aufbrechen von Commitment zum Status quo	Mobilisierung von Unterstützung; Schaffung von „Indifferenzzonen" und „No Lose" Situationen	Konsensbildung, Einbindung von Opponenten; Allokation von Ressourcen	Anpassung der Strukturen; Zuordnung von Verantwortung; Organisationale Speicherung
Methodik: Value Driven Business Design®	I Strategische Antizipation	II Business-Design-Optionen	III Modellierung Wertbeitrag und Machbarkeit	IV Anpassungsbedarf Ressourcen und Organisation	V Realisierung Wertwachstum, Umsetzung

Abb. 1: Phasen des Strategieprozesses

Bezüglich der Stoßrichtung des Handelns im Strategieprozess lassen sich über alle Phasen hinweg zwei Ebenen voneinander abgrenzen[2]. Einerseits muss der Inhalt der neuen Strategie erarbeitet werden. Andererseits ist parallel hierzu ein Strategieentwicklungsprozess durch die Aufforderung zu einem bestimmten Verhalten voranzutreiben. Um am Ende handlungswirksam zu sein, muss schließlich mit der inhaltlichen Klärung eines strategischen Prinzips eine Modifikation des Verhaltens einhergehen. Führungskräfte und Mitarbeiter müssen sich sukzessive von alten Handlungsmustern lösen und sich auf die neue Strategie „committen". Jeder Strategieentwicklungsprozess verfügt damit zugleich über eine umfassende *Change Management*-Komponente (vgl. NEHLS/KAUTZSCH 2004). Um einen Strategieprozess erfolgreich abzuschließen, kommt dem Pro-

---

[2] Die gewählte Unterscheidung geht wissenschaftstheoretisch auf das von Stegmüller (1960, S. 505) geprägte Begriffspaar von „Phrastik" (inhaltliche Konkretheit) und „Neustik" (Aufforderungsgehalt) zurück und wurde in der Literatur zum strategischen Management u.a. von Noda/Bower (1996, S. 160) unter den Stichworten „Definition" und „Impetus" aufgegriffen.

jektteam die Aufgabe zu, beide Teilprozesse aufeinander abzustimmen und in die gewünschte Richtung zu lenken.

Häufig werden Berater u.a. aufgrund ihres profunden Methodenwissens in Strategieentwicklungsprozesse eingebunden. Im Sinne einer größeren Anschaulichkeit werden deshalb im Folgenden die einzelnen Phasen beispielhaft mit der Methodik des „Value Driven Business Design" (vgl. Abbildung 1, Ziffern I bis V) hinterlegt (vgl. SLYWOTZKY/MORRISON 1997). Diese Methode unterstützt ein systematisches Vorgehen bei der Entwicklung von Strategien für profitables Wachstum und hat sich in der Praxis vielfach bewährt. Die Vorgehensweise folgt einer rigorosen Outside-in-Philosophie und konzipiert Geschäftsmodelle konsequent ausgehend vom Kundennutzen und der Nachfrage des Marktes. Zunächst werden im Zuge der strategischen Antizipation Wertverschiebungen in einer Branche und zwischen Branchen analysiert und attraktive künftige Gewinnzonen identifiziert. Hieraus werden nachfolgend Optionen für Geschäftsmodelle abgeleitet und bezüglich ihres Wertbeitrags und ihrer Machbarkeit bewertet. Nach Festlegung auf eines oder mehrere komplementäre Modelle wird der hiermit verbundene organisatorische Anpassungsbedarf detailliert und eine Maßnahmenplanung zur Umsetzung entwickelt. Der fünfte Schritt beinhaltet schließlich die tatsächliche Implementierung des Geschäftsmodells und die Realisierung des Wertwachstums. Im Weiteren werden die sich aus Abbildung 1 ergebenden Felder hinsichtlich der Möglichkeiten und Grenzen der Beiträge von Beratern im gemeinsamen Projektteam betrachtet.

2.1 Wahrnehmung eines Handlungsbedarfs

Um einen Strategieentwicklungsprozess in Gang zu bringen, muss das Management zunächst einen strategischen Handlungsbedarf wahrnehmen. Dieser ergibt sich inhaltlich – eventuell durch entsprechende Managementsysteme wie eine strategische Frühaufklärung unterstützt –, indem die Führungskräfte die Umwelt beobachten und entsprechende Signale wahrnehmen. Solche Signale, zum Beispiel die beginnende Verlagerung von Produktionsstätten durch Unternehmen verwandter Branchen, weisen als „Indikatoren" auf strategisch relevante Themen hin. Im Einzelnen ergeben sich Hinweise gleichermaßen aus der Beobachtung von unternehmensexternen und -internen Handlungsfeldern: Impulse von außen können aus einem Benchmarking mit Konkurrenten genauso hervorgehen wie aus bei Kunden und Lieferanten festgestellten Veränderungen. Auch die Wissenschaft, Journalisten oder Akteure des Kapitalmarktes wie Analysten oder Banken können als Ideengeber fungieren. Hinzu kommen Beobachtungen gesellschaftlicher und politischer Aktivitäten wie Trends, Communiqués von Interessenverbänden, Gesetzgebungsverfahren oder die aktuelle Rechtsprechung. Zusätzlich kommen als „Lieferanten" strategischer Inhalte interne Faktoren in Betracht: Auch aus der Diagnose von Schwachstellen in der eigenen Wertschöpfungskette, aus Ertragsschwäche oder aus der Berufung neuer Führungskräfte gehen strategische Impulse hervor. Damit ein Strategieprozess jedoch tatsächlich angestoßen wird, muss das Management nun zusätzlich zu relevanten Inhalten eine Handlungsnotwendigkeit erkennen. Diese ergibt sich beispielsweise aus dem Erfolg von Konkurrenten bei der Umsetzung neuer Strategien oder der Tatsache, dass es intern innerhalb des bisherigen Geschäftsmodells nicht gelingt, einen Geschäftsbereich in die schwarzen Zahlen zu führen, und der Ergebnisdruck wächst.

Eine Sonderrolle bei der Wahrnehmung eines Handlungsbedarfs kommt Strategieberatern zu: Da ihr Geschäftsmodell unter anderem auf einer aktiven Vermarktung strategisch bedeutsamer Ideen und Konzepte beruht, übernehmen sie in einem entwickelten Markt oftmals die Rolle eines Frühwarnsystems. Sie fertigen beispielsweise Studien über künftige Entwicklungen in einer Branche an oder nutzen ihre Industrie- und Unternehmenskenntnis, um strategische Handlungsnotwendigkeiten abzuleiten. Mit solchem Wissen ausgestattet, treten sie aktiv an das Management heran oder werden von Unternehmen eingeladen, um ihre Sicht der Dinge vorzutragen und Handlungsoptionen aufzuzeigen. Je nachdem, wie überzeugend ihnen dies ggf. im Rahmen eines „Beauty Contest" gelingt, werden sie für die Begleitung eines konkreten Strategieentwicklungsprozesses engagiert. Daher besteht gerade für Top-Strategieberatungen das Problem, sich von der Konkurrenz differenzieren zu müssen, die ebenfalls über erstklassiges Branchenwissen und hervorragende Berater verfügt. Ein wichtiger Ansatzpunkt ist hier die Entwicklung einer eigenständigen methodischen Herangehensweise, die den Kunden kraft ihrer Logik und Systematik davon überzeugt, mit diesem Berater den effizientesten Weg zu gehen.

Am Beispiel der Methodik des Value Driven Business Design argumentiert, lässt sich für die Phase 1 der wahrgenommene Handlungsbedarf durch das Projektteam in zwei Schritten spezifizieren. Zunächst werden in der Value-Migration®-Analyse die relevanten Kunden- und Marktsegmente analysiert und Erkenntnisse über künftige Kundenprioritäten abgeleitet. Zudem werden die

Geschäftsmodelle aktueller und potenzieller Wettbewerber beschrieben und bewertet. Auf Grundlage einer entsprechenden Datenbasis können anschließend die Werttreiber des Geschäfts identifiziert und zu erwartende Wertverschiebungen modelliert werden. In einem zweiten Schritt erfolgt die Ermittlung der attraktivsten Gewinnzonen. Auf Grundlage der künftigen Kundenanforderungen werden die „Profit Zones" beschrieben, die aufgrund ihrer Größe, ihrer Werthaltigkeit und ihres Wertwachstums in Zukunft die attraktivsten Gewinne versprechen. Ergebnis beider Schritte ist eine konkrete Qualifizierung und Quantifizierung des strategischen Handlungsbedarfs.

Wirft man – komplementär zu den dargestellten Möglichkeiten – einen Blick auf die Grenzen, an die Strategieberatung in dieser ersten Phase stößt, rücken drei Aspekte in den Vordergrund. Die ersten beiden betreffen die Vermarktung von Beratungsleistungen. So hat die Frühwarnfunktion von Beratern einen „Bias" zugunsten derjenigen Themen und Aspekte, die der jeweilige Berater beobachtet. Anders formuliert: Das von Beratern aktiv angebotene Fachwissen ist in Teilen angebotsgetrieben. Je nachdem, welche Studien aktuell verfasst wurden und welche Beratungsprojekte zuletzt durchgeführt wurden, entspringen die strategischen Themen, mit denen Berater auf Unternehmen zugehen, nicht dem grundsätzlich vorhandenen, sondern dem dem Berater zugänglichen Know-how. Er unterliegt in seinen Beobachtungen damit grundsätzlich den gleichen Restriktionen wie Manager auch – wenn auch aufgrund des unternehmensübergreifenden Charakters des Beratungsgeschäfts in der Regel mit breiterer Streuung.

Zum Zweiten stehen Berater häufig im harten Wettbewerb zu Konkurrenten. Daraus kann die Notwendigkeit resultieren, den Eindruck zu erwecken, in möglichst vielen relevanten Feldern über aktuellste Daten zu verfügen und bezogen auf die angestrebten Ergebnisse des Projektes weiter springen zu können als die Konkurrenz. Je nach den „Professional Standards", denen sich Berater verpflichtet fühlen, und zusätzlichen Ressourcen, die mobilisiert werden könnten, kann dies dazu führen, dass mehr versprochen wird, als tatsächlich eingehalten werden kann. Dagegen spricht jedoch in professionellen Beratungsfirmen der unbedingte Wille zum Aufbau langfristiger, vertrauensbasierter Kundenbeziehungen, die existenzgefährdende Wirkung eines Reputationsverlustes sowie gegebenenfalls harte interne Sanktionsmechanismen gegen die Verantwortlichen.

Eine dritte Grenze betrifft schließlich die ins Projektteam berufenen Mitglieder sowie die zur Eingrenzung des strategischen Handlungsbedarfes eingesetzten Methoden. Mit der kunden- wie beraterseitigen Entscheidung für die Entsendung bestimmter Personen und den Einsatz spezifischer Tools werden sowohl Vorentscheidungen getroffen, welche Inhalte potenziell ins Blickfeld rücken und welche außen vor bleiben, als auch, welche Personen künftig „gesetzt" sind. Da solche personengebundenen Grenzen jedem Beratungsprojekt inhärent sind, sollten sie im positiven Sinne genutzt werden, um bereits vorab wichtige Pflöcke einzuschlagen und dem Strategieentwicklungsprozess von vornherein eine bestimmte Richtung zu geben.

2.2 Thematisierung des Handlungsbedarfs

In der zweiten Phase kommt dem Projektteam die Aufgabe zu, den Handlungsbedarf innerhalb des Unternehmens zu thematisieren, das heißt der wahrgenommene strategische Handlungsbedarf muss *inhaltlich* als Thema platziert werden. In dieser „Thematisierungsphase" gibt das Projektteam zunächst häufig nur eine grobe *inhaltliche* Richtung für das zu entwickelnde strategische Prinzip vor. Denn einerseits dient der folgende Diskussionsprozess gerade dazu, das Themenverständnis zu vertiefen. Erst im „Spiel der Argumente" zeigt sich, welche Ziele die richtigen sind und welches Vorgehen am Erfolg versprechendsten scheint. Andererseits kann durch vage und zunächst vielfältig anschlussfähige Vorgaben verhindert werden, dass sich bereits eine Opposition formiert, bevor überhaupt klar ist, „wohin die Reise geht". Aus der *Change-Management-*Perspektive richten sich die Interventionen der Führungskräfte primär darauf, im Unternehmen ein Problembewusstsein zu schaffen. Für den Fall, dass das sich abzeichnende neue strategische Prinzip in Konkurrenz zu einem oder mehreren bereits existierenden Strategien tritt, kommt es dabei insbesondere darauf an, das Commitment der Akteure zum Status quo aufzuweichen; allerdings ebenfalls in einer Art und Weise, die jene Akteure, die einerseits „Väter" des alten Prinzips sind und die andererseits noch für die Ausarbeitung und Umsetzung der neuen Strategie benötigt werden, nicht von vornherein als Opponenten auf den Plan ruft.

„Executives in basically healthy companies realized that any attempt to introduce a new strategy would have to deal with the support its predecessor had. Barring a major crisis, a frontal attack on the old strategy could easily be interpreted as an attack on those who espoused it... In addition, there often were a variety of legitimate views as to what could and should be done in the circumstances the entity now faced, and a wise executive did not want to alienate people who would otherwise be supporters" (QUINN 1980, S. 119).

Zentraler Stellenwert kommt in dieser Phase insbesondere symbolischen Handlungen und Metaphern zu. So erwies sich beispielsweise die Metapher von einer „Flotte wendiger Boote anstelle eines schweren Tankers" als probates kommunikatives Mittel, um die Neuausrichtung des Siemens-Konzerns in eine bestimmte Richtung voranzutreiben, ohne sich bereits konkret festlegen zu müssen. Auf diese Weise lässt sich, ausgehend vom Alten, die Brücke zum Neuen schlagen.

Das Value Driven Business Design sieht für diesen zweiten Schritt die Ausarbeitung verschiedener Optionen künftiger Business Designs bzw. Geschäftsmodelle vor (vgl. Abbildung 2). Nachdem im ersten Schritt in Phase I im Sinne einer strategischen Antizipation bewertet wurde, in welche Richtung sich die Werttreiber innerhalb der Branche langfristig entwickeln und wo künftig die attraktivsten Profit Zones liegen, gilt es nun zu zeigen, welche Geschäftsmodelle potenziell geeignet sind, um in diese Gewinnzonen vorzustoßen. Dabei können zunächst durchaus verschiedene Varianten ausgearbeitet werden, um die Perspektiven zu weiten und sich nicht von vornherein einem Bias zugunsten des Status quo zu unterwerfen. Ein Geschäftsmodell umfasst im Einzelnen die eng miteinander verzahnten Elemente Marktpositionierung („Welche Kunden- und Marktsegmente werden bedient?"), Gewinnerzielung („Welches Gewinnmodell wird gewählt?"), Ressourceneinsatz („Welche Wertschöpfungsstruktur ist geeignet?"), Absicherung („Wie wird das Geschäftsmodell gegenüber dem Wettbewerb nachhaltig abgesichert?") sowie Organisation, Mitarbeiter und Kultur („Welches Organisationssystem, welche Unternehmenskultur und welche Anreizstrukturen sind notwendig?").

Marktpositionierung

- Zielmärkte und -kunden
- Leistungsangebot
- Differenzierung

Gewinnerzielung

- Treiber
- Gewinnmodell
- Profitabilität

Organisation, Mitarbeiter und Kultur

- Wettbewerbsbarrieren
- Alleinstellungsgrad
- Nachhaltigkeit

Absicherung

- Wertschöpfungsstruktur
- Leistungstiefe
- Kapitalintensität

Ressourceneinsatz

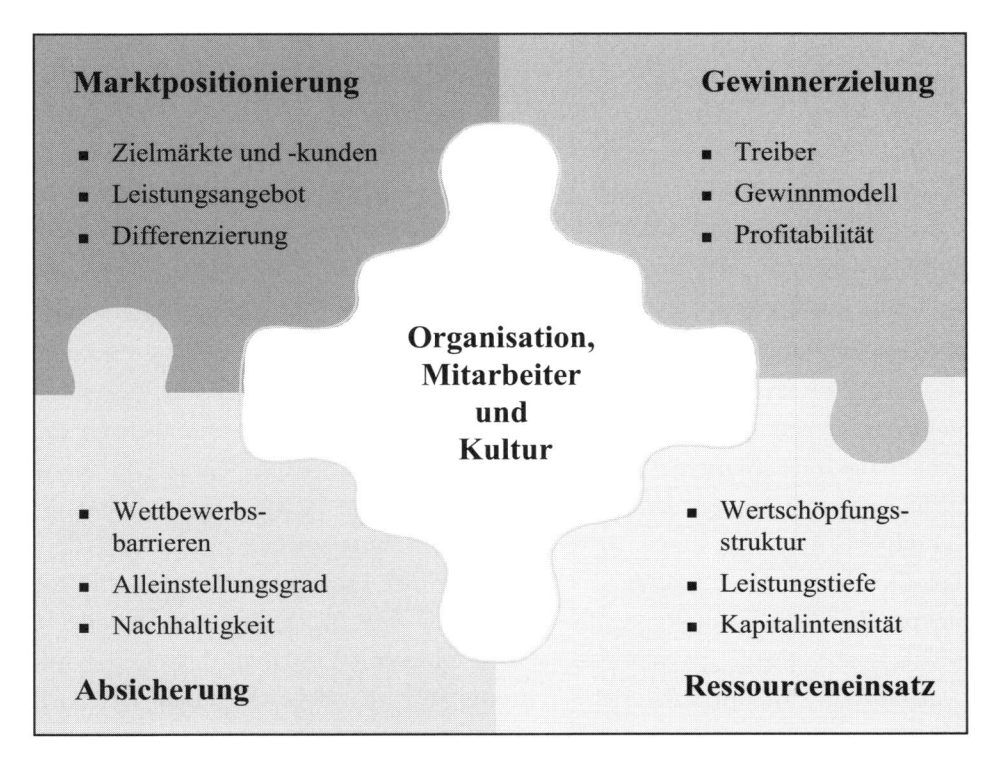

Abb. 2: Elemente eines Geschäftsmodells

Grenzen im Beratungsprozess resultieren in Phase zwei primär aus den von den Auftraggebern zugestandenen inhaltlichen Freiheitsgraden bei der Ausarbeitung möglicher Business Designs. Wenn die Leitplanken für das Projektteam zu eng gesteckt sind, besteht die Gefahr, dass die in Betracht gezogenen Geschäftsmodelle zu nahe am Status quo liegen und der „große Wurf" für nachhaltiges profitables Wachstum nicht gelingt. Reife Organisationen mit etablierten Geschäftsmodellen neigen bisweilen zu Erstarrung und Betriebsblindheit. Solange sie sich (noch) in einem stabilen Gleichgewicht befinden, immunisieren sie sich gegen neue Impulse von außen. Hier kommt dem Berater zunächst innerhalb des Projektteams die Aufgabe zu, auf Klientenseite Bewusstsein zu schaffen und das Festhalten am Status quo aufzubrechen. In einem zweiten Schritt muss das Projektteam dann mobilisiert werden, um gemeinsam auch außerhalb des Teams – etwa beim Vorstand – für eine angemessene Vielfalt zu betrachtender Stoßrichtungen zu werben. Ein optimal gestalteter Strategieentwicklungsprozess muss sich zunächst hinreichend „entfalten" können, um dann in einem nächsten Schritt wieder „eingefangen" zu werden. Der Berater muss für ein gesundes Ausmaß der Entfaltung sorgen und dabei gleichzeitig die im nächsten Schritt notwendige Fokussierung mitdenken.

2.3 Fokussierung der Argumentation

In Phase drei gilt es, den Argumentations- und Meinungsbildungsprozess weiter voranzutreiben, um zu einer möglichst einheitlichen Meinung bezüglich der anzustrebenden Strategie zu gelangen. *Inhaltlich* ist zunächst dafür zu sorgen, dass im Diskussionsprozess möglichst viele relevante Aspekte ans Tageslicht gefördert werden. Hierfür können „Task Forces" ins Leben gerufen werden, die inhaltliche Teilaspekte ausarbeiten, Alternativen und Varianten prüfen sowie Szenarien erstellen; es kann auch zusätzlich, zum Beispiel über Marktforschungsinstitute, auf weitere externe Unterstützung zurückgegriffen werden. Letztlich hängt der Erfolg der Interventionen des Projektteams in dieser Phase davon ab, ob es ihm gelingt, die „Entfaltung" des Strategieprozesses zeitlich, sachlich und sozial „passend" zu dimensionieren. Wie lange diskutiert wird, welche Aspekte zum Thema gehören oder wer in welcher Form am Diskussionsprozess teilnimmt, sind wichtige Hebel, um dem Argumentationsprozess zu einer Richtung zu verhelfen. Auch das Management kann diese Hebel bedienen, indem es zum Beispiel „Milestones" festlegt, Vorschläge überarbeiten lässt, Zwischenergebnisse zurückweist, Teilaspekte besonders hervorhebt oder einer Studie besonderes Gewicht beimisst. Ziel ist es, den Argumentationsprozess so zu gestalten, dass sich der Inhalt der neuen Strategie zunehmend konkretisiert und an Kontur gewinnt.

Aus der Perspektive des *Change Management* steht das Anliegen im Mittelpunkt, Unterstützung für die als richtig erachteten Inhalte zu mobilisieren. Vergegenwärtigt man sich, dass mit dem „Ringen" um die richtigen Inhalte stets auch Gewinn-und-Verlust-Machtkämpfe verbunden sind, zeigt sich „im Schatten" der Inhalte gleichzeitig, was politisch möglich ist. Es kann durchaus sein, dass in der Sache unstrittig bessere Inhalte politisch keine ausreichende Unterstützung finden, da die mit der inhaltlichen Umorientierung verbundenen strukturellen Folgen nicht abschätzbar sind bzw. für vorhersehbare Konsequenzen keine einvernehmliche Lösung gefunden werden kann. Ob sich bezüglich mehrerer möglicher Varianten eines strategischen Prinzips eine „natürliche" herrschende Meinung herauskristallisiert, hängt maßgeblich davon ab, ob der Diskussionsprozess so gestaltet werden kann, dass sich möglichst wenige Akteure als Verlierer sehen (Schaffung von „No Lose"-Situationen) und dass Raum für alternative Sichtweisen offen gehalten wird (Errichtung von „Indifferenzzonen"). Damit einher geht die Frage nach der gezielten Einbindung bzw. Mobilisierung von „Schlüsselakteuren". Wer wichtige Meinungsbildner nicht hinter sich weiß und deshalb auf die Opposition einflussreicher Gegner trifft, wird sich schwer tun, für seine Sicht der Dinge genügend Unterstützung zu finden.

Methodisch werden beim Value Driven Business Design in Phase drei die grundsätzlich erwogenen Geschäftsmodelloptionen inhaltlich gefüllt und „auf Herz und Nieren" getestet. Auf Grundlage einer Modellierung der Wirtschaftlichkeit der jeweiligen Varianten wird unter Berücksichtigung von Umsatz- und Kostenaspekten sowie der Kapitalbindung zunächst ihr potenzieller Wertbeitrag errechnet. Komplementär hierzu werden auch die „Kosten" der Umsetzung der jeweiligen Alternativen betrachtet. Neben quantitativen Faktoren werden hier auch qualitative Aspekte wie die politische Machbarkeit oder der geschätzte Zeithorizont für die Realisierung des Business Design berücksichtigt. Am Ende können die verschiedenen Optionen dann bei variierenden Basisannahmen zum Beispiel auf Grundlage eines Scoring-Modells bewertet und miteinander verglichen werden. So wird die notwendige Transparenz für eine Entscheidung für das eine oder andere Modell bzw. eine Kombination mehrerer Optionen geschaffen.

An Grenzen stoßen Berater in dieser dritten Phase insbesondere prozessseitig. Sie können nur eingeschränkt Einfluss auf die Größe der Arena nehmen, in der die einzelnen Optionen diskutiert werden, ebenso wie sie nur einen beschränkten Beitrag dazu leisten können, den Prozess wieder zu kanalisieren. Sie sind hier stark auf die kundenseitigen Projektmitglieder bzw. das Management angewiesen, da nur diese über das für einen breiten, aber kontrollierten Diskussionsprozess notwendige Wissen über Historie, Befindlichkeiten, Netzwerk sowie Entscheidungs- und Sanktionsmacht im Unternehmen verfügen. Berater sind für die Prozessgestaltung und -kontrolle auf den Kunden angewiesen. Der Beitrag von Beratern weist in dieser Phase einen klaren inhaltlichen Bias in Richtung Entscheidungsvorbereitung auf.

2.4 Ausarbeitung der neuen Strategie

In Phase vier hat das Projektteam die Aufgabe, die Basis des sich abzeichnenden strategischen Prinzips zu erweitern und die Strategie zu detaillieren. Auch wenn sich die *inhaltliche* Richtung schon im Sinne einer herrschenden Meinung verfestigt hat, ist noch die detaillierte Ausarbeitung und Anbindung der Strategie zu leisten. Das Prinzip muss auf Pläne, Budgets und Kennzahlen heruntergebrochen und an existierende Erfordernisse angepasst werden (vgl. MINTZBERG 1994: 337). Der hierfür notwendige Konkretisierungsprozess verläuft häufig iterativ: Varianten werden im Kleinen in „Pilotprojekten" getestet, verschiedene nicht antizipierte Probleme treten auf oder zusätzliche Schnittstellen werden offenbar. Die Varianten werden dann angesichts dieser Erfahrungen modifiziert und erneut getestet, bis das strategische Prinzip „Serienreife" erlangt hat und in die ganze Breite seines Geltungsbereichs getragen werden kann. Gleichzeitig können mit zunehmender Konkretisierung auch erste Formulierungsentwürfe der neuen Strategie lanciert werden. Solche Entwürfe dienen als „Testballons", die einer möglichen abschließenden und offiziell autorisierten Strategieformulierung vorauseilen. Auf diese Weise lässt sich nicht nur herausfinden, welche Formulierungen eventuell „konsensfähig" sind, sondern es lässt sich auch „potenzielle Wirklichkeit" rahmen: Indem bestimmte Möglichkeiten angedeutet oder Inhalte „probeweise" enttabuisiert werden, wird der Rahmen des künftig zu Erwartenden abgesteckt.

In der Dimension *Aufforderung zum Handeln* ist in dieser Phase darauf abzustellen, möglichst auch diejenigen Führungskräfte für die neue Strategie zu gewinnen, die ihr gleichgültig gegenüberstehen, deren Meinung sich nicht durchgesetzt hat oder die noch immer opponieren und die neue Strategie offen oder verdeckt torpedieren. Manager, die zu den Verfechtern des Neuen gehören, können in dieser Phase bereits als Multiplikatoren und „Change Agents" eingesetzt werden, etwa indem sie auf Schlüsselpositionen für die Umsetzung der neuen Strategie befördert werden. Zusätzlich gilt es, verbliebene Opponenten doch noch „ins Boot zu holen": durch Verhandlungen, das Anbieten von Kompensationsleistungen, durch Übergangslösungen oder punktuelle Ausnahmeregelungen. Bedenkt man, dass ein neues strategisches Prinzip meist nicht rundweg als Ganzes abgelehnt wird, sondern sich Opposition in der Regel auf Teilaspekte bezieht, ergeben sich viele Ansatzpunkte, ohne direkt zur Ultima Ratio der „Neutralisierung" durch Versetzung oder Entlassung zu greifen. Ein weiteres Mittel zur Steigerung des Aufforderungsgehalts bietet die Allokation von Ressourcen. Sie können so zugewiesen werden, dass sich bereits frühzeitig Anreize ergeben, möglichst schnell und umfassend im Sinne der neuen Strategie zu agieren. Weiterhin können die demonstrative Unterstützung und großzügige Budgetierung von Pilotprojekten als Signal für den herausragenden Stellenwert des neuen strategischen Prinzips genutzt werden. Parallel hierzu sollten „Quick Wins" zügig definiert und möglichst umgehend realisiert werden, um früh kommunizierbare Indikatoren für die Wirksamkeit und Richtigkeit der neuen Strategie zu produzieren.

Value Driven Business Design unterstützt das Projektteam in dieser Phase methodisch, indem es eine Struktur zur Verfügung stellt, mit der sich der Anpassungsbedarf systematisch erfassen lässt, den die Entscheidung für ein bestimmtes Business Design für die jeweilige Organisation mit sich bringt. Hierfür wird die Lücke zwischen aktuell im Unternehmen vorhandenen und künftig benötigten Ressourcen, Kompetenzen und Organisationsstrukturen quantitativ und qualitativ bewertet. Auf dieser Basis kann in einem zweiten Schritt eine konkrete Maßnahmenplanung für die Umsetzung bzw. Realisierung des Wertwachstums erstellt werden.

Bezüglich potenzieller Grenzen gilt in diesem Stadium zunächst das in Abschnitt 2.3 Gesagte analog. Die Herausforderung für den Berater besteht im Prozess der Meinungsbildung und -verbreitung im Wesentlichen darin, sich als interessenausgleichender Makler zu positionieren und trotz des Interesses am zügigen Projektfortschritt nicht selbst Partei zu werden. Strikte Faktenorientierung und Neutralität im Gewinn-und-Verlust-Poker sichern dem Berater eine privilegierte Stellung im Prozess und ermöglichen eine effektive Moderation der Diskussion.

2.5 Strukturelle Verankerung im Unternehmen

In einem vorerst letzten Schritt gilt es schließlich, die erarbeitete Strategie strukturell zu verankern. Hauptaufgabe ist, dafür zu sorgen, dass sich das strategische Prinzip als handlungsleitendes „Orientierungsmuster" zeitlich überdauernd „in den Hinterköpfen" der relevanten Führungskräfte festsetzt. Einen möglichen *inhaltlichen* Schritt hierfür stellt die Verabschiedung einer offiziellen Strategieformulierung dar. Jene Inhalte, die sich im Zuge des Konkretisierungsprozesses sukzessive herauskristallisiert haben, können durch die Sanktionierung eines entsprechenden Dokuments offiziell legitimiert werden. Darüber hinaus kann die Führung durch eine Formulierung auch Anhaltspunkte dafür liefern, wie die neue Strategie im Verhältnis zu anderen bereits existierenden Strategien steht. Das neue Prinzip kann zum Beispiel ex post als „logische" Fortsetzung oder Ergänzung bereits existierender Prinzipien dargestellt oder auch im Verhältnis zum tatsächlichen Ablauf des Strategieprozesses „geglättet" werden. Eine derart instrumentalisierte Formulierung kann damit auch in solchen Fällen dazu beitragen, Kontinuität und Integration zu sichern, in denen der Formierungsprozess faktisch von Friktionen und Konflikten geprägt war. Durch die Formulierung wird ein nach außen und innen „vermarktbares" Kommunikationsinstrument gewonnen: Sowohl gegenüber den externen Stakeholdern als auch gegenüber den eigenen Mitarbeitern kann die autorisierte Version bekannt gemacht und mit ihrer Hilfe „Ergebnispromotion" betrieben werden. Gleichzeitig können an eine Formulierung formal sanktionierbare Verhaltenserwartungen geknüpft werden. Meilensteine und Kennzahlen werden erst durch eine offiziell autorisierte Formulierung zu einer Kontrollgröße, auf die sich Anreiz- und Sanktionssysteme beziehen können.

Aus der *Change-Management*-Sicht geht es in Phase fünf darum, sowohl einzelne Personen als auch die Struktur der Organisation so zu prägen, dass im Einklang mit dem neuen strategischen Prinzip gehandelt wird. Die Anreiz- und Sanktionssysteme sind ein wesentlicher Transmissionsriemen für strategiekonformes Handeln. Wenn Entlohnung und Karriere direkt an strategieinduzierte Messgrößen gebunden sind, nimmt der auffordernde Gehalt einer Strategie signifikant zu. Ein zweiter Ansatzpunkt ergibt sich über die Anpassung der Formalstruktur. Um ein strategisches Prinzip als handlungswirksame Strategie zu verankern, müssen meist auch Eingriffe in die Aufbau- und Ablauforganisation vorgenommen werden. Zusätzlich kommt es für eine erfolgreiche Implementierung entscheidend darauf an, die Verantwortung für die Umsetzung und Einhaltung des strategischen Prinzips an einzelne Personen zu binden. Den langfristig wirksamsten Hebel für die Verankerung stellt jedoch die „mentale Speicherung" der Strategie dar. Sie zielt darauf ab, das neue Prinzip zu einem Teil der Kultur zu machen, vor deren Hintergrund Führungskräfte im Unternehmen ihre Wirklichkeit definieren. Geeignete Mittel hierfür sind insbesondere Symbole, Erzählungen oder Mythen: Statussymbole wie Titel, Ränge, Bürogröße und -positionierung, Firmenwagen und Assistenz können ebenso zielgerichtet für die Illustration des Wandels eingesetzt werden wie Success Stories in der Sache oder Mythen über (neue) Führungskräfte.

Anhand der Mercer-Methodik des Value Driven Business Design lässt sich in der Implementierungsphase eine detaillierte Maßnahmenplanung vornehmen und ein konsequentes Umsetzungscontrolling installieren. Auf Basis geeigneter Tools werden Projektfortschritt und ergebniswirksame Effekte auf Ebene einzelner Maßnahmen geplant und der Umsetzungserfolg regelmäßig aufgezeigt. Parallel hierzu werden in drei Schritten Führungskräfte und Mitarbeiter für ein effektives Change Management mobilisiert: Ausgehend vom zentralen „Change Team" werden mit Informationsveranstaltungen, Workshops und Coaching-Maßnahmen zunächst die Führungskräfte und anschließend die Mitarbeiter informiert sowie aktiv in den Implementierungsprozess eingebunden. Über die Etablierung einer regelmäßigen Change-Kommunikation und zeitnahe Feedback-Schleifen entsteht ein aktiver Dialog zwischen allen Ebenen, um die Realisierung des Wertwachstums konsequent und unter Mobilisierung aller verfügbaren Kräfte voranzutreiben.

Die Grenzen der Einflussnahme von Beratern liegen während der Implementierungsphase vor allem in der tatsächlichen Umsetzung einzelner Maßnahmen. So kann ein Berater zwar als Planer, Prozesstreiber und Controller fungieren – die tatsächliche Realisierung und Verinnerlichung der neuen Strategie muss jedoch von den Mitarbeitern des Unternehmens selbst getragen werden. Dies gilt sowohl für die Führung der Mitarbeiter im Change-Prozess, die nur von den kundenseitig verantwortlichen Managern geleistet werden kann, als auch für operative Aufgaben. Der Berater bewegt sich im Spannungsfeld zwischen Eigeninteresse am erfolgreichen Abschluss des Projektes in der vereinbarten Laufzeit und nachhaltiger Einbindung des Kunden in die Umsetzungsverantwortung. Nach Ende des Mandats muss der Strategieprozess von Mitarbeitern auf Kundenseite weiter aktiv vorangetrieben werden, um nicht zu versanden. Deshalb kann es für einen Berater gegen Projektende auch Sinn machen, Dinge nicht (mehr) selbst zu leisten, sondern die Verantwortung früh an den Kunden weiterzugeben – im Zweifel auch unter Inkaufnahme eines langsameren Gesamtfortschritts. Berater können planen, organisieren, motivieren und inhaltliche Vorschläge machen, wie ein Change Management möglichst wirksam gestaltet werden kann. *Gelebt* werden muss der Wandel von den Mitarbeitern des Unternehmens.

Eine letzte, sehr pragmatische Grenze setzt in dieser letzten Phase schließlich das verfügbare Budget. Die Frage, wie lange ein Projekt ggf. aus inhaltlichen Gründen auch nach Auslaufen des vereinbarten Budgets noch fortgesetzt wird, erfordert aus Beratersicht eine sorgfältige Abwägung zwischen akzeptierbarer eigener Profitabilität und Sicherung des Gesamterfolgs des Projekts aus Kundensicht.

3 Fazit

Im vorliegenden Beitrag wurde dargestellt, wie der Prozess zur Entwicklung von Wachstumsstrategien in Unternehmen unter Hinzuziehung von Strategieberatern prototypisch abläuft. Dabei wurde deutlich, dass Berater sowohl aufgrund ihres Fachwissens als auch aufgrund ihrer Methodenkompetenz in jeder Phase der Strategieentwicklung einen signifikanten Mehrwert bieten können. Weil die strategische Neuausrichtung von Unternehmen inhaltlich und prozessual ein Höchstmaß an Komplexität aufweist, ist es unabdingbar, diesen Prozess systematisch zu planen und vorausschauend zu steuern. Ein Engagement von Beratern macht hier in aller Regel Sinn, da die eigenen Ressourcen auf diese Weise um ständig verfügbare, inhaltlich und methodisch hochqualifizierte Kräfte ergänzt werden. Auf Grundlage bewährter Methodiken wie Value Driven Business Design kann ein Strategieentwicklungsprozess fundiert und konsequent vorangetrieben werden und läuft weniger Gefahr zu versanden, da Berater keinen Trade-off-Abwägungen mit dem operativen Geschäft unterliegen.

Dennoch sind auch den Beiträgen von Beratern im Strategieprozess Grenzen gesetzt. Dies gilt bereits für das Projekt-Setup: Vom angebotsgetriebenen Bias beim Zustandekommen von Projektthemen über die jeweils propagierten Methoden bis hin zu den ins Projektteam entsandten Beratern rückt stets ein bestimmter Ausschnitt der Wirklichkeit in den Fokus. Andere, möglicherweise ebenfalls relevante Perspektiven werden zurückgedrängt. Während des Strategieprozesses verläuft die entscheidende Grenze entlang der Schnittstelle zwischen Berater und Kunde. Von der Entwicklung bis hin zur strukturellen Verankerung von Strategien interagieren Berater mit Mitarbeitern des Klienten. Letztere müssen elementare Funktionen eines Strategieentwicklungsprojektes wie Mitarbeiterführung, Kommunikation im unternehmensinternen Netzwerk oder die tatsächliche Umsetzung von Maßnahmen übernehmen. Wenn es dem Berater nicht gelingt, sich gegenüber den vielfältigen Interessengruppen im Unternehmen mit teilweise gegenläufigen Interessen als neutraler und objektiver Makler zu positionieren und belastbare Kompromisse zu vermitteln, ist der Beratungserfolg gefährdet.

Neben diesen „internen" Grenzen gibt es externe Grenzen, die erfahrungsgemäß auf laufende Strategieprojekte abstrahlen. So kann angesichts der Unvorhersagbarkeit künftiger Geschehnisse nicht davon ausgegangen werden, dass die Bedingungen stabil bleiben, zu denen zeitlich länger andauernde Prozesse der Strategieformierung ablaufen. Plötzlich eintretende „Katastrophen", eine sich ändernde politische „Großwetterlage", ein nicht anspringender „Konjunkturmotor", neue Technologien oder überraschende „Schachzüge" der Konkurrenz sind nur einige Beispiele für die Dynamik und Interdependenz, unter der sich Strategiebildung vollzieht.

Jedes strategische Beratungsprojekt stößt an prozessimmanente Grenzen. Die Keimzellen solcher Beschränkungen liegen jedoch primär in der Natur eines jeden Strategieprojekts – unabhängig davon, ob es mit oder ohne externe Unterstützung durchgeführt wird. Wägt man dagegen die vielfältigen Chancen ab, die der Einsatz externer Berater bietet, fällt die Antwort eindeutig aus: Das Engagement eines Beraters für die Entwicklung von Wachstumsstrategien begründet eine klassische Win-Win-Situation.

Literatur

KIESER, A. (2002): Wissenschaft und Beratung, Heidelberg.
KIRSCH, W. (2001): Die Führung von Unternehmen, München.
MINTZBERG, H. (1994): The Rise and Fall of Strategic Planning, New York et al.
NADLER D. A./TUSHMAN, M. L. (1990): Beyond the Charismatic Leader: Leadership and Organizational Change, in: California Management Review, Vol. 4 (1990), S. 77–97.
NEHLS, R. G./KAUTZSCH, T. (2004): Change to Grow: Was Change Management erfolgreich macht – ein Ansatz von Mercer Management Consulting, in: FINK, D. (2004; Hrsg.): Management Consulting Fieldbook, Die Ansätze der großen Unternehmensberater, 2. Aufl., München, S. 298–314.
NODA, T./BOWER, J. L. (1996): Strategy Making as Iterated Processes of Resource Allocation, in: Strategic Management Journal, Vol. 17 (1996), S. 152–192.
QUINN, J. B. (1980): Strategies for Change: Logical Incrementalism, Horewood.
SITTE, T. (2003): Akteure der strategischen Führung: Ein handlungstheoretisch fundierter Beitrag zu einer Theorie der strategischen Führung, München.
SLYWOTZKY, A. J./MORRISON, D. J. (1997): The Profit Zone: How Strategic Business Design Will Lead You to Tomorrow's Profits, New York.
STEGMÜLLER, W. (1960): Hauptströmungen der Gegenwartsphilosophie, Band 1, Stuttgart.

Kommentar: Bias To Plan

Prof. Dr. Günter Müller-Stewens
Universität St. Gallen

Im Zentrum des zu kommentierenden Beitrags steht ein *präskriptiver, 5-phasiger strategischer Planungsprozess („Value Driven Business Design")*. Er soll Unternehmen darin unterstützen, *neue profitable Wachstumsstrategien zu entwickeln*. Dieser Prozess ist vorerst nicht davon abhängig, dass er durch ein Beratungsunternehmen erbracht wird. Im vorliegenden Beitrag wird er jedoch als ein Instrument betrachtet, mittels dessen ein Beratungsunternehmen ein Klientenunternehmen bei seiner Strategieentwicklung zu unterstützen vermag. Unter dem Blickwinkel der Thematik des vorliegenden Buches „Grenzen der Beratung" sollen nun einige ergänzende Überlegungen zu diesem Beitrag gegeben werden. Dabei geht es nicht um generelle Grenzen der Beratung, sondern um Grenzen, an die man als Berater vielleicht stößt, wenn man auf Basis dieses Ansatzes arbeitet. Dabei sei vorweg erwähnt, dass es wohl keinen Beratungsansatz gibt, der nicht auch über ansatzeigene Grenzen verfügt.

Pragmatismus: Ein nur intern zugänglicher Entscheidungsmodus?

Betrachtet man den Leiter einer solchen strategischen Wachstumsperspektive, so wird sein Erfolg in der Balance zwischen einem planerischen Vorgehen und einem schnellen Reagieren auf überraschend auftretende Ereignisse bestehen. Man könnte hier auch von einer pragmatischen Grundhaltung sprechen.

Das, was dann in einer konkreten Situation das „richtige", pragmatische Handeln darstellt, wird für einen Außenstehenden – wie einen Berater – immer nur schwer zugänglich sein, denn dafür bräuchte man das Wissen eines Systemteilnehmers. D.h. dem Berater, der Wachstumsinitiativen für den Kunden entwickelt, sind hier natürliche Grenzen gesetzt.

Der Berater kann aber das Wissen ob dieser Bewusstseinsgrenze dazu nutzen, sie systematisch zu thematisieren und im Prozessdesign die dafür erforderlichen Freiheitsgrade bedenken.

Strategische Planung: Ausreichende Beachtung anderer Strategieprozesse?

Eine wohl schon klassische Leitdifferenz im Strategischen Management ist die Unterscheidung in Strategieinhalte und -prozesse. In dem Beitrag wird darauf verwiesen, dass es in einem Unternehmen nicht nur eine einzige Strategie mit ihren Inhalten gibt, sondern dass sich Strategien vielerorts im Unternehmen nebeneinander her – und durchaus mit konfliktären Inhalten – formiert haben können. Doch der Vielfalt der Inhalte steht die Vielfalt der Prozesse nicht nach. So gibt es in Unternehmen nicht nur einen einzigen strategischen Prozess, wie etwa den der „strategischen Planung", sondern es laufen parallel und miteinander verflochten noch eine große Anzahl anderer Strategieprozesse ab: Sinnstiftungsprozesse, Lernprozesse, Prozesse des „Agenda-Building" etc.

Der Erfolg der Strategiearbeit eines Unternehmens wird wesentlich auch davon abhängen, wie gut diese Prozesse gesamthaft verstanden und beeinflusst werden. Durch die natürliche Nähe der Beratungsarbeit zum systematisch planerischen Gestalten kann vermutet werden, dass die anderen strategischen Prozesse und deren Verflechtungen nicht genügend Aufmerksamkeit erfahren. Und selbst wenn man sich auch dieser Prozesse annimmt, dann stark aus dem Blickwinkel des Designs des Planungsprozesses.

Outside-in-Philosophie: Fähigkeit zur Simplifizierung ausreichend vorhanden?

Der vorgestellte Ansatz des „Value Driven Business Design" folgt der Grundidee, die Geschäftsmodelle der Wachstumsinitiativen rigoros vom Kunden und dessen Nutzenerwartungen her zu denken – eine Forderung, die man gerne teilt, wenn anzunehmen ist, dass der Kunde in etwa weiß, was er in ein paar Jahren für Bedürfnisse hat, und wenn die vorhandenen Ressourcen/Fähigkeiten fast beliebig auf ein Ziel hin formbar sind.

In den letzten Jahren gab es eine Reihe durch Berater geleitete Wachstumsprojekte von Unternehmen, die spektakulär scheiterten. Auch wenn solch ein Scheitern immer viele Gründe hat, so fällt doch auf, dass das entwickelte Geschäftsmodell häufig viel zu komplex war, um es in dem zur Verfügung stehenden Zeit- und Budgetfenster zum Funktionieren zu bringen.

Wo Berater häufig an ihre Grenzen stießen, war in ihrer Fähigkeit zur ausreichenden Simplifizierung des Geschäftsmodells, sodass es einerseits zwar nicht alle, aber doch genügend Kundenerwartungen erfüllte, andererseits aber auch funktionsfähig gemacht werden konnte.

Man kann sich dies wiederum erklären über die nur begrenzte Zugänglichkeit des Detailwissens, das erforderlich ist, um sich die Prozesse der Implementierung ausreichend genau vorstellen zu können. Damit ist auch ein Nachteil aufgezeigt, wenn die Inside-out-Perspektive in einem solchen Modell doch weitgehend ausgeblendet wird.

Reduzieren könnte man diese Grenze dadurch, indem man die klassische Zwei-Schritt-Logik „Formulierung-Implementierung", die auch im hiesigen Ansatz zur Anwendung gelangt, gegen einen mehr iterativen Ansatz eintauscht, bei dem es immer wieder zu kleinen Markttests der ersten Strategieideen kommt und man sich so sukzessive über mehrere Lernschleifen etwas mehr Detailwissen über die Reaktion von Markt und Organisation aufbaut. Es entsteht dann auch eine gewisse „Demut" zur Eigendynamik des zu gestaltenden Systems. Man könnte nun argumentieren, dass dieses Detailwissen aus dem beratenen Unternehmen kommt, doch bei innovativen Initiativen betritt man auch hier oft prozessuales Neuland.

Der hybride Ansatz: Eine Umgehung von Systemgrenzen?

Strategische Planungsprozesse finden in den meisten Unternehmen kalendergetrieben statt. Als Managementsystem der Zentrale haben sie oft einen bürokratischen Charakter und werden im Allgemeinen nicht als der Ort betrachtet, an dem sich unternehmerisches Handeln entfaltet. Die Frage ist, ob ein derartiger, auf die Verwaltung und Ausschöpfung bestehender Potenziale ausgerichteter Prozess überhaupt so weit angepasst und optimiert werden kann, dass er dem Zweck des Aufwirbelns möglichst vieler innovativer Wachstumsideen gerecht zu werden vermag. Der Berater stößt hier einmal mehr an die ihm durch das System gesetzten Grenzen. Der Planungsmodus wird hier das Geschehen dominieren und nur sehr limitiert den Kontext für die Entwicklung innovativer Wachstumsinitiativen bieten.

Hier kann vielleicht nur ein „Ausbruchsversuch" helfen, indem man den strategischen Planungsprozess belässt wie er ist, jedoch daneben noch einen

Prozess installiert, der mehr einem evolutionstheoretischen Grundmuster folgt: Wie können wir möglichst viele solcher Initiativen aufwirbeln (Variation)? Wie wählen wir die besten dieser Initiativen aus (Selektion)? Wie verankern wir die neue Initiative in der laufenden Organisation (Retention)?

Zusammenfassend kann gesagt werden, dass eine Beratung auf der Basis eines Denkmodells der strategischen Planung (hier von Initiativen profitablen Wachstums) auf verschiedene Grenzen stoßen kann, die unter dem Konstrukt „Überbetonung des Planerischen" („bias to plan") subsummiert werden können. Diese Grenzen sind nicht unverrückbar, sondern können durch eine aktive Thematisierung und Bearbeitung auch nach außen verschoben werden, sodass es zu einem ausgewogeneren Denken und Handeln kommt.

4 Vom Berater zum Ratgeber

Martin Reitenspieß
Partner und Mitglied der weltweiten Partnerschaft,
Booz Allen Hamilton
Dr. Peter Hardt
Associate, Booz Allen Hamilton

Charakter und Kompetenz schaffen Vertrauen

Ein Bauunternehmen beauftragte Booz Allen Hamilton vor einigen Jahren mit der Identifizierung und Bewertung von Kosteneinsparpotenzialen. Unser Klient aus dem Vorstand gab uns zu verstehen, dass wir insbesondere die Personalkosten unter die Lupe nehmen sollten. Eine Analyse legte verschiedene Felder mit Einsparpotenzialen offen, besonders nachhaltig in den Bereichen Einkauf und Personal. Bereits in den Meetings im Vorfeld der Vorstandsklausur zeigte sich unser Klient sehr interessiert an den Befunden im Bereich Personal, weniger allerdings in Sachen Einkauf. Der Grund wurde uns während der Vorstandsklausur deutlich: Unser Klient griff den Personalvorstand mithilfe unserer Projektergebnisse scharf an. Insbesondere kritisierte er die Vereinbarung mit dem Betriebsrat zum Verzicht auf betriebsbedingte Kündigungen, die der Personalvorstand ausgehandelt hatte, und gab ihm die Schuld an der ungünstigen Kostenentwicklung der letzten Zeit. Es entstand der Eindruck, dass das Projektergebnis gezielt gegen den Personalvorstand gerichtet war, was unserer Intention zuwiderlief und den Projekterfolg gefährdete.

Herausforderungen im Zusammenspiel von Management und Beratung

Der geschilderte Fall mag extrem sein, doch in der Praxis einer strategischen Unternehmensberatung erleben wir immer wieder Herausforderungen zur effektiven Zusammenarbeit mit dem Management. Sie gilt es zu meistern, um den gemeinsamen Projekterfolg sicherzustellen. Die fünf wesentlichen Herausforderungen auf dem Weg zu einer konstruktiven Zusammenarbeit sind: **Kommunikation, Strukturen, Kultur, Kompetenzen** und **Relationship**. Wie können diese Herausforderungen in der Zusammenarbeit erfolgreich adressiert werden? Die vertrauensvolle Beziehung zwischen Manager und Berater ist der Schlüssel.

Kommunikation
- Misslungene Verständigung über Projektziele und -inhalte
- Mangelnde Verzahnung während der Projektarbeit
- Unausgesprochene Erwartungen über Ergebnisse

Kompetenzen
- Manager als „Entscheider" versus Berater als „Analytiker"
- Manager: Fokussierung auf Alltagsgeschäft
- Berater: Fehlende Operationalisierbarkeit von Vorschlägen

Strukturen
- Interne Auseinandersetzungen über strategische Ausrichtung
- Verzögerung wichtiger Entscheidungen
- Konflikte mit Hierarchien
- Zwischenzeitlicher Austausch projektwichtiger Personen

Relationship
- Mangelndes Vertrauen
- Differenzen in Temperament und Persönlichkeit
- Ethische Differenzen

Kultur
- Unklarheit über Visionen und Ziele
- Fehlen eines Willens zum Wandel: Resistenz gegen Transformationen
- Überforderung der Transformationsfähigkeit des Unternehmens

Treten in einem strategischen Beratungsprojekt Schwierigkeiten auf, sind meist weder der Berater noch das Management „schuld". Probleme ergeben sich häufig aus der Interaktion. Zur ersten Herausforderung, der **Kommunikation,** gehören immer zwei, und beide Partner können hier Fehler machen. In unseren Projekten erleben wir leider von Zeit zu Zeit, dass der Konsens über Ziele, Inhalte und Erwartungen an ein Projekt zwischen Management und Beratung unzureichend ist. Die Gründe sind vielfältig: Der Projektauftrag kann unklar formuliert sein, vermeintlich selbstverständliche Informationen werden nicht ausgetauscht, der Berater interpretiert seinen Auftrag unzutreffend oder wendet Erfahrungen und Konzepte vergangener Projekt an, die aus Sicht des Managements nicht passgenau sind. Dies wird insbesondere dort zum Problem, wo die Verzahnung von Management und Berater aus Zeitdruck nur gering ist und zu wenig Austausch über den aktuellen Stand des Projekts, die Zwischenergebnisse oder neue Entwicklungen im Unternehmen stattfindet. Eine besonders schwierige Hürde: *Nicht kommunizierte* Erwartungen! Etwa wenn das Management ein konkretes Ergebnis erwartet, ohne seine Hypothese zu äußern, oder die wahre Agenda und die eigentliche Intention hinter dem Projekt nicht offen gelegt werden.

Bei einem Projekt in einem Medienunternehmen traten Differenzen im Verständnis des Projektauftrags erst unmittelbar vor Ende zutage. Der Grund lag in der fehlenden Verzahnung mit dem Verantwortlichen auf Klientenseite: Aus Termingründen und aktuellen Verpflichtungen musste weitgehend auf eine Abstimmung über Zwischenstände verzichtet werden. Erst kurz vor dem Workshop mit Mitarbeitern konnte unser Klient die Ergebnisse begutachten. Sein Befund war, dass die Analyse einerseits in vielen Punkten seine Erwartungen übertraf und mehr Informationen geliefert wurden als gewünscht. Andererseits aber blieben einzelne Fragen offen, deren Klärung er vom Projekt erwartete, auch wenn sie nicht Teil der offiziellen und ursprünglichen Projektbeschreibung waren.

Auslöser für manche Schwierigkeiten können in den **Strukturen** liegen, der zweiten Herausforderung auf dem Weg zu einem beiderseitig erfolgreichen Beratungsprozess. Der Klient ist in den seltensten Fällen „das Management", sondern vielmehr ein Mitglieder der Unternehmensleitung oder Leiter einer Business-Unit. Eine wichtige Frage, die für den Berater geklärt werden muss ist: Wer ist der eigentliche Kunde und Entscheider? Es muss berücksichtigt werden, dass „das Unternehmen" nicht mit einer Stimme zum Berater spricht, sondern interne Auseinandersetzungen und Meinungsverschiedenheiten um die strategische Ausrichtung in den Beratungsprozess hineinspielen. Mögliche Folgen: Unklarheiten über Kompetenzen, die Vertagung projektrelevanter Entscheidungen, die Behinderung der Arbeit durch andere Abteilungen sowie Konflikte zwischen Interessen des konkreten Klienten und des Gesamtunternehmens. Auf Seiten der Berater besteht die Gefahr, dass sie in Unkenntnis der internen Politik unsensibel im Unternehmen agieren und die wahren Hindernisse für die erfolgreiche Umsetzung von Empfehlungen nicht erkennen.

Wenn mangelnde Kommunikation und unklare Strukturen zusammenkommen, ist der Beratungserfolg schwierig zu realisieren. Ein Beispiel aus unserer Praxis: Der CEO eines globalen Medienunternehmens war auf der Suche nach einem strategischen Wachstumsansatz. Uns wurde mitgeteilt, das Unternehmen wolle binnen drei Jahren 1 Mrd. Euro zusätzlichen Umsatz im Mobilfunkbereich durch Angebot neuer, mobilfunknaher Inhalte und Dienste erschließen. Die Präsentation der Lösung sollte in vier Wochen vor dem Vorstand erfolgen. Die Leiterin der Business Unit Mobilfunk brauchte Namen von konkreten Akquisitionskandidaten und die Strategieabteilung Input für den regulären jährlichen Planungsprozess. Angesichts des ohnehin knappen Zeitrahmens wurde es uns durch die zusätzlichen umfangreichen und divergierenden Anforderungen schwer gemacht, alle Erwartungen zu erfüllen. Dem Berater muss zu jedem Zeitpunkt klar sein: Wer ist der eigentliche Kunde?

Eine dritte Herausforderung stellt die **Kultur** dar. Im Blick auf strategische Transformationsprozesse, die häufig das Herzstück von Beratungsprojekten darstellen, ist sowohl ein Mangel an Visionen und Zielen als auch eine Resistenz gegen Veränderungen zu beobachten. Diese wurzeln vielfach in der Unternehmenskultur. Der Vorstandschef eines großen Automobilkonzerns bemerkte uns gegenüber kürzlich, dass der Wille zum Wandel in den oberen und mittleren Managementetagen häufig fehle. Eigeninteresse und Beharren auf bekannten Lösungen sind keine Seltenheit. Ein „Kampf der Kulturen" droht jedoch auch durch unsensibles Auftreten der Berater, wenn nicht auf die spezifische Kultur und Situation des Unternehmens eingegangen wird. Auch kann eine zu hohe Zahl an Beratern und die Forcierung eines zu ambitionierten Transformationszeitplans die „Aufnahmefähigkeit" des Unternehmens für Berater überfordern.

Der Vorstand eines Telekommunikationsunternehmen beauftragte uns, für die Erfolgsüberprüfung seines großen Transformationsprojekts die Erhebung von neuen Kennzahlen und Messwerten in verschiedenen Unternehmensbereichen zu gewährleisten. Bereits die Identifizierung der Kennzahlen in Absprache mit den Business Units war schwierig, doch der Plan einer laufenden Erhebung der Kennzahlen über ein web-basiertes Tool, das Booz Allen Hamilton entwickelte, führte zu Widerständen aus dem oberen Management. Hier wurde primär die Abkehr von den bisher üblichen Reporting-Zeiträumen und die zusätzliche Arbeit gesehen.

Herausforderung Nummer vier besteht darin, die differierenden **Kompetenzen** von Management und Beratung zu einem gelungenen Zusammenspiel zu bringen. Der Manager fokussiert naturgemäß auf die operativen, kurzfristigen Notwendigkeiten des Alltagsgeschäfts und stellt dabei zuweilen Fragen des weiteren strategischen Horizonts hinten an. Der Berater dagegen, vom operativen Alltag der Unternehmen unbelastet, kann sich mit seinem analytischen Ansatz auf langfristige und globale Entwicklungen konzentrieren. Die Gefahr überkomplexer und analytisch hervorragender Ergebnisse („So müsste man es eigentlich machen"), die an der Unternehmensrealität („Das ist bei uns umsetzbar") vorbeigehen und sich einer operativen Umsetzung sperren, ist leider groß.

Schließlich möchten wir die Aufmerksamkeit auf die **Relationship** von Manager und Berater lenken: Diese stufen wir als die vielleicht wichtigste der fünf Herausforderungen ein. Dieser menschliche Faktor im Interaktionsprozess zwischen Manager und Berater ist am schwersten objektiv zu greifen, aber nach unserer Erfahrung die wichtigste Voraussetzung für das Gelingen von Beratungsprojekten: Mangelndes Vertrauen ist eine unüberwindbare Hürde. Die Gründe für fehlendes Vertrauen sind vielschichtig. Sie reichen von Differenzen in Temperament und Persönlichkeit, über Zweifel an den Kompetenzen bis hin zu Vorurteilen gegenüber Unternehmensberatern. Auch ethische Differenzen, etwa beim Ausloten rechtlicher Grauzonen, können eine Arbeitsbeziehung belasten.

Der Berater als Ratgeber

Ein Hürdenläufer, der sein Ziel erreichen will, ohne eine Hürde zu reißen, braucht eine perfekte Technik. Die präzise Koordination der Bewegungsabläufe in vollem Lauf will lange trainiert sein. Booz Allen Hamilton hat sich in 90 Jahren Beratungstätigkeit die Techniken und Management-Tools angeeignet, die das alltägliche Zusammenspiel mit dem Management in einen fließenden Prozess integrieren. Diese sind natürlich eine Grundvoraussetzung für professionelle und kompetente Beratung.

Das wichtigste Element von strategischer Beratung ist jedoch die Beziehung zwischen Manager und Berater. Auf Dauer muss diese Beziehung von Vertrauen getragen sein, sonst kann der Berater seine eigentliche Aufgabe nicht wahrnehmen – nämlich Ratgeber des Managers zu sein. Überzeugende Professionalität, fachliches Know-how, technologische Expertise, exzellente intellektuelle Leistungen etc. sind ohne Zweifel schlichte Notwendigkeit für die Erbringung der Beratungsdienstleistung. Doch Expertenwissen allein reicht nicht aus, um die Rolle des Ratgebers auszufüllen. Dazu bedarf es eines weiten Horizonts und einer Reihe von Eigenschaften und Fähigkeiten, die landläufig nicht primär mit dem Unternehmensberater in Verbindung gebracht werden. Nach unserer Erfahrung qualifizieren folgende Merkmale einen Ratgeber, dem man Vertrauen schenken kann.

- **Empathie**
  Experten reden, Ratgeber stellen gute Fragen und hören zu. Empathie ist die Fähigkeit, sich in einen anderen Menschen einzufühlen. In der Beziehung zum Klienten ermöglicht sie ein besseres Verständnis von dessen Situation. Die Frage „Verstehe ich meinen Kunden wirklich?" umfasst dessen Denken, aber auch seine Gefühle und seinen Kontext. Die Fähigkeit echten Zuhörens und Einfühlens ist Voraussetzung, damit ein Ratgeber die Situation, in der sich der Kunde befindet, vollständig erfassen kann. Sie basiert auf dem Respekt vor der Professionalität des Klienten und der Zurücknahme des eigenen Egos hinter die Belange und Ziele des Kunden.
- **Unabhängigkeit**
  Experten wollen ihren Klienten gewinnen, Ratgeber üben sich in Unabhängigkeit. Das leidenschaftliche Engagement für den Klienten sollte einhergehen mit der Unabhängigkeit des Beraters. Diese hat mehrere Dimensionen: Intellektuelle Unabhängigkeit, sodass neutral Stellung bezogen werden kann. Emotionale Unabhängigkeit, sodass der eigene Wert nicht von der Bewertung des Klienten abhängig ist. Finanzielle Unabhängigkeit, sodass nicht geäußert wird, was sich verkauft, sondern das, was beim Klienten wirklich am meisten Wert und Nutzen schafft. Unabhängigkeit ermöglicht dem Berater die Orientierung an einer kompromisslosen Objektivität.
- **Universalismus**
  Experten haben tiefe Einblicke, Ratgeber sind Universalisten mit Tiefgang. Selbstverständlich ist vertieftes Fachwissen für Universalisten unabdingbar. Ratgeber werden immer versuchen, es zu erweitern. Doch über operationalisierbare Kenntnisse hinaus ist es für den Ratgeber entscheidend, sich auch als Person weiter zu entwickeln. Hier liegt die Quelle für ein treffsicheres Urteil sowie für Kreativität und Innovation. Dazu ist eine Haltung des Lernens erforderlich: über sich selbst, über Unternehmen und Märkte und über kulturell-gesellschaftliche Gegebenheiten.
- **Synthese**
  Experten analysieren, Ratgeber analysieren *und* fassen zusammen oder synthetisieren. Analysen zerlegen Probleme in Teile, Synthesen fügen sie wieder zu einem Gesamtbild zusammen. Dieses Gesamtbild ist für die Entscheidungen des Klienten unverzichtbar. Der Ratgeber wird umso bessere Vorschläge machen, als er spezifische Lösungen in die Auffassung des Klienten einzufügen versteht. Dazu ist eine Weite des Horizonts erforder-

lich, die durch Erfahrung, Belesenheit, Reflexion, Konzentration, Beobachtung etc. erworben wird.

- **Urteilskraft**
  Experten geben faktenbasierte Urteile ab, Ratgeber gehen weiter und integrieren die grundlegenden Werte und Anschauungen des Klienten und von sich selbst, um zur richtigen Antwort zu gelangen. Urteile des Ratgebers basieren so auf einer adäquaten Mischung von Fakten, Erfahrung und Werten. Die Antwort, die für den einen Klienten richtig ist, kann für einen anderen desaströs sein. Urteile von Ratgebern berücksichtigen Quellen von Fehlschlüssen, die nicht direkt mit der Faktenlage zusammenhängen, z.B. schwache Prämissen, den Wunsch nach Bestätigung eines vorgefassten Urteils, Selbstüberschätzung, mangelnde Berücksichtigung des Kontextes etc.

- **Überzeugung**
  Experten haben Meinungen auf Basis der Faktenlage, Ratgeber haben tiefgehende Überzeugungen, die auf ihren persönlichen Werten beruhen. Solche Anschauungen sind kein persönlicher Luxus, sondern Voraussetzungen für ein glaubwürdiges Vertreten des eigenen Urteils. Diese Werte zu entdecken, sie nicht finanziellen Interessen zu opfern und immer weiter zu entwickeln, gehört zu den schwierigsten Herausforderungen eines Ratgebers.

- **Integrität**
  Experten besitzen berufliche Glaubwürdigkeit, Ratgeber bauen tiefgehendes Vertrauen auf. Persönliche Integrität ist die Voraussetzung für eine von Vertrauen getragene langfristige Klientenbeziehung. Dazu gehören ganz konkret der richtige Umgang mit vertraulichen Informationen, die Beachtung von Regelwerken und Verhaltenskodexen (z.B. Insider-Trading, Wettbewerbsrecht) aber auch eine Kultur gelebter Werte. Wenn ein Kunde dem Berater vertraut, wird er ihn immer wieder um seinen Rat und seine Unterstützung bitten. Solche Klienten trauen nicht nur den Daten und Informationen des Beraters, sondern vertrauen ihm vor allem auch auch als Person.

Booz Allen Hamilton ist der Auffassung, dass eine auf Langfristigkeit angelegte und von Vertrauen getragene Beziehung des Managers zum Berater die ideale Voraussetzung für einen gelungenen Beratungsprozess ist. Kurzfristige Engagements, die primär Personalengpässe in den beratenen Unternehmen beheben und die Berater als „verlängerte Werkbank" einsetzen, nehmen immer mehr ab.

Statt dessen konzentrieren wir uns auf den Aufbau langfristiger Beziehungen, in denen wir als Ratgeber und Partner unsere Klienten bei ihrer langfristigen strategischen Entwicklung begleiten. Inzwischen sind 80% unserer Projekte Folgeaufträge, die sich aus erfolgreich abgeschlossenen Programmen ergeben. Viele in der Beratungsbranche haben sich die langfristigen Klientenbeziehungen auf die Agenda gesetzt. Mit der Ausrichtung an werteorientiertem Management hat Booz Allen Hamilton diesen Weg bereits vor langer Zeit eingeschlagen. Unsere zentralen Werte sind: *Client Service, Diversity, Entrepreneurship, Excellence, Teamwork, Professionalism, Fairness, Integrity, Respect* und *Trust*. Dass diese Orientierung an Werten für die Klienten wichtig ist, haben wir in der Studie „Werte schaffen Wert" von 2003 mit einer Umfrage unter 150 führenden deutschen Unternehmen gezeigt.

Von Herausforderungen und Lösungen

Genau betrachtet erweist sich die anfängliche Herausforderung der Relationship zwischen Manager und Berater nun unversehens als Hebel, mit dem Schwierigkeiten im Zusammenspiel von Beratung und Management adressiert werden können:

- **Kommunikation**
  Auf Basis einer langfristigen und von Vertrauen getragenen Beziehung sinkt die Gefahr kommunikativer Missverständnisse. Einerseits ist der Managementstil dem Berater bekannt, ebenso das Unternehmen mit seinen spezifischen Zielen und Problemen sowie der Kontext und die Branche. Das Management wiederum kann durch die langfristige Zusammenarbeit einschätzen, was es realistisch von der Beratung erwarten kann und wie sie am sinnvollsten einsetzbar ist. Insbesondere gibt es in einer vertrauensvollen Zusammenarbeit keine Notwendigkeit für strategische Manöver, wie das Verschweigen der wahren Agenda. Zum Vorteil aller Beteiligten ist mit Vertrauen die Voraussetzung für größtmögliche Transparenz gegeben. Auf Basis der gelungenen Beziehung erweist sich die Kommunikation wiederum als Hebel, mit dem alle Schwierigkeiten, die im Beratungsprozess auftauchen, zwischen Berater und Manager adressiert werden können.

- **Strukturen**
Bei einer langfristigen und von Vertrauen getragenen Geschäftsbeziehung ist der Berater mit den Strukturen, internen Hierarchien und strategischen Optionen eines Klienten vertraut. Probleme und Widerstände können offen adressiert werden. Eröffnet ist auch die Möglichkeit, den Klienten mit Hinweis auf Nachhaltigkeit und langfristige Konsequenzen kritisch zu hinterfragen, wenn seine kurzfristigen Interessen in Konflikt zu denen des Unternehmens geraten. Der Berater wird auf diese Weise auch zum Ratgeber für die Karriere seines Klienten.

- **Kultur**
Kultur eines Unternehmens ist der Ankerpunkt für alle Transformationsprozesse. Die in einer langfristigen, vertrauensvollen Zusammenarbeit erworbenen Kenntnisse über die Kultur des Klienten mit ihrem spezifischen Set an Haltungen und Verhaltensweisen ermöglicht eine Beratung, die nicht an den Voraussetzungen, Bedürfnissen und Umgangsformen des Klienten vorbeigeht. Vielmehr wird es für den Berater weitaus einfacher sein, das „kulturelle Zentrum" zu identifizieren, jenen Kern des Unternehmensselbstbildes, von dem her jeder Wandel im Unternehmen seinen Ausgang nehmen muss und an den es anzuknüpfen gilt. Die angemessene Transformationsgeschwindigkeit kann ebenfalls in Absprache mit dem Management ausgelotet werden. Die langfristige Beziehung ermöglicht es dem Berater zudem, konstruktiv an der Entwicklung von Visionen und Unternehmenszielen und der Entwicklung der Mitarbeiter und deren Einstellung mitzuwirken.

- **Kompetenzen**
Auf Basis einer langfristigen und von Vertrauen getragenen Geschäftsbeziehung müssen die divergierenden Kompetenzen nicht zum Konflikt führen, sondern können als komplementär erkannt werden. Die unterschiedlichen Ansätze – der Manager als „Entscheider" mit Fokus auf dem operativen Alltagsgeschäft und der Berater als „Analytiker" mit dem Blick für langfristige strategische Entwicklungen – mit ihren jeweiligen Stärken und Schwächen ergänzen einander. Voraussetzung aber ist die Offenheit für die Vorschläge des anderen und die Kenntnis und Anerkennung der jeweils eigenen Grenzen. Die Grundlage dafür liegt im Vertrauen des Klienten in den Berater.

Beispiele wie der Fall des eingangs geschilderten Bauunternehmens werden bei einer Orientierung an den geschilderten Prinzipien nicht vorkommen – auch wenn es immer einen Spielraum für menschliches Versagen und Fehler gibt. Im Zentrum des Beratungsansatzes von Booz Allen Hamilton steht neben Analytik und Fachkompetenz aus guten Gründen die menschliche Seite des Beratungsprozesses („*Relationship Agenda*"). In ihr liegen die Ressourcen zur Überwindung der Herausforderungen, die sich im alltäglichen Zusammenspiel von Management und Beratung ergeben. Nur so werden beim Klienten nachhaltige Ergebnisse realisiert und ein erfolgreicher Transformationsprozess sichergestellt. Auf Dauer werden wir als Berater nur dann einen nachhaltigen Beitrag zum Erfolg unserer Klienten leisten können, wenn wir uns als Ratgeber erweisen, denen man zu Recht Vertrauen schenken kann.

Kommentar: ... und wie wird man ein Ratgeber? Vertrauen ist die größte Hürde

Uwe Bergheim
CEO, E-Plus

Als John F. Kennedy Präsident war, wurden die Kolumnisten nie müde, ihm Ratschläge zu erteilen, wie er seine Sache besser machen könnte. Das veranlasste ihn, folgende Geschichte zu erzählen: „Es war einmal ein legendärer Baseballspieler. Nie verfehlte er einen Ball und nie ließ er einen fallen. Niedrige Bälle landeten nie zwischen seinen Füßen. Er warf mit enormer Treffsicherheit und bewegte sich mit der Schnelligkeit und der Anmut eines Leoparden. Nie ermüdete er oder verpasste er einen Einsatz. Tatsächlich wäre er einer der Größten aller Zeiten gewesen, wenn man ihn nur dazu hätte bewegen können, sein Bier zur Seite zu stellen und von der Pressetribüne aufs Spielfeld zu steigen."

Was Kennedy damit sagen wollte, ist klar: Es ist sehr viel einfacher, anderen gute Ratschläge zu geben, als selbst erfolgreich zu agieren. Übertragen auf das Verhältnis von Unternehmensberatern und Management bedeutet das: Damit echter Mehrwert durch Beratung entsteht, muss das Klientenverhältnis über die reine Übertragung von Expertenwissen von einem Kunden zum nächsten hinausgehen.

Aus meiner langjährigen Berufserfahrung, in der es immer wieder zur Kooperation mit externen Beratern kam, taucht eine Reihe von Hindernissen auf, die diese Positionierung als Ratgeber verhindert oder erschwert. Diese Hindernisse werden leider von einer Vielzahl der Berater komplett übersehen. Ich werde diese Hindernisse im Folgenden kurz beschreiben. Nur wenn sie erkannt und adressiert werden, kann das entstehen, was das Verhältnis zu einem wahren Ratgeber und Partner auszeichnet: eine Vertrauensbeziehung.

Der Berater als Bedrohung: Häufige Kosteneinsparungsprojekte und das gern in der Presse herangezogene Bild des Beraters als „Jobkiller" haben bei vielen Mitarbeitern die Wahrnehmung einer akuten Bedrohung durch beratungsunterstützte Projekte geprägt: Bedrohung nicht nur für Arbeitsplätze, sondern auch für gewachsene Strukturen und Abläufe. Viele Mitarbeiter befürchten eine negative Bewertung der Vergangenheit – und retrospektiv ihrer eigenen Leistungen. Dies wird noch verstärkt durch Berater, die bestehende Unternehmenskultur nicht ausreichend respektieren oder gewachsene Strukturen in Transformationsprozessen nicht berücksichtigen.

Der Berater als Besserwisser: Innerhalb des Projektes sieht der Berater seine Zielsetzung oftmals zu sehr im Erhellen strategischer Entwicklungen ganz im Gegensatz zum naturgemäß eher operativ ausgerichteten Management des Tagesgeschäftes: Die operative Realität lässt sich oft nicht auf wenigen Hochglanz-Folien knackig darstellen. Gelingt es nicht, diese scheinbar divergierenden Sichtweisen in Übereinstimmung zu bringen, können Projektziele nicht erfolgreich zur Umsetzung gelangen.

Der Berater als Veränderer: Der Erfolg strategischer Projekte bedingt immer einschneidende Veränderungen im Unternehmen. Ohne ausgereiftes Change-Management, das die Umsetzung dieses Wandels begleitet, sind viele Beratungseinsätze vergebens oder haben gar negative Folgen, die weit über horrende Honorare hinausgehen.

Ziel einer erfolgreichen Unternehmensberatung muss es demnach sein, ein langfristiges, belastbares Vertrauensverhältnis mit den Menschen im beratenen Unternehmen zu schaffen. Der Berater muss sich seiner Rolle bewusst sein und sich die Vertrauensposition im Unternehmen erst gezielt erarbeiten.

Dies erfordert vor allem eines: Zeit. Nur ein vertrauter Mensch kann Vertrauensperson und damit Ratgeber werden. Der Aufbau einer persönlichen Vertrauensbeziehung, die den Berater als Ratgeber versteht, muss langfristig angelegt sein.

Vertrauensbildung als Schlüssel zum Erfolg

Kommt der Berater neu ins Unternehmen, ist er zunächst fremd. Warum sollten seine Ratschläge willkommener sein als die guter Freunde oder enger Familienmitglieder? Wie kann Vertrauen geschaffen werden? Wie wird man Ratgeber?

Ich habe dazu einige Ratschläge für Berater. Sie beschreiben die Verhaltensmuster des „idealen" Beraters – und erscheinen zunächst so einfach, werden allerdings in der Praxis nicht immer beobachtet:

1. Der Berater ist ehrlich. Voraussetzung für Vertrauen ist die transparente Kommunikation sowohl von Erfolgen als auch von Misserfolgen.
2. Der Berater ist integer. Der Berater hat nur eine Agenda (das Projekt), und die ist allen Stakeholdern jederzeit transparent.
3. Der Berater ist kompetent – auch im Erkennen der eigenen Grenzen.
4. Der Berater hört zu. Er nimmt den Kunden und dessen Management ernst.
5. Der Berater ist glaubwürdig. Das, was er sagt bzw. voraussagt, lässt sich überprüfen und umsetzen. „Quick Wins" sind der Zauberstab jedes Projektes.
6. Der Berater ist konsistent. Verabschiedete Strategien, Pläne, Meilensteine werden genau kommuniziert, und verabredete Meilensteine werden eingehalten.
7. Der Berater ist vernetzt. Er kennt Einflussfaktoren beim Kunden, kennt die Herausforderungen und setzt sie in realistische, umsetzbare, dennoch ehrgeizige Ziele und Pläne um.
8. Der Berater hat eine eigene Ethik. Er lässt sich nicht instrumentalisieren. Jedes Projekt sollte eine Zielsetzung haben, die auch kommunizierbar ist. Wenn der Berater von seinem Kunden eine andere als die offizielle Zielsetzung akzeptiert, wird er sich verbrennen.
9. Der Berater will Feedback. Er verlangt von Kunden eine offene Projektkritik und dokumentiert dadurch, dass er lernwillig und lernfähig ist. Außerdem vertieft eine solche Projektansprache die Beziehung.
10. Der Berater ist langfristig orientiert und ist „immer" beim Kunden. Selbst wenn es kein konkretes Projekt gibt, begleiten gute Berater ihre Kunden ständig. Daraus entsteht zum einen Glaubwürdigkeit und zum anderen ergeben sich unter Umständen Folgeaufträge.

In der Realität scheitern aber viele Berater genau hier. Sie werden deshalb nie von ihren Kunden als Ratgeber akzeptiert werden. Mehr noch, sie begehen oft absolute Fehler. Es gibt dabei neben obigen Voraussetzungen eine Liste von absoluten „No Gos":

- Kommunikation von Ergebnissen auf verschiedenen Unternehmensebenen: Der Berater erfüllte einen Auftrag für den CEO eines Unternehmens und kommuniziert dann die Ergebnisse unabgestimmt an den Aufsichtsrat, um sich zu profilieren.

- Indiskretion über Kundengrenzen hinweg: Der Berater zeigt vertrauliche Benchmarks anderer Unternehmen, die nicht ausreichend anonymisiert sind, sodass klare Rückschlüsse auf das jeweilige Unternehmen gezogen werden können.
- „Dominio-Projekte": Der Berater ist maßgeblich Verkäufer und bei Durchführung des ersten Projektes und erfolgt dann unmittelbar die Ableitung von 25 weiteren Anschlussprojekten.
- Misskommunikation von Meilensteinen: Verschleierung des tatsächlichen Projektstatus und „unter den Tisch kehren" von massiven Problemen.

Es ist klar, dass beim Eintreten einer dieser „No Gos" keine vertrauensvolle Beziehung zwischen Management und Berater mehr entstehen kann.

Jede Beziehung fängt mit einem erfolgreichen Projekt an und ist dann in jedem Fall abhängig von der dauerhaften „Nutzenstiftung" durch den Berater für das Management. Dabei spielen Leistungen und Interaktion über den konkreten Auftrag hinaus und ohne sofortigen „return on (time) invest" eine entscheidende Rolle.

Werden die „No Gos" vermieden und obige Voraussetzungen erfüllt, so stehen die Chancen gut, dass ein Manager dem Berater zunächst sein Ohr leiht und dann irgendwann später vielleicht sein Vertrauen schenkt. Der Aufbau einer solchen Vertrauensbeziehung muss jedoch langfristig erfolgen und wachsen.

Gelingt es dann, dieses gewonnene Vertrauen auch in ein funktionierendes persönliches Verhältnis zwischen Management und Berater zu verstärken, dann wächst dem Berater zunehmend die Rolle eines Ratgebers zu. Schließlich müssen nach Niccolo Machiavelli „die guten Ratschläge… ihren Ursprung in der Klugheit des Fürsten haben – nicht umgekehrt!"

5 Die Grenzen der Strategieberatung liegen innen

Prof. Dr. Gerd Walger
Universität Witten/Herdecke,
Geschäftsführender Direktor des IUU Institut für Unternehmer- und Unternehmensentwicklung GmbH an der Universität Witten/Herdecke
Ralf Neise
Projektleiter am IUU Institut für Unternehmer- und Unternehmensentwicklung GmbH an der Universität Witten/Herdecke

In der „Unendlichen Geschichte" von Michael Ende fragte der kleine dicke Junge Bastian Balthasar Bux, nachdem er am Ende einer langen Reise durch Phantasien ins Änderhaus gekommen war, die Dame Aiuóla, die er im Änderhaus antraf: „ 'Weißt du, wo ich das Wasser des Lebens finden kann?' 'An der Grenze Phantasiens', sagte Dame Aiuóla. 'Aber Phantasien hat keine Grenzen', antwortete er. 'Doch, aber sie liegen nicht außen, sondern innen' "[1].

Die Frage nach dem „Wasser des Lebens", der Quelle schöpferischer Erneuerung, stellt sich auch für Unternehmen immer wieder. Die Möglichkeit der Strategieberatung, diese unternehmerischen Erneuerungsprozesse zu unterstützen, ist in die Diskussion geraten, und es ist die Frage nach ihren Grenzen entstanden[2]. Diese Grenzen liegen – so denken wir – wie bei Phantasien nicht außen, sondern innen: im Selbstverständnis der Strategieberatung.

Strategieberatung kann ihre Möglichkeit zur Erneuerung von Unternehmen an ihren eigenen Grenzen finden. Diese Grenzen finden sich im Strategiebegriff (1), im Wissenschaftsbegriff, auf den sich Strategieberatung gründet (2), in dem Verständnis, das sie sich von ihrem Klienten gebildet hat (3), und in den Formen, in denen Strategieberatung durchgeführt wird (4). Im Folgenden werden

---

[1] Ende 1979, S. 392.
[2] Vgl. Wimmer 2003, S. 60ff.; Rudolf/Okech 2004; Kipping 2002, S. 269; manager magazin 2002, S. 56; Bergmann 2002, S. 7; Hirn/ Student 2002; Buchhorn 2002, S. 32; BDU 2005.

vier Thesen vorgestellt, die diese Grenzen beleuchten. Abschließend wird eine Perspektive für ein Beratungsverständnis entwickelt, das sich auf der Grenze von Strategieberatung bewegt.

1 Der Strategiebegriff grenzt die Strategie ein bzw. aus

Der Strategiebegriff der Strategieberatung wurde mit Bezug auf den Strukturbegriff vor dem Hintergrund der beiden Grundthesen „Structure follows Strategy" und „Strategy follows Structure" gebildet[3]. Schauen wir uns die Thesen im Einzelnen an.

1.1 Eingrenzung der Strategie

Alfred Chandler kommt aufgrund umfangreicher Analysen der Entwicklung amerikanischer Industrieunternehmen zwischen 1909 und 1959 zu der These, dass unterschiedliche Organisationsstrukturen das Ergebnis unterschiedlicher Wachstumsstrategien sind. Eine neue, erfolgreiche Expansionsstrategie führt danach im Prozess der Umsetzung durch die Veränderung inadäquat gewordener Organisationsstrukturen zu einer neuen Organisationsstruktur des Unternehmens. Hieraus ist wie im Business Policy Konzept der Havard Business School die Vorstellung von Unternehmensstrategie (corporate strategy) entstanden, die die langfristigen Ziele einer Unternehmung, die Politiken und Richtlinien sowie die Mittel und Wege zur Erreichung der Ziele rational festlegt[4]. Erich Gutenberg hat 1951 vom „Entwurf einer Ganzheit, einer Ordnung" gesprochen, in der die Organisation als sich reibungslos vollziehend, d.h. rational, gedacht ist[5].

Entwirft Strategie aber eine neue Ordnung, die ihre Realisation in einer neuen, rationalen Organisation findet, ist mit dem Widerstand der bestehenden Organisation zu rechnen. Und der Widerstand der bestehenden Organisation gegen die sich aus der Strategie ergebende Anpassungsnotwendigkeit, in der Strategieberatung als „Implementationsproblem" von Strategien bekannt, be-

---

[3] Vgl. Chandler 1962; Hall/Sias 1980; Schewe 1999, S. 61, Porter 1996, S. 61.
[4] Vgl. Ansoff 1965; Andrews 1971; Naylor 1982; Schreyögg 1993.
[5] Vgl. Gutenberg 1951.

grenzt die Möglichkeiten der Strategieberatung[6]. Eine Strategie, die nicht umgesetzt werden kann, kann ihre strategische Kraft nicht entfalten[7]. Eine Strategie, die die Möglichkeit ihrer Realisierung in einer rationalen Organisation voraussetzt, grenzt das ein, was strategisch gewollt ist und gewollt sein kann, also die Strategie selbst. Diese Strategieberatung bringt sich an die Grenze ihrer Unmöglichkeit, wenn die vorgeschlagenen strategischen Konzepte ihrer Umsetzung harren oder in der Schublade verschwinden.

1.2 Die Ausgrenzung der Strategie

Ausgehend vom Implementierungsproblem formulieren Hall und Saias ihre Gegenthese „Strategy follows Structure"[8]. Vor dem Hintergrund eines erweiterten Organisationsverständnisses, das bürokratische Strukturen, formalisierte Planungsprozeduren, Machtkämpfe, verfestigte Gehalts- und Anreizsysteme, mangelnde Fähigkeiten der Mitarbeiter bzw. der Führung sowie Wahrnehmungsschwellen und die vorbestimmte Bewertung und Verarbeitung von Informationen umfasst, verhindert die bestehende Organisation weitgehend zukunftsweisende, strategische Lösungen, sodass eine neue Strategie zuvor die Veränderung der Organisationsstruktur erfordert.

Der Strategieberatung geht es deshalb nicht mehr um Anpassung der verfestigten Organisationsstruktur an eine neue Strategie, sondern sie liefert den Unternehmen eine fertige, neue Organisationsstruktur. Es geht nicht mehr um langwierige Veränderungsprozesse der Organisation, sondern es werden chirurgische Eingriffe am Organisationskörper vorgenommen. Die Strategieberatung entwickelt Beratungsprodukte wie z.B. die Portfolio-Analyse[9], das Shareholder-Value-Konzept[10] oder das Business Reengineering[11], die völlig neue Organisationsstrukturen in den Unternehmen realisieren. Bei der Portfolio-Analyse ist es die Bildung und Forcierung von Geschäftsbereichen, die möglichst hohe Marktanteile und hohes Marktwachstum erwarten lassen, beim Shareholder-Value-Konzept werden Erfolgskennziffern und Steuerungsstrukturen

---

6 Vgl. Ansoff 1984; Kolks 1990; Lehner 1996; Tarlatt 2001.
7 Vgl. Jullien 1999; Clausewitz 1980, S. 178f.
8 Vgl. Hall/Saias 1980.
9 Vgl. v. Oetinger 1995, S. 286-308; Mauthe/Roventa 1982; Hambrick/MacMillan/Day 1982.
10 Vgl. Rappaport 1995; Copeland et al. 1998; Stelter 1996; Bühner 1994; Gomez 1993.
11 Vgl. Hammer/Champy 1994; Ott 1995.

eingeführt, die die Ressourcenallokation entsprechend des prognostizierten Cashflows steuerbar machen, um einen möglichst hohen Wert des Unternehmens am Kapitalmarkt zu erzielen, und im Business Reengineering werden Kernelemente der arbeitsteiligen Organisation durch eine Prozessorganisation ersetzt, um über Kostensenkungen Wettbewerbsvorteile zu erreichen.

Die Strategiekonzepte ersetzen letzten Endes die bestehende Organisation durch eine völlig neue. Die Strategie dieser Strategieberatung besteht in einer völlig neuen Struktur. Strategieberatung ist Strukturberatung.

Dies zeigt das Beispiel eines mittelständischen Unternehmens aus unserer Beratungspraxis, das nach verlustreichen Jahren mithilfe eines anderen Beratungsunternehmens eine Sanierung hinter sich hatte, die mit einem ordentlichen Sanierungsplan und der dazugehörigen Restrukturierung abgeschlossen worden war. Das Unternehmen war nun restrukturiert, aber es hatte keine strategische Perspektive für die Zukunft. Die neue Struktur war die Strategie. Ihr fehlte das eigentlich Strategische, die Weite des Wurfs, wie Gutenberg es formuliert hat, die Zukunftsorientierung[12].

Der Strategieberatung, deren Strategie es ist, fertige Organisationsstrukturen anzubieten, ist Struktur ihre Strategie. Sie grenzt damit qua Struktur das eigentlich Strategische aus. Weder die These „Structure follows Strategy" noch die These „Strategy follows Structure" ist wohl in ihrer Einseitigkeit aufrechtzuerhalten. Denn weder die Organisation noch die Unternehmensstrategie können unabhängig voneinander optimiert werden.

2 Das Wissenschaftsprogramm der Betriebswirtschaftslehre als Grenze für die Strategieberatung

Strategieberatung legt besonderen Wert auf die Wissenschaftlichkeit ihres Beratungspersonals und ihrer betriebswirtschaftlichen Empfehlungen[13]. Die Betriebswirtschaftslehre als Wissenschaft ist damit ihre Basis. Den Grundstein für die Betriebswirtschaftslehre als Wissenschaft hat Erich Gutenberg 1929 gelegt, indem er der betriebswirtschaftlichen Theorie einen Forschungsgegenstand ge-

---

[12] Vgl. Gutenberg 1951.
[13] Vgl. Walger 1995; ders. 1999b; ders. 2000; ders. 2004; Miethe 2000.

schaffen hat: die Unternehmung[14]. Diese Unternehmung ist selbst eine wissenschaftliche Konstruktion. Gutenberg spricht von einer regulären Als-ob-Konstruktion. Die Unternehmung wird so betrachtet, als ob das Rationale, die Ziel-Mittel-Relation, sich unmittelbar mit seinem betriebswirtschaftlichen Inhalt, der Kapitalumwandlung, träfe[15].

Für diese Konstruktion hat Gutenberg das Subjekt, den Menschen, der die Unternehmensidee liefert und durch dessen schöpferischen Akt die Unternehmung überhaupt erst entsteht, ausgeschlossen[16]. Übrig bleiben die Ziel-Mittel-Relation und die Kapitalumwandlung als die konstitutiven Grundelemente der Unternehmung und damit als die Basis seines Wissenschaftsprogramms. Aber mit dem Menschen und seinem schöpferischen Unternehmensentwurf grenzt Gutenberg auch das Strategische im Sinne einer corporate strategy aus seiner Unternehmenskonstruktion aus.

In der weiteren Entwicklung der Betriebswirtschaftslehre wird das Rationale zunächst im scientific management[17], als wissenschaftliche Betriebsführung ausgearbeitet, wird aufgenommen in der Frage nach der Zielfunktion, nach dem Zielsystem und dem Zielbildungsprozess der Unternehmung und findet ihren Ort in der betriebswirtschaftlichen Entscheidungs- und Organisationstheorie[18]. Das dazugehörige Wissenschaftsprogramm formuliert Edmund Heinen mit der Betriebswirtschaftslehre als angewandter, d.h. praktisch-normativer Wissenschaft, die für ihn Aussagen darüber abzuleiten hat, wie das Entscheidungsverhalten der Menschen in der Betriebswirtschaft sein soll, wenn diese bestimmte Ziele bestmöglich erreichen wollen[19].

Die angewandte Betriebswirtschaftslehre, die sich auf die Ausarbeitung des Rationalverhaltens in der Unternehmung – einschließlich der Ausarbeitung des beschränkten Rationalverhaltens und einschließlich der sozialwissenschaftlichen Öffnung der Betriebswirtschaftslehre – beschränkt, sichert ihre Wissenschaftlichkeit über das Postulat der Wertfreiheit, indem sie von der Trennung von Zielen und Mitteln ausgeht und die Ziele, die im Unternehmen von den Entschei-

---

[14] Vgl. Gutenberg 1929, S. 11ff.; Walger 1993, S. 109ff.
[15] Vgl. Gutenberg 1929, S. 24ff.; Walger 1993, S. 122
[16] Vgl. Gutenberg 1929, S. 41f.; Walger 1993, S. 123ff.
[17] Vgl. Taylor 1913; Fayol 1916.
[18] Vgl. Heinen 1962; ders. 1966; ders. 1970; ders. 1976.
[19] Vgl. Heinen 1976, S. 368.

dungsträgern gesetzt werden, als Datum nimmt und ihre Aufgabe in der Optimierung der Ziel-Mittel-Relation sieht[20].

Die angewandte Betriebswirtschaftslehre hat als Wissenschaft für Heinen neben der Erklärungsaufgabe vor allem die Aufgabe, das unternehmerische Entscheidungsfeld rational zu gestalten. In Erfüllung ihrer Gestaltungsfunktion zeigt sie Mittel und Wege auf, die zur Verbesserung der Entscheidungen in der empirischen Betriebswirtschaft führen sollen. Das schon bei Gutenberg vorhandene Konstruktionsbemühen der Wissenschaft richtet sich nun direkt auf die betriebswirtschaftliche Praxis der Unternehmen. Die Betriebswirtschaftslehre übernimmt eine Beratungsfunktion für „rationales Verhalten" in Unternehmen sowohl für die Entscheidungsträger in der Unternehmung als auch für den Gesetzgeber und legt damit die Basis für eine wissenschaftlich fundierte Unternehmensberatung.

Strategieberatung, die diesem Beratungskonzept folgt, berät die Entscheidungsträger im Hinblick auf die Rationalisierung ihres Entscheidungsverhaltens im Unternehmen und professionalisiert die Managementaufgabe, z.B. durch Programme des operations research, in Form von Projekten zur Leitbildentwicklung und Unternehmenskultur, durch Personal- und Organisationsentwicklung oder mithilfe der Einführung von Führungstechniken. Strategieberatung ist in diesem Sinne im Wesentlichen Organisationsberatung – das Strategische ist das Organisatorische.

In einem Aufsatz über die optimale Kapitalstruktur hat Werner Kirsch 1968 anhand der betriebswirtschaftlichen Finanzierungstheorie gezeigt, dass das Wissenschaftsprogramm der angewandten Betriebswirtschaftslehre mit der Optimierung der Ziel-Mittel-Relation und dem Postulat der Wertfreiheit auf einfache Weise so nicht mehr haltbar ist[21]. Denn die Ableitung der optimalen Kapitalstruktur, so sein Argument, setzt eine Zielfunktion im Unternehmen voraus, die wiederum Ergebnis eines Verhandlungsprozesses im politischen System der Unternehmung ist. Da das Ergebnis dieses Verhandlungsprozesses durch die Machtverteilung im politischen System mitbestimmt wird und diese wiederum von der Kapitalstruktur abhängig ist, schließt sich der Kreis, d.h. die optimale Kapitalstruktur wird bestimmt von der bestehenden Kapitalstruktur. Erst wenn der Kompromiss über die zu realisierende Kapitalstruktur gefunden ist, werden

---

[20] Vgl. Heinen 1971, S. 22ff.; Kirsch 1981; ders. 1990; Weber 1995, S. 28.
[21] Vgl. Kirsch 1968, S. 886ff.

die Ziele formuliert, um das Verhandlungsergebnis gegenüber Außenstehenden zu erläutern und um sicherzustellen, dass die nachfolgenden Einzelentscheidungen zur Durchführung des Verhandlungsergebnisses im Sinne der Verhandlungspartner getroffen werden. Damit lässt sich weder die Optimierung der Ziel-Mittel-Relation als zentrale Aufgabe der Betriebswirtschaftslehre aufrechterhalten, noch kann die Betriebswirtschaftslehre „wertfreie" Empfehlungen ableiten.

Kirsch weist auf ein methodologisches Dilemma hin, dass die Betriebswirtschaftslehre in diesem Zielbildungsprozess, der als Verhandlungsprozess zu verstehen ist, einerseits nur die Wahl hat, das Wertfreiheitspostulat aufzugeben und sich in den Dienst einer Interessengruppe des politischen Systems zu stellen oder andererseits die Rolle eines Schlichters anzustreben, der Kompromissvorschläge in den Entscheidungsprozess einbringt und am Interessenausgleich orientiert ist. In diesem Fall hat sie dazu ihre Unabhängigkeit zu wahren, kann sich dabei aber nicht auf eine wie auch immer geartete Wertfreiheit berufen[22].

Was den Umgang der Betriebswirtschaftslehre mit diesem Problem anlangt, lassen sich systematisch zwei Positionen unterscheiden.

Die eine Position macht an der Unmöglichkeit der Ziel-Mittel-Optimierung fest, hebt ihre lineare Logik auf und ersetzt sie durch eine zirkuläre oder evolutorische Logik. Sie führt den Begriff der Rationalität ein und versucht, mit einigen Ansätzen der Betriebswirtschaftslehre eine Systemrationalität oder eine evolutionäre Rationalität zu entwickeln. In diesen Fällen versteht sich die Betriebswirtschaftslehre als Managementlehre, der aber der betriebswirtschaftliche Inhalt, der Kapitalumwandlungsprozess, zugunsten etwa des Überlebens des Systems weitgehend verloren geht. Die Unternehmung verliert ihren spezifisch ökonomischen Charakter und wird als Selbstorganisation oder als System betrachtet[23].

Zum anderen arbeiten Ansätze der Betriebswirtschaftslehre vor dem Hintergrund der Principal-Agent-Theorie das Moment der Interessendivergenz im Unternehmen auf, indem sie von einer Differenz zwischen Kapitalgeber- und Managementinteressen ausgehen[24]. Diese Ansätze machen den Kapitalumwandlungsprozess, bei dem es darum geht, dass das Kapital sich in reale Güter

---

22 A.a.O.
23 Vgl. Schreyögg 1999, S. 399f.; Kirsch 1997, S. 281ff.; Walger 1997, S. 187ff.
24 Vgl. Jensen/Meckling 1976; Jensen/Murphy 1990.

verwandeln muss und nur im Durchgang durch den realen Warenumsatzprozess mehr wert werden kann, zum Gegenstand der Rationalität und reduzieren den Kapitalumwandlungsprozess auf die reine Kapitalverwertung. Sie betrachten ihn aus der Kapitalmarktperspektive des Kapitalinvestors, wie dies etwa im Shareholder-Value-Konzept oder in der Corporate-Governance-Theorie geschieht, und versuchen mittels Anreizen die Interessen des Managements mit denen der Kapitalgeber abzustimmen[25]. Damit wird die Ziel-Mittel-Relation auf die Rationalität der Kapitalverwertung verkürzt und das Interesse von Management und Kapitalgebern auf die Rationalisierung der Kapitalverwertung am Kapitalmarkt reduziert.

Es stellt sich methodologisch durchaus die Frage, ob sich die Betriebswirtschaftslehre mit diesen Ansätzen implizit für die Einnahme bestimmter Interessenpositionen – und wenn ja, welcher – entschieden hat, oder ob sie damit der von Kirsch adressierten Schlichterrolle gerecht wird[26].

Ungeachtet wie die Antwort ausfällt, begrenzen diese Ansätze der Betriebswirtschaftslehre die Möglichkeiten der Strategieberatung auf die Auseinandersetzung mit dem Interessenvertretungs- bzw. Interessenausgleichsproblem. Das Wissenschaftsprogramm der Betriebswirtschaftslehre gelangt zwar zu deutlichen Modifizierungen der beiden Gutenbergschen Grundelemente, dem Rationalen und dem Kapitalumwandlungsprozess, aber es kommt nicht über seine Grundkonstruktion mit ihrer Ausgrenzung des Menschen und damit des eigentlich Schöpferisch-Strategischen hinaus.

Vor dem Hintergrund dieser Ausgrenzung entsteht aber für die Strategieberatung einerseits die Frage danach, wohin eine Strategieberatung ohne das eigentlich Strategische führt. Zum anderen stellt sich für sie ganz praktisch die Frage, wie sie sich in diesem Interessenkonflikt zwischen Kapitalgebern und Management, der in letzter Zeit zunehmend die Zeitungen füllt, verhalten will und damit, wer letztlich der Empfänger ihrer Empfehlungen ist. D.h. es steht infrage, wer der Klient der Strategieberatung ist und wie sie ihn beraten will.

---

[25] Vgl. March/Simon 1958; Shleifer/Visny 1997; Schwalbach/Graßhoff 1997.
[26] Vgl. Gutenberg 1953, S. 327ff.; Mellerowicz 1953, S. 165ff.; Walger 1993, S. 13.

3 Wer ist der Klient? – oder: Weder Manager noch Kapitalgeber sind Unternehmer. Wohin führt Strategieberatung?

Strategieberatung kann sich im Interessenkonflikt zwischen Management und Kapitaleignern als Interessenvertretung des Managements, als Interessenvertretung der Kapitaleigner oder als Schlichter verstehen, der die Angleichung der Interessen zwischen beiden herstellt.

Wenn die Strategieberatung das Management als ihren Klienten begreift und dessen Interessen vertreten will, besteht ihre Aufgabe darin, eine Strategie zu entwickeln, die im Wesentlichen das Einkommen des Managements maximiert. Als eine solche Strategie kann beispielsweise das schnelle Wachsen des Unternehmens durch Zukauf anderer Firmen interpretiert werden, da die Managergehälter i.d.R. mit der Größe des Unternehmens korrelieren[27]. Strategieberatung besteht also in diesem Fall in der Entwicklung von M&A-Strategien, in denen das Unternehmen auf schnelle Weise wächst und möglichst groß wird. Allerdings kann sich die Strategie, die sich am Managementinteresse orientiert, für das Unternehmen insgesamt als nicht tragfähig erweisen, z.B. weil die Integration der übernommenen Firmen nicht gelingt oder das Kerngeschäft aus dem Blick gerät. Für Reinhard Mohn, den langjährigen Chef von Bertelsmann, steht die weltweite Welle von Unternehmenszusammenbrüchen mit einer solchen Orientierung der Manager an ihren persönlichen finanziellen Zielen im Zusammenhang. Unternehmen brauchen, wie Mohn sagt, Unternehmer und nicht Manager, die sich nur an ihrem eigenen Ziel orientieren[28]. Strategieberatung, die sich nur am Managementinteresse orientiert, ohne das Unternehmen als Ganzes in den Blick zu nehmen, kommt selbst in das Problem, das Unternehmerisch-Strategische aus den Augen zu verlieren.

Strategieberatung, die die Kapitaleigner in börsennotierten Aktiengesellschaften als ihre Klienten versteht und deren Interessenvertretung wahrnehmen will, ist konfrontiert mit großen institutionellen Investoren, die immer stärker den Kapitalmarkt prägen. Fondsmanager übernehmen für Investmentgesellschaften als professionelle Investoren immer stärker die Vertretung der Kapitalanlegerinteressen im Sinne der Steigerung der Dividende und des Aktienkurses.

---

[27] Vgl. Kienbaum 2000; ders. 2004.
[28] Vgl. Mohn 2003.

Die Antwort der Strategieberatung auf diese Interessenlage ist das Shareholder-Value-Konzept, nach dem sich die Unternehmensstrategie im Kern ausschließlich an den Interessen der Anteilseigner orientiert, indem es die Maximierung des Marktwertes der Kapitalanteile in den Mittelpunkt stellt. Der Erfolg der Strategie wird nach diesem Konzept anhand der erzielten Veränderungen des Unternehmenswertes gemessen. Das Management muss deshalb dem Börsenwert des Unternehmens und seiner Entwicklung in Relation zu Vergleichsgruppen höchste Beachtung schenken[29].

Die Erwartungen über zukünftige Cashflows, die mit risikoadjustierten Zinssätzen abdiskontiert werden, sind für die Investmentgesellschaften ausschlaggebend für ihre Entscheidungen über den Kauf bzw. Verkauf von Wertpapieren. Diese Erwartungen werden auf der Basis von Modellen errechnet, denen ein Idealverlauf der Unternehmensentwicklung zugrunde liegt. Diese gründet sich wiederum auf der Vorstellung einer optimalen Unternehmensstrategie, die den im Markt herrschenden Gewohnheiten folgt. Vor dem Hintergrund der quartalsmäßigen Berichterstattung wird sichtbar, inwieweit das Unternehmen mit dieser vorgestellten Entwicklung konform geht. Das eigentlich Strategische, Schöpferisch-Unternehmerische, das mit bestehenden Gewohnheiten bricht, ist vor diesem Hintergrund kaum möglich und hat systematisch keinen Ort mehr. Die Investoren neigen zur Konformität. Fondsmanager sind keine Unternehmer, sie versuchen, die Kapitalverzinsung und den Wert des Kapitals rational zu optimieren[30]. In der Orientierung am Interesse dieser Investoren geht dem Unternehmen das strategische Moment und der Strategieberatung die Möglichkeit der Unternehmensstrategie zugunsten der Kapitalmarktstrategie verloren.

Strategieberatung, die die Rolle des Schlichters zwischen den Interessen der Anteilseigner und des Managements einnehmen will, kann Corporate-Governance-Konzepte anbieten, die sowohl das Interesse der Investoren als auch das des Managements bedienen.

Mit Corporate-Governance-Konzepten werden Vertrags- und Steuerungssysteme angeboten, die die Strategie des Unternehmens an der Wertsteigerung des Unternehmens am Kapitalmarkt orientieren und an diese Wertsteigerung die Anreize für die Manager z.B. in Form von Aktienoptionen knüpfen. Durch

---

[29] Vgl. Rappaport 1995; Nicolai/Thomas 2004, S. 453.
[30] Vgl. Nicolai/Thomas 2004, S. 459ff.

diese institutionellen Regelungen sollen die Interessen des Managements an die der Anteilseigner angepasst werden. Der Interessenausgleich zwischen Anteilseignern und Management soll durch diese institutionellen Regelungen im Wesentlichen im Wege der Interessenangleichung der Managementinteressen an die Interessen der Kapitalanleger erzielt werden[31].

Es bleibt jedoch zum einen fraglich, ob durch institutionelle Regelungen der Interessenangleichung wirklich ein Interessenausgleich hergestellt werden kann. Für das Management ist es z.B. lediglich notwendig, die vorgegebene Werterhöhung der Aktien bzw. seiner Optionen in einer bestimmten Zeit zu erreichen. Das Instrument der Aktienoptionen lenkt dementsprechend das Handeln der Unternehmensleitung weg von der langfristigen Wertsteigerung des Unternehmens am Kapitalmarkt hin zur kurzfristigen Steigerung des Kurses der Aktien und damit seiner Aktienoptionen. Dem unterstellten opportunistischen Verhalten entsprechend wird es für das Management zu einem Ziel, darauf hinzuarbeiten, den Kurswert der Aktienoptionen zu genau demjenigen Zeitpunkt zu erhöhen, an dem es seine Optionen realisieren will. Da es für das Management darüber hinaus vorteilhaft ist, seine Optionen zu einem Zeitpunkt zu realisieren, an dem die wesentlichen Kapitalgeber ihre Aktien nicht verkaufen, setzen die Corporate-Governance-Konzepte selbst dem Management den Anreiz für opportunistisches Verhalten. Sie schaffen entgegen ihrer Intention nicht die Interessenangleichung zwischen dem Management und den Anteilseignern, sondern setzen selbst Anreize, die in die Interessendivergenz beider Interessengruppen führen können[32].

Zum anderen ist die Orientierung an der Steigerung des Unternehmenswertes auch nicht identisch mit der Orientierung am Unternehmen und der Unternehmensstrategie selbst. Das Beispiel Mannesmann zeigt, dass Management und Aufsichtsrat als Vertretung der Eigentümerfunktion zwar ihre eigenen Interessen realisieren konnten – und eventuell noch diejenigen einiger Aktionäre, die auf dem Höhepunkt des Aktienwertes ihre Aktien verkauften –, dass dies jedoch zu einer Auflösung des Unternehmens selbst geführt hat. Zum einen sind hierdurch andere Interessen, z.B. der Arbeitnehmer oder der Gesellschaft bzw. der öffentlichen Hand, unberücksichtigt geblieben. Zum anderen ist das Unternehmerische, die strategische Entwicklung Mannesmanns vom Stahlher-

---

[31] Vgl. Jensen/Murphy 1990; Schwalbach/Graßhoff 1997; Shleifer/Visny 1997.
[32] Vgl. Walger/Schencking 2002.

steller zum Mobilfunk-Dienstleister, an ein Ende gekommen. Es lässt sich durchaus die Frage stellen, ob Aufsichtsrat und Management ihrem Auftrag, der über das Aktiengesetz an das Wohl des Unternehmens gebunden ist und über das Grundgesetz an den Grundsatz, dass Eigentum verpflichtet, gerecht geworden sind.

Das Schlichtermodell ist an den Interessen der Parteien und ihrem Ausgleich orientiert – am Kompromiss, in dem beide Seiten ggf. zu Lasten des Unternehmens als Ganzem ihre Interessen realisieren. Dies lässt sich auch durch Verträge nicht hindern. Strategieberatung, die sich am Schlichtermodell orientiert, gibt die Unternehmensstrategie zugunsten der Einigung der Konfliktparteien auf. Manager und Anteilseigner sind in diesem Modell nicht als Unternehmensvertreter gedacht, die in der Verantwortung dafür stehen, eine neue Strategie für das Ganze zu entwerfen, sondern nur als Vertreter ihrer eigenen Interessen. Insofern kommen weder das Unternehmen noch das Strategische, der schöpferische Entwurf des Ganzen, mehr vor.

Strategieberatung, die sich am Strategischen orientiert, kommt daher nicht umhin, das Unternehmen selbst als Klient zu begreifen. Das Unternehmen bedarf des Unternehmerischen, das sich in dem Entwurf eines Ganzen, der Strategie, und nicht in der Vertretung der Eigeninteressen im Verhandlungsprozess zeigt. Das Unternehmerische offenbart sich in der Neuschöpfung des Unternehmens, in seiner Entwicklung. Dazu bedarf es, wie Reinhard Mohn sagt, des Unternehmers, d.h. des unternehmerisch, strategisch handelnden Menschen im Unternehmen[33].

4 Die Form der Strategieberatung begrenzt die Beratungsstrategie

Strategieberatung ist durch ihre Form in der Möglichkeit ihrer Beratungsstrategie begrenzt, sich am Strategischen zu orientieren. In der Unternehmensberatung lassen sich idealtypisch die gutachterliche Beratungstätigkeit, die Expertenberatung, die Organisationsentwicklung und die systemische Beratung unterscheiden[34]. Die sich in diesen Formen darbietenden unterschiedlichen Selbstverständnisse der Strategieberatung bestimmen ihre Sichtweise auf das

---

33 Vgl. Mohn 2003; Mintzberg 1994.
34 Vgl. Walger 1999b, S. 4f.; Kirsch/ Eckert 2002, S. 302.f.; Effenberger 1998.

Problem, ihre Beziehung zum Klienten und ihre Leistung, die sie zur Strategieentwicklung erbringen.

4.1 Gutachterliche Strategieberatung

Als klassische Form der Beratung gilt die gutachterliche Beratungstätigkeit. Gutachterliche Strategieberatung besteht in der Vorbereitung von strategischen Entscheidungen im Unternehmen, z.B. in der Beurteilung von strategischen Optionen. Der Gutachter versteht sich als neutraler Sachverständiger, der unter Anwendung wissenschaftlicher Methoden und Erkenntnisse zu dem strategischen Entscheidungsproblem des Unternehmens objektiv Stellung bezieht, um der Unternehmensführung eine Grundlage für eine fundierte Entscheidung zu schaffen[35].

Der Gutachter beantwortet die strategische Fragestellung seines Auftraggebers durch die Beurteilung des Sachverhalts auf der Grundlage seiner fachlichen Kompetenz. Mit seinem Urteil produziert der Gutachter Informationen, die dem Auftraggeber helfen sollen, sich in für ihn mehrdeutigen Situationen zu orientieren, um zu einer sachgerechten Entscheidung zu gelangen[36]. Im Hinblick auf ein strategisches Ziel geht es z.B. um die Wahl zwischen verschiedenen Alternativen zur Zielerreichung. Dem Auftraggeber fehlen Informationen über die zur Entscheidung stehenden Alternativen und den damit verbundenen Konsequenzen. Aufgabe des Gutachters ist dann die objektive Beurteilung der verschiedenen Alternativen in Bezug auf das strategische Ziel. Die Entscheidung selbst, also die Auswahl der strategischen Alternative, die realisiert wird, verbleibt beim Auftraggeber. Der Gutachter ist also mit der Entscheidung selbst und ihrer Umsetzung nicht befasst: Die gutachterliche Beratungsstrategie endet mit der Übergabe des Gutachtens. Der Auftraggeber bleibt mit dem Gutachten des Gutachters, der Entscheidung, wie es zu bewerten ist, und den Folgen, die die Entscheidung tatsächlich zeitigt, allein[37].

Das wesentliche Moment der gutachterlichen Beratungsleistung ist, ein objektives Urteil zu fällen[38]. Objektivität bedeutet Angemessenheit des Urteils in Bezug auf den zu beurteilenden Sachverhalt. Um diese Objektivität zu produ-

---

[35] Vgl. Zuschlag 1992, S. 1; Walger 1999b, S.2ff.; Miethe 2000, S. 17ff.; Kormann 1971, S. 249.
[36] Miethe 2000, S. 17f.
[37] Walger 1999b, S. 4.
[38] Miethe 2000, S. 27ff.

zieren, bedarf es des Fachwissens und der Urteilskraft des gutachterlichen Beraters. Das Fachwissen des Strategieberaters besteht in der Kenntnis der unterschiedlichen Modelle und Theorien der Unternehmensstrategie sowie der Methoden, Verfahren und Techniken, mittels derer auf empirischem oder theoretischem Wege Erkenntnisse über Unternehmensstrategien zu erlangen sowie wie Strategien fachgerecht zu entwickeln sind. Die Urteilskraft des Beraters ist die Fähigkeit, die allgemeinen Begriffe und Modelle einerseits und den konkreten Einzelfall andererseits gedanklich ins Verhältnis setzen zu können. Erst die Urteilskraft ermöglicht dem Berater, sein Fachwissen auf konkrete Einzelfälle anwenden zu können. Mit ihrer Hilfe kann er zum einen Wissen über den Einzelfall bilden und diesen damit bestimmen. Die bestimmende Urteilskraft leistet den konzeptionellen Teil der gutachterlichen Beratungsleistung, also z.B. den Entwurf unterschiedlicher strategischer Optionen. Die reflektierende Urteilskraft andererseits prüft die Bestimmung des Einzelfalls noch einmal daraufhin, ob das mittels des allgemeinen Wissens gebildete Wissen über den Einzelfall diesem auch tatsächlich entspricht[39]. Diese Prüfung ist notwendig im Hinblick auf die Angemessenheit des gutachterlichen Urteils für seinen Gegenstand. Der Gutachter muss also prüfen, ob die von ihm entworfenen strategischen Optionen für das Unternehmen adäquat sind.

Für diese Prüfung kann es keinen äußeren Maßstab geben, da dieser selber wiederum nur Ergebnis einer eigenen Bestimmung wäre, und keine allgemeine Regel, da die Angemessenheit dieser Regel wiederum geprüft werden müsste. Durch den wechselseitigen Einsatz der bestimmenden und reflektierenden Urteilskraft misst der Gutachter sein Urteil dem Sachverhalt weitestgehend an. Er schöpft die Möglichkeiten, die ihm sein Fachwissen und seine Urteilskraft zur Beurteilung des Sachverhaltes bieten, vollständig aus. Dann gilt sein Urteil als objektiv.

Indem das Urteil von dem Fachwissen und der Urteilskraft des Gutachters bestimmt ist, ist auch die Grenze der gutachterlichen Strategieberatung bezeichnet. Da ein Großteil der Innovationen in der Praxis entwickelt und erprobt werden und nicht in der Theorie, das gesicherte Fachwissen in diesem Sinne der Unternehmenswirklichkeit also nachfolgt, ist die Entwicklung neuer, schöpferischer Strategien durch gutachterliche Beratung eher die Ausnahme[40]. Zudem er-

---

[39] Miethe 2000, S. 32ff.; Kant 1994, S. 24f. und S. 87f.; Hegel 1993, S. 78.
[40] Vgl. Kappler 1976; Kappler 1983; Walger 1993; Walger 1998b.

scheint die zunehmende Spezialisierung innerhalb der Wissenschaft, in der sich Wissenschaftler immer mehr der Zugehörigkeit zu einem bestimmten theoretischen Ansatz verpflichtet fühlen, als eine Grenze gutachterlicher Beratung. Denn diese Selbstbindung steht der Notwendigkeit, die Angemessenheit auch des eigenen Ansatzes für einen Sachverhalt unvoreingenommen prüfen zu müssen, entgegen. Im Interessenkonflikt schließlich lässt sich für jede beteiligte Partei ein Gutachter finden, dessen theoretischer Ansatz ihre Perspektive untermauert, sodass die Grenze gutachterlicher Beratung im Konfliktfall im Gegengutachten liegt[41].

4.2 Strategie-Expertenberatung

Die Expertenberatung ist die wirtschaftlich bedeutendste Beratungsform. Ihr spezifisches Beratungsangebot besteht in der schnellen und zuverlässigen Umgestaltung von Unternehmen anhand vorgefertigter Organisationskonzepte. Expertenberatung zeichnet sich dadurch aus, dass sie standardisierte Gestaltungsempfehlungen für Unternehmen im Hinblick auf die Lösung von Problemen in Unternehmen entwickelt und realisiert. Die Ablösung der Beratungsleistung von der Person des Beraters und ihre Standardisierung zu industriell herstellbaren Produkten erlaubt es, sie in großer Zahl zu vervielfältigen und Hochschulabsolventen mit wenig Berufserfahrung als Berater in Einsatz zu bringen. Dadurch können große Beratungsunternehmen entstehen[42].

Die Strategieberatung findet als Expertenberatung ihre Grenze in der standardisierten Gestaltungsempfehlung. In den Beratungsprodukten der Expertenberatung ist die empfohlene Unternehmensstrategie in ihren wesentlichen Eigenschaften und Merkmalen gedanklich bereits vollständig entwickelt. Die Produktentwicklung der Beratungsgesellschaften erfolgt, indem zurückliegende Erfahrungen von Unternehmen gezielt ausgewertet werden im Hinblick auf Probleme und Lösungen, die sich für eine Verallgemeinerung für einen besonders großen Kreis potenzieller Klientenunternehmen eignen. Um diese Auswertungen systematisch leisten zu können, betreiben alle großen Expertenberatungs-Unternehmen ein informationstechnisch unterstütztes Wissensmanagement. In diesen Wissensmanagementsystemen werden möglichst umfassend

---

[41] Vgl. These 2.
[42] Vgl. Dichtl 1998; Niedereichholz 1997; Pfähler/Lieps 1996; Müller 1981; Jakobs 1989; Walger 1999b; Miethe 2000.

Informationen, die in Zusammenhang mit Beratungsprojekten gewonnen wurden, gespeichert. Die Auswertung und Selektion dieser Informationen erfolgt anhand bestimmter Kriterien, Kategorien und Verfahren. Damit bestimmen diese Elemente des Wissensmanagements, welche Probleme und Lösungen verallgemeinert werden und auf welche Weise die Verallgemeinerung erfolgt. Der Konzipierung der Wissensmanagementsysteme kommt also entscheidende Bedeutung bei der Produktentwicklung der Expertenberatung zu[43].

In einem zweiten Schritt werden die verallgemeinerten Erfahrungen konzeptionell soweit ausgearbeitet, bis schließlich eigenständige Organisationskonzepte für die strategische Umgestaltung von Unternehmen vorliegen. Dieser Schritt leistet auch die Ablösung des Strategieentwurfs von seinem Schöpfer. In Form des marktreifen Beratungsprodukts ist die Beratungsleistung nicht länger an die Person des Beraters gebunden, der die Ausarbeitung vorgenommen hat, sondern allgemein verfügbar[44]. Jedes Beratungsunternehmen kann auf diese Weise ein Sortiment an Beratungsprodukten entwickeln, die unabhängig von dem einzelnen Berater angeboten werden können – vorausgesetzt, dass freie Beratungskapazitäten vorhanden sind.

Dem Klientenunternehmen, das eine Beratungsleistung einer Expertenberatung einkauft, bleibt vor diesem Hintergrund lediglich die Wahl, welches Produkt es aus dem Sortiment der Beratungsgesellschaft auswählt. In diesem Sinne geht es nicht um die Entwicklung einer neuen, unternehmensspezifischen Strategie, sondern um die Adaption des Unternehmens an eine durch die Beratungsprodukte vorgegebene Strategie[45].

Allenfalls die ersten Klienten einer Branche, die sich auf die Umgestaltung des eigenen Unternehmens gemäß eines neuen Beratungsproduktes einlassen, können daher auf einen Wettbewerbsvorteil hoffen. Mit der Zeit werden neue Beratungsansätze i.d.R. auch von anderen Beratungsunternehmen übernommen. So bieten heute alle großen Beratungsgesellschaften Produkte zum Business Reengineering, zur Portfolio-Analyse oder zum Shareholder-Value-Konzept an[46]. Mit der zunehmenden Verbreitung eines neuen Beratungsansat-

---

43 Vgl. Walger/Schencking 2001, S. 21ff.; Walger 2000, S. 81ff.; Miethe 2000, S. 97ff.
44 Vgl. Fieten 1979, S. 397; Dichtl 1998, S.21; Walger 1999, S. 6; Miethe 2000, S. 104ff.
45 Vgl. Walger 1999, S. 6; Miethe 2000, S. 118ff.
46 Vgl. Mauthe/Roventa 1982; Copeland et al. 1998; Stelter 1996.

zes wird die damit einhergehende Normstrategie zum Standard und jeder strategische Vorteil des Vorreiters nivelliert.

4.3 Strategische Organisationsentwicklung und systemische Strategieberatung

Im Beratungskonzept der Organisationsentwicklung (OE) gilt der Berater als Experte für Lernprozesse in Unternehmen. Er unterstützt durch seine Interventionen den Prozess, der für die Entwicklung einer neuen Strategie notwendig ist. Der Anspruch des OE-Beraters ist es nicht, dass er selbst den Entwurf für die neue Strategie liefert. Es geht ihm vielmehr darum, dem Klienten zu helfen, sich selbstständig und selbstbestimmt eine Strategie zu erarbeiten. Als Klient begreift die OE-Beratung alle Mitarbeiter im Unternehmen, die von dem zu lösenden Problem betroffen sind. „Betroffene zu Beteiligten machen" ist eine Losung der OE. Sie will damit ein möglichst großes Potenzial für die Lösung der Probleme nutzen und Widerstände in der Organisation gar nicht erst entstehen lassen[47].

Die OE-Beratung hat mit dem Widerspruch umzugehen, dass jede ihrer Interventionen während des Beratungsprozesses der selbstständigen und selbstbestimmten Erarbeitung der Strategie durch den Klienten entgegensteht. Diesen Widerspruch sucht die OE-Beratung aufzulösen, indem der OE-Berater durch sein Verhalten in Bezug auf den Klienten zwei Fiktionen hervorbringt: die Fiktion der Selbstbestimmung des Klienten und die Fiktion der Trennung von Beratungsinhalt und Beratungsprozess[48].

Die Fiktion der Selbstbestimmung bedeutet, dass der OE-Berater mit dem Klienten so umgeht, als ob dieser selbstbestimmt sei und selbstständig die Unternehmensstrategie erarbeiten könne. Träfe dies zu, wäre die Strategieberatung weder nötig noch möglich. Die Fiktion der Selbstbestimmung ist daher kontrafaktisch und soll das, was sie voraussetzt, erst hervorbringen[49].

Ebenso ist die Fiktion der Trennung von Inhalt und Prozess kontrafaktisch. Diese Fiktion besteht darin, dass der Berater dem Klienten vermittelt, dass seine Interventionen lediglich den Prozess der Strategieentwicklung beträfen, nicht jedoch den Inhalt der Strategie. Tatsächlich berührt aber jede Intervention des

---

[47] Vgl. Bartölke 1980; Schein 1990, S. 60, S. 33; French/Bell 1994; Walger 1999b, S. 7.
[48] Vgl. Exner/Königswieser/Tischer 1987, S. 278; Argyris 1970, S. 19; Miethe 2000, S. 64ff; Walger 1997.
[49] Vgl. Habermas 1973, S. 258.

OE-Beraters sowohl Prozess als auch Inhalt; beides lässt sich nicht voneinander trennen. Der OE-Berater muss sich immer ein Urteil darüber bilden, was seine Intervention für den Prozess und den Inhalt der Strategieentwicklung bedeutet. Er ist für beides verantwortlich[50].

Diese beiden Fiktionen bringt der Berater im Beratungsprozess durch sein Verhalten gegenüber dem Klienten hervor. Beispielsweise vermittelt er dem Klienten, dass er, der Berater, das Problem des Klienten nicht lösen werde und mutet ihm zu, sich selbst um eine Lösung zu bemühen. Er erklärt ihm, dass er als Berater über kein Rezept zur Entwicklung einer Unternehmensstrategie verfüge, sondern vielmehr ihn, den Klienten, bei der Strategieentwicklung unterstützen werde. Zweitens erteilt er dem Klienten keine Ratschläge, sondern spiegelt ihm die Bedeutung der Beratungsstrategie, die der Klient schrittweise entwickelt, sowie dessen Umgang mit der Situation wider. Diese Spiegelung dient der Erzeugung einer Differenz zwischen Selbst- und Fremdwahrnehmung des Klienten, sodass dieser zu der Einsicht kommen kann, dass seine bisherige Sicht der Dinge nicht angemessen ist. Und drittens schließlich unterstützt der OE-Berater den Klienten bei der Entwicklung konkreter strategischer Optionen, ohne ihn allerdings aus der Verantwortung für diese Aufgabe zu entlassen. Dies erreicht er beispielsweise dadurch, dass er die infrage kommenden Möglichkeiten nicht in Form von Ratschlägen ins Spiel bringt, sondern durch offene Fragen oder die Bezugnahme auf Beispiele oder Erfahrungen mit der Entwicklung von anderen Unternehmensstrategien. In allen drei Schritten ist es die Aufgabe des OE-Beraters, die Fiktion aufrecht zu erhalten, sodass die entstehende Strategie als eigener Entwurf des Klienten erscheint[51].

In der Vergangenheit haben allerdings einige OE-Berater die von ihnen notwendig hervorzubringenden Fiktionen als bereits gegeben angenommen, die Fiktion also mit der Realität verwechselt. Zum einen sind diese Berater mit der Selbstbestimmung des Klienten in der Weise umgegangen, dass dieser im Beratungsprozess als Wert etabliert wurde, der vom Beratungsproblem losgelöst und verselbstständigt worden ist. Dadurch hat die OE-Beratung eine Normativität gewonnen, die der Entwicklung neuer Strategien und der Umsetzung damit verbundener Veränderungen entgegenstand. Denn wenn das Ziel der Selbstbe-

---

[50] Vgl. Schein 1987, S. 147; Walger 1999; Miethe 2000.
[51] Vgl. Bennis 1972; Schein 1987, S. 16; Rogers 1985, S. 40ff.; Rieckmann 1991; Walger 1997, S.187ff.; ders. 1999b, S. 7ff.; Miethe 2000, S. 173ff.

stimmung des Klienten in Bezug auf die Möglichkeit, eine neue Strategie entwickeln zu können, bereits vorausgesetzt ist, können es nur die strukturellen äußeren Verhältnisse, sprich die hierarchischen Bedingungen der Organisation, gewesen sein, die die Mitarbeiter bislang daran hinderten, eine Strategie zu entwickeln. Der Abbau von Hierarchien trat damit in den Vordergrund der OE. Diese Hoffnung, dass lediglich der Abbau von Hierarchien die strategischen Probleme des Unternehmens lösen würde, musste aber notwendig enttäuscht werden. Zum anderen haben OE-Berater, insbesondere solche ohne betriebswirtschaftlichen Hintergrund, tatsächlich die Auffassung vertreten, ausschließlich für den Prozess und nicht für den Inhalt der Strategieentwicklung verantwortlich zu sein. Dies bedeutet jedoch für den Klienten das Risiko, dass der Strategieberatungsprozess zu einem Ergebnis führen kann, das betriebswirtschaftlich nicht zu rechtfertigen ist[52].

Die Verwechselung von Fiktion und Realität hat die Beratungsstrategie der OE-Beratung damit an eine Grenze kommen lassen, da das Potenzial der Mitarbeiter gegen die Unternehmensstruktur gewendet und der betriebswirtschaftliche Grundzusammenhang der Unternehmung ausgeklammert wurde.

Darüber hinaus kann die Maßgabe der OE-Beratung, Betroffene zu Beteiligten zu machen, strukturellen Veränderungen der Organisation entgegenstehen. Denn die Wurzeln der OE-Beratung liegen wesentlich in der Lerntheorie und Gruppendynamik, während die Bedingungen strukturellen Wandels von Unternehmen, die notwendig mit der Entwicklung neuer Strategien einhergehen, vernachlässigt werden. Und schließlich entfaltet die OE-Beratung ihre Stärke in face-to-face Interaktionen, d.h. im überschaubaren Rahmen von Gruppensituationen. Sie ist daher mit der strategischen Neuausrichtung ganzer Unternehmen oftmals überfordert[53].

Die Defizite der strategischen OE-Beratung hat die systemische Strategieberatung zu heilen versucht. Die Differenzierung gegenüber der OE erfolgt dabei sowohl auf konzeptioneller Ebene als auch durch die Etablierung der „systemischen" Strategieberatung als eigenständige Marke[54]. Die inhaltliche Veränderung besteht in der Fundierung der strategischen Organisationsentwicklungs-

---

52 Vgl. Trebesch 1984; ders. 1999; Beer 1989; Kahn 1977; Kubicek/Leuck/Wächter 1979; Rieckmann 1991; Miethe 2000.
53 Vgl. Walger 1997, S. 187ff.; Wächter 1983, S. 64f.
54 Vgl. Wimmer 1991, S. 45ff.; Miethe 2000, S. 181.

beratung durch die neuere Systemtheorie, die im Bereich der Sozialwissenschaften maßgeblich durch Niklas Luhmann geprägt worden ist[55]. Diese betont den funktionalen Grundzusammenhang der Organisation und betrachtet sie nicht mehr wie die klassische OE-Beratung als offenes, sondern als ein selbstreferentielles, autopoietisch geschlossenes System. Letzteres bedeutet, dass sich das System in seinem Handeln primär an sich selbst orientiert und die Interventionen des Beraters durch eingespielte Verstehensmuster in bestimmter, eigener Weise interpretiert, sodass der systemische Berater nicht auf die gezielte Wirkung seiner Handlungen hoffen kann[56].

Die Möglichkeit des systemischen Strategieberaters besteht einzig darin, auf der Basis seiner Beobachtung des Systems, die sich seiner Beobachtungsweise verdankt und die sich von der Selbstbeobachtung des Klientensystems unterscheidet, Irritationen zu schaffen. Indem diese Irritationen die eingespielten Wahrnehmungs-, Erklärungs- und Handlungsmuster des Klientensystems stören, verändert es seine Selbstbeobachtung und seine Selbstbeschreibung. Eine über die Irritation hinausgehende Wirkung von Handlungen erscheint aus Sicht der systemischen Strategieberatung unmöglich, da jede Handlung vom Klientensystem gemäß seiner Wahrnehmungsmuster interpretiert wird. Es bleibt der systemischen Strategieberatung also nur die Irritation der Organisation. Durch Irritation soll das Klientensystem seine Selbstbeschreibung ändern, sodass aus ihr eine neue Strategie folgt[57].

Systemische Strategieberatung kommt systematisch an die Grenze von Kommunikation und damit an die Grenze der Möglichkeit von Beratung. Sie sieht ihre Möglichkeit auf der Grenze zur Unmöglichkeit von Beratung, insofern ist die Änderung der Selbstbeschreibung des Klientensystems, die für die mit der Entwicklung einer neuen Strategie verbundenen Veränderungsprozesse notwendig ist, durch sie nicht hervorzubringen[58]. Diese Sichtweise birgt allerdings die Gefahr, dass diese Unmöglichkeit in eine Unverantwortlichkeit des Beraters mündet, da die Bedeutung seiner Handlungen nur als Irritation qualifiziert und nicht verantwortlich begründet werden kann und muss. Insofern ist die systemische Strategieberatung dem Risiko der Beliebigkeit ausgesetzt.

---

[55] Vgl. Luhmann 1987; ders. 1989, S. 209ff.
[56] Vgl. Willke 1984, S. 191f.; Walger 1999b, S. 12.
[57] Vgl. Walger 1999c, S. 307f.; ders. 1999b, S. 14.

5 Strategieberatung ist Beratung, die an die Grenze geht

Bevor Bastian Baltasar Bux ins Änderhaus kommt, hat er bereits eine lange Reise durch Phantasien hinter sich mit Aurin, dem Symbol für die uneingeschränkte Herrschaftsgewalt in Phantasien. Die Inschrift auf diesem Amulett lautet: „Tu was Du willst". Es gibt ihm die Möglichkeit, sich alle Wünsche zu erfüllen, die ihm in den Sinn kommen, allerdings um den Preis, mit jedem realisierten Wunsch ein Stück Erinnerung an seine menschliche Existenz – an sein Menschsein – zu verlieren. Mit dem Zeitpunkt, an dem seine Erinnerung an sein Menschsein vollständig erloschen sein wird, muss er für immer in Phantasien bleiben[59].

Vielleicht liegt die Chance der Strategieberatung in der Erinnerung an den Menschen, um zum Wesen der Beratung zurück zu finden. Dann ist sie gut beraten, sich daran zu erinnern, dass sie nur Menschen beraten kann. Der Manager, der sich seines Menschseins nicht bewusst ist, bedrohe unser Wirtschafts- und Gesellschaftssystem, schreibt Reinhard Mohn vor dem Hintergrund der Entwicklung von Bertelsmann und spricht von Systemversagen. Seine kritische Analyse lautet: Unsere Manager entbehren der Menschlichkeit, die für verantwortliches, unternehmerisches Handeln unerlässlich ist[60].

Wenn die Strategieberatung dies ernst nimmt, könnte es sie in zweifacher Weise betreffen. Einmal im Hinblick auf ihre Klienten als Menschen und zum anderen im Hinblick auf sie selbst, d.h. auf ihre Berater, die selber Menschen sind. Strategieberatung ist dann als ein menschliches Unterfangen zu verstehen: Menschen können nur Menschen beraten.

Menschlich im Hinblick auf Unternehmensstrategien zu beraten, d.h. dem „Tu was Du willst" zu folgen, bedeutet, auf das Wollen der Menschen im Unternehmen Bezug zu nehmen und es mit der Unternehmensidee zu verbinden. D.h. es geht darum, dieses Wollen, das schöpferische Potenzial jedes einzelnen Menschen zu bergen und es nicht im Vorhinein wie ein Interesse als Forderung oder feste Position vorauszusetzen. Das Wollen zu bergen bedeutet, die Menschen nach dem zu fragen, was sie persönlich wollen. Es beinhaltet zu klären, ob

---

[58]   Vgl. Walger 1999c, S. 319f.
[59]   Vgl. Ende 1979, S. 393.
[60]   Vgl. Mohn 2003.

sie dies wollen können und ob sie es wirklich tun oder ob es ein Wünschen ist, das im Reich Phantasiens verbleibt. Es bedeutet, jeden Menschen unabhängig von seiner Position mit seinen kreativen Möglichkeiten als einen Unternehmer zu begreifen[61]. Denn der Unternehmer wird – entgegen der verbreiteten Praxis z.B. vieler Business-Plan-Wettbewerbe – nicht schon durch die Formulierung einer Absicht oder eines Wunsches zum Unternehmer, sondern erst durch das erfolgreich gegründete Unternehmen, also sein erfolgreich in die Tat gebrachtes Wollen. Erst das tatsächlich aufgebaute Unternehmen macht den Unternehmer zu einem Unternehmer. Das Unternehmen bringt den Unternehmer hervor, es bestimmt quasi rückwirkend auch ihn selbst[62]. Im „Tu was Du willst" liegt das Strategische: Es mutet zu, der zu werden, der man ist. Und dies klärt sich nicht anhand der formalen Position, sondern im Ergebnis des eigenen schöpferischen Tuns.

Das Wollen der Einzelnen miteinander in Beziehung zu setzen und produktiv zu kombinieren, bringt das Unternehmerische hervor – die Strategie –, durch das die Unternehmung als Ganzes überhaupt erst entsteht und das sie immer wieder neu bildet. Damit bewegt sich Strategieberatung aber an der Grenze zur Betriebswirtschaftslehre als Wissenschaft, die bis heute den Menschen auf immer wieder unterschiedliche Weise ausgeschlossen hat. Und sie ist an der Grenze der Strategieberatung. Denn auf den Menschen zu setzen und dessen persönliche Entwicklung, steht der Rationalität scheinbar entgegen.

Das „Tu was Du willst" ernst zu nehmen, bedeutet für die Strategieberatung, wie das „Änderhaus" der Dame Aiuóla zu werden, die Bastian Balthasar Bux hilft, qua eigener Veränderung vom Wünschen ins Wollen zu kommen[63]. Im Wissen um das „Tu was Du willst" erlangt Strategieberatung ihre Möglichkeit. Es geht der Strategieberatung dann nicht mehr um die Interessenvertretung von Managern oder Kapitalanlegern oder um deren Interessenausgleich, sondern es geht um Unternehmer- und Unternehmensentwicklung. Strategieberatung ist dann Beratung, die mit jedem im Unternehmen an seine Grenze geht: Dorthin, wo das Wasser des Lebens für dieses Unternehmen zu finden ist. Dies ist die Grenze des Klienten, und es ist die Grenze der Strategieberatung.

---

[61] Vgl. Walger/Neise 2005, S. 315ff.; Albach 2002; Veil 1956; Sandig 1953, S. 10ff.; Krause 1954, S. 6ff.
[62] Vgl. Walger/Neise 2005; Walger/Schencking 2003; Rombach 1993, S. 111 f.
[63] Vgl. Ende 1979, S. 382ff.

Literatur

ALBACH, H. (2002): Das Unternehmerische in der Theorie der Unternehmung, ZFB Ergänzungsheft 1/2002.
ANDREWS, K.R. (1971): The Concept of Corporate Strategy, Homewood/Ill.
ANSOFF, I. (1965): Corporate Strategy, New York.
ANSOFF, I. (1984): Implanting strategic management, Englewood Cliffs/New Jork.
ARGYRIS, C. (1970): Intervention Theory and Method. A Behavioral Science View, Reading MA.
BAMBERGER, I. (2002; Hrsg.): Strategische Unternehmensberatung, Wiesbaden.
BARTÖLKE, K. (1980): Organisationsentwicklung, in: GROCHLA (1980, Hrsg.),: Sp. 1471ff.
BUNDESVERBAND DEUTSCHER UNTERNEHMENSBERATER E.V. (2005; Hrsg.): Facts & Figures zum Beratermarkt, Bonn.
BEER, M. (1989): Auf dem Weg zu einer Neudefinition der Organisationsentwicklung: eine Kritik des Forschungsansatzes und der Methode, in: Zeitschrift für Organisationsentwicklung, Nr. 3, S. 11-13.
BENNIS, W. G. (1972): Organisationsentwicklung. Ihr Wesen, ihr Ursprung, ihre Aussichten, Baden-Baden/ Bad Homburg.
BERGMANN, J. (2002): Schlaumeier wie wir, in: brand eins, Heft 4/2002.
BÜHNER, R. (1994): Der Shareholder-Value-Report, Landsberg/Lech.
BUCHHORN, E. (2002): Guter Rat ist billig, in: manager magazin, Heft 12/2002, S. 32ff.
CHANDLER, A. D. JR. (1962): Strategy and Structure: Chapters in the History of the American Industrial Enterprise, Cambridge.
CLAUSEWITZ, C. V. (1980): Vom Kriege, Stuttgart.
COPELAND, T. et al. (1998): Unternehmenswert. Methoden und Strategien für eine wertorientierte Unternehmensführung, Frankfurt a.M./New York.
DICHTL, M. (1998): Standardisierung von Beratungsleistungen, Wiesbaden.
DLUGOS, G./EBERLEIN, G./STEINMANN, H. (1972; Hrsg.): Wissenschaftstheorie und Betriebswirtschaftslehre, Düsseldorf.
EFFENBERGER, J. (1998): Erfolgsfaktoren der Strategieberatung, Stuttgart.
ENDE, M. (1979): Die unendliche Geschichte, Stuttgart.
EXNER, A./KÖNIGSWIESER, R./TITSCHER, S. (1987): Unternehmensberatung - systemisch. Theoretische Annahmen und Interventionen im Vergleich zu anderen Ansätzen, in: Die Betriebswirtschaft, 47. Jg. (1987), S. 265-284.
FAHRENBACH, H. (1973; Hrsg.): Wirklichkeit und Reflexion, Pfullingen.
FAYOL, H. (1916): Administration Industrielle et Géneral – Prévoyance, Organization, Commandement, Coordination, Contrôle, in: Bulletin de la Société de l´Industrie Minérale.
FIETEN, R. (1979): Der Einsatz externer Berater bei der organisatorischen Gestaltung, in: Zeitschrift Führung + Organisation 48. Jg. (1979), S. 395 – 401.

FRENCH, W. L./ BELL, C. H. (1994): Organisationsentwicklung. Sozialwissenschaftliche Strategien zur Organisationsveränderung, 4. Aufl., Bern u.a.
GOMEZ, P. (1993): Wertmanagement, Düsseldorf.
GROCHLA, E. (1980; Hrsg.): Handwörterbuch der Organisation, 2. Aufl., Stuttgart.
GUTENBERG, E. (1929): Die Unternehmung als Gegenstand betriebswirtschaftlicher Theorie, Berlin u.a.
GUTENBERG, E. (1951): Grundlagen der Betriebswirtschaftslehre, Bd. 1, Berlin u.a.
GUTENBERG, E. (1953): Zum „Methodenstreit", in: Zeitschrift für handelswissenschaftliche Forschung, 5. Jg. NF (1953), S. 327ff.
HABERMAS, J. (1973): Wahrheitstheorien, in: FAHRENBACH, H. (1973; Hrsg.), S. 211-265.
HALL, D./SAIAS, M. (1980): Strategy follows Structure, in: Strategic Management Journal, Vol. 1 (1980), S. 149-163.
HAMBRICK, D. C./MACMILLAN, J. C./DAY, D. L. (1982): Stategic attributes and performance in the BCG-Matrix. A PIMS-based analysis of industrial product business, in: Academy of Management Journal, Vol. 25 (1982), S. 510-531.
HAMMER, M./CHAMPY, J. (1994): Business Reengineering. Die Radikalkur für das Unternehmen, Frankfurt a. M./New York.
HEGEL, G. W. F. (1993): Phänomenologie des Geistes, 4. Aufl., Frankfurt a.M.
HEINEN, E. (1962): Die Zielfunktion der Unternehmung, in: KOCH, H. (1962; Hrsg.): Zur Theorie der Unternehmung. Festschrift zum 65. Geburtstag von Erich Gutenberg, Wiesbaden.
HEINEN, E. (1966): Das Zielsystem der Unternehmung, Wiesbaden.
HEINEN, E. (1971): Der entscheidungsorientierte Ansatz der Betriebswirtschaftslehre, in: KORTZFLEISCH, G. V. (1971), S. 21-37.
HEINEN, E. (1970): Zielprogramm und Entscheidungsprozess in der Unternehmung, Wiesbaden.
HEINEN, E. (1976): Grundfragen der entscheidungsorientierten Betriebswirtschaftslehre, München.
HINTERHUBER, H./LASKE, S. (1984; Hrsg.): Zukunftsorientierte Unternehmenspolitik. Konzeptionen, Erfahrungen und Reflexionen zur Personal- und Organisationsentwicklung, Freiburg.
HIRN, W./STUDENT, D. (2002): Hohe Priester in Nöten, in: manager magazin, Heft 7/2002.
HOFMANN, M. (1991): Theorie und Praxis der Unternehmensberatung. Bestandsaufnahme und Entwicklungsperspektiven, Heidelberg.
JAKOBS, H.-J. (1989): Beraten und Verkauft, in: Management Wissen, Nr. 11/1989, S. 55-70.
JENSEN, M.C./ MECKLING, W. (1976): The Theory of the Firm: Managerial Behavior, Agency Costs, and Ownership Structure, Journal of Financial Economics, Vol. 3 (1976), S. 305-360.

JENSEN, M. C./MURPHY, K. J. (1990): CEO Incentives – It´s Not How Much You Pay, But How, in: Harvard Business Review, Vol. 69 (1990), S. 138-153.

JULLIEN, F. (1999): Über die Wirksamkeit, Berlin.

KAHLE, E. (1997; Hrsg.): Betriebswirtschaftslehre und Managementlehre. Selbstverständnis – Herausforderungen – Konsequenzen, Wiesbaden.

KAHN, R.L. (1977): Organisationsentwicklung: Einige Probleme und Vorschläge, in: SIEVERS (1977), S. 281-301.

KANT, I. (1994): Kritik der Urteilskraft [1790], 13. Aufl., Frankfurt a. M.

KAPPLER, E. (1976): Zum Theorie-Praxis-Verhältnis einer noch zu entwickelnden kritischen Theorie der Betriebswirtschaftspolitik, in: ULRICH, H. (1976; Hrsg.). S. 107-133.

KAPPLER, E. (1983; Hrsg.): Rekonstruktion der Betriebswirtschaftslehre als ökonomische Theorie, Spardorf.

KIENBAUM (2000): Vergütungsstudie „Leitende Angestellte 2000", Gummersbach.

KIENBAUM (2004): Vergütungsstudie „Geschäftsführer 2004", Gummersbach.

KIRSCH, W. (1968): Zur Problematik „optimaler" Kapitalstrukturen, in: Zeitschrift für Betriebswirtschaft, 38. Jg. (1968), S. 881-888.

KIRSCH, W. (1972): Die entscheidungs- und systemorientierte Betriebswirtschaftslehre. Wissenschaftsprogramm, Grundkonzeption, Wertfreiheit und Parteilichkeit, in: DLUGOS, G./EBERLEIN, G./STEINMANN, H. (1972; Hrsg.), S. 154ff.

KIRSCH, W. (1981): Unternehmenspolitik: Von der Zielforschung zum strategischen Management, München.

KIRSCH, W. (1990): Unternehmenspolitik und strategische Unternehmensführung, München.

KIRSCH, W. (1997): Wegweiser zur Konstruktion einer evolutionären Theorie strategischer Führung, München.

KIRSCH, W./ECKERT, N. (2002): Die Strategieberatung im Lichte einer evolutionären Theorie der strategischen Führung, in: BAMBERGER, I. (2002; Hrsg.), S. 299-346.

KIRSCH, W./ESSER, W.-M./MÜLLER, G. (1985): Strategisches Consulting als Organisationsentwicklung, in: Zeitschrift Führung + Organisation, 54. Jg. (1985), S. 90-91.

KIPPING, M. (2002): Jenseits von Krise und Wachstum. Der Wandel im Markt für Unternehmensberatung, in: Zeitschrift Führung + Organisation, 71. Jg. (2002), S. 269-276.

KOLKS, U. (1990): Strategieimplementierung, Wiesbaden.

KOLLER/KICHERER (1971; Hrsg.): Probleme der Unternehmensführung. Festschrift zum 70. Geburtstag von Eugen Hermann Sieber, München.

KORMANN, H. (1971): Typen der Unternehmensberatung und ihre Stellung im Entscheidungsprozess der Unternehmensleitung, in: KOLLER/KICHERER (1971; HRSG.), S. 248-269.

KORTZFLEISCH, G. V. (1971): Wissenschaftsprogramm und Ausbildungsziele der Betriebswirtschaftslehre, Berlin.

KRAUSE, H. (1954): Unternehmer und Unternehmung. Betrachtungen zur Rechtsgrundlage des Unternehmertums, Schriften der Wirtschaftshochschule Mannheim, Heft 4, Heidelberg.

KUBICEK, H./LEUCK, H.G./WÄCHTER, H. (1979): Organisationsentwicklung: entwicklungsbedürftig und entwicklungsfähig, in: Gruppendynamik, 10. Jg. (1979), S. 297-318.

LEHNER, J. (1996): Implementierung von Strategien, Wiesbaden.

LUHMANN, N. (1987): Soziale Systeme. Grundriß einer allgemeinen Theorie, Frankfurt a. M.

LUHMANN, N. (1989): Kommunikationssperren in der Unternehmensberatung, in: LUHMANN/FUCHS (1989), S. 209-227.

LUHMANN, N./FUCHS, P. (1989): Reden und Schweigen, Frankfurt a. M.

MANAGER MAGAZIN (2002): Energieknappheit – im Stammland USA muss McKinsey in eigener Sache sanieren, Heft 11/2002, S. 56f.

MARCH, J.G./SIMON, H.A. (1958): Organizations, New York/London.

MAUTHE, K.D./ROVENTA, P. (1982): Versionen der Portfolio-Analyse auf dem Prüfstand. Ein Ansatz zur Auswahl und Beurteilung strategischer Analysemethoden, in: Zeitschrift Führung + Organisation, 51. Jg. (1982), S. 191-204.

MEFFERT, H./STEINBRÜCK, P. (2005; Hrsg.): Trendbuch NRW – Perspektiven einer Metropolregion, Gütersloh.

MELLEROWICZ, K. (1953): Betriebwirtschaftslehre am Scheideweg?, in: Zeitschrift für Betriebswirtschaft, 23. Jg. (1953), S. 265ff.

MIETHE C. (2000): Leistung und Vermarktung unterschiedlicher Formen der Unternehmensberatung, Wiesbaden.

MINTZBERG, H. (1994): The Fall and Rise of Strategic Planning, Harvard Business Review, S. 107-114.

MOHN, R. (2003): Die gesellschaftliche Verantwortung des Unternehmers, München.

MÜLLER, W. (1981): Funktionen der Organisationsberatung, in: Die Unternehmung, Nr. 1, S. 41-50.

NICOLAI, A.T./THOMAS, T.W. (2004): Kapitalmarktkonforme Unternehmensführung: Eine Analyse im Lichte der jüngeren Strategieprozesslehre, in: Schmalenbachs Zeitschrift für betriebswirtschaftliche Forschung (zfbf), 56. Jg. (2004), S. 452-469.

NIEDEREICHHOLZ, C. (1997): Unternehmensberatung. Band 2: Auftragsdurchführung und Qualitätssicherung, München/Wien.

OETINGER, B.V. (1995; Hrsg.): Das Boston Consulting Group Strategie-Buch, Düsseldorf u.a.

OTT, M. (1995): Business Reengineering: Der neue Weg zur prozeßorientierten Unternehmensorganisation, in: WOHLGEMUTH, A. C./TREICHLER, C. (1995, Hrsg.)

PFÄHLER, W./LIEPS, G. (1996): Produktdifferenzierung in der „klassischen Unternehmensberatung" – eine empirische Untersuchung, Diskussionsbeiträge zum Regionalen Standortwettbewerb, Institut für Allokation und Wettbewerb, Universität Hamburg, Nr. 25.

PORTER, M. E. (1984): „Industrial Organization and the Evolution of Concepts for Strategic Planning", in: NAYLOR, T. H. (1982; Hrsg.): Corporate Strategy, New York, S. 184.

PORTER, M. E. (1996): What is Strategy?, in: Harvard Business Review, S. 61-78.

RAPPAPORT (1995): Shareholder-Value: Wertsteigerung als Maßstab für die Unternehmensführung, Stuttgart.

RIECKMANN, H. (1991): Organisationsentwicklung – von der Euphorie zu den Grenzen, in: SATTELBERGER (1991), S. 125-143.

ROGERS, C. (1985): Die nicht-direktive Beratung, Frankfurt a. M.

ROMBACH, H. (1993): Strukturanthropologie. Der menschliche Mensch, 2. Aufl., Freiburg i.Br.

RUDOLPH, H./OKECH, J. (2004): „Wer anderen einen Rat erteilt...".

SANDIG, K. (1953): Die Führung des Betriebes – Betriebswirtschaftspolitik, Stuttgart.

SATTELBERGER, T. (1991; Hrsg.): Die lernende Organisation. Konzepte für eine neue Qualität der Unternehmensentwicklung, Wiesbaden.

SCHEIN, E. (1987): Process Consultation. Volume II: Lessons for Managers and Consultants, Reading u.a.

SCHEIN, E. (1990): A General Philosophy of Helping: Process Consultation, in: Sloan Management Revue, S. 57-64.

SCHEIN, E. (1998): Organisationsentwicklung und die Organisation der Zukunft, in: Zeitschrift für Organisationsentwicklung, 17. Jg. (1998), S. 40-49.

SCHEWE, G. (1999): Unternehmensstrategie und Organisationsstruktur, in: DBW, 59. Jg. (1999), S. 61-75.

SCHREYÖGG, G. (1993): Unternehmensstrategie, Berlin/New York.

SCHREYÖGG, G. (1999): Strategisches Management – Entwicklungstendenzen und Zukunftsperspektiven, in: Die Unternehmung, 53. Jg. (1999), S. 387-407.

SCHREYÖGG, G. (2001; Hrsg.): Wissen in Unternehmen. Konzepte, Maßnahmen, Methoden, Berlin.

SCHREYÖGG, G./WERDER, A. V. (2004; Hrsg.): Handwörterbuch der Organisation und Unternehmensführung (HWO), 4. Aufl., Stuttgart.

SCHWALBACH, J./GRAßHOFF, U. (1997): Managervergütung und Unternehmenserfolg, in: Zeitschrift für Betriebswirtschaft, S. 203-217.

SHLEIFER, A./VISHNY (1997): A survey of Corporate Governance, in: The Journal of finance, Vol. LII (1997), S. 737-783.

SIEVERS, B. (1977): Organisationsentwicklung als Problem, Stuttgart.

STELTER, D. (1996): Wertorientiertes Management, Sonderdruck der Boston Consulting Group, Landsberg/Lech.

TARLATT, A. (2001): Implementierung von Strategien in Unternehmen, Wiesbaden.

TAYLOR, F. W. (1913): Die Grundsätze wissenschaftlicher Betriebsführung, München/Berlin.

TREBESCH, K. (1984): Organisationsentwicklung in der Krise?, in: HINTERHUBER, H./LASKE, S. (1984; Hrsg.), S. 312-329.

TREBESCH, K. (1999): Organisationsentwicklung und Organisationslernen im Prozeß der Unternehmensentwicklung, in: WALGER (1999), S. 159-181.

ULRICH, H. (1976, Hrsg.): Zum Praxisbezug der Betriebswirtschaftslehre in wissenschaftstheoretischer Sicht, Bern.

VEIL, K. F. (1953): Das Wesen von Unternehmung und Unternehmer. Ein Beitrag zur Diskussion um den Begriff des Unternehmers, Baden-Baden/Frankfurt a.M.

WÄCHTER, H. (1983): Organisationsentwicklung – Notwendig, aber paradox, in: Zeitschrift Führung + Organisation, Nr. 2/1983, S. 61-66.

WÄCHTER, H. (1995; Hrsg.), Selbstverständnis betriebswirtschaftlicher Forschung und Lehre: Tagungsband der Kommission Wissenschaftstheorie im Verband der Hochschullehrer für Betriebswirtschaft e.V., Wiesbaden.

WALGER, G. (1993): Produktive Produktion. Ein Beitrag zur Rekonstruktion der Betriebswirtschaftslehre als ökonomische Theorie, Bern u.a.

WALGER, G. (1995): Unternehmensführung und Unternehmensberatung als Aufgabe der Betriebswirtschaftslehre, in: WÄCHTER, H. (1995; Hrsg.), S. 125-146.

WALGER, G. (1997): Change Management im Spannungsfeld von Selbst- und Fremdorganisation, in: KAHLE, E. (1997; Hrsg.), S. 187-207.

WALGER, (1998a; Hrsg.): Wittener Jahrbuch für ökonomische Literatur 1998, Marburg.

WALGER, G. (1998b): Zur Entwicklung einer Betriebswirtschaftslehre, die theoretisch und praktisch zugleich ist, in: ders. (1998A; Hrsg.), S. 101-114.

WALGER, G. (1999a; Hrsg): Formen der Unternehmensberatung. Systemische Unternehmensberatung, Organisationsentwicklung, Expertenberatung und Gutachterliche Beratungstätigkeit in Theorie und Praxis, 2. Aufl., Köln.

WALGER, G. (1999b): Idealtypen der Unternehmensberatung, in: WALGER (1999a), S. 1-18.

WALGER, G. (1999c): Chancen und Folgen der Irritation in der systemischen Unternehmensberatung, in: WALGER (1999a), S. 301-322.

WALGER, G. (2000): Wissen und Wissensconsulting, in: WITT, F. H. (2000; Hrsg.), S. 81-96.

WALGER, G. (2004): Beratung, Theorie der, in: SCHREYÖGG, G./WERDER, A. V. (2004; Hrsg.), S. 85-91.

WALGER, G./KAILER, N. (2000; Hrsg.): Perspektiven der Unternehmensberatung für kleine und mittlere Betriebe. Probleme - Potentiale - Empirische Analysen, Wien.

WALGER, G./NEISE, R. (2005): Jeder Mensch ein Unternehmer – NRW als Vorreiter für eine unternehmerische Gesellschaft, in: MEFFERT, H./STEINBRÜCK, P. (2005; Hrsg.), S. 301-311.

WALGER, G./SCHENCKING, F. (2001): Wissensmanagement, das Wissen schafft, in: SCHREYÖGG, G. (2001; Hrsg.), S. 21-40.

WALGER, G./SCHENCKING, F. (2002): Anreize für Unternehmer, Diskussionspapier der Fakultät für Wirtschaftswissenschaft der Universität Witten/Herdecke, Heft 111, November 2002.

WALGER, G./SCHENCKING, F. (2003): Existenzgründung als existenzielle Entscheidung, in: WALTERSCHEID, K. u.a. (2003; Hrsg.), S. 39-54.

WALTERSCHEID, K. u.a. (2003; Hrsg.): Entrepreneurship in Forschung und Lehre, Festschrift für Klaus Anderseck, Frankfurt a. M. u.a.

WEBER, M.: (1995), Wissenschaft als Beruf, Stuttgart.

WILLKE, H. (1984): Zum Problem der Intervention in selbstreferentielle Systeme, in: Zeitschrift für systemische Therapie, 2. Jg. (1984), S. 191-200.

WIMMER, R. (1991): Organisationsberatung: Eine Wachstumsbranche ohne professionelles Selbstverständnis. Überlegungen zur Weiterführung des OE-Ansatzes in Richtung systemischer Organisationsberatung, in: HOFMANN (1991), S. 45-136.

WIMMER, R. (2003): Beratung: Quo Vadis, in: OrganisationsEntwicklung, 3/2003, S. 60-73.

WITT, F. H. (2000; Hrsg.): Unternehmung und Informationsgesellschaft. Wiesbaden.

WOHLGEMUTH, A. C./TREICHLER, C. (1995; Hrsg.): Unternehmensberatung und Management. Die Partnerschaft zum Erfolg, Zürich.

ZUSCHLAG, B. (1992): Das Gutachten des Sachverständigen. Rechtsgrundlagen, Fragestellungen, Gliederung, Rationalisierung, Göttingen/Stuttgart.

Kommentar

Dr. Roswita Königswieser
Königswieser & Network, Systemische Beratung und Entwicklung GmbH
Martin Hillebrand
Königswieser & Network, Systemische Beratung und Entwicklung GmbH

Wir haben diesen Artikel mit großem Interesse gelesen. Er ist für uns ein gelungener Beitrag zum Strategieberatungsdiskurs. Wir meinen einen Refrain zu hören, aus dem die Grundbotschaft klingt: Es geht bei Strategieberatung um den schöpferischen Akt und das Heben des Potenzials jedes einzelnen Menschen. Es ist wichtig, den Strategieprozess nicht unzulässig einzuengen, zu begrenzen, sondern ihn ganzheitlich und mit Phantasie als unternehmerischen Selbstfindungsprozess zu gestalten.

Dabei und in vielen Argumentationen finden wir uns wieder: Weder folgt die Struktur gesetzmäßig der Strategie, noch muss es immer umgekehrt sein. Um Widerstände im System zu vermeiden und um nachhaltige Entwicklung zu erzielen, sind alle Dimensionen gleichzeitig und integriert zu berücksichtigen (vgl. KÖNIGSWIESER/HILLEBRAND 2004), das Unternehmen als Ganzes zu sehen. Auch in der Einschätzung, dass die rein betriebswirtschaftlichen Modelle eine Reduktion auf rationale Ziel-Mittel-Relationen darstellen, stimmen wir überein. Ebenfalls werden einseitige Perspektiven, Fokusierungen, die durch ausschließliche Orientierungen z.B. an Managerinteressen oder Kapitalgeberinteressen zustande kommen, einem professionellen, differenzierten Strategieberatungsprozess nicht gerecht. In systemischen Strategieerarbeitungsprozessen werden immer alle relevanten Umwelten mit einbezogen. Es wird das „Mehrbrillenprinzip" angewendet. Wieder geht es nicht um ein Entweder-Oder, sondern um simultane Gleichzeitigkeit, um adäquate Komplexität und um differenzierte Vielschichtigkeit. Klienten sind in der systemischen Beratung nicht einzelne Interessengruppen - Klient ist das ganze System.

So wie Herr Prof. Walger und Herr Neise die reduktionistische Selbstbegrenzung der verschiedenen Beratungsansätze analysieren, können sie zu dem geforderten Schöpfungs- bzw. Selbstfindungsprozess keinen Beitrag leisten. Das gilt für die Gutachter mit ihrer Scheinobjektivität, die Expertenberatung mit ihrer Standardisierung, für die „reine" Prozessberatung mit ihrer Pseudoneutralität. Wo wir aus unserer Perspektive nicht zustimmen, ist die Zentrierung der systemischen Strategieberatung auf die Irritation als zentrale Intervention (vgl. NAGEL/WIMMER 2004). In unserem Selbstverständnis versuchen wir nicht nur Inhalt (WAS) und Prozess (WIE) zu integrieren, sondern auch andere Widersprüche wie z.B. Konzepterarbeitung-Umsetzung, Person-Organisation, Vergangenheit-Zukunft. Damit ist das Feld der inhaltlichen Interventionen sehr breit. Die dahinter liegende Haltung ist Wertschätzung, Ressourcenorientierung, das Aufgreifen neuer Perspektiven durch das systemische Interventionsrepertoire und ab und zu kommt es dabei auch zu konstruktiver Irritation.

Der Systemansatz ist daher alles andere als „beliebig". Er vertraut zwar auf die Kräfte der Selbstorganisation, in dem er Energien, Emotionen, Kreativität deblockiert und unter dialogischer Miteinbeziehung der Betroffenen gerade in einem Visions-Strategieprozess gemeinsam die unternehmerische Wirklichkeit entwirft. Unsere Meinung unterscheidet sich auch noch in weiteren Punkten.

In Strategieberatungsprozessen spielen zwar die einzelnen Menschen eine wichtige Rolle, aber letztlich sind sie vor allem in ihren Rollen Resonanzkörper der Systemmuster, die es z.B. durch die gekonnte Intervention in der Strategiearbeit zu bewahren oder zu verändern gilt. Die Metapher „Wasser des Lebens" hat uns auch angesprochen. Wir verwenden dieses Bild als die in den Strategieprozess eingewobene Reflexion, die Nachhaltigkeit und Lernen lernen generieren hilft (vgl. KÖNIGSWIESER/CICHY/JOCHUM 2001). Dabei geht es immer wieder nicht einseitig um die Inhalte der Strategie, sondern vor allem auch um die Gestaltung des Schöpfungsprozesses, bei dessen Gehen der Weg entsteht.

Als eines von vielen Beispielen für einen systemischen Strategieberatungsprozess verweisen wir auf ein publiziertes Beispiel bei MESSER-GRIESHEIM (2003).

Nach einer Systemdiagnose, bei der viele Mitarbeiter, Führungskräfte, das Top-Management und die Anteilseigner in Gruppen über ihre Gesamtwahrnehmung der aktuellen und zukünftigen Situation befragt werden, wirkt die Rückspiegelung der Ergebnisse an die Schlüsselpersonen als Aufbereitung und mentale Öffnung für kreative strategische Überlegungen. Unter Miteinbeziehung verschiedenster Perspektiven und Interessen, die miteinander in lebendige Interaktion treten, wird eine Strategie erarbeitet, die auf einer von einer Projektgruppe sorgfältig vorbereiteten Großveranstaltung in Anwesenheit von Kunden und Anteilseigenern präsentiert, diskutiert und verabschiedet wird. Verwoben in diesen Prozess ist die Umsetzung, indem entsprechende Projekte aufgesetzt werden, Widersprüche integriert werden, Bewusstheit geschaffen wird, Energien freigesetzt werden. Auf der Großveranstaltung stehen neben harten Zielen emotionale Zukunftsbilder voll von Sehnsucht, die Künstler auf der Veranstaltung malend auf eine Leinwand übersetzen. Kreativen Dialogen mit Inszenierungen wird zwischen verschiedenen Gruppen Platz eingeräumt. Es finden dabei öffentliche Hearings der Anteilseigner und Vorstände statt, die von „kalten Maschinen" und „Söldnern" zu entdramatisierten Elementen der Unternehmerwirklichkeit werden.

Nochmals: Der Grundbotschaft von Prof. Walger und Herrn Neise stimmen wir zu. Auch für uns ist das inhaltliche Ergebnis – das WAS – genauso wichtig wie der Erarbeitungsprozess selbst – das WIE. Zum WIE gehört das Miteinbeziehen von Gefühlen, z.B. Ängsten, Sehnsüchten, Leidenschaft, das Mithereinholen der verschiedenen Gruppen von Betroffenen, künstlerisch, analoge Interventionen, Symbolik, Rituale, Kreativität und Energie. Schon Goethe weist darauf hin. In Faust sagt Homunkulus in der Laboratoriumsszene:

„Das WAS bedenke, mehr bedenke WIE".

Literatur

KÖNIGSWIESER, R./CICHY, U./JOCHUM, G. (2001): SIMsalabim, Veränderung ist keine Zauberei, Systemisches IntegrationsManagement, Stuttgart.
KÖNIGSWIESER, R./HILLEBRAND, M. (2004): Einführung in die systemische Organisationsberatung, Heidelberg.
MESSER-GRIESHEIM (2003): Erfolgreich veranstalten, in: GDI Impuls 2/2003.
NAGEL, R./WIMMER R. (2004): Systemische Strategieentwicklung, Stuttgart.

Re-Kommentar: Zur Bedeutung von System und Mensch in der Strategieberatung

Prof. Dr. Gerd Walger
Universität Witten/Herdecke,
Geschäftsführender Direktor des IUU Institut für Unternehmer- und Unternehmensentwicklung GmbH an der Universität Witten/Herdecke
Ralf Neise
Projektleiter am IUU Institut für Unternehmer- und Unternehmensentwicklung GmbH an der Universität Witten/Herdecke

Frau Dr. Königswieser und Herr Hillebrand schreiben, dass sie der Grundbotschaft unseres Artikels „Die Grenzen der Strategieberatung liegen innen" zustimmen. Eine Differenz scheint es einzig in der Frage zu geben, wie der Ansatz der systemischen Unternehmensberatung in Bezug auf die Strategieentwicklung in Unternehmen zu beurteilen ist.

Die theoretische Grundlage der systemischen Beratung findet sich in der modernen Systemtheorie, die für die Sozialwissenschaften Niklas Luhmann in ihren Konsequenzen durchdacht und ausgearbeitet hat. Diese neuere Systemtheorie begreift die Unternehmung als ein operativ geschlossenes System, d.h. dass das System aufgrund von ihm entwickelter Wahrnehmungsmuster ausschließlich selbst bestimmt, ob die Intervention eines Beraters eine Intervention ist und was sie bedeutet. Dies hat zur Konsequenz, dass der auf eine bestimmte Wirkung ausgerichtete Interventionsbegriff der Unternehmensberatung notleidend und in einer systemischen Beratung systematisch unmöglich wird. Die einzige Möglichkeit des Beraters besteht dann darin, den Klienten zu irritieren, sodass er seine Wahrnehmungsmuster verändert (vgl. WALGER 1999b, S. 301). Der Berater kann diese Veränderung jedoch gemäß der Luhmannschen Theorie sozialer Systeme weder steuern noch bewirken.

Frau Dr. Königswieser und Herr Hillebrand widersprechen dieser sich aus der Logik der Theorie ergebenden Konsequenz. Sie begründen ihren Widerspruch interessanterweise nicht mit Bezug auf den theoretischen Grundzusammenhang der systemischen Beratung, sondern mit Hinweisen auf die Praxis systemischer Beratungsprojekte. Sie schreiben in ihrem Kommentar: „Nach einer Systemdiagnose... wirkt die Rückspiegelung der Ergebnisse an die Schlüsselpersonen als Aufbereitung und mentale Öffnung für kreative strategische Überlegungen." Die wesentlichen Begriffe in Bezug auf die Beschreibung dieser Praxis sind die der Wirkung und der Rückspiegelung, die sich dem Beratungskonzept der Organisationsentwicklung verdanken (vgl. WALGER 1999c, S. 7). Diese gründet sich auf die ältere Systemtheorie, die als „Open-Systems-Theory" Ende der 60er Jahre aus der US-amerikanischen Management-Literatur von Kirsch in die Entscheidungstheorie der deutschen Betriebswirtschaftslehre übernommen wurde (vgl. KIRSCH 1971). Diese ältere Systemtheorie begreift auf der individuellen Ebene Menschen als „black-boxes", die auf Reize ihrer Umwelt reflexartig reagieren (Stimulus-Response-Modell). Durch Integration kognitiver Theorien wurde dieses Modell erweitert und versucht, menschliches Entscheidungsverhalten zu simulieren. Auf der organisatorischen Ebene wurden Unternehmen dann als sozio-technische Verhaltenssysteme verstanden. Diese relativ mechanistische Vorstellung gilt heute weitgehend als überholt. Kirsch beispielsweise nimmt in seinen aktuellen Veröffentlichungen auf die neuere Systemtheorie Bezug, die „das Open-Systems-Paradigma überwunden hat" (KIRSCH 1992, S. 23).

An vielen Stellen scheint eine Praxis der systemischen Beratung entstanden zu sein, deren theoretische Grundlage ungeklärt ist in dem Sinne, dass die ältere und die neuere Systemtheorie, die sich gegenseitig ausschließen, vermischt werden. Positiv betrachtet geht die Praxis der systemischen Beratung, so wie auch die Praxis der Unternehmensführung insgesamt, der Theorie voraus. Wenn man so denkt, stellt sich allerdings die Frage, was diese Praxis bedeutet, d.h. dass im Wesentlichen unreflektiert ist, was systemische Beratung heute ist und inwieweit sie über die Organisationsentwicklung konzeptionell hinausgeht.

Eine solche Differenz zwischen systemischer Beratung und Organisationsentwicklung lässt sich im Kommentar von Frau Dr. Königswieser und Herrn Hillebrand in der Frage finden, welche Bedeutung der Mensch im Unternehmen hat. Die Organisationsentwicklung hat die Menschen mit ihren Werten und ihrem Verhalten, die insbesondere auch durch ihre soziale Umwelt geprägt waren, in den Mittelpunkt gestellt und darüber die ökonomischen Notwendigkeiten und Strukturen vernachlässigt (vgl. These 4 in unserem Beitrag). Bei Frau Dr. Königswieser und Herrn Hillebrand heißt es: „In Strategieberatungsprozessen spielen zwar die einzelnen Menschen eine wichtige Rolle, aber letztlich sind sie vor allem in ihren Rollen Resonanzkörper der Systemmuster, die es z.B. durch die gekonnte Intervention in der Strategiearbeit zu bewahren oder zu verändern gilt."

Die Vorstellung, Menschen als Resonanzkörper von Systemmustern zu verstehen, steht in der Gefahr, diese als unselbstständig zu begreifen und ihnen ihre strategische Möglichkeit zu nehmen. Beratung, die Menschen dadurch verändern will, dass sie durch Interventionen Systemmuster verändert und das Strategische der Unternehmung auf eine unpersönliche Systemebene verlagert, macht aus den Menschen reaktive, unpersönliche Rollenträger. Unternehmen werden aber weder von Systemen gegründet noch in einem Strategieprozess von diesen erneuert.

Resonanzkörper zu sein kann aber auch in einem aktiven Sinne begriffen werden, d.h. dass die Menschen die strategische Idee des Unternehmens von ihrer persönlichen Möglichkeit her aufnehmen, interpretieren und verstärken. In dieser Metapher wäre das Unternehmen dann eine Jazz-Band, in der jeder Musiker das musikalische Thema desjenigen aufgreift, der angefangen bzw. es angespielt hat, und es von sich her interpretiert. Musik und Resonanz entstehen, indem jeder Spieler sein Spiel spielt und zu seinen Mit-Spielern ein sinnvolles Verhältnis bildet. Betriebswirtschaftlich bedeutet dieser Gedanke die Entwicklung eines Unternehmensbegriffs, der nicht den Menschen bzw. den Unternehmer auf einen Rollenträger reduziert und seine Persönlichkeit ausgrenzt, sondern diese als integralen Bestandteil begreift in dem Sinne, dass Unternehmer- und Unternehmensentwicklung sich einander bedingen und aufeinander bezogen sind. Strategische Unternehmensberatung ist dann ein Prozess, in dem es darum geht, dass Menschen sich als Unternehmer im Unternehmen zu begreifen lernen, d.h. dass sie sich selbst entwickeln und die in ihnen angelegten Möglichkeiten mit Bezug auf die Idee des bestehenden Unternehmens in neuen ökonomischen Formen realisieren. Dass die Unternehmensidee möglicherweise verloren gegangen ist und die Menschen zunächst an den bestehenden Formen festhalten, auch wenn diese sich überlebt haben und unwirtschaftlich geworden sind, ist normal, und damit muss der Berater umgehen. Die Aufgabe des Beraters ist es, die Menschen dabei zu begleiten und zu unterstützen, die Idee neu zu entwickeln und die alten Formen loszulassen, eigene Schritte in die Zukunft zu unternehmen und neue, ökonomisch sinnvolle Formen zu bilden. Auch muss der Berater wissen, dass dieser Prozess auf die Menschen rückwirkt, d.h. dass er sie verändert, sie insoweit ihre bestehende Existenz aufs Spiel setzen müssen und dieses Ausweichbewegungen hervorruft, und dass der unternehmerische Mensch sich erst in seinem vollendeten Werk als solcher erweist und insofern nur das Ergebnis zählt. In diesem Sinne ist die Maßgabe des „Jeder Mensch ein Unternehmer", die den Menschen in seinem Werk zu dem werden lässt, der er seinem Potenzial nach ist, ein zeitgemäßes Programm für eine zukunftsorientierte Strategieberatung (vgl. WALGER/NEISE 2005).

Literatur

KIRSCH, W. (1971): Entscheidungen in Organisationen, Wiesbaden.
KIRSCH, W. (1992): Kommunikatives Handeln, Autopoiese, Rationalität, München.
WALGER, G. (1999a; Hrsg.): Formen der Unternehmensberatung. Systemische Unternehmensberatung, Organisationsentwicklung, Expertenberatung und Gutachterliche Beratungstätigkeit in Theorie und Praxis, 2. Aufl., Köln.
WALGER, G. (1999b): Chancen und Folgen der Irritation in der systemischen Unternehmensberatung, in: WALGER (1999a; Hrsg.), S. 301-322.
WALGER, G. (1999c): Idealtypen der Unternehmensberatung, in: WALGER (1999a; Hrsg.), S. 1-18.
WALGER, G. (2004): Beratung, Theorie der, in: SCHREYÖGG, G./WERDER, A. v. (2004; Hrsg.), S. 85-91.
WALGER, G./NEISE, R. (2005): Jeder Mensch ein Unternehmer – NRW als Vorreiter für eine unternehmerische Gesellschaft, in: MEFFERT, H./STEINBRÜCK, P. (2005; Hrsg.): Trendbuch NRW – Perspektiven einer Metropolregion, Gütersloh, S. 301 - 311.

6 Grenzen der Unternehmensberatung bei der Unterstützung von Start up-Firmen[1]

Prof. Dr. Dodo zu Knyphausen-Aufseß
Universität Bamberg

1 Einleitung

Die großen Strategieberatungsgesellschaften – McKinsey & Co., Boston Consulting Group, Bain & Co., AT Kearney, Booz Allen Hamilton, Roland Berger Strategy Consultants, Accenture – nehmen für sich in Anspruch, besondere Kompetenz bei der (Neu-)Ausrichtung von Unternehmen zu besitzen („To help our clients make distinctive, lasting, and substantial improvements in their performance and to build a great firm that is able to attract, develop, excite and retain exceptional people" – so das Leitprofil von McKinsey & Co.). Deshalb liegt die Vermutung nahe, dass diese Firmen auch einen wesentlichen Wertbeitrag für die Entwicklung von Start up-Firmen leisten könnten. In umgekehrter Richtung könnten Start up-Firmen, wenn sie größer geworden sind, auch zu interessanten Klienten der Beratungsgesellschaften werden.

Tatsächlich haben sich verschiedene prominente Beratungsgesellschaften in die Welt der Start ups hineinbegeben – in einer Form, die viele Ähnlichkeiten mit den „Corporate Venture Capital" (CVC)-Aktivitäten besitzt, mit denen prominente Firmen – Intel, Motorola, Siemens u.a.m. – versucht haben, ihre traditionelle Geschäftstätigkeit zu erweitern und von den Erfahrungen der unabhängigen Venture Capital (VC)-Gesellschaften zu profitieren (CHESBROUGH 2000; MASON/ROHNER 2002). Viele dieser Aktivitäten sind in den letzten Jahren – nach dem Boom der Jahre 1999 und 2000 – wieder zurückgefahren worden, und auch die Beratungsgesellschaften sind diesem Trend gefolgt. Die Frage ist:

---

[1] Dieser Artikel basiert auf einem englischsprachigen Beitrag, der in der Zeitschrift "Venture Capital: An International Journal of Entrepreneurial Finance" veröffentlicht worden ist (Band 7, Heft 1, 2005).

Warum ist das so? Warum können bzw. konnten viele dieser Firmen, und besonders Unternehmensberatungsgesellschaften, keine wirkliche „Value Proposition" aufbauen? Der vorliegende Beitrag soll Hinweise zur Beantwortung dieser Fragestellung geben.

In Abschnitt 2 wird ein Überblick über das „Corporate Venture Capital"-Konzept gegeben, das den theoretischen Rahmen für diese explorative Studie liefert. In Abschnitt 3 werden dann drei Beispiele präsentiert, wie prominente Beratungsgesellschaften – Accenture, Bain & Co. und Roland Berger Strategy Consultants – dieses Konzept aufgegriffen und welche Erfahrungen sie dabei gemacht haben[2]. Abschnitt 4 widmet sich der Diskussion dieser Erfahrungen und Abschnitt 5 gibt einen kurzen Ausblick.

2 Theoretischer Hintergrund: Was ist „Corporate Venture Capital" und welcher „Value Added" ist damit verbunden?

Die nordamerikanische National Venture Capital Association definiert „Corporate Venture Capital" in der folgenden Weise:

„...'direct investing' in portfolio companies by venture capital programs or subsidiaries of non-financial corporations. These investment vehicles seek to find qualified investment opportunities that are congruent with the parent company's strategic technology or that provide synergy or cost savings.

These corporate venturing programs may be loosely organized programs affiliated with existing business development programs or may be self-contained entities with a strategic charter and mission to make investments congruent with the parent's strategic mission. ...

The typical distinction between corporate venturing and other types of venture investment vehicles is that corporate venturing is usually performed with corporate strategic objectives in mind while other venture investment vehicles typically have investment return or financial objectives as their primary goal.

---

[2] Die Fallstudien beruhen auf den WebSites der drei Unternehmen, Interviews mit Daniel Schwartmann (Accenture; dieses Interview wurde von Ingo Rauser geführt), Bernd Venohr und Daniel Schwartmann (Accenture), Dr. Ekkehard Franzke (Bain & Co.), Dr. Burkhard Schwenker (Roland Berger Strategy Consultants), Form S-1 Registration Statement zu Accenture Ltd. (www.freeedgar.com/EdgarConstruct/Data/950130/01-502267/ds1a.htm) sowie einem Portrait von Accenture Technology Ventures in Venture Capital 10/01, S. 14-15.

This may be a generalization as corporate venture programs are not immune to financial considerations, but the distinction can be made.

The other distinction of corporate venture programs is that they usually invest their parent's capital while other venture investment vehicles invest outside investors' capital" (NVCA 2001).

Die Ziele, die in diesem Zitat angesprochen werden, bezeichnen den „Value Added", der durch den Aufbau von CVC-Aktivitäten erbracht werden soll. Abbildung 1 gibt hierzu einen Überblick. Die Beispiele beziehen sich auf Aktivitäten, die durch das jeweils genannte Ziel dominiert werden. TYEBEE (2001) gibt für ein nicht-repräsentatives Sample von 36 Unternehmen an, dass 8 Unternehmen durch finanzielle und 14 Unternehmen durch „strategische" Ziele dominiert sind. 14 Unternehmen verfolgen gemischte Zielsetzungen. Vor dem Hintergrund einer vereinfachten Typologie strategischer Ziele kommt KANN (2001) für ein Sample von 152 Investitionsprogrammen von 120 Firmen zu dem Ergebnis, dass 24 % dem Ziel der Steigerung der Nachfrage nach den eigenen Kernprodukten, 30 % dem Ziel des Eintritts in neue Märkte und 45 % dem Ziel des Technologieerwerbs dienen.

Grund des Einstiegs einer VC-Gesellschaft	Eigenschaften der Unternehmen	Beispiele
1. Reine Ertragsinteressen	Wettbewerbsvorteil des Unternehmens im Zugang zu finanziellen Mitteln oder in spezifischer Investitionserfahrung	• Allstate Insurance • Schroder Ventures
2. Ergänzung zu Angebot von Investmentbanken (mit Fokus auf steigenden Marktanteilen)	Investmentbanken erwirtschaften durch Gebühren aus IPO, M&A sowie „High Yield Services" für Portfoliounternehmen Gewinne	• DLJ (Spouse Fonds) • Goldman Sachs • Morgan Stanley

3.	Ausbau von Beziehungen, um andere Produkte zu unterstützen oder neue Anwendungen für alte Produkte zu finden (Fokus auf Marktwachstum)	• Meist das dominante bzw. semi-dominante Unternehmen in einem auf Beziehungsnetzen basierenden Markt • Produkte sind häufig durch kurze Lebenszyklen und hohe F&E-Kosten gekennzeichnet, um neue Anwendungen zu entwickeln	• Intel Capital • Texas Instruments Ventures • Adobe Ventures • Novell
4.	Zugang zu Produkten/Technologien aus anderen Industrien	Industrien sind nicht technologie-intensiv, stehen jedoch kurz vor einem Wendepunkt, an dem neue Technologien dramatische Veränderungen bewirken (z.B. Medien/Publishing und Internet oder Kreditkarten und E-Commerce)	• Visa • American Express • Tribune Ventures • McGraw-Hill • Bertelsmann
5.	Aneignen von Produkten/Technologien aus der gleichen Industrie	• Sich schnell verändernde, technologie-intensive Industrien • Viele Unternehmen weisen ein Portfolio an Unternehmen auf, das durch akquirierte Start up-Unternehmen komplettiert wird	• Lucent • Siemens • SmithKlineBeecham

6. Kommerzialisierung interner Forschungs-ergebnisse	• Technologie-intensive Industrien • Hohe F&E-Ausgaben für Programme, die Entdeckungen außerhalb des Kerngeschäftes zum Ziel haben	• Xerox New Ventures • Monsanto Growth Enterprises
7. Erhaltung von Mitarbeiterpotenzialen	Medienindustrie, Unternehmensberatung	• Axel Springer • Bain & Co.
8. Beitrag zur Regionalentwicklung	Unternehmen, die ihre F&E-Aktivitäten zunehmend ins Ausland verlagert haben	BASF Innovationsfonds

Abb. 1: Ziele von CVC-Gebern im Überblick (Quelle: McKinsey; ergänzt)

Die hier zitierten Untersuchungen berühren die Frage nach dem Verhältnis von finanziellen und strategischen Zielen (FAST 1978; SIEGEL et al. 1988). Die Standardlösung, die sich zum Beispiel bei Intel Capital, Siemens Venture Capital und Deutsche Post Ventures findet, sieht so aus, dass man von einer attraktiven finanziellen Rendite ausgeht und zusätzlich nach dem „Strategic Fit" fragt. Im Rahmen dieses Konzepts besteht keine Notwendigkeit, die strategischen Ziele zu quantifizieren und damit einer Messbarkeit zuzuführen. Solange die (erwartete) finanzielle Rendite attraktiv ist, müssen CVC-Aktivitäten nicht infrage gestellt werden. Anders sieht es aus, wenn die (erwartete) Rendite absinkt. CVC-Aktivitäten könnten dann aus der Sicht der Muttergesellschaft so lange Sinn machen, wie man die „strategische Rendite" auf die finanzielle Rendite „draufrechnen" kann und zum Ergebnis einer befriedigenden Gesamtrendite kommt. Die Betrachtungsweise wäre umso einfacher und handhabbarer, je mehr eine Quantifizierung der strategischen Ziele und Zielerreichungsgrade gelänge. Leider liegen bislang hier keine befriedigenden Ansätze vor. Vermutlich müsste man mit einem Realoptionenansatz arbeiten; das bedarf aber noch der genaueren Prüfung[3].

Die andere Seite der „Value Added"-Medaille betrifft die Frage, was eine Corporate Venture Capital-Einheit für ein Start up-Unternehmen leisten kann. Neben der Finanzierungsleistung sind hier, folgt man der existierenden Literatur (GOMPERS/LERNER 1999; MAULA/MURRAY 2001; KANN 2001), im Wesentlichen fünf Leistungen zu nennen: (1) der Reputationseffekt, der sich aus der Zusammenarbeit mit einem etablierten Spieler ergibt („Corporate Certification"), (2) die Ankurbelung des Geschäftes durch Initialaufträge, (3) die Zur-Verfügung-Stellung von Distributionskanälen, (4) die technische Unterstützung bei Forschung & Entwicklung sowie (5) die Vermittlung von (nationalen und internationalen) Branchenkontakten. Verschiedene Untersuchungen weisen darauf hin, dass diese Leistungen von den Start up-Unternehmen auch wahrgenommen werden. BAIN & COMPANY (2000) heben vor allem die Bedeutung der Vermittlung von Branchenkontakten hervor. Eine Studie von MACKEWICZ/PARTNER (1997) zeigt, dass CVC-Einheiten aus der Sicht von Start up-Firmen deutliche Vorteile gegenüber unabhängigen VC-Gesellschaften im Hinblick auf die unter (2) bis (5) genannten Leistungen aufweisen. MAULA/MURRAY (2001) heben schließlich am Beispiel von Red Hat die besondere Bedeutung der „Corporate Certification" hervor (siehe auch KELLEY/SPINELLI 2001). „The significance of closing this round with Intel and Netscape", so äußerte sich Robert Young, der CEO von Red Hat, nach der 2. Finanzierungsrunde im September 1998, „was that it made Linux-based operating systems safe for the major application vendors, including Oracle, Corel, and Computer Associates. They would now be willing to sell their applications to their customers running on Red Hat Linux" (YOUNG/ROHM 1999, S. 41). Und ähnlich nach der dritten Finanzierungsrunde im März 1999: „As it turned out, our business model benefited most from the March investment round, and got us in good shape for an IPO at a later date. We worked closely with Intel, Compaq, Dell, IBM, Novell, Oracle, and SAP to determine exactly what it was that they and their customers were looking for" (YOUNG/ROHM 1999, S. 157).

---

[3] Vorüberlegungen zu einer Anwendung des Realoptionenansatzes auf die hier vorliegende Problemstellung finden sich bei Kann (2001). Für eine Anwendung des Balanced Score Card-Konzepts auf die vorliegende Problemstellung vgl. Franzke et al. (2002).

Den positiven Wertbeiträgen stehen auch Risiken gegenüber (MAULA/MURRAY 2001; GOMPERS/LERNER 2001, S. 150f.). Aus der Sicht der Corporate Investors ist zu befürchten, dass Fehlleistungen der Start ups sich negativ auf das Markenimage des eigenen Unternehmens auswirken. Ferner könnten die „Deep Pockets" des Corporate Investors einen Anreiz für Kunden, Lieferanten und sonstige Partner des Start up-Unternehmens bieten, es mit gerichtlichen Auseinandersetzungen zu versuchen (EDELSON 2001). Schließlich können Interessenkonflikte zwischen den CVC-Einheiten und den operativen Einheiten des Corporate Investors auftauchen, deren Unterstützung für die Realisierung der strategischen und auch der finanziellen Ziele eines Investments unerlässlich ist. Die Schlichtung dieser Konflikte ist dann möglicherweise eine Aufgabe des Top-Managements und führt zu Opportunitätskosten. Aus der Sicht des Start up-Unternehmens ist problematisch, dass die Einbindung eines Corporate Investors dazu führen kann, dass Konkurrenten dieses Investors nicht mehr als Kunden oder sonstige Partner infrage kommen. Darüber hinaus besteht natürlich die Gefahr, dass die Corporate Investors das Know-how der Start up-Firmen absaugen, ohne ihrerseits den versprochenen Input zu leisten. Ein geeignetes Geschäftsmodell (ALVAREZ/BARNEY 2001) und klar definierte Patentrechte helfen dabei, diese Gefahr zu reduzieren (KANN 2001).

Wie wirken sich die hier beschriebenen – positiven und negativen – Wertschöpfungsaspekte insgesamt auf die Performance der Start up-Firmen – und damit letztlich auf die Rendite der CVC-Aktivitäten[4] – aus? GOMPERS/LERNER (1999) stellen zunächst fest, dass es CVC-finanzierte Start up-Firmen gegenüber von unabhängigen VC-Gesellschaften finanzierten Start ups mit einer höheren Wahrscheinlichkeit zu einem IPO bringen und mit einer geringeren Wahrscheinlichkeit liquidiert werden. Dies gelte insbesondere dann, wenn zwischen den Muttergesellschaften und den Start up-Firmen ein hoher „Strategic Fit" besteht. Darüber hinaus ergibt ihre Untersuchung, dass die Pre-Money-Bewertung der Start ups in den verschiedenen Finanzierungsrunden bei einem CVC-Investment höher ist als bei einem Investment durch unabhängige VC-Gesellschaften. Allerdings erlaubt die Datenlage keine Entscheidung darüber, ob diese Höher-Bewertung die Folge eines höheren Wertbeitrages des CVC-

---

[4] Die Messung der Renditen und die Abwägung mit den Risiken, die mit CVC- bzw. VC-Aktivitäten verbunden sind, werfen diverse Schwierigkeiten auf, die hier nicht diskutiert werden können. Siehe dazu Koehnemann (2004) mit der dort angegebenen Literatur.

Investments oder aber einer weniger professionellen Aushandlung der Vertragskonditionen ist. MAULA und MURRAY (2001) konnten demgegenüber anhand von 1998 und 1999 durchgeführten NASDAQ-Börsengängen von Unternehmen der Informations- und Kommunikationstechnologie ihre beiden Hypothesen bestätigen, dass im Vergleich zu Start ups, bei denen vorher nur unabhängige VC-Firmen investiert haben, die (Post-Money-)Bewertung höher ausfällt, wenn (1) ein oder (2) mehrere CVC-Investor(en) beteiligt gewesen sind. Dieser zuletzt genannte Fall kann allerdings auch mit Komplikationen verbunden sein. So haben sich zwei der Corporate Investors von Red Hat, Intel und IBM, auch bei dem Red Hat-Konkurrenten SuSe engagiert, das heißt Finanzmittel eingeschossen und Vertriebspartnerschaften abgeschlossen. Die Marktmacht von IBM und Intel ist so groß, dass weder Red Hat noch Suse auf einer exklusiven Beziehung bestehen können. Für die Start up-Unternehmen führt das umso mehr zu der Gefahr, dass Wissen abgesaugt und eventuell sogar der Konkurrenz zugänglich gemacht wird. Vor diesem Hintergrund werden sowohl Red Hat als auch SuSe ein Interesse daran haben, die Beziehungen zu ihren Corporate Investors nicht zu eng werden zu lassen, auch wenn das auf Kosten anderer Wertbeiträge gehen mag[5].

Bleibt noch, ein kurzes Wort über die Organisation der CVC-Aktivitäten zu verlieren. Grundsätzlich existiert hier ein ganzes Spektrum an Möglichkeiten, das von einer internen Abwicklung im Rahmen einer unselbstständigen Einheit bis hin zum „Outsourcing" in unabhängige VC-Gesellschaften reicht (siehe Abbildung 2). Je mehr die Organisation in Richtung der erstgenannten Alternative geht, desto mehr ist von einer hohen Bedeutung strategischer Zielsetzungen auszugehen (ERNST & YOUNG, 2001). Bei dem anderen Extremfall des „Outsourcing" dürften demgegenüber eindeutig die Renditeziele dominieren. KANN (2001) belegt, dass ca. 80 % der von ihr untersuchten CVC-Aktivitäten als Direktinvestments organisiert sind. Darüber hinaus stellt sie die Pro- und die Kontraargumente der einen wie der anderen Organisationsform einander gegenüber.

---

[5] Aussage aus einem persönlichen E-Mail an den Verfasser von einem Top-Manager eines der im Text angesprochenen Unternehmen. SuSE ist inzwischen an das amerikanische Software-Unternehmen Novell verkauft worden.

	Integrative Corporate	Captive Fund	Affiliate Fund	Independent Fund
Organizational Integration	Full integration – internal department	Sep. department/ Independent legal entity	Independent legal entity	Fully independent
Objectives	Strategic benefits	Strategisch/ finanziell	Finanziell	Finanziell
Decision making	Board of directors/ corp. dev.	BoD, Investment committee	Investment committee	Independent by general partners or inv. com.
Team's origin	Internal/strategic, biz. dev.	Internal/external	External	External
Funds/Investors	Off balance sheet	Off balance sheet/dedicated fund	Separate fund, corporate and external investors	Several investors
Compensation	Salary, bonus	Salary, bonus, mgmt. fee	Mgmt. fee, carry	Mgmt. fee, carry

Abb. 2: Alternative Formen der Organisation von CVC-Aktivitäten (Quelle: BV Capital)

3 Fallstudien

Wie schon angedeutet: Auch prominente Unternehmensberatungsgesellschaften haben sich in den letzten Jahren im Corporate Venture Capital-Geschäft engagiert. Im Folgenden werden drei Beispiele präsentiert.

Accenture. Als Beratungsunternehmen mit marktführender Expertise im Bereich des E-Commerce hat Accenture schon seit Mitte der 1990er Jahre in

Technologieunternehmen investiert – prominentes Beispiel ist der Marktführer für Customer Relationship Management Software, Siebel Systems. Im Jahre 1999 wurden zwei komplementäre Einheiten geschaffen, um die eigene Wettbewerbsposition auszubauen[6].

Accenture Technology Ventures hat die Aufgabe, Start up- und Spin off-Unternehmen zu identifizieren, die das Potenzial besitzen, bestehende Industrien zu transformieren und neue Märkte zu kreieren. Im Jahre 2000 wurden dazu 175 Millionen US $ in mehr als 40 Unternehmen investiert; für das Jahr 2001 wurden 275 Millionen US $ anvisiert und insgesamt sollten für den Zeitraum 2000-2005 bis zu 1,5 Milliarden US $ bereitgestellt werden. Der Tätigkeitsschwerpunkt lag im Bereich von Software-Lösungen für Großunternehmen (Customer Relationship Management, Supply Chain Management, E-Infrastructure, Mobilfunk und digitale Inhalte)[7]. Vorrangiges Ziel war die Erzielung einer hohen Rendite[8], darüber hinaus sollte ein „Window on Technology" geöffnet und Zugang zu neuen Geschäftsmodellen geschaffen werden. Der Wertbeitrag, der für die Portfoliounternehmen geleistet werden sollte, bestand aus vier Komponenten: (1) dem Zugang zu dem branchen- und technologiebezogenen Wissen von insgesamt 65.000 Professionals in 48 Ländern (auf der Basis von Service-Vereinbarungen); (2) dem Zugang zu dem Netzwerk an Beziehungen zu führenden Industrieunternehmen der Welt; (3) der Möglichkeit zur Nutzung des Markennamens und der Absatzkanäle von Accenture; und (4) dem globalen Zugang zu interessanten Märkten.

Der unter (1) gegebene Hinweis auf die „Service-Vereinbarungen" deutet darauf hin, dass Accenture sehr stark auch auf die Erzielung von Beraterhonoraren (direkt oder in Form der Übertragung von Anteilen an den Portfoliounter-

---

[6] Die im Folgenden genannten Aktivitäten werden noch ergänzt durch eine Reihe von operativen Joint Ventures und Allianzen mit führenden Technologie- und Softwarefirmen (z.B. Microsoft), die das Ziel verfolgen, einerseits kundenzentrierte Lösungen bereitzustellen, andererseits aber auch Fähigkeiten in spezifischen Technologie- und Entwicklungsfeldern zu erwerben, die dann auch in die im Text genannten Aktivitäten eingebracht werden können.

[7] Ein vergleichbares Tätigkeitsspektrum ergibt sich auf indirektem Weg – durch das Engagement bei der Einrichtung des E-millenium 1-Fonds im August 2001 (zusammen mit Deutsche Bank, Beisheim Holdings, La Caixa, SAP und BPI). Der Fonds soll für Investitionen in den Bereichen Telekom, Medien und Technologie zur Verfügung stehen.

[8] Eine Sonderstellung hat hier sicherlich GameChange gehabt, eine Einheit, die Seed Capital zur Verfügung stellen und beim „Business Building" helfen sollte. *Accenture* arbeitete hier mit Softbank Venture Capital zusammen. Das Projekt ist inzwischen eingestellt worden.

nehmen – „Sweat Money") ausgerichtet war – das ist ohne Zweifel eine zusätzliche „strategische" Zielsetzung, die das Unternehmen verfolgt (hat). Vor diesem Hintergrund ist dann auch die Einrichtung von 22 Business Launch Centers zu verstehen, die nach erfolgter Gründung der Portfoliounternehmen – natürlich auch über den „Exit" hinaus – Beratungsdienstleistungen anbieten sollten. Vier Angebote standen im Vordergrund: (1) Hilfe bei der Konzeptentwicklung (z.B. Verfeinerung des Geschäftsmodells, Festlegung der technischen Architektur), (2) Unterstützung beim Aufbau der WebSites und der damit verbundenen Abwicklungsprozesse, (3) Absicherung der Skalierbarkeit des Web-Angebotes und (4) die Hilfe bei der operativen Abwicklung der Geschäftsprozesse. Die Business Launch Centers sind inzwischen aber wieder eingestellt worden. Darüber hinaus gab Accenture im März 2002 bekannt, dass es überhaupt aus dem VC-Geschäft aussteigen und Abschreibungen in der Höhe von 212 Millionen US $ in Kauf nehmen würde, um sich von den Minderheitsanteilen an den Start up-Firmen zu trennen und die Volatilität der zukünftigen Unternehmensgewinne zu reduzieren.

Bain & Co. Bei Bain & Co. gibt es schon seit geraumer Zeit eine starke Ausrichtung auf Start Up-Aktivitäten. Das folgende Statement bringt dies klar zum Ausdruck:

„Bain offices brim with the same electricity found at start-ups. We pioneered the practice of taking equity in lieu of fees, which means that Bain's outcomes are linked to our clients' successes. In recent years, we've increasingly been taking equity to work for start-ups in new-economy and traditional environments.

Many would-be entrepreneurs discover their venture ideas and find their future business partners while working among Bain's capable and energetic mix of people. We support those who go on to start new companies. We aim to develop lifelong relationships with our alumni, which has the additional benefit of keeping our current staff" (WebSite).

Für den vorliegenden Zusammenhang von Bedeutung ist auch die Tatsache, dass Bain sich in starkem Maße auch in der Beratung von Private Equity-Aktivitäten engagiert. Im Jahre 1984 ist daraus auch ein Spin off entstanden – Bain Capital –, das auf Private Equity-Investitionen spezialisiert und dabei sehr erfolgreich ist. Es bestehen inzwischen aber keine Verbindungen mehr zu dem Beratungsunternehmen Bain & Co.; insbesondere gibt es keinen Informationsaustausch. Eine analoge Strategie ist im Jahre 2000 bei der Gründung von Evolution Global Partners verfolgt worden, die Bain zusammen mit dem VC-Unternehmen Kleiner Perkins Caufield & Byers sowie den aktiven Partnern des Private Equity-Unternehmens Texas Pacific Group vorgenommen hat, um Ausgründungen etablierter Unternehmen zu unterstützen, die bestimmte Kriterien erfüllen (www.evopartners.com, März 2002). Im Dezember 2001 hatte das Unternehmen allerdings erst in drei Projekte investiert. Es kann kein Zweifel daran bestehen, dass dabei finanzielle Zielsetzungen im Vordergrund standen. Der potenzielle Wertbeitrag von Bain konnte in knappen Worten so beschrieben werden: „Bain brings global reach, and a broad experience base in developing industry transforming strategies for its clients, its extraordinary network of innovative, change-oriented CEOs and its leadership in e-commerce, through its client work and Bain's own global incubator – bainlab" (www.bain.com, März 2002). Wie der Wertbeitrag realisiert werden konnte, blieb allerdings angesichts der unabhängigen Stellung von Evolution Global Partners unklar. In diesem Zusammenhang mag von Bedeutung gewesen sein, dass Fritz Seikovsky, einer der Mitinitiatoren des Projektes, im November 2001 Bain verlassen hat.

Im Unterschied zu den Aktivitäten von Evolution Global Partners war Bainlab eine interne Initiative, die wachstumsträchtigen Geschäftsideen schneller zum Durchbruch verhelfen und das Commitment von Bain in Richtung „New Economy" verstärken sollte. Darüber hinaus sollte die Initiative den „Brain Drain" der Berater zu den Start up-Firmen verhindern. Die Unternehmen erhielten, so war es jedenfalls vorgesehen, in frühen Phasen eine Anschubfinanzierung, strategischen Rat und praktische Hilfe für den Unternehmensaufbau und sie sollten profitieren vom weltweiten Bain-Know-how und dem Netzwerk an Beziehungen. Der Ansatz war vor allem ein analytischer:

„Wir [haben] gesagt, wir sind doch nicht blöd! Warum gibt es diese Internet-Start-ups? Was die da können, das können wir mit dieser Beratungsmaschine erst recht. Wir sitzen in Amerika, haben Access zu allen Datenbanken, haben alles genau gewälzt. Ich kann Ihnen das jetzt noch zeigen, ich wusste, was geht in sechs Monaten an die Börse, was geht in neun Monaten, was geht in zwölf Monaten an die Börse, welche Business-Modelle sind ‚in', welche sind nicht ‚in'..."

Im Jahre 2001 schlief die Initiative allerdings mehr und mehr ein. Dr. Ekkehard Franzke, verantwortlich für das Münchener Bainlab, erklärt das wie folgt:

„Die Zeit ist uns davon gelaufen, der Markt hat uns längst überholt. Da gab es immer schon sechs bis zehn, die das gleiche gemacht haben…Das Geschäftsmodell zu durchdenken, da sind wir gut…, da haben wir den größten Value Added. Wo liegt der Profit? Wie viel kann man damit verdienen? Wo soll man sich strategisch hin orientieren? Mit welchen Corporates muß man rechnen? Was sind die richtigen Kunden? Was ist die richtige Markteintrittsstrategie? Fange ich mit einem Kunden an, mit zehn Kunden? Gehe ich gleich „regional", gehe ich global? …Wir sind auch gut darin, die Prozesse aufzusetzen, wir sind auch gut darin, Verhandlungen zu führen mit Venture Capitalists, wir können sehr gut die Equity Story erzählen, so und so ist das Business Modell, das und das sind die Capabilities, die man dafür braucht, und das und das sind die Systeme, die man dafür braucht. …Aber all dies baut auf existierenden Ideen auf. Ich glaube, Berater sind letztendlich Strukturierer und Analytiker. Das ist grundsätzlich etwas anderes, als Unternehmer zu sein."

Roland Berger Strategy Consultants. Einen etwas anderen Ansatz als Accenture und Bain verfolgten Roland Berger Strategy Consultants: Im Juli 2000 hat das Unternehmen eine strategische Allianz mit der börsennotierten VC-Gesellschaft bmp AG abgeschlossen und diese Allianz durch eine 10 %ige Kapitalbeteiligung untermauert. Das Unternehmen versprach sich davon – so hieß es jedenfalls in der Pressemeldung anlässlich des Vertragsabschlusses – einen Schub für das „Consulting for Equity"-Geschäft, das bei Start Up-Unternehmen aufgrund deren angespannter Liquiditätslage eine geeignete Grundlage für Geschäftsbeziehungen darstelle. Grundsätzlich sollte bmp dem Beratungsunternehmen die erworbenen Anteile abkaufen und damit dafür sorgen, dass am Ende dann doch Honorarumsätze fließen. Zusammengefasst sah das Wertschöpfungsnetzwerk dann so aus: Der Klient erhält Beratung und Kapital als gebündelte Leistung, der Finanzpartner (bmp) eine erhöhte Wertsteigerungschance durch genauere Kenntnis der Beteiligungsobjekte. Der Berater schließlich profitiert von der Sicherung seiner Liquidität durch die Honorar-Finanzierung via bmp und kann seine Attraktivität als Arbeitgeber für die eigenen Berater steigern, indem er sie an den erzielten Kapitalgewinnen – aus der 10 %igen Beteiligung – wiederum teilhaben lässt (vgl. Pressemeldung vom 11.07.2000).

Bmp engagierte sich, das sei ergänzend bemerkt, ausschließlich in den Bereichen eBusiness (E-Commerce, Internet & Content, Telekommunikation, Software, Medien & Entertainment, Sonstige) und Life Sciences (Biotechnologie,

Medizintechnik, Systemtechnologie). Bald mussten diverse Restrukturierungsmaßnahmen durchgeführt werden. Im Jahre 2001 betrugen die Verluste 62,9 Millionen Euro und im Jahre 2002 11,9 Millionen Euro. Im September 2002 gaben Roland Berger Strategy Consultants bekannt, dass das Investment vollständig abgeschrieben sei, man aber trotzdem das Commitment bei bmp aufrechterhalten wolle. Angesichts der vorherrschenden Skepsis im Hinblick auf die Frage, ob ein Strategieberatungsunternehmen, das im Schwerpunkt auf große Klientenunternehmen ausgerichtet ist, in der Lage ist, auch für junge Unternehmen einen Wertbeitrag zu leisten, mag das durchaus überraschen; in den Worten von Burkhard Schwenker (Managing Partner):

„Für mich habe ich das eigentlich beantwortet: Wir sind dazu nicht in der Lage...Mein Zweifel... beruht auf folgender Überlegung: Ich habe, etwas pointiert formuliert, immer die Vorstellung gehabt, dass sich da irgendwo ein Kreis ehemaliger, junger Berater mit vielleicht fünf Jahren Erfahrung zusammengefunden hat, die eine mehr oder weniger gute Geschäftsidee ausprobieren wollen und dabei nun beraten oder unterstützt werden von einem Beraterteam, das letztlich die gleichen Qualifikationen besitzt. Damit sind zwei Risiken verbunden: Zum einen dürfte sich das Beraterteam genauso für die Geschäftsidee begeistern wie das Gründerteam, und das bedeutet, dass die kritische Distanz fehlt. Zum anderen sind die Skills, die ein Gründerteam benötigt – operative Fähigkeiten wie Buchführung, Liquiditätsmanagement usw. –, nicht in ausreichender Weise ausgeprägt. Vor diesem Hintergrund denke ich, dass es eine gute Arbeitsteilung ist, dass die großen Beratungsgesellschaften vorwiegend große Unternehmen beraten und über die Zeit hinweg hier zu einer guten Zusammenarbeit gefunden haben, während eher kleinere Unternehmensberatungsgesellschaften sich mehr auf die Beratung kleinerer Unternehmen fokussieren."

Zwischenfazit. Die angeführten Beispiele belegen, dass die Unternehmensberatungsgesellschaften ihre Rolle als Corporate Venture Capitalist in recht unterschiedlicher Weise ausfüllen wollten. Grundsätzlich ist ein Interesse an der „Fütterung" des eigenen Beratungsgeschäftes unverkennbar. Damit kann allerdings die so oft proklamierte Unabhängigkeit der Beratung infrage gestellt werden. Diese lässt sich nur aufrechterhalten, wenn deutliche (rechtliche) Trennungen zwischen den Bereichen installiert sind, wie das etwa bei Bain der Fall ist. Gerade das heißt aber auch, dass die Erbringung eines nachhaltigen Wertbeitrages für die Portfoliounternehmen erschwert wird. In diesem Dilemma könnte eine erste Begründung dafür liegen, dass die CVC-Aktivitäten der Unternehmensberatungsgesellschaften nicht sehr erfolgreich gewesen sind. Dazu kommt eine starke Fokussierung auf E-Geschäfte, die nach dem „Bubble" der Jahrtausendwende auch nicht gerade erfolgsträchtig wirken konnte.

4 Diskussion

Die zuletzt genannten Punkte geben erste Hinweise darauf, warum Unternehmensberatungsgesellschaften mit ihrem Corporate Venture Capital-Ansatz wenig erfolgreich gewesen sind. Systematischer kann man sich dieser Frage aus der Perspektive des ressourcenbasierten Ansatzes des Strategischen Managements widmen. Demnach können Wettbewerbsvorteile aufgebaut und aufrechterhalten werden, wenn das Unternehmen über Ressourcen oder Fähigkeiten verfügt, die mehrere Bedingungen erfüllen: Sie müssen einen Wert besitzen, knapp und nicht-substituierbar sein, sie dürfen nicht ohne weiteres imitiert werden können, und die mit den Ressourcen verbundene (Quasi-)Rente darf auch nicht von einzelnen Ressourceneignern abgeschöpft werden können (BARNEY 1991; COLLIS 1996; ZU KNYPHAUSEN-AUFSEß 1995, S. 84 ff.). Finanzielle Mittel alleine (die dann an Start up-Firmen weitergereicht werden können) können diese Bedingungen sicherlich nicht erfüllen – sie sind „nicht spezifisch" genug[9]. Die in Abschnitt 2 genannten „zusätzlichen Wertbeiträge" bieten hier ein größeres Potenzial. Im vorliegenden Zusammenhang soll allerdings die Perspektive verändert werden. Drei Fragen müssen dann mit einem spezifischen Blick auf die Unternehmensberatungsgesellschaften und ihre Konkurrenten (andere CVC-Geber) beantwortet werden. Erstens: Welche Ressourcen und welche Fähigkeiten benötigt ein Start up-Unternehmen, um erfolgreich zu sein? Zweitens: „Haben" Unternehmensberatungsgesellschaften diese Ressourcen und sind sie damit grundsätzlich in der Lage, Start up-Unternehmen im Gründungsprozess zu unterstützen? Und drittens: Können diese Ressourcen bzw. Fähigkeiten tatsächlich auf die Start up-Firmen übertragen werden?

---

[9] Allerdings kann die Fähigkeit zur *Beschaffung* von Kapital – zumindest in Zeiten einer Kapitalmarkt-Baisse – sehr wohl kritisch sein und spezifische Fähigkeiten erfordern (Earlybird 2001). Diese Fähigkeiten dürften wesentlich mit dem „Track Record" zusammenhängen, den das Venture Capital gebende Unternehmen aufweisen kann. Das gilt für CVC-Aktivitäten analog: Das Top-Management dürfte zur Freigabe von Kapital für VC-Investments je eher zu gewinnen sein, desto mehr die CVC-Einheit in der Vergangenheit erfolgreich gearbeitet hat.

Arten von Ressourcen bzw. Fähigkeiten. Für ein Start up-Unternehmen sind vier Arten von Ressourcen bzw. Fähigkeiten von Bedeutung: die unternehmerische Orientierung, die Fähigkeit zur Strategieentwicklung und -umsetzung, technologische Fähigkeiten und soziales Kapital (vgl. zum Folgenden LEE et al. 2001; HITT et al. 2001). Dass Unternehmertum für die Entwicklung junger Firmen eine zentrale Rolle spielt, ist unbestritten (SCHUMPETER 1934, 1947). Allerdings sind die Versuche, dieses Unternehmertum an einzelnen Personen und deren Charakteristika festzumachen, gescheitert (vgl. MARTINELLI 1994). In neueren Arbeiten wird die unternehmerische Orientierung statt dessen mit dem Unternehmen insgesamt in Verbindung gebracht (LUMPKIN/DESS 1996; DESS/LUMPKIN 2001, S. 6-13). Sie umfasst fünf Elemente, nämlich (1) die Innovationskraft, also die Fähigkeit des Unternehmens, neue Ideen zu entwickeln, zu experimentieren und in Forschung & Entwicklung zu investieren; (2) die Bereitschaft, Risiko zu übernehmen, also einen wesentlichen Teil der Ressourcen für neue, mit Unsicherheiten behaftete Geschäfte einzusetzen; (3) die Fähigkeit, neue Märkte in proaktiver Weise zu erschließen; (4) eine hinreichende Aggressivität im Hinblick auf die Wettbewerber; und (5) Autonomie der Gründer bei der Initiierung und Weiterentwicklung des Vorhabens. Die Fähigkeit zur Strategieentwicklung und -umsetzung (kurz: Strategisches Management!) steht zu dieser unternehmerischen Orientierung in einem komplementären Verhältnis. „As such, entrepreneurial actions entail creating new resources or combining existing resources in new ways to develop and commercialize new products, move into new markets, and/or service new customers. On the other hand, strategic management entails the set of commitments, decisions, and actions designed and executed to produce a competitive advantage and earn above-average returns" (HITT et al. 2001, S. 480; ohne Literaturverweise). Technologische Fähigkeiten beschreiben die Möglichkeit, eine Technologie zu entwickeln und tatsächlich „zum Laufen zu bringen". Soziales Kapital steht schließlich für die Fähigkeit, sich als legitimer „Spieler" im relevanten ökonomischen Umfeld zu positionieren und andere Akteure für die Fortentwicklung der eigenen Geschäftstätigkeit zu aktivieren (COLEMAN 1988; NAHAPIET/GOSHAL 1998).

Ressourcenausstattung. Welche Unterstützung können nun Unternehmensberatungsgesellschaften unter den angegebenen Aspekten den Start up-Unternehmen geben, über welche Wettbewerbsvorteile verfügen diese Firmen gegenüber anderen CVC-Gebern? Auf den ersten Blick am einfachsten ist diese Frage für die technologischen Fähigkeiten zu beantworten. Hier dürften die technologiebasierten Incumbents wie Siemens oder Intel über relative Vorteile verfügen. Sie betreiben eigene Forschungs- und Entwicklungsaktivitäten und verfügen daher in ihren jeweiligen Technologiefeldern über hohe Expertise, die es ihnen ermöglicht, auch neue Technologieentwicklungen einzuschätzen und in kritischer Weise zu begleiten (COHEN/LEVINTHAL 1990). Auf den zweiten Blick besteht allerdings auch die Möglichkeit, dass das etablierte Technologieunternehmen gerade keinen Beitrag zur Weiterentwicklung der Technologie leisten kann – dann nämlich, wenn diese Technologie einen Kompetenz zerstörenden Charakter besitzt (TUSHMAN/ANDERSON 1986; CHRISTENSEN/BOWER 1996)[10]. Die Pharma-/Biotechindustrie bietet hier ein viel diskutiertes Beispiel (vgl. z.B. POWELL 1993). Etablierte Pharmaunternehmen haben sich zunehmend darauf konzentriert, komplementäre Ressourcen (Durchführung von vorklinischen und klinischen Tests, Produktions- und Vertriebskapazitäten) zur Verfügung zu stellen, während die eigentliche Technologieentwicklung außerhalb ihrer Unternehmensgrenzen – bei den Start ups – erfolgt (TEECE 1986; ROTHAERMEL 2001). Zusätzlich kann auch eine indirekte Unterstützung bei der Technologieentwicklung dadurch erfolgen, dass das Unternehmen universitäre Entwicklungen unterstützt, an die sich die Biotechunternehmen ankoppeln können[11]. Neben den finanziellen Ressourcen kann die eigene Basisforschung einmal mehr als „ticket of admission to an information network" (MOWERY/ROSENBERG 1989, S. 13) verstanden werden.

Unternehmensberatungsgesellschaften haben, wenn sie als CVC-Geber auftreten, von Haus aus ein geringes Potenzial für technologische Fähigkeiten, von denen Start up-Firmen profitieren können – einfach deshalb, weil sie keine oder nur wenig eigene Forschung betreiben. Hier besteht nur die Möglichkeit, auf ein Substitut zurückzugreifen – auf soziales Kapital. Das so genannte „Keiretsu"-Konzept der Venture Capital-Gesellschaft Kleiner Perkins Caufield & Byers mag hier als ein Vorbild dienen (LINDSEY 2002). Welche Beziehungen von den Beratungsgesellschaften hierzu genutzt werden könnten, ist allerdings nur schwer abzusehen: Berater verfügen ja im Wesentlichen über Kundenbeziehungen, sel-

---

[10] Wie die Beispiele LabMorgan, DB eVentures und Bertelsmann Venture Capital zeigen, kann mit CVC-Aktivitäten gerade die Idee verbunden sein, „disruptive" Technologien oder Geschäftsmodelle ins Haus zu holen (siehe auch Henderson & Leleux, 2001: 12).

[11] Ein Beispiel ist die 1981 abgeschlossene Kooperation zwischen der Hoechst AG und dem Massachusetts General Hospital, das mit der Harvard Medical School verknüpft ist (zu Knyphausen-Aufseß/Zaby 2001).

tener aber über echte Allianzbeziehungen. Zwar zeigen gerade die oben genannten Beispiele, dass im Venture Capital-Bereich durchaus mit anderen Firmen zusammen gearbeitet wird; unmittelbare Technologieallianzen sind hier aber nicht auszumachen.

Kommen wir nun zur unternehmerischen Orientierung. Meine Vermutung ist, dass Unternehmensberatungsgesellschaften hier ein eher geringes Potenzial aufweisen: Sie sind, weil sie von ihrer Philosophie her auf einer Unabhängigkeit ihrer Beratungsleistungen bestehen wollen, nicht auf eine Übernahme von unternehmerischen Risiken eingestellt. Der beste Beleg hierfür ist vielleicht das – oben nicht präsentierte – Akzelerator-Modell von McKinsey & Co. In der Münchener Innenstadt wurde im Jahre 2000 ein Bürogebäude eröffnet, in dem sich im Prozess der Ausgründung befindliche Einheiten von etablierten Unternehmen ansiedeln sollen, um mit Unterstützung von McKinsey-Beratern das Geschäftskonzept fortzuentwickeln[12]. Diese Beratungsleistungen werden aber gegen Honorar abgerechnet – ein unternehmerisches Risiko wird nicht übernommen (deshalb handelt es sich hier nicht um ein CVC-Konzept). Accenture, Roland Berger Strategy Consultants und vor allem Bain & Co. sind hier mit ihrem Konzept des „Sweat Money" einen Schritt weiter gegangen. Zumindest bei den beiden erstgenannten Firmen ist dieser Schritt allerdings wohl auch durch die Notwendigkeit motiviert gewesen, dem Exodus der Berater hin zu den Start up-Unternehmen entgegenzuwirken. Nach der Umkehrung der Situation im Jahre 2001 (B2C – Back to Consultants!) hat sich das ursprüngliche Beraterparadigma aber schnell wieder bemerkbar gemacht. Am Ende sind die Beratungsgesellschaften eben doch eher „Analytiker" und „Strukturierer" und nicht „Unternehmer" (siehe noch einmal das Zitat oben).

Die Fähigkeit zur Strategieentwicklung und -umsetzung sollte eigentlich eine Domäne der Unternehmensberatungsgesellschaften sein[13]. Zumindest im

---

[12] Ähnlich wie bei den anderen Beratern wurde der Fokus besonders auf E-Geschäftsaktivitäten gelegt. Und ähnlich wie bei den anderen Beratungsunternehmen scheinen die Aktivitäten nur wenig erfolgreich (gewesen) zu sein – die WebSite (www.mckinsey.de) gibt jedenfalls keinen einzigen positiven Hinweis.

[13] Die Unternehmensberatungsgesellschaften *definieren* sich geradezu durch diese Fähigkeit. So heißt es auch bei Greiner/Metzger (1983, S. 7): "Management consulting is an advisory service contracted for and provided to organizations by specially trained and qualified persons who assist, in an objective and independent manner, the client organization to identify management problems, analyze such problems, recommend solutions to these problems, and help, when requested, in the implementation of solutions."

Hinblick auf die Strategieentwicklung gibt es keinen Grund anzunehmen[14], warum diese Unternehmen nicht auch in der Lage sein sollten, intelligente Geschäftspläne und -modelle für junge Unternehmen zu konzipieren (siehe hierzu auch die oben wiedergegebene Selbsteinschätzung der Berater). Im Hinblick auf die Strategieumsetzung sind da schon eher Zweifel angebracht, da die entsprechenden Erfahrungen, sofern sich die Beratungsgesellschaften überhaupt darauf einlassen[15], typischerweise im Rahmen von Beratungsprojekten bei etablierten Unternehmen gesammelt werden.

Das Zur-Verfügung-Stellen von Sozialem Kapital – in Form von Reputation, Vertriebskanälen, Kundenkontakten, Technologieexperten usw. – hat bei nahezu allen CVC-Aktivitäten, die um die Jahrtausendwende initiiert wurden, eine große Rolle gespielt. Etablierte Unternehmen wie Siemens oder Intel besitzen hier ein großes Maß an Glaubwürdigkeit, weil sie dieses soziale Kapital weitgehend „in-house" halten. Unternehmensberatungsgesellschaften haben – und das verwenden sie gegenüber den Portfoliounternehmen als Argument – aus ihren Projekten heraus und über ihre Alumni-Netzwerke einen Zugang zu „fast allen" großen Unternehmen; ob dieser Zugang dann auch materialisiert werden kann, bleibt allerdings, wie oben erwähnt, eine offene Frage. Accenture, Bain und Roland Berger Strategy Consultants hatten ihre CVC-Aktivitäten auch noch durch Allianzbildungen mit (mehr oder weniger) etablierten VC-Gesellschaften abgesichert, aber letztlich scheinen diese Beziehungen eben doch wenig gefruchtet zu haben.

Wenn man davon ausgeht, dass es neben den Beratungsgesellschaften noch vier andere Typen von CVC-Gebern gibt (ZU KNYPHAUSEN-AUFSEß 2005) – technologieorientierte Firmen wie Intel und Siemens, nicht-technologieorientierte Firmen wie Bertelsmann, Investmentbanken wie J.P. Morgan und auch Start up-Firmen wie Consors, die selbst wieder in andere Start ups investiert haben, – dann lässt sich das relative Profil des Wertbeitrages von Unternehmensbera-

---

[14] Für eher kritische Einschätzungen und Untersuchungen vgl. aber die Beiträge in Clark et al. (2001).

[15] Die Boston Consulting Group ist bekannt dafür, dass sie sich bewusst auf die „strategische" Ebene beschränkt und sich in die Umsetzung nicht allzu sehr einspannen lässt (vgl. Nees/Greiner 1985). Accenture ist demgegenüber traditionell auch in der Umsetzung (insbesondere bei IT-Strategien) stark engagiert. Und auch Bain versucht sich durch ein "rejecting the 'old' advice model to focus on strategy *and* implementation" (www.bain.com/bainweb/join/culture/overview.asp) von der Konkurrenz zu differenzieren.

tungsgesellschaften im Hinblick auf die Entwicklung von Start up-Firmen wie in Abbildung 3 zusammenfassen. Aus der Perspektive der Start up-Unternehmen ist natürlich zu bedenken, dass die Stärken und Schwächen der verschiedenen CVC-Geber – und die spezifischen Inputs, die von unabhängigen VC-Gesellschaften kommen, – durch (1) Ko-Investments und (2) durch die Wahl unterschiedlicher Partner in verschiedenen Finanzierungsrunden zum eigenen Vorteil austariert werden können – jedenfalls dann, wenn die Verhandlungsposition bei den jeweiligen Finanzierungsrunden stark genug ist.

	Finanz-dienst-leister	Technolo-gieunter-nehmen	Nicht-Technologie-unter-nehmen	Berater	Start ups
Unternehmerische Orientierung	xx	xx	xx	x	xxx
Strategie-entwicklung und –umsetzung	x	x	x	xx	xx
Technologische Fähigkeiten	x	xxx	x	x	xx
Soziales Kapital	xxx	xxx	xxx	xx	x

Legende: xxx = großer Beitrag; xx = mittlerer Beitrag; x = geringer Beitrag

Abb. 3: Potenzielle Beiträge von CVC-Gebern zum Aufbau von kritischen Fähigkeiten bei Start ups

Übertragung von Fähigkeiten. Der Besitz von Ressourcen bzw. Fähigkeiten ist die eine Sache; ihre Übertragbarkeit eine andere. Es bietet sich an, diesen letztgenannten Aspekt aus einer lerntheoretischen Perspektive anzugehen. Die bisherigen Ausführungen lenken den Blick auf die Frage, in welcher Weise Start ups von CVC-gebenden Unternehmen lernen können; aus den Abschnitten 2 und 3 ging aber hervor, dass sich die Lernproblematik auch in umgekehrter Richtung stellt. ALVAREZ/BARNEY (2001, S. 141) vermuten, dass hier eine grundlegende Asymmetrie besteht:

„Although it is usually easy for a large firm to learn about the entrepreneurial firm's technology, it is often very difficult for the entrepreneurial firm to learn about and imitate the large firm's organizational resources and capabilities."

Das Ergebnis dieser Asymmetrie sind „Learning Races" (HAMEL 1991). Alvarez und Barney entwickeln Strategien, wie Lernsituationen geschaffen werden können, in denen die Start ups nicht immer als Verlierer dastehen, es also für beide Partner zu einer dauerhaft fruchtbaren Zusammenarbeit kommen kann. Es bleibt allerdings unklar, ob die Ausgangsdiagnose richtig ist, dass sich die etablierten Unternehmen (im vorliegenden Fall: die CVC-Geber, insbesondere die Unternehmensberatungsgesellschaften) das Wissen der Start ups in unproblematischer Weise aneignen können. Sie mögen über „Absorptive Capacity" verfügen; diese läuft aber ins Leere, wenn die neuen Technologien oder Geschäftsmodelle außerhalb der bisherigen paradigmatischen Grenzen liegen (siehe oben).

Was sind, vor diesem Hintergrund, die Voraussetzungen dafür, dass Lernen stattfinden kann? Ein Ansatzpunkt zur Beantwortung dieser Frage ist die Unterscheidung zwischen explizitem und implizitem Wissen (POLANYI 1967; TEECE 1998). Je expliziter das Wissen, je „härter" die Fähigkeit, desto leichter ist die Übertragung. Im Hinblick auf die technologische Fähigkeit bedeutet das, dass das Wissen am besten übertragen werden kann, wenn es als Blaupause vorliegt – am besten wohl in Form eines Patents. KANN (2001) hat in ihrer empirischen Untersuchung gezeigt, dass das Vorliegen von Patenten den Allianzpartnern dabei hilft, ohne Angst vor einer Ausbeutung miteinander zu kommunizieren und Wissen auszutauschen.

Auch soziales Kapital kann, wenigstens teilweise, ohne Probleme übertragen werden: Vertriebskanäle können zur Verfügung gestellt, Kontakte vermittelt werden. Bei den beiden anderen Fähigkeiten ist die Übertragung dagegen nicht ohne weiteres möglich – sie haben weitgehend impliziten Charakter; das Wissen kann nur im Zuge eines „Learning by Doing" angeeignet werden. Der CVC-Geber (z.B. ein Beratungsunternehmen) mag dabei helfen, das Geschäftsmodell des Portfoliounternehmens fortzuentwickeln; die Umsetzung ist dann aber wieder etwas, was praktische Erfahrung voraussetzt. Und erst recht besitzt wohl die unternehmerische Orientierung impliziten Charakter – auch ihre Übertragung ist nur im Laufe einer fortdauernden Zusammenarbeit möglich.

HAMEL (1991, S. 87) nennt noch weitere Voraussetzungen für einen Lernerfolg, nicht zuletzt einfach den Lernwillen, der bei den Allianzpartnern vorhanden sein muss. Dabei wird deutlich, dass es letztlich darauf ankommt, tatsächlich Fähigkeiten zu übertragen, das heißt: das Lernen „sustainable" zu machen:

„Whether learning becomes self-sustaining – that is, whether the firm eventually becomes able, without further inputs from its partner, to improve its skills at the same rate as its partner – will depend on the depth of learning that has taken place, whether the firm possesses the scale and volume to allow, in future, amortization of the investment needed to break free of dependence on the partner, and whether the firm possesses the disciplines of continuous improvement."

Die in Abschnitt 3 präsentierten Fallstudien sind nicht ergiebig genug, um die genannten Punkte zum Thema „Lernen" genauer zu beleuchten und die Frage zu beantworten, ob sich systematische Unterschiede zwischen den CVC-Typen ergeben. Ich sehe hier entsprechend ein Forschungsdesiderat.

5 Ausblick

Die vorstehenden Ausführungen haben einen weitgehend explorativen Charakter. Sie liefern aber Anhaltspunkte für die Erwartung, dass Unternehmensberatungsgesellschaften, wenn es um die Unterstützung von Start up-Firmen geht, schnell an ihre Grenzen kommen. Gleichzeitig muss zugegeben werden, dass auch andere Firmen sich bei dem Aufbau von Corporate Venture Capital-Aktivitäten schwer getan haben. Am ehesten ist ein Erfolg wohl zu erwarten, wenn das CVC gebende Unternehmen nachhaltige technologische Kompetenzen besitzt. Da Unternehmensberatungsgesellschaften keine oder jedenfalls so gut wie keine technologiebezogene Forschung und Entwicklung betreiben, können sie unter diesem Aspekt auch nicht wirklich konkurrieren.

Es ist insgesamt überraschend, wie wenig sich die akademische Forschung bislang mit dem Phänomen der Unternehmensberatungsgesellschaften beschäftigt hat (ZU KNYPHAUSEN-AUFSEß et al. 2005; SCHWEIZER et al. 2005). Die vorliegende Studie sollte gezeigt haben, dass auch eine Betrachtung des Verhältnisses von Beratungsgesellschaften und Start up-Firmen geeignet ist, die Möglichkeiten, insbesondere aber auch die Grenzen der Unternehmensberatung vor Augen zu führen. Es bleibt zu hoffen, dass in Zukunft hierzu auch methodisch ausgefeiltere empirische Studien vorgelegt werden können.

Literatur

ALVAREZ, S./BARNEY, J. (2001): How Entrepreneurial Firms Can Benefit from Alliances with Large Partners, in: Academy of Management Executive, Vol. 15 (2001), S. 139-148.

BAIN & COMPANY (2000): One Economy Studie, München.

BARNEY, J. (1991): Firm Rersources and Sustained Competitive Advantage, in: Journal of Management, Vol. 17 (1991), S. 99-120.

CHESBROUGH, H. (2000): Designing Corporate Ventures in the Shadow of Private Venture Capital, in: California Management Review, Vol. 42 (2000), S. 31-49.

CHRISTENSEN, C./BOWER, J. (1996): Customer Power, Strategic Investment, and the Failure of Leading Firms, in: Strategic Management Journal, Vol. 17 (1996), S. 197-218.

CLARK, T./FINCHAM, R./FINCHAM, R. (2001; Hrsg.): Critical Consulting: Perspectives on the Management Advice Industry.

COHEN, W./LEVINTHAL, D. (1990): Absorptive Capacity: A New Perspective on Learning and Innovation, in: Administrative Science Quarterly, Vol. 35 (1990), S. 128-152.

COLEMAN, J. (1988): Social Capital in the Creation of Human Capital, in: American Journal of Sociology, Vol. 94 (1988); S. 95-120.

COLLIS, D. (1996): Organizational Capability as a Source of Profit, in: MOINGEON, B./EDMONDSON, A. (1996; Hrsg.): Organizational Learning and Competitive Advantage, London et al., S. 139-169.

DESS, G./LUMPKIN, G. (2001): Emerging Issues in Strategy Process Research, in: HITT, M./FREEMAN, R. E./HARRISON, J. (2001; Hrsg.): The Blackwell Handbook of Strategic Management, S. 3-34.

EDELSON, H. (2001): Trashing Corporate VC, in: Red Herring 5/9/2001.

ERNST & YOUNG (2001): Corporate Venture Capital Report, abrufbar unter www.ey.com/global/vault.nsf/Israel/cvc_Report/$file/CVC%20Report.pdf.

FAST, N. (1978): The Rise and Fall of Corporate New Venture Divisions., in: UMI Research Press: Ann Arbor, MI.

FRANZKE, E./HAGENMÜLLER, M./FAISST, U. (2002). Performance Measurement für Corporate Venturing, in: VENTURE CAPITAL 2/02, S. 20-21.

GOMPERS, P./LERNER, J. (1999): The Venture Capital Cycle, Cambridge/MA/London, Kapitel 5.

GOMPERS, P./LERNER, J. (2001): The Money of Invention. How Venture Capital Creates New Wealth, Bosten/MA.

GREINER, L./METZGER, R. (1983), Consulting to Management, Englewood Cliffs/New Jork.

HAMEL, G. (1991): Competition for Competence and Interpartner Learning within International Strategic Alliances, in: Strategic Management Journal, Special Issue, Vol. 12 (1991), S. 83-103.

HITT, M./IRELAND, R. D./CAMP, S. M./SEXTON, D. (2001): Guest Editor's Introduction to the Special Issue, in: Strategic Management Journal, Special Issue on Strategic Entrepreneurship: Entrepreneurial Strategies for Wealth Creation, Vol. 22 (2001), S. 479-491.

KANN, A. (2001): Strategic Venture Capital Investing by Corporations: A Framework for Structuring and Valuing Corporate Venture Capital Programs, Dissertation, Stanford University, 2001.

KELLEY, D./SPINELLI, S. (2001): The Role of Corporate Investor Relationships in the Formation of Alliances of Corporate Venture Capital Funded Start Ups. Paper presented at the Babson-Kauffman Foundation Entrepreneurship Research Conference.

KNYPHAUSEN-AUFSEß, D. ZU (1995): Theorie der strategischen Unternehmensführung. State of the Art und neue Perspektiven, Wiesbaden.

KNYPHAUSEN-AUFSEß, D. ZU (2005): Corporate Venture Capital – Who Adds Value?, in: Venture Capital, Vol. 7 (2005), S. 23-49.

KNYPHAUSEN-AUFSEß, D. ZU/SCHWEIZER, L./RAJES, M. (2005): Beratungserfolg – eine Betrachtung des State of the Art der Ansätze zur Messung und Evaluation von Beratungsleistungen, Arbeitspapier, Universität Bamberg.

LEE, C./LEE, K./PENNINGS, J. (2001): Internal Capabilities, External Networks, and Performance: A Study on Technology-based Ventures, in: Strategic Management Journal, Special Issue on Strategic Entrepreneurship: Entrepreneurial Strategies for Wealth Creation, Vol. 22 (2001), S. 615-640.

LINDSEY, L. (2002), The Venture Capital Keiretsu Effect: An Empirical Analysis of Strategic Alliances Among Portfolio Firms, Arbeitspapier, Stanford University.LUMPKIN, G./DESS, G. (1996): Clarifying the Entrepreneurial Orientation Construct and Linking it to Performance, in: Academy of Management Review, Vol. 21 (1996), S. 135-173.

MACKEWICZ & PARTNER (1997): Venture Capital and Corporate Venture Capital: Financing Alternatives for Innovative Start-ups and Young Technological Companies in Germany, Studie, München.

MAULA, M./MURRAY, G. (2000): Corporate Venture Capital and the Creation of U.S. Public Companies: The Impact of Sources of Venture Capital on the Performance of Portfolio Companies, in: HITT, M./AMIT, R./LUCIER C./NIXON, R. (2000; HRSG.): Creating Value: Winners in the New Business Environment, Oxford, S. 164-187.

MARTINELLI, A. (1994): Entrepreneurship and Management, in: SMELSER, N./SWEDBERG, R. (1994; HRSG.): The Handbook of Economic Sociology, Princeton/NJ, S. 476-502.

MASON, H./ROHNER, T. (2002): The Venture Imperative. A New Model for Corporate Innovation, Boston/MA.

MOWERY, D./ROSENBERG, N. (1989): Technology and the Pursuit of Economic Growth, Cambridge/MA.

NAHAPIET, J./GOSHAL, S. (1998): Social Capital, Intellectual Capital and Organizational Advantage, in: Academy of Management Review, Vol. 23 (1998), S. 242-266.

NEES, D./GREINER, L. (1985): Seeing Behind the Look-alike Management Consultants, in: Organizational Dynamics, Vol. 13 (1985), S. 68-79.

NVCA (2001): Website: www.nvca.org.

POLANYI, M. (1967): The Tacit Dimension. Doubleday, New York.

POWELL, W. (1993): The Social Construction of an Organizational Field: The Case of Biotechnology, Arbeitspapier, University of Arizona at Tucson.

ROTHAERMEL, F. (2001): Incumbent's Advantage through Exploiting Complementary Assets via Interfirm Cooperation, in: Strategic Management Journal, Special Issue on Strategic Entrepreneurship: Entrepreneurial Strategies for Wealth Creation, Vol. 22 (2001), S. 687-699.

SCHUMPETER, J. (1934): The Theory of Economic Development, Cambridge/MA.

SCHUMPETER, J. (1947): The Creative Response in Economic History, in: Journal of Economic History, VOL. 7 (1947), S. 149-159.

SCHWEIZER, L./RAJES, M./KNYPHAUSEN-AUFSEß, D. ZU (2005): Beratungserfolg und Erfolgshonorare als zentrale Elemente auf dem Weg zu einer Theorie der Unternehmensberatung, Arbeitspapier, Universität Bamberg.

SIEGEL, R./SIEGEL, E./MACMILLAN, I. (1988), Corporate Venture Capitalists: Autonomy, Obstacles and Performance, in: Journal of Business Venturing, Vol. 3 (1988), S. 233-247.

TEECE, D. (1986), Profiting from Technological Innovation: Implications for Integration, Collaboration, Licensing, and Public Policy, in: Research Policy, Vol. 15 (1986), S. 285-305.

TEECE, D. J. (1998): Capturing Value from Knowledge Assets: The New Economy, Markets For Know-How, and Intangible Assets, in: California Management Review, Special Issue, Vol. 40 (1998), S. 65-69.

TUSHMAN, M./ANDERSON, P. (1986): Technological Discontinuities and Organizational Environments, in: Administrative Science Quarterly, Vol. 31 (1986), S. 439-465.

TYBEE, T. (2001): Strategic Investing of Corporate Venture Capital. Paper presented at the Babson-Kaufman Entrepreneurship Research Conference, Jonkoping University, Jonkoping/Sweden.

YOUNG, R./ROHM, W. (1999): Under the Radar: How Red Hat Changed the Software Business – and Took Microsoft by Surprise, Scottsdale/AZ.

Kommentar

Dr. Burkhard Schwenker
CEO, Roland Berger Strategy Consultants

Dodo zu Knyphausen-Aufseß leistet mit seinem Aufsatz einen wichtigen Beitrag zu einer sehr interessanten Fragestellung: Wie nämlich agieren Beratungen in einem grundlegend neuartigen ökonomischen Umfeld (der Internet-Wirtschaft) mit einem gänzlich neuen Ansatz (Corporate Venture Capital)? Der Oberbegriff der Grenze, der das thematische Umfeld benennt, ist hier leicht zu identifizieren, da die Internet-Wirtschaft Grenzen insgesamt schnell erreicht hat. Worin ich persönlich die Grenzen sehe, die uns als Branche hierbei aufgezeigt wurden, ist in dem Zitat von mir enthalten, das zu Knyphausen-Aufseß wiedergibt.

Das allerdings hat damals keiner gesehen – es galt, was die Kennedy Information Research Group so beschrieb: „No consulting firm can afford to be without electronic commerce skills – either to provide strategic advice or as an implementer." Beratungen, traditionell in der Funktion des Transmissionsriemens für ökonomische Trends, erkannten früh genug die Bedeutung dessen, was sich sukzessive abzeichnete. Sie bauten schnell Kompetenz in den neuen Themen auf und bereiteten sich so auf die bald konkret einsetzende Nachfrage von traditionellen (Groß-)Unternehmen nach Strategie- und Prozessberatung vor.

Zur Erfüllung des Ziels, sich das notwendige Know-how in Praktiken der Internet-Wirtschaft anzueignen, mussten die Beratungen neue Wege gehen: Es reichte nicht mehr, die Pioniere zu analysieren, vielmehr musste man die Quellen des neuen Wirtschaftsparadigmas verstehen, also die Neugründungen mit ihren anders gelagerten Geschäftsmodellen wie auch ihrer fundamental anderen Art und Weise, Innovations- und Marketingaufgaben anzugehen. Die damalige Diskussion über neue Finanzierungsformen, hohe Renditeerwartungen, aber auch der Geldmangel der Klienten führten dann (auf überraschend vielfältige Weise, wie die Analyse von zu Knyphausen-Aufseß exemplarisch demonstriert) dazu, Venture Capital-Modelle aufzubauen und anzubieten.

Im Kern der Debatte sehe ich zwei Fragen, die analytisch voneinander zu trennen sind: Zum einen, können Berater als Kapitalgeber erfolgreich sein bzw. warum waren sie es nicht? Und zum anderen, lässt sich das Leistungsversprechen einer Beratung auf die Gründungssituation übertragen, oder pointierter: Verstehen (große) Beratungen Gründer? Das zweite Thema ist ungleich umfassender und breiter, auch wenn wir es nur auf die Situation in den Jahren ab etwa 1995 beziehen; die CVC-Ansätze dagegen bewegten sich stets in einem limitierten Rahmen. Für mich ergibt sich nicht zuletzt deshalb auch keine enge Beziehung zwischen dem (Miss-)Erfolg als Venture Capitalist und dem (Miss-)Erfolg in der Start up-Beratung.

Was Letzteres angeht, hat zu Knyphausen-Aufseß recht mit seiner Analyse, dass die meisten Beratungen zumindest zum damaligen Zeitpunkt keine Tradition der technologischen Innovation kultiviert hatten und deshalb die damit zusammenhängenden Prozesse nicht aus einer inkorporierten Erfahrung heraus erfassen und begleiten konnten. In einem Umfeld, in dem Technologie alles ist, war dies ein Defizit (ob es in anderen Kontexten ein vergleichbar dominantes limitierendes Moment darstellt, wäre zu untersuchen). Doch es ging auch um anderes. Start ups, so die gängige Meinung, konnten mit der Erstellung eines soliden Business-Plans bei der Suche nach Venture Capital unterstützt werden – der Wert der Beratungen hierbei: Geschwindigkeit, Analyseskills und Netzwerke.

Meist scheiterten diese jungen Unternehmen jedoch nicht an einem Mangel guter Ideen oder Konzepte. Denn nicht die Ausarbeitung einer tragfähigen Strategie entpuppte sich als Problem, sondern die Liquiditätssicherung der Unternehmen im täglichen Geschäft. „Klassische" Berater-Qualitäten wie analytische Brillanz, Strukturiertheit sowie Leistungs-Geschwindigkeit und -Qualität konnten in der Gründungsphase zwar exzellent eingebracht werden. Aber die Unternehmen der „E-Economy" mussten sich schließlich den alltäglichen Realitäten des Wirtschaftens stellen und lebten nicht von der Strategie allein. Hier stoßen Beratungen insoweit an die Grenzen ihrer Leistungsmöglichkeit, als die praktische Steuerung im typischen Leistungsprofil eines Unternehmensberaters nicht (ausreichend) ausgebildet ist und es in einer arbeitsteiligen, auf Spezialisierung gründenden Wirtschaft nach meinem Dafürhalten auch nicht sein muss.

Richtig ist demnach: Die analytischen Fähigkeiten, mit denen Berater den Start up-Unternehmen zur Seite standen, wurden leicht mit Entrepreneurship verwechselt – sowohl von den Start up-Unternehmen, die darauf hofften, dass ihr unternehmerisches Risiko von „erfahrenen Ökonomen" mitgetragen wird, wie auch von Beratern, die sich durchaus in der Rolle des frischen Unternehmers gefielen – zumal diese Rolle erstens Know-how einbrachte, das sich im Markt anschließend gut weiter veräußern ließ, und zweitens das eigene Image insbesondere bei den Recruiting-Zielgruppen positiv beförderte.

Das beantwortet noch nicht, ob (große) Beratungen ihre Leistungsfähigkeit in einem jungen Unternehmen nicht zum Tragen bringen können. Als These biete ich an, dass es im Gründungsfall auf eine funktionsfähige Kombination aus Technologie-, Führungs- und Marketing-Know-how ankommt. Hier können Berater spezifische Kompetenzen einbringen, und sie tun es auch, wie viele erfolgreiche Gründungen von ehemaligen Beratern beweisen. Eine anders gelagerte Frage ist freilich, ob Beratungen gute Venture Capitalists sind – im Scheitern dieser Aktivitäten liegt für mich der empirische Beleg, dass eine Grenze erreicht wurde. Das eine und das andere sind für mich jedoch zwei sehr unterschiedliche Paar Schuhe.

7 Interne Managementberatungen zwischen Baum und Borke?

PD Dr. Hartmut Maaßen
Managing Partner, NewMark Human Resources

1 Einführung: Verortung der internen Managementberatungen

In den letzten Jahren sind in nahezu allen großen Unternehmen interne Beratungen aufgebaut worden. Ihr Ursprung liegt einerseits in bereits vorhandenen Stabsbereichen, wie z.B. Unternehmensentwicklung, Strategieentwicklung, Qualitätsmanagement oder Revisionen, andererseits wurden sie ganz spezifisch durch Vorstände und hier in der Regel durch die Vorstandsvorsitzenden selbst ins Leben gerufen.

Die mit der Schaffung von internen Managementberatungen verbundenen Zielsetzungen sind vielfältig:

- Etablierung eines Think Tank für unternehmensinterne Beratung
- Nutzung vorhandener interner Ressourcen
- Bearbeitung sensitiver Themen durch Insider
- Etablierung eines kontinuierlichen Wissenstransfers
- Sicherstellung von Ergebnisumsetzungen aus Beratungsprojekten
- Entwicklungspool für Führungsnachwuchskräfte

Im Folgenden konzentriere ich mich hauptsächlich auf interne Managementberatungen, die sich um Top-Management Themen kümmern und deren Aktivitäten damit einen wesentlichen Einfluss auf die Entwicklung des Unternehmens ausüben. Damit verbunden sind nicht nur strategische Themen, sondern auch Themen, die eine signifikante Wertschöpfung für das Unternehmen aufweisen. Dies können ebenso top-line Projekte mit dem Schwerpunkt auf internem und externem Wachstum sein, wie es sich auch um bottom-line Projekte handeln kann, bei denen Effizienzsteigerung und Kostenreduzierung im Vordergrund stehen.

Zur Beurteilung der Situationen von internen Managementberatungen lassen sich fünf Positionen ausmachen, die eine Verortung ermöglichen. Ich möchte die Verortung an gegensätzlichen Positionen festmachen, um das Spannungsfeld, in dem sich die internen Managementberatungen bewegen, deutlich zu machen. Dabei erfolgt die Beschreibung der Gegenpositionen bewusst plakativ und in einigen Fällen auch überzeichnet, um eine kontroverse Auseinandersetzung mit der Stellung interner Managementberatungen zu fördern. Nun zu den fünf Positionen:

Ein Vorteil von internen Managementberatungen wird häufig darin gesehen, dass sie über ein Insiderwissen verfügen, da sie als interne Organisationseinheit in das Unternehmen eingebunden sind und damit über ein tiefes Grundverständnis der zu beratenden Organisationseinheiten verfügen. Demgegenüber steht die Ansicht, dass die reine Innensicht der internen Managementberatungen zu einer Verstärkung der Betriebsblindheit führt, der interne Fokus also die eingeschränkte Sichtweise auf hohem Niveau kultiviert.

Die Stellung innerhalb des Unternehmens lässt für viele interne Managementberatungen die Frage aufkommen, ob sie über einen Gebietsschutz verfügen und einen Alleinvertretungsanspruch für strategisch relevante Themen haben oder nicht. Daraus ergibt sich nahezu zwangsläufig auch die Frage nach dem Verhältnis zu externen Unternehmensberatungen, die an den gleichen Top-Management Themen arbeiten wie die internen Managementberatungen. Werden externe Unternehmensberatungen als Partner gesehen oder sind sie als Wettbewerber anzusehen? Aus Sicht der externen Unternehmensberatungen gewinnt die Beantwortung dieser Frage – nicht nur durch die internen Managementberatungen selbst – an Bedeutung, da die Positionierung der internen Managementberatungen durch den Vorstand eines Unternehmens den Markt für Beratungsleistungen in großen Unternehmen drastisch verändern kann.

In Abhängigkeit von der Größe, aber auch von der Philosophie der internen Managementberatungen stellt sich die Frage nach dem Umfang verschiedenartiger Beratungsfelder. Während die Frage nach dem Industriefokus in aller Regel insofern leicht zu beantworten ist, da die eigene Industrie des betreffenden Unternehmens im Zentrum der Aktivitäten steht, lässt sich die Frage nach der funktionalen Breite der Beratungsleistungen nicht so einfach beantworten. Werden strategische, operative und informationsstrategische Themen gleichermaßen abgedeckt? Wird die gesamte Wertschöpfungskette durch die Beratungskompetenz einer internen Managementberatung abgebildet? Finden sich sämtliche Business- und Management-Supportfunktionen im Serviceportfolio der internen Managementberatungen? Hier geht es also darum, inwieweit eine Positionierung als Vollsortimenter oder als Nischenanbieter angestrebt wird. Dass dies nicht nur eine Frage der Größe ist, wird z.B. deutlich an der Positionierung der Siemens Management Consulting, die über etwa 160 Berater verfügt, sich aber im Wesentlichen auf strategische Fragestellungen konzentriert.

Im Wettbewerb um geeignete Mitarbeiter müssen sich interne Managementberatungen mit den etablierten externen Top-Managementberatungen vergleichen lassen. Bei den Recruiting-Messen an Hochschulen oder an überregionalen Standorten wird deutlich, dass die internen Managementberatungen diesen Vergleich auch ganz bewusst suchen, um herausragende Kandidaten von sich und dem eigenen Unternehmen zu überzeugen. Für die Wertesetzung und Kultur der internen Managementberatungen hat dies weitreichende Konsequenzen. Verordnen sie sich selbst eine eigene Beraterkultur, mit allen typischen Insignien der Top-Managementberatungen, oder sind sie in der Unternehmenskultur verankert und sehen sich eher als Treiber der Unternehmenskultur?

Die internen Managementberatungen sind in aller Regel direkt am Vorstand – häufig auch am Vorstandsvorsitzenden – angebunden bzw. berichten direkt an diesen. Die auf den ersten Blick harmlos erscheinende Unterscheidung zwischen „angebunden" und „berichten" weist mit dem zweiten genaueren Hinsehen auf ein großes Dilemma der internen Managementberatungen. Auf der einen Seite sehen sich die internen Managementberatungen als unabhängige Instanz, die nur ihren Auftraggebern, z.B. dem Leiter einer Division, verpflichtet sind, andererseits erwartet der verantwortliche Vorstand regelmäßige Ergebnisberichte, sodass die Gefahr besteht, als Trojanisches Pferd von den eigentlichen Auftraggebern wahrgenommen zu werden.

Die hier im Überblick dargestellten fünf Positionen werden im Weiteren detailliert betrachtet, um dann abschließend eine Gesamtbewertung vornehmen zu können.

2 Die Sicht auf interne Managementberatungen: Konstruktive Insider oder kultivierte Betriebsblindheit?

In der Vergangenheit hat sich gezeigt, dass bei der Gründung von internen Managementberatungen auf die Gefahren einer Kultivierung der Betriebsblindheit zu wenig geachtet worden ist. Grund für diese Kurzsichtigkeit war häufig der Wunsch, schnell eine Beratungstruppe aufzubauen, da der Aufbau interner Managementberatungen auch eine gewisse Modeerscheinung war. Typische Kandidaten waren die interne Revision, Qualitäts- und Prozessmanagement-Bereiche oder das Beteiligungs-Controlling, im besten Fall waren es die strategische Planungsabteilung oder die Unternehmensentwicklung.

Die typische Schwierigkeit von etablierten Stabsabteilungen eines Unternehmens ist das Verlassen von eingefahrenen Wegen. Je stabiler diese Stabsabteilungen sind, desto aufwändiger ist der Veränderungsprozess, wobei sich die Stabilität daran festmachen lässt, wie häufig Aufgabenänderungen und -anpassungen sowie damit verbundene Organisationsstrukturen vorgenommen wurden. Je stabiler der Bereich, desto größer ist die Gefahr, dass bei einer Neuausrichtung auf die Aufgaben einer internen Managementberatung eingeschlagene Wege, Abläufe und Strukturen beibehalten und nicht grundlegend neu überdacht werden.

Auch wenn die internen Managementberatungen einen vorrangig internen Fokus aufweisen, sind die Problemstellungen, die von ihnen aufgegriffen werden sollen, häufig Industrie übergreifend. Insbesondere wenn es z.B. um Themen wie „Best Practice" in Prozessen geht, weisen interne Managementberatungen Defizite auf, wenn sie sich auf die reine Binnensicht fokussieren. Ein wichtiger Aspekt liegt dementsprechend bei der Schaffung von Zugängen zu Industrie übergreifenden neuen Problemstellungen und den entsprechenden Lösungen. Sichergestellt werden kann dies z.B. durch die Teilnahme an Benchmarking-Studien, die sowohl neue Trends als auch aktuelle „Best Practices" zu den relevanten Themen aufweisen.

Ein weiterer möglicher Problempunkt ist darin zu sehen, dass sich der bestehende Bereich nicht als interne Managementberatung aufstellt, sondern sich weiterhin als Spezialistentruppe mit Stabsabteilungscharakter sieht und agiert und auch von den operativen Einheiten des Unternehmens so gesehen wird.

Der kulturelle Wandel von einer Stabsabteilung zu einer Projekt orientierten Managementberatung greift tief und ist zeitintensiv.

Insgesamt ist mit der „Umbenennung" einer vorhandenen Stabsabteilung in eine interne Managementberatung die Gefahr verbunden, dass Anpassungen und nicht Veränderung im Vordergrund der Aktivitäten stehen. Managementberatungen sind aber von ihrer Ausrichtung grundsätzlich als Treiber der Veränderung aufgestellt.

Den Nachteilen stehen die Vorteile eines konstruktiven Insiders gegenüber. Die Kenntnis des Unternehmens ermöglicht in den meisten Fällen einen schnellen Projektstart, da man mit den handelnden Personen, den Strukturen und Prozessen vertraut ist. Gleichzeitig verfügen typischerweise die Mitarbeiter der internen Managementberatungen über ein gut funktionierendes Netzwerk. Dieses wird in einer Reihe von Unternehmen noch dadurch verstärkt, dass die internen Managementberatungen ihre Mitarbeiter auch aus den operativen Divisionen rekrutieren bzw. Mitarbeiter in die operativen Divisionen nach zwei bis drei Jahren abgeben.

In der Praxis zeigt sich auch immer wieder, dass vorhandenes Wissen im Unternehmen über die internen Managementberatungen schneller im Unternehmen verwertbar ist, als dies über externe Beratungen gelingt.

Einer der wesentlichen Aspekte für die These eines konstruktiven Insiders ist das Thema der Reputation im eigenen Haus. Externe Beratungen stehen typischerweise für bestimmte Projekttypen bzw. konkrete Themen wie z.B. Strategie, Prozesse etc., in denen sie Marktführerschaft für sich reklamieren. Bei den meisten dieser Themen haben die internen Managementberatungen einen nahezu zwangsläufigen Wettbewerbsnachteil, da sie sich nur auf das eigene Unternehmen konzentrieren und nicht über ein ausgeprägtes weltweites Netzwerk verfügen. Als Wettbewerbsfaktor spielt dadurch die Reputation der internen Managementberatungen eine wichtige Rolle, um sich von den externen Beratungen zu differenzieren, die in diesem Bereich einen natürlichen Nachteil aufweisen.

Als Fazit lässt sich festhalten, dass die Nutzung der internen Managementberatungen als konstruktiver Insider nur dann erfolgreich ist, wenn es sich nicht nur um eine umbenannte Stabsabteilung handelt, sondern das Konzept einer Beratung implementiert wird und ein kontinuierlicher Transfer zwischen operativen Einheiten und interner Managementberatung gelingt, die zur Erhöhung der Reputation im eigenen Hause beiträgt.

3 Die Sicht auf externe Berater: Wettbewerber oder Partner?

Je größer die internen Managementberatungen in einem Unternehmen werden, desto stärker wird auch der Wettbewerb zu den externen Beratungen. Die Größe spielt dadurch eine wesentliche Rolle, da allein durch die fehlende kritische Masse an Mitarbeitern nur ein Bruchteil der im Unternehmen erforderlichen Beratungsprojekte abgedeckt werden können, es also völlig unstrittig ist, dass auch bei wichtigen Themen für das Unternehmen externe Beratungen beauftragt werden.

In einigen Unternehmen wird der Wettbewerb auch bewusst von den Vorständen forciert, bis hin zu Quotenregelungen, wie viel Projektvolumen pro Jahr durch die interne Managementberatung abgedeckt werden muss.

In letzter Zeit stellt sich aber immer häufiger auch die Frage, inwieweit eine partnerschaftliche Beziehung zwischen internen und externen Beratungen sinnvoll und für die Unternehmen vorteilhaft sein könnte.

Bei einer stärker Wettbewerb orientierten Positionierung kann es zum so genannten „Platzhirsch-Syndrom" kommen, bei dem den internen Managementberatungen nachgesagt wird, dass sie sich Scheuklappen aufsetzen. Die Folge ist eine verzerrte Wahrnehmung der eigenen Leistungsfähigkeit und eine Überschätzung der eigenen Kompetenzen.

Gegenüber externen Beratungen verfügen die internen Managementberatungen natürlich über einen erheblichen Kostenvorteil, da sie typischerweise keine Profite erwirtschaften müssen, sondern nur auf eine „schwarze Null" verpflichtet werden. Die damit verbundene Gefahr liegt in einer Optimierung der Kostenorientierung der Beratungsprojekte und nicht in einer Optimierung des Kundennutzens.

Als weiteres Phänomen aus der Wettbewerbssituation kann sich bei der Vergabe von Top-Themen für das Unternehmen an externe Beratungen eine Demotivierung der Mitarbeiter der internen Managementberatungen ergeben, die ihre Ausprägung auch in gekränkten Eitelkeiten der eigenen Führungskräfte findet.

Demgegenüber stehen als positive Aspekte bei einer partnerschaftlichen Zusammenarbeit zwischen internen und externen Beratern die Möglichkeiten, Komplementärfähigkeiten und –kompetenzen Projekt bezogen zu bündeln.

Daneben kann auch ein wechselseitiges Lernen unter Projektbedingungen zum Tragen kommen, wobei sich die jeweiligen Schwerpunkte bei den externen Beratungen eher auf die inhaltlichen Faktoren insbesondere aus dem Umfeld des zu beratenden Unternehmens beziehen, während die Schwerpunkte der internen Managementberatungen auf die internen Unternehmensprozesse und -strukturen sowie das Beziehungsmanagement gerichtet sind.

Ein Großteil externer Beratungsprojekte findet seinen vorläufigen Abschluss, wenn das Konzept erarbeitet worden ist und ein Maßnahmenplan mit Meilensteinen, Ressourcen und Verantwortlichkeiten für die Umsetzung des Konzeptes verankert wurde. Die Implementierung des Konzeptes selbst wird dann häufig intern vorangetrieben, z.B. indem es der internen Managementberatung übergeben wird. Dies führt häufig dazu, dass erarbeitete Konzepte nicht nachvollzogen werden können bzw. aus dem eigenen Selbstverständnis heraus erst einmal infrage gestellt werden. Damit geht üblicherweise nicht nur viel Zeit verloren, sondern nimmt auch die Unsicherheit der Führungskräfte im Unternehmen zu, ob die erarbeiteten Konzepte auch wirklich umsetzungsfähig sind. Bei einem von einer internen und externen Beratung gemeinsam durchgeführten Projekt besteht von vornehrein die Möglichkeit der Schwerpunktsetzung für die unterschiedlichen Projektphasen. In der Konzeptphase übernimmt beispielhaft die externe Beratung die Projektführung unter Mitwirkung der internen Managementberatung, während bei der Implementierung die interne Managementberatung die Projektführung und die externe Beratung eine Coaching-Funktion übernimmt.

Dabei muss ein kontinuierlicher Methoden- und Know-how-Transfer sichergestellt werden, um eine reibungslose Implementierung zu ermöglichen. Eine vollständig partnerschaftliche Orientierung zwischen internen und externen Beratungen ist sicher nicht zu erwarten und auch nicht anzustreben, da eine gewisse Wettbewerbssituation insgesamt für das beauftragende Unternehmen vorteilhaft ist. Eine prinzipielle Ausrichtung auf eine partnerschaftliche Ausrichtung wird von vielen Unternehmen angestrebt, um die bestmöglichen Ergebnisse für das Unternehmen zu erzielen. Die wechselseitige Anerkennung und Wertschätzung ist dabei Voraussetzung für eine erfolgreiche Zusammenarbeit im Wettbewerb und als Partnerschaft.

4 Das Leistungsspektrum interner Managementberatungen: Vollsortimenter oder Nischenanbieter

Die etablierten Top-Managementberatungen sind üblicherweise nach drei Dimensionen aufgestellt: Industrien, Regionen und Services. Bis auf wenige Ausnahmen, wie z.B. Siemens, sind die meisten Unternehmen einer Industrie zugehörig, sodass eine Industriesegmentierung bei internen Managementberatungen nicht sinnvoll ist. Auch eine Aufteilung nach Regionen wird nur in einigen Fällen infrage kommen, wenn es sich um ein Unternehmen handelt, dass als echter Global Player über ein weltweites Netz von internationalen Divisionen verfügt. In den meisten Fällen sind interne Managementberatungen nach den Services aufgestellt, die sie ihren Kunden auf Vorstandsebene bzw. in den Divisionen anbieten. Betrachtet man das Spektrum der Services, die von den internen Managementberatungen angeboten werden, so unterscheiden sich diese prinzipiell nicht von den Inhalten von den externen Beratungen, sondern nur von dem Umfang der angebotenen Leistungen.

Die klassischen Services der Beratungen lassen sich wie folgt segmentieren:

Strategie und Organisation

Schwerpunkte hierbei sind Unternehmens- und Divisions-/Geschäftseinheiten-Strategien, Merger & Akquisition einschließlich der damit verbundenen Integration, Governance-Themen und Führungsstruktur sowie Organisationsstrukturen.

Operations

Hierunter werden alle Themen der Wertschöpfungskette verstanden angefangen von Marketing und Vertrieb, Produktentwicklung, Produktion und Logistik bis hin zum Einkaufsmanagement einschließlich der damit verbundenen Prozesse.

Management Support

Neben dem Schwerpunkt IT-Strategie und IT-orientierte Geschäftsprozesse zählen hierzu insbesondere Themen wie Personalmanagement, Finanzen und Controlling.

Transformation

In dieses Segment fallen die „weichen" Themen wie Veränderung der Unternehmenskultur, die Ausgestaltung eines geplanten Wandels und die Durchführung eines Change Managements, die typischerweise mit Themenschwerpunkten aus anderen Segmenten verbunden sind.

Je nach Schwerpunktsetzung der externen Beratungen kann sich eine unterschiedliche Segmentierung ergeben, das inhaltliche Spektrum bleibt aber identisch, wenn man einen „Vollsortimenter" betrachtet.

Für die internen Managementberatungen ergibt sich nahezu zwangsläufig die Frage der Fokussierung auf bestimmte Segmente bzw. auf Schwerpunkte in einzelnen Segmenten, also die Aufstellung als „Nischenanbieter".

Im ersten Zugriff könnte man geneigt sein, die Frage nach der Positionierung als Vollsortimenter oder Nischenanbieter an der Anzahl der vorhandenen Berater festzumachen. Für die Positionierung einer Managementberatung ist aber die kritische Projektmasse in den Segmenten das entscheidende Kriterium. Selbst große internationale externe Beratungen haben sich aus einzelnen Segmenten zurückgezogen bzw. zurückziehen müssen, da die Anzahl der durchgeführten Projekte zu gering wurde, um dauerhaft wettbewerbsfähig zu sein. Dabei geht es nicht nur darum, Projekte effizient durchzuführen, sondern vor allem stehen innovative Elemente im Vordergrund, die in aller Regel in Projekten entwickelt werden und nicht am grünen Tisch in Kompetenzzentren. Darüber hinaus verschieben sich bei einer stetigen Reduzierung von Projekten in einem Segment die Beraterprofile sehr schnell, wenn man von durchschnittlichen Projektlaufzeiten von drei bis vier Monaten ausgeht, d.h. man verliert Themenkompetenz auf Seiten der Berater.

Ein Vollsortimenter deckt alle angeführten Segmente ab, was insbesondere mit Bezug auf die Elemente der Wertschöpfungskette eine Vielzahl unterschiedlicher Kompetenzen erfordert. Gerade im Segment Operations besteht dabei auch die Gefahr, dass man zu tief in die einzelnen Elemente der Wertschöpfungskette berät, sodass typischerweise Konflikte mit der Linienorganisation auftauchen können bzw. das Profil der internen Managementberatung verwässert und undeutlich wird.

Mit dem Vollsortimenter ist dann auch verbunden, dass alle Segmente quer über die Hierarchie angeboten werden. Auch hier besteht die Gefahr des Verzettelns, auch wenn es nicht selten vorkommt, dass die internen Kunden die Beratungsleistungen spezifisch nach ihren Erfordernissen bzw. nach ihrer aktuellen Problemstellung anfordern. Wie auch bei externen Beratungen ist die Zeitspanne zwischen dem Auftreten des Beratungsbedarfs (im Sinne, dass die Entscheidung vorliegt) und dem Beginn des Beratungsprojektes sehr kurz. Damit ist eine Steuerung durch die Beratungen selbst erschwert, wenn es nicht eine klare Prioritätensetzung gibt.

Gegenüber dem Vollsortimenter setzt der Nischenanbieter seine Prioritäten auf unternehmensspezifische Schwerpunkte oder auf einzelne Servicesegmente. Der generelle Fokus auf die eigenen industriespezifischen Besonderheiten wurde schon angesprochen. Eine Ausnahme stellen nur Themen dar, wie z.B. branchenübergreifendes Benchmarking, bei dem Lerneffekte durch die Einnahme eines neuen Blickwinkels erwartet werden.

In einigen Unternehmen führt die Positionierung als Nischenanbieter dazu, dass für unterschiedliche Nischen auch unterschiedliche interne Anbieter aufgebaut werden bzw. erhalten werden. Was in einer ersten Phase durchaus sinnhaft erscheinen mag, z.B. einen internen Anbieter für Strategiethemen und einen internen Anbieter für Prozessthemen zu haben, wird kurz- bis mittelfristig zu einer Vergeudung von Beratungsressourcen führen. Da die einzelnen Anbieter eine Eigendynamik als Berater entwickeln und sie typischerweise bei unterschiedlichen Vorständen angesiedelt sind, wird eine Konkurrenzsituation nahezu zwangsläufig auftreten. Ein interner Wettbewerb von zwei oder mehreren internen Managementberatungen schadet aber dem Unternehmen mehr als dass es ihm nützt.

Bei der Positionierung als Nischenanbieter kann also nur gemeint sein, bestimmte Segmente auszuwählen, die für das Unternehmen von besonderer Bedeutung sind. So hat Siemens beispielhaft die interne Managementberatung auf Strategiethemen fokussiert, während Volkswagen den Schwerpunkt auf die Wertschöpfungskette legt.

Ein zu enger Nischenfokus birgt jedoch eine Gefahr in sich. Die internen Managementberatungen sind in aller Regel so aufgestellt, dass sie junge Führungskräfte entwickeln sollen, die nach einer Zeit von etwa drei Jahren von der Beratung in die Linie wechseln sollen. Die meisten internen Managementberatungen haben den Anspruch, dass sie ihre Berater zu General Managern ausbilden. Bei einem zu engen Beratungsfokus läuft man dann Gefahr, Spezialisten auszubilden, die die Leitung einzelner Funktionen übernehmen können, aber eine zu geringe Ausrichtung auf Management-Funktionen im Allgemeinen bei einem Wechsel in die Linie mitbringen.

Eine interne Managementberatung wird sich nicht als Vollsortimenter aufstellen können. Der häufig anzutreffende Wunsch, sich wie die großen externen Beratungen zu positionieren, führt dann sehr schnell zu einer Verzettelung und einer Verwässerung des Profils. Die Folge ist, unkritisch bei der Anzahl von Projekten und auch bei der erforderlichen Kompetenz der Berater zu werden, also die erforderliche und von Kundenseite erwartete Qualität nicht mehr liefern zu können. Eine interne Managementberatung muss also auch „nein" sagen können, um ihr eigenes Profil scharf zu halten und sich selbst und ihre Berater weiterzuentwickeln.

5 Die kulturelle Ausrichtung der internen Managementberatungen: Fokus auf Beraterkultur oder Treiber der Unternehmenskultur?

Die Entwicklung und Stabilisierung der eigenen internen Kultur als Managementberatung hat häufig Vorrang vor der Anbindung an die des Unternehmens.

Die Berater selbst sehen sich häufig als Treiber der Unternehmensentwicklung und nicht als Teil des Unternehmens.

Begründet liegt diese mögliche Ausprägung in der Anpassung an das externe Beraterumfeld. Die Unternehmen konkurrieren um dieselben Kandidaten mit Prädikatsexamen (Hochschulabschluss, Promotion oder Master) wie die etablierten externen Beratungen. Damit verbunden sind klassische Insignien, die bei der Wahl der Kleidung anfangen, über besondere Events führen und beim Gehalt aufhören. Auch in der Wahrnehmung durch die Manager des Unternehmens erfolgt ein Vergleich mit den externen Beratungen, sodass auch von dieser Seite eine Verstärkung erfolgt.

Ein wichtiges Element zur Rekrutierung und Bindung von Beratern ist die Attraktivität der Tätigkeit. Neben dem Interessantheitsgrad der Tätigkeit selbst spielen auch Entwicklungschancen eine große Rolle. In der Vergangenheit war es bei den internen Managementberatungen häufig so, dass die Tätigkeit in der Beratung interessant und anspruchsvoll, der Entwicklungsschritt in die operative Linie aber mit großen Schwierigkeiten verbunden war. Dies hing nicht zuletzt damit zusammen, dass die finanzielle Ausstattung besonders gut war und ein Wechsel in die Linie mit einer Führungsposition verbunden sein musste, die manche Berater überforderte, da sie typischerweise über keine oder nur geringe Führungserfahrung verfügten. Die internen Managementberatungen haben seit einer Reihe von Jahren kontinuierlich diese Situation verbessert und können mittlerweile auf erfolgreiche Karrierepfade ihrer ehemaligen Berater hinweisen. Herausgehobenes Beispiel ist der neue Vorstandsvorsitzende der Siemens AG, Klaus Kleinfeld, der früher die interne Managementberatung geleitet hat. Aber auch Unternehmen wie die Deutsche Telekom verfügen mittlerweile über ein Netzwerk in leitenden Positionen. In den letzten Jahren, in denen die externe Beraterbranche nicht mehr automatisch zweistellige Wachstumsraten aufweisen konnte und auch massive Entlassungen vorgenommen hat, wurde die Attraktivität der internen Managementberatungen auch dadurch erhöht, dass der Arbeitsplatz deutlich sicherer war als bei den externen Beratungen.

Dies führt dazu, dass die internen Berater gegenüber anderen Mitarbeitern des Unternehmens herausgehoben und als Elite gesehen werden oder sich zumindest selbst so sehen. Mögliche damit verbundene Anfeindungen, insbesondere wenn Anspruch und wahrgenommene Realität nicht deckungsgleich sind, führen zu einer Verstärkung der eigenen Kultur.

Aufgrund des kontinuierlichen Zugangs neuer Berater nicht nur von den Hochschulen, sondern in den letzten Jahren auch verstärkt von externen Beratungen ergibt sich eine kulturelle Vielfalt, die von den internen Managementberatungen „gebändigt" werden muss. Die relative kurze Verweildauer in der internen Beratung bei gleichzeitigem Anspruch ein funktionsfähiges Netzwerk für die Zukunft aufzubauen, führt häufig zu einer eigenständigen Kultur, die im Extremfall losgelöst ist von der Unternehmenskultur. Für die Integration der internen Managementberatung ist dies sicherlich von Vorteil, für die Funktion als Treiber der Unternehmensentwicklung kann sich allerdings eine nachteilige Isolierung ergeben, die bis zur Zerschlagung der internen Managementberatung führen kann, da die Unterschiede und damit auch die Vorteile gegenüber den externen Beratungen soweit verschwinden, dass die internen Auftraggeber direkt die externen Beratungen beauftragen.

Die interne Managementberatung kann ihre Rolle aber auch als Treiber der Unternehmenskultur verstehen. Eine wichtige Rolle nimmt die interne Managementberatung als Mittler der Veränderungsdynamik ein. Diese Rolle verstärkt die inhaltliche Ausprägung als Treiber der Unternehmensentwicklung zur Verbesserung der Wettbewerbsfähigkeit des ganzen Unternehmens bzw.

einzelner Geschäftseinheiten oder Divisionen. In der Mittlerrolle ist die interne Managementberatung immer auch eingebunden in das Geschehen des Unternehmens und seiner Geschäftseinheiten und kann nicht als „externer Beobachter" agieren, sondern tritt als Change Agent auf. Durch die Nähe zum Top-Management des Unternehmens kann diese Rolle auch glaubwürdig übernommen werden.

Die zunehmende Dynamik in den Märkten, nahezu unabhängig von der Branche, in der ein Unternehmen heute tätig ist, erschließt den internen Managementberatungen auch die Chance, als Sensoren am Puls der Zeit und für unternehmensrelevante Trends zu agieren. Diese Außenperspektive mit der Fähigkeit, relevante Trends und Entwicklungen zu erkennen, müssen in die Aufgabengestaltung der internen Managementberatungen bewusst eingebaut werden. Nur so können sie auch die Funktion des Treibers erfüllen.

In ihren Projekten stehen neben den inhaltlichen Ergebnissen nahezu gleichrangig auch ihre Funktion als Katalysator und Kommunikator in die operative Linie. Sie sind damit Impulsgeber für Veränderungen und Weiterentwicklung des gesamten Unternehmens, auch wenn Projekte sich auf einzelne Geschäftseinheiten und Divisionen beschränken. Eine Ausbildung für diesen Bereich ihrer Beratungstätigkeit wird bis heute eher rudimentär durchgeführt, sodass hier ein erheblicher Nachholbedarf konstatiert werden muss. Bei einer Ausrichtung auf künftige General Manager-Positionen ist aber gerade diese Qualifikation für den Erfolg in einer operativen Führungsfunktion mit entscheidend.

In Abhängigkeit von der Positionierung der internen Berater und der Übereinstimmung von Fremd- und Selbstwahrnehmung kann auch die Funktion als Sounding Partner für das Top-Management auf Unternehmens- und Geschäftseinheitenebene eingenommen werden. Diese über reine Projekttätigkeit deutlich hinausreichende Aufgabe bedarf natürlich einer entsprechenden Reputation der einzelnen Berater, gleichzeitig muss dies aber auch als mögliches Aufgaben- und Entwicklungsfeld in der Philosophie der internen Managementberatung angelegt sein. Der Gefahr der eigenen Überschätzung durch die Berater kann durch Coaching und Trainings entgegengewirkt werden. In der Funktion des internen Beraters ist es prinzipiell angelegt, in der Person des Beraters muss es entwickelt werden.

Die erfolgreichsten internen Managementberatungen sehen sich als Treiber der Unternehmenskultur mit einer eigenen Beratungskultur, die im Unternehmen verankert ist. Aus dieser Positionierung wird deutlich, dass es sich bei der Ausrichtung der Kultur um eine Gradwanderung handelt, die auch von der Entwicklung des Unternehmens insgesamt abhängig ist und eine Flexibilität der internen Managementberatungen erfordert. Die Möglichkeit zur unternehmensweiten Kulturprägung ist dabei nicht nur vom Stellenwert abhängig, den die interne Managementberatung bei den Vorständen hat. Viel wichtiger bei der realen Kulturprägung durch die Projekttätigkeit ist die Bedeutung, die der internen Managementberatung von den Managern der zweiten und dritten Ebene beigemessen wird, und die Verankerung auf diesen Managementebenen.

6 Die Sicht des Vorstands auf interne Managementberatungen: Unabhängige Distanz oder Trojanisches Pferd?

Auftragsvergaben an interne Managementberatungen allein durch den Vorstand rücken die interne Managementberatung in die Nähe einer Revisionstruppe. Sie verlieren damit die Unabhängigkeit und dadurch erhöht sich die Gefahr, vom Management der Geschäftseinheiten und Divisionen nicht als klientenorientierte Berater wahrgenommen zu werden.

Um als unabhängige Instanz angesehen zu werden und agieren zu können, ist es für die interne Managementberatung wichtig, dass sie in der Lage ist, Projekte auszuwählen bzw. auch konkret abzulehnen. Die Ablehnung von Projekten – nicht nur aus Kapazitätsgründen – ermöglicht der internen Managementberatung das eigene Profil zu schärfen und die Kompetenzen weiterzuentwickeln. Dies erfolgt in Abhängigkeit vom Beratungs-Portfolio, das im Rahmen einer eigenen strategischen Positionierung festgelegt werden sollte.

Ein weiterer wichtiger Punkt zur Schaffung und Erhaltung der Unabhängigkeit der internen Managementberatungen ist der Verzicht auf Gefälligkeits-Gutachten und das Überstimmen von Projektergebnissen durch Vorgesetzte aufgrund von informalen Abstimmungen mit Vorständen des Unternehmens.

Generell kann man festhalten, dass eine unzweifelhafte Reputation bei der Akquisition, der Durchführung und den Ergebnissen eines Projektes die Voraussetzungen darstellt für die Akzeptanz der internen Managementberatung als unabhängige Instanz. Damit direkt verbunden ist natürlich dann auch die Stellung der internen Managementberatung im gesamten Unternehmen und auch die Möglichkeiten der Berater für ihre Entwicklung im Unternehmen. Generell streben alle internen Managementberatungen eine Position als unabhängige Instanz mit der entsprechenden Reputation an.

In die Rolle als Trojanisches Pferd wird die interne Managementberatung dann gedrängt, wenn der Vorstand eines Unternehmens einzelnen Geschäftseinheiten oder Divisionen die Vorgabe macht, bestimmte strategische oder operative Beratungsprojekte mit der internen Managementberatung durchzuführen. Die Ergebnisse des Projektes werden dann typischerweise direkt dem Vorstand berichtet. Damit ist der Berater praktisch zwei Auftraggebern verpflichtet, zum einen dem Vorstand als direktem Auftraggeber, zum anderen dem Leiter der Geschäftseinheit bzw. der Division, für den die interne Managementberatung tätig wird.

Ein weiteres Problem kann dadurch entstehen, dass die interne Managementberatung einzelne Berater an Geschäftseinheiten und Divisionen im Rahmen eines „Body Leasings" für Spezialaufgaben zur Verfügung stellen muss. Damit wird die grundsätzliche Ausrichtung der internen Managementberatung auf Beratungsprojekte mit definierten Projektteams infrage gestellt. Damit ist auch das Risiko verbunden, die Kompetenz der internen Managementberatung eher einzuschränken und nicht weiterzuentwickeln.

Ebenso dienen intransparente Beförderungen aus der internen Managementberatung in die operative Linie nicht der Vertrauensbildung, sondern fördern eher das Misstrauen.

Der größte Fehler, der jedoch begangen werden kann, ist die Nutzung von Projekt orientiertem Beratungswissen in Zusammenhängen außerhalb der beratenden Geschäftseinheit bzw. Division. Gerade bei einer direkten Anbindung an den Vorstand ist es erforderlich, Spielregeln der Vertraulichkeit zu vereinbaren, an die sich auch der Vorstand selber halten muss. Eine mögliche Spielregel kann so aussehen, dass bei den jährlichen oder halbjährlichen Berichterstattungen über die Erfolge der internen Managementberatung nicht nur dem Vorstand berichtet wird, sondern auch einem Gremium, in dem auch Vertreter der internen Kunden vertreten sind. Damit kann sichtbar gemacht werden, dass keine vertraulichen Daten und Informationen weitergegeben werden.

Der Vorstand des Unternehmens spielt bei der Schaffung und Aufrechterhaltung der internen Managementberatung als unabhängiger Instanz eine wesentliche Rolle. Der Vorstand kann die langjährig aufgebaute Reputation einer internen Managementberatung mit einigen wenigen selbst initiierten Projekten ruinieren.

7 Zwischen Baum und Borke: Problem oder Chance?

Die vorangegangenen Anmerkungen liefern einen Beitrag zur Positionierung von internen Managementberatungen im Spannungsfeld zwischen Unternehmen und externen Beratungen. Es gibt sicher keinen Königsweg, an dem sich interne Managementberatungen bei ihrer Positionierung ausrichten können.

Interne Managementberatungen agieren zwischen Baum und Borke, da

- häufig ein klares Kompetenzprofil fehlt,
- das Verhältnis zu externen Beratern feindlich ist,
- eine Positionierung halb Unternehmen und halb Beratung dauerhaft nicht trägt.

Nur wenn es den internen Managementberatungen gelingt, ein klares Kompetenzprofil zu entwickeln und im Unternehmen authentisch zu vermitteln und durchzuhalten, besteht die reale Chance, das Unternehmen und die Geschäftseinheiten bzw. Divisionen weiter zu entwickeln und einen signifikanten Beitrag zur Verbesserung der Wettbewerbsfähigkeit zu leisten.

Das Verhältnis zu externen Beratungen bedarf einer eindeutigen Klärung in dem Sinne, dass klar sein muss, in welchen Bereichen eine Partnerschaft sinnvoll ist und angestrebt wird, und in welchen Segmenten eine bewusste Wettbewerbssituation gesehen wird. Dies kann natürlich auch durch Kundenwünsche und –anforderungen beeinflusst werden.

Letztlich muss die Verankerung der internen Managementberatung im Unternehmen klar geregelt sein. Die Identität als Beratung mit einer angemessenen Beratungskultur muss in die Unternehmenskultur soweit eingebunden sein, dass die Weiterentwicklung des Unternehmens und die Integration ins Unternehmen sicher gestellt wird.

Die erfolgreiche Positionierung der internen Managementberatung zwischen Baum und Borke ist auf jeden Fall eine spannende und herausfordernde Aufgabe für Vorstand und Berater. Letztlich erfolgreich werden die internen Managementberatungen allerdings nur über die Ergebnisse ihrer Beratungsprojekte.

Kommentar: Zur Kommunikations-, Vermittlungs- und Führungsfunktion interner Managementberatungen

Thomas Deelmann
Inhouse Consulting Telekom, Deutsche Telekom AG
Arnd Petmecky
Leiter Inhouse Consulting Telekom, Deutsche Telekom AG

Interne Managementberatungen befinden sich in einer ambivalenten Position. Beim Beraten von Kollegen wird von ihnen neben dem Fach- und Methodenwissen externer Beratungen auch umfangreiches Wissen über die interne Organisation erwartet. Zusätzlich wird viel Fingerspitzengefühl im Beratungsalltag benötigt. Voraussetzung für diese Aufgaben ist eine genaue Abgrenzung und Definition der Rollen von Beratern und Kollegen.

Im Kontext unterschiedlicher Rollen und Aufgaben kann die Positionierung interner Managementberatungen plakativ als sich „zwischen Baum und Borke" befindend beschrieben werden. Mithilfe der Forstwissenschaften kann der Versuch unternommen werden, diese Position etwas genauer zu beleuchten:

Während am äußeren Rand eines Baumes die Borke eine Schutzfunktion gegen Wasser und Kälte ausübt, ist das Kernholz in der Mitte eines Baumes abgestorbenes Holz, das z.B. bei Winddruck eine stabilisierende Funktion übernimmt. Zwischen dem Innersten und dem Äußersten eines Baumes befinden sich im Wesentlichen Gewebeschichten, die Aufgaben des Transportes von Nährstoffen, Wasser und Nährsalzen übernehmen. Hierbei erfolgt ein Transport sowohl von den Blättern zu den übrigen Teilen wie auch von den Wurzeln zu den Blättern hin.

Mit einer solchen Rolle kann man eine interne Managementberatung hinreichend gut beschreiben, bedeutet sie doch, eine Kommunikations-, Vermittlungs- und Führungsfunktion innerhalb eines Unternehmens einzunehmen. Allerdings: Anstelle des „zwischen Baum und Borke" lässt sich die Rolle interner Managementberatungen besser mit einem „Mittendrin statt nur dabei!" charakterisieren.

Mithilfe dieses Grundverständnisses können verschiedene aufgeworfene Thesen über die Rolle, die Positionierung, das Selbst- sowie das Fremdverständis interner Managementberatungen wie folgt kommentiert werden:

1 Die Sicht auf interne Managementberatungen: Konstruktive Insider oder kultivierte Betriebsblindheit?

Internen Managementberatungen wird auf der einen Seite ein hohes Maß an Insiderwissen über ihre Mutterorganisation zugestanden, auf der anderen Seite wird ihnen durch einen fehlenden Austausch mit dritten Organisationen eine gewisse Betriebsblindheit vorgeworfen. Neben den beiden möglichen Extrempositionen kann allerdings auch ein Mittelweg verfolgt werden. Ziel muss es sein, durch einen intelligenten Mix von Mitarbeitern sowohl das Unternehmen sehr gut zu kennen als auch Methoden, Praktiken und Vorgehensweisen externer Berater zu beherrschen.

Hierbei kann ein entsprechendes Rekrutierungskonzept weiterhelfen, das sich bspw. an Hochschulabsolventen, externe Berater und unternehmensinterne Linienmitarbeiter aller Hierarchiestufen richtet.

2 Die Sicht auf externe Berater: Wettbewerber oder Partner?

Die zu stellende Frage ist nicht, wie sich interne Berater im Hinblick auf ihr Verhalten gegenüber externen Beratern positionieren. Es muss vielmehr gefragt werden, wie der Kunde beide Parteien in einer konkreten Projektsituation wahrnimmt. Aus seiner Sicht heraus ist die Frage zu stellen, warum es überhaupt Berater gibt bzw. warum es nicht ausschließlich Berater gibt? Die Transaktionskostentheorie kann hier weiterhelfen und die richtige Kombination von internen und externen Beratern bzw. einer gänzlichen Eigenbearbeitung von Projekten aufzeigen.

Für die interne Managementberatung bedeutet dies, dass sie hinreichend Flexibilität zeigen muss, um im Vorfeld eines Projektes gegenüber externen Beratern eine Wettbewerbssituation aufzubauen, bei einem anderen Projekt wiederum mit externen Beratern partnerschaftlich zu kooperieren.

3 Das Leistungsspektrum interner Managementberatungen: Vollsortimenter oder Nischenanbieter

Ein Vollsortimenter benötigt eine kritische Größe, um alle An- und Nachfragen sinnvoll beantworten und bearbeiten zu können. Ein Nischenanbieter zeichnet sich durch eine extreme Ideenführerschaft und meist geringere Größe aus. Bei Ersterem existiert ein starker Preiswettbewerb, bei Letzterem winken hohe Renten bei einem hohen Risiko ob der zukünftigen thematischen Relevanz.

Eine interne Beratung, die sich auf das Vollsortiment konzentriert, wird es schwer haben, sich gegenüber ihren externen Pendants zu profilieren. Eine interne Beratung, die nur auf Nischenprodukte setzt, übernimmt die Aufgaben einer Fachabteilung.

Eine stabile Wettbewerbsposition wird durch eine spezifische Kombination erreicht. Hierbei werden die entscheidenden Vorteile beider Extrema kombiniert: Schnelligkeit, Unternehmenskenntnis, Expertentum, Respekt vor den Kollegen, Fach- und Methodenkenntnisse etc.

4 Die kulturelle Ausrichtung der internen Managementberatungen: Fokus auf Beraterkultur oder Treiber der Unternehmenskultur?

Die Beantwortung der Frage nach dem Zusammenhang zwischen Kultur und interner Beratung ist stark abhängig von der Rolle, die einer internen Beratung zugedacht wird. Ein Think Tank, der an der „langen Leine" gehalten wird und auch externe Kunden berät, lebt von seiner eigenen Kultur.

Eine interne Beratung, die integraler Bestandteil des Mutterunternehmens ist, in seinem Geschäfts- und Personalmodell eine wichtige Rolle spielt und gerade aufgrund der beiden Elemente „intern" und „Beratung" existiert, muss primär die Unternehmenskultur des Mutterunternehmens aktiv und vorbildlich leben und (soweit gewünscht) steuern.

5 Die Sicht des Vorstands auf interne Managementberatungen: Unabhängige Distanz oder Trojanisches Pferd?

Bei dieser Dichotomie geht es internen Beratern nicht viel anders als ihren externen Kollegen. Den engen Beziehungen eines „people business" auf der einen Seite stehen die langfristigen Ziele der Unabhängigkeit einer selbstständigen Organisationseinheit auf der anderen Seite gegenüber.

Im Rahmen der notwendigen Suche nach der optimalen organisatorischen Anbindung interner Managementberatungen ist die Gesamtsituation des Mutterunternehmens zu berücksichtigen. Der organisatorische Grad der Zentralisation, die Akzeptanz von zentral gefällten Entscheidungen, die Ähnlichkeit von Geschäftsmodellen unterschiedlicher Tochterunternehmen etc. sind Faktoren, die es bei der organisatorischen Einrichtung von internen Managementberatungen zu berücksichtigen gilt.

Grundsätzlich gilt jedoch für externe wie interne Beratungen, dass sich eine Organisationseinheit, die beraten will, hinsichtlich des Zustandekommens von Projekten auf „gleicher Augenhöhe" mit ihren Kunden befinden sollte. Ist dies nicht der Fall, entsteht entweder beim Kunden das Gefühl der Fremdsteuerung, Beobachtung und Kontrolle oder der Berater übernimmt lediglich die Funktion einer sog. verlängerten Werkbank.

Die Kommentare zu den fünf polarisierenden dichotomen Thesen zeigen, dass es keine optimale Positionierung von internen Managementberatungen gibt, sondern dass diese sich vielmehr nach den Umfeldvariablen des Mutterunternehmens richten muss. In diesem Kontext sind dann Fragen nach der allgemeinen Ausrichtung der Beratung zu beantworten, z.B. nach den Beratungsinhalten (Strategie, Wettbewerbsbeobachtung, Strategieimplementierung und -transformation etc.), nach den Auftraggebern (nur intern oder auch extern), nach dem Zustandekommen von Projekten (Markt vs. Hierarchie) sowie den primären und nachgeordneten Geschäftszielen der internen Managementberatung (Substitution externer Berater, Personalentwicklung, Change Agent etc.).

Aufbauend auf den so gefundenen Ergebnissen lässt sich dann eine Positionierung im Rahmen der aufgestellten Thesen leicht dahingehend durchführen, dass die Rolle einer internen Mangementberatung nicht mit „zwischen Baum und Borke", sondern durch „Mittendrin statt nur dabei!" charakterisiert werden kann.

Re-Kommentar: Wirklich „mittendrin"?

PD Dr. Hartmut Maaßen
Managing Partner, NewMark Human Resources

Für die unternehmensspezifisch richtige Positionierung der internen Managementberatung gibt es sicher keinen „Königsweg". An den aufgeführten polarisierenden Thesen lässt sich aber offensichtlich das eigene Profil überprüfen und gegebenenfalls schärfen, wie dies der Kommentar von Petmecky und Deelmann verdeutlicht.

Die Anlehnung an die forstwissenschaftliche Nomenklatur verdeutlicht die Positionierung einer internen Managementberatung idealtypisch: Transporteur von Nährstoffen (z.B. Methoden), Wasser (z.B. Wissen) und Nährsalzen (z.B. Inhalte).

Das Motto des „mittendrin" (interne Managementberatung) gegenüber einem „statt nur dabei" (externe Unternehmensberatung) bleibt jedoch meines Erachtens für beide Beratungsorganisationen eher Wunschdenken. Mittendrin ist nur der, der die Verantwortung trägt und die Entscheidungen trifft.

Beides trifft sowohl für interne als auch für externe Beratungen nicht zu, selbst wenn wichtigste strategische Fragestellungen bearbeitet und konkrete Entscheidungsvorschläge mit Umsetzungsplänen entwickelt werden. In diesem Punkt müssen sich interne und externe Beratungen wohl die gleiche Frage selbstkritisch beantworten: Nehmen wir uns nicht zu wichtig?

Unabhängig wie die Beantwortung dieser Frage ausfällt, lohnt sich die weitere Beobachtung der Entwicklung von internen Managementberatungen auf jeden Fall und kann nicht zuletzt anhand der realen Karrierepfade ihrer Protagonisten beurteilt werden. Wenn wie im Fall der Siemens AG der ehemalige Leiter der internen Managementberatung, Klaus Kleinfeld, zum CEO aufsteigt, kann man mit Fug und Recht ebenso von einem „mittendrin" sprechen, wie im Fall von Konrad Reiss, der nach seiner Tätigkeit bei Gemini Consulting, die Führung von T-Systems übernahm.

II

Klientenvoraussetzungen als Grenze der Strategieberatung

1 Fit für den Berater? – Können sich Klientenunternehmen und Berater sinnvoll auf Beratungserfolg vorbereiten?

Thomas Rings
Vice President und Mitglied der Geschäftsleitung, A.T. Kearney

In Unternehmen, die Beratern Aufträge erteilen, wird nicht primär darüber nachgedacht, was denn wohl die Grenzen der Strategieberatung sein könnten. Die Entscheidung für die Beauftragung eines Beraters erfolgt aus zahlreichen möglichen Gründen, nicht aber, weil man Grenzen befürchtet. Im Gegenteil, man traut dem Berater in diesem Moment durchaus zu, eher Grenzen zu überschreiten, denn wenn von Grenzen die Rede ist, werden diese vordringlich und realistisch im eigenen Unternehmen gesehen. Dabei geht es um personelle Grenzen, um finanzielle Grenzen, um intellektuelle Grenzen. Kurz: Nur wenige Unternehmen sind in der Lage, effektive Beratungskapazitäten im größeren Ausmaß intern vorzuhalten.

Wer anstelle fixer Kosten lieber variable Kosten managt, wird deshalb auf Externe zurückgreifen müssen und die impliziten Grenzen damit nach außen schieben. Und hier nun tun sich in der Tat Grenzen auf, die sehr viel damit zu tun haben, was vom Unternehmen erwartet wird und was im Unternehmen, so wie es sich derzeit präsentiert, geleistet werden kann.

Natürlich existieren Grenzen in verschieden Dimensionen:

- Die Art des Beratungsprojektes kann dafür sorgen, dass dem Thema Strategieberatung deutliche Hindernisse im Weg stehen. Wenn ein Unternehmen zum Beispiel ein „Gefälligkeitsgutachten" erwartet und keine neutrale Beratung, würde dies ein gemeinsames Projekt mit Sicherheit verhindern. Ebenso wird im Falle eines „Conflict of Interests", wenn es zum Beispiel bei einem potenziellen Projekt darum ginge, einem ernsthaften Konkurrenten

eines jahrelang treuen Klienten zu mehr Wettbewerbsfähigkeit zu verhelfen, würde der Berater die gewachsene Klientenbeziehung mit Sicherheit dem „Spatz in der Hand" vorziehen.
- Auch der Typus des beauftragenden Unternehmens kann ein limitierender Faktor für eine eventuelle Zusammenarbeit mit einem Beratungsunternehmen sein, denn ein Unternehmen kann zu klein sein, sodass es die Honorare nicht ohne weiteres aufbringen kann bzw. dass die Ergebnisse des Beratungsprojektes in keinem Verhältnis zu den Kosten stehen. Für manche Unternehmen gilt vielleicht genau das Gegenteil. Sie sind zu groß für das Beratungsunternehmen, das die erforderlichen Ressourcen nicht zur Verfügung stellen kann.
- Nicht zuletzt kann auch die vorgesehene Rolle des Beraters eine Limitierung sein, denn wer zum Beispiel von traditionellen Strategieberatern erwartet, dass sie Interims-Management in einer Turnaround-Situation anbieten, wird nicht mit diesem Beratungsunternehmen ins Geschäft kommen.
- Ein Management der Erwartungen kann ebenfalls der Strategieberatung von vornherein Grenzen setzen, denn wenn sich herausstellt, dass ein Klient darauf angewiesen ist, einen sehr schnellen „Turnaround" zu produzieren, dann ist Strategieberatung einfach nicht der richtige Ansatz, denn eine Veränderung der Strategie greift erst mittelfristig und kann nicht die erforderlichen „Quick-fix"-Lösungen hervorbringen.

Jede dieser Dimensionen macht deutlich, dass hier Sorgfaltspflicht auf zwei Seiten besteht: Die Unternehmen, die daran denken, einen Berater zu beauftragen, müssen sich selbst der Grenzen bewusst sein, und die Berater müssen erkennen, dass es keineswegs damit getan ist, einen Auftrag entgegenzunehmen und dann ein Projekt zu starten. Der Auftrag muss auf das Profil des Beraters passen, muss die Stärken und Schwächen einkalkulieren, und die Erwartungen der Gesprächspartner bei der Anbahnung eines Projektes müssen selbstverständlich sehr sorgfältig gemanagt werden. Wenn beide Seiten diese Art von Hausaufgaben erledigen, ist es keine Frage, dass erfolgreiche Beratungsprojekte möglich sind.

Beratungsunternehmen, die lange am Markt sind und ihre Erfahrungen dokumentieren und reflektieren, werden festgestellt haben, dass es letztendlich Affinitäten und Tatbestände gibt, die von vornherein die Annahme erlauben: Hier haben wir eine große Chance, erfolgreich zu sein, und hier können wir eben eher weniger mit einem Erfolg unseres Beratungsprojektes rechnen. Ähnliche Gedanken müssen sich auch die Unternehmen machen, denn ein Beratungsprojekt, das unter falschen Annahmen und Erwartungen angestoßen wird, wird keinen Erfolg haben. Grundsätzlich hängt es von Größe und grundsätzlicher Situation eines Unternehmens ab (siehe Abbildung 1), ob ein Beratungsprojekt erfolgreich ist.

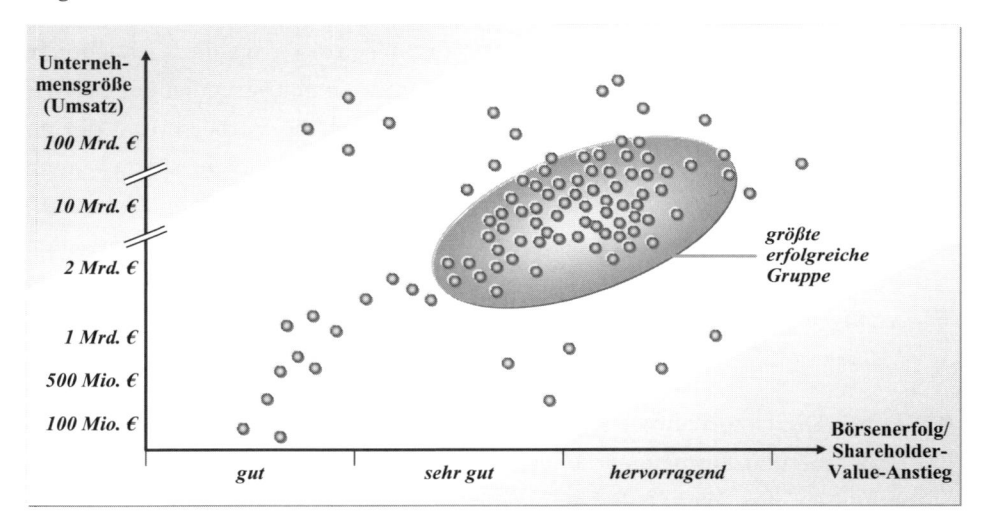

Abb. 1: Größe und Erfolg korrelieren bei Beratungsprojekten

Diese Aussage, die sich aus einer Untersuchung von einhundert Projekten ergibt, die A.T. Kearney Anfang dieses Jahrzehnts durchgeführt hat, ist weniger selbstverständlich als man annehmen könnte. Dass größere und erfolgreiche Unternehmen mehr Beratungserfolg versprechen, würde man nicht vermuten, denn in der Regel ist der Erfolg dann größer, wenn auch die Probleme größer sind. Und solche tiefer sitzenden Probleme findet man derzeit tendenziell eher in kleineren und mittleren Unternehmen vor, die wenig Erfahrung mit Beratungsprojekten haben und die mit historisch gewachsenen, nun nicht mehr zeitgemäßen Strukturen und Prozessen zu kämpfen haben. Um nachhaltig wirksame Ergebnisse zu erzielen, empfiehlt es sich deshalb für Beratungsunternehmen, ihre potenziellen Kunden grob zu segmentieren, um herauszubekommen, ob diese auf die Prozesse vorbereitet sind, die mit dem Beratungsprojekt einhergehen oder ob sie einfach noch nicht „reif" sind für die Beratung.

Aus der Erfahrung von A.T. Kearney, die seit 1926 weltweit Unternehmen beraten und ihnen Analysen, Konzepte und/oder Implementierungsunterstützung liefern, haben sich drei Typen von Unternehmen heraus kristallisiert:

- Typ 1: Diese Unternehmen haben aufgrund ihrer Größe (eher kleine und mittlere Unternehmen des Mittelstands, die vom Eigentümer geführt werden) oder ihres relativ jungen Alters keine Erfahrung mit Beratern. Sie sind wegen ihrer gewachsenen Strukturen organisatorisch wenig übersichtlich. Die Mitarbeiter sind von Eigeninteressen und Abteilungsegoismen geprägt und denken eher an Besitzstandswahrung als an die Verbesserung der eigenen Teamfähigkeit. Aufgrund überalterter IT oder – nicht selten – auch nicht vollständiger IT-Unterstützung (z.B. kein ERP-System in Gebrauch) sind sie oft nicht in der Lage, aus den vorhandenen Unternehmensdaten aussagefähiges Zahlenmaterial zur Verfügung zu stellen. *Diese Unternehmen benötigen in vielen Fällen dringend Hilfe, sind aber nicht „ready" für Top-Managmentberatung.*

- Typ 2: Die Unternehmen des zweiten Typs haben bereits mit Beratungsunternehmen zusammengearbeitet und es ist ihnen durch zahlreiche Projekte gelungen, ihre Wettbewerbsfähigkeit zu erhöhen. Sie sind auf eine für sie sinnvolle Strategie ausgerichtet und so organisiert, dass Außenstehende Schlüsselpersonen schnell identifizieren und mit ihnen in Kontakt treten können, seien es Kunden oder Lieferanten. Entsprechend der Organisationsstruktur und der implementierten Prozesse ist ein funktionierendes Berichtswesen installiert, mit dessen Hilfe ein Controlling möglich ist. Auffällig ist in diesen Unternehmen auch, dass die Mitarbeiter im Team arbeiten und mit großer Tatkraft ihre Aufgaben angehen und erledigen, um die hoch gesteckten Ziele zu erreichen. In diesen Unternehmen wird der „Shareholder-Value-Gedanke konsequent verfolgt und umgesetzt, oft fehlt nur noch die klare Orientierung und der Mut, neue Wege zu gehen. *Diese Unternehmen wissen, dass sie zu bestimmten Fragestellungen Beratung brauchen und sind darauf eingestellt, Rat von außen zu verstehen und umzusetzen.*

- Typ 3: Hier handelt es sich in der Regel um Großunternehmen, die regelmäßig mit Beratern zusammenarbeiten und durchaus nicht nur mit einem Unternehmen. Daneben unterhalten die meisten dieser Klienten eine hausinterne Beratertruppe oder zumindest eine Abteilung, die sich mit Strategieentwicklung und verwandten Themen beschäftigt und diese umsetzt. Aufgrund der häufigen Beratereinsätze sind zahlreiche „State of the Art"- Konzepte umgesetzt. Es gibt eine schlanke, prozessorientierte Organisation, die kundennah operiert und Effizienz mit Effektivität verbindet. Es gibt gute Lieferantenbeziehungen und kompetente Mitarbeiter in schlagkräftigen Teams. Zu Beginn eines Beratungsprojektes sind bereits alle für das Projekt relevanten Daten zusammengestellt und zur Auswertung vorbereitet. *Hervorragend geführte Unternehmen mit einer schlagkräftigen Mannschaft sollten sich gelegentlich eine Beraterpause gönnen und bestimmte Projekte in eigener Regie durchführen.*

Beratungsunternehmen, die Angebote schreiben, müssen sich viele Gedanken über die Zielunternehmen machen: Industrierelevante Themen identifizieren und reflektieren, die individuelle Lage des Unternehmens bewerten und das spezifische Problem im Detail verstehen. Alles das gehört zum täglichen Brot des Top-Management-Beraters – häufig wird aber vergessen, dass auch die Beratungsfähigkeit des Unternehmens, das einen Berater angefordert hat, angesprochen und berücksichtigt werden muss. Was nutzt das beste Konzept, wenn das Unternehmen es zwar möglicherweise schafft, dieses mit massiver Beraterhilfe sogar zu implementieren, wenn aber die Menschen vor Ort im Endeffekt nicht in der Lage sind, es täglich zu „leben"?

Hier befindet sich mit Sicherheit eine der am meisten ernst zu nehmenden Grenzen der Beratung, denn beratungsresistente Unternehmen kann auch das leistungsfähigste Team exzellenter Berater nicht in relativ kurzer Zeit völlig umdrehen. Dennoch gibt es natürlich Möglichkeiten, allen Unternehmen auf die zu ihnen passende Weise Beratung zukommen zu lassen:

- Für ein Unternehmen des Typs 1 wäre es zunächst wichtig, dem Unternehmen zu helfen, historisch gewachsene Grenzen zu überschreiten. Hierzu ist zunächst weniger Beratung als „Hilfe zur Selbsthilfe" gefragt. Der Berater muss Informationen geben und gleichzeitig die Eigeninitiative der Organisation wecken oder steigern (z.B. in interaktiven Workshops). Dem Berater kommt hier also eine *erzieherische Rolle* zu.
- Bei den Unternehmen, die zum zweiten Type gehören, wird der Berater seine *traditionelle Rolle* einnehmen und das tun, was gemeinhin unter Beratung verstanden wird. Er soll – auch unabhängig von Projekten – der Ratgeber des Top-Managements sein und das Unternehmen mit der Projektarbeit so

unterstützen, dass neue Perspektiven entstehen und neue Wege eingeschlagen werden können, damit der Unternehmenswert steigt.
- In großen internationalen Unternehmen, die „ausberaten" zu sein scheinen, ist es für Unternehmensberater schwer, Ansatzpunkte zu finden, um noch mehr Erfolg möglich zu machen und diesen auch noch dauerhaft auszubauen. Hier muss ein Beratungsunternehmen sich selbst auf den Prüfstand stellen, denn es geht nicht einfach darum, die relevanten Themen des Top-Managements zu verstehen und immer ein Angebot bereit zu halten, wenn es darum geht, Unternehmenserfolg zu einer festen Größe zu machen. Die Herausforderungen sind anderer Natur. Alles bereits Vorhandene und Gedachte ist uninteressant angesichts der Aufgabe, einem bereits global aufgestellten Unternehmen neue Wachstumsmöglichkeiten aufzuzeigen und das Management rechtzeitig damit zu konfrontieren, dass bestimmte traditionelle Stärken inzwischen keine mehr sind. *Der Berater, der diesen Klienten helfen will, muss für sich eine „lernende Rolle" akzeptieren und bereit sein, auch in Zukunft weiter zu lernen, um zu jeder Zeit ein adäquater oder noch besser ein überlegener Gesprächspartner zu sein.*

Natürlich gibt es eine Reihe von Erfolgsfaktoren, die für jedes Projekt gelten, die Unternehmen helfen, ein gemeinsames Projekt mit einem Unternehmensberater auch aus ihrer Sicht so zu unterstützen, dass es erfolgreich wird (siehe Abbildung 2):

Erfolgsfaktoren	Best Practices
Top Management Commitment	• Bestimmung/Zuordnung eines Executive Sponsors • Kontinuierliche Einbindung des Top Managements während der Projektdurchführung
Beratungsprojekt = Investition	• Klare Projekt- und Zieldefinition • Payback vorab definieren und nachhalten • Projekte wie Investitionen priorisieren
Beste Mitarbeiter ins Team	• Nur die „besten" Mitarbeiter ins Team • Priorisieren von Projekten statt Überlasten der „Besten" • Guter Mix aus Erfahrung und Veränderungsbereitschaft
Gewissenhafte Projektvorbereitung	• Richtiges Timing des Projektes • Frühzeitige, breite Kommunikation über das Projekt • „Heilige Kühe" vor Projektstart (intern) adressieren
Mitarbeiter-Entwicklung durch Beratungsprojekte	• Entwicklung von Führungskräften über Projekterfahrungen • Beratungsprojekte als „learning experience", z.B. Teamarbeit und cross-funktionales Denken

Abb. 2: Erfolgsfaktoren für die Durchführung von Beratungsprojekten

Wer sämtliche Erfolgsfaktoren berücksichtigt, wird Berater zur richtigen Zeit mit realistischen Erwartungen einsetzen, er wird sich klar sein, welchen Berater er mit der Erreichung welches Ziels beauftragt, und wird wissen, welchen Effekt er aus dem Beratungsprojekt ziehen kann, weit über das eigentliche Ergebnis des Projektes hinaus. Insofern gibt es kaum Grenzen der Top-Managment-Beratung. Unternehmen, die ihre Situation illusionslos analysieren, ohne Druck Entscheidungen fällen und ohne irreale Erwartungen an das Projekt herangehen, werden mehr bekommen als sie erwarten konnten. Das lässt sich in einigen Fällen, z.B. bei Kostensenkungsprojekten oder Beschaffungsoptimierung, in barer Münze messen, in anderen Fällen, z.B. bei Strategieprojekten, ist das einer längerfristigen Betrachtung vorbehalten.

Kommentar

Prof. Dr. Georg Schreyögg
Freie Universität Berlin

Der Beitrag von Thomas Rings zeigt überraschende Grenzen der Beratung aus der Sicht eines erfahrenden Unternehmensberaters auf. Überraschend sind sie deshalb, weil sie den Rahmen der üblichen Grenzdiskussion (z.B. nur standardisierte Problemlösungen, Entscheidung ohne Verantwortung, mangelnde Managementpraxis usw.) verlassen und eine neue Linie und Perspektive aufbauen.

Rings schiebt die Diskussion der Beratungsgrenzen weg von dem – ebenso bewunderten wie kritisierten Produkt „Beratung" und stellt stattdessen das Zusammenwirken von Klientensystem und Beratungssystem ins Zentrum. Genauer gesagt, verwendet er eine rezeptive Perspektive, indem er die Bedingungen der Wirkung einer, in sich unhinterfragten, Beratungsleistung auf das Klientensystem untersucht. Zur Ordnung seiner Überlegungen verwendet er ein Misfit-Modell. Bei näherer Hinsicht zeigt sich eine – gewiss unintendierte – große Nähe zur Kontingenztheorie der Organisation, insbesondere zu dem Modell des technologischen Imperativs, wie es erstmals von JOAN WOODWARD (1965) entwickelt und bis heute unter dem Begriff „Erfolgsfaktoren-Modell" Verbreitung findet. In der technologieorientierten Kontingenztheorie wird ähnlich wie in den Überlegungen von Rings nach solchen Systemmerkmalen gesucht, die den Anforderungen, dort „demands", der jeweiligen Technologie entsprechen oder eben nicht entsprechen. Weist ein Unternehmen nicht die mit einer speziellen Technologie korrespondierenden Merkmale im Hinblick auf Führungssystem, Strukturformalisierung, Kontrollspanne usw. auf, so kommt es zu einem „Misfit" und die Technologie kann in dem Unternehmen nicht die erwartete Leistung entfalten. Kurzfristig werden solche Misfits konzediert, mittelfristig stellt sich allerdings für das Unternehmen die Notwendigkeit, sich an die „demands" anzupassen, anderenfalls – so die These – kann das Unternehmen keinen Erfolg haben und das Überleben steht infrage. Und genau darauf laufen ja interessanterweise auch die Empfehlungen von Rings hinaus:

Unternehmen, die in diesem Sinne nicht „ready für die Top-Managementberatung" sind, empfiehlt er, alsbald die „historisch gewachsenen Grenzen zu überschreiten" und solche Strukturen aufzubauen, die es rezeptiv für Top-Managementberatung machen. Berater könnten dementsprechend in solchen unangepassten Unternehmen maximal eine *„erzieherische Rolle"* einnehmen, indem sie helfen, das Führungs- und Organisationssystem so umzugestalten, dass qualifizierte Top-Managementberatung erfolgreich zum Einsatz kommen kann. Gelingt dies nicht, so wird auch hier wie in der technologischen Kontingenztheorie für solche Fälle eine düstere Zukunft vorhergesehen.

Die Grenzen der Beratung werden bei Rings also im Wesentlichen als Misfit begriffen, als fehlende oder besser ungeeignete Organisations- und Führungsstrukturen.

Interessant ist daneben auch der Unternehmenstyp 3, der im Unterschied zu dem eben geschilderten defizitären Typ 1, überangepasst ist und dem deshalb sogar „Beratungspause" empfohlen wird.

So plausibel das Misfit-Konzept von Rings auf den ersten Blick auch erscheinen mag, so sehr sind damit doch alle diejenigen Probleme verbunden, mit denen die Kontingenztheorie seit Jahren zu kämpfen hat (SCHREYÖGG 1995). Vorrangig ist auf drei Problemkreise zu verweisen, die damit auch zugleich das von Rings vertretene Konzept der Einsatzgrenzen in Perspektive setzen:

1. Statische Konzeption: Ähnlich wie beim technologischen Imperativ die Technologie, so wird hier die Top-Managementberatung als Konstante gesetzt, als unverrückbare und gewissermaßen externe Größe gesehen.
2. Deterministisch: Der Beratungsleistung wird hier ähnlich wie der Technologie ein imperativer Charakter zugewiesen, d.h. der Beratungsnehmer, also der Käufer, wird als mehr oder weniger passiver Rezipient gedeutet.
3. Kongruenz als Erfolgsfaktor: Der Unternehmenserfolg wird im Wesentlichen durch die Kongruenz von Technologie und Unternehmensstrukturen bestimmt, d.h. der Beratungserfolg hängt dieser Vorstellung nach im Wesentlichen davon ab, ob es dem Unternehmen gelingt, sich so einzurichten, dass es die Empfehlungen der Beratungsgesellschaft umsetzen kann.

Zu 1. Das Beratungsprodukt wird in der Konzeption von Rings als feststehende Größe mit unverrückbaren Strukturen interpretiert. Top-Managementberatung gewinnt dadurch einen quasi-objektiven Charakter. Die Idee einer interaktiven Dienstleistung oder eines emanzipierten Klienten ist dieser Interpretation fremd. Die ganze Idee der Passung und damit zugleich die Idee des Misfits als Grenze beruht auf dieser quasi-objektiven Ausdeutung der Beratungsleistung. Würde man an die Stelle dessen z.B. eine interaktive Produktkonzeption setzen (etwa im Sinne der neuerdings so populären Idee der Kundenintegration), müssten die Grenzen ganz anders bestimmt werden, vor allem würden auf diese Weise die Grenzen des Produkts: Beratung selbst stärker ins Blickfeld geraten. Sie sind ja in einer quasi-objektiven Konzeption, wie von Rings vertreten, praktisch ausgeblendet.

Zu 2. Ähnlich wie im kontingenztheoretischen Ansatz wird auch hier die Beratungsleistung als unbedingte Ursache einer Kausalbeziehung interpretiert. Die Beratung bestimmt das zu beratende System – es sei denn die Kausalbeziehung würde durch eine inkompatible und dementsprechend auch inkompetente Unternehmensstruktur gestört. Geht man von einem solchen Kausalbezug aus, ist wiederum die Grenze der Beratung nur beim Klientensystem zu suchen. Konzeptionen, wie sie etwa in der Systemtheorie oder der Komplexitätstheorie ausgearbeitet wurden, wonach Unternehmen nicht-triviale komplexe Systeme sind, bleiben damit von vornherein ausgeschlossen. Dies ist umso bedauerlicher, als sie zu den Grenzen einer Systemberatung tief schürfende Einsichten anbieten. Das sei kurz skizziert: Nach der Theorie nicht-trivialer Systeme (VON FOERSTER 2001) nimmt eine Unternehmung die Beratung als Impuls zwar auf, sie reagiert darauf aber wegen ihrer komplexen Struktur („law of requisite variety") in einer nicht-vorsehbaren Weise. Ein soziales System hat eine Vielzahl von Möglichkeiten, auf den Beratungsimpuls zu reagieren, es kann ihn transformieren, ablehnen, in sein Gegenteil verkehren, konterkarieren oder eben auch implementieren. Erinnert sei zur Illustration an ein kürzlich erstelltes Gutachten, das einer bayerischen Universität dringend geraten hat, den betriebswirtschaftlichen Studiengang mangels hinreichender Masse einzustellen. Die betreffende Universität hat auf diesen Rat so reagiert, dass sie im darauf folgenden Studienjahr vier neue Lehrstühle in Betriebswirtschaftslehre geschaffen und in der Fortfolge so stark weiter investiert hat, dass der betriebswirtschaftliche Fachbereich jetzt mit den Großen konkurriert. Dies ist ein typisches Beispiel dafür, wie nicht-triviale Systeme auf Beratungsimpulse reagieren (können), nämlich unberechenbar. Insofern ist die Annahme einer einfachen Kausalbeziehung zwischen Beratung (Reiz) und Reaktion des Klientensystems zu einfach und verengt unseren Blick für die möglichen Grenzen.

Zu 3. Der dritte Gesichtspunkt verweist darauf, dass der gewünschte oder reklamierte Erfolg nur bei Kongruenz von Produktmerkmalen und Klientenstruktur eintreten kann. Die Kongruenz wird dabei so bestimmt, dass damit zugleich eine gewisse Tendenz zur Immunisierung gegen Misserfolg erkennbar wird. Tritt nämlich der gewünschte Beratungserfolg nicht ein, lag eben nicht die erforderliche Kongruenz vor. Das System war noch nicht „reif" oder möglicherweise auch „überreif" (wie im Falle von Typ 3). Die Grenze der Beratung, in diesem Falle der Misserfolg, wird der Unreife des Klientensystems angelastet, der Fall, dass die Beratung selbst „unreif" war, wird ausgeschlossen. Das Produkt bleibt unhinterfragt.

Zusammenfassend lässt sich erkennen, dass eine kontingenztheoretische Betrachtungsweise, wie sie Rings anvisiert, den Blick auf die Grenzen der Beratung sehr stark einengt. Die Möglichkeiten zum organisatorischen Lernen sind bei einer solchen Betrachtungsweise eng gezogen, ein „double-loop-learning" bleibt ausgeschlossen, das Lernpotenzial, das in der Erfahrung von Grenzen steckt, liegt brach.

Literatur

FOERSTER, H. v. (2001): Understanding systems, Heidelberg.
SCHREYÖGG, G. (1995): Umwelt, Technologie und Organisationsstruktur, 3. Aufl., Bern/Stuttgart.
WOODWARD, J. (1965), Industrial organization. Theory and practice, London.

Re-Kommentar: Zum Verhältnis von Praxis und Wissenschaft

Thomas Rings
Vice President und Mitglied der Geschäftsleitung, A.T. Kearney

Prof. Dr. Schreyögg hat streng wissenschaftliche Maßstäbe angelegt, denen wir Berater uns im Alltag und auch bei der Beschreibung von Aspekten unseres Alltags bewusst nicht unterwerfen. Das bedeutet jedoch keineswegs, dass wir unsere Situation und unser Handeln nicht reflektieren. Ergebnis dieser ausdrücklich praktischen Überlegungen zum Thema „Fit für den Berater? – Können sich Klientenunternehmen und Berater sinnvoll auf Beratungserfolg vorbereiten?" im Kontext des übergeordneten Themas „Grenzen der Unternehmensberatung" waren unsere vorliegenden Ausführungen. Wie richtig vermutet wird, haben wir – dabei sicherlich vereinfachend – drei Kategorien gebildet, von denen jeder Praktiker spontan überzeugt sein wird, wenn es auch sicherlich zahlreiche Unternehmen in Grenzbereichen gibt, die nicht klar einer Kategorie zuzuordnen sind. Wir haben dabei unsere eigenen praktischen Erfahrungen im Auge gehabt und nicht die von Prof. Dr. Schreyögg angeführte Kontingenztheorie bzw. andere organisationstheoretische Ansätze.

Wir möchten uns nicht in Gefahr begeben, unsere einfachen und einleuchtenden Ergebnisse nachträglich zu überhöhen. Deshalb gehen wir im Einzelnen nicht auf die Ausführungen von Prof. Schreyögg ein. Nur so viel: Die vornehmste Aufgabe eines Beraters muss es sein, sich über kurz oder lang in einem Unternehmen überflüssig zu machen, deshalb werden die drei von uns genannten Kategorien grundsätzlich auch weiterhin Gültigkeit haben. Interessanter Aspekt der drei Kategorien war für uns, dass sich Berater in der Tat mit Beginn der Angebotsphase – oder laufend in Fällen besonders dauerhafter Beziehungen – auf Beratungsprojekte vorbereiten. Dies wird z.B. durch kontinuierliche Information über das und Kommunikation mit dem Unternehmen sowie mit auf die Klientensituation maßgeschneiderten Lösungswegen erreicht, nicht aber mit einem unveränderbaren Produkt als „feststehende Größe mit unverrückbaren Strukturen". Eine vergleichbare Aktivität auf Unternehmensseite hingegen ist – basierend auf unseren Erfahrungen – seltener festzustellen.

Was allerdings in der Praxis zu beobachten ist, sind die unterschiedlichen Stadien der „Readiness", die sich vereinfacht genauso darstellen, wie wir es vermittelt haben. Die Unterstellung eines von uns zugewiesenen „imperativen Charakters" der Beratungsleistungen weisen wir zurück. Gerade A.T. Kearney ist dafür bekannt, dass wir sehr eng im Team mit den Klienten-Mitarbeitern und -Managern zusammenarbeiten und eben bewusst kein statisches Produkt abliefern, das gefällt oder eben nicht gefällt. Dass wir schließlich die von uns gesehenen „Grenzen der Beratung" dem Klientensystem anlasten, möchten wir ebenfalls zurückweisen, denn einen Klienten, der nicht „ready" ist, würden wir von vornherein nicht beraten oder zumindest anders beraten als ein Unternehmen, das mit seiner Erfahrung von vornherein im eigenen Interesse zum Erfolg der Zusammenarbeit seinen Teil beiträgt.

Die wissenschaftliche Aufmerksamkeit erweist uns hier zuviel der Ehre, denn dem wissenschaftlichen Diskurs, das möchten wir nachdrücklich festgehalten wissen, gilt nicht unser Hauptaugenmerk. Wir sind vorrangig Praktiker und unser unstrittiger Wert für die Klienten liegt darin, dass wir innovative, aber immer pragmatische Lösungen erarbeiten und mit unseren Klienten gemeinsam umsetzen.

Als Praktiker lernt ein guter Berater jeden Tag dazu. So haben wir auch aus der „Rezension" gelernt: Unser praxis- und erfahrungsgetriebener Versuch eines pragmatischen Systematisierungsansatzes, der in der täglichen Arbeit regelmäßig neue Bestätigung findet und als solcher für uns rein subjektiv gültig ist, ist der Wissenschaft wegen zu großer Einfachheit offensichtlich schwer vermittelbar. Experten, so lernen wir, deren Erfahrungsbereich eindeutig im Erarbeiten von Theorien liegt, sehen offenkundig auch da Theorie, wo Praxis vorherrscht. Das ist für uns in Ordnung, solange auch unserer Situation mehr Verständnis entgegen gebracht wird, zum Beispiel durch großzügiges Hinwegsehen über die Verkürzungen, die dem nicht-wissenschaftsgetriebenen Autor in einem solchen kurzen Abriss zu einem unerschöpflichen Thema auferlegt sind.

2 Erfahrungen eines „beratungsresistenten" Klienten

Dr. Jürgen M. Schneider
Mitglied des Vorstands, Bilfinger Berger AG

Zu Anfang sei kurz vorgestellt, um wen es sich bei dem „beratungsresistenten" Klienten handelt, was mit „beratungsresistent" eigentlich gemeint ist, und wie es zum Titel dieses Aufsatzes kam. Danach folgt ein kleiner Blumenstrauß an verschiedenartigen, aber typischen Beratungsleistungen mit mehr oder weniger „strategischem" Gewicht, die ich in den Jahren meiner Vorstandstätigkeit in den unterschiedlichsten Konstellationen und Eindrücken erfahren habe. In verallgemeinerter Form werde ich danach versuchen, die Frustrations- und Erfolgsfaktoren bei der Inanspruchnahme von Beratungsleistungen herauszuarbeiten und so die Möglichkeiten und Grenzen der Beratung aus meiner Sicht aufzeigen. Schließen werde ich unter der Überschrift „Wohl dem, der trotzdem lacht."

Hintergrund: Die Bilfinger Berger AG

Die Bilfinger Berger AG ist ein MDAX-gelisteter Bau- und Dienstleistungskonzern mit einem Jahresumsatz von 6 Mrd. €. 75% davon betreffen Baugeschäft, vorwiegend im internationalen Raum. Neben dem Baugeschäft haben wir in den vergangenen 5 Jahren ganz bewusst und strategisch ein Servicegeschäft für Facility- und Industriedienstleistungen entwickelt. Es steht mittlerweile für ein Viertel unserer Jahresleistung, erbringt aber gut die Hälfte unseres operativen Ergebnisses.

Schließlich sind wir dabei, ein privatwirtschaftliches Portfolio von Betreiberprojekten aufzubauen. Dazu zählen Schulen, Krankenhäuser und Mautstraßen, mit Konzessionsdauern bis zu 36 Jahren. Hier haben wir zwischenzeitlich 17 Objekte in Betrieb oder im Bau und werden dafür am Ende rund 187 Mio. € Eigenkapital investiert haben.

Man erkennt also alles in allem die strategische Kraftanstrengung des Konzerns, um vom reinen Bauen und dessen volatilem, niedrigmargigen Projektgeschäft unabhängiger zu werden. Eine Kraftanstrengung, die vieles in unserem Haus verändert hat und immer noch verändert, eine Kraftanstrengung, die selbstredend nicht ohne Berater abgeht, deren Führung wir aber zu keiner Zeit den Beratern überlassen hatten, und deren Prozess schon gar nicht von einem Haus- und Hofberater dominiert wird.

Die Charakterisierung als „beratungsresistentem" Klienten

Wir charakterisieren uns als „beratungsresistenten" Klienten. Warum? Weil wir Berater in der Regel erst einschalten, wenn wir alleine nicht weiterkommen, weil wir auf Dampfplauderer in Problemlösungsprozessen ausgesprochen allergisch reagieren und weil wir uns bei der Beratung durch Externe erst dann wohlfühlen, wenn es gemeinsam gelingt, einen wirklich spürbaren Mehrwert zu generieren. Dass es dazu nicht nur eines „erfrischenden Aufeinanderzugehens", sondern auch eines „offen miteinander Umgehens" bis zur Problemlösung bedarf, ist selbstredend.

Alles in allem also: Wir sind eigentlich nicht wirklich „beratungsresistent", sondern eher ausgesprochen „beratungsskeptisch" mit ganz spezifischen Erwartungen. Wenn wir Probleme sehen, die wir nicht selbst beherrschen, und uns Lösungsbeiträge durch externen Input versprechen, sind wir für Beratung durchaus offen. Wenn gemeinsam mit dem Berater ein Mehrwert generiert werden kann, sind wir darüber hinaus begeistert und fühlen uns gut. Wenn nicht, fühlen wir uns schlecht, es kommt dann Katerstimmung oder bisweilen Aggression auf, nicht nur gegen den Berater, sondern auch gegen uns selbst.

Ein junger, aufgeweckter Mitarbeiter, den wir für Aufgaben der Unternehmensentwicklung beschäftigen, hatte es vor einigen Monaten geschafft, mich am konkreten Fall nachdenklich zu stimmen mit der Bemerkung „Ich habe kapiert, dass wir eine beratungsresistente Organisation sind, sonst könnten wir das Problem mit zwei Experten von McKinsey zügig lösen. Aber das kostet eben ein paar Euro." Soweit sein Ausspruch.

Man will ja nicht nur besserwisserisch sein. Herausgekommen ist unter seiner begeisterten Führung des Beratungsprozesses ein dickes Elaborat voller Grundlagenbeschreibungen, eine gegenüber dem Angebot fast verdoppelte Honorarsumme sowie eine gehörige Portion Frust und Bestätigung der Vorbehalte auf meiner Seite, wiewohl ich mir darüber im Klaren bin, dass wir in diesem Falle die Beratung haben laufen lassen, also zu wenig kontrolliert, gecheckt und beeinflusst haben. Die Frustration laste ich mir im Ergebnis daher selbst an. Immerhin, es ist bezeichnend: Der Ausspruch hat mich offenbar hinreichend beeindruckt und meinem Thema zum Titel verholfen.

Persönliche Erfahrungen mit Beratungsleistungen

Im Folgenden möchte ich etwas konkreter auf Erfahrungen mit Beraterleistungen anhand einiger typischer Fälle eingehen. Anhand dieser Fälle sollen Erfolgs- und/oder Frustrationsfaktoren im Einzelnen deutlich werden.

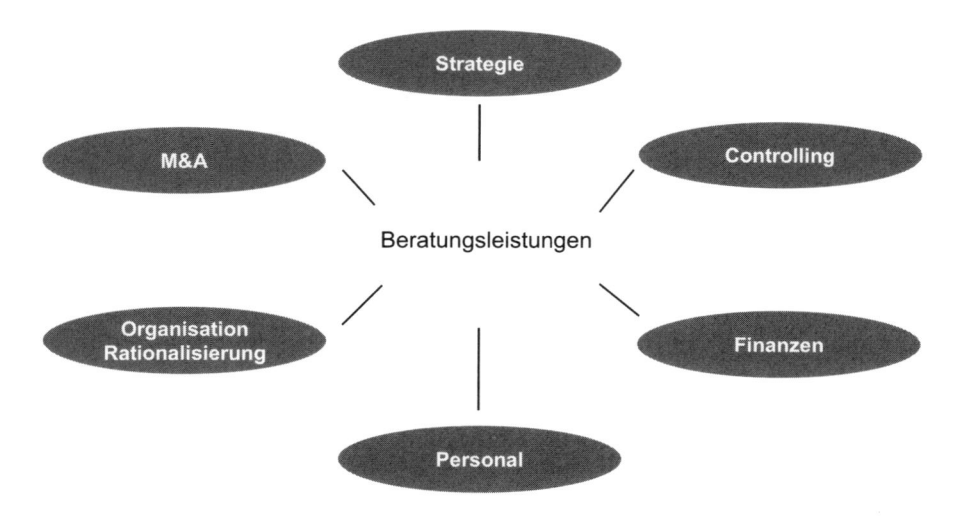

Abb. 1: Typische Beratungsleistungen

In den Bereichen Controlling, Finanzen und Steuern haben wir mit Beratung weitgehend uneingeschränkt positive Erfahrungen. Warum? Es handelt sich um Hard Facts, wo schon die Definition des Problems zwangsläufig relativ eindeutig erfolgen muss, wo das Ergebnis Experteninhalte liefert, eine fachliche Blackbox ausleuchtet oder eben zu einer Fehlanzeige hinsichtlich der gesuchten Lösungsmöglichkeit führt.

Typisches Beispiel sind z.B. Beratungen über steuerstrategische Fragestellungen. Die Ergebnisse dieser Gutachten sind filigran, anstrengend, komplex und schwer konsumierbar. Sie bedürfen vor der Umsetzung des präzisen Verständnisses. Eine mögliche Frustration liegt hier allenfalls in der Frage, ob sich der vorgeschlagene Aufwand zum Steuersparen praktisch lohnt bzw. ob der Vorschlag nachhaltige Wirkung produziert oder nur eine nicht hinreichend zeitlose Lösung verspricht, mit der man an anderer Stelle unnötige Erschwernisse generiert. Steuerberater neigen vom Typus her nicht zu ausschweifenden Ausführungen. Ihre Texte sind eher zu kompakt, nicht leicht verständlich und erzwingen die Durchsprache und Auseinandersetzung in der Sache, wenn das Honorar nicht vergebens sein soll.

Ein anderes Beispiel ist die Beratung bei der Entwicklung der Methodik des Kapitalrenditecontrolling für unseren Konzern. Wir hatten hausintern eine umfangreiche Stoffsammlung über die Lösungen namhafter Unternehmen angelegt, haben zahlreiche Gespräche zum fachlichen Austausch geführt und waren bestrebt, vorhandene Erfahrungen möglichst auf unseren Bedarf zu übertragen und die Welt nicht neu zu erfinden. Trotz aller Ausarbeitungen sind wir am Phänomen des negativ gebundenen Kapitals hängen geblieben, wie es in einzelnen Segmenten bei uns vorkommt bzw. vorkommen kann. Hier konnte uns der zu Hilfe gerufene Professor Hahn (ex Gießen) mit seinen Mitarbeitern in relativ überschaubarer Zeit einen ganz konkreten Lösungsvorschlag machen.

Die gefundene Lösung wird von „Externen" immer wieder als mustergültig gelobt, hat Freunde gemacht im Prozess der Schöpfung im Zusammenspiel unserer Bearbeiter mit dem Professor und seinen Assistenten und wurde am Ende durch einen fast patentfähigen Entwurf erfolgreich gekrönt. Der Erfolgsfaktor: Der Professor und seine Mitarbeiter haben es als regelrechte Herausforderung empfunden und aufgenommen, die aufgegebene Nuss zu knacken. Und sie haben auch uns immer wieder in der Diskussion gefordert. Umso freudiger klang am Ende das gemeinsame „Heureka".

In Finanzen haben wir ein Beratungsbüro damit beauftragt, uns bei der Formulierung unserer konzernweit gültigen finanzwirtschaftlichen Policies und Procedures zu unterstützen. Die Herren waren diesbezüglich spezialisiert, hatten bereits zahlreiche Referenzen und haben in laufend enger Diskussion mit unserem Zentralbereich Finanzen eine tadellose Arbeit abgeliefert.

Der einzige Nachteil: Das redaktionelle Werk wurde zu dick und barg die Gefahr, dass kein operativ Verantwortlicher reinschaut. Nach Entschlackung und gelegentlich erforderlicher normativ gerichteter Überarbeitung steht nun die kompakte finanzwirtschaftliche Grundordnung zur Zufriedenheit aller. Warum kam es hier zum Erfolg? Die Berater waren ausgewiesene Fachleute. Sie pflegten die gleiche Sprache wie die Vertreter unseres Finanzbereichs. Sie waren „verlängerte Werkbank" und Redaktionsbüro gleichermaßen. Erwartung und Ergebnis stimmten somit am Ende überein.

Personalberatung: Hier reicht das Erfahrungsspektrum vom bloßen Headhunting über Beratung in Grundsatzfragen wie z.B. Benchmarking von Vertragsformen und Vergütungssystemen bis hin zur fachlichen Begleitung bei der Umstellung unserer betrieblichen Altersversorgung von „Defined Benefit" auf „Defined Contribution".

Zum Headhunting möchte ich nur so viel sagen: Je mehr Input der Klient dem Berater gibt und je intensiver der Berater begleitet wird, desto größer ist die Chance, dass der Berater erfolgreich ist. Hilfreich ist in jedem Fall die gemeinsame Spiegelung der Beurteilungen nach Vorstellungsgesprächen. Ich bin aber im Grunde überzeugt, dass die eigene Organisation über präzise formulierte Anzeigen und entsprechenden zeitlichen Input bei der Auswertung der Bewerbungen sowie bei Vorstellung und Auswahl der Kandidaten auch ohne externe Beratung erfolgreich sein kann. Die Erledigung durch eigene Ressourcen ist direkter und für die intern Beteiligten befriedigender. Die Einschaltung eines Externen bindet naturgemäß Kraft, ist aber häufig weniger zielführend und abstimmungsaufwendig.

Interessant waren auch unsere Erfahrungen mit einer Vergütungsberatung. Hier war externes Benchmarking gefragt, das intern nicht lieferbar ist. Für die Umsetzung eines gefundenen Lösungsansatzes auf die konkreten Verhältnisse der eigenen Organisation ist aber auch hier die Führung des Beraters durch den Klienten unverzichtbar. Wie wir überhaupt ganz generell erfahren haben: Ist der deskriptive Lösungsansatz erst einmal gemeinsam gefunden, reagieren Berater auf den Führungsanspruch des Klienten beim normativen Umsetzungsprozess regelrecht erleichtert. Dies gilt keineswegs nur für Vergütungsberater.

Organisations- und Rationalisierungsberatung sind Leistungen, die eigentlich inhouse verfügbar sein sollten. Strukturelles Pat und zum Teil bloße Gewohnheitsmuster erschweren aber grundlegende Veränderungen und können bekanntermaßen mithilfe externer Berater aufgetaut und beschleunigt werden. Ohne Unterstützung durch die Klientenorganisation ist aber gerade hier für Berater wenig auszurichten. Und das auch nur, wenn der Vorstand unmissverständlich die Kooperation in der Organisation einfordert, mitwirkt und sich selbst für die nachfolgende Umsetzung verantwortlich macht.

Die Führung der Klientenorganisation und die Beratungsorganisation müssen das Risiko einer quasi-symbiotischen Beziehung auf Zeit eingehen, ein delikater Prozess für beide Seiten, was das Potenzial für beider Erfolg oder Misserfolg anbelangt.

Wir haben bei der Bilfinger Berger AG eine erfolgreiche Erfahrung mit BCG hinter uns beim Umorganisieren unserer ehemaligen AG-Hauptverwaltung zur Zentrale des Konzerns. Sicher hat sich der Veränderungsprozess bis in die jüngste Zeit hinein erheblich weiterentwickelt, insbesondere durch maßgebliche personelle Neubesetzungen und weiteres Anheben der personellen Qualifikationen. Die Grundstrukturen, wie sie von BCG auf Basis eines Benchmarking vorgeschlagen und vom Vorstand nachfolgend im Einzelnen verabschiedet worden sind, haben sich aber bis heute bewährt und haben zwischenzeitlich auch bei ursprünglich erbitterten Gegnern Akzeptanz gefunden.

M&A-Beratung: Sie ist das Feld der vermeintlichen Superstars in den Investmentbanken. Man denke nur an die oft gestellte, anheischige Frage „Wer hat Sie bei der Akquisition xy beraten?!" Und dann die Zweifel in den Augen des Fragers an ihrer Professionalität, wenn man antwortet: „Das haben wir selbst gemacht." Nichts gegen Investmentbanker, es gibt hier auch wie bei allen Beratern große individuelle Unterschiede. Ihr genereller Nimbus allerdings und der Anspruch der Einzigartigkeit ihrer Beratungsleistung sind – nach meiner Meinung – in dem Maße geschwunden, wie der von ihnen beratene Prozess zum Standard in Klientenorganisationen wurde. Die Klaviatur der Unternehmensbewertung sowie die einzelnen Phasen, Hürden und Erfolgsfaktoren eines M&A-Prozesses haben mittlerweile in vielen Unternehmen Wiederholungscharakter. Mancher Investmentbanker „degeneriert" dadurch zum Dealmaker und die Fokussierung auf seine Vergütung steht der eines Maklers in nichts nach.

Im M&A-Beratungsmetier scheint mir die Versuchung am größten, schmale, zum Teil sogar oberflächliche Inhalte seitens der Berater durch vordergründig smartes Auftreten zu überdecken. Es liegt in der Natur ihrer Vergütungsstruktur, dass Investmentbanker am Closing interessiert sind. Ihr Commitment, ihre Verantwortung und ihr Risiko sind nicht mit dem der Klientenorganisation gleichgerichtet. Hier liegt eine maßgebliche Built-in-Imbalance, die nicht selten dazu führt, dass der Investmentbanker im Prozess zum Teil nebenher läuft, zum Teil ohne Mandat vorauseilt, sich meistens irgendwie „detached" verhält im Vergleich zu den Verantwortlichen in der Klientenorganisation.

Aber nochmals zur Ehrenrettung der Profession: Es gibt natürlich individuelle rühmliche Ausnahmen. Und der wahrgenommene bzw. gefühlte Erfolg bedarf eben auch bei M&A-Beratung in besonderem Maße der Prozesssteuerung durch die Klientenorganisation. Bezüglich der in M&A-Prozessen zum Einsatz kommenden diversen Fakultäten von Fachberatern (Anwälte, Steuerexperten, Wirtschaftsprüfer), die die eigenen Mitarbeiter während des Due Diligence-Prozesses ergänzen und die im Sinne einer verlängerten Werkbank benötigt werden, braucht den oben gemachten Ausführungen zu Tax, Controlling, Finance wenig hinzugefügt werden. Wichtig ist vielmehr das Projektmanagement einer Due Diligence, selbiges muss im Sinne des Verantwortungstragens zwingend Inhouse-besetzt bzw. geführt werden.

Ein Hinweis noch zum Accounting-Review im Rahmen einer Due Diligence: Hier beauftragen wir in der Regel unsere Wirtschaftsprüfer. Sie gewährleisten für uns (unter Einbeziehung ihres weltweiten Netzwerks), dass sie unseren Screen aufsetzen und ohne Beschönigung anwenden. Der Corporate Governance Codex und auch die neuerliche Weiterentwicklung des HGB zählen Due Diligence-Prüfungen glücklicherweise zu den prüfungsrelevanten Leistungen. Wirtschaftsprüfer unterliegen hierfür also keinen quotalen Beschränkungen hinsichtlich des Umfangs bzw. Werts ihrer Beauftragung.

Schließlich ein paar Erfahrungen aus der sog. Strategieberatung: Auf diesem Feld sind wir bei der Bilfinger Berger AG vermutlich besonders „resistent" im Hinblick auf Beratung. Stattdessen diskutieren wir häufig und extensiv innerhalb und außerhalb der Vorstandssitzungen und auf Klausurtagungen unsere strategischen Weichenstellungen, organisatorischen Änderungsbedarf und unsere Zielsetzungen.

Bei der Diskussion und Erarbeitung einer grundsätzlichen Neuorientierung allerdings – als wir Anfang 2001 das Konzept der Multi Service Group entwickelt haben – haben wir uns im Vorstand während einer zweitägigen Klausur eines Moderators bedient. Es handelte sich um Professor Bleicher, der es bereits in anderem Zusammenhang verstanden hatte, zu jedem einzelnen von uns eine positive Beziehung aufzubauen. Seine Anwesenheit, seine Beitragsmoderation, sein ständiges Hinterfragen hat uns geholfen, einen maßgeblichen strategischen Schwenk zu definieren.

Man möge daraus ableiten, dass effiziente Strategieberatung in besonderem Maße eine funktionierende Chemie und gegenseitigen Respekt zwischen Klient und Berater voraussetzt; insbesondere dann, wenn sie nicht nur im Hinzufügen neuer mosaiksteinartiger Inhalte stecken bleiben, sondern am Erschaffen des großen Design mitwirken soll. Ernstgenommenwerden, Einflussnahme und Sicheinbringen setzen auf Seiten des Beraters fachliche Seniorität und persönliche Seriosität voraus, die von Junior Beratern nicht in dieser Reife erbracht und akzeptiert wird. Ihnen bleibt eher Staffwork vorbehalten, d.h. erarbeitetes Gedankengut zusammenzutragen und zu systematisieren.

Frustrations- und Erfolgsfaktoren von Beratung

Lassen Sie mich die beispielhaften Erfahrungen zusammenfassen in einer Listung der Erfolgsfaktoren respektive Frustrationsfaktoren bei der Inanspruchnahme von Beraterleistungen.

Frustrationsfaktoren bei der Inanspruchnahme von Beratungsleistungen

- Imbalance von Commitment, Verantwortung und Risiken zwischen Klient und Berater.
- Berater ist inhaltlich nicht genügend fokussiert (spezialisiert), zu wenig konkret, kommt nicht auf den Punkt. Delivery of paperwork only.
- Intransparentes Abrechnungsverhalten. Lästige Akquisitionsorientierung.
- Schrittmaß des Beraters stimmt nicht mit dem des Klienten überein.

Dieser eher kurzen Liste steht eine Longlist an Erfolgfaktoren gegenüber, die – wenn sie im gegenseitigen wohlverstandenen Interesse richtig gehandhabt wird – genügend positives Potenzial für externe Beratung ergibt, auch bei „beratungsresistenten" Unternehmen wie dem unseren.

Erfolgsfaktoren bei der Inanspruchnahme von Beratungsleistungen

- Klient muss Bedarf (=Druck) empfinden. Er muss von externem Input „Linderung des Drucks" erwarten.
- Klient muss
  - Reflexionen seiner Ideen wollen
  - Addition von Ideen suchen
  - für Benchmarking aufgeschlossen sein
  - „verlängerte Werkbank" (Experten) benötigen
- Problemdefinition des Klientenbedarfs muss gemeinsam mit dem Berater erarbeitet werden.
- Klient muss den Beratungsprozess führen, sich selbst im Prozess einbringen, steuern, fordern, bereit sein, sich fordern zu lassen.
- Berater muss in der Klientenorganisation einerseits politisch sensibel, andererseits inhaltlich klar sein.
- Klient und Berater müssen beide die feste Absicht haben, gestalten / verändern zu wollen.

Wohl dem, der trotzdem lacht

Am Ende komme ich zum versprochenen Kapitel „Wohl dem, der trotzdem lacht" und möchte aus gegebenem Anlass die Fabel von der alten Frau und ihrem strammen Kater erzählen:

„Eine alte Frau nannte einst einen strammen Kater ihr eigen. Der belästigte draußen Nacht für Nacht die Katzen der Nachbarn. Das Geschrei war groß zum Leidwesen der Nachbarn, denen es fast völlig den Schlaf raubte.

Um des lieben Nachbarschaftsfriedens willen ließ die Frau den Kater schließlich kastrieren. Der schnurrte daraufhin am Kamin vor sich hin und es herrschte Ruhe.

Nach einigen Wochen jedoch begab sich der Kater des Nachts wieder regelmäßig nach draußen. Allerdings kamen diesmal keine Beschwerden der Nachbarn bei der alten Frau an. Das machte sie neugierig und sie sprach zum Kater:

‚Was machst Du denn des Nachts da draußen. Du kannst doch gar nicht mehr?!'

Darauf erwiderte der Kater: ‚Psst...ich arbeite jetzt als Berater.'"

Kommentar: Vertrauen schafft Wert.
Der Berater – Experte, verlängerte Werkbank oder Ratgeber?

Roland Klemann
Mitglied der Geschäftsleitung, Booz Allen Hamilton
Dr. Peter Hardt
Associate, Booz Allen Hamilton

Mit seinem anregenden, aus langjähriger persönlicher Erfahrung geschriebenen Aufsatz weist Jürgen Schneider auf Schwierigkeiten im Beratungsprozess hin, deren Lösung für eine konstruktive Zusammenarbeit von Unternehmer und Berater wichtig sind. Mit seinen richtigen Beobachtungen und mit seiner Selbsteinschätzung als „beratungsresistenter" Manager steht er in der Unternehmenslandschaft nicht allein.

„Resistenz" bezeichnet die Widerstandsfähigkeit gegen externe Einflüsse, seien es Medikamente, Krankheiten oder Schädlinge. Hier beginnt die Kontroverse: Wo ist Beratung ein Mehrwert? Ist das „Beratertum" etwa eine genau zu dosierende Medizin, die im besten Fall heilsam, aber in unkontrollierter Entfaltung ein Gift für den Unternehmens-Organismus ist? Oder ist der Berater sogar eine „Heuschrecke"? – Letztlich stellt sich jedoch die Frage, wie der Auftraggeber den größten Mehrwert aus Beratung ziehen kann.

Liest man die Beispiele der Beratungserfahrungen, so kann Bilfinger Berger kaum als „beratungsresistent" eingeordnet werden. Die Vielfalt der in Anspruch genommenen Beratungsleistungen ist ebenso beeindruckend wie die der engagierten Beratungsunternehmen. Zudem zeigt sich Herr Schneider in der Mehrzahl der Fälle zufrieden mit den Ergebnissen der Beratung.

Nach unseren Erfahrungen als Strategieberater bei Booz Allen Hamilton, einer Firma, die seit über 90 Jahren erfolgreich mit unterschiedlichsten Klienten auf sechs Kontinenten zusammenarbeitet, entsprechen die angeführten Schwierigkeiten im Zusammenspiel von Auftraggeber und Berater oft der Realität. Wie Martin Reitenspieß im Aufsatz „Vom Berater zum Ratgeber" zeigt, sieht auch Booz Allen Hamilton zahlreiche Herausforderungen, die zwecks einer konstruktiven Zusammenarbeit zwischen Klienten und Beratern adressiert werden müssen.

Unterschiedliche Typen von Auftraggebern setzen Berater unterschiedlich ein. Neben dem Kliententypus ist dies vor allem abhängig vom bestehenden Vertrauen in der Beziehung zwischen Berater und Auftraggebern. Wir schlagen eine grobe Unterteilung in drei Modelle vor:

Der Berater als „Experte"

Viele Klienten sehen den Berater vornehmlich als fachlich-funktionalen Experten. Sie sind auf der Suche nach der Ergänzung internen Know-hows bei der Lösung eng abgegrenzter Probleme. Bei der Auswahl des Beraters wird Wert auf fachliche Spezialisierung gelegt. In der Zusammenarbeit findet kein echter Austausch statt – der Berater ist ein weisungsgebundener Zulieferer. Wichtig ist aus Kundensicht eine enge Führung des Beraters, dessen Dienstleistungsqualität als Abnehmer eng überprüft werden muss. Überspitzt gesagt: Der Berater wird in eine Experten-"Schublade" gesteckt und kann sich kein umfassendes Bild der Herausforderungen machen.

Herr Schneider von Bilfinger Berger sieht Berater vor allem in der Expertenrolle. Er erwartet das Einbringen von externem Expertenwissen, das im Unternehmen nicht verfügbar ist, z.B. aus den Bereichen Controlling, Finanzen und Steuern, oder die Nutzung internationaler Netzwerke und externer Benchmarks. Die Personalberatung wird letztlich als überflüssig angesehen, da das Unternehmen die Leistungen selbst erbringen kann. Viel ist die Rede von der Notwendigkeit, den Berater zu „kontrollieren", zu „checken" und zu „beeinflussen".

Der Berater als „verlängerte Werkbank"

In manchen Situationen wird der Berater nicht als Experte gebraucht – die benötigten Kompetenzen sind grundsätzlich beim Auftraggeber vorhanden. Jedoch werden die erforderlichen Kapazitäten nur vorübergehend gebraucht oder stehen intern nicht zeitnah zur Verfügung. Die Nutzung des Beraters als „verlängerte Werkbank" kann umfassende Abstimmungen erfordern, um den Berater entsprechend in den Unternehmenskontext einzubinden, doch letztlich bleibt seine Rolle unselbständig und begrenzt. Der Berater kann hier in der Tat als depotenzierter Experte („kastrierter Manager") erscheinen, da das Potenzial von Beratung hier massiv beschnitten wird.

Bei der Bilfinger Berger AG wurden Berater z.B. im Rahmen von Due Diligence-Prozessen oder bei der Redaktion von Finanz-Manuals als verlängerte Werkbank eingesetzt – anscheinend ein wenig zähneknirschend. Dies liegt anscheinend auch an Vergütungsansprüchen, Auftreten und wahrgenommenem „Nimbus" einiger Berater. Jürgen Schneider betont das Bedürfnis nach „normativer Führung" und „Prozesssteuerung durch die Klientenorganisation".

Der Berater als wirklicher „Ratgeber"

Wieder andere Auftraggeber sind auf der Suche nach einem Partner, der sie – oft über Jahre hinweg – begleitet und als wirklicher Ratgeber und Gegenüber („Advisor") agiert. Mit einem Ratgeber diskutiert man auf Augenhöhe. Dazu bedarf es einer grundsätzlich anderen Haltung auf der Seite des (oder der) Beratenen. Die Rolle als Ratgeber erfordert Vertrauen in die umfassende Kompetenz, Erfahrung und Urteilsfähigkeit des Beraters. Rat wird man von jemandem annehmen, zu dem eine über Jahre gewachsene Beziehung besteht.

Wie es der Artikel von Jürgen Schneider zutreffend darstellt, sind eine „funktionierende Chemie", wechselseitiger Respekt sowie fachliche und persönliche Seniorität auf der Seite des Beraters der Schlüssel, um eine solche Funktion ausfüllen zu können. Der Berater, der als Ratgeber akzeptiert werden will, zeichnet sich durch Mitdenken und Mitfühlen, durch persönliche Integrität und ein hohes Maß an Unabhängigkeit aus. Als Generalist macht er oft eher durch Fragen als durch Antworten auf sich aufmerksam, besitzt aber auch die Fähigkeit zur Synthese und zum scharfen Urteil.

Auf der Seite des Unternehmens ist der Mut zur Offenheit erforderlich, einen Ratgeber in die tatsächliche Agenda einzuführen. Das bedeutet, die eigenen Konzepte der kritischen Sichtung durch eine externe Perspektive auszusetzen, der man eine breitere Rolle einräumt als einem Experten.

Die Bilfinger Berger AG konnte oder wollte nur begrenzte Erfahrungen mit diesem Modell sammeln. Dass Herr Schneider sich als besonders „resistent" in Bezug auf die Strategieberatung charakterisiert, ist aufschlussreich: Bei der Strategieentwicklung ist der Wert von Expertenkenntnissen begrenzt. Statt dessen ist eine weitreichende Urteilskraft gefordert, wie sie einen echten Ratgeber auszeichnet. Das Beispiel der Vorstandsklausur zeigt aber: Auf Basis einer Vertrauensbeziehung kann echter Mehrwert durch eine hinterfragende, externe Perspektive entstehen.

Welches der drei Modelle führt zum optimalen Beratungserfolg?

Keines der vorgestellten Modelle ist per se überlegen. Es hängt von der konkreten Aufgabenstellung, von Voraussetzungen und vom Umfeld des Unternehmens, vom jeweiligen Manager und nicht zuletzt auch von den Kompetenzen des Beraters ab, welches Modell eingesetzt werden sollte.

Zudem ändern sich die Beziehungen zwischen Auftraggeber und Berater oft im Zeitverlauf. Der erste Einsatz eines Beraters für einen Klienten findet typischerweise in der Expertenrolle statt. Über die Zeit kann sich dann jedoch eine fruchtbare, symbiotische Beziehung entwickeln, in der der Berater als wirklicher Ratgeber eingesetzt wird.

Die Entwicklung einer solchen Beziehung erfordert vom Auftraggeber Vertrauen und Öffnung. Nach unserer Erfahrung sind Klienten, die sich dieser externen Perspektive ernsthaft aussetzen, langfristig erfolgreicher. Wir können jedem Auftraggeber nur raten, sich dem Risiko dieses „delikaten Prozesses" auszusetzen: Vertrauen schafft Wert.

3 Klientenprofessionalisierung – Strategien eines professionellen Umgangs mit Beratung

Prof. Dr. Michael Mohe
Universität Oldenburg

1 Einleitung

Noch vor kurzer Zeit gingen sämtliche Prognosen „übereinstimmend von einem anhaltenden Boom der Unternehmensberatung aus" (SPERLING/ITTERMANN 1998, S. 57). Nun aber sorgt man sich über ihre Zukunft. Beiträge wie „Managementberatung – quo vadis" (WOHLGEMUTH 2003) oder „Unternehmensberatung – quo vadis" (WIMMER et al 2003) sind nicht nur Ausdruck eines gestiegenen Forschungsinteresses; sie transportieren auch die Sorge darüber, dass sich die bisherige Erfolgsgeschichte der Managementberatung nicht unbedingt linear fortschreiben wird.

Tatsächlich befindet sich die Branche seit Mitte 2001 in einer Strukturkrise (KIPPING 2002). „Verblasste Euphorie" (STEPPAN 2001) titelte die Financial Times Deutschland und prophezeite der Branche nur noch magere Wachstumsraten. Erstmals in der Geschichte der Beratung gab es betriebsbedingte Entlassungen, es wurden großzügige Sabbaticals eingeräumt und bereits abgeschlossene Arbeitsverträge mit Bewerbern wieder aufgelöst oder auf einen späteren Anfangstermin umdatiert. „Cash calls" wurden ausgerufen, mit denen die Partner zu Bareinlagen in die Firmenkasse „gebeten" wurden. Einige der bisher so erfolgsverwöhnten Beratungsfirmen haben ganze Büros geschlossen. Die Mutter aller Beratungsunternehmen, Arthur D. Little, musste sogar für ihren US-amerikanischen Gründungsstandort die Insolvenz beantragen (BERGMANN 2002, S. 21f.). Die Ratgeber für alle Fälle scheinen „Ratlos in eigener Sache" (MARTENS 2003) zu sein. Was ist passiert?

Wesentliche Gründe für den Strukturwandel sind auf der Klientenseite zu suchen. Nachdem jahrelang eher fahrlässig mit Beratung umgegangen wurde und viele Unternehmen einen regelrechten „Beraterwildwuchs" verzeichneten, haben die Klienten begonnen, sich in Sachen Beratung zu professionalisieren (MOHE 2003). In einigen Unternehmen geschieht dies durch den systematischen Aufbau von Beraterdatenbanken oder die Implementierung verbindlicher Organizational Rules für den Beratereinkauf. Unternehmen wie die Deutsche Bahn errichten zusätzlich zentrale Koordinationsstellen für den Einkauf und die Steuerung von Beratungsprojekten; bei DaimlerChrysler gibt es interne Projektcoaches, die Beratungsprojekte professionell begleiten; bei Infineon arbeitet man erfolgreich mit Beratungshandbüchern, die den Mitarbeitern als Leitfaden durch den Beratungsprozess dienen (MOHE 2004). Außerdem haben viele Unternehmen ihr Kostenbewusstsein geschärft, ihre Budgets für externe Beratung zusammengestrichen und in die eigene interne Beratung umgelenkt. Tatsächlich befindet sich das Inhouse Consulting – im Gegensatz zur momentanen Situation der externen Beratungen – in einer regelrechten Boomphase (MOHE 2005).

Der vorliegende Beitrag beschreibt und systematisiert dieses neue Phänomen der Klientenprofessionalisierung. Zunächst wird dafür nach den Gründen gefragt, die einen professionellen Umgang mit Beratung auf der Klientenseite nahe legen. Vor diesem Hintergrund werden mögliche Formen der Klientenprofessionalisierung vorgestellt. Zum Schluss werden mögliche Implikationen diskutiert, die sich aus diesem Trend ergeben.

2 Wieso sollten sich Klienten im Umgang mit Beratung professionalisieren?

Die wissenschaftliche Diskussion beschäftigt sich vorwiegend mit der Beraterseite. Dies ist auf den ersten Blick nicht überraschend. Schließlich wird dem Berater gemeinhin eine dominante Rolle in der Beratung zugewiesen. „Ein Wissensbesitzer, Experte, Fachmann, verkauft seinen Rat an einem Rat-losen, sodaß dieser Belehrte danach klarer sieht und richtig entscheidet" (NEUBERGER 2002, S. 140). In dieser Zuschreibung ist der Berater der Problemlösungs-Professional, der die Organisation mit „besserem" Wissen versorgt[1]. Gelingt dies dem Berater

---

[1] Die klassische Metapher hierzu ist diejenige der Arzt-Patient-Beziehung, (vgl. stellvertretend für viele Schein 1993, S. 408ff.), „in der ein Berater quasi als Arzt auf einen mehr oder weniger passiven, als krank definierten Klienten einwirkt" (Staehle 1991, S. 29). Aus Arzt- bzw. Beratersicht besitzt eine passive Rollenauslegung des Klienten zudem einen gewissen Charme, denn „ein bewusstloser Patient stellt das Personal natürlich vor weniger Probleme als ein Patient bei Be-

nicht, ist es nur konsequent, ihm auch den Spiegel der Kritik vorzuhalten und den „argen Mangel an qualifizierten Beratern" (NIEDEREICHHOLZ 1993) zu beklagen und einen „Professionalisierungsdruck" (THINNES 1998, S. 218) auf der Beraterseite zu erzeugen (siehe weiterführend zur Professionalisierung auf der Beraterseite ALVESSON/JOHANSSON 2001).

Die Beobachtung der Beratung konzentriert sich bisher auf die Beraterseite. Die Klienten verschwinden im „blinden Fleck" der Beratungsforschung (siehe für eine empirische Bestandsaufnahme MOHE 2004a). Doch was passiert, wenn man den Blickwinkel erweitert und auch die Klienten in die Betrachtung einbezieht? Es lässt sich dann beobachten, dass Beratung keine alleinige Angelegenheit der Berater ist. In der Tat sprechen einige Argumente dafür, dass Unternehmensberatung nicht ohne Klienten funktioniert. Dies in mehrerer Hinsicht: Einerseits sind sie es, die Beratung in Anspruch nehmen und damit der Beraterbranche einen fruchtbaren Nährboden für stetiges Wachstum liefer(te)n; andererseits sind sie unmittelbar in den Prozess der Erstellung der Beratungsleistung einbezogen: von der Problemdefinition bis hin zur Umsetzung der vorgeschlagenen Maßnahmen (MOHE/PFRIEM 2002, S. 29). Der Prozess der Beratung wird also letztlich immer von den Klienten selbst entschieden – „ansonsten wäre die Beratung keine Beratung mehr, sondern sie übernähme bereits Managementkompetenz und wäre Bestandteil des Klientensystems" (NICOLAI 2000, S. 238).

Sobald man den Klienten als aktiven Akteur in der Beratung positioniert, lässt sich Beratung nicht mehr länger als einseitige Angelegenheit des Beraters verkürzen. Vielmehr ist von einer Ko-Produktion zwischen Berater und Klient auszugehen, bei der der Klient nicht mehr nur passiv konsumierend, sondern aktiv und fordernd auftritt (vgl. GRÜN 1984; FINCHAM 1999). Mit dieser Rollenkorrektur verschiebt sich auch die Analyseperspektive. Neue Fragen ergeben sich: Ist es nicht denkbar, dass die Kritik, die Klienten an die Berater adressieren, auch auf sie selber zurückspiegelt? Müssen sich die Klienten vielleicht sogar einen Teil ihrer Kritik auf die eigenen Fahnen schreiben? Geraten sie damit nicht selbst unter einen Professionalisierungsdruck? Stellt sich für die Klienten letztlich nicht auch die Frage eines professionellen Umgangs mit Beratung?

Sucht man nach Antworten auf diese Fragen, entdeckt man eine bislang nur wenig erschlossene Landschaft der Beratungsforschung. Zwar existiert eine

---

wußtsein; ein schwacher, ans Bett gefesselter weniger als einer, der aufstehen kann" (Freidson 1979, S. 104).

Reihe von Ratgebern, die Empfehlungen für einen „richtigen" Umgang mit Beratern liefern wollen[2]; diese sind jedoch nicht an wissenschaftlicher Analyse interessiert. Wirft man zudem einen genaueren Blick in diese Ratgeberliteratur, fällt auf, dass sich die jeweiligen Empfehlungen nicht immer konsistent zueinander verhalten und sich viele Ratschläge als Leerformeln entpuppen. Hierzu eines von vielen Beispielen: „Sie [die Klienten, MM] müssen stets fragen, was in einer bestimmten Situation möglich und was nicht möglich ist. Sie können natürlich nicht alles überdenken, aber überlegen Sie, was wahrscheinlich ist" (STEVENSON/SAHLMAN 1988, S. 24). Auch verheißungsvolle Ankündigungen, wie Klienten die 0,1 Prozent (!) der guten Berater identifizieren können, so bei HÖSELBARTH et al. (2000), versprechen weitaus mehr, als sie halten können.

Auf der Seite der Wissenschaft ist das Thema der Klientenprofessionalisierung bisher kaum aufgegriffen worden. Eher vorsichtig formuliert heißt es zwar schon mal: „Pointiert kann festgehalten werden, dass professionelle Unternehmensberatung professionelle Kunden braucht" (WOLF 2000, S. 230); ernsthafte Vorstöße, dieses Thema zu erschließen, wurden bislang jedoch nicht unternommen. Dies ist umso überraschender, da zunehmend erkannt wird, wie wichtig ein professioneller Umgang der Klienten mit Beratung ist (NICOLAI 2000, S. 307; KOLBECK 2001, S. 213ff.; AMMANN/BARD 2002, S. 7; MOHE 2003; KOLBECK/MOHE 2005; JANSEN 2005.) Insgesamt besteht jedoch noch große Unsicherheit darüber, wie Klienten die Beratung professionell organisieren können. „Noch", schreibt ROMHARDT (1998, S. 160), „gehen viele Unternehmen sehr ineffizient oder gar hilflos mit Beratern um. ... Unternehmen müssen daher Expertise im Umgang mit Beratern erwerben." Ein Blick in die Praxis zeigt, dass hier bereits erste Eingeständnisse vom Management gemacht werden. So äußert sich etwa der Unternehmer Würth: „Die gravierenden Fehler werden nicht von den Beratern gemacht, sondern von den Beratenen" (zitiert nach BIERACH 1995, S. 71). Ähnlich formulierte dies auch schon Niccoló Machiavelli (1469-1527), der in seinem „Ratgeber" für die Fürsten zur Zeit der florentinischen Medici-Herrschaft feststellte: „Es ist eine allgemeine, untrügliche Regel, daß ein Fürst, der selbst nicht weise ist, auch nicht gut beraten werden wird."

---

[2] Einige Beispiel hierfür sind: „Über den Umgang mit Beratern" (Bickel 1981), „So geht man mit Beratern um" (Stevenson/Sahlman 1988) oder „So werden Berater richtig eingesetzt" (Shapiro et al. 1994).

Folgt man diesen Einschätzungen, ergeben sich erhebliche Konsequenzen für den Ort der Professionalisierung. Während die üblichen Forderungen nach mehr Professionalität auf die Beraterseite zielen, lässt sich nun auch ein Professionalisierungsbedarf auf der Klientenseite einfordern. Im folgenden Abschnitt soll dies anhand konkreter Indikatoren untermauert werden.

3 Welche Indikatoren legen einen professionellen Umgang mit Beratung nahe?

Die folgenden Aspekte können die Notwendigkeit eines professionellen Umgangs mit Beratung unterstreichen (MOHE/PFRIEM 2002, S. 29ff.; MOHE 2003, S. 179ff.):

- **Unsichere und falsche Einschätzung des Beratungsbedarfs**

Insbesondere in Großkonzernen werden Berater oftmals auf Zuruf engagiert. Der Beratungsanlass ist häufig unkonkret. Im Rahmen einer solchen Beauftragungsmentalität findet eine Überprüfung, ob überhaupt ein Anlass zur Einschaltung von Unternehmensberatung gegeben ist, nicht statt. Dies führt im Extremfall zum „Beraterwildwuchs".

- **Unsystematisierte Beraterauswahl**

Die Intransparenz des Beratungsmarktes erschwert es, den „richtigen" Berater für das „richtige" Problem zu engagieren. Von einer Marktanalyse für die Beraterauswahl wird aus Zeit- und Kostengründen abgesehen. Pauschale Auswahlkriterien sind daher nicht selten Empfehlungen Dritter, der Bekanntheitsgrad der Beratungsfirma oder die eigene Erfahrung, die mit bestimmten Beratern bereits gemacht wurde, sowie persönliche Beziehungen. Durch Up-or-out-Regeln der Consulting-Firmen werden Consultants in Top-Positionen bei Klienten gehievt, die sich wiederum der ehemaligen Beratungsfirma verpflichtet fühlen (BYRNE/MC WILLIAMS 1993). Es ist offensichtlich, dass dies mit einer Beraterauswahl im eigentlichen Sinne nicht mehr viel zu tun hat.

- **Zulassen von Problemumdeutungen seitens des Beraters**

Eigene Unsicherheit hinsichtlich der Problemeinschätzung eröffnet Beratungsunternehmen die Möglichkeit, die Problemstellung umzudeuten und an bereits vorgefertigte Lösungen anzupassen. Die Problemursachen bleiben weiter bestehen.

- **Einsatz überforderter oder beratungsunerfahrener interner Mitarbeiter in Beratungsprojekten**
Beratungsaufträge werden vergeben, ohne im Vorfeld die Eignung und Verfügbarkeit interner Mitarbeiter zu überprüfen. Beratungsunerfahrene interne Mitarbeiter werden so schnell zum Spielball selbstbewusst auftretender Consultants; kapazitätsmäßig überforderte Klientenmitarbeiter tragen aus mangelnder Motivation für Zusatzarbeiten nur wenig zum Projektfortschritt bei.

- **Keine Ausschöpfung von Synergiepotenzialen**
Durch unkontrollierte Auftragsvergabe bearbeiten unterschiedliche Beratungsfirmen innerhalb eines Konzerns ähnliche Problemstellungen. Bündelungspotenziale bleiben so ungenutzt. Häufig stellt sich zudem die interne Beratungslandschaft sehr intransparent dar. Da in Klientenunternehmen häufig ein organisationsweites Wissen darüber, mit welcher Beratung bereits zu welchen Themen zusammengearbeitet wurde, nicht existiert, können gleiche Projekte von derselben Beratungsfirma unterschiedlichen Klienten im Unternehmen angeboten werden.

- **Verfrühter Abbruch der Beratung aufgrund sachlicher oder persönlicher Konflikte**
Der Beratungserfolg ist maßgeblich von der Berater-Klienten-Beziehung abhängig. Im Fall sachlicher oder persönlicher Konflikte wird das bestehende Beratungsengagement vorschnell gekündigt und eine neue Beratungsfirma engagiert. Kostenintensive Einarbeitungszeiten in die Problemstellung und bereits aufgebaute Beratungsstrukturen sind bei der Aufkündigung von Beratungsengagements verloren und werden erneut bei der Neubeauftragung eines anderen Consultingunternehmens notwendig.

- **Eingeschränkte Überprüfung von Beratungsabrechnungen**
Pauschal vergebene Beratungsaufträge können Gefahren der doppelten Honorarabrechnung nach sich ziehen, wenn beispielsweise der Leiter eines Beratungsprojektes zusätzlich als Teammitglied in einem anderen Projekt abgerechnet wird. Einzelne Berater werden dem Klienten somit doppelt in Rechnung gestellt. Erschwerend kommt hinzu, dass „[b]ills for professional services are often so aggregated, vague and uninformativ that they are of little use for controlling costs" (MITCHELL 1994, S. 328f.).

- **Keine Evaluation von Beratungsprojekten**

Eine Evaluation von Beratung ist letztlich immer problematisch, weil das Ergebnis der Beratung immer in Kooperation zwischen Berater und Klient erarbeitet wird. Dies erschwert zweifelsohne die Zurechnung einzelner Beratungsleistungen. Aber selbst von den wenigen Evaluationsmöglichkeiten wird nur selten Gebrauch gemacht. So hat eine Befragung bei deutschen börsennotierten Unternehmen ergeben, dass zwei von drei Unternehmen keine systematische Projektevaluation vornehmen (MOHE/KOLBECK 2003, S. 17). Nicht selten werden Berater ins Unternehmen geholt, ohne dass vorher zumindest die Ziele des Beratungsprojektes abgesteckt sind. Dies verhindert Möglichkeiten, über erzielte Beratungserfolge oder -misserfolge zu reflektieren oder diese auszuwerten. Möglichkeiten, das durch die Beratung generierte Wissen weiter zu verwenden, bleiben ebenso ungenutzt wie etwa die Einleitung rechtlicher Schritte[3]. Auch die wenigen Fälle, in denen es zu einer Überprüfung kommt, sind dann nicht unproblematisch, wenn das Beratungsergebnis von dem Consultant bewertet wird, der es mitproduziert hat.

- **Beratung zwecks Legitimation statt Problemlösung**

Statt für die Lösung von Problemen engagiert zu werden, übernehmen Berater eine Legitimationsfunktion, um (bereits getroffene) Entscheidungen des Managements gegenüber ihren Stakeholdern abzusichern. Wichtig hierfür ist, dass auf renommierte Beratungen mit entsprechend hohen Honorarsätzen nach dem Motto „Was nichts kostet, ist auch nichts wert" verwiesen werden kann. Eine Beratung im eigentlichen Sinn findet in diesen Fällen jedoch nicht statt.

Angesichts dieser Beispiele lässt sich durchaus die Frage aufwerfen, ob sich die „Beratungsexplosion" (ERNST/KIESER 2002, S. 56) der vergangenen Jahre nicht auch zumindest zu einem Teil durch diese Indikatoren erklärt. So kann ein unprofessionelles Klientenverhalten eigene Verunsicherungen und Unzufriedenheiten nach sich ziehen, was wiederum einen Bedarf nach Beratung auslöst und zu Wachstumseffekten der Beratungsbranche führt. Diese Marktdynamik lockt immer mehr und neue Wettbewerber in den Beratungsmarkt. Wirtschafts- und

---

[3] So hat sich mit der Novellierung des BGB die Haftungsfrage für Berater beispielsweise erheblich verschärft. Ist der Berater mit seiner Leistung in Verzug geraten, haftet er künftig nicht nur für jede Art von Fahrlässigkeit, sondern auch für Zufall (Quiring 2002, S. 45).

II Klientenvoraussetzungen

Steuerberatungen haben den Markt genauso entdeckt wie Finanzdienstleister, Verbände, IT- und New-Media-Anbieter und neuerdings interne Unternehmensberatungen. Durch diese steigende Zahl von Anbietern und Geschäftsmodellen wird das Marktgeschehen zunehmend undurchsichtiger. Zugleich steigt dadurch der Positionierungsdruck für die Beratungsunternehmen. Es fällt ihnen immer schwerer, eine unverwechselbare Marktposition aufzubauen. Deshalb versucht man sich über neue Konzepte und unterschiedliche Beratungsansätze zu differenzieren (was bisweilen in Managementmoden einmündet). Für die Klienten sind diese Differenzierungen nur eingeschränkt nachzuvollziehen, weil sie teilweise ideologischer und markttaktischer Natur sind. Immer mehr Klienten verlieren sich in der Vielzahl und Vielfalt der Beratungsangebote, die sie letztlich selbst mit induziert haben. Abbildung 1 illustriert den soeben skizzierten Gedankengang.

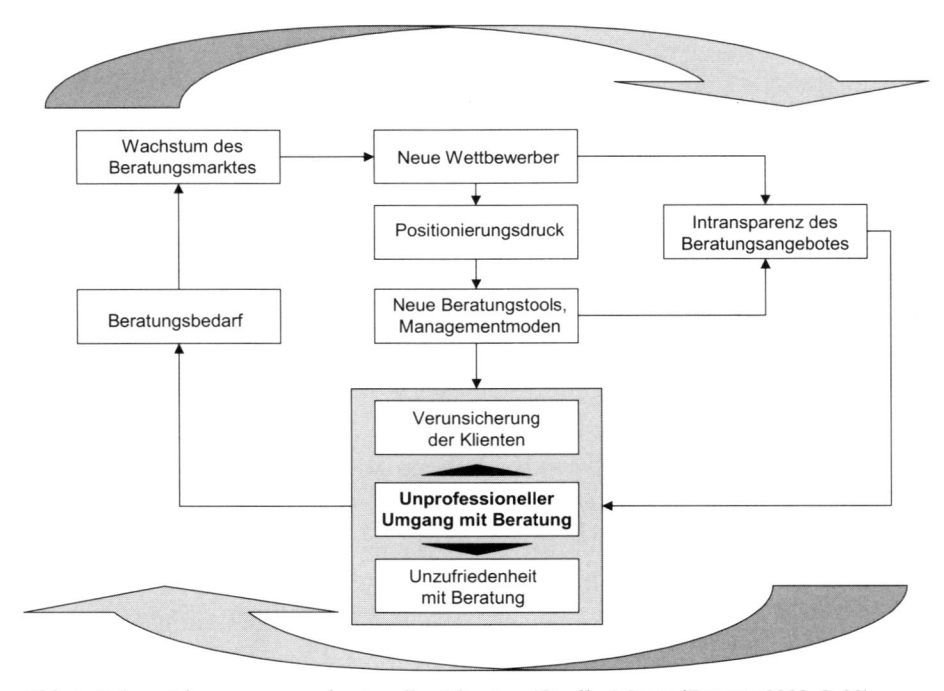

Abb. 1: Folgewirkungen unprofessioneller Klienten (Quelle: MOHE/PFRIEM 2002, S. 32)

Zusammenfassend lässt sich festhalten, dass ein professioneller Umgang mit Beratung in der Praxis noch nicht weit verbreitet scheint. Klienten setzen die Beratung einerseits häufig nicht effizient ein; anderseits fehlt es ihnen an dem erforderlichen Wissen für den Umgang mit Beratung. Dies legt den Aufbau einer spezifischen Expertise auf der Klientenseite nahe.

4 Wie können sich Klienten im Umgang mit Beratung professionalisieren?

Professionalisierungsstrategien zielen auf den klientenseitigen Aufbau von Wissen und Kompetenzen umfassender Expertise im Umgang mit Beratung ab. Mit dem Aufbau von Konsultationsexpertise, Beratungsexpertise und Steuerungsexpertise können drei grundsätzliche Strategien der Klientenprofessionalisierung unterschieden werden (vgl. Abbildung 2).

```
           Expertenorientierte
       Professionalisierungsstrategien
                   |
         Aufbau und Anwendung von
        /          |            \
Konsultationsexpertise  Beratungsexpertise  Steuerungsexpertise
```

Abb. 2: Strategien der Klientenprofessionalisierung (Quelle: MOHE 2003, S. 192)

4.1 Aufbau von Konsultationsexpertise

Der Aufbau einer Konsultationsexpertise beschreibt eine Professionalisierungsstrategie, die auf die Phase der Beraterauswahl fokussiert. Hintergrund dieser Strategie ist die Annahme eines interdependenten Verhältnisses zwischen der Beraterauswahl und dem Erfolg der Beratung[4]. Für den Aufbau einer Konsulta-

---

[4] Allerdings wird dieser Zusammenhang weniger durch gesicherte empirische Erkenntnisse als vielmehr durch Common-sense-Annahmen begründet. Ein solches Vorgehen findet sich bei Kohr (2000). Der Autor kann den Zusammenhang zwischen der Zufriedenheit der Klienten und der Beraterauswahl zwar nicht statistisch belegen, begründet ihn aber durch Common-sense-Annahmen „Eine kausale Verbindung besteht ohne Zweifel zwischen der Beschaffung von Beratungsleistungen und dem anschließenden Erfolg des Projektes sowie der damit verbundenen Kundenzufriedenheit. Abschließend muß jedoch zu der gestellten Forschungsfrage festgehalten

tionsexpertise stehen mehrere Möglichkeiten zur Verfügung. So können Klienten professionelle Beschaffungsstrategien für den Beratereinkauf entwickeln. Einen allgemeinen Vorschlag für die Beschaffung von Professional Services haben BAKER/FAULKNER (1991) entwickelt. In ihrem Konzept unterscheiden sie zunächst zwischen den Komponenten „product" und „transaction". Unter „product" verstehen sie das jeweilige Produkt der Dienstleistung (z.B. im Finanzierungsbereich: Projektfinanzierung; im Marketingbereich: Kampagne Unternehmensimage; im Rechtsbereich: Patente). „Transaction" bezeichnet die Implementierung, Ausführung oder Aktivierung von Produkten (z.B. das Contracting).

Durch eine unterschiedliche Verbindung dieser beiden Komponenten werden Wertbeiträge generiert. Beim „product linkage" soll ein Mehrwert dadurch realisiert werden, dass zwei oder mehrere Produkte von einem Anbieter Bezogen werden. In diesem Sinne ist es beispielsweise effizient, eine Wirtschaftsprüfungsgesellschaft sowohl für die jährliche Prüfung als auch für eine steuerliche Beratung hinzuzuziehen, da ähnliche Informationen für beide Anwendungsbereiche benötigt werden. Demgegenüber handelt es sich bei dem „transaction linkage" um die Entscheidung, zwei oder mehrere Transaktionen für dasselbe Produkt mit einem Anbieter abzuwickeln. In diesem Fall stehen nicht die Produkte, sondern die Transaktionsgebundenheit im Vordergrund. So können etwa Passagiere ihren individuellen Mehrwert erhöhen, wenn sie mehrere Transaktionen mit nur einem Fluganbieter durchführen (z.B. in Form eines Upgradings oder von Freiflügen). Vor diesem Hintergrund unterscheiden Baker und Faulkner vier generische Strategien. Abbildung 3 verdeutlicht die einzelnen Strategietypen. Die jeweilige Verbindungsart wird durch die ausgefüllten Felder gekennzeichnet (wobei P = Product und T = Transaction).

---

werden, daß kaum ein Zusammenhang zwischen der Zufriedenheit und den gerade untersuchten Faktoren der Beraterauswahl nachgewiesen werden konnte" (Kohr 2000, S. 239).

Relational Strategy

P4
P3
P2
P1

T1 T2 T3 T4

Fractional Strategy

P4
P3
P2
P1

T1 T2 T3 T4

Serial Strategy

P4
P3
P2
P1

T1 T2 T3 T4

Transactional Strategy

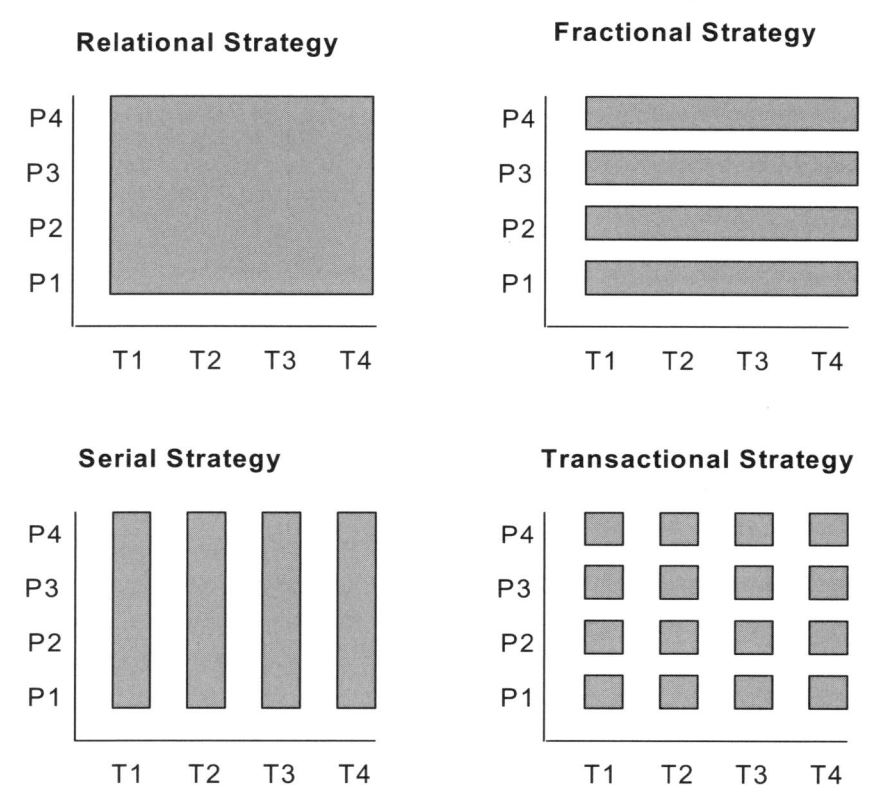

P4
P3
P2
P1

T1 T2 T3 T4

Abb. 3: Generische Strategien für die Beschaffung von Professional Services (Quelle: BAKER/ FAULKNER 1991, S. 35)

Die *Relational Strategy* stellt den traditionellen Typus für die Beschaffung professioneller Dienstleistungen dar. Nachfrager verbinden sowohl Produkte als auch Transaktionen eines Anbieters. Dies führt zu exklusiv-geschlossenen, langfristigen Beziehungen zwischen Nachfrager und Anbieter. Der Rückgriff auf Hausberatungen liefert ein gutes Beispiel für diese Strategie.

Die *Fractional Strategy* fokussiert auf das „transaction linkage". Ein Mehrwert soll dadurch realisiert werden, dass für jedes Produkt auf einen bestimmten Anbieter zurückgegriffen wird. Transaktionen werden für bestimmte Produkte über den Zeitablauf hinweg verbunden. Übertragen auf den Beratungskontext würde eine Fractional Strategy bedeuten, dass für einen bestimmten Projekttyp eine bestimmte Beratungsfirma beauftragt wird (z.B. IT-Beratung von IBM Consulting; Strategieberatung von BCG; Outsourcing-Beratung von Accenture). Eine solche Strategie verfolgt beispielsweise die Siemens AG. Hier wurde konzernweit eine interne Shortlist mit zehn Managementberatungen erstellt, auf die bei Projekten zurückgegriffen werden soll (O.V. 2003, S. 62).

Anders als die Fractional Strategy versucht die *Serial Strategy* den Mehrwert nicht durch „transaction linkage", sondern durch „product linkage" zu erhöhen. Idee ist es, in einer Periode für mehrere Produkte auf einen bestimmten Anbieter zurückzugreifen, aber in der nächsten Periode den Anbieter zu wechseln. Eine Anwendung der Serial Strategy im Beratungskontext wäre etwa vergleichbar mit einem periodischen Wechsel der Hausberatungen. Für einen bestimmten Zeitraum werden beispielsweise sämtliche Beratungsprojekte mit McKinsey und in dem darauf folgenden Zeitraum mit Roland Berger abgewickelt.

Die *Transactional Strategy* steht der Relational Strategy gegenüber. Der Mehrwert soll dadurch realisiert werden, dass sowohl Produkte als auch Transaktionen *nicht* miteinander verbunden werden. Beratungsanbieter werden in diesem Fall als mehr oder weniger anonyme Teilnehmer auf einem „spot market" betrachtet. Allein der Preis bestimmt die Entscheidung für oder gegen einen Beratungsanbieter. Anzutreffen sind solche Konstruktionen beispielsweise im öffentlichen Sektor, wo Beratungsprojekte detailliert ausgeschrieben und das veranschlagte Beratungsbudget zum Masterkriterium für die Auftragsvergabe wird.

Abbildung 4 stellt die vier Strategien für einen Überblick gegenüber. Das Risiko des Einkaufs von Beratungsleistungen kann ferner durch Buying Center abgefedert werden. Indem mehrere Personen aus unterschiedlichen Bereichen in den Entscheidungsprozess einbezogen werden, soll eine möglichst rationale Beraterauswahl gewährleistet werden. Möglichst ausdifferenzierte und detaillierte Beraterauswahlverfahren („beauty contests") sollen es dann ermöglichen, zwischen „der Schönen und dem Biest" zu selektieren.

Strategietyp	Relational Strategy	Fractional Strategy	Serial Strategy	Transactional Strategy
Strategie	„product linkage" und „transaction linkage"	„transaction linkage"	„product linkage"	Vermeidung von „product linkage" und „transaction linkage"
Strategischer Imperativ	Aufbau langfristiger Geschäftsbeziehungen	Einkauf nach projekttypabhängiger Expertise	Einkauf nach Komplementarität der Produkte und Breite der Expertisefelder	Einkauf preisgünstigster Anbieter
Inanspruchnahme von Beratung	Hausberatung	Eine Beratungsfirma je Projekttyp	Periodischer Wechsel der Hausberatung	Projektindividuelle Auswahl nach Preiskriterium

Abb. 4: Beschaffungsstrategien für Beratungsleistungen (Quelle: MOHE 2003, S. 212)

4.2 Aufbau von interner Beratungsexpertise

Professionalisierungsstrategien, die auf den Aufbau von Beratungsexpertise abzielen, finden ihren Ausdruck in der unternehmerinternen „Eigenerstellung" (NIEDEREICHHOLZ 1996, S. 5) von Beratungsleistungen. Das mit dieser Professionalisierungsstrategie korrespondierende Konzept ist das Inhouse Consulting (siehe für eine Typologisierung MOHE 2002). Dabei hat sich das Inhouse Consulting im deutschsprachigen Raum erst in den letzten Jahren entwickelt. In den 80er Jahren hatten nur einige wenige Pionierunternehmen wie BASF (1978/1979) bereits eine eigene Beratung installiert. Erst später kamen andere Unternehmen dazu: Seit 1988 existiert die Lufthansa Consulting, und Würth gründete 1989 seine interne Beratung. Ebenfalls seit 1989 beschäftigt der Kaufhof-Konzern als erstes Unternehmen seiner Branche eine eigene Beratung. Die Siemens Unternehmensberatung wurde 1996 institutionalisiert, und die interne Unternehmensberatung der Volkswagen AG entstand erst im Frühjahr 1998 (siehe zu den einzelnen Quellenhinweisen MOHE 2003, S. 225). Heute verfügen bereits 75 Prozent börsennotierter Unternehmen in Deutschland über eine interne Unternehmensberatung (MOHE/KOLBECK 2003, S. 30).

Mit der Vorhaltung interner Beratungskapazitäten soll eigene Beratungsexpertise aufgebaut werden, um beispielsweise zu gewährleisten, dass internes Wissen nicht via externe Beratung unkontrolliert diffundiert. Konsequenz ist die sukzessive Substitution externer Beratung – und tatsächlich verzeichnet das Wesen des Inhouse Consulting entgegen den momentanen Krisenerscheinungen auf dem Beratungsmarkt beachtliche Umsatzzuwächse und steigende Mitarbeiterzahlen. In der folgenden Textbox wird am Beispiel von Volkswagen Consulting skizziert, welche Strategien interne Beratungen verfolgen, um den Wettbewerb mit den externen Beratungsunternehmen für sich zu entscheiden.

Textbox: Volkswagen Consulting auf dem Weg zur Hausberatung

Volkswagen Consulting wurde 1998 als eines von acht Geschäftsfeldern der Volkswagen Coaching GmbH, einer 100%igen Tochtergesellschaft der Volkswagen AG, gegründet. Mit dem Aufbau der Volkswagen Consulting wurde der ausdrückliche Auftrag der Geschäftsführung und des Aufsichtsrats verbunden, „eine angesehene, professionelle und profitable interne Unternehmensberatung für die Volkswagen AG sowie den externen Markt aufzubauen." Als Ziele wurden definiert:

- Steigerung des operativen Wissenstransfers durch Multiplikation des vorhandenen Know-hows,
- Steigerung der Attraktivität als Arbeitgeber für Managementnachwuchskräfte,
- Reduktion des ungesteuerten Know-how-Abflusses durch Beauftragung externer Beratungen,
- Reduktion der Kosten für den Einsatz externer Beratungen.

Das Geschäftsfeld „Consulting" ist als Profitcenter organisiert. Mit ca. 40 Beratern werden etwa 30 Prozent des Umsatzes mit externen Klienten erwirtschaftet. Im konzerninternen Bereich hat sich Volkswagen Consulting innerhalb kurzer Zeit neben den renommierten Beratungscompanies etabliert. Welche Strategie hat Volkswagen Consulting dabei verfolgt?

In der Gründungs- und Etablierungsphase wurden sowohl aus quantitativen als auch qualitativen Gründen externe Berater dazugeholt. Die Vergabe von Beratungsaufträgen an externe Beratungen fand dann statt, wenn die benötigten internen Problemlösungskapazitäten und -fähigkeiten nicht oder nicht ausreichend vorhanden waren. In dieser Phase fungierten die externen Berater noch häufig in der Rolle des Projektleiters. Allerdings gelang es dadurch, an Volkswagen Consulting vorbei weitere Folgeaufträge oder neue Projekte zu akquirieren.

Zur Erhöhung eigener Akquisitionschancen hat Volkswagen Consulting seine Projektstrategie umgekehrt und sich als Generalunternehmer gegenüber dem Volkswagen-Klienten positioniert. Mittlerweile werden externe Berater fast ausschließlich als Projektmitglieder eingesetzt; die Projektleitung wird in den meisten Fällen von Volkswagen Consulting selbst besetzt. Mit dem Transfer des externen Berater-Know-hows und ihrer Reputation konnte Volkswagen Consulting mehr und mehr eigene Projektverantwortung übernehmen.

Heute nehmen nur noch bei fünf Prozent der Projekte die externen Beratungsfirmen die Rolle eines gleichberechtigten Partners ein. In mehr als jedem zweiten Projekt operiert Volkswagen Consulting als Generalunternehmer gegenüber den externen Beratungen, und 40 Prozent der Projekte werden ohne einen externen Partner durchgeführt (vgl. Abb. 5).

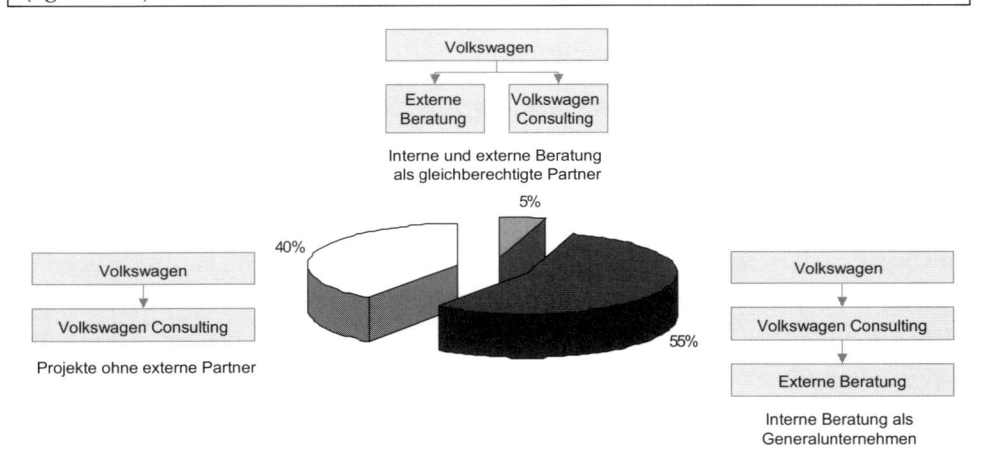

Abb. 5: Verteilung der Projekte der Volkswagen Consulting mit externer Beteiligung (Quelle: MOHE 2003, S. 245f. unter Rekurs auf SAVITCH 2002, S. 15; WURPS/MUSONE Crispino 2002)

Interne Beratungskapazitäten können jedoch nicht überdimensioniert vorgehalten werden. Deshalb werden im Rahmen umfassenderer Projekte zusätzlich externe Berater engagiert. In diesen Fällen ist es nahe liegend, auch den Auswahlprozess in die Hände der internen Berater zu legen. Tatsächlich lässt sich in der Praxis bereits beobachten, dass interne Beratungen zunehmend in den Auswahlprozess für externe Beratungen integriert werden.

Indem interne Beratungen gleichermaßen Beratungs- und Konsultationsexpertise übernehmen, liefern sie wesentliche Wertbeiträge zur Klientenprofessionalisierung: Über kombinierte Projekte mit externen Beratungen wird aktuelles

Wissen zur Beraterarbeit verfügbar; Beratungsprozesse werden durch Einsatz dieser Expertise optimiert; externes Beratungsbudget wird verdrängt; die Beraterauswahl wird verbessert. Interne Beratungen sind darüber hinaus für das Projektmanagement kombinierter Beratungsprojekte prädestiniert.

Allerdings sind interne Beratungen für eine umfassende, konzernweite Steuerung und Kontrolle aller Beratungsprojekte nur bedingt geeignet. Schließlich haben sie – wie ihre externen Kollegen auch – ein Interesse an einer möglichst erfolgreichen Darstellung ihrer Beratungsprojekte. Außerdem sind alternative Steuerungsakteure dann gefragt, wenn Unternehmen (noch) kein eigenes Inhouse Consulting vorhalten. Dies führt zu einer weiteren Professionalisierungsstrategie, die im nächsten Kapitel vorgestellt wird.

4.3 Aufbau von Steuerungsexpertise

Die dritte Professionalisierungsstrategie zielt ab auf den Aufbau von Steuerungsexpertise im Umgang mit Beratung. Als Basiskonzept für den Aufbau einer Steuerungsexpertise von Beratung dient die Idee eines Beratungsclearings (KLEIN 2002). Die Leitidee des Beratungsclearings ist es, eine Steuerung und Koordination aller Beratungsangelegenheiten des Unternehmens zu institutionalisieren[5]. Allgemein lässt sich ein Beratungsclearing definieren als eine zentrale Koordinationsstelle, die als Dienstleister interne Projektleiter bei der Organisation von Beratungsprojekten unterstützt.

Einige Unternehmen haben bereits damit begonnen, solche zentralen Koordinationsstellen für Beratung einzurichten. Dabei kann das Leistungsspektrum solcher Koordinationsstellen jedoch unterschiedlich ausgestaltet sein. In einer CORE-Studie (MOHE/KOLBECK 2003) zeigte sich, dass zentrale Koordinationsstellen vor allem am Anfang (bei der Beraterauswahl) und am Ende des Beratungsprozesses (bei der Projektbewertung) Unterstützungsleistungen anbieten (siehe Abbildung 6).

Durch zentrale Koordinationsstellen kommt es zu einer strengeren Handhabung der Beraterauswahl und zu verschiedenen Monitoring- und Steue-

---

[5] Das aus der Praxis kommende Beratungsclearing findet seinen theoretischen Anschluss im Governance Mechanismus der Agenturtheorie (Weiershäuser 1996; Saam 2001). Hier wird versucht, aus Informationsasymmetrien resultierenden Unsicherheitspotenzialen (sog. „hidden"-Konstellationen) mit einem möglichst gut kalkuliertem Einbau von Kontrollen und Steuerungsoptionen (monitoring, screening etc.) entlang des Beratungsprozesses zu begegnen.

rungsaktivitäten. Konkrete Beispiele sind Organisationsregeln für den Beratereinkauf. Einige Konzerne haben bereits damit begonnen, solche verbindlichen Organisationsregeln zu installieren, in denen Zuständigkeiten und Kompetenzen in Phasendiagrammen geregelt werden. Ein weiteres Beispiel sind Beraterdatenbanken, die darauf abzielen, die interne Beratungslandschaft transparenter zu gestalten. Hier werden abgeschlossene Beratungsprojekte beispielsweise nach Projektthemen oder Projektvolumen systematisiert. Häufig wird dabei auch eine Bewertung für die Beraterperformance abgegeben, sodass sich interne Rankings über verschiedene Beratungsunternehmen erstellen lassen. Andere Beispiele sind Beratungshandbücher, die als Leitfaden durch den Beratungsprozess dienen oder eine Consultant's Scorecard (PHILLIPS 2001; HORVÁTH/KRALJ 2003; MOHE 2005), die eine Steuerung und Nutzenbewertung von Beratung verspricht.

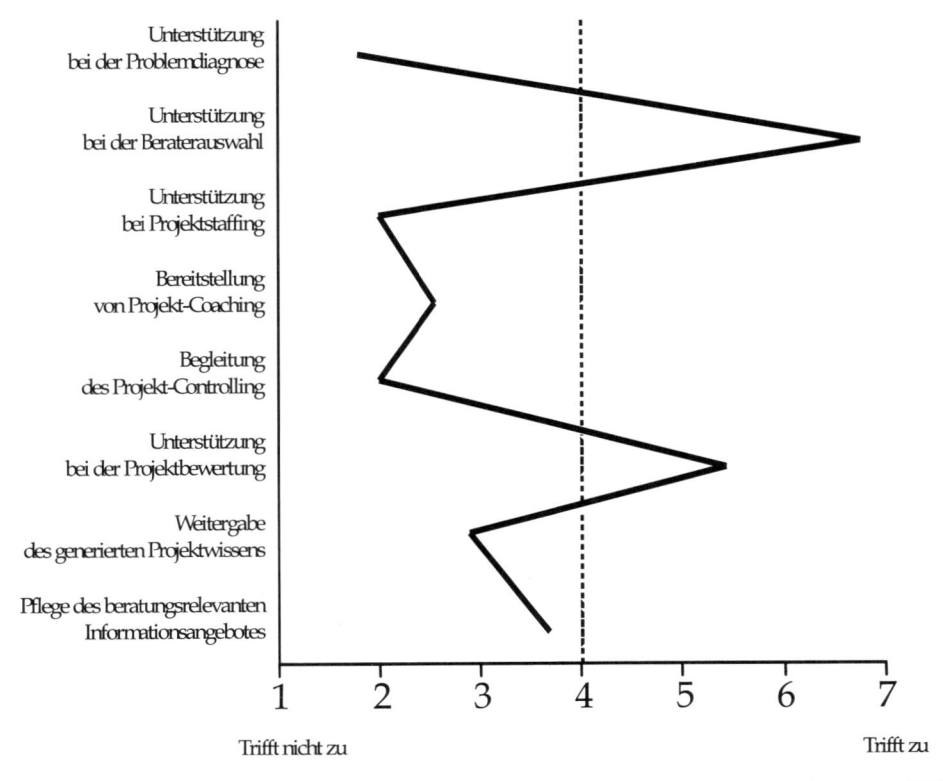

Abb. 6: Leistungsprofil zentraler Koordinationsstellen für Beratung (Quelle: MOHE/KOLBECK 2003, S. 28)

5 Implikationen

Die oben beschriebenen Professionalisierungsstrategien folgen einer klaren Rationalitätslogik. Denn was liegt näher, als bei dem Versuch, die Experten auf der Beraterseite in den Griff zu bekommen, ebenfalls an den Aufbau von Expertise – oder im Fall von Inhouse Consulting an die Vorhaltung eigener Beratungsexpertise – zu denken? Insofern handelt es sich bei expertenorientierten Professionalisierungsstrategien um nachvollziehbare rationale Reaktionen: Auswahlprozesse werden noch rationaler und objektiver gestaltet, aus Kostengründen werden interne Beratungen installiert, es wird über Steuerungsmöglichkeiten für Consultants nachgedacht etc.

Aus dieser Rationalitätslogik können sowohl spezifische Vorteile als auch Nachteile für Klienten resultieren. Zunächst zu den Vorteilen: Klienten können sich mit rationalen Professionalisierungsstrategien gegen Kritik immunisieren. Allein die Behauptung, dass „objektive" Auswahlverfahren durchgeführt oder dass die Berater streng reglementiert werden, genügt, um jegliche Verdachtsmomente eines unprofessionellen Umgangs mit Beratung im Keim zu ersticken[6]. In diesem Sinne schreibt etwa LUHMANN (2000, S. 445) dazu: „Danach wäre die Behauptung von Rationalität eine rhetorische Leistung, mit der man bestimmten Positionen den Anschein des Unstreitbaren zu geben versucht."

Diese Rationalitätskarte kann der Klient auch gegenüber den Beratern ausspielen. Dies setzt eine spezifische Beobachtung voraus, die ihn erkennen lässt, wie die Berater ihre Expertise demonstrieren. Aufgrund der Immaterialität, Intangibilität etc. ihrer Dienstleistung müssen Berater Ersatzcodes finden, über die sie ihre Expertise suggerieren können. Diese Funktion erfüllt das Impression Management (CLARK 1995), das als Beeindruckungsversuch in der Sozialdimension angesiedelt ist und eine Überlegenheit des Beraters impliziert. Klienten können dieses Beziehungsangebot nun umkehren und die Berater mit ihren eigenen Waffen schlagen. Sie können gezielt ein eigenes Impression Management aufbauen, indem sie möglichst „laut" ihre rationalen Professionalisierungsstrategien gegenüber den Beratern kommunizieren. Schon ein formelles Anschrei-

---

[6] Allerdings kann sich dies für die Klienten auch als Nachteil darstellen, da Exkulpationsmöglichkeiten für gescheiterte Beratungsprojekte entfallen oder zumindest reduziert werden. Demgegenüber eröffnen sich den Beratern neue Optionen zur Exkulpation. Nach dem Motto, „Wir sind *nur* die Berater – die Verantwortung trägt der Kunde" (Selchert 1997, S. 222), könnten sich nun die Berater a priori gegen Kritik der Klienten immunisieren.

ben, das beispielsweise den Aufbau einer Beraterdatenbank oder eines zentralen Beratungsclearings ankündigt und entsprechende Informationen anfordert, kann einige Irritationen bei den bislang eher kontrollentwöhnten Beratern auslösen.

In der Praxis scheint dies bereits zu funktionieren. So wird vor den neuen Umgangsformen der DaimlerChrysler AG wie folgt gewarnt: „Die Vergabe von Beratungsaufträgen wird einem *streng kontrollierten* 'Einkaufsprozess' unterworfen, für den *spezifische Gütekriterien* entwickelt werden" (WIMMER 2002, S. 3, eigene Hervorhebungen). Ob und inwieweit Klienten die Beratungsgüte angesichts der ohnehin problematischen Evaluation von Beratung überhaupt feststellen können (KIESER 2002), ist nicht ausschlaggebend. Entscheidend ist, dass auf der Beraterseite die Illusion eines rationalen Umgangs der Klienten mit Beratung entsteht.

Je besser es dem Klienten gelingt, die Rationalitätskarte auszuspielen, desto mehr Möglichkeiten eröffnen sich ihm, seine verborgenen Intentionen („hidden agendas") durch offizielle Botschaften („official agendas") zu schützen und durchzusetzen. Abbildung 7 zeigt exemplarisch, inwieweit sich die official und hidden agenda des Klienten unterscheiden und dass zudem spezifische hidden agendas für den unternehmensinternen Bereich und für die externen Berater existieren können.

Durch rationale Professionalisierungsstrategien entsteht im Klientensystem der Eindruck, die Kontrolle über die Beratungssituation (wieder)gewonnen zu haben. Dieser Eindruck muss indes nicht mit der tatsächlichen Kontrollsicherheit übereinstimmen (siehe weiter zur Kontrollwahrnehmung im Beratungskontext ERNST 2002, S. 149ff.); er ist aber ausreichend, um diese zu suggerieren und damit die Richtigkeit des Vorgehens zu bestätigen. Folglich werden eingeführte Professionalisierungsstrategien nicht mehr hinterfragt, sondern angesichts erster nachweisbarer Erfolge (z.B. Systematisierungsgewinne, Kosteneinsparungen) weiter optimiert.

Mit MARCH (1991) lässt sich dieses Verhalten auch als „Exploitation", als Vertiefung bislang bewährter und erfolgreicher Strategien kennzeichnen, das einer „Exploration", der Suche nach neuen alternativen Professionalisierungsformen, jedoch den Weg versperrt. Daraus kann die Gefahr einer „consultation inertia" resultieren, wenn Klienten an erfolgreichen Professionalisierungsstrategien wie selbstverständlich auch mit Blick auf die Zukunft festhalten[7]. Ferner besteht ein Optimierungsrisiko. Nach dem Motto „Laßt uns die Konzeptionen ausbauen, denn wir haben bereits soviel in sie investiert" (WILLKE 1995, S. 4), werden die zugrunde liegenden Professionalisierungsstrategien nicht mehr hinterfragt, sondern nur noch auf Potenziale hin abgesucht, wie sich die bereits vorgehaltene Expertise optimieren lässt.

Expertenorientierte Professionalisierungsstrategie	Aufbau und Anwendung von		
	Konsultations-expertise	Beratungs-expertise	Steuerungs-expertise
„official agenda"	→ Erhöhung der wahrgenommenen Kontrollsicherheit		
	Objektive, rationale Auswahl des „richtigen" Beraters durch institutionalisierte oder formelle Verfahren	Aufbau eigener Beratungskompetenz in Form eines In-house Consulting	Steuerung und Kontrolle von Beratungsprojekten durch ein zentrales Beratungsclearing
Botschaften	„Wir wählen unsere Berater nach streng kontrollierten Auswahlverfahren aus"	„Wir sind nicht auf teure externe Berater angewiesen"	„Wir haben unsere Berater fest im Griff"
	„Wir gehen professionell mit Beratung um"		
„hidden agenda" für den unternehmensinternen Bereich	→ Ausspielen der Rationalitätskarte		
	Legitimierung der Beraterauswahl; Verschleierung latenter Beratungsmotive	Instrumentalisierung der internen Beratung als Kontrollinstanz des Top-Managements	Immunisierung vor Vorwürfen eines fahrlässigen Umgangs mit Beratung
„hidden agenda" für die externen Berater	Impression Management		

Abb. 7: „Official agendas" und „hidden agendas" der Klientenprofessionalisierung (Quelle: MOHE 2003, S. 357)

---

[7] Diese Phänomene konnten abseits des Beratungskontextes vielfach empirisch bestätigt werden: Unternehmen fixieren sich auf ihre Erfolgsfaktoren, die jedoch auf lange Sicht ihr Scheitern verantworten. Das klassische Beispiel hierzu sind die ehemals exzellenten Unternehmen von Peters/Waterman (1984).

Eine „Exploration" wird erst dann zur Option, wenn sich Zweifel an der Wirksamkeit rationaler Professionalisierungsstrategien ergeben. Auslöser hierfür kann beispielsweise die Beobachtung sein, dass die interne Beratungssituation durch die systematisierte und kontrollierte Inanspruchnahme von Beratung zwar an Transparenz gewonnen hat, sich aber die Effektivität von Beratung nicht nachhaltig verbessert hat. Auch die Feststellung, dass noch so rationale Beraterauswahlverfahren letztlich kein Garant für eine erfolgreiche Beratung sind, kann dazu führen, diese zu verwerfen oder durch alternative Formen zu ersetzen. Ebenso kann sich ein zentrales Beratungsclearing als kontraproduktiv erweisen, wenn festgestellt wird, dass rigide Steuerungsmaßnahmen die Lernpotenziale der Beratung eher verhindern als fördern.

An diesem Punkt kann es zu einer Umstellung der Fragen des Klienten kommen. Die Frage „Wie können wir das, was wir tun, besser machen?" wird durch die Frage „Ist das, was wir tun, überhaupt das Richtige?" ergänzt. Wurde zunächst nur die interne Beratungssituation beobachtet, geraten nun die bisherigen Professionalisierungsstrategien des Klientensystems in das Blickfeld. Das Beobachtungsfeld des Klienten erweitert sich, Prozesse der Selbst- und Fremdbeobachtung werden etabliert und Reflexionsprozesse in Gang gesetzt, die den Weg zu einer reflexiven Klientenprofessionalisierung ebnen können. Die neuere Systemtheorie, insbesondere das Konzept der Beobachtung 2. Ordnung, kann wichtige Orientierungsangebote für das Ingangsetzen einer solchen reflexiv verstandenen Klientenprofessionalisierung liefern (MOHE 2005a).

Literatur

ALVESSON, M./JOHANSSON, A. W. (2002): Professionalism and Politics in Management Consultancy Work, in: CLARK, T./FINCHAM, R. (2002; Hrsg.): Critical Consulting: New Perspectives on the Management Advice Industry, Oxford/Malden (Mass.), S. 228-246.

AMMANN, C./BARD, TH. (2002): Der Kunde wird zum König: Professionellerer Einsatz von Beratern, in: Sonderbeilage der Neuen Züricher Zeitung, 25.06.02, S. 7.

BAKER, W. E./FAULKNER, R. R. (1991): Strategies for Managing Suppliers of Professional Services, in: California Management Review, Vol. 33 (1991), S. 33-45.

BERGMANN, J. (2002): Schlaumeier wie wir, in: Brand Eins, Heft 4/2002, S. 18-22.

BICKEL, W.(1981): Über den Umgang mit Beratern, in Zeitschrift für Führung + Organisation, 50. Jg. (1981), S. 43-46.

BIERACH, B. (1995): Mal kurz, mal lang, in: Wirtschaftswoche, Nr. 34/1995, S. 66-71.

BYRNE, J. A./MC WILLIAMS, G. (1993): The McKinsey Mystic, in: Business Week, 20.09.1993, S. 36-41

CLARK, T. (1995): Managing Consultancy as the Management of Impressions, Buckingham.

ERNST, B. (2002): Die Evaluation von Beratungsleistungen – Prozesse der Wahrnehmung und Bewertung, Diss., Universität Mannheim.

ERNST, B./KIESER, A. (2002): Versuch, das unglaubliche Wachstum des Beratungsmarktes zu erklären, in: SCHMIDT, R./GERGS, H.-J./POHLMANN, M. (2002; Hrsg.): Managementsoziologie. Themen, Desiderate, Perspektiven, München/Mering, S. 56-85.

FINCHAM, R. (1999): The Consultant-Client Relationship: Critical Perspectives on the Management of Organizational Change, in: Journal of Management Studies, Vol. 36 (1999), S. 335-441.

FREIDSON, E. (1979): Der Ärztestand: berufs- und wissenschaftssoziologische Durchleuchtung einer Profession, Stuttgart.

GRÜN, O. (1990): Konsultationsforschung – Von der Berater- zur Konsultationsforschung, in: BLEICHER, K./GOMEZ, P. (1990; Hrsg.): Zukunftsperspektiven der Organisation – Festschrift zum 65. Geburtstag von Robert Staerkle, Bern, S. 115-134.

HORVÁTH, P. /KRALJ, D. (2003): Die Vergütung von Beratungsleistungen – Eine Koordinationsaufgabe für Personal- und Preismanagement, in: SPECK, D./WAGNER, D. (2003; Hrsg.): Personalmanagement im Wandel: Vom Dienstleister zum Businesspartner, Wiesbaden, S. 75-104.

HÖSELBARTH, F./LAY, R./LÓPEZ DE ARRIORTUA, J. I. (2000; Hrsg.): Die Berater: Einstieg, Aufstieg, Wechsel, Frankfurt a. M.

JANSEN, ST. A. (2005): Von der Beratung zweiter Ordnung – Vorwort, in: PETMECKY, A./DEELMANN, TH. (2005; Hrsg.): Mit Managementberatern zum Erfolg? Bausteine in der Zusammenarbeit mit Unternehmensberatern, S. V-VII.

KIESER, A. (2002): Wissenschaft und Beratung, Heidelberg.

KIPPING, M. (2002): Jenseits von Krise und Wachstum: der Wandel im Markt für Unternehmensberatung, in: Zeitschrift für Führung + Organisation, 71. Jg. (2002), S. 269-275.

KLEIN, L. (2002): Corporate Consulting – Eine systemische Evaluation interner Beratung, Dissertation, Universität Bielefeld.

KOHR, J. (2000): Die Auswahl von Unternehmensberatungen: Klientenverhalten – Beratermarketing, München/Mering.

KOLBECK, CHR. (2001): Zukunftsperspektiven des Beratungsmarktes: Eine Studie zur klassischen und systemischen Beratungsphilosophie, Wiesbaden.

KOLBECK, CHR./MOHE, M. (2005): Strukturwandel in der Unternehmensberatung – 4 Basistrends verändern die bisherigen Spielregeln des Beratungsmarktes, in: PETMECKY, A./DEELMANN, TH. (2005; Hrsg.): Mit Managementberatern zum Erfolg? Bausteine in der Zusammenarbeit mit Unternehmensberatern, S. 233-243.

LUHMANN, N. (2000): Organisation und Entscheidung, Wiesbaden.

MARCH, J. G. (1991): Exploration and Exploitation in Organizational Learning, in: Organizational Science, Vol. 2 (1991), S. 71-87.

MARTENS, H. (2003): Ratlos in eigener Sache, in: Der Spiegel, Heft 2/2003, S. 78-79.

MITCHELL, V.-W. (1994): Problems and Risks in the Purchasing of Consultancy Services, in: The Service Industries Journal, Vol. 14 (1994), S. 315-339.

MOHE, M. (2002): Inhouse Consulting: Gestern, heute – und morgen?, in: MOHE, M./HEINECKE, H. J./PFRIEM, R. (2002; Hrsg.): Consulting – Problemlösung als Geschäftsmodell. Theorie, Praxis, Markt, Stuttgart, S. 320-343.

MOHE, M. (2003): Klientenprofessionalisierung: Strategien und Perspektiven eines professionellen Umgangs mit Unternehmensberatung, Marburg.

MOHE, M. (2004): Gleiche Augenhöhe, in: Financial Times Deutschland, 26.01.2004, S. 30.

MOHE, M. (2004a): Stand und Entwicklungstendenzen der empirischen Beratungsforschung – eine qualitative Meta-Analyse, in: Die Betriebswirtschaft, 64. Jg. (2004), S. 693-713.

MOHE, M. (2005): Interne Beratung auf dem Prüfstand: Möglichkeiten einer rollenspezifischen Evaluation durch eine Internal Consultant's Scorecard, in: BOOS, F./HEITGER (2005; Hrsg.): Wertschöpfung im Unternehmen. Wie innovative interne Dienstleister die Wettbewerbsfähigkeit steigern, Wiesbaden (im Erscheinen).

MOHE, M. (2005a): Der systemische Klient – Was passiert, wenn Klienten ihre Berater beobachten? In: Organisationsentwicklung (im Erscheinen).

MOHE, M./KOLBECK, CHR. (2003): Klientenprofessionalisierung in Deutschland. Stand des professionellen Umgangs mit Beratung bei deutschen Dax- und MDax-Unternehmen. Empirische Ergebnisse, Best Practices und strategische Implikationen, Universität Oldenburg.

MOHE, M./PFRIEM, R. (2002): Where are the Professional Clients? Möglichkeiten zur konzeptionellen Weiterentwicklung von Meta-Beratung, in: MOHE, M./HEINECKE, H. J./PFRIEM, R. (2002; Hrsg.): Consulting – Problemlösung als Geschäftsmodell. Theorie, Praxis, Markt, Stuttgart, S. 25-40.

NEUBERGER, O. (2002): Rate mal! Phantome, Philosophien und Phasen der Beratung, in: MOHE, M./HEINECKE, H. J./PFRIEM, R. (2002; Hrsg.): Consulting – Problemlösung als Geschäftsmodell. Theorie, Praxis, Markt, Stuttgart, S. 135-161

NICOLAI, A. T. (2000): Die Strategie-Industrie: Systemtheoretische Analyse des Zusammenspiels von Wissenschaft, Praxis und Unternehmensberatung, Dissertation, Wiesbaden.

NIEDEREICHHOLZ, CHR. (1993): Der arge Mangel an qualifizierten Beratern, in: Harvard Business Manager, Nr. 1/1993, S. 110-113.

NIEDEREICHHOLZ, CHR. (1996): Unternehmensberatung. Band 1: Beratungsmarketing und Auftragsakquisition, 2., überarb. Aufl., München/Wien.

O.V. (2003): Sparwut bei den Kunden, in: Capital, 10/2003, S. 62.

PHILLIPS, J. J. (2000): The Consultant's Scorecard: Tracking Results and Bottom-Line Impact of Consulting Projects, New York et al.

QUIRING, A. (2002): Beraterhaftung nach neuem Recht, in: Unternehmensberater, Nr. 2/2002, S. 43-47.

ROMHARDT, K. (1998): Die Organisation aus der Wissensperspektive: Möglichkeiten und Grenzen der Intervention, Wiesbaden.

SAAM, N. J. (2001): Agenturtheorie als Grundlage einer sozialwissenschaftlichen Beratungsforschung, in: DEGELE, N./MÜNCH, T./PONGRATZ, H. J./SAAM, N. J. (2001; Hrsg.): Soziologische Beratungsforschung: Perspektiven für Theorie und Praxis der Organisationsberatung, Opladen, S. 15-37.

SAVITCH, I. (2002): Erfolgsfaktoren für die Zusammenarbeit zwischen internen und externen Beratern. Vortragsdokumentation, Management Circle Fachforum, Frankfurt a. M., 18.06.2002.

SCHEIN, E. H. (1993): Organisationsberatung für die neunziger Jahre, in: FATZER, G. (1993; Hrsg.): Organisationsentwicklung für die Zukunft: ein Handbuch, Köln, S. 405-420.

SELCHERT, M. (1997): Organisationsstrukturen und Professionalität. Formen und Funktionen professioneller In-house Dienstleistungen, Hamburg.

SHAPIRO, E. C./ECCLES, R. G./SOSKE, T. L. (1994): So werden Berater richtig eingesetzt, in: Harvard Business Manager, Heft 1/1994, S. 109-116.

SPERLING, H. J./ITTERMANN, P. (1998): Unternehmensberatung – eine Dienstleistungsbranche im Aufwind, München/Mering 1998.

STAEHLE, W. H. (1991): Organisatorischer Konservatismus in der Unternehmensberatung, in: Gruppendynamik, 22. Jg. (1991), S. 19-32.

STEPPAN, R. (2001): Verblasste Euphorie, in: Sonderbeilage „Consulting", Financial Times Deutschland, 04.09.2001, S. 1 und S. 8.

STEVENSON, H. H./SAHLMAN, W. A. (1988): So geht man mit Beratern um, in: Harvard Manager, 10. Jg. (1988), S. 21-26.

THINNES, P. (1998): Beratung mit Profil, in: Howaldt, J./Kopp, R. (1998; Hrsg.): Sozialwissenschaftliche Organisationsberatung – Auf der Suche nach einem spezifischen Selbstverständnis, Berlin, S. 215-229.

WEIERSHÄUSER, ST. (1996): Mitarbeiterverhalten im Beratungsprozeß. Eine ökonomische Betrachtung. Dissertation, Wiesbaden.

WILLKE, H. (1995): Systemtheorie III: Grundzüge einer Theorie der Steuerung komplexer Sozialsysteme, Stuttgart.

WIMMER, R. (2002): Entwicklungstrends in Wirtschaft und Gesellschaft. Mögliche Auswirkungen auf den Beratermarkt. e-Newsletter der OSBi, Nr. 3/2002, Wien, S. 1-37.

WIMMER, R./KOLBECK, CHR./MOHE, M. (2003): Beratung: Quo Vadis? Thesen zur Entwicklung der Unternehmensberatung, in: Organisationsentwicklung, Heft 3/2003, S. 61-64.

WOHLGEMUTH, A. C. (2003): Management Consulting – quo vadis?, in: io new management, Nr. 9/2003, S. 54-60.

WOLF, G. (2000): Die Krisis der Unternehmensberatung: Ein Beitrag zur Beratungsforschung, Dissertation, Wiesbaden.

WURPS, J./MUSONE CRISPINO, B. (2002): Inhouse Consulting in der Praxis – Ein Erfahrungsbericht der Volkswagen Consulting, in: MOHE, M./HEINECKE, H. J./PFRIEM, R. (2002; Hrsg.): Consulting – Problemlösung als Geschäftsmodell. Theorie, Praxis, Markt, Stuttgart, S. 344-356.

Kommentar: Von der Klientenprofessionalisierung zur ganzheitlichen Erklärung von Beratungserfolg

Dr. Stephan A. Friedrich von den Eichen
Partner „Strategy and Organization", Arthur D. Little
Managing Director, ADL-Academy

Unter dem Stichwort „Klientenprofessionalisierung" leistet Michael Mohe einen wertvollen Beitrag, um offensichtliche Grenzen der Strategieberatung zu überwinden – und das für alle beteiligten Lager: Dem Klienten führt er vor Augen, wieviel er am Ende selbst zum Beratungserfolg beiträgt und welche Wege ihm offen stehen, sich dafür zu qualifizieren. Dem Berater erschließt sich, wie er jene Professionalisierung unterstützen kann, aber eben auch, warum er dies tun sollte. Aus Sicht der Beratungsforschung schließlich wird ein anschlussfähiger Baustein für ein ganzheitliches Verständnis von Beratung und Beratungserfolg geliefert.

Der besondere Wert des Beitrags liegt in einem Perspektivenwechsel weg vom Bild des Beraters als „Problemlösungs-Professional", der das Unternehmen mit „besserem" Wissen versorgt. An diesem Verständnis rüttelt bereits die zuletzt viel propagierte systemische Beratung, indem sie dem Berater die Rolle des Reflektors zuweist, der das „System Unternehmung" anregt, sich selbst zu verändern. Der Perspektivenwechsel gelingt um so eher, je expliziter man die Meinung vertritt, dass erfolgreiche Beratung immer die Bereitschaft und Fähigkeit des Klienten mit einschließt. Bemüht man einmal mehr die Arzt-Patienten Analogie, so heißt das: Nicht der bewusstlose Patient ist dem Berater willkommen (weil er ihn vor weniger Probleme stellt), sondern ein Patient, der sich bewusst zu seinem Problem äußert und überdies bereit und in der Lage ist, die von ihm mitentwickelte (oder zumindest mitgetragene) Therapie nach Kräften zu unterstützen. In diesem Sinne hilft der Beitrag, den Klienten zum ebenbürtigen Partner zu entwickeln, der aus einem gegebenen Beratungsangebot das Möglichste für ihn herausholt.

Aus Sicht des Beraters kann man nur unterstreichen, welch himmelweiter Unterschied es doch ist, mit beratungserfahrenen Klienten zu arbeiten. Das fängt beim Einkauf an. Gatekeeper – nicht selten ehemalige Berater – wissen genau, wie sie die passende Beratung selektieren und worauf sie beim Einkauf von Beratungsleistungen und Beratungsressourcen achten müssen. Auch ist sich der erfahrene Klient der zusätzlichen Komplexität bewusst, die Beratungsprojekte in seine Organisation tragen. Er kann die Ressourcen abschätzen, die klientenseitig für den Erfolg eines Beratungsprojektes notwendig sind. Schließlich vermag er besser, Mögliches von Unmöglichem zu trennen. So vorteilhaft sich die Unerfahrenheit des Klienten mitunter auf die Konditionengestaltung und das Verkaufsvolumen auswirken mag, so fatal können die Folgen für den Zufriedenheitsgrad sein. Überzogene Erwartungen sorgen für Ernüchterung und bedrohen die gerade begründete Geschäftsbeziehung in ihrem Bestand. Schon deshalb ist Klientenprofessionalisierung nicht nur für den Klienten von Interesse.

Überhaupt ist der Beitrag auch aus Sicht der Beratung erhellend. Prima vista passt er geradezu ideal in das argumentative Weltbild einer vielgescholtenen Zunft. Endlich liefert jemand die Bestätigung, dass gravierende Fehler nicht (nur) von Beratern, sondern von unprofessionellen Beratenen gemacht werden. An Misserfolgen ist folglich (auch) der Kunde schuld. Doch der Beitrag leistet weit mehr, als Einseitigkeit durch Einseitigkeit zu ersetzen, indem er Berater aus ihrer Verantwortung entlässt. Ganz im Gegenteil. So wie der Kunde durch Professionalisierung zum Erfolg der Beratung beitragen muss, sollte der Berater wiederum seinen Beitrag zur Professionalisierung des Klienten leisten. Dazu zählen etwa eine verständliche Kommunikation über seine Rolle, die Schärfung seines Leistungsprofils, frühzeitiges Erwartungsmanagement, verlässliche Hinweise auf den qualitativen und quantitativen Ressourcenbedarf beim Klienten, die Bereitschaft zum Wohl des Kunden mit anderen Beratern zusammenzuarbeiten, die aktive Steuerung der Beziehungsqualität zwischen eingesetzten Beratern und dem Klienten oder auch die Bereitschaft, die eigene Leistung einer Evaluierung zu unterziehen. Derartige Unterstützung bei der Klientenprofessionalisierung kommt nicht zuletzt auch dem Berater zugute. Der bisweilen unterstellten Kausalität zwischen unprofessionellem Kundenverhalten, einer dadurch induzierten Verunsicherung des Klienten und einem erneuten Beratungsbedarf kann aus eigener Erfahrung widersprochen werden. Ist es nicht manchmal so, dass Klienten im Stadium hoher Verunsicherung über die Relation zwischen getätigtem Investment für Berater und dem durch Beratung geschaffenen Mehrwert zu Reaktanz neigen und sich am Ende für Beratung verschließen? Einen Schritt weiter gedacht: Könnte sich die eingeforderte Professionalisierung als neues Betätigungsfeld für Berater erweisen – und tut es stellenweise auch schon? Dem Klienten eröffnet der gezielte Zukauf von passenden Dienstleistungen eine weitere Option, um das Professionalisierungsgefälle gegenüber der Beratung abzubauen.

Schließlich erweist sich der Beitrag auch aus Sicht der Beratungsforschung als äußerst nützlich. Dies geht weit über die unmittelbare Beschreibung der Notwendigkeit und des Inhalts von Professionalisierungsstrategien hinaus. Die Nützlichkeit des Beitrags liegt insbesondere in seiner Anschlussfähigkeit für das Verständnis des Beratungserfolgs. Blicken wir zurück, galt zunächst die ganze Aufmerksamkeit den Beratungskonzepten. In der Folge rückte zusätzlich der Berater (und die von ihm ausgefüllte Rolle) in das Betrachtungsfeld. Mit dem Klientensystem und dessen Reife (sprich Professionalität) erweitert sich erneut das Untersuchungsfeld der Beratungsforschung. Um schließlich dem heeren Anspruch der Ganzheitlichkeit besser gerecht zu werden, sollte man zudem die „Klienten-Berater"-Schnittstelle stärker in die Überlegungen mit einbeziehen.

Ganzheitlichkeit meint in diesem Sinne aber nicht nur die Ausdehung des Betrachtungsgegenstandes, sondern auch die Art und Weise, wie man ihn betrachtet. Damit steht Ganzheitlichkeit für Interdisziplinarität. Mit dem Hinweis auf eine „reflexive Klientenprofessionalisierung" schlägt der Beitrag bereits die Brücke zur (neueren) Systemtheorie. Wer die „Klienten/Berater"-Beziehung mit einbezieht und sie dabei als ein soziales System begreift, dem helfen überdies Anthropologie und Erkenntnistheorie zu zusätzlichen Einsichten über den Beratungserfolg. So wird es gelingen, die Wechselwirkungen zwischen dem Prozess der Beratung und dem sozialen System „Klient-Berater" zu erfassen, denn einerseits wirkt sich die Qualität des Beratungsprozesses auf die Zufriedenheit der einzelnen Akteure des Systems „Klient-Berater" und deren Engagement im Beratungsprozess aus. Andererseits beeinflussen die Verhaltensweisen der Teilnehmer auf Klienten- und Beraterseite die Qualität des Beratungsprozesses. Die Systemtheorie berücksichtigt die Dynamik der Beziehung „Klient-Berater". Sie lenkt die Aufmerksamkeit von einer zeitpunkt- zu einer zeitraumbezogenen Betrachtung.

Die konstruktivisitsche Perspektive zeigt uns, weshalb es immer wieder vorkommen kann, dass Berater und Klient aneinander vorbeireden, obwohl sie glauben, dasselbe zu meinen. Die anthropologische Perspektive stellt schließlich sicher, das (via Humanethologie) mehr Wissen über das Wesen des Menschen in den Beratungskontext einfließt.

Re-Kommentar: Klientenprofessionalisierung als neues Betätigungsfeld für Berater?

Prof. Dr. Michael Mohe
Universität Oldenburg

Eigentlich müsste das Thema der Klientenprofessionalisierung den Beratern die Schweißperlen auf die Stirn treiben: Beratungsleistungen werden gezielter eingekauft, Projekte werden stärker kontrolliert, gesteuert und schließlich „am Ende des Tages" auf den Prüfstand gestellt. Für Stephan A. Friedrich von den Eichen sind diese neuen Entwicklungen auf der Klientenseite jedoch alles andere als ein Grund zur Sorge:

„Aus Sicht des Beraters kann man nur unterstreichen, welch himmelweiter Unterschied es doch ist, mit beratungserfahrenen Klienten zu arbeiten." Und: „Schon deshalb ist Klientenprofessionalisierung nicht nur für den Klienten von Interesse."
Dem kann nur zugestimmt werden (MOHE 2003, S. 383),

- einerseits, weil von professionellen Klienten ein „sanfter" Zwang zur Professionalisierung der gesamten Beratungsbranche ausgeht, der dazu beiträgt, die „schwarzen Schafe" zum Vorteil seriöser Beratungsanbieter aus dem Beratungsmarkt zu drängen, sowie
- andersseits, weil die Qualität der Klientenbasis einen beraterseitigen Wettbewerbsvorteil von herausragender Bedeutung begründet (z.B. SAVARY 1999), wenn man davon ausgeht, dass Berater ihr Know-how nicht über Lehrbuchwissen, sondern über die Bearbeitung konkreter Beratungsprojekte generieren und erweitern. In diesem Sinne können Berater professionelle Klienten als Lern- und Reflexionsmöglichkeit für die eigene Professionalisierung nutzen.

Der Kommentar wirft aber darüber hinaus eine sehr reizvolle Frage auf: „Könnte sich die eingeforderte [Klienten-]Professionalisierung als neues Betätigungsfeld für Berater erweisen?" Stephan A. Friedrich von den Eichen schlägt damit eine Brücke zur Idee der Meta-Beratung – ein bislang noch recht unbekanntes

Modell, das Peter GROSS (2000) allerdings schon zu einem „Geschäftsmodell der Zukunft" erklärt hat. Doch was meint überhaupt Meta-Beratung?

So wie etwa der Begriff der Meta-Kommunikation eine Kommunikation über Kommunikation meint (LUHMANN 1994, S. 210), definiert sich Meta-Beratung als eine Form der Beratungs-Beratung, die Klienten in Fragen zur Beratung an sich berät (MOHE 2005, MOHE I.E). Das grundsätzliche Ziel der Meta-Beratung besteht in der Optimierung der Beratung an sich (z.B. mit dem Versprechen auf eine bessere Auswahl und einen effektiveren Einsatz von Beratern).

Hierfür kann die Meta-Beratung eine Experten- und/oder eine Reflexionsrolle einnehmen: In ihrer Expertenrolle folgt sie dem Ansatz der Fachberatung, die Klienten Fachwissen, Methodenwissen („Tools") und Erfahrungswissen für den Umgang mit Beratung zur Verfügung stellt (z.B. Beratungs-Handbücher, Consultants Scorecards). Dahingegen korrespondiert ihre Reflexionsrolle mit dem Ansatz der Prozessberatung bzw. der systemischen Beratung. Hier nimmt die Meta-Beratung eine passivere, aber nicht weniger bedeutsame Rolle des fragenden Beobachters ein, der seine Beobachtungen in das Klientensystem zurückspiegelt, um damit Reflexionsprozesse über den Umgang mit Beratung auf der Klientenseite in Gang zu setzen, die wiederum helfen, verfestigte Gewohnheiten zu hinterfragen und internalisierte Routinen aufzubrechen.

Auf den ersten Blick spricht nun tatsächlich einiges dafür, dass Berater nicht nur ihre beratende, sondern auch eine meta-beratende Rolle übernehmen könnten: Die Berater kennen beispielsweise die Spielregeln des Beratungsmarktes, sie wissen um die Stärken und Schwächen ihrer Mitbewerber, und ihr Erfahrungswissen aus unzähligen Beratungsprojekten könnte Klienten wertvolle Hilfestellung bei der generellen Optimierung und Steuerung von Beratungsprojekten bieten. An den erforderlichen fachlichen Kompetenzen sollte es also nicht scheitern.

Allerdings ist fachliche Kompetenz nur eine wichtige Voraussetzung für die Meta-Beratung. Hinzu kommt das Kriterium der Neutralität – und spätestens bei diesem Aspekt keimen Zweifel auf, denn um diesem Kriterium gerecht zu werden, müsste es den Beratern gelingen, Neutralität über eigene ökonomische Interessen zu stellen. Schließlich würde dies unter anderem bedeuten, auf die Übernahme von Aufträgen zu verzichten, wenn andere Berater hierfür vielleicht besser geeignet wären. Oder auf die Spitze getrieben: Berater würden für Klienten ein Evaluationssystem für Beratung entwickeln und sich damit letztlich selbst evaluieren.

Schon diese Beispiele zeigen, dass die Berater in einen Interessenkonflikt zwischen Beratung und Meta-Beratung geraten und wohl auch auf der Klientenseite Irritationen auslösen würden („Mit Beratern über Beratung reden?"). Wollte sich die Beratung dennoch zukünftig als Meta-Beratung für Klienten positionieren, müsste sie ihr angestammtes Geschäftsmodell der Beratung aufgeben – eine wohl sehr unwahrscheinliche Option.

Doch welche Akteure könnten dann die Rolle einer Meta-Beratung übernehmen? Schaut man in die Praxis, zeigt sich, dass es sich bei den Akteuren der Meta-Beratungen entweder um ehemalige Berater handelt, die nun „die Seiten gewechselt haben", – oder um Akteure aus der Beratungsforschung. Im Zuge des zunehmenden Interesses von Universitäten an Beratungsthemen könnte Meta-Beratung insofern ein gleichsam neues und interessantes Betätigungsfeld für beratungsnahe Fakultäten und Institute darstellen.

Literatur

GROSS, P. (2000): Das Ende der Gewissheiten – in Wirtschaft und Gesellschaft. Vortrag beim Kanti-Forum 2000 zum Thema „Der Zeitgeist heißt Tempo – Vom Leben in beschleunigter Gesellschaft", Universität St. Gallen, in: http://www.ksluzern.ch/diversicum/archiv/kantiforum2000/Vortrag_Gross.htm.

MOHE, M. (2003): Klientenprofessionalisierung – Strategien und Perspektiven eines professionellen Umgangs mit Unternehmensberatung, Marburg/Metropolis.

MOHE, M. (2005): Meta-Beratung, in: MOHE, M. (Hrsg.): Innovative Beratungskonzepte. Ansätze, Fallbeispiele, Reflexionen. Leonberg (erscheint im Juni 2005).

MOHE, M. (i.E.): Funktionen und Grenzen der Meta-Beratung: Was kann Meta-Beratung leisten?, in: Zeitschrift für Führung und Organisation (im Erscheinen).

SAVARY, M. (1999): Knowledge Management and Competition in the Consulting Industry, in: California Management Review, Vol. 41 (1999), S. 95-107.

4 Management von Management Consultants – Voraussetzungen, Umsetzung, Zukunft

Arnd Petmecky
Leiter Inhouse Consulting Telekom, Deutsche Telekom AG
Thomas Deelmann
Inhouse Consulting Telekom, Deutsche Telekom AG

1 Einleitung

Der Markt für Managementberatungsdienstleistungen kann zum heutigen Zeitpunkt als gereift beschrieben werden. Nachdem besonders in den 1980er und 1990er Jahren ein Boom bei Angebot und Nachfrage von Beratungsleistungen zu beobachten war, sah sich die von zweistelligen Umsatzzuwachsraten geprägte Branche mit Umsatzrückgängen bzw. einem Nullwachstum konfrontiert. Dies hat zu einer Konsolidierung der am Markt tätigen Berater geführt.

Gleichzeitig schafft der in Deutschland ungeschützte Begriff des Unternehmensberaters extrem niedrige Markteintrittsbarrieren und führt zu einer starken Angebotselastizität. Es können verschiedene Anstrengungen beobachtet werden, um diesen Entwicklungen zu begegnen. Im Rahmen von Lobby- und Verbandsarbeit (beispielsweise durch den Bundesverband Deutscher Unternehmensberater BDU e. V. oder The International Council of Management Consulting Institutes, ICMCI) wird versucht, Berater sowie Beratungsunternehmen zu zertifizieren. Diese Kennzeichnung soll die Reputation der ausgezeichneten Anbieter erhöhen und die Risiken auf Seiten der Kunden für den Fall einer Zusammenarbeit minimieren. Durch eine solche vertrauensbildende Maßnahme lassen sich Transaktionskosten senken und ggf. höhere Preise am Markt erzielen. Parallel hierzu legen die meisten der großen und etablierten Beratungsanbieter starken Wert auf ihre eigene Reputation und koppeln sich in weiten Teilen von allgemeinen Markt- und Verbandsbemühungen ab. Obige Argumentationskette lässt sich hier analog mit dem Ergebnis der höheren erzielbaren Marktpreise führen. Interessant zu beobachten ist, dass beide gerade angesprochenen Gruppen weitestgehend disjunkt sind.

Auch auf der Nachfragerseite sind Aktivitäten vorhanden, die zu den reduzierten Wachstumsraten des Beratungsmarktes führen. Neben eher kurzfristig orientierten drastischen Sparmaßnahmen sind auch nachhaltige Entwicklungen eines professionelleren Umgangs mit Beratern zu beobachten. Kundenunternehmen haben verstärkt Kompetenzen aufgebaut, die sowohl die perspektivische wie auch die operative Steuerung des Beratereinsatzes installieren und optimieren. Hierzu zählen bspw. ehemalige Beratungsmitarbeiter, die nun im Dienste der Kunden als Projektleiter fungieren und hinreichend Erfahrung im Umgang mit externen Beratern haben. Auch bilden sich spezialisierte Stellen in Unternehmen und Organisationen heraus, die primär Beratungsleistungen beschaffen, bzw. den Einsatz von Beratern steuern.

Die aufgezeigten Entwicklungen auf Anbieter- sowie Nachfragerseite lassen sich grundsätzlich für die verschiedenen Beratungsdisziplinen, also bspw. Strategieberatung, IT-Beratung oder HR-Beratung aufzeigen. Unterschiede ergeben sich lediglich in der Deutlichkeit der einzelnen Ausprägungen und ihrer zeitlichen Positionierung. Ungeachtet dessen wird im Folgenden der Fokus auf die Strategieberatung gelegt, eine Übertragbarkeit auf die übrigen Bereiche ist jedoch in der Regel möglich.

Zusammenfassend lässt sich feststellen, dass sich auf dem gereiften Markt für Strategieberatungsleistungen die einzelnen Marktteilnehmer arrangiert haben. Auf Seiten der Nachfrager lassen sich Professionalisierungsbemühungen identifizieren, die zu einem systematischen Umgang mit Professional Service Firms führen. Es stellt sich vor dem Hintergrund dieser Entwicklung die Frage, wie ein solcher Umgang im Detail erfolgen kann.

Der vorliegende Beitrag will daher verschiedene Möglichkeiten eines systematischen Umgangs mit Dienstleistern für strategische Unternehmensberatung aufzeigen. Nach diesem einleitenden Kapitel wird im Folgenden zunächst ein spezifisches Gefahrenpotenzial im unreflektierten Umgang mit Beratern aufgezeigt, bevor die wesentlichen Voraussetzungen für eine erfolgreiche Zusammenarbeit zwischen Strategieberater und Kunde definiert werden. Schließlich werden Möglichkeiten des professionellen Umgangs mit Beratern vorgestellt und ihre Umsetzung durch verschiedene Rollen innerhalb einer Organisation diskutiert. Eine Zusammenfassung sowie der Versuch eines Ausblicks auf weitere Entwicklungen runden diesen Beitrag ab.

2 Gefahr beim Einsatz von Strategieberatern

In der betrieblichen Praxis lassen sich verschiedene Problembereiche im Umgang mit Strategieberatern identifizieren. Hier sind bspw. divergierende Interessen zwischen dem Auftraggeber und dem Gesamtunternehmen, eine mangelnde Akzeptanz der externen Unterstützung, die fehlende Empathie der Berater etc. zu nennen. Im Wesentlichen können diese Ausprägungen jedoch auf einen Kern zurückgeführt werden, der es notwendig macht, den Umgang mit Beratern professionell zu gestalten.

Unter Bezugnahme auf die Transaktionskostentheorie werden externe Ressourcen (hier: Strategieberater) engagiert, um eine in der Regel selten anfallende Aufgabe zu bewältigen, für deren interne Lösung keine Ressourcen zur Verfügung stehen bzw. erst mit größerem Aufwand zur Verfügung gestellt werden können. Den Strategieberatern wird von Seiten der Auftraggeber hierbei ein großes Vertrauen entgegengebracht, welches i. d. R. auch nicht enttäuscht wird. Die Berater geben dem Kunden das Gefühl, mit äußerster Professionalität vorzugehen und die gegebene Aufgabe lösen zu können.

Es ist zu beobachten, dass sich der Auftraggeber in seiner Auswahl bestärkt fühlt und seinem Lieferanten überproportional vertraut (people's business). Seine an anderen Stellen zu Tage tretende kritische Haltung kommt im Umgang mit Beratern unterdurchschnittlich häufig zum Ausdruck. Positive Statusreports, gut gestaltete Präsentationen, eloquente Berater etc. verleiten den Kunden häufig dazu, die Interaktion sowie die eigenen Aktivitäten in Beratungsprojekten weitestgehend zu reduzieren.

Diese Reduktion führt dazu, dass in der Praxis viele Kunden zunächst dem Berater überdurchschnittlich vertrauen und sich auf diesen verlassen. Bei der Präsentation der Ergebnisse lässt sich in einem nächsten Schritt ein positives Bild des Projektverlaufes vernehmen. Der Berater wird die erledigte Arbeit als Erfolg präsentieren und sowohl seine Arbeit als auch die des Kunden (hier ist es gleichgültig, ob der Kunde einen Beitrag geleistet hat oder nicht) als hervorragend, zielführend und überdurchschnittlich herausstellen. Nicht immer erfolgt der prüfende Blick zurück auf die initiale Projektdefinition und die dort hinterlegten Projektziele. Die ursprünglichen Ziele und die positiv bewerteten Ergebnisse sind jedoch nicht immer deckungsgleich. Der Berater steht dieser Situation im Gegensatz zum Auftraggeber bestenfalls neutral gegenüber, letzterer hingegen verbindet mit der initialen Zieldefinition häufig anders lautende Erwartungen.

Es ist festzustellen, dass es teilweise dem Berater überlassen bleibt, die Ziele zu erreichen. Neben der Aufgabenüberlassung ist jedoch die finale Übertragung der Ergebnisverantwortung unterblieben. Da nun der Strategieberater als Auftragnehmer nicht für die Ziele, Aufgaben und erwarteten Ergebnisse des Auftraggebers verantwortlich ist, kann ihm kein Vorwurf für die Nichterreichung dieser Ziele gemacht werden. Um eine solche Situation zu vermeiden, ist die Rolle des Strategieberaters zu entmystifizieren. Hierbei kann die Professionalisierung der Klienten helfen.

3 Voraussetzung einer professionellen Zusammenarbeit

Klientenunternehmen entwickeln verstärkt effektive Hilfsmittel für den Umgang mit Beratern. Einige von diesen Hilfsmitteln werden weiter unten beschrieben. Das Scheitern des professionellen Umgangs mit Beratern lässt sich häufig auf die Grundlagen der Zusammenarbeit zurückführen. Im Folgenden werden drei Szenarien aufgezeigt, die sich durch die Positionen unterscheiden, mit denen sich Berater und Kunde gegenüberstehen.

In einem ersten denkbaren Fall führt der Berater den Kunden. Hierbei kann letzterer meist nicht über das Ob und Wie einer Zusammenarbeit mit dem Berater bestimmen. Häufig wird die Zusammenarbeit von einer dritten Partei angeordnet. Eine solche Situation kann bspw. auftreten, wenn ein Unternehmen in einer wirtschaftlich ungünstigen Lage von einem Fremdkapitalgeber einen Berater „empfohlen" bekommt. Das Unternehmen ist in diesem Fall nicht intrinsisch motiviert, das Beratungsprojekt durchzuführen, vielmehr fühlt es sich in seiner Bewegungsfreiheit eingeschränkt. Der Berater wird hier als Druckmittel, Erfüllungsgehilfe eines Dritten o. Ä. betrachtet. Eine ähnliche Situation tritt auf, wenn innerhalb eines Unternehmens im Rahmen des vorhandenen Direktionsrechts der Beratereinsatz gegenüber einem nachgeordneten Bereich angeordnet wird. Auch hier ist die Bereitschaft zu einer Erfolg versprechenden Zusammenarbeit als eher gering einzuschätzen.

Im zweiten denkbaren Fall führt der Kunde den Berater. Der Strategieberater tritt hier in seiner reinsten Rolle als Dienstleister auf und führt die Anweisungen des Kunden aus. Ergebnis einer solchen Tätigkeit sind Gefälligkeitsgutachten, undifferenzierte und nicht-neutrale Aussagen sowie im besten Fall so genannte Body-Leasing-Projekte. Eine erfolgreiche Zusammenarbeit zwischen zwei professionellen Geschäftspartnern unterbleibt an dieser Stelle. Auch von dieser Konstellation mit verschobenem Kräfteverhältnis ist demnach abzuraten.

Der dritte denkbare Fall schließlich ist vorhanden, wenn Berater und Kunde partnerschaftlich zusammenarbeiten. Der Kunde ist bereit, den Rat und die Meinung eines geachteten Dritten einzuholen. Der Berater kann entsprechend seiner Ausbildung und Erfahrung als Externer einen neuen Sachverhalt betrachten und objektive Vorschläge zur Lösung von Problemen unterbreiten.

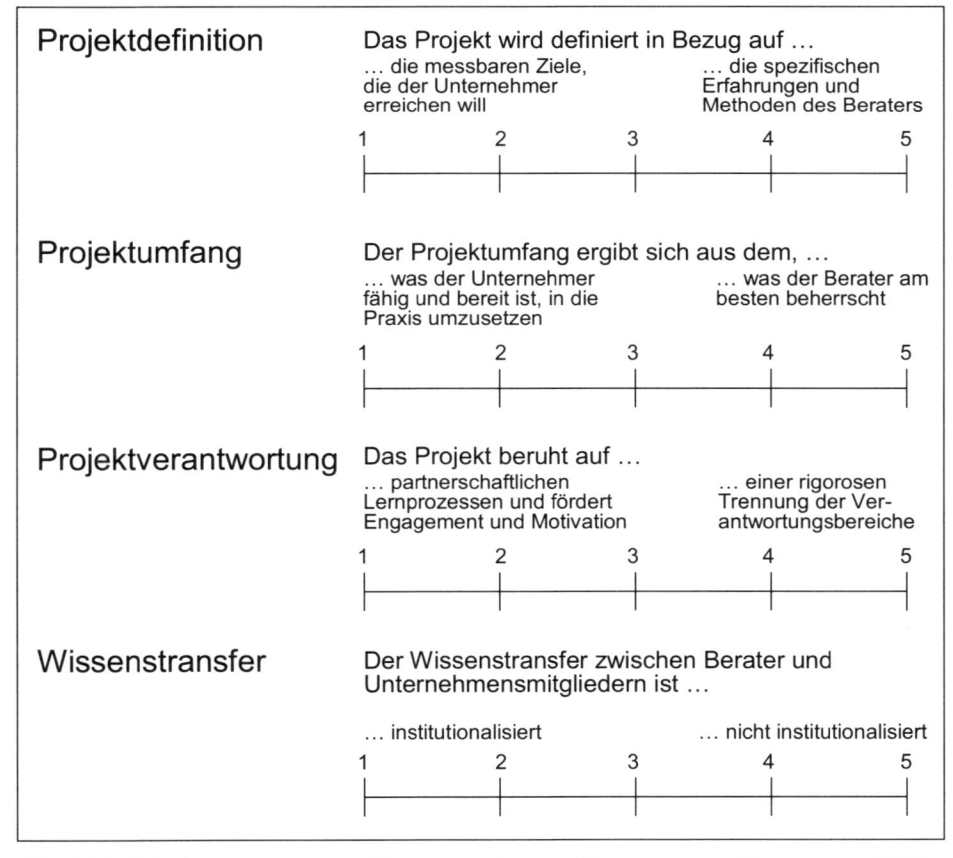

Projektdefinition	Das Projekt wird definiert in Bezug auf …	
	… die messbaren Ziele, die der Unternehmer erreichen will	… die spezifischen Erfahrungen und Methoden des Beraters
	1 2 3 4 5	
Projektumfang	Der Projektumfang ergibt sich aus dem, …	
	… was der Unternehmer fähig und bereit ist, in die Praxis umzusetzen	… was der Berater am besten beherrscht
	1 2 3 4 5	
Projektverantwortung	Das Projekt beruht auf …	
	… partnerschaftlichen Lernprozessen und fördert Engagement und Motivation	… einer rigorosen Trennung der Verantwortungsbereiche
	1 2 3 4 5	
Wissenstransfer	Der Wissenstransfer zwischen Berater und Unternehmensmitgliedern ist …	
	… institutionalisiert	… nicht institutionalisiert
	1 2 3 4 5	

Abb. 1: Mögliche Ausgestaltungen der Zusammenarbeit nach KRAUTHAMMER/HINTERHUBER (2001)

Lediglich die partnerschaftliche Zusammenarbeit zwischen beiden Parteien erscheint geeignet, ein Projekt, welches das Attribut der Strategieberatung führt, erfolgreich umzusetzen. Um zu einer solchen Zusammenarbeit zu gelangen, bedarf es auf Seiten der Kunden verschiedener Anstrengungen, um das Vorgehen und die Aktivitäten der externen Dienstleister zu verstehen, einschätzen zu können und opportun hierauf zu reagieren.

Abbildung 1 gibt nochmals eine exemplarische Übersicht möglicher Ausgestaltungen der Zusammenarbeit in vier verschiedenen projektbezogenen Bereichen. Bei den Skalen weisen Ausprägungen beim Wert 1 darauf hin, dass vermutlich eine partnerschaftliche Zusammenarbeit vorliegt. Projekte mit Ausprägungen beim Wert 5 verweisen auf die Möglichkeit eines Ungleichgewichts.

4 Umsetzungsmöglichkeiten des Managements von Management Consultants

Der folgende Abschnitt will verschiedene Möglichkeiten zum Management von Strategieberatern vorstellen, um das gerade skizzierte Ungleichgewicht in der Machtbalance zwischen Berater und Kunde zu vermeiden.

Projektvorbereitendes Management

Im Rahmen einer Projektausschreibung wird die konkrete Situation eines zukünftigen Projekts betrachtet. Eine Ausschreibung ist sowohl ein Konzept- bzw. Ideen- als auch ein Preiswettbewerb. Im Rahmen des Ausschreibungsprozesses werden zunächst hinreichend detailliert die Umfeldbedingungen des Projektes aufgelistet und die gewünschten Projektinhalte (soweit möglich) samt der –ziele spezifiziert.

Zusätzlich zu diesen Angaben erhält das Ausschreibungsdokument idealerweise Angaben zu den Einsatzfeldern bzw. Aufgaben des Beraters, zu den benötigten Fähigkeiten des Beraters und zur Laufzeit des Projektes. Abgerundet wird die Unterlage durch organisatorische Angaben, bspw. zu Ansprechpartnern für fachliche und kaufmännische Rückfragen, zum weiteren Zeitrahmen, zu den erwarteten Angebotsinhalten usw.

Das fertige Ausschreibungsdokument wird anschließend an potenziell infrage kommende Berater verschickt. Es ist sinnvoll, mindestens drei Berater einzubinden. Eine Höchstgrenze gibt es nicht, allerdings wird bei mehr als ca. fünf Teilnehmern sowohl der Arbeitsaufwand auf Seiten des Kundenunternehmens recht hoch als auch die Erfolgswahrscheinlichkeit, den Ausschreibungswettbewerb für sich entscheiden zu können, auf Seiten der Beratungsunternehmen relativ gering, sodass hier aus Pragmatismus- und Wirtschaftlichkeitserwägungen eine obere Grenze in Betracht gezogen werden sollte.

Eingegangene Angebotsdokumente enthalten typischerweise sowohl einen kurzen Überblick über das jeweilige Beratungsunternehmen, Aussagen zum Lösungsweg für das Projekt, Steckbriefe der zum Einsatz kommenden Mitarbeiter des Beratungsunternehmens, Angaben zur möglicherweise benötigten Unterstützung durch das Kundenunternehmen, Referenzen sowie den Angebotspreis, der eine Aufstellung der einzelnen Tagessätze pro Senioritätsgrad, Nebenkosten etc. enthält.

Die eingegangenen Angebote werden in einem nächsten Schritt bewertet. Besonders wichtiges Kriterium ist das Verständnis von Projektziel und -inhalt durch den Berater. Ebenfalls muss ein Verständnis für die Tragweite bzw. Auswirkung des Projekteinsatzes erkennbar sein, da bspw. die Erfüllung oder Nichterfüllung gesetzlicher Anforderungen schwerwiegende Folgen haben können.

Gleichzeitig mit dem Verständnis kann die Praktikabilität des angebotenen Lösungsansatzes untersucht werden. Aus kaufmännischen Gesichtspunkten mag ein spezifisches eingegangenes Angebot bevorzugt werden. Diese Platzierung ist jedoch wertlos, wenn der Lösungsvorschlag bspw. gegen sachlogische Restriktionen verstößt. Auch ist die Alters- bzw. Senioritätsverteilung der für ein Projekt vorgesehenen Beratungsmitarbeiter von Interesse. Eine zu hohe Zahl an Juniorberatern kann ebenso störend sein, wie ein überdurchschnittlich senior besetztes Projekt. Die Kompetenzen der Beratungsmitarbeiter müssen den Anforderungen des Projektes entsprechen.

Neben dem oben angesprochenen Punkt der Praktikabilität des Lösungsansatzes sind ebenso die Plausibilität des Zeitplanes sowie der Umfang des angebotenen Endproduktes von Interesse. Bis zu einem gewissen Grad lässt sich die zeitliche Ausdehnung oder Zusammendrängung der eingesetzten Berater flexibel gestalten. Nicht in allen Projektsituationen kann jedoch mit einer Verdreifachung des Ressourceneinsatzes eine Drittelung der Bearbeitungszeit herbeigeführt werden. Auch im Hinblick auf das angebotene Endprodukt ist Aufmerksamkeit geboten. Ist bspw. ein Konzept oder eine Empfehlung als Projektergebnis gefordert, so können sich erhebliche Unterschiede in Qualität und Quantität bei den verschiedenen Angeboten auftun. Besonders hilfreich an dieser Stelle ist ein im Vorfeld gut gestaltetes Ausschreibungsdokument.

Eher trivial klingt die Aussage, die eingegangenen Angebote hinsichtlich ihrer Vollständigkeit und Termintreue zu bewerten. Leicht wird hier vor dem Hintergrund, dass „doch der Inhalt zählt", ein Auge zugedrückt. Trotzdem sind es oft gerade diese Kleinigkeiten, die ein gutes Indiz für Leistungsfähigkeit, -bereitschaft und -güte eines Anbieters darstellen.

Abschließend kann noch ein nur schwer quantifizierbarer Aspekt in die Bewertung der Angebote mit einbezogen werden. Das Vertrauen in das Beratungsunternehmen, das Angebot erfüllen zu können, ist ein nicht zu unterschätzender Faktor, der in weiten Teilen von den Erfahrungen des Beraters in Bezug auf die Aufgabenstellung, Branche, Technologie, Kundenunternehmen etc. abhängt. Gleichzeitig ist hier auch die persönliche Beziehung zwischen Auftraggeber und Auftragnehmer ein entscheidender Bewertungsfaktor.

Zusätzlich wird neben der inhaltlichen eine kaufmännische Prüfung der Angebote vorgenommen. Eine Möglichkeit der Verbindung von beiden Aspekten besteht in der Justierung der inhaltlichen Anforderungen auf einem 100%-Niveau und der Angabe von finanziellen Bonus- und Malusbeträgen bei einer Über- bzw. Untererreichung dieser Ziele. Bei einem solchen Vorgehen wird zunächst der inhaltliche Teil des abgegebenen Angebots betrachtet und die Zielüber- bzw. –unterschreitung in den einzelnen Kategorien gemessen und in Geldeinheiten ausgedrückt. Diese Quantifizierung der inhaltlichen Unterschiede wird mit dem Angebotspreis in Verbindung gebracht. Im Anschluss hieran kann eine eindeutige Rangreihung der einzelnen Angebote erfolgen.

Die bewerteten Projektangebote greifen auf eine Standardisierung von Senioritätsgraden und Beratungstypen zurück und bilden die Grundlage für Angebotspräsentationen und Verhandlungen, welche ggf. in einen Vertragsschluss münden.

Projekte, die mit dem ausführlichen Ausschreibungsverfahren vergeben werden, erlauben eine maximale Transparenz und Objektivität bei der Projektvergabe sowohl innerbetrieblich als auch gegenüber den Teilnehmern. Weiterhin ist regelmäßig zu beobachten, dass die Diskussion verschiedener Angebote unterschiedlicher Lieferanten auch zu einem Erkenntnisgewinn auf Seiten der Kunden hinsichtlich der Umsetzungsmöglichkeiten und Lösungswege führt. Schließlich zeigt sich regelmäßig, dass die Vergabe auf Basis einer Ausschreibung gegenüber einer so genannten Freihandvergabe zu erheblichen Reduktionen des Projektvolumens führt. Abbildung 2 zeigt nochmals verschiedene Möglichkeiten der Kostenbeeinflussung im Zeitverlauf der Projektvorbereitung und ihre Einflusshebel auf.

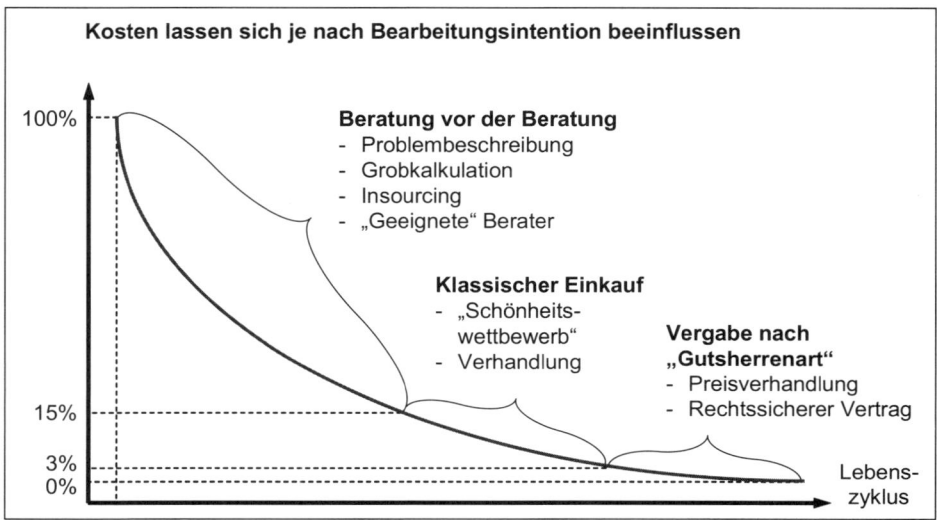

Kosten lassen sich je nach Bearbeitungsintention beeinflussen

- 100% / **Beratung vor der Beratung**
  - Problembeschreibung
  - Grobkalkulation
  - Insourcing
  - „Geeignete" Berater
- **Klassischer Einkauf**
  - „Schönheitswettbewerb"
  - Verhandlung
- **Vergabe nach „Gutsherrenart"**
  - Preisverhandlung
  - Rechtssicherer Vertrag
- 15%
- 3%
- 0% → Lebenszyklus

Abb. 2: Möglichkeiten der Kostenbeeinflussung nach ROTH (2005)

Projektbegleitendes Management

Während der Laufzeit eines Projektes kommt es zu einer projektbegleitenden Beraterbeobachtung. Diese wird in der Regel pragmatisch im Rahmen von Lenkungskreissitzungen o. Ä. durchgeführt. Sobald die gewünschten Ergebnisse nicht erzielt werden und die Tätigkeit des Beraters als ein potenzieller Störfaktor identifiziert wird bzw. sich eine gravierende Missinterpretation der Anforderungen abzeichnet, muss der weitere Projekteinsatz überdacht werden. Eine Überprüfung der Ergebnisse und des Projektfortschritts erfolgt anhand von definierten Meilensteinen, zu denen messbare Ziele und Ergebnisse vorliegen müssen. Der Lenkungskreis dient meist als Kontroll- und Eskalationsinstanz und tritt als Schlichtergremium auf, soweit es zu einem gravierenden Dissens kommt. Hat die Projektplanung in sich abgeschlossene Arbeitspakete und Projektmodule definiert, kann bei den oben genannten Meilensteinen und einem niedrigperformanten Berater eine entsprechende Ablösung vorangetrieben werden. Zusätzlich kann die projektbegleitende Beraterbeobachtung als Grundlage für die Bestimmung des Projekterfolges bei einer gegebenenfalls vereinbarten erfolgsabhängigen Vergütung herangezogen werden.

Projektnachbereitendes Management

Bei der Projektbewertung am Ende eines Projektes werden zwei verschiedene Facetten unterschieden. Es kann zum einen die Durchführung und der Erfolg des Projektes bewertet werden. Zum anderen kann die Arbeit und der Beitrag des involvierten Beraters zum Projektergebnis betrachtet werden. Die in diesem Zusammenhang auskunftgebenden Personen sind sorgfältig auszuwählen und zu identifizieren. Häufig sind dies z.B. der Projektleiter auf Kundenseite oder auf Beraterseite, das Controlling, der Einkauf, eine alle Projekte koordinierende Stelle etc.

Die Aufgabe zur Durchführung der Befragung sollte optimalerweise zentral koordiniert erfolgen. Hier können bspw. der Einkauf, eine interne Beratungseinheit, die Strategieabteilung, eine Stabsstelle oder das Controlling tätig werden. Typische Fragestellungen und Aspekte bei der Betrachtung eines durchgeführten Projektes am Projektende richten sich auf quantifizierbare Größen. Es wird die Frage nach den durch das Projekt verursachten Investitionen ebenso gestellt wie die Frage nach den verursachten Einsparungen. Diese beiden Größen sind anschließend wesentliche Einflussfaktoren für eine Return on Investment-Betrachtung des Projekteinsatzes. Zu beachten ist bei diesen quantifizierten Bewertungsgrößen in der Regel der Betrachtungszeitraum: Werden bspw. Einsparungen des nächsten, der nächsten drei oder der nächsten zehn Jahre betrachtet?

Neben den gerade angesprochenen Bewertungsaspekten ist ein weiterer Prüfpunkt, ob und wie das Projekt umgesetzt wurde bzw. wie die Voraussetzungen für eine Umsetzung gelegt wurden, ob also eine Umsetzbarkeit sicher gestellt ist.

Neben der Bewertung zum Projekt selber ist es in vielen Fällen sinnvoll, auch die eingesetzte Beratung bzw. die vor Ort tätigen Berater zu bewerten. Typische Fragestellungen beziehen sich auf den Umfang der bereitgestellten Beraterkapazität und Unterlagen, die Einhaltung vereinbarter Meilensteintermine, die Qualität der Vertragsabwicklung ebenso wie die Qualität des Projektmanagements und den Umfang der Fähigkeiten zum Problem- und Konfliktmanagement. Die Innovationskraft des einzelnen Beraters wird ebenso abgeprüft wie die Kompetenz der Mitarbeiter oder die Zusammenarbeit zwischen Projektbeteiligten auf Seiten der Kunden und Berater. Eher allgemeiner Natur, d.h. mit konkretem Bezug zur Beratungsfirma, sind Fragen zur Genauigkeit der ursprünglichen Aufwandsschätzung, zum Transfer von Know-how zum Kundenunternehmen, dem Grad der Umsetzungsunterstützung, der Serviceorientierung und des Verhaltens bei Preisen und Konditionen. Die Eignung des Methodeneinsatzes lässt sich vermutlich meist nur schwer abschätzen, von großem Interesse ist jedoch der Mehrwert, den der Beratereinsatz geschaffen hat, und der Anteil des Beratungsunternehmens an eben diesem Mehrwert.

Die genannten Punkte können mithilfe eines Fragebogens erhoben werden und bieten einen umfangreichen und ausführlichen Überblick über den Projekterfolg sowie die Qualität des Einsatzes von Beratern. Der Fragebogen selber kann bequem per Post oder per E-Mail versandt werden. Nachteilig bei einem solchen Vorgehen ist jedoch, dass mit der Menge der Fragen auch der Aufwand der Beantwortung zu- und häufig die Bereitschaft der Beantwortung abnimmt.

Alternativ zum Versand eines umfangreichen schriftlichen Fragebogens wird ein telefonisches Kurzinterview durchgeführt. Hierbei können z.B. vier offene Fragen (zu den Punkten Kosten, Qualität, Service, Zeit) gestellt werden. Falls notwendig, interpretiert der Interviewer hierbei die Antworten des Interviewpartners. Dies ist anspruchsvoller für den Interviewer, ermöglicht ihm allerdings auch, auf „Zwischentöne" in den einzelnen Antworten zu reagieren.

Der Zeitpunkt der Befragung kann sowohl direkt im Anschluss an das Projekt als auch einige Wochen oder Monate nach Projektabschluss stattfinden. Eine direkte Befragung nach Projektende nutzt die noch frischen Erinnerungen, eine Befragung weit nach Projektabschluss (z.B. sechs Monate) bezieht die in der Zwischenzeit gewonnenen Erfahrungen mit den erarbeiteten Projektergebnissen ein. Bei der Zeitplanung sind die regelmäßig von den Beratungen durchgeführten eigenen Qualitätsmanagementbefragungen zu berücksichtigen und inhaltliche bzw. terminliche Überschneidungen weitestgehend zu vermeiden.

Abbildung 3 zeigt nochmals unterschiedliche Ebenen von Beurteilungsmöglichkeiten, angefangen von der Zufriedenheit bis hin zu monetären Ergebnissen, mit ihren Charakteristika auf.

Level	Brief Description
1. Reaction and Satisfaction	Measures consulting participants' reaction to the intervention and stakeholder satisfaction with the project and the planned implementation
2. Learning	Measures skills, knowledge, or attitude changes related to the consulting intervention and implementation
3. Application and implementation	Measures changes in behavior on the job and specific application and implementation of the consulting intervention
4. Business impact	Measures business impact changes related to the consulting intervention
5. Return on investment	Compares the monetary value of the business impact with the costs for the intervention, usually expressed as a percentage

Abb. 3: Charakteristika unterschiedlicher Beurteilungsebenen nach PHILLIPS (2000)

Unternehmen müssen für ihre jeweilige Situation entscheiden, welche Informationen sie erheben wollen und wie viel Aufwand sie hierfür bereit sind zu investieren. Das Ergebnis ist grds. relevant für eine genauere Beurteilung der jeweiligen Leistung der einzelnen im Unternehmen eingesetzten Berater.

Projektunabhängiges Management

Unabhängig von der Behandlung eines Beraters während der aktuellen Projektlaufzeit ist das Lieferantenmanagement bzw. die Lieferantenentwicklung zu betrachten. Beratungsunternehmen als einer der wichtigsten Partner im unternehmerischen Alltag sollten ähnlich stringent entwickelt werden, wie es bei anderen Lieferantengruppen der Fall ist.

Als Grundlage der Lieferantenentwicklung dient eine Aufnahme der Ist-Situation der Beziehung zwischen Berater und Kunde. Betrachtet werden sollten Aspekte wie die Zusammenarbeit in Projekten (z.B. Qualität, Zeit, Kosten, Services etc.) und die projektunabhängige Zusammenarbeit (z.B. Kooperationsbereitschaft, Informationsaustausch etc.). Zusätzlich zu diesen Angaben wird bspw. untersucht, ob unternehmenskritische Abhängigkeiten gegenüber einem Berater bestehen.

Auf Basis dieser Angaben wird je Lieferant überlegt, ob er in Zukunft eine stärkere oder schwächere Rolle im Unternehmen einnehmen soll. Überlegungen dieser Art werden optimalerweise entweder zusammen mit dem Berater getroffen oder zumindest zusammen mit ihm diskutiert, um eine einvernehmliche Ausgangsbasis für die weitere Zusammenarbeit zu schaffen.

Vorteil der Lieferantenentwicklung ist die Transparenz, die gegenüber dem Berater gezeigt wird. Er kennt seine Position im aktuellen Lieferantenportfolio und kann bspw. seine Vertriebsaktivitäten besser steuern. Für die Kundenorganisation bedeutet ein Lieferantenmanagement eine Offenlegung der aktuellen Beziehungssituation. Die Transparenz unterstützt die Vermeidung von nicht auf objektiven Kriterien basierenden Projektvergabeentscheidungen und steigert langfristig die Qualität der Zusammenarbeit sowie der Leistungsfähigkeit der Lieferanten.

Wird die Entscheidung getroffen, mit einigen Beratern besonders eng zusammenarbeiten zu wollen, besteht die Möglichkeit, sog. Vorzugsberater zu identifizieren und auszuweisen. Typischerweise sind die Vorzugsberater diejenigen, denen im Rahmen des Lieferantenmanagements eine Perspektive für eine langfristige, nachhaltige und partnerschaftliche Zusammenarbeit geboten wird. Hierbei kann es sich sowohl um diejenigen Berater handeln, die ein großes Beratungsvolumen auf sich vereinigen. Es können jedoch auch Berater als Vorzugsberater identifiziert werden, zu denen ein besonderes Vertrauensverhältnis besteht oder zu denen eine unternehmenskritische Beziehung besteht.

Vorzugsberater können entweder über die Bewertung im Rahmen der Lieferantenentwicklung identifiziert werden oder es kann zu einem eigenen Ausschreibungsverfahren kommen. Im Rahmen dieses Ausschreibungsverfahrens muss klar herausgearbeitet werden, welche Rechte sich beide Parteien gegenseitig einräumen, aber auch, welche Pflichten hierdurch entstehen. Grundsätzlich bietet dieses partnerschaftliche Konstrukt beiden Parteien Vorteile.

Neben einer besseren Kenntnis des jeweiligen Vertragspartners ist eine größere Transparenz der grundsätzlichen Projektsituation auf Kunden- wie auf Lieferantenseite vorstellbar. Vorzugsberatern kann der Abschluss von Rahmenverträgen in Aussicht gestellt werden. Rahmenverträge bieten über eine jeweils konkrete Projektsituation hinaus die Möglichkeit, grundsätzliche Bedingungen der Zusammenarbeit festzuhalten. Dies erleichtert für später folgende Einzel- oder Projektverträge die Koordinationsleistung.

Weiterhin kann mit Vorzugsberatern vereinbart werden, dass ein definierter Anteil des unternehmensweiten Beratungsbudgets unter den identifizierten Beratern aufgeteilt wird. Ein anderer Anreiz für die Bemühungen um eine Vorzugsstellung ist die Möglichkeit, als Vorzugsberater an einer fixierten Menge durchgeführter Ausschreibungen teilzunehmen.

Werden Vorzugsberater mithilfe eines Ausschreibungsverfahrens identifiziert, lassen sich aus Kundensicht verschiedene Vorteile identifizieren: Die Tagessätze je Beraterlevel können ebenso wie weitere Konditionen auf einem angemessenen Niveau fixiert werden. Es kann ein Informationsaustausch forciert werden, welcher die Informationslage auf beiden Seiten verbessert. Weiterhin lassen sich für spätere Einzelprojekte die Zeiten der administrativen Prozesse erheblich verkürzen, da viele Regelungen bereits im Vorfeld diskutiert wurden und im Rahmenvertrag fixiert sind.

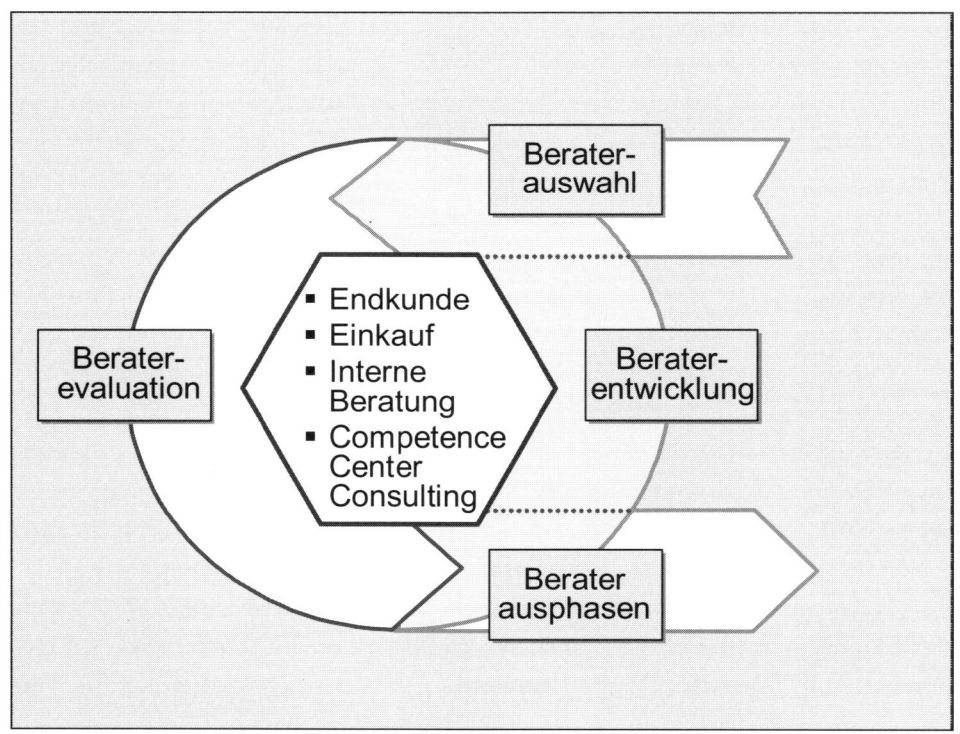

Abb. 4: Phasenmodell des Lieferantenmanagements

Abb. 4 stellt die einzelnen Akteure auf Seiten des Kunden (s. u.) sowie die unterschiedlichen skizzierten Phasen des Lieferantenmanagements am Beispiel von Strategieberatern in einer Übersicht dar.

Diese multiplen Bewertungs- und Beobachtungszeitpunkte und -herangehensweisen sowie die unterschiedlichen, oben beschriebenen Bewertungsaspekte bilden in ihrer Kombination ein wichtiges und mächtiges Instrumentarium, um sowohl die Beraterauswahl als auch die Entwicklung der Beziehung zwischen dem beauftragenden Unternehmen und dem Lieferanten hinreichend steuern zu können. Diese Steuerung bzw. das Management der Berater basiert wesentlich auf einem objektiven und transparenten Umgang miteinander.

5   Akteure auf Seiten der Kunden

Der Umgang mit Strategieberatern obliegt auf Seiten der Kunden häufig verschiedenen Akteuren. Es stellt sich in diesem Zusammenhang die Frage, wie die Beziehung zu den Beratern gestaltet werden soll.

Endkunde

Zunächst kann der Projektleiter bzw. Endkunde als Akteur im Umgang mit dem Berater identifiziert werden. In der Regel wird der Dienstleister aus dem Budget des Endkunden bezahlt, und die Projektarbeit findet zwischen diesen beiden statt. Auf Seiten des Endkunden lassen sich also relevante Aspekte identifizieren, die eine Themenführerschaft unterstreichen. Auf der anderen Seite wird die kumulierte Erfahrung eines einzelnen Endkunden im Umgang mit Beratern verhältnismäßig gering sein. Die Anzahl der durchgeführten Projekte ist i. d. R. relativ klein, der Überblick über die Marktverhältnisse beschränkt.

Einkauf

Als zweite unternehmensinterne Rolle ist die Einkaufsfunktion vorhanden. In größeren Unternehmen sind häufig spezialisierte Einkaufsressourcen vorhanden, die einen guten Überblick über ihren Beschaffungsmarkt haben und ein kaufmännisches Optimum für jedes einzelne Projekt auf dem Verhandlungswege erzielen können. Durch die Vielzahl der bearbeiteten Projekte kann der Einkauf Unterschiede zwischen verschiedenen Anbietern identifizieren und die optimale Allokation der Ressourcen vorantreiben. Leider wird dem Einkauf häufig vorgehalten, wenig Verständnis von zum einem dem Beratungsgeschäft und zum anderen den spezifischen Situationen der Endkunden zu besitzen. Auch die Fixierung auf die kaufmännischen Aspekte eines Angebots können als nachteilig ausgelegt werden. Schließlich erschwert sich die Rolle des Einkaufs, wenn er nicht auf „gleicher Augenhöhe" mit dem Lieferanten und dem Endkunden agieren und kommunizieren kann.

Interne Beratung

In der Praxis kann beobachtet werden, dass auch Organisationseinheiten, welche die Rolle einer internen Beratung übernehmen, Steuerungs- und Koordinationsmechanismen im Hinblick auf das Beratermanagement übertragen werden. Solche Arrangements basieren auf der Annahme, dass Mitarbeiter einer internen Beratung das Beratungsgeschäft sowie den Beratungsmarkt verstehen und Auswahl, Einsatz und Bewertung ihrer externen Kollegen beobachten bzw. durchführen können. Im besten Fall ist ein entsprechendes Fach- und Branchenwissen vorhanden, welches jedoch über das methodische Wissen der Durchführung von Projekten im Allgemeinen und den Umgang mit dem Kunden im Besonderen hinausgehen muss. Gleichzeitig ist jedoch zu beachten, dass interne Beratungen naturgemäß häufig in Konkurrenz mit externen Beratern stehen und diese Rolle gegebenenfalls die Neutralität behindert.

Competence Center Consulting

Schließlich kann noch ein sog. Competence Center Consulting als Akteur im Umgang mit externen Strategieberatungen identifiziert werden. Ein solches Competence Center bündelt auf der einen Seite beim Kundenunternehmen spezifisches Fachknow-how in Bezug auf den Umgang mit Beratern. Auf der anderen Seite kann ihm der Umgang mit externen Projekterfahrungswissen obliegen. In einer solchen Rolle werden dann Bemühungen gebündelt, die Projektdokumentationen und –ergebnisse festzuhalten und gleichzeitig Aussagen sowohl über den Projekterfolg als auch über die Leistung von Beratungen und einzelner Berater zu archivieren. Die hier gesammelten Informationen können schließlich als Eingangsgröße in die Auswahlprozesse für neue Beratungsprojekte einfließen.

Mit diesen vier Akteuren verfügt ein Unternehmen über eine große Basis an Expertenwissen zum Management von Management Consultants. Dieses Expertenwissen kann jedoch erst dann vollständig ausgespielt werden, wenn die unterschiedlichen Fähigkeiten sinnvoll miteinander kombiniert werden. Hierzu bedarf es einer ausgewogenen Rollenverteilung und einer Kenntnis und Akzeptanz der gegenseitigen Stärken und Schwächen bei den einzelnen Beteiligten. Der Endkunde bspw. mag wenig Erfahrung im Umgang mit Beratern aufweisen, kann dafür aber seine Bedürfnisse am besten spezifizieren. Aussagen zu den Projektzielen im Vorfeld eines Projektes sind wertvoll und hilfreich im Rahmen der Ausschreibung und schließlich bei der Projektbewertung. Die Einkaufsfunktion ist geübt in der Herbeiführung von Wettbewerbssituationen. Ein solcher Wettbewerb – gleichgültig, ob es sich um einen Preis- und/oder Ideenwettbewerb handelt – hat in den meisten Fällen eine sehr positive Wirkung auf das durchzuführende Projekt.

Die interne Beratung wiederum kann auf der Basis ihrer eigenen Projektmanagementfähigkeit zum einen für Plausibilitätsprüfungen eingegangener Projektvorschläge herangezogen werden. Zum anderen besitzt sie einen Überblick über die intern vorhandenen Kenntnisse und Ressourcen zur Durchführung von Beratungsprojekten und kann dem Endkunden i. d. R. ein günstigeres Angebot unterbreiten als der externe Berater. Ein Competence Center Consulting kann vor, während und nach einem Beratungsprojekt wertvolle Hilfestellungen für den Umgang mit Beratern geben. Im Vorfeld kann es den Auswahlprozess auf Basis der bisher gesammelten und aufbereiteten Erfahrungen mit unterschiedlichsten Beratungsunternehmen unterstützen. Während des Beratungsprojektes kann eine Unterstützungsleistung gegenüber dem Endkunden dahingehend angeboten werden, als dass ein Projektcoaching, bzw. eine Projektmanagementunterstützung erfolgen kann. Nach Abschluss des Projektes schließlich werden die Ergebnisse des Projektes gesammelt und die Bewertung des Projektes aus einer neutralen Perspektive durchgeführt.

Neben diesen vier wesentlichen Akteuren lassen sich weitere Gruppen identifizieren, die im unternehmerischen Alltag in den Umgang mit Beratern involviert sein können, wie bspw. die nachfolgende Aufstellung für die Situation der Auswahlentscheidung im Rahmen der Beschaffung von Beratungsleistung zeigt (vgl. Abbildung 5).

Personengruppe	Vermuteter Anteil an der Beraterauswahl
Aufsichtsrat	In den meisten projektbezogenen Entscheidungen weder direkte noch indirekt einbezogen. In einigen Fällen aber sehr wohl vermutlich indirekte Einflussnahme zugunsten von Beratungsunternehmen mit persönlichen Kontakten
Geschäftsführer, Vorstandsvorsitzender	Persönliche Einflussnahme nur (a) in strategischen Projekten oder (b) bei großen Vorhaben oder (c) in Projekten mit wiederholtem persönlichen Kontakten
Vorstand	Bei Inhouse-Beratern im eignen Hause Einflussnahme über Vergaberegelungen an Inhouse-Beratungen
Einkaufsabteilung	Bei sehr vielen Projekten einbezogen. Oft als erste Selektionsstufe zusammen mit dem Fachbereich insbesondere bei Ausschreibungen dabei, allerdings kein inhaltlicher Einfluss auf die Entscheidung
IT-Bereich	Bei IT-Projekten meistens Teampartner, gelegentlich auch Budgetgeber, in jedem Fall interner Abstimmungspartner
Andere Fachbereiche	Interne Kunden, evtl. auch Budgetgeber für Projekte
Andere Beratungsunternehmen	Sofern ein anderes Beratungsunternehmen im Hause ist, ggf. indirekte Propaganda oder Anti-Propaganda auf persönlicher Ebene, selten offene Stellungnahme, aber – sofern zulässig – eigenes Gegenangebot. In einigen Fällen Coaching des Auswahlverfahrens bei eigenem Ausschluss von der Möglichkeit mitzubieten
Arbeitnehmervertreter	Selten in die Auswahl involviert
Beschäftigte	Quelle für Nutzerwissen, Ansprechpartner für Nutzertests

Abb. 5: Kundenrollen und ihr Einfluss auf Auswahlentscheidungen nach HEUERMANN/HERRMANN (2003)

Es zeigt sich also, dass verschiedene Akteure auf Seiten des Kundenunternehmens vorhanden sind. Jede einzelne Gruppe ist mit unterschiedlichen Vorzügen ausgestattet und bei einer Kombination und Zusammenarbeit besteht die Möglichkeit, das komplexe Thema des Managements von Management Consultants effektiv und effizient zu bearbeiten.

6 Zusammenfassung und Ausblick

Der vorliegende Beitrag hat Möglichkeiten eines systematischen Umgangs mit Dienstleistern für strategische Unternehmensberatung aufgezeigt. Hierzu ist nach einer kurzen Einführung zunächst ein Gefahrenpotenzial aufgezeigt worden, welches sich durch den unreflektierten Umgang mit Beratern entfalten kann. Anschließend ist die partnerschaftliche Zusammenarbeit zwischen Berater und Kunde als wesentliche Voraussetzung für den Erfolg von Beratungsprojekten beschrieben worden. Hierbei ist auf eine maximale Unabhängigkeit der Parteien abzuzielen. Auf diesen Voraussetzungen aufbauend sind zunächst verschiedene Möglichkeiten eines professionellen Umgangs mit Beratern sowohl vor, während und nach einem Projekt als auch unabhängig von einem spezifischen Projekt beschrieben worden, bevor mit dem Endkunden, dem Einkauf, der internen Beratung sowie dem Competence Center Consulting die wesentlichen unterschiedlichen Akteure auf der Seite des Kunden in ihren möglichen Rollen skizziert wurden.

Aufbauend auf den beschriebenen Ansätzen und den sich hieraus ergebenen Grenzen lassen sich auf Seiten der Endkunden Bemühungen identifizieren, diese Grenzen zu verschieben. Auf Seiten der Berater sind teilweise bereits korrespondierende Reaktionen zu beobachten. Im Folgenden sollen zum Abschluss dieses Beitrages drei sich gegenseitig beeinflussende Entwicklungen beschrieben werden.

Als Ausgangspunkt kann eine Verschiebung der Hauptcharakteristika von Projekten herangezogen werden. Hierzu können drei Projekttypen unterschieden werden (vgl. Abb. 6). Im Rahmen der Individualberatung werden Problemsituationen, Branchenentwicklungen, spezifische Fragestellungen etc. zwischen Berater und Kunde im kleinen Kreise, d.h. mit maximal zwei bis drei Beratern, diskutiert. Diese Projekte zeichnen sich durch eine Laufzeit von maximal sechs Wochen aus. Besonders auf der persönlichen Ebene besteht eine starke Bindung und ein etabliertes Vertrauensverhältnis. Die als Methoden- und Fachberatung bezeichneten Projekte haben einen klassischen Charakter dahingehend, dass der Berater mit einem Projektteam beim Kunden ein mehr oder minder standardisiertes Problem löst. In diesem Segment scheint teilweise ein Preis- über einen Ideenwettbewerb zu dominieren.

Bei den als Großprojekten bezeichneten Beratungsbeziehungen werden Frage- und Problemstellungen meist unter Zuhilfenahme von unternehmensweiten Veränderungen oder Unternehmenstransformationen gelöst. Als Beispiel kann hier die Fremdvergabe ganzer Aufgabenpakete des Unternehmens oder die Entwicklung und Einführung einer das Geschäftsmodell verändernden Software genannt werden.

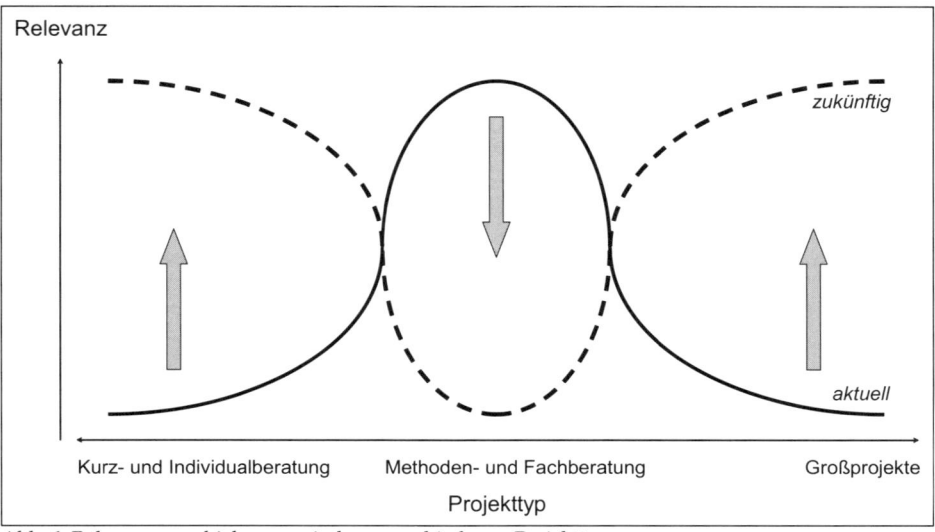

Abb. 6: Relevanzverschiebung zwischen verschiedenen Projekttypen

Während aktuell die Methoden- und Fachberatung zu dominieren scheint und die höchste Relevanz i. S. v. Häufigkeit auf sich vereint, ist zu erwarten, dass sich die Beziehungen zwischen den einzelnen Projekttypen zukünftig umkehren. Die Zusammenarbeit bei individuellen Fragestellungen sowie die Kooperation bei Großprojekten werden zunehmen, die rein methodische Beratung in ihrer Relevanz abnehmen. Diese Entwicklung basiert wesentlich auf den oben skizzierten anzutreffenden Bemühungen der Kunden, sich im Umgang mit Beratern zu professionalisieren sowie durch den Wechsel vieler ehemaliger Managementberater in die Kundenunternehmen innerhalb der letzten Jahre und die durch den damit verbundenen Methoden- und Wissenstransfer abnehmende Nachfrage nach diesen Projekten.

Aus der Verschiebung des traditionellen Schwerpunktes der Methoden- und Fachberatung lässt sich nun schließen, dass die Zunahme bei Individualberatung und Großprojekten auch zu mittel- bis langfristig beobachtbaren Verschiebungen auf Seiten der Lieferanten führt. Für die effiziente Durchführung von größeren Projekten und die Realisierung von damit verbundenen Skalenvorteilen bedarf es entsprechender Organisationsstrukturen. Die anbietende Organisation muss nicht nur eine bestimmte Größe (Personal, Umsatz, Anzahl Projekte etc.) aufweisen können, sie wird gleichzeitig auch versuchen, die Erstellung ihres nach außen hin vielfältigen Angebotsportfolios intern zu standardisieren. Dies öffnet sowohl für Anbieter wie auch für Kunden die Möglichkeit der Neugestaltung etablierter Strukturen und Beziehungen im Innen- wie im Außenverhältnis.

Die zweite Alternative der Methoden- und Fachberater ist, sich auf die Kurz- und Individualberatung zu spezialisieren. Diese zeichnet sich jedoch durch hohe Fach- und Strategiekompetenz aus, die zunehmend von stark spezialisierten Beratungsboutiquen übernommen zu werden scheint. Hier agieren diejenigen Beratungsunternehmen erfolgreich am Markt, die in einer einzelnen Branche oder einer dedizierten betrieblichen Funktion eine Top-Expertise aufweisen können sowie durch leistungsfähige Research-Kapazitäten und tiefes Fachknow-how ohne lange Rüstzeiten eine Kundenfragestellung angehen können. Die aktive und passive Vernetzung in die Zielindustrie bspw. durch eine Beiratsstruktur ist ebenso hervorzuheben.

Neben den „klassischen" Anbietern dieser Beratungsleistung, den Managementberatern, ist dieser Beratungstyp auch das Zielgebiet für im Hochschulbereich beheimatete Beratungsanbieter. Diese sind, soweit sie sich eloquent, emphatisch, pragmatisch und strategieorientiert mit ihren Kunden auseinandersetzen, in der Lage, ebendiese kurzfristige, kurzzeitige und fachspezifische Beratung anzubieten. Als Indizien für diese Annäherung von Beratung und Wissenschaft können die Ergebnisse des gegenseitigen Übernehmens von Verhaltensmustern gesehen werden: Berater publizieren Aufsätze im wissenschaftlichen Umfeld und agieren als Herausgeber einschlägiger Zeitschriften, Wissenschaftler gründen universitätsnahe Institute und werben sog. Drittmittel in Form von Beratungsprojekten ein, Berater unterstützen Lehrstühle und Lehrstühle widmen sich dem Forschungsobjekt Strategieberatung.

Ein weiterer sich abzeichnender Punkt, der sich wiederum aus der Verschiebung der Projektschwerpunkte sowie der aufgezeigten Standardisierung von Produkten der reifenden Beratungsbranche ergibt, ist die Re-Justierung des Vertragsgegenstandes. Viele Kundenunternehmen standardisieren sinnvollerweise zunächst den Umgang mit Beratungsleistungen, um einen Überblick über die erhaltene Leistung zu bekommen. Hier ist es dienlich, die oben angeführte Aufschlüsselung der eingesetzten Berater nach Senioritätsgraden umzusetzen. Mit ihrer Hilfe werden bspw. Ausschreibungsergebnisse verglichen. In einem nächsten Schritt kann anschließend versucht werden, Projekte anhand ihrer Größe und Komplexität bereits im Vorfeld zu klassifizieren und mit diesen zwei Parametern als Kunde die Zahlungsbereitschaft zu definieren. Hierbei kommt es zu einer Verschiebung der initialen inhaltlichen und umfänglichen Festlegung der Projektkategorie. Während diese Rolle derzeit noch häufig der Berater übernimmt, können mithilfe der beiden Parameter und ihrer Ausprägungen zukünftig auch Kunden diese Rolle verstärkt einnehmen. Jedoch soll nochmals unterstrichen werden, dass es im Vorfeld dieser rein inhaltlichen Betrachtung von Projekten empfehlenswert ist, eine größtmögliche Standardisierung im Umgang mit Beratern umzusetzen und so eine Erfahrungsbasis für weitergehende Aktivitäten zu sammeln.

An den Beratern liegt es nun, opportun auf die skizzierten und in Ansätzen schon sichtbaren Verschiebungen der Grenzen für Produkte und Zusammenarbeit im Feld der Strategieberatung zu reagieren und sich ggf. für die individuelle Strategieberatung oder für das Angebot von Projekten und Programmen zur breit gefächerten Unterstützung der Kunden zu entscheiden. Aufgabe der Kunden ist es, die bereits eingeschlagene Entwicklung weiter zu forcieren.

Literatur

BAMBERGER, I./WRONA, T. (2002): Konzeption der strategischen Unternehmensberatung, in: BAMBERGER, I. (Hrsg.): Strategische Unternehmensberatung: Konzeptionen – Prozesse – Methoden, 3. Aufl., Wiesbaden, S. 1-37.

BDU (2005; Hrsg.): Geprüfte Kompetenz – Kurzportrait CMC/BDU. http://www.bdu.de/downloads/BDU_CMC_Flyer.pdf, abgerufen am 04.01.2005.

BOHLER, K. F./KELLNER, H. (2004): Auf der Suche nach Effizient – Die Arbeitsweisen von Beratern in der modernen Wirtschaft, Frankfurt.

FEACO (2004; Hrsg.): Survey of the European Management Consultancy Market 2003, Brüssel.

HEUERMANN, R./HERRMANN, F. (2003): Unternehmensberatung – Anatomie und Perspektiven einer Dienstleistungselite - Fakten und Meinungen für Kunden, Berater und Beobachter der Branche, München, S. 304.

KRAUTHAMMER, E./HINTERHUBER, H. H.: Wie werde ich mit einem guten Berater die Nr. 1 im Markt?, in: SIEGWART, H./MAHARI, J. (Hrsg.): Milestones in Management – Management Consulting, München et al., S. 270.

MALIK, F. (2001): Consulting – Pionier des Fortschritts oder notwendiges Übel? In: SIEGWART, H.; MAHARI, J. (Hrsg.): Milestones in Management – Management Consulting, München et al., S. 12-13.

MOHE, M. (2003): Klientenprofessionalisierung – Strategien und Perspektiven eines professionellen Umgangs mit Unternehmensberatung, Marburg.

MOHE, M./KOLBECK, CHR. (2003): Klientenprofessionalisierung in Deutschland – Stand des professionellen Umgangs mit Beratung bei deutschen DAX und MDAX-Unternehmen, Oldenburg.

NICOLAI, A. T. (2002): Verwechselt, verfeindet, verbrüdert: Zur Entwicklung der Beziehung von Strategieberatung und Wissenschaft, in: MOHE, M./HEINECKE, H. J./PFRIEM, R. (Hrsg.): Consulting – Problemlösung als Geschäftsmodell – Theorie, Praxis, Markt, Stuttgart, S. 75-95.

PETMECKY, A./DEELMANN, T. (2005): Warum gibt es Berater? Warum gibt es nicht nur Berater?, in: PETMECKY, A./DEELMANN, T. (Hrsg.): Arbeiten mit Managementberatern – Bausteine für eine erfolgreiche Zusammenarbeit, Berlin/Heidelberg/New York, S. 3-11.

PHILLIPS, J. (2000): The Consultant's Scorecard – Tracking Results and Bottom-Line Impact of Consulting Projects, New York et al., S. 37.

RICHTER, A. (2004): Auswahl von Beratern und Einkauf von Beratungsleistungen: Eine ökonomische Perspektive, in: TREICHLER, CHR./WIEMANN, E./MORAWETZ, M. (Hrsg.): Corporate Governance und Managementberatung, Wiesbaden, S. 75-100.

Roth, C. (2005): Einkauf Managementberaterleistungen in einem Großkonzern, in: Petmecky, A./Deelmann, T. (Hrsg.): Arbeiten mit Managementberatern – Bausteine für eine erfolgreiche Zusammenarbeit, Berlin/Heidelberg/New York, S. 79.

Kommentar: Vom „Powerless Victim" zum „Professional Client"

Prof. Dr. Michael Mohe
Universität Oldenburg

Dass sich Berater in Diskussionen über die Zukunft ihrer Zunft einschalten, ist nicht ungewöhnlich. Eher ungewöhnlich, weil weitaus seltener, ist es jedoch, dass sich nun auch Akteure auf der Seite der zu beratenden Unternehmen in die Diskussion „einmischen". Eben dies tun Petmecky und Deelmann mit ihrem Beitrag, der interessante Botschaften präsentiert.

Der sich abzeichnende Strukturwandel auf der Seite der Beratungsanbieter wird von den Autoren mit Entwicklungsprozessen auf der Klientenseite erklärt. Während vor noch nicht allzu langer Zeit Bilder von Klienten als „powerless victims" (STURDY 1997, S. 393) oder von Managern als „marionetts" (KIESER 2002) gezeichnet wurden, wird verdeutlicht, dass solche Zuschreibungen heute nicht mehr tragen. Dazu wird an einem Praxisbeispiel gezeigt, dass sich Klienten heute wesentlich selbstbewusster gegenüber der Strategieberatung aufstellen und wie sie ihren Umgang mit ihr professionalisieren. Die Autoren betrachten dies aus zwei miteinander verwobenen Perspektiven: Aus gesamtunternehmerischer Perspektive wird der Nutzen einer Klientenprofessionalisierung verdeutlicht und aus der Einkaufsperspektive wird das „Tagesgeschäft" des Beratungsmanagements beleuchtet. Dass Petmecky und Deelmann dabei konkrete Einblicke aus ihrer Praxis liefern, macht den Beitrag für Klienten, Berater und Beratungsforscher gleichermaßen wertvoll:

Anderen Klientenunternehmen werden mit den beschriebenen Ansätzen Hinweise gegeben, wie ein professioneller Umgang mit Beratung organisiert werden kann. Unternehmen, die noch am Anfang eines solches Wegs sind, können diese Ausführungen als Orientierungsskizze für den Aufbau eigener Professionalisierungsansätze nutzen. Unternehmen, die sich bereits in einem fortgeschrittenen Stadium der Klientenprofessionalisierung befinden, können ihre eigenen Professionalisierungsansätze einem Benchmarking unterziehen und sie entsprechend weiterentwickeln.

Auch Berater wären gut beraten, wenn sie die von Petmecky und Deelmann gewährten Einblicke ernst nähmen und die neuen Anforderungen auf der Klientenseite in ihr bisheriges Geschäftsmodell integrieren würden. Wenn Klientenprofessionalisierung dazu beitragen soll, „die Rolle des Strategieberaters zu entmystifizieren" (Petmecky/Deelmann), könnten diese zukünftig ein Problem bekommen. Schließlich wurde in der Vergangenheit zumindest ein Teil des Erfolgs der Strategieberatung durch eine eben solche Mythenbildung begründet (z.B. BYRNE/MC WILLIAMS 1993). Durch Änderungen im Einkaufsverhalten der Klienten scheint die Strategieberatung nun aber mehr und mehr zu einer Commodity zu werden, zu einer normalen Dienstleistung (KIPPING 2002, S. 275), die zunehmend wie „Bleistifte oder Schrauben" (ENGESER/DELHAES 2004, S. 160) eingekauft wird. Deshalb könnte es für Berater zukünftig schwieriger werden, sich als „Haus- und Hofberater" in den Unternehmen zu etablieren, wodurch auch der bislang so enorm hohe Anteil von Repeat-Business zukünftig signifikant fallen könnte. Die Strategieberatung steht damit vor der Herausforderung, das Phänomen der Klientenprofessionalisierung in ihre Akquisitions-, Rekrutierungs-, Positionierungs- und Kundenbindungsstrategien entsprechend einzubeziehen.

Für Beratungsforscher liefert der Beitrag Anhaltspunkte für neue Forschungsstrategien. Dies betrifft beispielsweise den Umgang mit der Frage nach der Bewertung von Beratungsleistungen. Wenngleich die Wissenschaft eben hieran ebenso starke wie berechtigte Zweifel formuliert und die Grenzen technischer Bewertungsvorhaben markiert (z.B. KIESER 2002a), zeigt der Beitrag von Petmecky und Deelmann, dass die Praxis hiermit wesentlich „pragmatischer" umgeht. Insofern könnte es ein interessantes Forschungsvorhaben sein, zu analysieren, *wie* Unternehmen Beratungsleistungen *trotz* dieser Schwierigkeiten bewerten.

Der Beitrag bietet aber auch Anknüpfungspunkte für weitergehende Überlegungen:

Erstens, der Beitrag vermittelt das Bild eines sehr strukturierten, rationalen Klientenverhaltens: Beratungsleistungen werden anhand klarer Kriterien vor und nach der Beratung bewertet, zur Steuerung des Beratungseinsatzes werden organisatorische Vorkehrungen getroffen usw. Überspitzt formuliert: Der Beratungserfolg scheint „nur" eine Frage der „richtigen" Organisation und Bewertung des Beratungseinsatzes zu sein. Vor diesem Hintergrund lassen sich zwei Überlegungen anstellen: Einerseits vernachlässigt eine solche Argumentation, dass Beratung nicht nur Kapazitäts- oder Know-how-Engpässe kompensiert, sondern auch latente Funktionen bedient (z.B. die Legitimation bereits getroffener Entscheidungen). Sobald jedoch solche latenten Funktionen ins Spiel kommen, stellt sich die Frage, ob und wie sich diese mit den vorgeschlagenen Ansätzen evaluieren lassen (ERNST/KIESER 2000). Anderseits lässt sich aus dem Beitrag die Konsequenz ableiten, dass Klienten „Beratungsflops" nicht mehr ausschließlich auf den Schultern der Berater abladen können. Je professioneller sich Klienten gegenüber der Strategieberatung positionieren, desto größer ist auch ihr Anteil an gescheiterten Beratungsprojekten – und desto weniger Exkulpationsmöglichkeiten stehen ihnen zur Verfügung. Im Gegenteil könnten sich nun die Berater nach dem Motto, „Wir sind *nur* die Berater – die Verantwortung trägt der Kunde" (SELCHERT 1997, S. 222, Hervorhebung im Original), a priori gegen Kritik immunisieren. Ob dies allerdings angesichts der immer heftiger eingeforderten Umsetzungskompetenz eine zukunftsfähige Strategie für die Beraterseite sein kann, ist zumindest zweifelhaft.

Zweitens, der Beitrag verengt den Möglichkeitsraum von Beratung, indem er die Strategieberatung vor allem in der Form der Expertenberatung definiert. Dies ist angesichts der Marktdominanz dieser Beratungsform nachvollziehbar; allerdings bedeutet Klientenprofessionalisierung auch, dass daneben auch andere Beratungsformen in den Radar des Klientensystems geraten sollten (MOHE 2003, S. 300f.). Gerade in einer „Multioptionsgesellschaft" (GROSS 2002) kann es ein lohnendes Unterfangen sein, wenn neben der klassischen Strategieberatung auch andere Beratungsmodelle (z.B. systemische Strategieberatung) stärker ins Visier der Unternehmen geraten – oder um es mit dem ethischen Imperativ von Heinz VON FOERSTER (1985, S. 41) zu formulieren: „Handle stets so, daß die Anzahl der Wahlmöglichkeiten größer wird."

Drittens, sobald tatsächlich Ansätze wie die systemische Beratung ins Spiel kommen, bräuchte es wohl auch andere Auswahl- und Evaluationskriterien als die im Beitrag vorgeschlagenen. Schließlich macht sich gerade die systemische Beratung durch ihr Konzept des Beobachtens und Irritierens a priori unangreifbar und immunisiert sich nach dem Motto „Es hängt vom Klientensystem ab" (KÜHL 2001, S. 226) „erfolgreich" gegen Erfolgs- und Misserfolgsbeurteilungen – denn: Wie soll etwa der Wert einer Beobachtung bewertet werden? Oder: Wie soll das Ausmaß einer Irritation – falls sie vom Klienten überhaupt als solche wahrgenommen wird – gemessen werden (MOHE 2003, S. 126f.)?

Es wird spannend sein zu beobachten, wie sich das Thema der Klientenprofessionalisierung in den Unternehmen weiter entwickeln wird und mit welchen Ansätzen Klientenunternehmen (und Beratungsunternehmen) die obigen Herausforderungen in den Griff bekommen werden.

Literatur

BYRNE, J. A./MC WILLIAMS, G. (1993): The McKinsey Mystic, in: Business Week, 20.09.1993, S. 36-41.

ENGESER, M./DELHAES, D. (2004): Genaues Bild, in: Wirtschaftswoche 58/14, S. 160-162.

ERNST, B./KIESER, A. (2000): How Consultants Outcompete Management Scientists on the Market of Management Knowledge. Paper prepared for Presentation at the Workshop of the Kommission für Organisation, Zürich.

GROSS, P. (2002): Multioptionsgesellschaft, 9. Auflage, Frankfurt a. M.

KIESER, A. (2002): Managers as Marionetts? Using Fashion Theory to Explain the Success of Consultants, in: KIPPING, M./ENGWALL, L. (2002; Hrsg.): Management Consulting: Emergence and Dynamics of a Knowledge Industry, Oxford, S. 167-183.

KIESER, A. (2002a): Wissenschaft und Beratung, Heidelberg.

KIPPING, M. (2002): Jenseits von Krise und Wachstum: der Wandel im Markt für Unternehmensberatung, in: Zeitschrift für Führung + Organisation, 71. Jg. (2002), S. 269-275.

KÜHL, ST. (2001): Systemische Organisationsberatung – beobachtet, in: BARDMANN, T. M./GROTH, T. (2001; Hrsg.): Zirkuläre Positionen 3: Organisation, Management und Beratung, Wiesbaden, S. 221-226.

MOHE, M. (2003): Klientenprofessionalisierung: Strategien und Perspektiven eines professionellen Umgangs mit Unternehmensberatung, Marburg.

SELCHERT, M. (1997): Organisationsstrukturen und Professionalität. Formen und Funktionen professioneller In-house Dienstleistungen, Hamburg.

STURDY, A. (1997): The Consultancy Process – An Insecure Business, in: Journal of Management Studies, Vol. 34 (1997), S. 389-413.

VON FOERSTER, H. (1985): Sicht und Einsicht. Versuche zu einer operativen Erkenntnistheorie, Braunschweig/Wiesbaden.

Re-Kommentar: Über Gegenstand und Ansätze des Beratungsmanagements

Arnd Petmecky
Leiter Inhouse Consulting Telekom, Deutsche Telekom AG
Thomas Deelmann
Inhouse Consulting Telekom, Deutsche Telekom AG

Mohe liefert mit „Vom ‚Powerless Victim' zum ‚Professional Client'" einen hilfreichen und wichtigen Beitrag zu den Ausführungen zum Beratungsmanagement. Hierbei akzeptiert er die Ausgangsposition, wenn er hierüber als Orientierungsskizze und Benchmarkingmöglichkeit für Kunden, als Spezifikation von Kundenanforderungen für Berater und Lieferant von Forschungsfragen für die Wissenschaft spricht. Die Autoren freuen sich über die grundsätzliche Zustimmung zu den aufgezeigten Wegen der Klientenprofessionalisierung.

Gleichzeitig weist Mohe auf einige Anknüpfungspunkte für weitergehende Überlegungen hin, die sich aus den Ausführungen zum „Management von Management Consultants" ergeben. Im Einzelnen sind dies das Bild des strukturierten, rationalen Klientenverhaltens, die Verengung des Möglichkeitenraumes durch die Fokussierung vor allem auf die sog. Expertenberatung und schließlich, basierend auf dem Kunstgriff einer gedachten Erweiterung der Beratungsansätze auf bspw. die sog. systemische Beratung, die Unzulänglichkeit der Auswahl- und Bewertungskriterien hinsichtlich dieser Erweiterung.

Diese Beobachtungen können unter den gewählten Zuständen als zutreffend bezeichnet werden. Im Gegenzug erscheint es angemessen, sowohl zunächst auf die Intention der unterstellten Rationalität von Klienten und der Auslassung einer Betrachtung der systemischen Beratung in diesem Kontext einzugehen als auch später weitergehende Thesen aufzustellen bzw. Diskussionsstränge anzuregen.

Die Gründe für die Skizzierung des angemerkten strukturierten und rationalen Klientenverhaltens und der Fokussierung auf die eher experten- und gutachterorientierte Beratung basieren auf pragmatischen Erwägungen. Den Autoren ist bewusst, dass in der betrieblichen Praxis in den wenigsten Unternehmen und Organisationen Beratungsprojekte durchgängig regelkonform bzw. ‚nach Lehrbuch' ausgewählt und bewertet werden. Hierzu sind in der Regel die Rahmenbedingungen, unter denen das Management von Management Consultants erfolgt, zu komplex. Allerdings erleichtert die gewählte Beschreibungsart den Wissenstransfer und unterstützt damit die identifizierte Funktion des Ausgangsbeitrages als Orientierungsskizze. Die Fokussierung auf den experten- und gutachterorientierten Beratungsansatz lässt sich pragmatisch durch die Dominanz im Markt begründen: Der Großteil der Beratungsbudgets, die Mehrzahl der Aufträge und der Schwerpunkt der Aufmerksamkeit des Top-Managements (wenn auch nicht unbedingt die Masse der einschlägigen wissenschaftlichen Literatur) entfällt auf die Berater von bspw. Arthur D. Little, Accenture oder Adventis.

Nach der relevanz- und pragmatismusbasierten Erläuterung der Grundannahmen des Ausgangsbeitrages sollen im Folgenden zwei weitere Fragestellungen angeregt werden.

Zum einen ist nach dem Grad der Überschneidung von wissenschaftlicher und praktischer Bedeutung einzelner Diskussionspunkte (rigor vs. relevance) zu fragen. Diese wird bspw. am Schwerpunkt des Ausgangsbeitrages auf der experten- und gutachterorientierten Managementberatung deutlich. Aus dem Blickwinkel der betrieblichen Praxis haben z.B. die systemische Beratung oder Transaktionsanalyse eine eher geringere Bedeutung, obgleich Letztere für die wissenschaftliche Diskussion teilweise als reizvoller erachtet wird.

Diese Diskrepanz hat ihren Ursprung im Wesentlichen in den unterschiedlichen Kriterien, die Wissenschaft und Praxis an die von ihnen behandelten Fragestellungen anlegen. Im Rahmen der wissenschaftlichen Diskussion richten sich die Inhalte an dem Kriterium ‚wahr/falsch' aus. Die Praxis auf Seiten der Berater und ihrer Kunden orientiert sich mit ihren Handlungen am Kriterium ‚nützlich/nicht nützlich'.

Dieser Unterschied führt im Weiteren zu unterschiedlichen Vorgehensweisen. Vereinfachend gesprochen begegnet die Wissenschaft einem Problem, indem sie es als zu trivial dargestellt ansieht und zunächst weitere Umfeldvariablen hinzufügt, die Komplexität der Ausgangssituation also erhöht. Auf der anderen Seite begegnet die Praxis einem Problem, indem sie es als zu komplex dargestellt betrachtet und die Problemsituation zunächst vereinfacht.

Für alle Beteiligten erscheint es notwendig, sich über beide Sichtweisen bewusst zu werden. Wissenschaft und Beratung (und in diesem Fall auch ihre

Kunden) weisen stark unterschiedliche Vorgehensweisen, Methoden und Ziele auf. Um die Vorteile beider Perspektiven zu nutzen und so allen Beteiligten einen Erkenntnisgewinn in der Sache zu ermöglichen, wird die Forderung nach einem stärkeren Austausch der Denkweisen und Ansichten beider Positionen erhoben.

Die zweite Frage zielt auf die Managementberatung selber ab. Als ein Ergebnis verschiedener Diskussionen sind die Autoren zu der Überzeugung gelangt, dass die Frage, wer Managementberatungsleistungen anbietet und daher bei Auswahl- und Bewertungsüberlegungen berücksichtigt werden muss, einer genaueren Betrachtung bedarf. Unabhängig vom gewählten Beratungsansatz erscheint es von Interesse, über die Grenzen des Begriffes Beratung als Teil einer Berufsbezeichnung hinwegzuschauen und diejenigen Akteure zu identifizieren, welche das Management tatsächlich beraten und die Strategie eines Unternehmens maßgeblich beeinflussen.

Zunächst sind hier sicherlich die ‚klassischen' Strategieberater zu nennen. Zusätzlich gibt es allerdings eine Reihe von Dienstleistern, die nicht in die Gruppe der oben kurz angeführten Berater fallen und auch diese Berufsbezeichnung nicht führen, jedoch zum einen diese Rolle verstärkt wahrnehmen und zum anderen die Charakteristika von sog. Professional Services Firms aufweisen. Hier sind bspw. Rechtsanwaltskanzleien, Investmentbanken, Finanzinvestoren, Marketing- und Werbeagenturen, IT-Dienstleister, Wirtschaftsprüfer und Kommunikationsspezialisten zu nennen.

Ihre latente Einflussnahme auf die Unternehmensstrategie, z.B. durch die Finanzmarktorientierung vieler börsennotierter Unternehmen und dem damit einhergehende Informationsaustausch mit Finanzinvestoren inkl. den Beeinflussungsmöglichkeiten, macht sie zu einem relevanten Untersuchungsobjekt im Rahmen des Beratungsmanagements.

Weiterhin ähneln die Strukturen, Charakteristika und Prozesse der oben genannten Beispiele denen klassischer Beratungsfirmen in unterschiedlichen Bereichen. Bei großen Rechtsanwaltskanzleien übersteigt der Anteil an beratender Tätigkeit häufig den der Prozessvertretung. Die Firmenstruktur basiert regelmäßig auf dem Gedanken der Partnerschaft. Auch Managementberatungen tendieren ab einer bestimmten Größe zu einer solchen partnerschaftlichen Struktur.

Neben der inhaltlichen Annäherung weist die Vergleichbarkeit der Strukturen auf die Notwendigkeit der Einbeziehung dieser beratenden Unternehmen in die Betrachtungen zum Beratungsmanagement hin. Die Grenzen der Strategieberatung im Rahmen des Beratungsmanagements sollten also nicht lediglich durch den Namen bzw. die Berufsbezeichnung des Dienstleisters gefestigt werden. Vielmehr bedarf es einer genauen Überlegung, welche Akteure als Managementberater agieren und demnach in die Betrachtungen zum Beratungsmanagement einfließen sollten.

Obige Ausführungen wollen zum einen die im Ausgangsbeitrag implizierten Annahmen erläutern. Zum anderen will der Beitrag weitere Anknüpfungspunkte zur begonnenen Diskussion ob des Forschungsobjektes Beratung aufzeigen.

5 Veränderte Klientenerwartungen und ihre Auswirkungen auf Beratungsfirmen

Ansgar Richter, PhD
European Business School, Oestrich-Winkel

In den vergangenen Jahren ist die Beratungsbranche unter spürbaren wirtschaftlichen Druck geraten. Zum einen sind seit dem Jahr 2001 die durchschnittlichen Wachstumsraten in diesem Wirtschaftszweig deutlich hinter denen zurückgeblieben, die vor diesem Zeitpunkt üblich waren. Das Jahr 2002, in dem die Beratung zum ersten Mal einen dramatischen Umsatzrückgang weltweit verzeichnen musste, ging gar als das Schreckensjahr in die Geschichte der Branche ein. Seitdem hat sich die Umsatzsituation wieder stabilisiert. Den Vorhersagen zufolge wird im Jahr 2005 wieder ein Umsatzwachstum zu verzeichnen sein. Die oft zweistelligen Wachstumsraten der achtziger und neunziger Jahre sind gemäß der einhelligen Meinung vieler Marktbeobachter jedoch endgültig passé (vgl. NIEWIEM/RICHTER 2004). Zum zweiten hat die Konkurrenz im Beratungsmarkt auch in der Situation gemäßigter Nachfrage keinesfalls nachgelassen, sondern befindet sich nach wie vor auf hohem Niveau. Aufgrund der niedrigen Markteintrittsbarrieren im Beratungsmarkt haben sich eine zunehmende Zahl von Spezialisten im Markt positioniert, die den etablierten Beratungsfirmen ihre Stellung streitig machen. Darüber hinaus sehen sich die klassischen, auf Beratung fokussierten *Strategy Consultants* einer massiven Konkurrenz von Unternehmen gegenüber, die entweder in die Beratung hineindiversifiziert haben (z.B. Wirtschaftsprüfungs-, IT- und Technologiekonzerne) oder beratende Funktionen am Rande ihres angestammten Geschäftsfeldes ausüben (z.B. Investmentbanken). Zum dritten sind, als Folge der beiden angedeuteten Entwicklungen auf der Nachfrage- und Angebotsseite, die Margen im Beratungsgeschäft in den vergangenen Jahren deutlich gefallen. Obwohl Berater alles daran setzen, ihre Tagessätze aufrecht zu erhalten, sind sie verstärkt der Erwartung ausgesetzt, zusätzliche Leistungen im Rahmen immer enger bemessener Projektzeitpläne und –budgets zu erbringen. Darüber hinaus ist der Wettbewerb um die begehrten Beratungsaufträge deutlich gestiegen. Für Berater bedeutet dies einen erheblichen zusätzlichen Aufwand, der letztlich von den Beratungshonoraren gedeckt werden muss. Die Liste der Herausforderungen, denen sich die Beratungsbranche gegenüber sieht, ließe sich fortsetzen.

Im Fokus dieses Beitrags stehen *nachfrageseitige Faktoren*, insbesondere die *veränderten Erwartungen von Klienten*, als wichtige Treiber der oben beschriebenen wirtschaftlichen Entwicklungen. Anhand der Ergebnisse zweier empirischer Untersuchungen wird gezeigt, dass sich die klientenseitigen Anforderungen an Berater in doppelter Richtung entwickeln. Zum einen *steigen* sie in einem *absoluten Sinn*. Das Beratungsgeschäft ist auf der Logik der Differenz aufgebaut, die im ökonomischen Sinn auch als Mehrwert verstanden werden kann: Klienten werden die Leistungen von Beratern nur dann einkaufen, wenn diese einen Beitrag zu leisten versprechen, der von der Klientenorganisation selbst nicht erbracht werden kann. Aufgrund größerer Erfahrungen im Umgang mit Beratern, wachsender Professionalisierung im Management und weiterer Faktoren ist die Leistungserwartung von Klienten an Berater aber deutlich gewachsen. Zum anderen sind die Erwartungen von Klienten wesentlich *spezifischer* geworden. Klienten gestalten die Auswahl ihrer Consultants bewusster; sie beziehen einen größeren Pool von Anbietern in die Auswahl ein und sind sich über die Ziele ihres eigenen Beratungsbedarfs besser im klaren als noch vor wenigen Jahren. Die Vorstellung und Diskussion dieser Themen steht im Mittelpunkt des ersten Hauptteils dieses Beitrags.

Im zweiten Hauptteil werden die Konsequenzen dieser nachfrageseitigen Veränderungen für die Stabilität der etablierten Strategieberatungsfirmen herausgearbeitet. Hier zeigen sich die Grenzen des überkommenen Modells der Unternehmensberatung. Klassisch organisierte Beratungsfirmen beruhen auf verschiedenen, zueinander komplementären Elementen, zu denen u.a. ein wohldefiniertes quantitatives Verhältnis zwischen Junior- und Seniorberatern, Homogenität in der sozialen Struktur der Partnerschaft sowie hohe Wertgenerierung zählen. Verschieben sich eines oder mehrere dieser Elemente, gerät die Stabilität dieses Modells selbst leicht infrage. Mit einer veränderten Erwartungsstruktur von Klienten ergeben sich für Beratungsfirmen aber nicht nur Risiken, sondern auch Chancen. Der Druck auf der Nachfrageseite führt dazu, dass sich auf der Angebotsseite die Spreu vom Weizen trennt. Paradoxerweise sind die klassischen, professionell orientierten Beratungsfirmen eher in der Lage, den gestiegenen Klientenanforderungen gerecht zu werden, als Beratungsanbieter, die dieses Geschäft nach rein kommerziellen Zielen – ohne genuin professionelle Beratungsorientierung – betreiben. Die Veränderungen in den Erwartungen von Klienten lassen somit die Grenzen des klassischen Modells der Strategieberatung deutlich werden, ebenso aber auch seine Möglichkeiten.

Erwartungen von Klienten an Berater

Gemäß gängiger ökonomischer Logik kommt Handel (der Austausch von Waren oder Dienstleistungen) i.d.R. nur dann zustande, wenn für alle beteiligten Parteien – Anbieter und Käufer – daraus ein Mehrwert entsteht. Aus Sicht des Käufers bedeutet dies, dass dieser eine Leistung nur dann nachfragen wird, wenn der erwartete Wert der betreffenden Leistung über dem zu zahlenden Preis (oder zumindest nicht darunter) liegt. Bekanntermaßen ist die Definition und Ermittlung des Wertes von Beratungsleistungen mit großen Schwierigkeiten verbunden[1]. Ziel dieses Abschnitts ist es, die Erwartungen zu analysieren, die Klienten gegenüber ihren Beratern heute haben.

Humankapitalvoraussetzungen für den Erfolg von Beratungsleistungen

Als personalintensive Dienstleistung ist die Unternehmensberatung in besonderer Weise durch die Eigenschaften und Fähigkeiten der Berater geprägt. Aus der auf SCHULTZ (1960) und BECKER (1964) zurückgehenden Humankapitaltheorie ist bekannt, dass Ausbildung (education) und berufliche Erfahrung (experience) zu den maßgeblichen Treibern für die Leistung von Menschen zählen. Ziel des Forschungsprojektes, aus dem hier berichtet wird, war es daher, einen Zusammenhang herzustellen zwischen der Ausbildung und der Erfahrung sowie anderer individueller Merkmale von Beratern einerseits und den Klienten-Beurteilungen der durch die jeweiligen Berater durchgeführten Projekte andererseits.

Als empirische Basis stand ein Auszug aus der Referenzdatenbank der Züricher Meta-Beratung Cardea zur Verfügung. Cardea tritt als Mittler zwischen Klienten und Beratern sowie als Qualitätsmanager der durch Beraterteams ge-

---

[1] Vgl. hierzu den Beitrag von Ernst und Kieser in diesem Band.

leisteten Projekte auf[2]. In enger Zusammenarbeit mit Klienten-Unternehmen ermittelt Cardea den spezifischen Beratungsbedarf und stellt daraufhin Beraterteams zusammen. Diese Berater sind nicht Mitarbeiter von Cardea, sondern Mitarbeiter kleinerer und mittlerer Beratungsfirmen oder auch Freelancer. Zur schnellen Identifikation geeigneter Berater hat Cardea eine Berater-Datenbank aufgebaut, die detaillierte Informationen hinsichtlich der Ausbildung sowie des beruflichen Werdegangs von Beratern enthält. Darüber hinaus hält Cardea intensiven Kontakt zu den Klienten während und nach dem jeweiligen Projekt und fragt die Beurteilung der Beraterleistung bei dem auf Seiten der beratenen Organisation Projektzuständigen systematisch ab. Die Beurteilung ist dabei an sechs Kriterien ausgerichtet:

- Fachliche Kompetenz
- Kundenorientierung
- Zielerreichung
- Zeit- und Kosteneinsatz
- Kosten-Nutzen-Verhältnis
- Wissenstransfer und Qualität der Unterlagen / Dokumentation

Darüber hinaus enthält die Datenbank auch eine detaillierte qualitative Darstellung der Projektergebnisse sowie der Stärken und Schwächen des beteiligten Beraters auf Projektleiterebene. Die genannten Beurteilungskriterien für die jeweilige Projektleistung wurden mithilfe einer sog. Faktorenanalyse in eine einzige Projektbeurteilungsvariable aggregiert. Ebenso wurden die Angaben zur Höhe der Ausbildung zu einem Index zusammengefasst, dessen Wert sich nach dem höchsten erreichten Studien- bzw. Ausbildungsabschluss auf einer Skala von 1 (kein Studienabschluss) bis 5 (abgeschlossene Habilitation) richtet. Die Erfahrung der Berater wurde in der Anzahl der Jahre beruflicher Tätigkeit inner- bzw. außerhalb der Beratung gemessen.

Für das Forschungsprojekt standen Angaben über 100 Projekte zur Verfügung, die im Zeitraum 1990-2003 von insgesamt 50 Beratern auf Projektleiter-

---

[2] Für nähere Informationen zum Aktivitätsprofil von Cardea siehe den Beitrag von Eva Wiemann in diesem Band. Der Autor dankt Cardea ausdrücklich für die Bereitstellung der Datenbasis sowie für die intensive und vertrauensvolle Zusammenarbeit im Rahmen dieses Projektes. Ebenso ist Sascha L. Schmidt (Universität St. Gallen und European Business School) zu danken, der an diesem Projekt maßgeblich beteiligt war.

Ebene durchgeführt wurden (d.h. im Durchschnitt 2 Projekte pro Berater). Als statistische Methode, mit der die Beziehung zwischen Projektbeurteilung (abhängige Variable) und den Merkmalen der ausführenden Berater (unabhängige Variablen) hergestellt wurden, wurde eine sog. *Feasible Generalized Least Squares* (FGLS) Regressionsanalyse gewählt, die die Analyse von Information in der vorgegebenen Datenstruktur (Panel Data) ermöglicht.

	Koeffizient	Signifikanz
Höhe der Ausbildung	0.20	hochgradig signifikant ($p<0.001$)
Jahre Beratungserfahrung	0.03	hochgradig signifikant ($p<0.001$)
Jahre beruflicher Erfahrung außerhalb der Beratung	0.00	nicht signifikant
Geschlecht (0=männlich; 1=weiblich)	0.42	hochgradig signifikant ($p<0.001$)
Teamgröße	-0.04	nicht signifikant
Konstante	-0.71	hochgradig signifikant ($p<0.001$)
Angaben zur Regressionsgüte: Log-likelihood-Wert	-69.51	
Wald chi-Wert (*Freiheitsgrade*)	148.33 (5)	hochgradig signifikant ($p<0.001$)

Abb. 1: Regressionsergebnisse

Abbildung 1 liefert einen tabellarischen Überblick über die Regressionsergebnisse. Insgesamt lassen sich die Erkenntnisse aus der Untersuchung wie folgt zusammenfassen:

- *Ausbildung*: Je höher die Ausbildung, desto höher die von Klienten bewertete Projektleistung. Im Schnitt fallen die Leistungsbewertungen von Beratern mit einem um einen Level höheren Abschluss gegenüber solchen mit einem niedrigeren Abschluss (z.B. von Beratern mit einem postgraduierten Aufbaustudium gegenüber solchen mit einem einfachen Hochschulabschluss)

um etwa 20% besser aus. Insgesamt ist Bildung damit eine wichtige Voraussetzung für die Qualität der erbrachten Beratungsleistung aus Sicht von Klienten.
- *Berufserfahrung*: In Bezug auf berufliche Erfahrung von Beratern lässt sich eine deutliche Zweiteilung erkennen: Erfahrung innerhalb der Beratung steigert die wahrgenommene Beratungsqualität (um ca. 3% pro Jahr Berufserfahrung), während berufliche Erfahrung außerhalb der Beratung keinen signifikanten Einfluss auf die Beurteilung hat. Wichtiger als die zeitliche Länge scheint also die Art der beruflichen Erfahrung zu sein. Beratung ist ein genuin eigenes Geschäft; die Erfahrung, die in dieser Branche gesammelt werden kann, unterscheidet sich daher in ihrer Art von den Erfahrungen, die in anderen beruflichen Feldern erworben werden.
- *Geschlecht*: Die (wenigen) Beraterinnen werden in ihrer Beratungsleistung signifikant besser von Klienten bewertet als ihre männlichen Kollegen. Vor diesem Hintergrund scheint der geringe Anteil von Beraterinnen in vielen Consulting-Firmen zum Nachteil für die Beratungsfirmen selbst zu sein.
- *Teamgröße:* Die Teamgröße als solche spielt in der Leistungsbewertung keine bedeutende Rolle; allerdings ist der Tendenz nach die Haltung von Klienten zu kleinen Teams etwas positiver als zu großen Teams. Es scheint primär darauf anzukommen, dass Beratungsteams dem jeweiligen Projektauftrag angemessen mit Personal ausgestattet, aber auf jeden Fall nicht „overstaffed" sind.

Insgesamt betrachtet bieten die Ergebnisse Evidenz für die These, dass erfahrene, gut ausgebildete Berater aus Sicht von Klienten bessere Projektleistungen erbringen als Berater ohne diese Qualitäten. Klienten erwarten dieses Erfahrungsniveau aus gutem Grunde: Sie haben erfahren, dass zu junge, unerfahrene Berater nicht den Mehrwert erbringen können, der die in der Beratungsbranche üblichen Preise rechtfertigen könnte. Die Qualität eines einzelnen oder einiger weniger Berater ist wichtiger als eine große Zahl an Teammitgliedern, die letztlich nur die verlängerte Werkbank für solche Tätigkeiten spielen können, die aus Kapazitätsgründen vom Klienten selbst momentan nicht ausgeführt werden können. Vielmehr kommt es auf die Management-Fähigkeiten von Beratern in einem umfassenden Sinn an – die Fähigkeit, Projekte zu strukturieren, relevante Methoden zu definieren, Ergebnisse nicht nur zu erarbeiten, sondern diese auch zu kommunizieren und sie mit Rückgrad zu vertreten, um so die Implementierung sicherzustellen. In einem Kommentar zum Erfolg eines konkreten Projektes urteilte ein Klient über den verantwortlichen Consultant wie folgt: „Der Berater hat verschiedene Entwürfe für die Marketingstrategie erarbeitet, hatte aber Mühe, diese Strategievorschläge in die Sprache des Kunden zu übersetzen und sie für alle verständlich zu machen". Ein anderer Klient meinte: „Zum Teil wurde zu viel Papier produziert... die analytische Leistung war da, aber der Berater hat es nicht geschafft, eine für alle Beteiligten verständliche Darstellung zu liefern". Dagegen erscheinen bei positiv bewerteten Projekten Aussagen wie z.B. „hohe fachliche Kompetenz", „schneller Bezug zur konkreten Situation" und „ideale Kombination von praktischem und theoretischen Wissen". Gemäß dieser Aussagen sind also nicht allein die funktionalen Fähigkeiten und das Spezialwissen von Beratern erfolgsentscheidend, sondern ihre Kombination mit der Fähigkeit, dieses Wissen für den Kunden nutzbar zu machen und zum Wissenstransfer beizutragen.

Bezüglich der Bedeutung, erfahrene Berater einzusetzen, merkte ein Klient im Fall eines enttäuschend verlaufenen Projektes lapidar an: „Es ist Aufgabe des Senior-Beraters, seine Juniors auszubilden, nicht die des Kunden". Demgegenüber bemerkte ein anderer Klient anerkennend, dass der Senior-Berater auf dem betreffenden Projekt zwar Junior-Berater hinzugezogen, ihre Leistung aber nicht bzw. nur zu einem reduzierten Preis berechnet habe.

Gründe für den Einsatz externer Berater

Das oben gezeichnete Bild der Erfolgsfaktoren für Beratungsleistungen hebt die Bedeutung erfahrener, gut ausgebildeter Berater für die Projektbewertung hervor. Warum aber setzen Klienten überhaupt Berater ein und für welche Art von Projekten tun sie dies? Was erwarten Kunden von Beratern und wo sehen sie ihre möglichen Stärken und Schwächen? Die Ergebnisse eines zweiten an der European Business School durchgeführten Forschungsprojekts[3] geben auf diese Fragen eine Antwort.

---

[3] Primäres Ziel dieses Forschungsprojektes, das von Sandra Niewiem maßgeblich bearbeitet wurde, war das Testen transaktionskostentheoretischer Hypothesen hinsichtlich der Erbringung von Projektleistungen durch interne und/oder externe Parteien. Der Autor dankt Sandra Niewiem nachdrücklich für ihre Bereitschaft, wichtige Ergebnisse ihrer Untersuchung für diesen Beitrag zur Verfügung zu stellen.

Empirische Grundlage dieses Forschungsprojektes waren Interviews mit 37 entscheidungsbefugten Klienten über die Durchführung von insgesamt 86 Projekten durch interne oder externe Parteien. Die Interviewpartner stammten vorrangig aus Großunternehmen (Mitglieder des DAX 100 bzw. nichtbörsennotierte Unternehmen vergleichbarer Größe) aus verschiedenen Branchen (Automobilindustrie und Zulieferer, Logistik, Retail, etc.) im deutschsprachigen Raum. Das untersuchte Spektrum reichte dabei von der Durchführung des betreffenden Projektes durch Mitarbeiter im Stabs- oder Linienmanagement über Inhouse Consultants bis hin zu externen Beratern, wobei weiterhin zwischen langjährigen Beratern des Unternehmens und Beratern, mit denen bislang keine Geschäftsbeziehung bestand, unterschieden wurde. Der Interviewleitfaden richtete sich dabei nach einem für die Vergabe von Projektaufträgen typischen Prozess (Identifikation des eigenen Projektbedarfs, Ermittlung der Verfügbarkeit interner und externer Kompetenzen, Zieldefinition, Preis- und Leistungsvergleich, Vertragsgestaltung, etc.). Die Interview-Aufzeichnungen wurden aufgenommen, nach einem Kriterienkatalog systematisch codiert und mithilfe der Software NVivo analysiert.

Insgesamt zeigen die Ergebnisse dieses Forschungsprojektes die zentrale Bedeutung der Faktoren Beratungskompetenz, Branchenkenntnis sowie Implementierungserfahrung für die Vergabe von Projektaufträgen an externe Berater.

- *Beratungskompetenz*: Die Untersuchung macht insbesondere die besondere Bedeutung von funktionalen und methodischen Kompetenzen als ausschlaggebende Kriterien für die Vergabe von Projektaufträgen an externe Berater deutlich (vgl. Abbildung 2). Entscheidend ist hierbei nicht die absolute Anzahl der an externe oder interne Berater bzw. das eigene Management vergebenen Projekte, sondern vielmehr die deutliche *Beziehung* zwischen der Bedeutung funktionaler und methodischer Kompetenzen und der Vergabeentscheidung (also das Verhältnis der genannten Werte). Um ein Beispiel zu nennen: In Fällen, in denen ein Projekt nach Ansicht des mit der Projektvergabe beauftragten Managers hohe funktionale und methodische Kompetenzen verlangt, wird der Auftrag etwa drei- bis viermal[4] häufiger an einen externen Berater im Vergleich zu einer internen Partei vergeben als

---

[4] Der genaue Faktor beträgt 3.69=[52.3/(6.8+4.5)]/[11.4/(2.3+6.8)].

in den Fällen, in denen die Bedeutung funktionaler und methodischer Kompetenzen als gering angesehen wird.

		Bedeutung funktionaler und methodischer Kompetenzen für das Projekt			
		niedrig	mittel	hoch	Summe
Vergabe des Projektes an ...	Externe Berater	11.4%	11.4%	52.3%	**75.0%**
	Inhouse-Berater	2.3%	2.3%	6.8%	**11.4%**
	Mitarbeiter in Stabs-/Linienfunktionen	6.8%	2.3%	4.5%	**13.6%**
	Summe	**20.5%**	**15.9%**	**63.6%**	**100.0%**

Gesamtzahl der hier einbezogenen Projekte: 44
Abb. 2: Bedeutung funktionaler und methodischer Kompetenzen für die Vergabe von Projektaufträgen

Die quantitative Darstellung wird durch die inhaltlichen Aussagen der Interviewpartner unterstützt. Ein Klient begründete die Wahl eines externen Beraters wie folgt: „Bei der Planung waren mir Projektmanagement und Kompetenzen in der Moderationsfunktion wichtig. Wir brauchten einen externen Berater, der ohne Tunnelblick auf die Aufgaben schaute". Ein anderer sagte: „Von unserem Projekt waren mehrere unserer Sparten betroffen. Wir erkannten, dass wir viel interne Expertise hatten, die aber ergänzt werden musste durch externe Prozesssteuerung und Moderation". Andere Klienten hoben die funktionalen Kenntnisse von Beratern als wesentlichen Grund hervor, mit ihnen zusammenzuarbeiten: „Das hohe Spezialwissen und die Persönlichkeit des Partners machten einen entscheidenden Faktor aus". „Hier spielte die fachliche Komponente eine große Rolle. Der Berater ist Herausgeber eines Kompendiums und hat mich mit seinen fachlichen Kompetenzen davon überzeugt, dass er der richtige Partner für uns ist". Diese Zitate zeigen, dass fachliche Kompetenzen im engeren Sinne und Projektmanagement- sowie Moderationskompetenzen von Klienten i.d.R. nicht als Gegensätze, sondern als Komplemente wahrgenommen werden. Klienten erwarten Exzellenz von ihren Beratern in allen Dimensionen. Technische Fähigkeiten allein reichen nicht aus. Beratungskompetenz wird umfassend verstanden und eingefordert.

- *Branchenkenntnis*: Die Untersuchung zeigt deutlich die Bedeutung von firmenübergreifender Branchenkenntnis für die Vergabe von Beratungsaufträgen an externe Berater.

		Bedeutung der Kenntnis der relevanten Branche für das Projekt			
		niedrig	mittel	hoch	Summe
Vergabe des Projektes an …	Externe Berater	9.5%	9.5%	76.2%	95.2%
	Inhouse-Berater	0.0%	4.8%	0.0%	4.8%
	Mitarbeiter in Stabs-/Linienfunktionen	0.0%	0.0%	0.0%	0.0%
	Summe	9.5%	14.3%	76.2%	100.0%

Gesamtzahl der hier einbezogenen Projekte: 21

Abb. 3: Bedeutung von Branchenkenntnis für die Vergabe von Projektaufträgen

Diese Übersicht zeigt, dass es in der Interviewserie kaum Projekte gab, die aus Sicht des Vergabeverantwortlichen besondere Branchenkenntnis erforderten und die intern vergeben wurden. Vielmehr wurden fast alle Projekte, bei denen branchenbezogene Kenntnisse überhaupt als bedeutsames Thema genannt wurden, von externen Beratern ausgeführt. Zum Teil mag dieses Ergebnis als Zeichen einer im Zusammenspiel von Beratern und Klienten typischen Arbeitsteilung interpretiert werden: Mitarbeiter in Klientenfirmen scheinen schlichtweg keine Zeit zu haben, detaillierte Branchenanalysen zu erstellen. Sie sind außerdem in einer schwierigen Situation, wenn es darum geht, Informationen direkt von ihren Wettbewerbern zu erhalten. Externe Berater hingegen können auf intern vorhandener Branchenkenntnis aufbauen, auf Bedarf Branchenexperten heranziehen und Benchmark-Studien erstellen. Das geschilderte Ergebnis lässt sich aber auch als Erwartung bzw. Anforderung von Klienten gegenüber externen Beratern verstehen. Firmenübergreifende Branchenkompetenz gehört zu den wichtigen Gründen, warum Klienten die Leistungen externer Berater einkaufen; firmenspezifische Kenntnisse können dagegen vom Klienten selbst eingebracht werden. Bringen die Berater diese Branchenkenntnisse nicht mit, werden sie unter den gegebenen Marktbedingungen kaum eine Chance auf die entsprechenden Aufträge haben.

- *Implementierungserfahrung*: In den beiden vorangegangenen Abschnitten wurden Beratungskompetenz sowie Branchenkenntnis als zwei wesentliche Gründe herausgestellt, aufgrund derer Klienten externe Berater hinzuziehen. Andererseits zeigt die Studie auch Gründe für Skepsis gegenüber Beratern auf; in einzelnen Interviews wurde sogar von prinzipieller Ablehnung gegenüber Beratern gesprochen. Ein wesentliches Motiv für diese kritische Haltung liegt vor allem in der mangelnden Erfahrung vieler jüngerer Berater in der Umsetzung der von ihnen entwickelten Strategien und Lösungen. Einige Zitate machen diese Haltung deutlich: „Ich erinnere mich an einen Berater, der war ein so genannter High Potential, hat an einer Elite-Hochschule studiert, war super-analytisch und hell im Kopf. Er hat es aber nicht geschafft, sich auf die operative Ebene hinunter zu begeben. Das Projekt ist teilweise gescheitert. Er hat die Menschen nicht hinter sich gekriegt, hat zwar die richtigen Ansätze gebracht, aber die waren den Mitarbeitern zu gefährlich". Ein anderer Klient meinte: „Auf diesem Projekt war ein Junior- und ein Seniorberater drauf. Aber auf den Junior kam es gar nicht an; der hat keinen Mehrwert gebracht. Entscheidend war für mich nur der Senior – aber zahlen mussten wir für beide". Ein weiterer Kunde meinte generell: „Für mich als Business Owner von Projekten ist es von Vorteil, wenn ich einen Berater habe, den ich kenne, den ich einschätzen kann, also nicht irgendeinen Jüngling, mit dem ich mich eine Viertelstunde unterhalte und sofort weiß, ,da gibt's Probleme'."

Die genannten Zitate unterstreichen die Bedeutung von Beratungserfahrung und Seniorität, die schon in dem zuvor beschriebenen Projekt angeklungen war. Um die gestiegenen Erwartungen von Klienten erfüllen zu können, müssen Berater Persönlichkeit in einem umfassenden Sinn (Erfahrung, Wissen, persönliche Überzeugungs- und Durchsetzungskraft, etc.) einbringen. Die Wahrnehmung von Kompetenz ist mit der Wahrnehmung von Persönlichkeit eng verknüpft; die beiden Faktoren sind nicht austauschbar, sondern ergänzen sich. Klienten sind zunehmend skeptischer gegenüber (zu) jungen, unerfahrenen Beratern; „insecure overachievers" sind nicht mehr gefragt.

Die aus den beiden empirischen Untersuchungen gewonnenen Ergebnisse stellen sich wie Puzzlestücke dar, die miteinander verzahnt ein informatives Bild davon ergeben, was Klienten in der gegenwärtigen Situation von Beratern erwarten und unter welchen Bedingungen sie bereit sind, mit externen Beratern zu kooperieren. Zusammengenommen können diese Bedingungen als anspruchsvoll angesehen werden. Für viele Klienten hat die Interaktion mit Beratern den Nimbus des Besonderen verloren. Berater werden verstärkt als eine Ressource angesehen, deren Einsatz sich dem betriebswirtschaftlichen Kalkül stellen muss. Trotz aller Schwierigkeiten in der Leistungsbewertung richtet sich die Aufmerksamkeit von Klienten auf die Ergebnisse der von Beratern durchgeführten Projekte. Wichtiger noch als diese Beurteilung *ex post* ist die Auswahl und Kontrolle von Beratern *ex ante*. Klienten wählen die optimale Form der Erbringung von Beratung und beratungsnahen Leistungen bewusst aus; sie suchen sich ihre Berater sehr gezielt hinsichtlich der Kriterien aus, die oben angesprochen wurden – Ausbildung und Qualifikation, Beratungserfahrung, Branchenkenntnis, etc. –, nehmen verstärkt Einfluss auf die Team-Zusammensetzung und betreiben intensive Kostenkontrolle. Diese Situation stellt Beratungsfirmen vor neue Herausforderungen.

Stößt das klassische Beratungsmodell angesichts der neuen Bedingungen im Markt an seine Grenzen? Mit welcher Struktur und Strategie können Beratungsfirmen für ihre Klienten einen deutlichen Mehrwert generieren und gleichzeitig einen Überschuss erwirtschaften, der die Erwartungen der Berater – der wichtigsten Ressource im Beratungsgeschäft – erfüllt? Diesen Fragen wird im folgenden Abschnitt nachgegangen.

Grenzen und Möglichkeiten des klassischen Modells der Strategieberatung

Die oben beschriebenen Phänomene richten sich vorrangig auf die Perspektive von Klienten, das heißt auf die Nachfrageseite des Beratungsmarktes. Diese Verschiebungen auf der Nachfrageseite sind aber mit Veränderungen auf der Angebotsseite eng verbunden. Von den vielen Veränderungen auf der Angebotsseite seien nur zwei exemplarisch genannt:

- Um den Erwartungen von Klienten gerecht werden zu können, sollten Beratungsfirmen zunehmend in *Upgrading* des Humankapitals ihrer Berater investieren. Hierzu zählen nicht nur Investitionen in direkte Trainingmaßnahmen, sondern auch etwa die Bereitschaft, für Berater, die eine neue Rolle einüben (etwa in Vorbereitung auf die nächste Beförderungsstufe), reduzierte Tagessätze zu verlangen sowie die Rotation von Beratern in verschiedene Positionen (andere Offices, neue Funktionsbereiche, etc.) zu unterstützen.

- Beratungsfirmen müssen ebenfalls mit der Notwendigkeit umgehen lernen, neue Persönlichkeitstypen in die eigene Unternehmensstruktur und -kultur zu integrieren, die vom überkommenen Bild des Beraters als einem 25- bis 40-jährigen, männlichen Absolventen einer Elitehochschule abweichen. Viele Beratungsfirmen bemühen sich vergeblich um eine Erhöhung des Frauenanteils, weil sie nicht in der Lage zu sein scheinen, den speziellen Karriere- und Entwicklungswünschen von Frauen gerecht zu werden. Aber auch in anderen Dimensionen (Alter, Herkunft, etc.) müssen sich Beratungsfirmen auf „neue Typen" einstellen.

Die aufgezeigten Veränderungen auf der Angebots- und der Nachfrageseite stellen Beratungsfirmen mit dem überkommenen Strukturmodell vor neue Herausforderungen. Das klassische Modell von Beratungsfirmen (vgl. Abbildung 4) zeichnet sich im Wesentlichen durch drei Organisationsebenen: Partner und Senior-Partner bzw. Vice Presidents (*finder of work* in der Terminologie von David MAISTER (1982)), Projektleiter (*minder of work*) und Associates bzw. Analysts (*grinder of work*). In vielen Firmen werden über diese drei Ebenen hinaus noch Zwischenschritte differenziert; dennoch ist die Basisstruktur im Wesentlichen durch diese drei Ebenen beschrieben. Zwischen den drei Ebenen besteht ein zahlenmäßig wohldefiniertes Verhältnis, die sog. *leverage ratio*, die sich über die verschiedenen Ebenen hinweg in etwa konstant fortsetzt: Einem Partner mögen z.B. drei Projektleiter zugeordnet sein, wobei jeder Projektleiter seinerseits etwa drei Analysts bzw. Associates betreut. Bei Beratungsfirmen, die (im Gegensatz zu der analytisch orientierten Tätigkeit klassischer Strategie- und Organisationsberatungen) ein eher operatives Geschäft betreiben, ist die leverage ratio deutlich größer; sie kann in diesen Fällen auch bei 25:1 (Betreuung von 25 Beratern durch einen Partner/Vice President) oder noch höher liegen. Bekannt ist darüber hinaus, dass in Beratungsfirmen, die nach diesem Modell organisiert sind, die Mitarbeiter auf den unteren Ebenen der Pyramide durch ihre operative

Tätigkeit die Seniorberater finanzieren helfen (vgl. dazu SOMMERLATTE [2004] mit einem quantitativen Beispiel).

Verschiebung der traditionellen Pyramide

Klassisches Modell

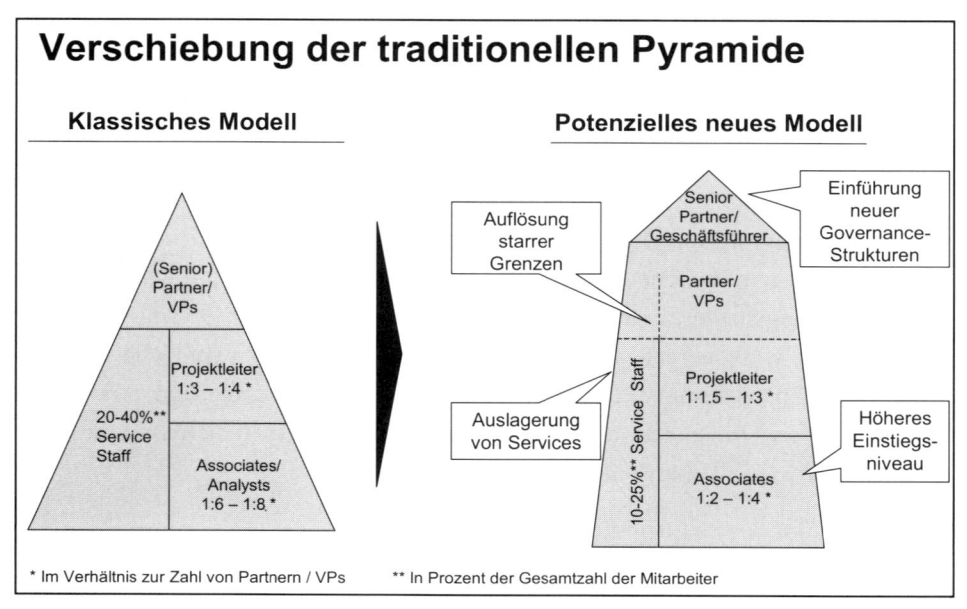

- (Senior) Partner/VPs
- Projektleiter 1:3 – 1:4 *
- 20-40%** Service Staff
- Associates/Analysts 1:6 – 1:8 *

Potenzielles neues Modell

- Senior Partner/Geschäftsführer
- Partner/VPs
- Projektleiter 1:1.5 – 1:3 *
- 10-25%** Service Staff
- Associates 1:2 – 1:4 *

- Auflösung starrer Grenzen
- Auslagerung von Services
- Einführung neuer Governance-Strukturen
- Höheres Einstiegsniveau

* Im Verhältnis zur Zahl von Partnern / VPs   ** In Prozent der Gesamtzahl der Mitarbeiter

Abb. 4: Verschiebung der traditionellen Pyramide

Das so skizzierte Modell von Beratungsfirmen hat sich seit seiner Entwicklung in der Nachkriegszeit durch Persönlichkeiten wie Marvin Bower (McKinsey & Company) und Jim Allen (Booz Allen Hamilton) und andere als stabil erwiesen. In ihm werden junge, gut qualifizierte Hochschulabsolventen auf unteren Organisationsstufen eingestellt, um dann intern im Rahmen eines Apprenticeship-Modells (*learning by doing* durch direkte Zusammenarbeit mit erfahreneren Beratern) ausgebildet und entwickelt zu werden. Das Modell funktioniert aber nur, wenn selbst junge Berater relativ zügig beim Klienten eingesetzt werden können und direkte Deckungsbeiträge erwirtschaften können.

Angesichts der veränderten Erwartungen von Klienten und Beratern gleichermaßen werden die Grenzen des so beschriebenen Modells deutlich. Wie oben gezeigt, erwarten Klienten von Beratern zunehmend Beratungserfahrung, ohne die sie die Tätigkeit von Consultants nicht als wertstiftend wahrnehmen. Werden zu viele juniore Berater (ohne entsprechend intensive Leitung durch erfahrenere Kollegen) auf einem Projekt eingesetzt, kann dies zu erheblichen Konflikten schon in der Anfangsphase von Projekten führen. Klienten sind sich bewusst, dass der Aufbau von methodologischen Fähigkeiten und Führungsqualitäten sowie von vertieften Branchenkenntnissen auch bei noch so begabten und gut ausgebildeten Beratern Zeit braucht, die sich nicht einfach komprimieren lässt. Das Studium an guten Hochschulen bildet dafür nur eine erste Basis, die um relevante berufliche Erfahrung ergänzt werden muss.

Für die Organisation von Beratungsfirmen bedeutet dies, dass sich die pyramidale Struktur zugunsten einer schlankeren, obelisk-förmigen verschieben muss. Beratungsfirmen, die den hohen Ansprüchen ihrer Klienten gerecht werden wollen, können nicht mit großen leverage ratios arbeiten. Sie müssen den Einsatz ihrer Seniorberater beim Klienten und die direkte Supervision von jüngeren Teammitgliedern gewährleisten. Gleichzeitig sollten sie verstärkt Möglichkeiten entwickeln, Berater mit fortgeschrittenem Erfahrungsniveau – und damit möglicherweise auch mit für die Beratung untypischen Biographien – in ihre eigene Organisation zu integrieren.

Treiber der oben beschriebenen Entwicklungsrichtung sind die gestiegenen Erwartungen von Klienten. Diese scheinen nach wie vor bereit zu sein, für qualifizierte Strategie- und Organisationsberatung hohe Preise zu bezahlen, solange die Leistung stimmt. Das Niveau dieser Leistungserwartung ist aber gestiegen. Mit ihrem überkommenen Organisationsmodell werden Beratungsfirmen diesen Erwartungen nicht mehr ohne weiteres gerecht. Der Druck, der hierdurch entsteht, trifft vor allem diejenigen Firmen, die das Beratungsgeschäft als eben solches – als *Geschäft* – mit primär kommerziellen Zielen verfolgen. Diese Firmen verzehren sich am ehesten in der Spannung zwischen kurzfristiger Gewinnorientierung (durch Erhöhung der leverage ratio) und nachhaltiger Klientenorientierung. Für Firmen mit einem starken, tatsächlich gelebten professionellen Ethos ist die Wahl zwischen diesen beiden Polen klar. Sie entscheiden sich für die Lösung, die dem Klienten dient. Dazu gehört ausreichende Zeit für die Aus- und Weiterbildung der eigenen Berater ebenso wie die Bereitschaft, dem Klienten nicht eine Pauschallösung zu verkaufen, die notwendigerweise von einem hierarchischen, fest strukturierten Beraterteam umgesetzt wird. Für den Klienten mag in bestimmten Situationen ein erfahrener Einzelberater hilfreicher sein als vorgefertigte, inflexible „Beratungspakete". In anderen Situationen mögen Klienten eine ganze Gruppe aus Beratern auf Projektleiter-Ebene benötigen, um eigene Mitarbeiter anleiten zu können. In einem dritten Fall mag das wohldefinierte, klassische Beratungsteam mit einigen Juniorberatern, ein bis zwei Projektleitern und einem gesamtverantwortlichen Partner die optimale Lösung für den Klienten sein. Professionell geführte Beratungsfirmen werden versuchen, im Gespräch mit dem jeweiligen Klienten den konkreten Bedarf zu ermitteln und ein entsprechendes Angebot zu machen. Sie werden Organisationsstrukturen entwickeln, die es ihnen ermöglichen, flexibel auf den konkreten Bedarf zu reagieren. Beratungsfirmen, die die Maximierung ihres eigenen Gewinns in den Mittelpunkt ihres Handelns stellen, werden angesichts der neuen Realität im Markt bald an ihre Grenzen stoßen.

Literatur

BECKER, G. S. (1964): Human capital: A theoretical and empirical analysis with special reference to education, New York.

MAISTER, D. (1982): Balancing the professional service firm, in: Sloan Management Review, Vol. 24 (1982), S. 15-29.

NIEWIEM, S./RICHTER, A. (2004): The changing balance of power in the consulting market, in: Business Strategy Review, Vol. 15 (2004), S. 8-13.

SCHULTZ, T.W. (1960): Capital formation by education, in: Journal of Political Economy, Vol. 68 (1960), S. 571-583.

SOMMERLATTE, T. (2004): Life Cycle Phenomena in the Consulting Sector – Driving Forces of Fundamental Value Changes, in: THOMMEN, J.-P./RICHTER, A. (Hrsg.): Management Consulting Today. Strategies for a Challenging Environment, Wiesbaden, S. 133-140.

Kommentar: Das Geschäftsmodell der klassischen Strategieberatung ist nicht in Gefahr

Peter Baumgartner
Geschäftsführer Deutschland, Mercer Management Consulting

Der Beitrag „Veränderte Klientenerwartungen und ihre Auswirkungen auf Beratungsfirmen" diskutiert eine Reihe von Thesen, die für das Bestehen im täglichen Beratungsgeschäft und die Weiterentwicklung von Strategieberatungsgesellschaften von zentraler Bedeutung sind: Wie verändern sich die Kundenerwartungen an Beratungsleistungen? Welche Konsequenzen zieht dies für das klassische Geschäftsmodell von Strategieberatungsunternehmen nach sich? Wie wird sich die Beratungspraxis dadurch verändern? Der nachfolgende Kommentar greift die Ergebnisse aus Richters Beitrag auf und nimmt hierzu aus Sicht der Praxis Stellung. Zunächst jedoch einige Aspekte zur aktuellen Marktsituation, die verdeutlichen, vor welchem Hintergrund die nachfolgenden Anmerkungen zu verstehen sind.

- In den Jahren 1998 bis 2001 erlebte die Branche – als Folge des allgemeinen Internet- und Börsenhypes – einen Beratungsboom, dessen Niveau sich in dieser Form nicht lange halten ließ. Internetunternehmen und die IT-Bereiche hatten einen enormen Aufbau- und Strukturierungsbedarf, was zu großen Beratungsaufträgen führte. Nach der damals geltenden Logik wurden die von Beratern entwickelten Konzepte häufig direkt von der Börse belohnt und spielten kurzfristig ihr Geld schnell wieder ein. Nach dem Platzen der Börsenblase und dem Ende des Internethypes kam es zu einer notwendigen Marktkonsolidierung, die gegen Ende 2003 abgeschlossen war. Seitdem gibt es wieder ein gesundes Wachstum, das für den Gesamtmarkt bei etwa fünf Prozent jährlich liegt. Allerdings muss hier stark nach Segmenten differenziert werden: Einige Bereiche, wie etwa die Strategieberatung, wachsen stark, andere, wie die IT-Beratung, entwickeln sich immer noch rückläufig.
- Die Konkurrenz im Beratungsmarkt ist differenziert zu betrachten. Quantitativ gesehen nimmt sie derzeit eher ab. Der beschriebene Markteintritt

branchenfremder Player fand in den Jahren 1995 bis 2000 statt. Seitdem sind viele dieser Konzepte gescheitert. So haben zum Beispiel die Wirtschaftsprüfungsgesellschaften ihre (IT-)Beratungsunternehmen bereits wieder verkauft. Verschränkungen von Technologieunternehmen mit Managementberatern (z.B. EDS/A.T. Kearney) werden derzeit aufgelöst. ADL existiert heute nur noch als relativ kleine regionale Beratungsgesellschaft in Europa; Mitchell Madison (March First) ging in Konkurs, und auch andere mittelgroße Beratungsgesellschaften sind aus dem Markt ausgeschieden oder haben den Anschluss verloren. Lediglich kleine Spezialisten (z.B. mit Fokus auf Sanierungs-/ Turnaround-Management) haben sich mitunter positiv entwickelt. Dieser gesamte Prozess ist typisch für viele reifer werdende Märkte: Es überleben tendenziell die großen, ausdifferenzierten Gesellschaften sowie die kleinen, spezialisierten Unternehmen. Qualitativ betrachtet hat sich die Konkurrenz hingegen tatsächlich massiv verschärft. Nahezu alle großen Strategieberater verfügen heute über hohes Branchen- und meist auch Unternehmens-Know-how. Hierdurch differenzieren sie sich zwar von nicht spezialisierten kleinen und mittelgroßen Spielern, in ihrem Segment müssen sie sich jedoch neben sehr hohem fachlichen Niveau zusätzlich positionieren.

Wie entwickelt sich im Lichte dieser Trends das Beratungsmodell der Zukunft? Hier zeigt der Aufsatz interessante Aspekte, die jedoch für Insider nicht überraschend kommen. Kunden wollten schon immer ein möglichst erfahrenes und senioses Beratungsteam und dies schon immer zu einem möglichst günstigen Preis. Bei den als signifikant identifizierten Kundenzufriedenheitsaspekten – Ausbildung, Beratungserfahrung und Persönlichkeit – sind die großen Strategieberatungen ganz vorn dabei. Sie ziehen nach wie vor hervorragende Absolventen an, da sie sowohl in der Lage sind, ein einzigartiges Umfeld und ausgezeichnete Konditionen anzubieten als auch umfassende Trainings- und Fortbildungsprogramme auf die Beine zu stellen.

Wie werden die Beratungsteams der Zukunft strukturiert sein? Die kritisch betrachtete Teamzusammensetzung variiert in der Praxis stark – je nach Projekt. Wo ein Einzelberater auftritt, ist der Erfahrenere meist auch der Bessere. Aber typische Strategieberatungsprojekte benötigen meist ein breit orchestriertes Beratungsteam. Hier gibt es diverse Aufgaben und Rollen, von Analyse und Research bis hin zu grundsätzlichen Richtungsentscheidungen und politischer Absicherung. Je nach Funktion wird dann auch deutlich unterschiedlich bezahlt. Ein Juniorberater – frisch von der Hochschule kommend – kostet weniger als die Hälfte eines Projektleiters und dieser wiederum nur die Hälfte eines Seniorpartners. Bei den großen Beratungen kommen Topabsolventen der besten Hochschulen zum Einsatz, die neue Ideen und Aspekte in den Beratungsprozess einbringen und für die Gesamtleistung ebenso wichtig sind wie Projektleiter und Seniorberater. In der von Richter referierten Untersuchung der Züricher Metaberatung wird dieser Aspekt nur bedingt deutlich, was wahrscheinlich darauf zurückzuführen ist, dass in der ausgewerteten Datenbank in hohem Maße kleinere Beratungsprojekte für kleine Unternehmen zu finden waren.

Große Kunden haben inzwischen viel Erfahrung in der Auswahl von Beratungsunternehmen und in der Zusammenarbeit mit Beratern. Die wichtigsten Selektionskriterien sind Methodik, Aufgabenverständnis, Herangehensweise und auch die Teamzusammensetzung. Hier hat sich die klassische Pyramide für die meisten Beratungsprojekte als die sinnvollste Lösung etabliert. Zweifel sind bei extrem breiten Pyramiden angebracht, wie sie teilweise von industriell arbeitenden Beratern mit standardisierten Beratungsprodukten (Stichwort Methodenhandbücher, IT-Tools, etc.) angeboten werden. Dies ist jedoch ein anderes Geschäftssegment als das der Strategieberatung, und die meisten Kunden unterscheiden hier klar.

Die entscheidende Grundfrage bei der Diskussion um die Beratungspyramide ist, wie die von erfahrenen Beratern konzipierte und vorstrukturierte Arbeit umgesetzt wird. Seniorberater haben die Aufgabe, die Effektivität von Projekten sicherzustellen. Sie sorgen dafür, dass das Richtige getan wird, für die tägliche Arbeit hingegen sind sie schlicht zu teuer. Das Tagesgeschäft funktioniert nur mit einem junioreren Team, das mit dem Seniorberater und gegebenenfalls dem Kundenprojektleiter harmoniert, das methodisch kompetent und idealerweise Vollzeit verfügbar ist. Grundsätzlich kann dieses Team sowohl von Kunden- als auch von Beraterseite gestellt werden. Allerdings stehen auf Kundenseite wichtige Mitarbeiter häufig nicht in vollem Umfang für die Projektarbeit zur Verfügung. Hochqualifizierte Mitarbeiter sehen sich zudem häufig mit dem Problem konfrontiert, dass Großprojekte unter Karrieregesichtspunkten nicht den Stellenwert einer Linienaufgabe haben. Projekte sind für die besten Kundenmitarbeiter deshalb nicht immer attraktiv. Und selbst wenn sehr gute Leute gewonnen werden können, gehen diese nach Ablauf des Projektes zurück in die Linie – was auch schon während der Projektlaufzeit Abhängigkeiten schafft. Ihr Handlungsspielraum zur Durchsetzung grundsätzlicher Veränderungen mit Konfliktpotenzial ist eingeschränkt. In der Praxis ist daher ein gemischtes Team mit Juniorberatern auch bei hohen Tagessätzen zur Sicherung des Projekterfolges meist effizienter als zusätzliche bzw. ausschließlich eingesetzte Kundenmitarbeiter. Der Juniorberater besitzt eine erstklassige Ausbildung, ist hoch motiviert, verfügt über profundes Methodenwissen und unterliegt zudem dem direkten Zugriff des Seniorberaters.

Die in der Abbildung von Richter exemplarisch dargestellte Pyramide ist somit auch heute noch gültig, gerade für klassische, große Strategieberatungsprojekte. Wird ein solches Projekt ex ante zu konservativ besetzt, muss bisweilen im Projektverlauf nachgebessert werden, weil die angestrebten Ergebnisse nicht zu erreichen sind. Kleinere Projekte bzw. Projekte, in denen der Kunde sich selbst tatsächlich stärker einbringen kann, weisen hingegen tendenziell ein geringeres Verhältnis von Seniorberater zu Juniorberater als eins zu drei oder eins zu vier auf. Hier hat die Praxis die These des Aufsatzes schon seit vielen Jahren vorweggenommen. Der „Obelisk" findet sich darüber hinaus regelmäßig bei Spezialisten wie etwa im Sanierungs-/ Turnaround-Management.

Wie also sieht die Zukunft des Geschäftsmodells Strategieberatung aus Sicht eines Beraters aus? Unter den großen, global agierenden Beratungen wird sich das Geschäft, bis auf etwa eine Hand voll Unternehmen, weiter konsolidieren. Die Teams in klassischen Strategieprojekten werden auch weiterhin eine Mischung aus Branchen- und Methodenspezialisten sowie einen Pyramidenaufbau aufweisen. Recruiting, Fortbildung und Methodenentwicklung werden auch in Zukunft wesentliche Differenzierungskriterien der Beratungsunternehmen bleiben, wobei die Recruiting-Kriterien letztlich von den Kundenprioritäten bestimmt werden. Letztendlich müssen aber Kunde und Berater als Partner gemeinsam strategische Lösungen finden und umsetzen – und dies zu einem Preis, der für beide Seiten akzeptabel ist.

Re-Kommentar: Nichts Neues im Beratungsmarkt?

Ansgar Richter, PhD
European Business School, Oestrich-Winkel

Der Kommentar von Peter Baumgartner greift wesentliche Thesen des vorhergehenden Beitrags auf und reflektiert diese aus Sicht eines führenden Strategieberaters. Er zeigt, dass die gegenwärtige Entwicklung des Beratungsmarktes durch eine Konsolidierungswelle gekennzeichnet ist, in der sich die Spreu vom Weizen trennt. Dieser Entwicklung fallen vor allem diejenigen Beratungsfirmen zum Opfer, die nicht rechtzeitig in Kompetenzen und Konzepte investiert haben, die es ihnen ermöglichen, den gestiegenen Klientenanforderungen gerecht zu werden. Firmen, die sich im Markt durch eine eigene value proposition behaupten können, profitieren hingegen von dem shake-out der anderen.

Das Organisationsmodell der klassischen Strategieberatungen sieht Baumgartner aber nicht gefährdet. Er argumentiert, dass die pyramidenförmige Zusammensetzung von Teams aus Juniorberatern, Projektleitern und Partnern auch weiterhin von Klienten nachgefragt werde. Schließlich beinhaltet diese Struktur eine Mischung aus Kompetenzen – konzeptionelle Fähigkeiten sowie Erfahrungen in Projektleitung und Klientenmanagement auf Seiten seniorer Berater, analytische Fähigkeiten und Methodenkompetenzen auf Seiten gut ausgebildeter Juniorberater –, die für Klienten in erheblichem Maße wertstiftend sein können. Andere Angebote – etwa Projekte mit einem größeren Einsatz erfahrener Berater – stehen schließlich zur Verfügung, werden aber auf Grund der höheren Kosten für seniore Berater nur in begrenztem Maße in Anspruch genommen.

Baumgartners Beschreibung der Marktentwicklung ist zutreffend. Ebenso stimmt, dass Beratungsangebote schon zur Verfügung stehen, die dem zuvor aufgezeigten Obelisk-förmigen Modell entsprechen. Ein Beispiel für diese Art von Beratungsangebot liefert die Marsh & McLennan Gruppe selbst, zu der das von Baumgartner in Deutschland geführte Beratungshaus Mercer Management Consulting gehört: Zur Marsh & McLennan Gruppe gehört auch die Organisationsberatung Mercer Delta, die insbesondere auf Themen wie z.B. die Organisation und Dynamik von Vorständen (Board Effectiveness) spezialisiert ist. Diese Art der Beratungstätigkeit erfordert die Arbeit außerordentlich erfahrener Berater. Trotz dieser Angebote und der beschriebenen Marktentwicklung sind pyramidal organisierte Beratungsfirmen nach wie vor erfolgreich und weisen Rentabilitäten auf, die über denen in anderen Sektoren liegen. Mit Baumgartner bin ich der Meinung, dass es das Angebot klassisch strukturierter Beratungsangebote auf absehbare Zukunft weiter geben wird. In diesem Sinn ist das Geschäftsmodell der klassischen Strategieberatung tatsächlich nicht in Gefahr.

Dennoch wird sich diese Form der Strategieberatung, bei moderat wachsender Nachfrage, den Markt zunehmend mit anderen Beratungsangeboten teilen müssen. Drei Trends seien hier exemplarisch aufgezeigt[1].

Erstens wächst das Angebot von Beratungsspezialisten. Hierzu zählen Firmen wie z.B. Frontier Economics, Cambridge Economic Policy Associates, London Economics und Lexecon (gegenwärtig im Merger mit Charles River Associates) im Bereich der wirtschaftswissenschaftlich orientierten Beratung, PricePoint Partners, die Harrison Pricing Strategy Group und vor allem Simon Kucher & Partners im Bereich der strategischen Preisfindung, PRTM in der technisch-operativen Beratung und viele andere mehr. Bei den Angeboten dieser Firmen mag ein funktionaler Aspekt im Mittelpunkt stehen; dennoch sind die Grenzen zu klassischen Strategieprojekten durchaus fließend. Sie stellen damit eine zusätzliche Konkurrenz für die etablierten Beratungshäuser dar.

Ein zweiter Trend, der es auch kleineren Beratungsfirmen ermöglicht, mit dem Angebot der großen Beratungshäuser zu konkurrieren, ist der der Beratungsallianzen und -netzwerke. Als Beispiel sei die Stratorg Alliance Group genannt. Dieser Allianz gehören zur Zeit vier Beratungsfirmen in verschiedenen Ländern an (die mmc Mollenhauer Management Consulting AG in Deutschland, in Frankreich die Stratorg Management Consulting, in den USA die Blue Canyon Partners und in Italien die UBM Consulting). Durch Bündelung und Austausch von Kompetenzen können die Mitglieder dieser Allianz Beratungsthemen und -projekte anbieten, die mit denen der etablierten Strategieberatungen im Wettbewerb stehen.

---

[1] Alle im Folgenden identifizierten Firmen werden exemplarisch genannt, um zu illustrieren, dass die aufgezeigten Trends empirisch belegbar sind. Hiermit sind keine Wertaussagen über die genannten Unternehmen verbunden.

Drittens gibt es eine Vielzahl von kleinen und mittleren Organisationen, die sich in der Art ihres Angebots von den etablierten Beratungshäusern grundlegend unterscheiden. Diese Firmen ziehen Vorteile aus der sich abzeichnenden Disaggregierung der Wertschöpfungskette im Beratungsmarkt (vgl. SCHMIDT/VOGT/RICHTER 2005). Ihre Aktivitäten konkurrieren also nicht mit dem gesamten Angebotsportfolio der etablierten Beratungshäuser, aber doch mit einzelnen Bausteinen dieses Portfolios. So genannte Knowledge Builder (wie zum Beispiel Evalueserve und Pipal Research) stellen zum Beispiel Wissen zur Verfügung, das häufig in integrierten Beratungsfirmen durch Inhouse-Research generiert wird. Networker – Firmen wie z.B. a-connect und Cardea (vgl. hierzu den Beitrag von Eva Wiemann in diesem Band) – stellen Beratungsteams aus erfahrenen Professionals zusammen und managen die Klientenbeziehung. Bei ihren Klienten handelt es sich nicht in erster Linie um kleine Unternehmen, sondern durchaus um große Firmen, die zur Zielgruppe der großen Beratungshäuser zählen.

Die genannten neuen Beratungstrends werden das klassische Modell der Strategieberatung nicht ohne weiteres vom Markt verdrängen. Einige der genannten Firmen sind noch jung; ihre Geschäftsmodelle treten den Test der Zeit gerade erst an. Dennoch lässt sich sagen, dass der Beratungsmarkt der Zukunft durch eine Vielzahl von Organisationsmodellen gekennzeichnet sein, die das Modell der klassischen Strategieberatung zumindest ergänzen, ihm damit aber auch zusätzliche Konkurrenz machen werden. Dies übt Rückkopplungseffekte auf die klassisch strukturierten Beratungshäuser aus. Berater sollten die Zeichen der Zeit erkennen, um Kompetenzen und Geschäftsmodelle zu entwickeln, mit denen sie den gestiegenen Klientenerwartungen in einem heterogenen Wettbewerbsumfeld begegnen können.

Literatur

SCHMIDT, S./VOGT, P./RICHTER, A. (2005): Good News and Bad News. The Strategy Consulting Value Chain is Breaking Up, in: Consulting to Management, Vol. 16 (2005), S. 39-44.

6 Die Etablierung und der Nutzen einer Beratergovernance

Eva-Maria Wiemann
Managing Partner, Cardea AG

Zusammenfassung

Die Optimierungsbemühungen im Rahmen einer wirkungsvollen und umfassenden Beratergovernance stellen sicher, dass der Wert der Unternehmensberatung für das Unternehmen optimal genutzt und die Risiken ‚falscher' Beratereinsätze weitestgehend minimiert werden. Zudem tragen sie zu einer die Forderungen der Corporate Governance unterstützenden und die Wettbewerbsposition von Unternehmen stärkenden strategischen Ressourcenallokation bei – und zwar sowohl im Hinblick auf den optimalen Aufbau interner Ressourcen und Fähigkeiten als auch auf den optimalen Einsatz externer Ressourcen.

Verändertes Umfeld für den Einsatz externer Berater

Die Beratungsnachfrage und das Beratungsangebot haben sich in den letzten drei bis vier Jahren nach der Verlangsamung bzw. dem teilweisen Rückgang des Wachstums des Beratungsmarkts verändert. Dafür waren einerseits die Abschwächung globaler, volkswirtschaftlicher Mega-Trends verantwortlich, die mit dem Einbruch der Konjunktur einhergehen, wie z.B. die Verlangsamung der Outsourcing-Tendenzen oder der Rückgang des M&A-Geschäfts, andererseits das veränderte Nachfrageverhalten aufgrund zunehmenden Kostendrucks und als Reaktion auf die teilweise negativen Erfahrungen mit dem Einsatz externer Berater in den Boomjahren.

Der zunehmende Kosten- und Innovationswettbewerb sowie die Diskussion über die Corporate Governance und die daraus abgeleiteten Prinzipien guter Unternehmensführung haben die Aufmerksamkeit des Top-Managements und verschiedener Stakeholder vermehrt auch auf den Umgang der Unternehmen mit externen Beratern gelenkt. Dies zum einen aus der Erkenntnis über den positiven Einfluss eines strukturierten Beratungsmanagements auf Kosten, Qualität und Transparenz von Auswahl- und Einsatzentscheidungen, zum anderen aus dem Bewusstsein über die Risiken der Fehler im Umgang mit externen Beratern. Zu nennen sind hier sowohl Fehlverhalten auf Berater- als auch auf Kundenseite, die zum Teil schädliche Auswirkungen auf die Unternehmensentwicklung haben können:

- Propagierung schnelllebiger Managementmoden
- Ungerechtfertigte Annahme von Beratungsmandaten
- Einführung nicht nachhaltiger Lösungen
- Suboptimales Staffing von Beratungsprojekten
- Zu große Delegation von Managementaufgaben an externe Berater
- Zulassen von zu großen Abhängigkeiten von externen Beratern
- Unstrukturierte, zu wenig geplante Vergabe von Beratungsmandaten
- Entwicklung zu hoher Erwartungen an externe Berater
- Verfolgung individueller Managementinteressen.

Verändertes Verhalten der Klienten

Die genannten Entwicklungen und Einflussfaktoren führen zu einem veränderten Umfeld für den Einsatz externer Berater. Die wesentlichen Merkmale des neuen Kundenverhaltens lassen sich wie folgt beschreiben:

- Vermehrte Aufmerksamkeit auf die Qualität von Beratungseinsätzen (dies führt zu der Forderung nach reellen Leistungsversprechen von Seiten der Beratungsunternehmen)
- Vermehrte Forderung nach Transparenz, Objektivität und Nachvollziehbarkeit von Auswahl- und Einsatzentscheidungen
- Fokus auf den ‚Return on Consulting', d.h. die Wirtschaftlichkeit (Effizienz und Effektivität) von Beratungseinsätzen (dies bedeutet auch die Betrachtung von Beratungsprojekten als Investitionen mit einer entsprechenden Abwägung von Chancen und Risiken).

Das Bewusstsein über die Notwendigkeit eines selektiveren Beratereinsatzes und einer kritischeren Prüfung der Beratungsangebote und des Beratungserfolgs zeigt Auswirkungen auf verschiedene Dimensionen des Kundenverhaltens. In der Praxis sind in den letzten zwei Jahren folgende Tendenzen verstärkt zu beobachten:

- Zurückhaltung bei der Vergabe externer Projekte
- Zunehmende Anwendung von Kosten-/Nutzenüberlegungen
- Zunehmend kritischere Prüfung der Angemessenheit von Beratungshonoraren und vermehrte Forderung nach erfolgsabhängigen Honorarkomponenten
- Härtere Verhandlung von Tagessätzen
- Verkürzung der Projektdauer und periodische Messung der Projektergebnisse
- Gezielterer Einsatz externer Berater
- Geringe Akzeptanz von standardisierten Lösungen
- Steigende Ansprüche an die Erfahrungen und Kompetenzen der Berater
- Etablierung professioneller Prozesse für Auswahl- und Einsatzentscheidungen
- Reduktion der Anzahl Lieferanten/Einführung von Preferred Supplier-Strategien.

Bestand die hauptsächliche Motivation für die Veränderung des Nachfrageverhaltens zu Beginn in der Senkung der Kosten für externe Beratung, spielen heute weitere Zielgrößen für den Umgang mit externen Beratern eine Rolle. Die Erhöhung der Veränderungsgeschwindigkeit und die Steigerung der Investitionstätigkeit der Unternehmen – vor allem auch hinsichtlich Wachstums- und Innovationsprojekten – führen wieder zu einem verstärkten Bedarf nach externem Know-how und Kapazitäten zur Bewältigung der notwendigen Veränderungsprozesse in Unternehmen. Um die Fehler der Vergangenheit zu vermeiden, sind heute jedoch Instrumente vonnöten, die einen ‚sinnvollen' (d.h. ökonomisch effizienten und effektiven) Einsatz interner und externer Ressourcen sicherstellen. Die Lösungsansätze in Unternehmen zur Optimierung der wissens- und kapazitätsorientierten Ressourcenallokation lassen sich – insbesondere unter dem Blickwinkel des (wieder) verstärkt notwendigen Zukaufs externen Know-hows und externer Kapazitäten – unter dem Begriff ‚Beratergovernance' zusammenfassen. Beratergovernance wird dabei als Führungsinstrument zur Steuerung und Optimierung des internen und externen Ressourceneinsatzes im Hinblick auf den Aufbau und die Bereitstellung des relevanten Wissens und der notwendigen Kapazitäten zur Sicherung der nachhaltigen Entwicklung von Unternehmen verstanden. Sie hat einen wesentlichen Einfluss auf den Umgang mit und das Management von externen Beratungsdienstleistungen in Unternehmen.

Steuerungsinstrumente für den professionellen Einsatz externer Berater

Elemente einer wirkungsvollen Beratergovernance

Die zentralen Forderungen der Beratergovernance beziehen sich auf die Sicherstellung der Transparenz, Unabhängigkeit, Objektivität und Wirtschaftlichkeit bei der Auswahl und dem Einsatz externer Berater. Die Erfüllung dieser Forderungen zielt auf die Optimierung der strategischen Ressourcenallokation, auf die Verbesserung der Qualität des Einsatzes externer Berater sowie die Verbesserung der Rahmenbedingungen für externe Beratungsprojekte.

Die Beratergovernance unterscheidet operative und strategische Instrumente des Engagements und Managements externer Berater (siehe Abbildung 1). Auf der operativen Ebene geht es um die Gestaltung und Steuerung professioneller Prozesse im Rahmen der Auswahl und des Einsatzes externer Berater. Sie bilden die gesamte ‚Beratungswertschöpfungskette' von der Bedarfsplanung und -ermittlung über die Ausschreibung bis hin zur Auswahlentscheidung und Vertragsgestaltung ab. Ebenso dazu gehören jedoch auch die Prozesse und Instrumente des Managements von Beratungsprojekten (Projektmanagementmethoden).

Die Sicherstellung der Transparenz, Unabhängigkeit und Objektivität ist in erster Linie Aufgabe professioneller und nachvollziehbarer Such-, Evaluations- und Auswahlprozesse. Die Beraterauswahl ist einer der zentralen und kritischsten Prozesse im Rahmen eines professionellen Beratungsmanagements, bestehend aus den wesentlichen Teilschritten der Projekt- und Bedarfsdefinition, der Ausschreibung und Evaluation bis hin zur definitiven Auswahl und Vertragsgestaltung. Das breite Spektrum an angebotenen Beratungsdienstleistungen, Beratungsansätzen und -methoden macht die Auswahl des richtigen Beraters für eine bestimmte Problemlösung nicht gerade einfach. Dazu kommt eine mehr oder minder große (Markt-)Intransparenz über das effektive Leistungsangebot und die Qualität der Beratungsunternehmen. Dabei ist der 'Match' zwischen den

Anforderungen an den externen Berater und den Kompetenzen und Erfahrungen des Beratungsunternehmens und dessen Berater absolut entscheidend für den Erfolg eines Beratereinsatzes. Gerade in Projekten mit hohem strategischen Input, die meist an große, bekannte Beratungshäuser vergeben werden, ist eine Überprüfung der effektiv eingesetzten Ressourcen und deren individueller Referenzen und Kompetenzschwerpunkte unabdingbar, um eine objektive Vergleichbarkeit und qualitativ hohe Bewertung der verschiedenen Angebote im Sinne der Projektzielerreichung und Nachvollziehbarkeit der Auswahlentscheidung zu gewährleisten.

Zentrale Forderungen & Ziele	Transparenz	Unabhängigkeit	Objektivität	Wirtschaftlichkeit
	Optimierung der strategischen Ressourcenallokation Verbesserung der Qualität des Einsatzes externer Berater Verbesserung der Rahmenbedingungen für Beratungsprojekte			
Zentrale Instrumente: Strategische Ebene	Bedarfsplanung	Lieferantenmanagement	Strukturelle Verankerung	Wissensmanagement
Operative Ebene	Projektplanung	Bedarfsermittlung	Bedarfsprüfung	Anforderungsdefinition
		Suche & Evaluation	Auswahl	Contracting
	Steuerung & Controlling von Beratungsprojekten			

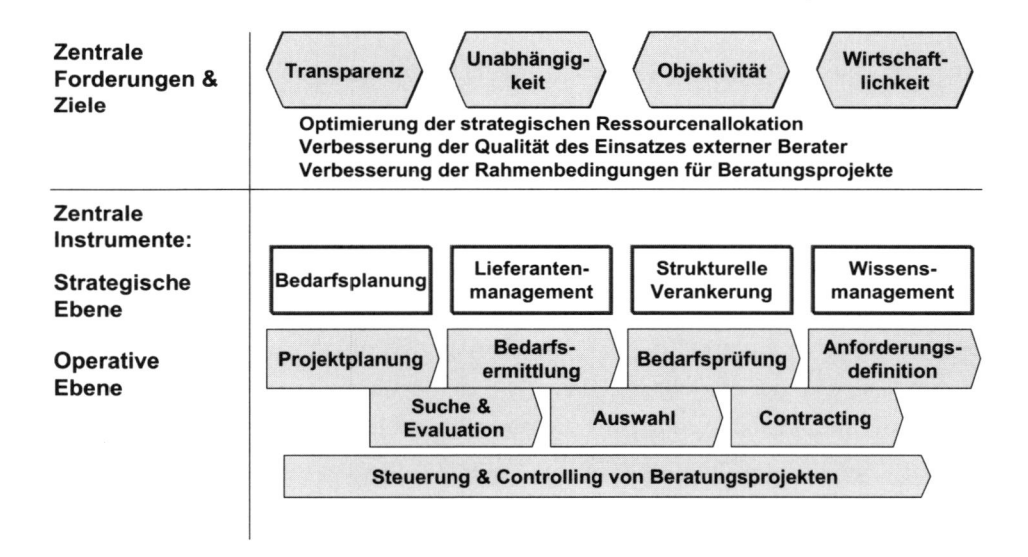

Abb. 1: Elemente einer wirkungsvollen Beratergovernance (Quelle: Cardea)

Die Anforderungs- bzw. Bewertungskriterien sollten sich dabei idealerweise auf drei Bereiche erstrecken und entsprechend gewichtet werden:

- Kriterien zum Beratungsunternehmen
- Kriterien zu den einzelnen Beratern
- Kriterien zum Angebot.

Die operative Optimierung der Ressourcenallokation und Sicherstellung der Wirtschaftlichkeit finden dagegen bei den Prozessschritten der Projektplanung, Bedarfsermittlung und -prüfung sowie beim Contracting statt. Auf strategischer

Ebene geht es um die mittel- bis langfristige Planung des internen und externen Ressourcen- und Know-how-Bedarfs, um die Etablierung fairer und nachhaltiger Lieferantenbeziehungen sowie um die Sammlung, Aufbereitung und Verteilung des unternehmensweiten Wissens darüber, welches Beratungsunternehmen für welche Aufgaben mit welchen Leistungen und mit welcher Qualität im Unternehmen eingesetzt wurde bzw. in Zukunft eingesetzt werden kann (Monitoring der Qualität und der Kosten-/ Nutzenverhältnisse von Beratereinsätzen). Zusätzlich ist eine strukturelle Verankerung der Rollen und Verantwortlichkeiten im Rahmen der Entwicklung und Umsetzung einer wirkungsvollen Beratergovernance notwendig. Dies betrifft sowohl die Leitungs- (Geschäftsführung) und Aufsichtsorgane (Aufsichts- und Verwaltungsrat) eines Unternehmens als auch die operativen Zuständigkeiten für das konkrete, projektbezogene Engagement und Management externer Berater.

'Entwicklungsstand' der Beratergovernance in der Praxis

Die ‚Entwicklungsschritte' der Unternehmen hin zu einer wirkungsvollen und umfassenden Beratergovernance lassen sich wie folgt beobachten (siehe Abbildung 2). Bis vor wenigen Jahren wurde dem Einsatz und der Auswahl externer Berater in vielen Unternehmen verhältnismäßig wenig Aufmerksamkeit zuteil, zumindest was die Bedeutung dieser Prozesse über den projektspezifischen Einzelfall hinausgehend anbetrifft. Dezentralität, fehlende Standards und kaum existente gesamtunternehmerische Koordination und Kontrollen waren in vielen Unternehmen die Regel.

Verschiedene Umfeldfaktoren, nicht zuletzt aber der zunehmende und anhaltende Kostendruck, dem Unternehmen ausgesetzt waren, haben zu einer Bewusstseinsbildung und zu einem Umdenken bezüglich des Einsatzes externer Berater geführt. Diese fanden und finden Ausdruck zum einen in einem erhöhten Qualitätsbewusstsein, zum anderen in einem kritischeren, selektiveren und bewussteren Umgang mit externen Beratern und führen teilweise bis zur ‚Verhängung' genereller Beraterstops. Die Einführung bzw. die vermehrte Anwendung von Genehmigungsprozessen für Ausgaben an externe Berater unterstützen dabei den neuen Umgang mit Beratung. Als Ausdruck der Erkenntnis, dass professionellere Auswahl- und Einsatzprozesse erhebliches Kostensenkungspotenzial innehaben und dass der wirtschaftliche Erfolg und die Qualität von Beraterprojekten nicht nur vom eingesetzten Berater, sondern auch vom Kundenunternehmen abhängt, werden in einer nächsten ‚Entwicklungsphase' zur Ausschöpfung dieser Potenziale koordinierte, meistens ‚top-down verordnete' Optimierungsmaßnahmen eingeleitet. Ergebnisse dieser (unternehmensweiten) Optimierungen sind die Formalisierung von Prozessen, die Bildung zentral koordinierender Stellen sowie die Einführung vermehrter Kosten- und Qualitätskontrollmechanismen.

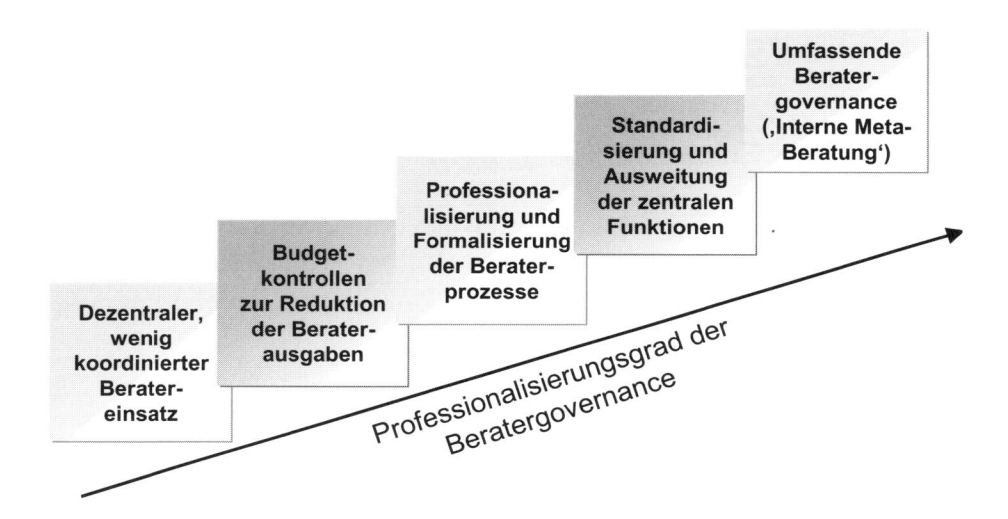

Abb. 2: ‚Entwicklungsstand' der Beratergovernance in der Praxis (Quelle: Cardea)

Die weiteren Professionalisierungsschritte im Umgang mit externen Beratern bestehen in einer sukzessiven Durchsetzung der Standardisierungsbemühungen, auch z.B. durch Ausdehnung auf noch nicht berücksichtigte Beratungsbereiche, in einer kontinuierlichen Akzeptanzförderung und Ausweitung der internen und zentralen Unterstützungsleistungen für die Bedarfsträger sowie in einer Fortsetzung des Bestrebens nach vollständiger Transparenz über Kosten und Qualität extern bezogener Beratungsdienstleistungen im Sinne eines unternehmensweiten Wissensmanagements über Beratung. In einem letzten Schritt – der für viele Unternehmen noch in der Zukunft liegt – gilt es, aufbauend auf den erreichten Standards und Prozessen, eine umfassende Beratergovernance zu etablieren. Dies beinhaltet neben der Formalisierung und Standardisierung von Prozessen und Instrumenten des Beratungsmanagements die vermehrte Beschäftigung mit inhaltlichen Themen der Auswahl und des Einsatzes externer

Berater entlang der gesamten Beratungswertschöpfungskette, angefangen bei der Projektdefinition bis hin zur professionellen Begleitung und Steuerung von Beraterprojekten. Neben der Fokussierung auf Effizienzgesichtspunkte (‚die Dinge richtig tun') kommen dabei verstärkt Effektivitätsaspekte des Einsatzes externer Berater (‚die richtigen Dinge tun') zum Zuge. Ebenfalls dazu gehört die strukturelle Verankerung der Beratergovernance, d.h. die Neuschaffung oder der Ausbau bestehender zentraler Einheiten zu ‚Full Service'-Centern für Fragen des Einsatzes, der Auswahl und des Managements externer Berater sowohl auf strategischer wie auch auf operativer Ebene[1].

Nutzen und Erfolgsfaktoren der Beratergovernance

Die aus einer strukturierten Beratergovernance generierten Vorteile und Nutzen für die Unternehmen sind mannigfaltig und sowohl quantitativer als auch qualitativer Natur (siehe Abbildung 3). Kostensenkungen (Berater- und Prozesskosten), Qualitätssteigerungen sowie die gegenseitige Steigerung des Nutzens der partnerschaftlichen Zusammenarbeit stehen als unmittelbare Wertschöpfungsbeiträge im Vordergrund. Dabei sollen nicht nur die Kundenunternehmen profitieren, sondern auch die Zusammenarbeit aus Sicht der Beratungsunternehmen im Sinne der Etablierung einer ‚Win-Win-Situation' optimiert werden.

Zudem fördert die Beratergovernance die Transparenz und Objektivität von Prozessen und Entscheidungen im Rahmen des Einsatzes und der Auswahl externer Berater und in diesem Sinne den bewussten und unternehmerischen Einsatz externer Ressourcen. Nicht unerheblich ist auch die Intensivierung des Ideenwettbewerbs zwischen Beratungsangeboten und -methoden, die durch die Objektivierung und Systematisierung der Entscheidungsfindung bei der Evaluation von Beratungsangeboten im Vorfeld der Projektdurchführung gefördert wird und gerade bei Strategieprojekten einen entscheidenden Nutzenvorteil für die Problemlösung auf Klientenseite darstellen kann, insbesondere wenn es um die Identifikation und Etablierung neuer Geschäftsmodelle oder um wenig konkrete und teilweise schwer fassbare, aber strategisch hoch relevante Themen wie beispielsweise 'Innovation' geht.

---

[1] Vgl. Treichler/Wiemann (2004) und die Best Practices von Bayerische Hypo- und Vereinsbank, Lufthansa, Münchener Rück, Deutsche Telekom, Zürich Versicherung in Treichler/Wiemann/Morawetz (2004, S. 133ff.).

Verbesserung des Return on Consulting

Kosten

Qualität / Projekterfolg / Nachhaltigkeit

Win-Win Partnerschaften / Gleichbehandlung

Transparenz / Unabhängigkeit / Nachvollziehbarkeit

Abb. 3: Nutzen und Vorteile einer strukturierten Beratergovernance (Quelle: Cardea)

Qualität, Projekterfolg und Nachhaltigkeit

Eine wirkungsvolle Beratergovernance trägt wesentlich zur Qualität, zum wirtschaftlichen Erfolg und zur Nachhaltigkeit von Beratungsprojekten bei, indem sie entscheidende Erfolgsvoraussetzungen für effektive Beratungseinsätze beeinflussen und steuern kann. Ein solcher Erfolgsfaktor ist z.B. die ‚Qualitätssteigerung in der Beraterauswahl', wie die Ergebnisse einer Studie zu den Erfolgsvoraussetzungen für Beratungsleistungen, die von der European Business School und Cardea durchgeführt wurde, zeigen[2]. Die Studie analysiert die Bedeutung der Art und des Grads der Ausbildung und der Erfahrungen der Berater für die Qualität der Beratungsleistungen aus Sicht der Klienten.

---

[2] Die Ergebnisse und die Methodik der Studie sind ebenfalls im Beitrag von Ansgar Richter in diesem Buch beschrieben.

Die Performance der eingesetzten Berater wurde im Rahmen von Klientenbefragungen zur Qualitätsbeurteilung der Berater anhand der folgenden sechs Kriterien gemessen:

- Fachliche/ methodische Kompetenz
- Kundenorientierung
- Zielerreichung
- Zeit- und Kosteneinsatz
- Kosten-/ Nutzenverhältnis
- Dokumentation/ Wissenstransfer.

Grundsätzlich kann festgehalten werden, dass eine positive Korrelation zwischen der Beratungsperformance auf der einen Seite und der Ausbildung und der Erfahrung der Berater auf der anderen Seite besteht.

Das Qualifikationsniveau sowie die Anzahl Jahre an Beratungserfahrung scheinen einen wesentlichen Einfluss auf die erfolgreiche Abwicklung von Beratungsprojekten bzw. auf die Bewertung der Performance von Beratern auszuüben. Zusätzlich gilt es, die Art der Ausbildung und die Art der (nicht beratungsspezifischen) Berufserfahrung der Berater mit den spezifischen Projektaufgaben und -anforderungen abzustimmen, um bessere Erfolgsvoraussetzungen zu generieren. Die Studienergebnisse haben praktische Implikationen für die Rekrutierungsstrategie und die Staffing-Politik von Beratungsunternehmen sowie auch für Auswahlentscheidungen beim Einsatz externer Berater auf Klientenseite.

Kosten

Die mit einer wirkungsvollen Beratergovernance zu erzielenden Kostensenkungspotenziale sind beträchtlich, hängen aber auch von der spezifischen Situation des Unternehmens ab. Empirische Untersuchungen zeigen, dass die Einsparungspotenziale bis zu 50% des Beschaffungsvolumens für externe Beratungsdienstleistungen erreichen können. Als wesentliche Kosteneinsparungsfaktoren werden dabei genannt:

- Professionelles Vertragsmanagement
- Synergien aus Einkaufsbündelungen
- Transparenz über Beratungseinsätze

- Performance-Steigerung durch Optimierung des Beratereinsatzes
- Steigerung der Prozesseffizienz.

Prozesse & Instrumente eines professionellen Beratungsmanagement	Einsparungspotenziale*
1. Vertragsmanagement • Vertragsgestaltung • Vertragsverhandlungen	5 – 10%
2. Prozesseffizienz beim Einkauf & optimierter Einsatz externer Berater • Bedarfsdefinition & -prüfung • Berateridentifikation & -evaluation	10 – 20%
3. Projektmanagement & Controlling • Projektorganisationen • Rollen / Verantwortlichkeiten • Qualitätssicherungen • Projekterfolgskontrollen / -messungen • Eskalationsprozesse	10 – 20%
4. Strategisches Beratungsmanagement • Bedarfs- & Lieferantenportfolio • Lieferantenbewertung & -management • Wissensmanagement	5 – 10%

* In Prozent des Beschaffungsvolumens

Abb. 4: Einsparungspotenziale durch Einführung einer Beratergovernance
(Ergebnisse einer empirischen Untersuchung von Cardea AG im Jahre 2003)

Die Etablierung einer wirkungsvollen Beratergovernance, welche die oben genannten Potenziale ausschöpft, ist an bestimmte Voraussetzungen und Erfolgsfaktoren geknüpft. ‚Best Practice'-Lösungen aus Unternehmen zeigen, dass die Entwicklung und Einführung der Beratergovernance einen ‚top-down'-Ansatz bzw. das Commitment und die Unterstützung des Top-Managements voraussetzt. Weitere wichtige Erfolgsfaktoren der Etablierung einer wirkungsvollen Beratergovernance lassen sich wie folgt zusammenfassen:

- Sicherstellung eines koordinierten, standardisierten Vorgehens
- Klare Rollen- und Aufgabenteilungen zwischen den involvierten Stellen und Personen
- Sicherstellung der Durchgängigkeit der Prozesse (keine Ausnahmefälle) und kontinuierliche ‚Disziplinierung'
- Know-how-Bündelung und Know-how-Transfer (Kosten, Leistungen und Qualitäten)
- Etablierung von ‚Win-Win'-Partnerschaften zwischen Beratungs- und Kundenunternehmen
- Gewährleistung der Flexibilität und Wirtschaftlichkeit der Auswahl- und Einsatzprozesse.

Diese Rahmenbedingungen bzw. Erfolgsfaktoren zu gestalten, gehört deshalb ebenfalls zu den Aufgaben der für die Beratergovernance bzw. für deren Umsetzung verantwortlichen Personen in Unternehmen.

Bedeutung der Beratergovernance für den Beratungseinsatz

Die Beratergovernance hat neben ihrer steuernden, qualitätssichernden, kostensenkenden und effektivitätssteigernden Funktion wesentlichen Einfluss auf die Art des Beratungseinsatzes in Unternehmen. Dies bezieht sich nicht nur auf die Vermeidung der Fehler der Vergangenheit (z.B. zu starke Aufgabendelegation, zu große Abhängigkeiten, ‚Gefälligkeitsberatungen', etc.), sondern äußert sich zum Beispiel auch in einer Verschiebung der Gewichtung der Auswahlkriterien und in einem gezielteren Einkauf externer Unterstützung zur Ergänzung fehlenden Wissens. Bei den Auswahlkriterien stehen ‚harte' Kriterien wie z.B. die Umsetzbarkeit von Lösungen, die Methoden-, Fach- und Branchenkompetenz vor ‚weichen' Kriterien wie Wissenstransfer, Kommunikationsfähigkeit und sozialer Kompetenz[3]. Die Bedarfsprüfung und -bestimmung erfolgt im Rahmen einer wirkungsvollen Beratergovernance viel stringenter und gezielter, d.h. externes Know-how wird selektiver eingekauft. Für die Beratungsunternehmen bedeutet dies eine Nachfrage nach veränderten Kompetenzprofilen und Rollen der Berater: Die Seniorität und Erfahrungen der Berater, der gezielte und befris-

---

[3] Vgl. Fink/Knoblach (2004)

tete Einsatz von Experten und Sparringpartner sowie der Fokus auf Personen (‚Stars') gewinnen erheblich an Bedeutung.

Die Elemente und Forderungen der Beratergovernance können grundsätzlich auf alle Arten von Beratung angewendet werden, wie sie z.B. von DEELMANN/PETMECKY (2004, S. 181) unterschieden werden:

- Strategieberatung: Strategieberatung zielt auf den Erhalt und die Verbesserung der langfristigen und strategischen Lebensfähigkeit einer Organisation. Beispiele hierfür sind strategische Planung und Organisationsentwicklung, strategische Marketingplanung, Innovationsstrategien, etc.
- Organisations- und Prozessberatung: Beratungstätigkeit, die auf die Verbesserung der operativen Aspekte einer Organisation zielt. Beispiele hierfür sind Business Process Reengineering, Change Management, Projektmanagement und Supply Chain Management.
- Finanzberatung: Die Finanzberatung befasst sich mit der Verbesserung des Einsatzes der finanziellen Ressourcen in Unternehmen. Projektbeispiele kommen aus dem Bereich der prüfungsnahen Beratung, Mergers & Acquisitions und Financial Advisory.
- Personalberatung: Die Projektbandbreite der Personalberatung ist sehr breit, sie reicht von der Personalbeschaffung und dem so genannten Headhunting über Benefits & Compensation, Interimsmanagement, Weiterbildung und Training bis hin zur Outplacement-Unterstützung.
- IT-Beratung: Die Bandbreite der IT-Beratung reicht von der Systementwicklung und -integration über die Gestaltung von IT-Architekturen bis hin zum IT-Outsourcing.

Obwohl es manchmal schwer fällt, genaue Definitionsgrenzen zwischen den Beratungsarten zu ziehen, da z.B. auch Organisationsberatung strategische Implikationen aufweisen kann, soll die Bedeutung der Beratergovernance für den Beratereinsatz am Beispiel der ‚klassischen' Strategieberatung verdeutlicht werden. Die Beratergovernance zielt unter anderem auf den legitimen, wertschöpfenden Einsatz externer Beratung im Rahmen der Strategieentwicklung und -implementierung. Betrachtet man die Einsatzgründe externer Berater in der Praxis und den Prozess der strategischen Unternehmensplanung (siehe Abbildung 5), lassen sich folgende Rollen der Strategieberatung im Sinne der Beratergovernance ableiten:

- Content-based consulting: Bereitstellung oder Erarbeitung von Kenntnissen, die das zu beratende Unternehmen nicht oder nicht ausreichend besitzt, aber für bestimmte Entscheidungen oder Orientierungen benötigt.
- Experience-based consulting: Einbringung von Erfahrungen bei der Lösung von Aufgaben und Problemen, der Realisierung neuer Vorhaben oder der Bewältigung neuer Herausforderungen.
- Arbitration-based consulting: Sicherung von Objektivität in Entscheidungssituationen oder bei Bewertungen, bei denen im Unternehmen Unsicherheit oder die Befürchtung von Betriebsblindheit besteht, sich unterschiedliche Meinungen gegenüberstehen oder eine qualifizierte, neutrale Sichtweise gewünscht wird.
- Process-based consulting: Moderation und Unterstützung von Reflexions-, Entscheidungs-, Implementierungs- und Veränderungsprozessen.[4]

Einsatzgründe für Beratung

- Know-how
- Zeit/ Kapazität
- Legitimation
- Unabhängigkeit

Strategische Unternehmensplanung*

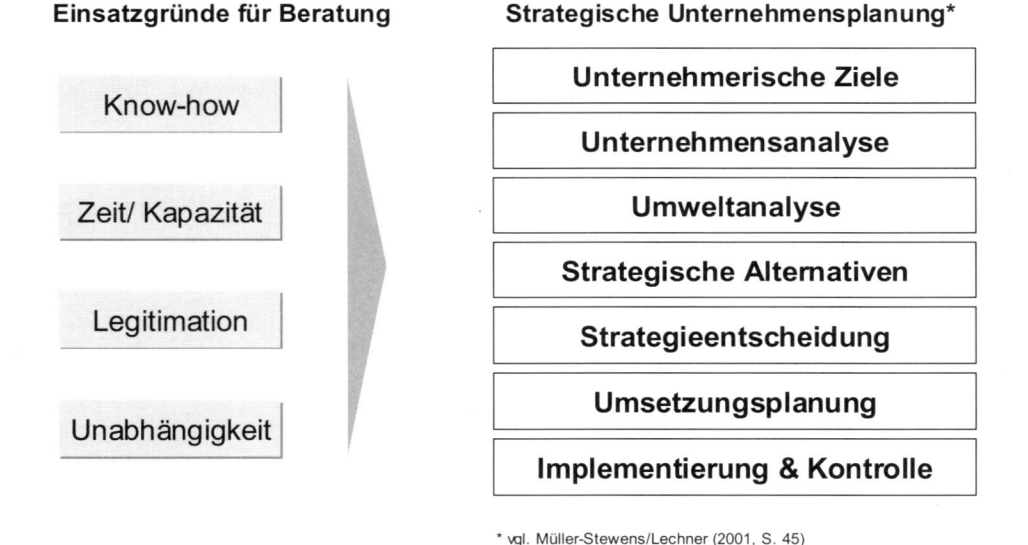

- Unternehmerische Ziele
- Unternehmensanalyse
- Umweltanalyse
- Strategische Alternativen
- Strategieentscheidung
- Umsetzungsplanung
- Implementierung & Kontrolle

* vgl. Müller-Stewens/Lechner (2001, S. 45)

Abb. 5: Beratergovernance am Beispiel der Strategieberatung

Angewendet auf den Strategieprozess in Unternehmen bedeutet dies beispielsweise externe Unterstützung im Rahmen der Analyse und Aufbereitung von relevanten Daten und Informationen, wie z.B. Wettbewerbs-, Markt- und Bran-

---

[4] Vgl. Sommerlatte (2004, S. 2f.).

chenanalysen oder branchenspezifische sowie -übergreifende Benchmarks, zur Unterstützung der strategischen Entscheidungsfindung. Hingegen sollte sich die Rolle des Beraters bei der Formulierung von Zielen und der Evaluation strategischer Alternativen auf die Rolle des fachlichen Sparringpartners, Coaches, Qualitätssicherers oder Prozessberaters beschränken. Die Delegation der Formulierung der Strategie im engeren Sinne (‚Deciding what to do') sowie der Auswahl der Strategiealternative an externe Berater ist im Sinne der zentralen Forderungen der Beratergovernance nicht valide. 'Da Strategien für die Zukunft des Unternehmens richtungsweisend sind, fallen sie in den Aufgabenbereich des obersten Managements'[5]. Auch sollte die Ergebnis- und Fortschrittskontrolle klar zu den Aufgaben des Top-Managements gehören. Hingegen kann es sinnvoll sein, bei der Implementierung von Teilstrategieaspekten externe Hilfe beizuziehen (z.B. bei der Implementierung einer Balanced Scorecard oder anderen Performance Measurement-Systemen).

Die Etablierung einer wirkungsvollen Beratergovernance bedeutet deshalb auf Kundenseite, dass diese die Fähigkeiten entwickeln müssen, Projekte, die an externe Berater vergeben werden, detailliert und systematisch zu planen und zu managen, damit optimale Rahmenbedingungen für die richtige Auswahl und den wirkungsvollen Einsatz externer Berater geschaffen werden. Die Herausforderungen bestehen dabei unter anderem in der Entwicklung folgender Qualifikationen:

- Kenntnis des Beratungsmarkts und der Mechanismen des Beratungsgeschäfts
- Professionelle formale und inhaltliche Gestaltung und Abwicklung der Prozesse der ‚Beratungswertschöpfungskette'
- Gestaltung ‚ebenbürtiger' Beziehungen zu Beratungsunternehmen
- Optimierung der Projekt- und Bedarfsplanungsprozesse (sichere Einschätzung des Beratungsbedarfs)
- Optimierung und Sicherstellung der gesamtunternehmerischen Interessen (Synergien, ausgewogene Nutzung interner und externer Ressourcen).

Diese spezifischen Kompetenzen werden vermehrt auch extern eingekauft. Professionelle Meta-Berater bringen einerseits eine breite und branchenübergrei-

---

[5] Müller-Stewens/Lechner (2001, S. 44).

fende Kenntnis des Beratungsmarkts mit, andererseits können sie die inhaltliche Unterstützung der Bedarfsträger im Rahmen der Projektplanung, Bedarfsermittlung, effizienten Ressourcenallokation sowie der Evaluation und Auswahl passender Berater leisten und damit deren optimalen Einsatz sicherstellen.

Auf der anderen Seite müssen aber auch Beratungsunternehmen zur Erfüllung der von den Kunden geforderten Qualität, Unabhängigkeit und Objektivität beitragen, indem sie glaubhaft und transparent ihre Kompetenzen und Erfahrungen ausweisen sowie Regelungen zur Einhaltung vom Code of Conducts und zur Qualitätssicherung im Sinne einer guten Corporate Governance offen legen können.

Fazit

Im Rahmen der Governance von Beratungseinsätzen betrifft die Verantwortung der Führungs- (Geschäftsleitung) und Aufsichtsorgane (Aufsichts-/Verwaltungsrat) von Unternehmen die Vermeidung bzw. Minimierung der Risiken externer Beratereinsätze zum Schutze der langfristigen Unternehmensinteressen. Gepaart mit dem zunehmenden und anhaltenden Kostendruck, dem Unternehmen ausgesetzt sind, hat dies schließlich in vielen Unternehmen zu einem Umdenken bezüglich des Einsatzes externer Berater geführt. Dieses findet Ausdruck zum einen in einem erhöhten Qualitätsbewusstsein der Unternehmen, zum anderen in einem kritischeren, selektiveren und bewussteren Umgang mit externen Beratern. Unternehmen sind in der Verantwortung, die Entscheidungen für den Einsatz externer Berater professionell, sorgfältig und gewissenhaft vorzubereiten, zu fällen und umzusetzen. Dazu gehört die Schaffung der Voraussetzungen für eine optimale Planung von Beraterprojekten und die detaillierte Bestimmung des Bedarfs und der Anforderungen an einzusetzende externe Berater. Dadurch werden die professionelle Validierung und die Evaluation der Beraterangebote (anhand von unabhängigen, objektiven Auswahlkriterien) sichergestellt und somit der optimale Einsatz und die wirkungsvolle Steuerung der externen Berater vorbereitet und umgesetzt.

Literatur

DEELMANN, T./PETMECKY, A. (2004): Beratermanagement - Objektive Optimierung des Beratereinsatzes bei der Deutschen Telekom, in: TREICHLER, C./WIEMANN, E./MORAWETZ, M. (Hrsg.): Corporate Governance und Managementberatung, Strategien und Lösungsansätze für den professionellen Beratereinsatz in der Praxis, Wiesbaden, S. 177-201.

FINK, D./KNOBLACH, B. (2004): Trends und Kompetenzen in der Managementberatung, Studie des Institute of Management and Consulting, Bonn.

MÜLLER-STEWENS, G./LECHNER, C. (2001): Strategisches Management: Wie strategische Initiativen zum Wandel führen, Stuttgart.

SOMMERLATTE, T. (2004): Gründe für den Einsatz von Unternehmensberatern, in: SOMMERLATTE, T./MIROW, M./NIEDEREICHHOLZ, CH./VON WINDAU, P. G. (Hrsg.): Handbuch der Unternehmensberatung, Organisationen führen und entwickeln, Teil A, 1200, Berlin, S. 1-21.

TREICHLER, C./WIEMANN, E. (2004): Stand und Entwicklung der Beratergovernance in der unternehmerischen Praxis, in: TREICHLER, C./WIEMANN, E./MORAWETZ, M. (Hrsg.): Corporate Governance und Managementberatung, Strategien und Lösungsansätze für den professionellen Beratereinsatz in der Praxis, Wiesbaden, S. 263-278.

TREICHLER, C./WIEMANN, E./MORAWETZ, M. (2004): Corporate Governance und Managementberatung, Strategien und Lösungsansätze für den professionellen Beratereinsatz in der Praxis, Wiesbaden.

Kommentar: Beratergovernance als Geschäftsmodell?

Prof. Dr. Michael Mirow
ehem. Leiter Corporate Strategies, Siemens AG
Technische Universität Berlin

Ausufernde Beraterkosten, Projekte mit zumindest zweifelhaftem Erfolg sowie eine sich immer stärker ausdifferenzierende Beraterlandschaft haben zu einer kritischen Bestandsaufnahme hinsichtlich der Qualität des Beratereinsatzes bei den meisten Großanwendern geführt. Als Folge wurde von vielen Unternehmen eine Reihe von Maßnahmen eingeleitet, die grob in vier Kategorien eingeteilt werden können:

(1) Die Beraterbudgets wurden kurzfristig und oft radikal gekürzt. Diese erste Notmaßnahme wirkte zwar schnell, hatte aber mitunter auch negative Auswirkungen, da vielleicht manches notwendige und wichtige Projekt den Pauschalkürzungen zum Opfer fiel. Ganz abgesehen von den negativen Auswirkungen auf die Beraterbranche selbst, die wohl zum ersten Mal in eine nachhaltige und bisher nicht bekannte Krise geriet.

(2) Die Einkaufs- und Genehmigungsprozesse für Beraterprojekte wurden neu aufgesetzt mit dem Ziel, die Hürden für den Einsatz externer Berater drastisch zu erhöhen, den Einkauf zu professionalisieren und auch über zentrale Verhandlungen mit Rahmenverträgen die Honorare zu drücken. Der Vorteil dieser Maßnahme: Der oft durch persönliche Verbindungen geprägte Akquisitionsprozess der Berater wurde in „objektivere" Bahnen gelenkt. Durch Einschaltung des Einkaufs wurde Vergleichbarkeit und Transparenz geschaffen, „good guy – bad guy"- Rollen konnten erfolgreich ausgespielt werden. Der Nachteil: Durch den Ausschreibungsprozess konnte es vorkommen, dass gewachsene, durch Vertrauen und gegenseitige Kenntnis gezeichnete Bindungen durchschnitten wurden und Berater, die sich im Ausschreibungsprozess qualifiziert haben, in der Durchführung nicht halten konnten, was versprochen war.

(3) Durch internes Benchmarking und Best Practice Sharing stellten Großanwender ein eigenes Ranking von Beratungsunternehmen auf. Die besonderen Schwerpunkte einzelner Berater wurden identifiziert, durch eine Preferred Supplier List konnte die Komplexität des Einkaufsprozesses reduziert werden. Der Vorteil dieses Vorgehens lag auf der Hand: Die Anwender selber hatten die Qualität des Beratereinsatzes in „ihren" Projekten zu beurteilen und zu verteidigen, Erfahrungen wurden ausgetauscht, nicht nur über die Beratungsunternehmen, sondern vor allem auch über die beteiligten Personen. Da ein Beratungsunternehmen, nur so gut sein kann wie die im Projekt eingesetzten Berater, kam diesem Faktor eine besondere Bedeutung zu. So konnte dadurch z.B. der oft kostenträchtige Einsatz von Juniorberatern als „bezahlte Lehrlinge" deutlich reduziert werden und es konnte sichergestellt werden, dass bereits mit dem Unternehmen vertraute und „bewährte" Berater in die Projekte entsandt wurden. Ein weiterer Vorteil war, dass Schwerpunkte in der Kompetenz einzelner Beratungsunternehmen transparent wurden, die einen gezielten Einsatz – oder auch eine Vermeidung – bei bestimmten Anforderungen (z.B. Strategie oder Operations, Marketing oder Innovation, M&A- Integration oder Restrukturierung) ermöglichten. Dieses vor allem, weil kaum ein Berater von sich aus eine Limitierung seiner Kompetenzen auf bestimmte Gebiete zugibt. Neben vielen Vorteilen hat dieses Verfahren natürlich auch seine Schattenseiten: Das Bewährte wird gefördert, das Neue hat kaum eine Chance. Mancher Berater mit einem neuen konzeptionellen Ansatz, einer anderen Vorgehensweise oder auch neuen Leuten wird es sehr schwer haben, im Rahmen eines Pilotprojektes eine Chance zu bekommen. Aus meiner Erfahrung haben aber gerade solche neuen Ansätze mitunter zu Durchbrüchen in der Art geführt, wie Geschäfte oder Märkte gesehen, strukturiert und erfolgreich angegangen werden können.

(4) Einige Großanwender haben sich eigene interne Beratungsorganisationen aufgebaut, die kostengünstiger und mit mehr firmenspezifischem Know-how interne Projekte durchführen. Die besondere Herausforderung hier ist, die Qualität der internen Beratung auf einem mit externen Beratern vergleichbaren Niveau zu halten. Dazu müssen einerseits die Spielregeln der Beraterbranche möglichst weitgehend in die interne Organisation übernommen werden, andererseits müssen sich die internen Berater dem offenen und vorurteilslosen Wettbewerb mit externen Beratern stellen. Als hilfreich hat sich auch erwiesen, den Marktanteil der internen Berater bewusst zu beschränken und die Kooperation mit namhaften externen Beratern zu fördern. Mit einer gut funktionierenden internen Beratungsorganisation wird gleichzeitig auch ein weiterer Wissenspool geschaffen für den erfolgreichen Umgang mit externen Beratern. (Zu diesem Thema sei auf die Beiträge zur internen Unternehmensberatung in diesem Band hingewiesen).

Die hier referierten Ansätze beziehen sich auf unternehmensinterne Maßnahmen. Ein weiterer Schritt war, dass sich einige befreundete Unternehmen mit ähnlichem Entwicklungsstand in der Berater Governance zu Best Practice Foren zusammen gefunden haben, um ihre Erfahrungen auszutauschen und voneinander zu lernen.

So ist es nur konsequent, wenn sich auf dieser Metaebene auch Unternehmen als Berater für Beratung etablieren. Der Vorteil ist, dass die Wissensbasis über den Beratermarkt dadurch enorm verbreitert wird. Das gilt vor allem für kleinere Unternehmen, die sich den Aufbau eines Prozesses zur Optimierung des Beratereinsatzes weder leisten wollen oder können noch überhaupt die Breite in der Erfahrung, geschweige denn in der Einkaufsmacht haben wie große Anwender. Durch Einschaltung eines externen Metaberaters werden diese Unternehmen auch veranlasst, die Ziele eines Beratungsprojektes sowie die Kriterien für den Erfolg klar zu definieren. Das gilt nicht nur für den Einsatz der externen Experten, sondern in gleicher Weise auch für den notwendig zu erbringenden und für den Erfolg eines Projektes oft mindestens genau so kritischen eigenen Einsatz. Auch für große Anwender kann sich der Einsatz eines Metaberaters vor allem dann lohnen, wenn es darum geht, ein neues Konzept anzuwenden mit einem Berater, der bereits in anderen Unternehmen mit Erfolg derartige Projekte abgewickelt hat.

Dennoch: Wie „objektiv" ist „objektiv"? Auch ein Corporate Governance Berater wird sich auf Informationen Dritter verlassen müssen. Entscheidend wird sein, ob große und fortschrittliche Anbieter mit etablierten Systemen zur Beraterführung bereit sind, ihre Erfahrungen zur Verfügung zu stellen und sich an Benchmarkingprojekten oder Best Practice Foren zu beteiligen. Hier sind Zweifel angebracht, ist doch die gute Steuerung von Beratereinsätzen durchaus ein ernst zu nehmender Wettbewerbsvorteil. Wichtig ist daher, dass die Corporate Governance Berater Anreize schaffen, die es auch für fortgeschrittene Anwender interessant machen, sich an einem wie auch immer gearteten Datenpool zu beteiligen.

Die Beraterbranche ist nach vielen Jahren stürmischen Wachstums in eine Phase eingetreten, wo sie sich den Spielregeln einer „normalen" und etablierten Dienstleistungsbranche stellen muss. Hier trennt sich schnell die Spreu vom Weizen, nur Berater, die Spitzenleistungen aus Sicht ihrer Kunden erbringen, werden sich langfristig behaupten können – bei allerdings auch eher „normalem" Wachstum. Berater zur Führung von Beratern werden dabei eine wichtige Rolle spielen können. Wie in allen innovativen Ansätzen ist allerdings hier das letzte Wort über die Gestaltung und Lebensfähigkeit der unterschiedlichen Geschäftsmodelle von „Metaberatern" noch nicht gesprochen.

7 Wissen Manager, ob Beratung ihr Geld wert ist?

Dr. Berit Ernst
Universität Mannheim
Prof. Dr. Dr. h.c. Alfred Kieser
Universität Mannheim

1   Einleitung

In den 80er und 90er Jahren wuchs der Beratermarkt in den Industrienationen jährlich um mehr als zehn Prozent (o.V., 2002; WOOD 2002). 2001 setzte eine Stagnation ein (BYRNE et al. 2002), aber in jüngster Zeit gibt es Hinweise auf eine Fortsetzung des Wachstums des Beratungsmarktes, wenn auch mit geringeren Raten (FAECO 2003). Auf jeden Fall hat sich die Beratung mit einem globalen Umsatz von über 100 Milliarden Dollar (KENNEDY INFORMATION 2002) zweifelsohne als eine wichtige Branche im Dienstleistungssektor etabliert. Gab es 1980 weltweit weniger als fünf Beratungsunternehmen mit mehr als 1.000 Beratern, war diese Zahl 1997 auf über 30 angestiegen (CANBACK 1998). Manager bedienen sich folglich zunehmend der Dienste von Beratern. Die jährlichen Beratungsaufwendungen einzelner Unternehmen für Beratung erreichen mitunter horrende Höhen. Zum Beispiel hat Bayer jährlich mehr als 100 Mio. Dollar für Beratung aufgewendet (SCHELLHARDT/MCDONALD/NORISETTI 1998).

Die hohen Aufwendungen für Beratung legen den Schluss nahe, dass Manager Beratung im Großen und Ganzen als nutzbringend empfinden. Sie würden sonst nicht so große Summen in sie investieren. Die Frage ist nur, ob diese Einschätzung das Ergebnis systematischer Berechnungen oder eher das Ergebnis von Intuition ist. Entscheidungen für Beratungsprojekte stellen gewissermaßen Investitionsentscheidungen dar, d.h. Entscheidungen über die Allokation knapper Ressourcen wie Kapital oder Zeit zu Projekten. Zur Evaluation von Investitionsprojekten steht eine große Zahl von Ansätzen zur Verfügung (siehe z.B. BIERMAN/SMIDT 1993). Empirische Analysen kommen sogar zu dem

Schluss, dass der Einsatz anspruchsvoller, aussagefähiger Techniken über die Zeit zugenommen hat (KLAMMER/WALKER 1984; PIKE 1996). „For example, the usage of discounted cash flow techniques have increased..., as has the tendency to employ a combination of appraisal methods rather than rely upon a single technique" (Pike 1996, S. 89). Und „firms have become increasingly aware... of the need to assess the possibility of project failure" (S. 89). Diese Ergebnisse stimmen überein mit der Beobachtung einer „social obsession with performance" (MEYER 1994, S. 576) und der zunehmenden Bedeutung von Auditierungen (POWER 1994). Alles dies legt den Schluss nahe, dass Manager auch Beratungsprojekte einer genauen Evaluation unterziehen.

Indes melden sich auch vereinzelt Wissenschaftler mit gegensätzlichen Beobachtungen. So stellt MCGIVERN (1983, S. 183) bereits 1983 in einer Studie zu Berater-Klienten-Beziehungen mit Erstaunen fest, wie wenig Bedeutung die von ihm befragten Berater und Klienten den Ergebnissen von Beratungsprojekten beimessen: „One somewhat surprising feature of the accounts from both consultants and clients was the lack of emphasis on *outcomes* – i.e. what had been *achieved* as a result of their working together... Very few references were made to tangible results by the clients."

Auch in der Wirtschaftspresse lassen sich einige Hinweise finden, dass systematische Evaluationen von Beratungsleistungen möglicherweise doch nicht so weit verbreitet sind, wie nach Maßgabe einer rationalen Managementperspektive angenommen werden könnte. So wird häufig die Frage danach, ob Beratung ihren Preis rechtfertigt (ASHFORD 1998; BYRNE et al. 2002; CAULKIN 1997; HIRN/STUDENT 2001; O'SHEA/MADIGAN 1997; SHAPIRO et al. 1993; WOOLDRIDGE 1997) mit der Forderung nach einer verstärkten Projektevaluation verknüpft. Auch kann die bei den großen Beratungen noch immer weit verbreitete Ablehnung von Erfolgshonoraren (DONKIN 1997; O'SHEA/MADIGAN 1997) so gewertet werden, dass Beratungen es für nicht möglich halten, den Erfolg von Beratungsprojekten mit der erforderlichen Präzision zu ermitteln.

Vor diesem Hintergrund verfolgt unser Aufsatz ein zweifaches Ziel: Wir wollen zum einen die konzeptionellen Möglichkeiten und eventuell vorhandenen Hindernisse bei der Evaluation von Beratungsprojekten untersuchen. Zu diesem Zweck setzen wir uns aus einer theoretischen Perspektive mit den Problemen systematischer Evaluationen von Beratungsprojekten auseinander und gehen auf vorliegende Analysen ein, in denen versucht wurde, den Erfolg von Beratung nachzuweisen. Zum anderen stellen wir die Ergebnisse einer eigenen qualitativen empirischen Untersuchung vor, in der wir der Frage nachgegangen sind, in welchem Ausmaß systematische Evaluationen in der Praxis durchgeführt werden und wie Manager zu Urteilen über den Erfolg von Beratungsprojekten gelangen, wenn solche systematischen Evaluationen nicht durchgeführt werden.

2 Theoretische Perspektiven auf die Evaluation von Beratungsprojekten

2.1 Hindernisse

Eine Evaluation von Beratungsprojekten setzt eindeutige und operationalisierbare Ziele voraus, die als Maßstäbe für den erzielten Erfolg Verwendung finden können. Häufig sind Ziele von Beratungsprojekten vage, was an einigen Beispielen deutlich gemacht werden kann: Die Strategie eines Unternehmens soll mithilfe der Beratung analysiert und, falls erforderlich, reformuliert werden; die Effektivität eines Unternehmens oder von Teilbereichen soll überprüft und soweit möglich verbessert werden; ein motivationssteigerndes Prämiensystem soll implementiert werden usw. Nun gibt es aber auch Beratungsprojekte, die von Zielen ausgehen, die – zumindest auf den ersten Blick – eher eine Basis für eine Evaluation herzugeben scheinen: Reduzierung von Verwaltungskosten, Lagerhaltungskosten, Krankenstand, Kosten der Beschaffung oder Reduzierung fixer Kosten durch Outsourcing, usw. Diese Ziele sind einfacher zu operationalisieren als die in den zuvor genannten Beispielen. Jedes Beratungsprojekt stellt aber eine Intervention in ein äußerst komplexes System dar und beeinflusst nicht nur die Bereiche, die unmittelbar von dem Projekt tangiert werden, sondern löst auch nicht intendierte und schwer zu erfassende „Nebenwirkungen" aus.

Eine Evaluation von Beratungsprojekten setzt weiter voraus, dass der Einfluss der Beratung von anderen Faktoren isoliert werden kann. Die Reduzierung des Krankenstandes muss beispielsweise nicht notwendigerweise auf die in einem Beratungsprojekt vorgeschlagenen Maßnahmen zurückzuführen sein; sie kann auch durch die Ankündigung einer Entlassungswelle oder durch den Umstand, dass die diesjährige Grippewelle ungewöhnlich milde ausgefallen ist, bedingt sein. Es ist außerordentlich schwierig, den Einfluss eines Beratungsprojekts von anderen Einflüssen zu isolieren, denen das Unternehmen zur gleichen Zeit ausgesetzt war, wie MARCH/OLSEN (1995, S. 202) anmerken:

„Environments are unstable, and their dynamics are not well understood. Many things, not controlled by… actors, change simultaneously. Evidence and causal relationships are unclear. The significance of events and actions, their relevance for the future, and their implications are not well understood."

Bereits hier zeigt sich, dass die Ziele von Beratungsprojekten nicht nur nicht eindeutig, sondern auch teilweise so vielfältig sind, dass sie nicht selten in gegenseitigem Widerspruch stehen. Spätestens dann stellt sich die Frage, welche Perspektive eine Evaluation einzunehmen hat – was für eines der Ziele noch als erfolgreichen Beitrag gewertet werden mag, kann für ein anderes möglicherweise gleichzeitig verfolgtes Ziel kontraproduktiv sein. Beispielsweise können Maßnahmen des Downsizing oder Outsourcing zu einem Verlust wichtigen Wissens oder zu einer empfindlichen Verringerung der Mitarbeitermotivation führen.

In engem Zusammenhang mit den vielfältigen Zielen von Beratungsprojekten stehen die unterschiedlichen Funktionen, die Berater für ihre Auftraggeber erfüllen. Hier ist neben dem in einer funktionalistischen Perspektive häufig in den Vordergrund gerückten Transfer von Wissen und Management-Best-Practices die temporäre Bereitstellung von Managementkapazität zur Überwindung von Kapazitätsengpässen sowie die Kommunikation und Begleitung von Veränderungen zu nennen (vgl. z.B. KIESER 1998; NICOLAI 2000). Hierbei handelt es sich weitgehend um Funktionen, die auch offiziell kommuniziert werden (können) und sich zumindest theoretisch in Zusammenhang mit dem ökonomischen Erfolg des beratenen Unternehmens stellen lassen. Jedoch werden selbst im Falle eines relativ simplen Wissenstransfers die Grenzen einer Evaluation schnell offenbar. Falls es zutrifft, dass Berater zum Zeitpunkt ihrer Beauftragung über Wissen verfügen, das die Manager selbst nicht besitzen, entsteht eine Wissenslücke zwischen den beiden Akteursgruppen (ALVESSON 1993; WERR 1998), die eine Evaluation erschwert:

„[B]uyers of expertise itself… often have difficulty assessing their purchases. Clients often consult experts because they believe their own knowledge to be inadequate, so they cannot judge the experts' advice or reports mainly on substance. Clients may be unable to assess experts' advice by acting on it and watching the outcomes: the clients do not know what would have happened if they had acted otherwise" (STARBUCK 1992, S. 731).

Über die offiziellen Funktionen hinaus erfüllen Berater auch eine Reihe inoffizieller oder latenter Funktionen wie die Legitimierung von Maßnahmen gegenüber Stakeholdern oder die Bereitstellung von Munition für Auseinandersetzungen zwischen verschiedenen Interessengruppen. Eine weitere latente Funktion der Beratung ist es, Managern, die sich einer immer komplexeren und undurchdringlicheren Umwelt gegenübersehen, das Gefühl (wieder) zu vermitteln, ihr Unternehmen „im Griff" zu haben (KIESER 1998; ERNST/KIESER 2002). Manager schätzen also unter Umständen nicht nur die potenziellen ökonomischen Ergebnisse von Beratung, sondern auch die mit ihr assoziierten positiven Effekte auf die Wahrnehmung von Beherrschbarkeit, auf Einfluss, Status und Karriere. Selbst wenn ein Beratungsprojekt keinen ökonomischen Nutzen stiftet, können Manager es deshalb immer noch als nützlich und erfolgreich einstufen. Es ist aber schwierig, Nutzen dieser Art in formalen Evaluationen zu verfolgen, denn das würde die Offenlegung solcher Motive der Manager nach sich ziehen.

Selbst unter Ausblendung der Möglichkeit, dass eigene Interessen von den Managern verfolgt werden, bleiben sowohl beratene Manager als auch Berater in den meisten Fällen Elemente des zu evaluierenden Systems und sind damit per definitionem voreingenommen (ROEHL/WILLKE 2001; SALANCIK/MEINDL 1984; STAW et al. 1983). In sehr vielen Beratungsprojekten verständigen sich Manager und Berater in gegenseitiger Interaktion darüber, welche Ziele festzulegen und welche Maßnahmen zu ihrer Erreichung zu ergreifen sind. Dies hat zur Folge, dass die Verantwortung für Erfolg und Misserfolg eines Beratungsprojektes kaum einer der beiden Akteursgruppen zuzuordnen ist. Wenn ein Beratungsprojekt die Erwartungen nicht erfüllt, ist es unmöglich festzuhalten, ob dies an der Inkompetenz der Berater oder an der Unfähigkeit der Manager, die Empfehlungen der Berater umzusetzen, liegt (CLARK 1995; O'SHEA/MADIGAN 1997). Hinzu kommt: Jede von Projektbeteiligten durchgeführte Evaluation ist eine Evaluation über die eigenen Leistungen und damit einer Verzerrung oder einem Bias unterworfen. Eine der Ursachen dieses Bias ist die in der Sozialpsychologie gut dokumentierte Tendenz zu selbstwertdienlichen Attributionen, d.h. zu Attributionen, die das Selbstbild sowie die eigene Machtposition so wenig wie möglich gefährden (MANUSOV 2001).

Diese kurze theoretische Analyse der Schwierigkeiten einer Evaluation von Beratungsprojekten zeigt, dass eine aussagefähige Evaluation extrem schwierig, wenn nicht gar unmöglich zu erstellen ist. Alle erwähnten Bedingungen – mehrdeutige Ziele, vielfältige offizielle und inoffizielle Funktionen, die Schwierigkeiten, unerwünschte Nebenwirkungen zu isolieren, unklare Zuordnung von Verantwortlichkeiten, der bei einer Eigenevaluation entstehende Bias, verzerrende externe Einflüsse, Wissenslücken zwischen Managern und Beratern – können als schwerwiegende Hindernisse einer systematischen Evaluation des Erfolgs von Beratungsprojekten angesehen werden.

Im folgenden Abschnitt wollen wir uns ansehen, wie existierende Analysen zur Evaluation von Beratung mit diesen Schwierigkeiten umgehen.

3 Ansätze zur Evaluation von Beratungsprojekten

Ansätze zur Evaluation von Beratungsprojekten können in zwei Gruppen aufgeteilt werden: Zum einen gibt es Ansätze zur Evaluation von Beratung für Stichproben von Unternehmen. Solche Analysen gehören zur Gruppe der Effektivitätsanalysen, die über eine lange Tradition in der Organisationstheorie verfügen (siehe z.B. CAMERON 1986; CAMERON 1983). Zum anderen ist auf Ansätze hinzuweisen, die sich die Evaluation individueller Beratungsprojekte zum Ziel nehmen. Diese richten sich in erster Linie an Praktiker.

Die meisten Analysen, die den Erfolg von Beratung auf der Basis von Stichproben von Unternehmen untersuchen, kommen zu dem Ergebnis, dass Beratung einen positiven Beitrag zum Erfolg von Unternehmen leistet. Jedoch beruhen fast alle diese Studien auf subjektiven Messungen: Berater (JOHNSTON 1963) oder Manager (CHRISMAN/KATRISHEN 1994; MCMULLAN et al. 2001) nehmen Bewertungen des Erfolgs von Beratungsprojekten vor, wobei sie in der Regel mithilfe von Skalen angeben, wie zufrieden sie mit den Empfehlungen der Berater sind, welches Wachstum von Umsätzen oder Gewinnen auf die Beratung zurückzuführen ist, ob sie das Beraterhonorar angemessen finden u. Ä. Wir haben nur eine einzige Studie ausfindig machen können, in denen subjektive Feststellungen dieser Art vermieden werden (auf Kosten eines schwerwiegenden Kausalitätsproblems): Eine Studie, in der Aktienkurse als Indikatoren des Beratungserfolges verwendet werden (SOLOMON 1997). Es liegt auf der Hand, dass Berater oder Manager, die für Projekte verantwortlich zeichnen, aus Motiven des Selbstschutzes systematisch dahin tendieren, den Erfolg von Beratungsprojekten positiv einzuschätzen. Dieser Effekt ist ganz besonders dann zu erwarten, wenn es keine offiziellen und damit zu einem gewissen Maß objektivierten Evaluationen gibt. Hinzu kommen weitere methodologische Probleme. Beratungsprojekte umfassen häufig mehrere gleichzeitig durchgeführte Maßnahmen wie beispielsweise Wissensvermittlung, Training und aktive Mitwirkung von Beratern bei der Erarbeitung von Verbesserungen (CHRISMAN 1997; MCMULLAN et al.

2001). Welche dieser Maßnahmen welche Wirkungen entfaltet hat, ist kaum auszumachen. Auch wird in diesen Studien kein Versuch unternommen, die Auswirkung von Beratungsprojekten von anderen externen Einflüssen zu isolieren. Es ist z.B. mehr als kühn anzunehmen, wie es SOLOMON (1997) tut, dass zwischen Beratungsprojekten und dem Aktienkurs eine direkte kausale Verbindung existiert. Auch ist festzustellen, dass alle vorliegenden Evaluationen von Stichproben von beratenen Unternehmen auf spezifischen Kausalitätsannahmen beruhen und in keiner dieser Untersuchungen alternative Kausalitätsmodelle überprüft wurden.

Für unsere Forschungsfragen sind Ansätze zur Analyse einzelner Beratungsprojekte von noch größerer Bedeutung als Ansätze zur Analyse von Stichproben von Unternehmen. Solchen Ansätzen wenden wir uns im folgenden Abschnitt zu, indem wir ein Beispiel herausgreifen: Das am weitesten entwickelte Verfahren zur Analyse individueller Beratungsprojekte legt u.E. PHILLIPS (2000) vor. Er konzeptualisiert fünf Ebenen von Erfolgsmaßen für Beratungsprojekte, die deutliche Ähnlichkeiten zu dem bei der Evaluation von Trainingsmaßnahmen in der Praxis weit verbreiteten KIRKPATRICK-Modell aufweisen (KIRKPATRICK 2003): (1) Reaktionen und Zufriedenheit verschiedener Interessengruppen auf der Basis von Befragungen, (2) das durch die Beratung ausgelöste Lernen von Mitgliedern des Unternehmens, (3) Ausmaß der Anwendung und Implementation des erworbenen Wissens, d.h. tatsächlich zu beobachtende Verhaltensänderungen der Mitarbeiter, (4) Impact, d.h. Verbesserungen im Hinblick auf Output, Zeit, Kosten und Qualität, (5) Return on Investment (RoI). Der RoI wird in drei Schritten ermittelt: Datensammlung, Isolierung des Effektes der Beratung, Transformation der Daten in Geldgrößen.

Letztlich beruht der Ansatz von Phillips auf subjektiven Schätzungen von Beteiligten. Subjektive Schätzungen unterliegen, wie wir gezeigt haben, in einem hohen Maße einer Verzerrungstendenz, weil die Beteiligten, die für Erfolg und Misserfolg verantwortlich gemacht werden, ein Interesse daran haben, das Projekt gut aussehen zu lassen. Subjektive Annahmen fließen unter anderem bei der Wahl der Erfolgsindikatoren, der Wahl der Faktoren, die neben der Beratung als Einflussfaktoren des Erfolgs noch infrage kommen, und bei den Interpretationen, die erforderlich sind, um Verbesserungen in Geldgrößen zu transformieren, in den Ansatz ein. Höchst bemerkenswert ist, dass Phillips fordert, die Berater selbst müssten die Herren des Verfahrens der Evaluation sein:

„As an early step in the process, one or more individual(s) should be designated as the internal leader or champion for the process. ... [T]his leader serves as a champion for ROI and is usually the one who understands the process best *and sees vast potential for its contribution...* The ROI leader is a member of the consulting staff who usually has this responsibility full time in larger consulting firms or part-time in smaller organizations" (PHILLIPS 2000, S. 367–368, Hervorhebung hinzugefügt).

4 Die empirische Studie: In welchem Ausmaß und auf welche Weise werden Beratungsprojekte in der Praxis evaluiert?

4.1 Stichprobe und Methodik

Die bisher dargestellten theoretischen Überlegungen weisen deutlich auf die stark limitierten Möglichkeiten einer Evaluation von Beratungsleistungen hin. Vor diesem Hintergrund war es das Ziel unserer empirischen Analyse, den praktischen Umgang der Beteiligten mit dieser Problematik zu beleuchten. Dabei ging es uns um die Exploration von Prozessen, durch die der Wert von Beratungsprojekten in der Praxis festgestellt wird. Wir waren also nicht an „offiziellen" Verlautbarungen der Manager interessiert, sondern an den tatsächlichen (nicht notwendigerweise formal festgehaltenen) Wahrnehmungen und Erfahrungen der in Beratungsprojekten involvierten Akteure. Hierzu wollten wir gleichzeitig die Perspektive der Manager und der Berater auf den Prozess der Beratung und seiner Evaluation erfassen.

Für Vorhaben dieser Art kommt bietet eine qualitative Analyse deutliche Vorteile (siehe dazu FODDY 1993): Da ein qualitatives Vorgehen nicht auf der Vorgabe standardisierter Kategorien für Fragen und Antworten beruht, gestattet es eine größere Offenheit und Flexibilität in Verfolgung der jeweiligen Fragestellung. Selbst im Forschungsprozess völlig überraschend auftauchende Informationen können so berücksichtigt werden. Die von uns verwendete qualitative Methode ermöglichte es uns darüber hinaus, anstelle von Skalen, welche in der Regel nicht den Denkschemata der Manager entsprechen, Sprache als zentrale Basis einer Kommunikation zum Einsatz zu bringen. Statt quantitative Maße konstruieren zu müssen, die ein hohes Maß an Vorkenntnissen des Untersuchungsfeldes voraussetzen, bevorzugten wir Interviews, in denen individuelle Erfahrungen und die subjektive Bedeutung von Zusammenhängen mit den Befragten geklärt werden konnten. Auf diese Weise gelang es uns, reichhaltige und nuancenreiche Daten zu generieren. Schließlich erlaubte uns das gewählte Instrumentarium auch sensitive Themen wie inoffizielle Meinungen oder mikropolitische Prozesse anzusprechen, deren Erfassung durch standardisierte Fragebogen kaum gelingt. Diese Vorteile wiegen u.E. die Nachteile der qualitativen Methode – vor allem eine vergleichsweise kleine Stichprobe und damit mangelnde Repräsentativität – bei weitem auf.

Zwischen Februar und September 2000 führte die Koautorin 23 halbstrukturierte Interviews durch, 11 mit Managern großer und größerer mittelständischer Unternehmen und 12 mit Beratern (ERNST 2002). Dem qualitativen Ansatz entsprechend ist unsere Stichprobe keine Zufallsstichprobe. Wir wollten Manager und Berater interviewen, die in jüngerer Zeit eine aktive Rolle in einem Beratungsprojekt gespielt hatten und die mindestens zwei Jahre Erfahrung in Projekten dieser Art gesammelt hatten. Eine solche Stichprobe ist durch Zufallsauswahl schwer zu gewinnen. In den Interviews wurde das letzte Beratungsprojekt, an dem die Befragten beteiligt waren, rekonstruiert. Insgesamt wurden auf diese Weise Daten zu 17 Projekten gesammelt, die alle dem Bereich der klassischen strategischen Managementberatung zuzuordnen sind. Im Folgenden fassen wir die in den Interviews zum Ausdruck kommenden Tendenzen zusammen. Zusätzlich geben wir einige typische Äußerungen von Managern oder Beratern wörtlich wieder (ausführlichere Zitate in ERNST 2002).

4.2 Ergebnisse

4.2.1 Die Praxis der Evaluation von Beratungsprojekten

Unsere Ergebnisse deuten auf eine weitgehende Abwesenheit systematischer Evaluationen in der Praxis hin. Nur einer (!) der befragten Manager erwähnte, dass Beratungsprojekte nach ihrer Beendigung anhand einer Liste von Kriterien überprüft worden seien. Slbst in diesem Fall wurde jedoch kein Versuch unternommen, den Einfluss der Beratung von anderen Einflüssen zu isolieren. In allen anderen Fällen gab es keine Indikatoren für eine auch nur ansatzweise durchgeführte systematische Evaluation.

Nicht untypisch ist die folgende Äußerung eines Managers:

> *„Also, ich hatte keinen einzigen Fall in meinem Berufsleben, wo ich sozusagen eine Tabelle ausgefüllt habe mit Punktbewertungen und so etwas. Also, das halte ich auch für Blödsinn… [E]ine Bewertung im Sinne von, da gucke ich jetzt knallhart wie ein Buchhalter drauf, das würde ich nicht machen, brauche ich nicht für meine Arbeit."*

Abgesehen von solchen expliziten Äußerungen zum Fehlen systematischer Evaluationen wird die geringe Bedeutung, die Evaluationen in der Praxis zugewiesen wird, auch aus dem Umstand ersichtlich, dass die Interviewten in keinem Fall von sich aus auf die Ergebnisse von Beratungsprojekten zu sprechen kamen. Sie mussten durch die Interviewerin darauf angesprochen werden.

In nur zwei Unternehmen wurden Daten über einzelne Berater in einem zentralen Informationssystem gesammelt. Diese Daten dienten aber nicht der Speicherung der Ergebnisse einzelner Projekte, sondern sollten eine Basis abgeben für die Auswahl von Beratern für zukünftige Projekte.

Einige der mit der Evaluation von Beratungsprojekten verbundenen Schwierigkeiten, die wir oben angesprochen haben, wie etwa das Problem der Isolierung des Beratungseffektes oder die Berücksichtigung zeitlich verzögerter Auswirkungen, wurden auch von Managern angesprochen. Eine weitere Schwierigkeit systematischer Evaluationen liegt nach Ansicht eines Befragten darin, dass es nicht einfach ist, das Ende eines Projekts zu bestimmen, da immer wieder Nacharbeiten anfallen. Darüber hinaus thematisierten die Befragten auch einen für sie relevanten praktischen Aspekt bei der Evaluation: Oft fehle es ihnen einfach an Zeit, eine (rückwärtsgerichtete) aufwändige Evaluation durchzuführen, da neue Projekte warteten.

Insgesamt konnten wir somit die Annahme, dass systematische betriebswirtschaftliche Evaluationen von Beratungsprojekten ein zentrales Anliegen von Praktikern sind, nicht bestätigen. Auf der Basis der Interviews kommen wir zu dem Ergebnis, dass Praktiker systematische Evaluationen kaum durchführen und daran auch in den meisten Fällen kaum Interesse haben. Allerdings existieren, wie der folgende Teil der Analyse zeigen wird, alternative Mechanismen zur Generierung eines Urteils über Beratungsprojekte.

4.2.2 Die soziale Konstruktion des Ergebnisses von Beratungsprojekten

Obwohl die Manager systematischen Evaluationen nur eine geringe Bedeutung zumessen, betonen sie, dass über die Leistungen der Berater während des Projekts kontinuierlich kommuniziert werden müsse. Ein großer Teil der Manager berichtet über regelmäßige Treffen während eines Beratungsprojekts mit anderen Mitgliedern des Unternehmens. In diesen Zusammenkünften wird über das Projekt diskutiert, und es werden Beurteilungen über seine Qualität abgegeben. Auf diese Weise werden, auch wenn offiziellen Evaluationen kein hoher Stellenwert zukommt, inoffizielle Evaluationen Gegenstand sozialer Konstruktionen. Diese werden aber nicht in schriftlicher Form festgehalten. Typischerweise werden Interaktionsgelegenheiten gesucht beziehungsweise geschaffen, wie sie folgender Manager beschreibt:

„Also, wir machen das als Workshop… Und dann darf jeder sagen, was ihm da gut gefallen hat und was ihm da nicht gefallen hat… Und dann sieht man ja sofort, ob es Bereiche gibt, die aus der Perspektive von verschiedenen Beteiligten eher problematisch waren oder eher gut gelaufen sind… Und da kann man offen über die Themen reden."

Beobachtungen und Beurteilungen einzelner Manager werden bei diesen Gelegenheiten nicht nur an andere Manager kommuniziert, sondern explizit zum Gegenstand von konsensbildenden Diskussionen gemacht. Beurteilungskriterien und ihre jeweilige Gewichtung werden ad hoc in diesen Kommunikationsprozessen generiert.

Die Dynamik dieser Kommunikation kommt in dem folgenden Bericht eines Managers, der eine Vielzahl von Gelegenheiten beschreibt, in denen sich Evaluationen herausbilden können, zum Ausdruck.

„Wenn Sie als Vorgesetzter oder Vorgesetzte in einem Unternehmen arbeiten und große Projekte haben oder Beratungsprojekte, dann haben Sie das im Kopf, dann haben Sie ständig damit zu tun und reden sie mit dem oder demjenigen, dann haben Sie Sitzungen darüber, dann haben Sie Zwischenergebnisse, da gibt's Berichte, da haben Sie Rückfragen, Anfragen, Mails. Also, das schwirrt um das Projekt rum und das hat man im Kopf und da weiß man: „Ist es gut gelaufen, ist es schlecht gelaufen?"… Also, in diesem Stil läuft das. Und dann gibt es natürlich irgendwo mal eine formale Geschäftsführersitzung: Projekt wird abgeschlossen. Der

> *Abschluss des Projektes wird von der Sache her bewertet, beurteilt und auch kommentiert in Aufsichtsratssitzungen, was weiß ich wo, wird ja auch darüber berichtet. Und dann wird auch ein Kommentar abgegeben, wie es mit dem Berater gelaufen ist."*

Da sich die Situation des Projekts laufend ändert, müssen Beurteilungen über den Stand laufend durchgeführt und gegebenenfalls Steuerungsmaßnahmen ergriffen werden. Eine Bewertung erst nach Vollendung des Projekts ist aus der Sicht des Managements von eingeschränktem Nutzen, da zu diesem Zeitpunkt keine Einflussmöglichkeit mehr gegeben ist.

Solange die Manager den Beratungsprozess unter Kontrolle haben und in der Lage sind, alle Entscheidungen zu fällen, die sie zur Erreichung eines guten Ergebnisses für erforderlich halten, erübrigt sich demnach die Durchführung einer systematischen, alles umfassenden Schlussbeurteilung. Und falls das Management nicht in der Lage ist, die richtigen Entscheidungen zu fällen, so ist sein Interesse an einer Ex-post-Evaluation erst recht gering. Denn wenn sich ein Projekt als gescheitert herausstellt, müssten die Manager erklären, weshalb sie nicht rechtzeitig interveniert und den Verlauf des Projekts korrigiert haben. Beide Überlegungen bieten eine zusätzliche Erklärung, weshalb Ex-post-Evaluationen in der Praxis eine so geringe Rolle spielen.

Die Betonung einer kontinuierlichen Evaluation während des Beratungsprojektes entspricht einer Beobachtung von NYSTROM/STARBUCK (1984, S. 182), die wiederum auf die bereits diskutierte Komplexität von Beratungsprojekten hinweisen: „[W]hen outcomes seem unclear, evaluations increasingly emphasize work processes. Inharmonious and noncomparable goals lead to less attention devoted to what it is that organizations seek, and they lead to more attention to how organizations' members pursue these ambiguously specified goals."

Die Mehrheit der interviewten Manager gab an, dass die beteiligten Berater von den Diskussionen über das Projekt und seinen Problemen nicht ausgeschlossen sind: Manager von Klientenunternehmen versuchen gewöhnlich nicht, während des Prozesses der sozialen Konstruktion einer Beurteilung eine Trennlinie zwischen sich und den Beratern zu ziehen. Die Berater nehmen an den Diskussionen teil und können dabei auf die Wahrnehmung der Manager einwirken. Nur einer der Befragten wies darauf hin, dass die Berater zwar an den Diskussionen über die Ergebnisse und die Probleme des Projekts beteiligt waren, dass sie aber ausdrücklich ausgeschlossen wurden, wenn die Leistungen der Berater auf der Tagesordnung standen. Dennoch impliziert auch eine allgemeine Diskussion von Ergebnissen Beurteilungen der Leistungen der Berater und eröffnet damit für Letztere die Möglichkeit, in den sozialen Konstruktionsprozess zu ihren Gunsten einzugreifen.

4.2.3 Die Bedeutung formalisierter Evaluationen für Berater

Interessanterweise – und aus diesem Grund greifen wir diese Thematik noch einmal separat auf – weicht die Einstellung der Berater zu Evaluationen stark von der ihrer Klienten ab. Während die Klienten, wie wir gesehen haben, gerade Ex-post-Evaluationen wenig Bedeutung zumessen, legen Berater größten Wert darauf, von den Klienten nicht nur ein informales Feedback im Rahmen des oben angesprochenen Kommunikationsprozesses, sondern eine schriftliche Beurteilung zu erhalten. Dies geschieht in der Regel, indem sie die an dem Beratungsprojekt beteiligten Manager bitten, strukturierte Fragebögen auszufüllen oder mündliche Interviews mit ihnen durchzuführen. Auf diese Weise gelangen die Berater zu schriftlichen Aussagen ihrer Klienten, die sich in mehrerer Hinsicht als nützlich erweisen können: Zunächst ist es für die Berater hilfreich herauszufinden, was zur Zufriedenheit oder Unzufriedenheit der Klienten beigetragen hat. Darüber hinaus wird durch die schriftlichen Aussagen des Klienten ein konkretes und unabänderliches Zeugnis der Leistung des Beraters geschaffen. Die Fragebögen der Berater sind somit als eine Methode zur Beeinflussung und Festschreibung der sozialen Urteilskonstruktion anzusehen.

Herauszustellen ist hier, dass der Gegenstand dieser Bewertungen im Wesentlichen die Berater-Klienten-Beziehung und die Art der Zusammenarbeit mit den Beratern ist. Die von uns Befragten erwähnten jedoch nicht, dass auch die *Ergebnisse* der Beratungsprojekte in diese Evaluationen einbezogen wurden.

Positive Evaluationen, die in schriftlicher Form festgehalten werden, können von den Beratern als effektives Argument bei Neu-Akquisitionen und Folgeprojekten eingesetzt werden. Sie können den Beratern auch als Schutz dienen. Da die Beurteilung der Beratungsleistungen im Laufe der Zeit aufgrund von neuen Informationen oder anderen Ursachen Änderungen unterworfen sein können, gibt es für den Berater ein gewisses Risiko, dass eine ursprünglich positive Beurteilung sich in eine negative wandelt. Eine schriftliche Fixierung reduziert dieses Risiko, weil sie die Beurteilung durch den Klienten unabänderlich fixiert. Solche Zeugnisse darüber, dass die Berater die richtigen Dinge in der richtigen Weise unternommen haben, werden umso wichtiger, wenn Klientenunternehmen in Schwierigkeiten geraten und die Suche nach den Verantwortlichen beginnt, wie beispielsweise in den Fällen Enron oder Swissair. Einer der befragten Berater beschreibt die übliche Praxis:

"Wir machen einen Fragenbogen, so: „Wie war die Leistung?" „Wie zufrieden waren Sie?" „Würden Sie wieder ein Projekt mit [unserem Beratungsunternehmen] machen?" Und einfach eine ganz formale Abschlussbestätigung, wo drin steht, dass eben das Projekt erfolgreich abgeschlossen wurde, dass alle Dinge laufen. Und das ist eigentlich das Entscheidendere."

Die befragten Berater gaben an, dass sie während der Laufzeit eines Projekts ständig bestrebt sind, die Einstellung des Klienten zum Projekt in Erfahrung zu bringen. *Während* eines Projekts gibt es ausreichend Gelegenheit, die Meinung des Klienten zu beeinflussen – wie wir gesehen haben, bildet sich die Evaluation der Leistung in Prozessen sozialer Konstruktion heraus, an denen auch die Berater beteiligt sind. Wenn sie um die Beantwortung eines abschließenden Fragebogens bitten, ist das Risiko unangenehmer Überraschungen für den Berater daher als relativ gering einzustufen, falls eventuelle Unzufriedenheiten seitens des Klienten rechtzeitig im Vorfeld adressiert wurden, wie einer der befragten Berater beschreibt:

"Der standardisierte Fragebogen, der wird dem Klienten geschickt, und er muss eben bewerten, ob er es gut fand oder nicht. Und wir versuchen eben, die Stimmung dahin zu bringen, dass er das alles gut findet. Was die Stimmung im Wesentlichen ausmacht, ist eben von einem zum anderen verschieden. Wir sind alle nur Menschen."

Als weiteren Mechanismus zur Absicherung nannten zwei der befragten Berater eine *Kontrolle* des Beratungsprozesses selbst, unabhängig von seinen Inhalten. Dazu wird die Einhaltung vorab definierter und auf jedes Beratungsprojekt anwendbarer Kritiken wie beispielsweise die Vollständigkeit der zu erstellenden Berichte oder die Anzahl der durchgeführten Besprechungen überprüft. Hier wird also der ordnungsgemäße Ablauf des Beratungsprozesses als Indikator für die Qualität der Beratungsleistung bzw. des Beratungsergebnisses herangezogen - was dem bereits aufgezeigten Mechanismus beim Umgang mit komplexen und in ihren Zielen nicht eindeutig festzulegenden Projekten entspricht. Durch die Erhebung von Prozessdaten kann die Beratung zu jedem Zeitpunkt und insbesondere im Falle einer Infragestellung ihrer Leistung nachweisen, keine ausgesprochenen Prozessfehler begangen zu haben – unabhängig von der Qualität des Ergebnisses selbst.

Prozessbezogene Evaluationen und das Feedback des Klienten werden nach Aussage der Befragten üblicherweise nicht allein durch die am Projekt unmittelbar beteiligten Berater, sondern auch durch Dritte eingeholt. Dabei kann es sich um einen in die operative Projektabwicklung nicht involvierten Partner der Beratung, einen speziell für diesen Zweck eingesetzten Qualitätsbeauftragten des Beratungsunternehmens oder sogar um ein anderes Unternehmen als das Beratungsunternehmen selbst handeln. Diese mehr oder weniger weitreichende Entkoppelung der Leistungsbewertung von der Leistungserstellung stellt aus Sicht der Berater eine sinnvolle Strategie zur Überzeugung des Kunden dar, da sie dem Anspruch der Berater, einen objektiv feststellbaren Beitrag für das Klientenunternehmen zu erbringen, höheres Gewicht verleiht. Jedoch unterliegt auch eine solche Evaluation durch Dritte zumindest teilweise den oben herausgearbeiteten Evaluationshindernissen.

5 Schlussbetrachtung

In unserer Analyse haben wir die Evaluation von Beratungsprojekten aus einer konzeptionellen und einer empirischen Perspektive betrachtet. Konzeptionell wurde eine Anzahl von Evaluationshindernissen wie mehrdeutige Zielsetzungen, vielfältige Funktionen, schwer zu kalkulierende sekundäre Effekte, unklare Verantwortlichkeiten zwischen Managern und Beratern, Urteilsverzerrungen, externe Einflüsse und schließlich Wissensdifferenzen der Manager gegenüber den Beratern identifiziert. Ansätze zur Evaluation von Beratungsprojekten gibt es, wie wir gesehen haben, sowohl für Stichproben von Unternehmen als auch für einzelne Beratungsprojekte, aber kein Ansatz ist in der Lage, die Evaluationshindernisse in einer Weise zu überwinden, die zu akzeptablen Ergebnissen führt.

Unsere empirische Analyse hat gezeigt, dass Manager von Klientenunternehmen, die in Beratungsprojekte involviert sind, wenig Interesse an Ex-post-Evaluationen dieser Projekte haben. Stattdessen kommen Manager in informellen Kommunikations- und Konstruktionsprozessen zu einem kollektiven Urteil über Erfolg oder Misserfolg von Beratungsprojekten. Berater hingegen legen durchaus Wert darauf, die subjektive Zufriedenheit des Klienten und den ordnungsmäßigen Ablauf des Beratungsprozesses zu dokumentieren. Hierbei handelt es sich jedoch nicht um eine Evaluation der eigentlichen Beratungsergebnisse.

Vor dem Hintergrund der hohen Aufwendungen für Beratungsleistungen erscheint vor allem das Desinteresse der Manager an Evaluationen frappierend. Angesichts der Existenz von multiplen, teilweise widersprüchlichen und teilweise inoffiziellen Zielen bei der Durchführung von Beratungsprojekten ist dies jedoch nicht mehr allzu unverständlich. Manager wissen, dass solche Ziele in offiziellen Evaluationen keinen Eingang finden können und entscheiden sich mehr oder minder bewusst gegen systematische Evaluationen. Stattdessen optieren sie für ein aktives Management von Beratungsprojekten und für laufende Beurteilungen, die, wie sie argumentieren, formale Ex-post-Evaluationen überflüssig machen. Uns erscheint dieses Argument allerdings nicht schlüssig: Eine starke Involvierung von Managern in einem Prozess der Produktionsgestaltung macht beispielsweise eine Ex-post-Evaluation dieser Änderung auch nicht überflüssig. Die Debatte nach immer weiter ausgefeilten Evaluationstechniken erscheint vor diesem Hintergrund natürlich zumindest zu einem gewissen Maß obsolet, ihre Ergebnisse gehen aber ebenfalls in die soziale Konstruktion von Bewertungen ein. Auf diese Weise haben sie zumindest strukturierenden Anteil an einer Urteilsfindung und dienen nicht zuletzt als Signal für einen rationalen Umgang mit Beratungsleistungen.

In diesem Sinne funktionieren Evaluationen von Beratungsleistungen zu einem gewissen Umfang als organisationale Fassaden (NYSTROM/STARBUCK 1984) – in Bezug auf eine Leistung, die teilweise selbst als Entkopplungsmechanismus oder Fassade zu sehen ist, da sie eine Vielzahl von inoffiziellen Funktionen für die Organisation erfüllt. Die Klienten scheinen eine solche Fassade aber weniger zu benötigen als die Berater - vielleicht weil schon der Umstand, dass Berater (mit einer gewissen Reputation) zum Einsatz kommen, in einem ausreichenden Maße suggeriert, dass das neueste Managementwissen umgesetzt wird? In diesem Falle würde die - aus verschiedenen hier ausführlich dargestellten Gründen kaum leistbare - Objektivierungskraft von formalen Evaluationen durch den Ersatzmechanismus der Reputation teilweise ersetzt.

Der von uns konstatierte Mangel an systematischen Evaluationen von Beratungsprojekten hat neben weiteren Effekten, die wir an anderer Stelle aufgreifen (vgl. ERNST/KIESER 2002) möglicherweise auch Auswirkungen auf das eingangs beschriebene Wachstum des Beratungsmarktes.

Eine aussagefähige Evaluation, die anzeigen könnte, welche Projekte einen positiven Return aufzeigen und welche nicht, steht, wie wir gesehen haben, nicht zur Verfügung. Das bedeutet, dass die Manager Schwierigkeiten haben, ökonomisch nutzbringende von weniger nutzbringender Beratung zu unterscheiden, und so treibt vor allem die subjektive Wahrnehmung des Beratungsnutzens durch die Beteiligten die Nachfrage nach Beratung. Diese fällt, wie wir gezeigt haben, aufgrund von Urteilsverzerrungen tendenziell eher positiv aus. Darüber hinaus kann Beratungsnutzen in informellen Urteilen sehr viel breiter definiert werden als in einer offiziellen Evaluation, die nur einen Teil der von der Beratung erfüllten Funktionen abdeckt.

Wie erklärt sich aber umgekehrt die seit 2002 zu beobachtende Stagnation des Beratungsmarktes (FAECO 2003)? Neben wesentlichen Faktoren wie der allgemeinen wirtschaftlichen Entwicklung meinen wir, dass auch hier die geschilderten Schwierigkeiten einer Evaluation möglicherweise zum Tragen kommen. Die Erklärung, die wir anzubieten haben, ist in einem hohen Maße spekulativ, wenn auch nicht ohne Plausiblität: Beratungen berichten, dass Klienten zunehmend skeptisch und kritisch werden (siehe verschiedene Aufsätze von Beratern in diesem Band). Presse- und Fachveröffentlichungen weisen ebenfalls darauf hin, dass der Umgang von Klienten mit Beratungen sich mehr und mehr professionalisiert (vgl. z.B. Mohe 2003). So werden beispielsweise Entscheidungen zur Vergabe von Beratungsprojekten immer häufiger der Kontrolle von mit dieser Aufgabe speziell betrauten Abteilungen – meist Einkauf, Controlling oder Inhouse-Consulting – unterworfen (PETMECKY 2004). Durch diese organisatorische Maßnahme bindet sich das Top-Management in gewisser Weise selbst. Die Entscheidung wird nicht mehr von Managern gefällt, die selbst Nutznießer der Beratung sind, sondern von weitgehend unabhängigen Abteilungen, deren explizite Aufgabe es ist – und die danach beurteilt werden –, Beratungsbudgets niedrig zu halten und für die Qualität der Beratung zu sorgen. Zusätzlich werden hierdurch Verfahren und Methoden für eine Evaluation mit einer gewissen Einheitlichkeit vorgegeben, sodass Bewertungskriterien nicht mehr ad hoc nach den Bedürfnissen der Beteiligten generiert werden können. Es liegt auf der Hand, dass eine solche Praxis zu einer stärkeren Selektion von Beratungsprojekten und Beratern führt. Angebote verschiedener Beratungen werden verstärkt verglichen, langjährige persönliche Beziehungen zwischen Managern und Beratern verlieren an Wert im Prozess der Auftragsvergabe. Die Flaute auf dem Beratungsmarkt wird als Hebel zu härteren Preisverhandlungen genutzt.

Ob die Evaluationsverfahren, welche in diesen Abteilungen zur Anwendung kommen, ein hohes Maß an Validität und Zuverlässigkeit aufweisen – nach unseren obigen Ausführungen ist dies generell nicht anzunehmen –, ist zweitrangig. Sie erfüllen ihren Zweck, nämlich die Kontrolle des Beratungsbudgets und der einzelnen Projekte. Verfahren wie die BCG Portfolio Matrix (ARMSTRONG/BRODIE 1994), die Overhead Value Analysis und andere Verfahren des Downsizing (MCKINLEY/MONE/BARKER 1998) oder der Personalbeurteilung (NEUBERGER 1980, 2000; TOWNLEY 2003) werden ebenfalls den Kriterien der Validität und Zuverlässigkeit nicht gerecht, erfüllen aber wichtige Funktionen – sie „rationalisieren" Entscheidungen zur Strategie, zum Personalabbau und zu Beförderung und Entlohnung und reduzieren damit ihre Angreifbarkeit.

Literatur

KIESER, A. (1998): Unternehmensberater: Händler in Problemen, Praktiken und Sinn, in: GLALSWER, H./SCHRÖDER, E. F./V. WERDER, A. (Hrsg.): Organisation im Wandel der Märkte, Wiesbaden, S. 191-226.

ALVESSON, M. (1993): Organization as rhetoric: Knowledge-intensive firms and the struggle with ambiguity, in: Journal of Management Studies, Vol. 30 (1993), S. 997-1015.

ARMSTRONG, J. S./BRODIE, R. J. (1994): Effects on portfolio planning methods on decision making: Experimental results, in: International Journal of Research in Marketing, Vol. 11(1994), S. 73-84.

ASHFORD, M. (1998): Con Tricks: The World of Management Consultancy and How to Make it Work for You, London.

BIERMAN, H./SMIDT, S. (1993): The Capital Budgeting Decision. Economic Analysis of Investment Projects., 8.Aufl., New York.

BYRNE, J. A./MULLER, J./ZELLNER, W. (2002): Inside McKinsey, in: Business Week, 07.08.2002, S. 66-73.

CAMERON, K. S. (1983): Organizational Effectiveness. A Comparison of Multiple Models, New York.

CAMERON, K. S. (1986): A study of organizational effectiveness and its predictors, in: Management Science, Vol. 32 (1986), S. 87-112.

CANBACK, S. (1998): The logic of management consulting (part one), in: Journal of Management Consulting, Vol. 10 (1998), S. 3-11.

CAULKIN, S. (1997): The great consultancy cop-out, in: Management Today, March, S. 32-36.

CHRISMAN, J. J. (1997): Program evaluation and the venture development program at the University of Calgary: A research note, in: Entrepreneurship: Theory & Practice, Vol. 22 (1997), S. 59-73.

CHRISMAN, J. J./KATRISHEN, F. (1994): The economic impact of small business development center counseling activities in the United States: 1990-1991, in: Journal of Business Venturing, Vol. 9 (1994), S. 271-280.

CLARK, T. (1995): Managing Consultants - Consultancy as the Management of Impressions, Buckingham.

DONKIN, R. (1997): Survey - Management consultancy: How consultants get paid: Brave new world of fees, in: Financial Times, 19.06.97.

ERNST, B. (2000): Die Evaluation von Beratungsleistungen - Prozesse der Wahrnehmung und Bewertung, Wiesbaden.

ERNST, B./KIESER, A. (2002): Consultants as agents of anxiety and providers of control, in: Academy of Management (Hrsg.): Proceedings Meeting Denver (CD), Best Papers, MH, S. A1-A6.

FAECO (2003): Survey of the European Management Consultancy Market. Brussels: faeco - The European Federation of Management Consultancies Associations.

FODDY, W. (1993): Constructing Questions for Interviews and Questionnaires, Cambridge.

HIRN, W. /STUDENT, D. (2001): Gewinner ohne Glanz, in: manager magazin, Heft 7, S. 49-61.

JOHNSTON, J. (1963): The productivity of management consultants, in: Journal of the Royal Statistical Society, Vol. 126 (1963), S. 237-249.

KENNEDY INFORMATION (2002): Management consulting today. www.kennedyinfo.com.

KIRKPATRICK, D. L. (2003): Evaluating Training Programs: The Four Levels. San Francisco/CA.

KLAMMER, T. P./WALKER, M. C. (1984): The continuing increase in the use of sophisticated capital budgeting techniques, in: California Management Review, Vol. 27 (1984), S. 137-148.

MANUSOV, V. L. (2001): Attribution, Communication Behavior, and Close Relationships, Cambridge.

MARCH, J. G./OLSEN, J. P. (1995): Democratic Governance, New York.

MCGIVERN, C. (1983): Some facets of the relationship between consultants and clients in organizations, in: Journal of Management Studies, Vol. 20 (1983), S. 367-386.

MCKINLEY, W./MONE, M. A./BARKER, V. L. I. (1998): Some ideological foundations of organizational downsizing, in: Journal of Management Inquiry, Vol. 7 (1998), S. 198-212.

MCMULLAN, E./CHRISMAN, J. J./VESPER, K. (2001): Some problems in using subjective measures of effectiveness to evaluate entrepreneurial assistance programs, in: Entrepreneurship: Theory & Practise, Vol. 26 (2001), S. 37-54.

MEYER, M. W. (1994): Measuring performance in economic organizations; in: SMELSER, N. J./SWEDBERG, R. (Hrsg.): The Handbook of Economic Sociology: 556-580, New York.

MOHE, M. (2003): Klientenprofessionalisierung, Marburg.

NEUBERGER, O. (1980): Rituelle (Selbst-)Täuschung. Kritik der irrationalen Praxis der Personalbeurteilung, in: Die Betriebswirtschaft, 40. Jg. (1980), S. 27-43.

NEUBERGER, O. (2000): Das 360° Feedback. Alle fragen? Alles sehen? Alles sagen?, München.

NICOLAI, A. (2000): Die Strategie-Industrie. Systemtheoretische Analyse des Zusammenspiels von Wissenschaft, Praxis und Unternehmensberatung, Wiesbaden.

NYSTROM, P. C./STARBUCK, W. H. (1984): Organizational Facades. Academy of Management Proceedings, S. 182-186.

O. V. (2002): The Global Consulting Marketplace: Key Data, Forecasts & Trends, New York.

O'SHEA, J./MADIGAN, C. (1997): Dangerous Company: The Consulting Powerhouses and the Businesses They Save and Ruin, London.

PETMECKY, A./DEELMANN, TH. (2004; HRSG.): Arbeiten mit Managementberatern, Berlin.

PHILLIPS, J. J. (2000): The Consultant's Scorecard: Tracking Results and Bottom-line Impact of Consulting Projects, New York.

PIKE, R. (1996): A longitudinal survey on capital budgeting practices, in: Journal of Business Finance & Accounting, Vol. 23 (1996), S. 79-92.

POWER (1994): The Audit Explosion, London.

ROEHL, H./WILLKE, H. (2001): Kopf oder Zahl!? Zur Evaluation komplexer Transformationsprozesse, in: Organisationsentwicklung, Vol. 20 (2001), S. 24-33.

SALANCIK, G. R./MEINDL, J. R. (1984): Corporate attributions as strategic illusions of manangement control, in: Administrative Science Quarterly, Vol. 29 (1984), S. 238-254.

SCHELLHARDT, T. D./MACDONALD, E./NARISETTI, R. (1998): Behind the buzz: Consulting firms get an unexpected taste of their own medicine – Cutbacks hit the industry, as times, and clients, are becoming tougher, in: Wall Street Journal, 20.10.1998, S. A1.

SHAPIRO, E. C./ECCLES, R. G./SOSKE, T. L. (1993): Consulting: Has the solution become part of the problem?, in: Sloan Management Review, Vol. 34 (1993), S. 89-95.

SOLOMON, A. (1997): Do consultants really add value to client firms?, in: Business Horizons, May-June, S. 67-72.

STARBUCK, W. H. (1992): Learning by knowledge-intensive firms, in: Journal of Management Studies, Vol. 29 (1992), S. 713-740.

STAW, B. M./MCKECHNIE, P. I./PUFFER, S. M. (1983): The justification of organizational performance, in: Administrative Science Quarterly, Vol. 18 (1983), S. 582-600.

TOWNLEY, B. (2003): Performance measures and the rationalization of organizations, in: Organization Studies, Vol. 24 (2003), S. 1045-1072.

WERR, A. (1998): Managing knowledge in management consulting. Paper presented at the 1998 Academy of Management Meeting in San Diego, Stockholm School of Economics.

WOOD, P. (2002): European consultancy growth: Nature, causes and consequences, in: WOOD, P. (Hrsg.): Consultancy and Innovation: The Business Service Revolution in Europe, London, S. 35-71.

WOOLDRIDGE, A. (1997): The advice business, in: The Economist, Vol. 22 (1997), S. 3-5.

Kommentar: Manager wissen, ob Beratung ihr Geld wert ist!

Prof. Dr. Wilhelm Rall
Director, McKinsey & Company, Inc.

Die Befunde von Ernst und Kieser zu den methodischen Schwierigkeiten der Evaluierung von Beratungsleistungen sind richtig. Die Identifizierung einer einfachen Bewertungsmethode und standardisierter Bewertungsprozesse wäre auch mehr als überraschend gewesen, handelt es sich bei Beratungsleistungen doch ganz überwiegend um sehr komplexe Güter. Die Komplexität beginnt damit, dass die Ziele nahezu immer multidimensional sind oder erst im Prozess konkretisiert werden. Und sie endet mit dem keineswegs monokausalen, unidirektionalen oder auch nur direkten Wirkungsmechanismus von Beratung. Dabei sind die von den Autoren herausgestellten unterschiedlichen Motivationen für den Beratereinsatz noch gar nicht berücksichtigt.

Auf der Basis von über zwei Jahrzehnten Beratungserfahrung und zahlreicher Evaluierungen komme ich allerdings zu einer sehr viel weniger skeptischen Antwort auf die von Ernst und Kieser gestellte Frage: Manager wissen in aller Regel, ob Beratung ihr Geld wert ist. (Einschränkend sei angemerkt, dass sich dieses Urteil nur auf die Erfahrung im eigenen Tätigkeitsfeld stützt und keine Aussage über den gesamten, äußerst heterogenen Markt von Beratungsleistungen zulässt). Manager erreichen dies allerdings nicht dadurch, dass sie die methodischen Herausforderungen im wissenschaftlichen Sinne lösen, sondern indem sie eine aussagefähige und belastbare Heuristik anwenden. Vereinfacht umfasst sie folgende Elemente:

1. Der Erfolg von Beratungsprojekten lässt sich äußerst selten bereits zum Zeitpunkt des Projektendes vollständig feststellen. Es ist deshalb sinnvoller, unter Berücksichtigung von Realisierungszeiträumen periodische Reviews durchzuführen, in denen durchaus auch verschiedene miteinander verknüpfte Einzelprojekte zusammengefasst werden können. Dieses Vorgehen leuchtet unmittelbar bei strategischen und organisatorischen Fragestellungen ein, aber auch bei „einfachen" Kostensenkungsprojekten sollte der Er-

folg nicht nur daran gemessen werden, ob er sich einmalig in den Komponenten der G&V-Rechnung widerspiegelt, sondern auch daran, ob nachhaltige Struktur- und Verhaltensänderungen erreicht werden. Unmittelbar am Projektende können bereits Aussagen über den Projektverlauf gemacht und das Anspruchsniveau für die Realisierung verankert werden. Dies ist aber nichts anderes als die Fortsetzung der Kontrolle des laufenden Projekts, die aufgrund der straffen Projektorganisation in der Realität sehr selten ein Problem darstellt.

2. Heutige Beratungsprogramme und -projekte sind nur im Ausnahmefall eine isolierte Tätigkeit des Beraters. Die häufig karikierte Gutachtenmethodik gehört der fernen Vergangenheit an, wenn sie jemals in größerem Umfang existierte. Resultate entstehen aus einem gemeinsamen Vorgehen von Unternehmen und Beratern. Unterschiede bestehen je nach Projekttypus und Organisationskultur des Unternehmens im Hinblick auf den Grad der Involvierung der Klientenorganisation. So wird natürlich bei einem auf einen Merger zielenden Corporate-Strategy-Projekt in kleinerem Kreis gearbeitet als bei einem umfassenden Transformationsprogramm. Der Versuch einer „faktoranalytischen" Zuordnung der Projektergebnisse ist deshalb nicht nur von vornherein zum Scheitern verurteilt, sondern auch kontraproduktiv für den Gesamterfolg. Was sich allerdings isoliert messen lässt, sind Wissen, Kompetenz und Effektivität der Berater. Auch ist unschwer festzustellen, ob der Berater zur Substanz des Ergebnisses aktiv beiträgt oder „nur" einen Prozess moderiert (was im Einzelfall durchaus eine valide Rolle sein kann).

3. Jeder große Themenbereich braucht eine spezifische Bewertungsmetrik, es gibt kein „one size fits all". Letztlich sollte sich zwar alles in wirtschaftlichem Erfolg niederschlagen, aber direkter Beratungserfolg lässt sich sehr viel besser in konkret formulierten Indikatoren als in den beobachteten Veränderungen relativ hoch aggregierter G&V-Größen messen. Letzteres geht bei längerfristigen Entwicklungen ohnehin nur, wenn es gelingt, die Wirkung nicht antizipierbarer exogener Störgrößen herauszufiltern. (Die etwas umständliche Formulierung dieses Satzes deutet bereits darauf hin, dass die Ex-post-Feststellung, was antizipierbar und was nicht antizipierbar war, breiten Diskussionsraum einnehmen kann). Wie auch Ernst und Kieser betonen, sind noch höher aggregierte Maßgrößen wie z.B. die Entwicklung des Aktienkurses gegenüber relevanten Branchenindizes nur in wenigen Ausnahmefällen für die Beurteilung von Projekterfolgen sinnvoll.

4. Primär muss beurteilt werden, inwieweit sich die angestrebten Veränderungen in Bezug auf die Indikatoren des Projekt-/Programmerfolgs tatsächlich einstellen. Sekundäre Effekte wie Know-how-Übertragung oder Qualität von Prozessorganisation und -führung sind aber ebenfalls wichtig. Sie bestimmen häufig die Nachhaltigkeit der Projekteffekte wesentlich mit. Insofern haben auch die viel geschmähten Befragungen zur Qualität der Zusammenarbeit mit dem Berater durchaus ihre Berechtigung, allerdings nur als eine von verschiedenen Methoden.

Die auf diesen vier Elementen beruhende Evaluierung durch das Management wird nicht immer in dieser Systematik durchgeführt. Wir haben uns deshalb entschlossen, in regelmäßigen Abständen mit unseren wichtigen Klienten „Client Impact Reviews" durchzuführen, in denen in sehr systematischer Weise im Dialog mit dem Klienten-Management und den Mitarbeitern der Projekte der Erfolg der Zusammenarbeit überprüft wird. Dies erfolgt immer in ausreichendem zeitlichen Abstand zu den Projekten. Bei diesem Vorgehen ist wichtig, dass der Dialog nicht von den am Projekt unmittelbar Beteiligten geführt wird – ein Wahrnehmungs-Bias wäre wahrscheinlich unvermeidlich –, sondern dass ihn neutrale, erfahrene Kollegen führen. Der Dialog ist der Schlüssel zum Erfolg; mit ihm können nicht nur kritische Punkte ad hoc vertieft werden, sondern er eignet sich auch besonders zur Exploration von Wirkungsketten und zur Erfassung „weicher" Themen, die bei standardisierten Abfragen häufig nicht an die Oberfläche kommen. Der Versuch, mit umfangreichen Checklisten, unternehmensweiten Datenbanken etc. eine solche Beurteilung vorzunehmen, führt nach unseren Beobachtungen dagegen zu eher oberflächlichen Ergebnissen, wenn eine echte Evaluierung angestrebt wird. Insbesondere beeinträchtigt die bei diesem Vorgehen unvermeidliche Standardisierung über verschiedene Themen/Projekttypen hinweg die Aussagefähigkeit.

Re-Kommentar

Dr. Berit Ernst
Universität Mannheim
Prof. Dr. Dr. h.c. Alfred Kieser
Universität Mannheim

Das Fazit von Wilhelm Rall ist klar: Eine systematischere Bewertung von Beratungsleistungen ist möglich. Manager sind zwar nicht in der Lage, die mit ihr verbundene Problematik „im wissenschaftlichen Sinne" zu lösen, sie wenden aber eine „aussagefähige und belastbare Heuristik an". Deshalb „wissen sie in aller Regel, ob Beratung ihr Geld wert ist". Auch in unseren Untersuchungen kamen Manager zu einer (fast immer positiven) Einschätzung, ob die Berater ihr Geld wert waren. Allerdings gab es keine Hinweise auf eine entsprechend fundierte Heuristik, wie Rall sie beschreibt.

Ralls Skizze einer solchen Evaluation durch Praktiker umfasst vier Elemente: (1) periodische Reviews, weil eine Evaluation am Projektende den längerfristigen Erfolg meistens nicht erfassen kann; (2) eine Berücksichtigung der Interaktion zwischen Berater und dem Klienten in der Evaluation, da „[h]eutige Beratungsprogramme und -projekte... nur im Ausnahmefall eine isolierte Tätigkeit des Beraters" sind; (3) eine nach Themen differenzierte „spezifische Bewertungsmetrik" und (4) eine Berücksichtigung „[s]ekundäre(r) Effekte wie Know-how-Übertragung oder Qualität von Prozessorganisation und -führung". Wir wollen diesen vier Elementen vier Beobachtungen hinzufügen:

1 Die Unterscheidung zwischen wissenschaftlicher Bewertungsmethodik und Heuristik

Insgesamt bleibt unklar, wodurch sich die vorgestellte „Heuristik" von einer wissenschaftlichen Bewertungsmethode unterscheidet, denn der Versuch einer Festlegung geeigneter Evaluationszeitpunkte, die Verwendung spezifischer Metriken, die Identifikation von Indikatoren für den Projekterfolg sowie die Bewertung des Inputs (in diesem Falle der „Beraterqualität") als Proxy für einen (schwer zu erfassenden) Output sind auch Merkmale wissenschaftlicher Evaluationsansätze. Darüber hinaus soll die so beschriebene Heuristik „aussagefähig" und „belastbar" sein. Die Art von Bewertung, die Rall bei Praktikern beobachtet, kann man getrost als einen systematischen Ansatz bezeichnen, wie er auch in der wissenschaftlichen Diskussion auftaucht. Allerdings nennt er sie explizit nicht wissenschaftlich. Diese Etikettierung hat den Vorteil, eine alternative Sicht der Dinge gewissermaßen neben eine bestehende Diskussion setzen zu können, ohne auf bereits aufgeworfene Kritikpunkte oder bestimmte Anforderungen Bezug nehmen zu müssen. Eine wissenschaftliche Bewertungsmethodik muss, dies ist auf den ersten Blick eingängig, schärferen Validitäts- und Reliabilitätskriterien genügen als eine bloße „Manager-Heuristik". Wir halten aber fest: Einen solchen Grad an Systematik, wie ihn Rall den Praktikern als regelmäßige Leistung unterstellt, konnten wir nicht beobachten und halten ihn auch für höchst unwahrscheinlich (selbst in dem von Rall einschränkend umgrenzten „eigenen Tätigkeitsbereich").

2 Konkretion und der Mangel daran

In Bezug auf die Bewertungsmethodik wecken verschiedene Aussagen unsere Neugier: „[D]irekter Beratungserfolg lässt sich sehr viel besser in konkret formulierten Indikatoren als in den beobachteten Veränderungen relativ hoch aggregierter G&V-Größen messen." „Letzteres geht bei längerfristigen Entwicklungen ohnehin nur, wenn es gelingt, die Wirkung nicht antizipierbarer exogener Störgrößen herauszufiltern." Damit spricht Rall Evaluationsschwierigkeiten an, die wir in unseren Untersuchungen ebenfalls festgestellt haben. Wir stimmen diesen Beobachtungen vorbehaltlos zu. Nur: Rall erweckt den Eindruck, hier über eine Lösung zu verfügen. Leider wird die Methode nicht offen gelegt, sodass Validität und Zuverlässigkeit von Außenstehenden nicht überprüft werden können. Wir fänden es daher außerordentlich interessant zu erfahren, wie mögliche Beispiele für die von Rall angeführten konkreten Bewertungskriterien aussehen.

3 Manager wissen, ob Beratung ihr Geld wert ist – genau aber nur mithilfe der Berater

Rall merkt an, dass „[d]ie auf diesen vier Elementen beruhende Evaluierung durch das Management ... nicht immer in dieser Systematik durchgeführt (wird)". Und deshalb hat sich McKinsey „entschlossen, in regelmäßigen Abständen mit unseren wichtigen Klienten, Client Impact Reviews durchzuführen, in denen in sehr systematischer Weise im Dialog mit dem Klienten-Management und den Mitarbeitern der Projekte der Erfolg der Zusammenarbeit überprüft wird." Also: Damit die Evaluation zuverlässig sehr systematisch (und nicht nur heuristisch systematisch) erfolgt, muss sie von den Beratern selbst durchgeführt werden. Berater, so verstehen wir diese Aussage, beherrschen die systematische Evaluation noch etwas besser als Manager und setzen sie auch bei wichtigen Klienten (bedeutet „wichtig" umsatzstark?) ein. Dann wissen zumindest diese ganz genau, ob die empfangene Beratung ihr Geld wert gewesen ist.

Der mögliche Einwand, dass die Berater bei diesen Evaluationen voreingenommen sein könnten, wird postwendend zerstreut: „Bei diesem Vorgehen ist wichtig, dass der Dialog nicht von den am Projekt unmittelbar Beteiligten geführt wird – ein Wahrnehmungs-Bias wäre wahrscheinlich unvermeidlich –, sondern dass ihn neutrale, erfahrene Kollegen führen." Jedoch lässt sich auch bei erfahrenen Kollegen eine aufgrund ihrer Rolle als Seniorberater eines bestimmten Beratungsunternehmens nicht vermeiden, dass eine bestimmte Interessenlage besteht. Es ist zu bezweifeln, ob die Seniors mit ihren Kollegen aus dem eigenen Haus wirklich streng ins Gericht gehen und auch nicht davor zurückschrecken, eventuelle Fehlleistungen der Beratung oder auch der beratenen Manager aufzudecken. Wie auch Rall feststellt, kann eine Ex-Post-Feststellung von Ursachen und Wirkungen breiten Diskussionsraum einnehmen, und die Parteien müssen sich auf eine, tatsächliche Entwicklungen so weit wie möglich berücksichtigende, geteilte Sichtweise verständigen.

4 Evaluation als Dialog

Wir stimmen mit der von Rall zum Schluss seines Kommentars geäußerten Ansicht, dass die Problematik einer Evaluation von Beratungsleistungen nicht über die Entwicklung immer ausgefeilterer Checklisten und Datenbanken gelöst werden kann, weitgehend überein. Er verweist auf explorative Ansätze und stellt fest: „Der Dialog ist der Schlüssel zum Erfolg".

Entscheidend dafür, dass ein solcher Dialog nicht von einer Voreingenommenheit zugunsten einer positiven Bewertung geprägt ist, ist allerdings die Zusammensetzung des am Diskurs beteiligten Kreises. Umfasst er nur Mitglieder der das jeweilige Projekt durchführenden Beratung und Manager, die für das Projekt verantwortlich sind, ist diese Voraussetzung nicht gegeben.

III

Grenzen traditioneller Beratungsansätze

1 Organisation, Intervention, Reflexivität. Auf der Suche nach einem Beratungsparadigma jenseits von zweckrationaler betriebswirtschaftlicher Beratung und systemischer Prozessberatung

Prof. Dr. Dr. Stefan Kühl
Universität der Bundeswehr Hamburg
Metaplan GmbH

Die Beratungsbranche steht unter Druck. Klischeehaft werden die aus einer betriebswirtschaftlichen Richtung stammenden Strategie- und Organisationsberater als „Nieten in Nadelstreifen" oder „Versager im Dreiteiler" bezeichnet. Die eher aus der Arbeits- und Organisationspsychologie, der Gruppendynamik und der Arbeitswissenschaft kommenden Prozessberater werden dagegen als „Psychotherapeuten im Unternehmen" diskriminiert (vgl. z.B. OGGER 1992; STEPPAN 2003). Mit dem weit verbreiteten Hinweis auf das „Versagen der Unternehmensberater" wird suggeriert, dass die Berater am Ziel einer volkswirtschaftlichen oder wenigstens gesamtbetrieblichen Effizienzsteigerung kläglich scheitern (vgl. RÜGEMER 2004, S. 101).

Die Unzufriedenheit mit den beiden dominierenden Beratungsansätzen – einerseits dem betriebswirtschaftlichen, zweckrationalen Paradigma der Expertenberatung (manchmal auch als Fach-, Experten- oder Strategieberatung bezeichnet) und andererseits dem prozeduralen Paradigma der systemischen Beratung (als Prozessberatung der Organisationsentwicklung sehr ähnlich) – wird zunehmend auch aus der Perspektive derjenigen Wissenschaften geäußert, die lange Zeit als Referenzpunkt für die jeweiligen Beratungsansätze dienten. So wächst die betriebswirtschaftliche Kritik an der Erfolgsfaktorenforschung, die mehr oder minder explizit eine zentrale Grundlage der klassischen Fach- und Expertenberatung bildete (vgl. NICOLAI/KIESER 2002). Parallel dazu wird in der

Soziologie zunehmend die Frage aufgeworfen, was denn die systemische Prozessberatung überhaupt mit der Systemtheorie gemein habe. Es wird bezweifelt, dass das systemische Beratungsparadigma eine überzeugende Basis in der soziologischen Systemtheorie gefunden hat (vgl. GROTH 1999; SCHERF 2002).

Diese Zweifel aus der Wissenschaft könnten sowohl die Expertenberater als auch die systemischen Berater kalt lassen, sind ihre Referenzpunkte doch vorrangig die Kunden aus Wirtschaft, Politik, Religion oder Wissenschaft und die Konkurrenten aus dem Beratungsgewerbe, mit denen um die Kunden konkurriert wird. Eine wissenschaftliche Absegnung ist für eine Berater-Community ein „Nice-to-have", aber nicht essenziell.

Interessant wird die Debatte dadurch, dass auch in der Beraterzunft eine Suchbewegung einsetzt, die sich vom rationalistischen Paradigma der Fachberatung einerseits und der systemischen Prozessberatung andererseits zu lösen sucht.

Was steckt hinter dieser Suchbewegung? Womit hängt die wachsende Unzufriedenheit mit den beiden dominierenden Ansätzen der Organisationsberatung zusammen? Und wie sehen die Konturen einer Organisationsberatung jenseits der betriebswirtschaftlichen Beratung und der systemischen Beratung aus?

1 Die Grenzen des zweckrationalen Paradigmas der betriebswirtschaftlichen Beratung

In ihrem klassischen zweckrationalen Paradigma geht die betriebswirtschaftliche Organisationsberatung von einem identifizierbaren „one best way" der Organisationsgestaltung aus. Bei der Entwicklung dieses „one best way" wird die Organisation von einem Oberzweck aus gedacht – beispielsweise der kostengünstigen Produktion von Waschmaschinen, dem flächendeckenden Verkauf von Telefonanschlüssen oder dem profitablen Transport möglichst vieler Güter über ein Schienennetz.

Die gesamte Organisation kann, so die Suggestion des zweckrationalen Paradigmas, auf diesen Oberzweck ausgerichtet werden. Die Führung der Organisation definiert ein allgemeines Ziel, das erreicht werden soll. Dann werden Mittel bestimmt, mit denen dieses Oberziel am besten erreicht werden kann. Die definierten Mittel zur Erreichung des Oberziels werden dann wiederum als Unterziele definiert, und es werden Mittel zur Erreichung der Unterziele bestimmt.

So entsteht eine hierarchische Kette aus Ober- und Unterzielen, mit der jede Handlung in der Organisation durchstrukturiert werden kann (vgl. die kritischen Darstellungen beispielsweise bei SIMON 1981, S. 100).

Um in diesem Paradigma rationale Entscheidungen treffen zu können, ist es notwendig, möglichst vollständige Informationen über alle Handlungsalternativen zu sammeln und die Konsequenzen der einzelnen Alternativen sorgfältig abzuwägen (vgl. MARCH 1990, S. 2f.) – und wer könnte dies besser als ein Berater? Der betriebswirtschaftliche Berater tritt als Experte des „one best way" auf, der zusammen mit dem Klienten effektivere Mittel für die Erreichung des Oberzwecks definiert.

Das kaum problematisierte Verhältnis von Wissenschaft und Praxis

Der Charme dieses Ansatzes liegt in einer engen Verzahnung von Wissenschaft und Beratungspraxis. Die Betriebswirtschaftslehre hat sich in den letzten Jahrzehnten immer mehr zu einer „Kunstlehre" entwickelt, die anhand von Erfahrung und Erprobung Ratschläge und Rezepte für ein erfolgreiches Handeln der Unternehmensleiter entwickelt. Eine auf Distanz zur Praxis gebaute betriebswirtschaftliche Forschung mag abseits weiter bestehen, das Zentrum aber dominiert eine zur Managementlehre umgemodelte Betriebswirtschaftslehre mit einem Fokus auf Techniken und Werkzeuge (vgl. KOBLITZ 2004, S. 194; siehe auch DREPPER 2005, S. 454 für eine historische Beobachtung).

In diesem Paradigma dienen „Zweck" und „Mittel", so eine frühe Beobachtung Niklas Luhmanns, nicht nur als praktische Orientierungsrichtlinie, also als Entscheidungshilfe für Manager und Berater. Sie werden zugleich auch als theoretischer Bezugsrahmen der Wissenschaft genutzt. Die „wissenschaftlichen Bemühungen" sind dadurch von vornherein an den „Verständnishorizont der Praxis gebunden und durch ihn begrenzt". Die klassische Betriebswirtschaftslehre geht der Praxis bei der Lösung kniffliger Fragen zur Hand, wenn der Manager oder der Berater keine Zeit dafür haben. Sie kann als vom Zwang des Befristeten wenigstens partiell befreite Wissenschaft Entscheidungsmodelle für die Praxis konstruieren, die eine größere Anzahl von Variablen einbezieht als die Handlungsskripte von Beratern. Aber letztlich sind dies nur graduelle Unterschiede zwischen Wissenschaft und Praxis (vgl. LUHMANN 1965, S. 305).

Die heutzutage im Hauptstrom der Betriebswirtschaftslehre praktizierte „Einheit von Theorie und Praxis" hat Ähnlichkeiten mit dem Theorie-Praxis-

Verständnis einiger Brachialvarianten des Marxismus. Genauso wie in wichtigen Teilen der Betriebswirtschaftslehre davon ausgegangen wird, dass eine betriebswirtschaftliche Theorie handlungsrelevantes Wissen für Unternehmen, Verwaltungen oder Krankenhäuser liefert, wird in der leninistischen Variante des Marxismus davon ausgegangen, dass sich mehr oder minder selbstverständlich aus einer kritischen Gesellschaftstheorie auch eine revolutionäre Praxis ableiten lässt (vgl. die präzise Beobachtung von BRANDT 1990, S. 178).

Weil sich die klassische Expertenberatung letztlich als Fortsetzung der wissenschaftlichen Betriebswirtschaftslehre mit anderen Mitteln präsentiert, gibt es kein nennenswertes Vermittlungsproblem zwischen Wissenschaft und Praxis. Man spricht die gleiche (Folien-)Sprache.

Was sich jedoch aus der einen Perspektive als hohe „Praxistauglichkeit" der Wissenschaft darstellt, präsentiert sich aus einer anderen Perspektive als fehlende Distanz oder Kritikfähigkeit einer Wissenschaft. Durch die Bindung an das Zweck-Mittel-Schema verbaut sich die Betriebswirtschaftslehre als Wissenschaft die Möglichkeiten einer „kritischen, gleichsam externen Analyse von Handlungskomplexen" und beschränkt „sich auf eine Hilfsfunktion des Entscheidungsprozesses" (vgl. LUHMANN 1965, S. 305).

Das begrenzte Verständnis von Organisation in der betriebswirtschaftlichen Beratung

Der sowohl in der Betriebswirtschaftslehre als auch in der Expertenberatung dominierende Ansatz ist in den USA seit den fünfziger Jahren, in Deutschland seit den sechziger Jahren und in Frankreich seit den siebziger Jahren zunehmend wissenschaftlich unter Druck geraten. Es ist besonders das Verdienst von Richard Cyert und James March, darauf hingewiesen zu haben, dass bei der Zerlegung eines organisatorischen Oberzweckes nicht eine „Organisationsmaschine" entsteht, in der alle Teile ineinander greifen, sondern notwendigerweise im Konflikt stehende lokale Rationalitäten (vgl. CYERT/MARCH 1963). Die Konflikte beispielsweise zwischen Vertriebs-, Produktentwicklungs-, Produktions- und Qualitätsabteilung sind aus dieser Perspektive nicht Pathologien, die durch eine „Harmonisierung der Prozesse" überwunden werden könnten, sondern das unvermeidliche Ergebnis der Arbeitsteilung.

Mit den „Revisionen der Rationalität" in Teilen der Arbeits- und Organisationspsychologie, der Betriebswirtschaftslehre und der Organisationssoziologie (vgl. BECKER/KÜPPER/ORTMANN 1988, S. 89ff.) wurden blinde Flecke der betriebswirtschaftlichen, zweckrationalen Organisationsberatung deutlich: die Fokussierung auf die Formalstruktur der Organisation, die Ignorierung von Machtaspekten in Organisationen und die Missachtung latenter Funktionen.

Die klassische Organisationsberatung hat, so ein zentraler Kritikpunkt, durch ihr Zweck-Mittel-Schema einen Bias für die formalen Prozesse in Organisationen entwickelt. Sie fokussiert sich auf die Prozesse in einer Organisation, die für die Mitglieder zur Einstellungsvoraussetzung gemacht wurden und durch Organigramme, Prozesshandbücher oder Stellenbeschreibungen offensichtlich werden. Für die Informalität, also die Erwartungen, die nicht ausdrücklich als Mitgliedschaftsbedingungen an die Mitarbeiter herangetragen werden, fehlt der Blick. Weichen Mitarbeiter von den formal definierten Prozessen ab, so sieht ein klassischer Organisationsberater nur die Möglichkeit, ihnen diesen „Schlendrian" auszutreiben oder die Prozesse so zu verändern, dass die Mitarbeiter wieder regelgerecht arbeiten können. Eine Vorstellung, mit welchen Interventionen man in die Informalität eingreifen kann, fehlt in der betriebswirtschaftlichen Organisationsberatung weitgehend.

Die Fokussierung auf die Formalstruktur äußert sich dann unter anderem in einer konzeptuellen (aber nicht unbedingt praktischen) Unfähigkeit, mit dem Phänomen der Macht in Organisationen umzugehen. Macht wird dabei vorschnell mit Hierarchie gleichgesetzt, und alle Machtquellen, die sich nicht durch eine Stellung im Organigramm rechtfertigen lassen, werden tendenziell pathologisiert. Wenn sie nicht völlig missachtet wird, dann wird Macht in der klassischen Organisationsberatung bestenfalls als „Störgröße" behandelt, die verhindert, dass die Beratung ihre Fachexpertise entfalten kann (vgl. NICOLAI 2000, S. 240).

Dahinter steckt eine grundsätzliche Begrenzung der klassischen Beratung. Es fehlt dem rationalistischen Beratungsansatz tendenziell der Blick dafür, dass in Organisationen nicht nur offensichtliche, manifeste Funktionen eine Rolle spielen, sondern auch versteckte, nicht ansprechbare, latente Funktionen (vgl. MERTON 1952, S. 392ff.; LUHMANN 2000, S. 130). Eine Diskussion über die Abschaffung von persönlichen Assistenten beispielsweise wird ausschließlich unter dem Gesichtspunkt einer effizienteren Arbeitsgestaltung geführt. Für den Aspekt, dass Assistenten auch eine Statusfunktion erfüllen und es bei einer Wegrationalisierung dieser persönlichen Assistenten sinnvoll sein könnte, Ersatz für diese Statusfunktion zu finden, fehlt der systematische Blick.

Diese organisationstheoretische Kritik am Zweck-Mittel-Schema hat in der deutschsprachigen Organisationssoziologie und Betriebswirtschaftslehre einige Spuren hinterlassen. Hingewiesen sei nur auf die in der Betriebswirtschaftslehre angestellten Überlegungen zu „Unternehmenszielen als Ideologie" von Günther ORTMANN (1976), den „Sondierungen zu einer evolutionären Führungslehre" von Werner KIRSCH (1991) oder den Analysen über eine „normgerechte Organisation" von Peter WALGENBACH (2000). In der Hauptströmung der Betriebswirtschaftslehre und besonders in der betriebswirtschaftlichen Beratung wurden diese Überlegungen bisher jedoch weitgehend ignoriert.

Die Entstehung von Beratungsansätzen wie der Gruppendynamik, der Organisationsentwicklung oder der systemischen Beratung seit den sechziger Jahren kann als Reaktion auf die Begrenzungen der an einem Zweck-Mittel-Schema orientierten betriebswirtschaftlichen Beratungsansätze verstanden werden, ohne dass aber – wie im Folgenden gezeigt werden soll – die modernen Organisationstheorien in diesen neuen Beratungsansätzen einen systematischen Platz gefunden haben.

2 Die Grenzen der systemischen Prozessberatung

Die Gruppendynamik, die Organisationsentwicklung und die – als aktuellster Strang anzusehende – systemische Beratung verzichten auf die Vorstellung einer optimalen Gestaltungslösung. Vertreter dieser Beratungsansätze zielen stattdessen darauf ab, Organisationen bei der selbstständigen Definition und Bearbeitung von Problemen zu unterstützen.

Während die betriebswirtschaftliche Beratung (und in gewisser Weise auch die Gruppendynamik und die Organisationsentwicklung) Organisationen als offene Systeme konzeptualisieren und deswegen mit einem relativ simplen Interventionsverständnis auskommen, geht besonders die systemische Beratung von einer operationellen Geschlossenheit der Systeme aus. Das aus der Systemtheorie übernommene und in der Beratungsliteratur inzwischen überstrapazierte Stichwort dafür ist Autopoiesis (vgl. den fast rituellen, ganz selten durch Seitenzahlen spezifizierten Hinweis auf LUHMANN (1984) in der systemischen Beratungsliteratur). Mit dieser Grundüberlegung der operationellen Geschlossenheit grenzt sich die systemische Beratung insbesondere vom Veränderungsoptimismus und der Steuerbarkeitsvorstellung der betriebswirtschaftlichen Beratung ab (vgl. WIMMER 1993, S. 294).

Die systemischen Berater betrachten Organisationen als sich selbst organisierende Systeme, die Veränderungen nur selbst vornehmen können. Veränderungen können weder durch das Management noch durch die Berater einfach im Voraus geplant und gesteuert werden. Das „Klientensystem" kann durch das „Beratersystem" lediglich während der Beratungssituation – dem intermediären „Beratungssystem" – irritiert werden. Aus diesem Verständnis von operationeller Geschlossenheit und der analytischen Trennung zwischen Beratersystem, beratenem System und Beratungssystem hat sich die Stärke der systemischen Beratung ergeben. Sie hat ein teils ausgefeiltes Methodenrepertoire zur Intervention in soziale Systeme entwickelt (vgl. KÜHL 2001, S. 221f.).

Die weitgehend unproblematisierte Beziehung von Wissenschaft und Praxis

Auffällig ist, dass die Hauptströmung der systemischen Beratung zwar für die operationelle Geschlossenheit von Beratersystem und beratenem System einen Blick hat, aber die Beziehung zwischen wissenschaftlicher Systemtheorie und systemischem Beratersystem nicht mit der gleichen Perspektive der „operationellen Geschlossenheit" betrachtet. Das Selbstverständnis der systemischen Berater scheint nicht selten dahin zu gehen, dass systemische Beratung quasi die Praxis der Systemtheorie ist (vgl. Formulierungen bei WIMMER 2004, S. 219; siehe die Verortung von MINGERS 1996 in einer „Soziologie in der Beratung"). Mit dieser engen Verbindung von Theorie und Praxis unterscheidet sich die systemische Beratung nicht grundlegend von der betriebswirtschaftlichen Beratung mit ihrer engen Anlehnung an die im Zweck-Mittel-Schema denkende Betriebswirtschaftslehre.

Dabei würde aber gerade bei der Anwendung der Theorie operationeller Geschlossenheit auf die systemische Beratung auffallen, dass es für einen engen Theorie-Praxis-Nexus keine Berechtigung gibt (vgl. HORN 1994). Die Systemtheorie tritt mit dem Anspruch an, Gesellschaft wissenschaftlich erklären zu können. Platt ausgedrückt: Sie ist eingebunden in ein System der Wissenschaft. Die zentrale Orientierung eines Wissenschaftlers ist der wissenschaftliche Kollege, nicht die Massenmedien, nicht die Politik und nicht die Wirtschaft. Die Praxisrelevanz seiner Ansätze außerhalb der Wissenschaft kann einem Wissenschaftler – jedenfalls wenn man dem Luhmannschen Verständnis von Wissenschaft folgt – relativ gleichgültig sein (vgl. LUHMANN 1992b). Ganz anders der systemische

Berater: Im Verhältnis zum Kunden interessiert es nicht, ob der eigene Beratungsansatz wissenschaftlich abgesichert ist oder nicht. Es handelt sich um eine klassische Dienstleister-Klient-Beziehung, in der die „Güte" nicht durch eine Referenz auf die Wissenschaft erklärt werden kann.

Das begrenzte Verständnis von Organisation

Die in den letzten Jahren wachsende Hauptkritik an der systemischen Organisationsberatung ist jedoch, dass diese zwar das Thema „systemisch", nicht aber das Thema „Organisation" ernst nimmt. Der ursprüngliche Anspruch der systemischen Beratung, einen mit einem präzisen Begriff von Organisation arbeitenden Beratungsansatz zu entwickeln (vgl. WIMMER 1991; 1992), ist bisher nicht eingelöst worden. In einem Großteil der systemischen Beratungsliteratur lässt sich eine Konzentration auf die Autopoiesis sozialer Systeme beobachten, ohne dass auf die Spezifik des jeweiligen Systemtyps besonders eingegangen wird. Die Beratung von Einzelpersonen, Familien, Gruppen oder Organisationen wird weitgehend auf der Basis der gleichen theoretischen Überlegungen vorgenommen (vgl. KIESERLING 1993).

Aber zur Charakterisierung von Organisationen (oder Familien oder Gruppen) reicht – so schon Niklas LUHMANN (1992a, S. 106) – die Autopoiesis bei weitem nicht aus. Luhmann selbst hat dieses Problem einmal mit der Bemerkung auf den Punkt gebracht, dass die systemischen Berater zu viele Autopoiesis-Texte und zu wenig organisationssoziologische Texte läsen. Ein ausgefeiltes und komplexes Interventionsverständnis kann nur dann wirksam werden, wenn die Präfixe „Familie", „Gruppe" oder „Organisation" nicht beliebig behandelt werden, sondern am Anfang der Entwicklung einer Interventionstheorie und -praxis stehen.

Die Ignorierung des „Phänomens Organisation" äußert sich beispielsweise in einem nur begrenzten Verständnis von Macht. Häufig wird nicht nur in der Organisationsentwicklung, sondern auch in der systemischen Beratung nur zwischen einer „funktionalen", „guten", d.h. im Sinne der Organisation wirkenden Macht, und einer „dysfunktionalen", „schlechten", „eigennützigen" Macht unterschieden. Hier lässt sich mit Hermann IDING (2000, S. 186) der Vorwurf erheben, dass die systemischen Organisationsberater die Ansätze von Selvini Palazzoli nur halbiert in eine systemische Theorie der Beratung überführt haben. Die zweite Phase, in der Selvini Palazzoli Fragen der Geschichte und der

Macht thematisiert, wurde bisher in der systemischen Beratung genauso wie die machttheoretischen Überlegungen aus der Organisationssoziologie nur unzureichend rezipiert. Gerade in der Organisationstheorie (vgl. CROZIER/FRIEDBERG 1977; KÜPPER/ORTMANN 1986; FRIEDBERG 1993) setzt sich jedoch immer mehr ein Verständnis durch, das Macht nicht mehr in einer bewertenden Form betrachtet, sondern vielmehr als einen unverzichtbaren Schmierstoff ansieht, durch den die unvermeidbaren Rationalitätslücken in Organisationen gefüllt werden.

Aus dieser Kritik ergeben sich die Ansatzpunkte für ein mögliches Beratungsparadigma jenseits der klassischen Fachberatung und der systemischen Prozessberatung. Wie sieht ein Beratungsansatz aus, der mit einem belastbaren Organisationsbegriff arbeitet?

3 Konturen einer Beratung, die den Begriff der Organisation ernst nimmt

Eine Organisationsberatung, die nicht nur den Aspekt „Beratung" (oder Intervention), sondern auch den Aspekt „Organisation" ernst nimmt, muss aufzeigen, inwiefern sich die Mechanismen der Organisation von den sonst in der Gesellschaft dominierenden Mechanismen unterscheiden. Es fällt auf, dass in der Gesamtgesellschaft die Bedeutung von Zwecken, von Mitgliedschaftsinklusionen und -exklusionen und von Hierarchien abnimmt, diese aber als Strukturierungsmerkmal von Organisationen einen zunehmend prominenten Platz einnehmen (vgl. in Anlehnung an Luhmann hierzu einschlägig KIESERLING 2004).

Zu Zwecken: Moderne Gesellschaften halten sich, anders als die Gesellschaften des Altertums oder des Mittelalters, zurück, sich übergeordneten Zwecken wie religiöser Verwirklichung der Staatsbürger oder Verwirklichung des sozialistischen Menschheitsideals zu verschreiben. Ganz anders Organisationen: Unabhängig davon, ob es sich um eine staatliche Verwaltung, ein Unternehmen oder eine Gewerkschaft handelt, spielen konkrete Zwecke eine zentrale Rolle bei der Ausrichtung. Eine Organisation, die völlig auf die Formulierung von Zwecken verzichten würde, riefe sowohl bei den eigenen Mitgliedern als auch bei der externen Umwelt ein Höchstmaß an Irritation hervor (vgl. LUHMANN 1973, S. 87ff.; LUHMANN 1997, S. 826ff.).

Zu Mitgliedschaft als Inklusions- und Exklusionsmechanismus: Auch das Management des Eintritts und Austritts – die Bestimmung von Mitgliedschaften

– handhaben Organisationen anders als moderne Gesellschaften. Der Ausschluss von Mitgliedern aus Gesellschaften durch Todesstrafe, Verbannung oder Ausbürgerung stellt die Ausnahme dar. In Organisationen ist das Management des Einschlusses und Ausschlusses von Mitgliedern dagegen ein zentrales Instrument. Über die Bestimmung der Mitgliedschaft kann das Management festlegen, wer zu einem Unternehmen, einer Verwaltung oder einem Verband gehört. Dadurch werden Grenzen geschaffen, in denen sich die Mitglieder (und eben nur die Mitglieder) den Regeln der Organisation zu unterwerfen haben (LUHMANN 1964, S. 16).

Zu Hierarchien: Auch die Hierarchien verlieren in der Gesellschaft an Bedeutung, während sie für die Strukturierung von Organisationen zentral bleiben. Es gibt in den modernen Gesellschaften keinen Herrscher mehr, der über Befehls- und Anweisungsketten in die verschiedenen Lebensbereiche der Bevölkerung hineinregieren kann. Eine Gesellschaft wie der Irak während der Hussein-Ära oder Afghanistan zur Zeit der Taliban wird als rückständig betrachtet. In der modernen Gesellschaft akzeptiert niemand den Kanzler als obersten Vorgesetzten in einer Befehlshierarchie – außer den Mitgliedern des Kanzleramts. Im Gegensatz zu modernen Gesellschaften sind Organisationen zentral über Hierarchien strukturiert. Erst die Hierarchie stellt sicher, dass die Anweisungen und Zusagen der Spitze auch umgesetzt werden und Organisationen als kollektive Akteure auftreten können (vgl. LUHMANN 1997, S. 834).

Wichtig ist, dass in diesem Organisationsverständnis keiner der drei Begriffe – Zweck, Mitgliedschaft oder Hierarchie – so prominent wird, dass über ihn die gesamte Organisation erklärt werden kann (vgl. hierzu auch KÜHL 2004, S. 79). Anders als bei den dominierenden am Zweck-Mittel-Verhältnis anknüpfenden Ansätzen wird die Organisation nicht von einem Oberzweck aus gedacht, sondern Zwecke werden lediglich als *ein* Mittel zur Strukturierung von Organisationen betrachtet. Sie sind, so ein Gedanke Luhmanns, Diener der Organisation, die auch andere funktionale Äquivalente neben sich zulassen (vgl. LUHMANN 1973, S. 236ff.). Anders als noch beim Luhmann der sechziger Jahre (1964, S. 39ff.) wird die Organisation nicht über den Mitgliedschaftsbegriff konzipiert, sondern Mitgliedschaft wird zu *einer* Analysekategorie, mit der verschiedene Facetten der Organisation beleuchtet werden können. Und anders als bei machiavellistischen Organisationsansätzen wird die Organisation nicht von der Hierarchie – der Unternehmensspitze – aus gedacht, sondern Hierarchie wird als *eine*, wenn auch zentrale Form der Organisation von Kommunikations- und Entscheidungswegen konzipiert.

Unsicherheitsabsorption als Zentralbegriff

Durch die Relativierung der Kategorien Zweck, Mitgliedschaft und Hierarchie rückt in der Organisationsforschung ein neuer Begriff in den Mittelpunkt und wird für das Verständnis von Organisationen zentral: der Begriff der Absorption von Unsicherheit. Hinter diesem Konzept steckt ein simpler Gedanke: Entscheider reduzieren Unsicherheit dadurch, dass sämtliche Voraussetzungen, die einer Entscheidung zugrunde liegen, in der weiteren kommunikativen Behandlung der Entscheidung nicht mehr mitkommuniziert werden. Bei der Entscheidung über eine Unternehmensstrategie in einem neuen Marktsegment werden sämtliche Zweifel, Verzögerungen und Einsprüche, die der Entscheidung vorausgegangen sind, nicht mehr mitkommuniziert. Geht es um die Anschaffung einer Maschine, wird im Vorfeld das Für und Wider abgewogen; in dem Moment aber, in dem die Maschine in der Firma steht, wird ganz selbstverständlich davon ausgegangen, dass man jetzt mit ihr arbeitet.

Eine Organisation macht sich durch diese Absorption von Unsicherheit erst einmal dümmer. Aber diese Ausblendungen sind durchaus sinnvoll. Entgegen allen Forderungen von Managern, Politikern und Wissenschaftlern, dass Organisationen ein Gedächtnis entwickeln sollten, würde eine Organisation, die die Voraussetzungen ihrer jeweiligen Entscheidungen immer mitkommunizieren würde, innerhalb kürzester Zeit an einem Übermaß an Komplexität zugrunde gehen. Jede hierarchische Anweisung würde mitkommunizieren, wie diese Hierarchie entstanden ist und wie die Hierarchie zur Entscheidung gekommen ist – Fragen, an denen sowohl die Befehlsgeber als auch die Befehlsempfänger nur punktuell interessiert sind. Pointiert ausgedrückt: Die Existenz von Organisationen hängt davon ab, dass die Unsicherheit von Entscheidungen durch Entscheider absorbiert wird. Ohne Unsicherheitsabsorption würde die Organisation angesichts einer unberechenbaren Welt, einer unbekannten Zukunft und unzuverlässiger Partner unvermeidlich scheitern, weil die Kontingenz einer jeden Entscheidung dauernd aktuell gehalten würde (vgl. LUHMANN 2000, S. 212).

Im Anschluss an James MARCH und Herbert SIMON (1958) lassen sich ganz unterschiedliche Mechanismen benennen, mit denen Entscheider die Unsicherheit absorbieren, mit der sie sich angesichts einer prinzipiell unbegrenzten Anzahl von Entscheidungsmöglichkeiten konfrontiert sehen: Hierarchien, Arbeitsteilung innerhalb der Organisation, Einstellung von Personal, bei dem man mit bestimmten Entscheidungen rechnen kann, Regeln in der Form von Wenn-Dann-Anweisungen und eben Zweckvorgaben für die Organisation. All diese Mechanismen dienen dazu, bestimmte Entscheidungen wahrscheinlicher zu machen als andere.

Abschied vom Primat des Zweckes

Wichtig ist, dass man sich mit diesem Verständnis von Organisation vom Primat der „Zwecke" wie Profitmaximierung, Kundenzufriedenheit oder Marktpenetration löst. Eine Organisationsberatung, die sich am Kriterium der Effizienz orientiert, nimmt lediglich den bisher dominierenden Zweck ins Blickfeld. Sie übernimmt die Blindheit der Organisation und verschärft die bisher in der Organisation herrschende Zweckausrichtung. Das hier vorgeschlagene Organisationsverständnis geht davon aus, dass auch andere Aspekte der Organisationsstruktur wie Kommunikations- und Entscheidungswege, Personal oder bestimmte Wenn-Dann-Regeln absolut gesetzt werden können. Firmen können – wie es die klassische Herangehensweise tut – für eine neue Produktidee kompetente Mitarbeiter suchen. Sie könnten aber auch versuchen, interessante Produkte für ihre kompetenten Mitarbeiter zu finden. Universitätsleitungen können – wie es die klassische zweckrationale Organisationsberatung versucht – ein Reformvorhaben an einer staatlichen Universität von Zwecken wie Forschungsperformance oder Lehrleistung aus denken und werden aller Wahrscheinlichkeit nach scheitern. In staatlichen Universitäten sind – wie die hohe Autonomie der Professoren signalisiert – die Kommunikations- und Entscheidungswege absolut gesetzt, und Reformvorhaben, die diese Absolutsetzung nicht in ihr Kalkül mit einbeziehen, werden vermutlich nichts anderes als Reformruinen produzieren.

Dieser Organisationsbegriff ist zwar in der US-amerikanischen und deutschen Sozialwissenschaft prominent verankert, aber bisher nicht für die Praxis der Beratung – geschweige denn für die Praxis von Management – fruchtbar gemacht worden. Deswegen sollen hier auch nicht Antworten, sondern Fragen im Vordergrund stehen: Wie kann der sich vom Zweck-Mittel-Schema lösende Begriff der Organisationsstruktur für die Praxis operationalisiert werden? Nach welchen Kriterien wären – im Hinblick auf sozialwissenschaftliche Beratung –

Typen von Organisationen (Universitäten, Unternehmen, Kirchen, etc.) zu unterscheiden, und welche Strukturmerkmale sind in den unterschiedlichen Organisationstypen absolut gesetzt? Wie sieht ein organisationsspezifischer Machtbegriff aus, der sich in der Beratung verwenden lässt?

4 Zum Selbstverständnis sozialwissenschaftlicher Beratung: Distanz und Engagement

Wie angedeutet, gehen sowohl die betriebswirtschaftliche Beratung als auch die systemische Prozessberatung von einer eher unproblematischen Beziehung von Wissenschaft und Praxis aus. Gerade aber aus der Perspektive der systemtheoretischen Soziologie kann man die Warnlampen vor einem Theorie-Praxis-Transfer nicht hell genug einstellen. „Die Praxis", so schon eine frühe Warnung Niklas Luhmanns, „würde die Theorie überschätzen und die Theorie die Praxis unterschätzen, wollten sie sich auf die Scharlatanerie des guten Rates in konkreten (organisatorischen) Fragen einigen" (vgl. LUHMANN 1970, S. 616).

Was steckt hinter dieser stark problematisierten Beziehung zwischen Theorie und Praxis? Eine sozialwissenschaftlich – oder hier genauer formuliert: eine soziologisch – inspirierte Beratung löst sich von den Letztbegründungen der beratenen Organisationen. Was der Organisation als selbstverständlich erscheint – Zwecke wie Profitmaximierung, Effizienz, Humanisierung – wird als Selbstkonstruktion der Organisation hinterfragt. Unternehmen werden mit dem Argument konfrontiert, dass das Ziel der Gewinnmaximierung nicht der Zweck der Organisation ist, sondern lediglich eine Rahmenbedingung, die – wie die Beispiele Krupp und Welt zeigen – noch nicht einmal immer erfüllt werden müssen, um das Überleben eines Unternehmens zu sichern (vgl. MEYER/ZUCKER 1989). Kirchen, die mit dem Anspruch antreten, Organisationen „in Gottes Namen" zu sein, verweist die Soziologie auf die Widersprüche, die durch eine Organisierung von Religion entstehen (vgl. LUHMANN 1972).

Die Besonderheit der Soziologie als Referenzwissenschaft für die Organisationsberatung

In dieser Distanz liegt eine Besonderheit der Soziologie gegenüber anderen Disziplinen wie der Betriebswirtschaftslehre, der Gesundheitswissenschaft, der Juristerei oder auch der Theologie. Letztere machen sich im Großen und Ganzen positive Selbsteinschätzungen des Systems „in semantisch elaborierter Form" nochmals zu Eigen (KIESERLING 2000, S. 50f.). Die Betriebswirtschaftslehre, die Gesundheitswissenschaft, die Juristerei oder die Theologie können auf die Frage nach dem Sinn der kapitalistischen (oder sozialistischen) Wirtschaft, der Gesundheit einer Bevölkerung, der Rechtsstaatlichkeit oder der Funktion von Religiosität nicht einfach eine negative oder gar keine Antwort geben, sondern müssen sich positiv auf ihr jeweiliges Bezugssystem beziehen. Sie sind in diesem Sinne „affirmative Disziplinen" (vgl. WELTZ 1997, S. 42).

Die Besonderheit der Soziologie als einer „Wissenschaft des zweiten Blicks" (LUHMANN) oder einer „alternativen Lesart von sozialen Prozessen" (BONß) besteht darin, dass sie sich diesem positiven Bezug nicht verpflichtet sieht. Die Soziologie als Wissenschaft ist erst einmal eine „Reflexionstheorie der Gesamtgesellschaft", weswegen sie sich der Zuordnung zu einem Teilbereich der Gesellschaft wie Wirtschaft, Gesundheit, Recht oder Religion versperrt. Damit einher geht dann auch eine Distanz gegenüber den sich den gesellschaftlichen Teilbereichen zuordnenden Organisationen. Wenn die Soziologie auf Unternehmen, Krankenhäuser, Gerichte oder Kirchen schaut, entsteht eine Distanz, da diese nur „Aspekte" der Gesamtgesellschaft sind, die keine besondere Loyalität verdienen (vgl. auch KÜHL 2003).

Aber hier wird dann auch das Problem der Übersetzung wissenschaftlicher Erkenntnis in organisatorische Praxis deutlich. Fremdbeschreibungen ermöglichen einen ungewohnten Blick auf einen vertrauten Gegenstand, aber niemand (außer den Soziologen selbst) ist unmittelbar auf diesen zweiten Blick angewiesen. Genauso wie man lieben kann, ohne Liebestheorien zu kennen, und sehen kann, ohne Kenntnisse der Optik zu besitzen, können Manager managen, Richter richten und Prediger predigen, ohne Kenntnisse der Soziologie zu haben. Im Gegenteil: Häufig stört die soziologische Fremdperspektive nur die schlüssigen Selbstbeschreibungen (vgl. KIESERLING 2004, S. 85ff.).

Die Übersetzung von wissenschaftlichen Kenntnissen in eine beraterische Diagnostik und Intervention

Das Dilemma einer sozialwissenschaftlich – oder besser soziologisch – informierten Beratung wird deutlich. Solange diese Beratung in der wissenschaftlich orientierten Soziologie verankert bleibt, ist sie distanziert (also immer auch kritisch). Die Distanz aufrechtzuerhalten kann hilfreich sein, weil daraus das Material entsteht, über das eine an der Beratung interessierte Organisation überhaupt zu „irritieren" ist. Auf der anderen Seite besteht bei einer Beratung, anders als bei einer Wissenschaft, jedoch auch die Notwendigkeit des „Sich-Einlassens" auf eine Organisation. Sozialwissenschaftliche Intervention kann nicht oder nur in Ausnahmefällen ausschließlich – wissenschaftlich – beobachtend bleiben.

Die Übersetzung von „Distanz" in „Sich-Einlassen" ist alles andere als einfach. Schon Talcott Parsons hat darauf hingewiesen, dass es zwischen einer Lernebene und einer technisch-praktischen Ebene einen strukturellen Bruch gibt (vgl. PARSONS 1960, S. 63f.; siehe auch LUHMANN 1968, S. 36ff.; BAECKER 1999, S. 244). Es lässt sich, so Parsons, beobachten, dass die Rechtstheorie in der Juristenausbildung, die anatomische Ausbildung der Mediziner oder die Ausbildung in der Bibeldogmatik nicht ein „technisches" oder „handwerkliches" Know-how darüber vermittelt, wie ein Plädoyer im Gerichtssaal gehalten, ein chirurgischer Eingriff bei einem Patienten vorgenommen oder eine gute Predigt vor der Gemeinde gehalten werden muss. Ähnlich ist es mit dem Verhältnis zwischen der soziologischen Organisationstheorie als Wissensbestände auf der Lernebene und der Praxis der Berater auf der technisch-praktischen Ebene. Auf der Lernebene werden ganz andere Wissensbestände generiert als auf der technischen Ebene, und – wichtiger – die Wissensbestände auf der einen Ebene lassen sich nicht auf eine andere Ebene übertragen.

Daraus ergibt sich als Konsequenz, dass man eine eigene Praxis (und auch Theorie) für die Übersetzung der wissenschaftlich begründeten Einsichten auf die Ebene der technischen oder handwerklichen Praxis braucht. Anders ausgedrückt: Es ist notwendig, eine eigene Interventionspraxis (und -theorie) zu entwickeln, wie ein soziologisch aufgeklärter Begriff von Organisationsstruktur in Analysetools für Organisationspraktiker umgesetzt, wie ein soziologisches Verständnis von Macht in Beratungsprozesse eingebracht oder wie die wissenschaftlich ausgearbeiteten Vorstellungen von Informalität in die beraterische Praxis übertragen werden können (erste Ansätze bei WILLKE 1996).

Wie anspruchsvoll eine solche Interventionspraxis und -theorie gebaut sein müsste, wird an den latenten Funktionen in Organisationen deutlich. Die soziologische Wissenschaft im Allgemeinen und die soziologisch angeleitete Beratung im Speziellen ist ein „Latenz-Beobachter" par excellence. Aufgrund der geringen Loyalität mit den beobachteten Organisationen werden nicht nur die manifesten Strukturen erkannt, sondern auch die versteckten Funktionen so unterschiedlicher Phänomene wie Sekretärinnen, IT-Prozesse oder große Reformaktionen.

Die Frage für eine Interventionstheorie und -praxis ist jedoch, wie diese Beobachtungen in die Organisation zurückgespiegelt werden können. Es wäre soziologisch naiv, diese Latenzen im Sinne einer „brutalstmöglichen Aufklärung" der Organisation über sich selbst an ein Unternehmen, ein Krankenhaus oder eine Verwaltung zurückmelden zu wollen. Bei Organisationen würde angesichts einer solchen „Aufklärung" ein – auch soziologisch erklärbarer – Immunisierungseffekt einsetzen, der die Interventionen der Berater abprallen ließe. Wer sich dieses Phänomen in der Praxis ansehen möchte, muss nur beobachten, wie nach einem zwei- oder dreijährigen Forschungsprojekt die Rückmeldungen der Wissenschaftler an die untersuchten Organisationen innerhalb von kürzester Zeit ins Reich des Vergessens dieser Organisationen eingehen.

Eine soziologisch informierte Interventionstheorie und -praxis muss also eine punktuelle „Soziologieverdunkelungskompetenz" einschließen. Es handelt sich dabei um fast paradoxe Anforderungen an die Wissensbestände eines Soziologen: Einerseits geht es um die Fähigkeit, spezifische soziologische (man könnte auch sagen ketzerische) Beschreibungen von Organisationen anzufertigen, und andererseits um das Wissen, welche soziologischen Ketzereien man gegenüber der Organisation verschweigt oder wie man die Ketzereien in homöopathischer Dosis in die Organisation einsickern lässt. Während die soziologische Wissenschaft mit der ersten Fähigkeit auskommt, braucht ein soziologischer Berater auch die zweite Fähigkeit.

Zur Art und Weise der Verknüpfung dieser beiden Fähigkeiten gibt es bisher mehr Fragen als Antworten: Wenn es nicht um eine „brutalstmögliche Aufklärung" des Klientensystems geht: Welche Kriterien, Regeln und Instrumente gibt es für den Umgang mit Latenzen?

Wie kann ein Beratungsverständnis aussehen, das sich nicht dem zweckrationalen Mainstream des Beratungsgeschäfts anpasst und trotzdem anschlussfähig („verkaufbar") bleibt? Gibt es Theorieansätze, auf deren Grundlage sich eine Organisationstheorie und eine Interventionstheorie konsistent formulieren lassen?

5 Entwicklungspfade für einen Beratungsansatz jenseits der betriebswirtschaftlichen Beratung und der systemischen Prozessberatung

Eine Zeitlang wurde versucht, das Verhältnis von betriebswirtschaftlicher Beratung und systemischer Beratung über eine sachliche, zeitliche oder soziale Trennung zu differenzieren (zu den drei Dimensionen siehe LUHMANN 1971). Man legte den Organisationen eine sachliche Differenzierung nahe und empfahl beispielsweise, bei Krisen auf den betriebswirtschaftlichen Berater zurückzugreifen, bei Kulturwandel dann aber die systemischen Beratungsansätze zur Geltung zu bringen. Oder man versuchte eine soziale Trennung und brachte die unterschiedlichen Beratungsansätze verschiedenen Typen von Klienten nahe. Der betriebswirtschaftliche Beratungsansatz war dann für die im internationalen Wettbewerb stehenden Vertriebsmanager vorgesehen, während die systemische Beratung besonders für die Führungskräfte in Kirchen oder Sozialhilfeeinrichtungen empfohlen wurde. Oder man schlug eine zeitliche Differenzierung zwischen den Beratungsansätzen vor. Diese Logik sah vor, erst einen betriebswirtschaftlich orientierten McKinsey- oder Roland-Berger-Berater zu holen, um mal „so richtig aufzuräumen", und dann die aufgerissenen Wunden der Organisation durch einen Organisationsentwickler oder Systemiker wieder zusammennähen zu lassen.

Diese sachliche, soziale oder zeitliche Trennung war jedoch mehr als problematisch, weil sie suggerierte, dass eine mehr oder minder saubere Arbeitsteilung zwischen den Beratungsansätzen möglich wäre. Es wurde übersehen, dass die beiden bisher dominierenden Beratungsansätze jeweils mit einem totalitären Anspruch antraten. Die betriebswirtschaftliche Beratung betrachtet sich als kompetent, nicht nur Unternehmen, sondern auch Universitäten, Kirchen und Obdachloseninitiativen zu beraten, und vertritt die Auffassung, den kompletten Veränderungsprozess eines Klienten von der Strategieentwicklung über die Reorganisation bis zur Definition von Personalmaßnahmen und dem Aufbau einer neuen Organisationskultur abzudecken. Die systemischen Berater haben sich sehr früh von ihren Wurzeln in der systemischen Familien- und Gruppentherapie gelöst und bieten ganz selbstverständlich Beratungen für alle Organisationstypen an. Die Erweiterung der systemischen Beratung in Richtung auf Strategieentwicklung und Turnaround-Management zeigt ferner, dass man sich auch nicht auf ein Feld innerhalb des Beratungsprozesses einschränken lassen möchte.

Angesichts dieser Schwierigkeiten einer sachlichen, sozialen oder zeitlichen Trennung zwischen den beiden Beratungsansätzen bildet sich immer mehr eine „kombinatorische Logik" als mögliche Lösung aus. Die Suchbewegung von Beratern und Wissenschaftlern richtet sich darauf, wie Elemente der betriebswirtschaftlichen Fachberatung und der systemischen Prozessberatung so kombiniert werden können, dass man den Anforderungen von Organisationen in der modernen Gesellschaft gerecht werden kann. Die Idee ist, dass sich betriebswirtschaftliche Fachberatung und systemische Fachberatung miteinander kombinieren lassen. Wie dies aber genau geschehen soll – darauf gibt es bisher nur unbefriedigende Antworten.

Unter dem Begriff der Reflexivität wird das Heil in „wechselseitigen Feedbackschleifen innerhalb des Beratersystems" und „zwischen Beratung und Organisation" gesehen, um „einerseits die Wechselwirkungen der beiden Ansätze in den Griff zu bekommen und andererseits die Stimmung im Beratungsprozess auszuloten". Die Reflexion des Beratungshandelns bildet den „Schlüssel einer erfolgreichen Beratung, indem sie die laufenden Geschehnisse in Hinblick auf deren Gründe und Folgen überprüft" (vgl. FROSCHAUER/LUEGER 2003, S. 15ff.).

Letztlich überträgt diese Antwort die zurzeit in der Managementliteratur so populären Formeln wie „mehr Wissen", „mehr Lernen", „mehr Reflexion" auf das Beratungsgeschäft. Aber vermutlich wird hier nichts weiter als ein normatives Verständnis von Wissen, Lernen oder Reflexion als etwas Gutem auf den Markt gebracht, das man immer und immer wieder mit der Praxis von Beratungsunternehmen und Beratungsprozessen kontrastieren kann, in denen so wenig evaluiert, gelernt und erinnert wird (vgl. ERNST 2002). Angesichts so attraktiv klingender Formeln wie Wissen, Lernen oder Reflexion verlieren selbst manche Soziologen ihre Distanz und vergessen, dass es überraschende praxisnahe Beschreibungen aus der Organisationsforschung gibt, die zeigen, weswegen Organisationen ignorant, lernresistent und vergesslich sein sollten (siehe Überblick bei KÜHL 2000, S. 157ff.). Dies soll die Sinnhaftigkeit weder von Wissen oder Lernen noch von Reflexion grundlegend infrage stellen – aber es ist unwahrscheinlich, dass sich ein dritter Beratungsweg über eine so gebaute Kombinatorik ausbildet.

Es könnte ein viel versprechender Weg sein, einen Organisationsberatungsansatz jenseits der betriebswirtschaftlichen Beratung einerseits und der systemischen Prozessberatung andererseits zu entwickeln. Ein solcher dritter Weg kann es sich selbstverständlich nicht leisten, die Erkenntnisse sowohl der betriebswirtschaftlichen Berater als auch ganz besonders der systemischen Prozessberatung zu ignorieren, er müsste aber seinen Ausgangspunkt in einer genauen Bestimmung des Phänomens der Organisation nehmen. Die theoretischen Vorlagen gerade aus der organisationssoziologischen Systemtheorie sind – wie gezeigt – gut. Aber bewähren muss sich dieser Ansatz in einer eigenen Beratungspraxis. Der Test wird sein, ob es gelingen wird, eine Praxis der Organisationsstruktur- und -kulturanalyse, der Strategieentwicklung und des Managements von Reformprojekten zu entwickeln, die einerseits „realitätsnäher" ist als die bisher vorherrschenden Organisationsansätze und sich andererseits – bei aller Distanz zu einer wissenschaftlichen Organisationsforschung – von ihnen belehren lässt.

Literatur

BAECKER, D. (1999): Organisation als System, Frankfurt a.M.

BECKER, A./KÜPPER, W./ORTMANN, G. (1988): Revisionen der Rationalität, in: KÜPPER, W./ORTMANN, G. (Hrsg.): Mikropolitik, Macht und Spiele in Organisationen, Opladen, S. 89-113.

BRANDT, GERHARD (1990): Arbeit, Technik und gesellschaftliche Entwicklung. Transformationsprozesse des modernen Kapitalismus, Frankfurt a.M.

CROZIER, M./FRIEDBERG, E. (1977): L'acteur et le système. Les contraintes de l'action collective, Paris.

CYERT, R. M.; MARCH J. G. (1963): A Behavioral Theory of the Firm, Englewood Cliffs/New York.

DREPPER, T. (2005): Die Grenzenlosigkeit des Managements - Organisations- und gesellschaftstheoretische Überlegungen, in: DREPPER, T./GÖBEL, A./NOKIELSKI, H. (Hrsg.): Sozialer Wandel und kulturelle Innovation, Berlin, S. 449-477.

ERNST, B. (2002): Die Evaluation von Beratungsleistungen. Prozesse der Wahrnehmung und Bewertung, Wiesbaden.

FRIEDBERG, E. (1993): Le pouvoir et la règle. Dynamiques de l´action organisée, Paris.

FROSCHAUER, U./LUEGER, M. (2003): Reflexiv-differenzierende Beratung, Wien.

GROTH, T. (1999): Wie systemtheoretisch ist „Systemische Organisationsberatung"? Neuere Beratungskonzepte für Organisationen im Kontext der Luhmannschen Systemtheorie, 2. überarb. Aufl., Münster.

HORN, E. (1994): Soziologische Systemtheorie und systemische Familientherapie: Einige Anmerkungen zu den Möglichkeiten eines Dialogs, in: HERLTH, A. et al. (Hrsg.): Abschied von der Normalfamilie? Partnerschaft contra Elternschaft, Berlin et al., S. 203-212.

IDING, H. (2000): Hinter den Kulissen der Organisationsberatung. Qualitative Fallstudien von Beratungsprozessen im Krankenhaus, Opladen.

KIESERLING, A. (1993): Konturen einer soziologischen Unternehmensberatung. Bielefeld, unveröff. Ms.

KIESERLING, A. (2004): Die Soziologie der Selbstbeschreibung, Iin: KIESERLING, A. (Hrsg.): Selbstbeschreibung und Fremdbeschreibung. Beiträge zur Soziologie soziologischen Wissens, Frankfurt a.M., S. 46-108.

KIRSCH, W. (1991): Kommunikatives Handeln, Autopoiese, Rationalität. Sondierungen zu einer evolutionären Führungslehre., München.

KOBLITZ, H. G. (2004): Handreichung für Praktiker, in: Harvard Business Manager, Heft 10/2004, S. 193-195.

KÜHL, S. (2000): Das Regenmacher-Phänomen. Widersprüche und Aberglaube im Konzept der lernenden Organisation, Frankfurt a.M./New York.

KÜHL, S. (2001): Systemische Organisationsberatung – beobachtet, in: BARDMANN, T. M./GROTH, T. (Hrsg.): Zirkuläre Positionen 3. Organisation, Management und Beratung, Opladen, S. 221-226.

KÜHL, S. (2003): Wie verwendet man Wissen, das sich gegen die Verwendung sträubt?, in: FRANZ, H.-W. et al. (Hrsg.): Forschen - lernen - beraten. Der Wandel von Wissensproduktion und -transfer in den Sozialwissenschaften, Berlin, S. 71-92.

KÜHL, S. (2004): Arbeits- und Industriesoziologie, Bielefeld.

KÜPPER, W./ORTMANN, G. (1986): Mikropolitik in Organisationen, in: Die Betriebswirtschaft, 46. Jg. (1986), S. 590-602.

LUEGER/FROSCHAUER (2003).

LUHMANN, N. (1964): Funktionen und Folgen formaler Organisation, Berlin.

LUHMANN, N. (1965): Die Grenzen einer betriebswirtschaftlichen Verwaltungslehre, in: Verwaltungsarchiv, 56. Jg. (1965), S. 303-313.

LUHMANN, N. (1968): Zweck-Herrschaft-System. Grundbegriffe und Prämissen Max Webers, in: MAYNTZ, R. (Hrsg.): Bürokratische Organisation, Köln/Bonn, S. 36-55.

LUHMANN, N. (1970): Verwaltungswissenschaft, in: GÖRRES-GESELLSCHAFT (Hrsg.): Staatslexikon, Freiburg, S. 606-624.

LUHMANN, N. (1971): Der Sinn als Grundbegriff der Soziologie, in: HABERMAS, J./LUHMANN, N. (Hrsg.): Theorie der Gesellschaft oder Sozialtechnologie - Was leistet die Systemforschung?, Frankfurt a.M., S. 25-100.

LUHMANN, N. (1972): Die Organisierbarkeit von Religionen und Kirchen, in: WÖSSNER, J. (Hrsg.): Religion im Umbruch. Soziologische Beiträge zur Situation von Religion und Kirche in der gegenwärtigen Gesellschaft, Stuttgart, S. 245-285.

LUHMANN, N. (1973): Zweckbegriff und Systemrationalität. Über die Funktion von Zwecken in sozialen Systemen, Frankfurt a.M.

LUHMANN, N. (1984): Soziale Systeme, Frankfurt a. M.

LUHMANN, N. (1992a): Kontingenz als Eigenwert der Moderne, in: LUHMANN, N. (Hrsg.): Beobachtung der Moderne, Opladen, S. 93-128.

LUHMANN, N. (1992b): Die Wissenschaft der Gesellschaft, Frankfurt a.M.

LUHMANN, N. (1997): Die Gesellschaft der Gesellschaft, Frankfurt a.M.

LUHMANN, N. (2000): Organisation und Entscheidung, Opladen.

MARCH, J. G. (1990): Eine Chronik der Überlegungen über Entscheidungsprozesse in Organisationen, in: MARCH, J. G. (Hrsg.): Entscheidung und Organisation: Kritische und konstruktive Beiträge, Entwicklungen und Perspektiven, Wiesbaden, S. 2-23.

MARCH, J. G./SIMON, H. A. (1958): Organizations. New York.

MERTON, R. K. (1952): Manifest and Latent Functions, in: SCHULER, E. A. et al. (Hrsg.): Readings in Sociology. New York, S. 392-402.

MEYER, M. W./ZUCKER, L. (1989): Permanently Failing Organizations. London.

MINGERS, S. (1996): Systemische Organisationsberatung - Eine Konfrontation von Theorie und Praxis, Frankfurt a.M./New York.

NICOLAI, A. T. (2000): Die Strategie-Industrie. Systemtheoretische Analyse des Zusammenspiels von Wissenschaft, Praxis und Unternehmensberatung, Wiesbaden.

NICOLAI, A./KIESER, A. (2002): Trotz eklatanter Erfolgslosigkeit: Die Erfolgsfaktorenforschung weiter auf Erfolgskurs, in: Die Betriebswirtschaft, 62. Jg. (2002), S. 579-596.

OGGER, G. (1992): Nieten in Nadelstreifen, München.

ORTMANN, G. (1976): Unternehmungsziele als Ideologie. Zur Kritik betriebswirtschaftlicher und organisationstheoretischer Entwürfe einer Theorie der Unternehmungsziele, Köln.

PARSONS, T. (1960): Structure and Process in Modern Societies, Glencoe/Ill.

RÜGEMER, W. (2004): Der Mythos der ökonomischen Effizienz. Berater als Akteure der neoliberalen Globalisierung, in: RÜGEMER, W. (Hrsg.): Die Berater. Ihr Wirken in Staat und Gesellschaft, Bielefeld, S. 68-110.

SCHERF, M. (2002): Beratung als System: Zur Soziologie der Organisationsberatung, Wiesbaden.

SIMON, H. A. (1981): Entscheidungsverhalten in Organisationen - Eine Untersuchung von Entscheidungsprozessen in Management und Verwaltung, Landsberg am Lech.

STEPPAN, R. (2003): Versager im Dreiteiler. Wie Unternehmensberater die Wirtschaft ruinieren, Frankfurt a.M.

WALGENBACH, P. (2000): Die normgerechte Organisation. Eine Studie über die Entstehung, Verbreitung und Nutzung der DIN EN ISO 9000er Normreihe, Stuttgart.

WELTZ, F. (1997): Beobachtende Teilnahme - ein Weg aus der Marginalisierung der Industriesoziologie, in: LANGE, H./SENGHAAS-KNOBLAUCH, E. (Hrsg.): Konstruktive Sozialwissenschaft. Herausforderung Arbeit, Technik, Organisation, Münster, S. 35-47.

WILLKE, H. (1996): Interventionstheorie. Grundzüge einer Theorie der Intervention in komplexe Systeme, 2. Aufl., Stuttgart.

WIMMER, R. (1991): Organisationsberatung. Eine Wachstumsbranche ohne professionelles Selbstverständnis, in: HOFMANN, M. (Hrsg.): Theorie und Praxis der Unternehmensberatung - Bestandsaufnahme und Entwicklungsperspektiven, Heidelberg, S. 45-136.

WIMMER, R. (1992): Der systemische Ansatz - mehr als eine Modeerscheinung, in: SCHMITZ, C./GESTER, P.-W,/HEITGER, B. (Hrsg.): Managerie. 1. Jahrbuch für systemisches Denken und Handeln im Management, Heidelberg, S. 70-104.

WIMMER, R. (1993): Zur Eigendynamik komplexer Organisationen. Sind Unternehmen mit hoher Eigenkomplexität steuerbar?, in: FATZER, G. (Hrsg.): Organisationsentwicklung für die Zukunft. Ein Handbuch, Köln, S. 255-308.

WIMMER, R. (2004): Die Steigerung der Lernfähigkeit von Organisationen, in: WIMMER, R. (Hrsg.): Organisation und Beratung. Systemtheoretische Perspektiven für die Praxis, Heidelberg, S. 190-220.

Kommentar: Weiß Beratung um ihre Grenzen?

Prof. Dr. Rudolf Wimmer
osb international,
Universität Witten/ Herdecke

Alle beratenden Berufe, insbesondere wenn es sich um Eingriffe in psychische bzw. soziale Systeme handelt, haben mit einer zentralen Paradoxie zu kämpfen. Von ihnen werden zielsichere Lösungen in stets schwierigen Situationen erwartet, ohne dass sie über die Bedingungen des eigenen Wirksamwerdens wirklich verfügen können. Ob es um den therapeutischen Umgang mit psychischen Problemen geht, um die Bearbeitung einer schwierigen Paar- bzw. Familienkonstellation oder um die Lösung eines komplexen organisatorischen Problems, stets treffen wir auf kommunikative Bearbeitungsprozesse, die einerseits von bestimmten professionellen Interventionsabsichten getragen werden, deren Ergebnisse aber andererseits in erster Linie von der spezifischen Qualität der Mitwirkung der betroffenen Klienten bzw. Kunden abhängen. Beratung kann die Erreichung ihrer Ziele nicht durch das Herstellen linear kausaler Wirkungszusammenhänge sicherstellen. Es handelt sich also um Professionen, die überhaupt nur dann einen nachhaltigen Nutzen stiften, wenn sie um die spezifischen Grenzen ihres eigenen Eingreifenkönnens wissen und mit diesem Wissen einen gekonnten Umgang gewinnen, indem sie genau diese Grenzen in der Arbeit professionell nutzen. Dies gilt in ganz besonderem Maße, wenn es in der Beratung um so komplexe Phänomene wie Organisationen geht.

Obwohl die in Beratung systematisch eingebauten Grenzen eigentlich auf der Hand liegen, ist ihre praktische Handhabung im Beratungsalltag immer wieder von neuem eine besondere Herausforderung. Offensichtlich ist ins Beratungsgeschehen selbst eine Verdunkelungstendenz eingebaut, deren Funktion es ist, diese Grenzen für alle Beteiligten unsichtbar zu machen. Die Triebkraft für diese Tendenz wird leichter zugänglich, wenn man sich die Charakteristika ungelöster Probleme in Organisationen genauer ansieht. Um sie herum ist ja die Kooperation zwischen externen Beratern und ihren Kunden gebaut. Beratungsprojekte sind in aller Regel probleminduziert. Von Problemen sprechen wir, wenn die für die Bearbeitung Verantwortlichen keinen geeigneten Lösungsweg mehr finden und gerade deswegen unter einem erheblichen Handlungsdruck stehen. In einer solchen Situation kann es sein, dass Beratung ins Spiel kommt. Für die vom Problem betroffenen Entscheidungsträger bringt eine solche Drucksituation immer eine erhebliche Verunsicherung mit sich. Umso mehr, je höher sie in der Hierarchie angesiedelt sind. Inkompetenzerfahrungen erschüttern zutiefst. Sie stimulieren vielfältige Manöver, die das bedrohte Kompetenzempfinden der Entscheider wahren helfen. Die Rolle des Auftraggebers in extern betreuten Beratungsprojekten verschafft normalerweise eine solche Entlastung. Man delegiert die Verantwortung ohne genaues Durchdringen des Problemhintergrundes und der eigenen Rolle in demselben an organisationsexterne Instanzen. Auf sie werden die Lösungserwartungen projiziert, was gleichzeitig bedeutet, dass der Anteil am Lösungsprozess im Dunkeln bleibt. Berater signalisieren hier gerne ihre außergewöhnliche Problemlösungskompetenz, um anschlussfähig zu bleiben. Sie redefinieren die angebotene Problembeschreibung des Kunden so, dass das eigene Bearbeitungsrepertoire, die aufgebauten professionellen Routinen dazu passen. Üblicherweise ist die Kontraktphase zwischen Beratern und ihren Kunden so gestimmt, dass beide Seiten durch die abgegebenen Leistungsversprechen ihre eingebauten Unsicherheiten absorbiert bekommen. Die Auftraggeber können sich beruhigt der Erwartung hingeben, sie hätten das ungelöste Problem in kompetente Hände gelegt, und den Beratern ist es gelungen, den Auftrag genau so zu fassen, dass er mit ihren gewohnten Bordmitteln abgearbeitet werden kann. Sie können sich auf diese Weise in der Illusion wiegen, alles bestens im Griff zu haben, für alles, was ansteht, hervorragend kompetent zu sein. Eigenes Nichtwissen und Überfordertsein bleiben ausgeblendet. Weil in der Startphase einer Berater-/ Klientenbeziehung auf beiden Seiten so immens viel Beunruhigungspotenzial im Spiel ist, ist die Wahrscheinlichkeit hoch, dass die jeweiligen Grenzen im Problemlösungsvermögen nicht expliziter Gegenstand des wechselseitigen Aushandelns werden. Im Gegenteil: Das füreinander Unsichtbarmachen dieser Grenzen ist ein wichtiger Bestandteil des Kontraktes.

In dieses Grundmuster der Konstituierung einer Berater-/ Klientenbeziehung sind natürlich erhebliche Enttäuschungspotenziale eingebaut, die sich im Fortgang der Projekte normalerweise Schritt für Schritt realisieren. Die schweren Turbulenzen, die seit 2002 die Beratungsbranche kennzeichnen, sind zweifelsohne Resonanzen auf nachhaltige Enttäuschungserfahrungen. Stefan Kühl betont in seinem Beitrag, dass sowohl die zweckrational operierende betriebswirtschaftliche Denkwelt, die vielfach dem Tun der großen international operierenden Beratungsunternehmen zugrunde liegt, als auch die primäre Fokussierung auf Prozessberatung, wie er sie bei der systemischen Organisationsberatung gegeben sieht, den heutigen Anforderungen nicht mehr gerecht werden. Dieser Diagnose kann in dieser Allgemeinheit nur zugestimmt werden. Leider unterlässt es der Autor, die jeweiligen Limitationen der kritisierten Beratungsansätze genauer herauszuarbeiten. Sein Argumentationsgang ist sichtlich um das Ziel herum gebaut, die Notwendigkeit eines eigenen, soziologisch untermauerten Zuganges zwingend herleiten zu können. Diese Engführung verstellt ihm den Blick, in der erforderlichen Differenzierung auf die spezifischen Grenzen der diskutierten Ansätze im Detail einzugehen.

Die traditionellen Beratungszugänge unterscheiden sich zweifelsohne anhand der Frage, wie die Arbeitsteilung zwischen Management und externer Beratung im Beratungsprozess im Einzelnen aussieht: Übernimmt die Beratung letztlich die organisationsinterne Entscheidungsverantwortung oder versucht sie, die Lösungsenergien im System gezielt zu mobilisieren und die Verantwortung für die „Selbstheilung" systemintern nachhaltig zu stärken? Beide Konzeptualisierungsformen professioneller Verantwortung produzieren ihre spezifischen Leistungsgrenzen bzw. die inhärente Tendenz, genau diese Grenzen selbst nicht zu sehen und damit in der Praxis mit einem Leistungsversprechen zu operieren, das in der gegebenen Form nicht eingelöst werden kann. Die aktuelle Verschärfung der Wettbewerbsdynamik in der Beraterbranche mildert die beschriebene Tendenz sicherlich nicht. Der intensivierte Kampf um Aufträge, eine immer elaboriertere Kompetenzrhetorik, der Zwang, ständig Neuheiten in den angebotenen Lösungswegen und Methoden zu produzieren, dieses charakteristische Wettbewerbsverhalten zusammengenommen lässt vermuten, dass weiterhin viel Nebel um die spezifischen Leistungsgrenzen von Beratung erzeugt werden wird. Solange der Rückgriff auf unterschiedliche Theorieressourcen in erster Linie der Reputationsgewinnung der betroffenen Beratungsforschung dient und solange es keine Beratungsforschung gibt, die unabhängig vom Feld agieren kann, wird auch wissenschaftliche Reflexion an der beschriebenen Dynamik der Grenzvernebelung wenig ändern.

2 Der Berater und seine Rollen – Höhere Klientenzufriedenheit durch erwartungszentrierte Beratung

Dr. Stephan A. Friedrich von den Eichen
Partner „Strategy and Organization", Arthur D. Little
Managing Director ADL-Academy

1 Ermutigung zum Rollenspiel

Nehmen Sie sich die Zeit und lassen Sie die letzten Beratungsprojekte nochmals Revue passieren. Wie ist es dabei um Ihre (Un-)Zufriedenheit bestellt und was gab dafür den Ausschlag? Auch wir – eine Hand voll Berater und einige diskursfreudige Klienten – haben in kleinem Kreis reflektiert. Unser Ergebnis: Es gibt sie, die Unzufriedenheit. Aber anders als vielfach dargestellt, ist sie nicht (nur) das Resultat mangelhafter Leistungserfüllung. Das Problem liegt tiefer – oder zeitlich gesehen – sehr viel früher. Offensichtlich deuten Berater ihre Aufgabe bisweilen anders als die Klienten dies erwarten. Dabei gehen sie recht fahrlässig mit den Erwartungen ihrer Klienten um. Und schon ist er da, der Vorwurf, Berater berieten an Bedarf und Markt vorbei (FISCHER 2001).

Ist es tatsächlich so schwer, die Erwartungen des Kunden zum Ausgangspunkt der Beratung zu machen? Hier setzt der Beitrag an. Den Einstieg liefert eine differenzierte Sicht dessen, was unter den Begriff „Beratung" fällt. Sie mündet in eine Typologie verschiedener Rollen, die ein Berater ausfüllt oder eben nicht (STAHL/FRIEDRICH V.D. EICHEN 2003). Das Rollenspiel – wenn zunächst auch nur gedacht – stärkt die Kundenperspektive in der Beratung. Der Leser mache die Probe auf's Exempel. Jene, die Beratungsleistungen anbieten, erhalten zusätzliche Anhaltspunkte für die strategische Ausrichtung ihres Geschäftes. Und wer Beratungsleistungen nachfragt, weiß, was er erwarten darf.

2 Weniger Effizienz – mehr Kundenzufriedenheit

Jenseits aller (wechselnden) Befunde über Markt und Wettbewerb (Friedrich v.d Eichen/Rasche 2002; Fink/Knoblach 2003), hat die Beratung immer dort ein Problem, wo sie den Kunden aus dem Fokus verliert. Dafür ist die Branche allerdings nicht ganz unanfällig: Ambitionierte Umsatzvorgaben, die hohe Anzahl an Akquisitionskontakten als Folge einer anhaltend zähen Absatzsituation, aber auch die Notwendigkeit, um des „Hebels's Willen" möglichst umfangreich eigene Truppen zu verkaufen, lassen Berater häufig nur kurz zuhören. Viel zu oft meinen sie das Problem bereits zu kennen oder schlimmer noch halten bereits Rat auf „Vor-Rat". Die Reihenfolge „erst das Problem, dann die Lösung" verkehrt sich dann auf seltsame Weise. Am Ende liegt die Kunst darin, möglichst viele Kunden davon zu überzeugen, dass sie das zu einer vorhandenen Lösung passende Problem plagt, sie sich dessen vielleicht nur noch nicht bewusst sind. Vor diesem Hintergrund überrascht es wenig, wenn Unternehmensberatungen in der Disziplin „Kundenzufriedenheit" zuletzt nicht immer erfolgreich abschneiden (Wiskow 2003).

Um an dieser Stelle Missverständnisse zu vermeiden: Wir plädieren nicht für Ineffizienz im Beratungsprozess und doch kann hier Effizienz im Sinne mechanistischer Akquisitions- und Vertriebsmuster auch Wert vernichten. Das macht Beratung zum Balanceakt: Effizienz im Sinne von Eindeutigkeit und Beschleunigung wo möglich, „Ineffizienz" im Sinne von Mehrdeutigkeit und Entschleunigung wo nötig.

So bestimmen mehrere Kräfte das Geschehen, nur nicht unbedingt die Erwartungen des Klienten. Erwartungen sind aber das, woran die Leistungen des Beraters gemessen werden. Damit sind wir bei der Kundenzufriedenheit. Prinzipiell kennen wir drei „Aggregatszustände" des Klienten: Zufriedenheit, Unzufriedenheit und Indifferenz. Zufriedenheit resultiert aus einem positiv erlebten Vergleich zwischen erwarteter und der tatsächlicher Leistung. Kunden sind dann zufrieden, wenn ihre Erwartungen übertroffen werden und sei es nur geringfügig. Wer leistet wie erwartet, lässt den Klienten im diffusen Gefühl der Indifferenz zurück. Auswirkungen auf die Kundenbindung: Keine! Wer indes über das Erwartete hinaus leistet, was der Kunde erhofft, beschreitet den schmalen Pfad in Richtung Begeisterung. Sie schafft Kundenbindung und reduziert die Akquisitionsanstrengungen drastisch. Falls die Erwartungen gar nicht erst erreicht wurden, entsteht Unzufriedenheit. Diese reagieren die Kunden entweder durch Widerspruch ab – was dem Berater immerhin noch die Chance zum Dialog gewähr – oder durch Abwanderung. Diese fällt umso leichter, je weniger sich die einzelnen Berater voneinander unterscheiden.

Der „direkte" Weg zu höherer Kundenzufriedenheit führt über das Absenken der Erwartung. Allerdings werden Klienten heute kaum mehr bereit sein, ihre Erwartungen zurückzunehmen, nur weil der Berater das Problem geschickt umdefiniert. Dem steht der „klassische" Weg der Qualitätsoffensive entgegen. Enttäuschte Kunden lassen sich damit jedoch nicht zurückholen. Zudem berät man u.U. mit höherer Qualität an den Erwartungen der Klienten vorbei. Wir plädieren für einen dritten Weg, den der Harmonisierung von Erwartungen und Leistungen. Obwohl sich Kunden zuletzt immer deutlicher zu Wort melden, hinterfragen Berater oftmals nicht konsequent genug den „Erwartungswert" ihrer Leistungen. Da wir grundsätzlich in Bildern denken, ist es anschaulicher, die Erwartungen zu Rollen zu verdichten. Zugegeben, die Idee, dem Berater Rollen zuzuschreiben ist nicht unbedingt neu (vgl. bspw. HINTERHUBER/VACCANI 2000). Dabei bleibt jedoch einerseits das Bild des Beraters vielfach auf den „Konzeptlieferanten" und den „Umsetzer" beschränkt. Die Erfahrung lehrt aber: Der Kunde sieht den Berater sehr viel „bunter", als es die Nadelstreifen erwarten lassen. Andererseits verpasst man regelmäßig die Chance, die Rollenperspektive dafür zu nutzen, die Lücke zwischen Kundenerwartungen und Beraterleistung zu schließen.

3 Spieler und ihre Rollen

Über einzelne Rollen wird das Rollenspiel greifbar. Ohne jeden Anspruch auf Vollständigkeit seien im Folgenden einige signifikante Profile zusammengestellt. Eine einfache Deskription, auf die wir uns hier beschränken wollen, kann aber nur ein Auftakt sein für eine tiefere, individuelle Beschäftigung mit den Rollen. Sie wirft neue Fragen auf: Welche Fähigkeiten muss ich schärfen, um die jeweilige Rolle auszufüllen? Wie glaubwürdig bin ich mit meiner Historie in dieser Rolle? Kann ich mehrere dieser Rollen – parallel, sequenziell oder evolutorisch – ausfüllen oder schließen sie sich aus? Wie gefragt sind die Rollen im Markt? Wer kann diese Rolle noch ausfüllen?

Der Irritierende

Werner P. ist unkonventionell, aber kein Spinner. Er ist ein schneller Denker und die Schwelle, ab der ihn Routine langweilt, ist niedrig. Werner P. arbeitete lange Zeit in angelsächsischen Beratungen. Dort hat er gelernt, Tabus offen zu legen. Später hatte man ihm die Aufgabe übertragen, Jungberatern als Sparringpartner zu dienen und sie durch harte Fragen auf ihre Feldarbeit vorzubereiten. Werner P. irritiert, weil er Nichthinterfragtes aufdeckt: Funktionen, Abläufe und Strukturen, Regeln und Normen, mentale Modelle, Einstellungen und und und. Auch hat er gelernt, seine Klienten auf Irritationen vorzubereiten. Das heißt, er fällt nicht mit der Tür ins Haus und stellt sofort Defizite fest, sondern er stellt Fragen. Fragen, an die der Klient zuvor nie gedacht hatte.

Der Irritierende stört Bestehendes. Mit seinen Bildern unterbricht er Routinen, zerstört Vertrautes und zwingt die Organisationsmitglieder, die Versatzstücke neu zu ordnen. Mehrwert stiftet er durch Perspektiven, die man selbst nie hätte einfangen können und durch seine Nadelstiche, die helfen, einer lähmenden Bequemlichkeit zu entkommen. In der Rolle des Irritierenden gewinnt der Berater zweifellos an Bedeutung. Er treibt die notwendige Öffnung unserer Unternehmen voran. Dabei kann er nicht mit dem Versprechen werben, Komplexität zu reduzieren. Ganz im Gegenteil: Tut er seinen Job richtig, nehmen Führungskräfte mehr Chancen, aber auch mehr Risiken wahr als vorher. Die Resonanzfähigkeit der Organisation wird größer. Progressive Mittelständler und Großunternehmen, die leichtfüßig bleiben oder werden möchten, bedienen sich seiner. Unternehmen, die auf ihre geschlossene Unternehmenskultur bauen, möchten mit ihm nichts zu tun haben.

Der Mentor

Wenn Holger S. zur Selbstreflexion aufruft, folgen ihm die anderen gerne. Er weiß Führungskräfte an die Hand zu nehmen, ohne sie zu gängeln. Holger S. liebt es, in Organisationen „hineinzuhören" und Stimmungen einzufangen. Wenn er Rat erteilt, dann immer auch mit Stil und nicht provozierend wie der Irritierende oder grob wie der Umsetzer. Hohe Komplexität ängstigt ihn nicht, weil er sich das Metawissen angeeignet hat, in schwierigen Situation das nötige operative Wissen rasch zu beschaffen. Das macht ihn emotional stabil. Er kann gut zuhören und versteht es, andere zu bremsen, wenn diese vorschnell ihre Stereotypen und Vorurteile ins Spiel bringen möchten.

Früher Prinzenerzieher und Hauslehrer, verbindet man heute mit dem Mentor einen erfahrenen Ratgeber und Helfer. Er nimmt jene bei der Hand, die sich im Gestrüpp des Wettbewerbs, des Marktes, der Technologien (nicht mehr) zu recht finden. Im Gegensatz zu einem Coach, der sich auf eine oder zwei wichtige Fähigkeiten konzentriert, besticht der Mentor durch das breite Spektrum seiner Expertise. Und anders als die „Macher" verzichtet er auf Eindeutigkeit. Er versteht es, sich zurückzunehmen und in Bescheidenheit zu üben. Sein Mehrwert entsteht aus intensiver Beobachtung, tiefem Zuhören und gemeinsamer Reflexion. Damit tritt er nicht in Konkurrenz zum Unternehmen und seiner Problemlösungsfähigkeit, sondern ergänzt diese. Auch zum Irritierenden steht er eher in komplementärer Beziehung. Er hilft, wahrgenommene Komplexität zu bewältigen und kommt sehr gut an, wo sich erlernte Hilflosigkeit breit zu machen beginnt. Er eckt überall dort an, wo man rasche Lösungen erwartet.

Rolle	Wesen	Mehrwert	Zukünftige Bedeutung
Irritierender	stört Bestehendes	erweitert und ver-ändert Perspektiven	+
Mentor	hört zu, regt an, nimmt an der Hand	hilft Komplexität bewältigen	+ +
Konzeptlieferant	bietet Werkzeuge an	liefert „kosten-günstige" Lösungen	-
Schamane	sorgt sich um das Spirituelle	weckt Kräfte jenseits der Ratio	+
Umsetzer	der „Macher" unter den Beratern	bringt Dinge in Bewegung	- +
Spiegel	hilft die „blinden Flecken" zu entdecken	schafft Problembewusstsein	- +
Legitimator	erteilt den „rubber stamp"	beruhigt Zweifler und Kritiker	-
Übersetzer	vermittelt zwischen zwei Welten	macht Erkenntnisse nutzbar	+ +

Abbildung 1: In welcher Rolle stiftet der Berater heute Mehrwert?

Der Konzeptlieferant

Die Professionalisierung der Unternehmensführung brachte nicht nur den Berufsstand des Managers, sondern auch den des Managementberaters in Form des Konzeptlieferanten. Als solcher durchdringt Stefan O. die Probleme. Hier liegen für ihn die Herausforderungen, denen er sich gerne stellt. Mit der Erschaffung „passender" Konzepte endet nach seinem Verständnis der Beratungsauftrag. Alles andere ist Sache des Managements. Um inhaltlich auf dem Stand zu bleiben, investiert er viel.

Der Konzeptlieferant ist genaugenommen ein Werkzeughändler. Was nicht ausschließt, dass er selbst Werkzeuge ersinnt oder bestehende verformt. Damit die Konzepte zu den Problemen passen, untersucht er die Umgebung der Organisation nach Risiken und Chancen, und die Organisation auf Stärken und Schwächen. Der Konzeptlieferant geht überlegt und berechnend vor. Intuition, so seine Überzeugung, kann er seinen Klienten nicht zumuten. Für ihn kommt das Denken immer vor dem Handeln. Improvisieren und Durchwursteln sind seine Sache nicht. Schon definitionsgemäß ist er ein Verkäufer. Stimmen Lösung und Problem überein, schafft er durchaus Mehrwert für den Kunden. Allerdings ist die Versuchung hoch, das Verkaufen über das Beraten zu stellen. Je mehr Unternehmen ehemalige „Konzeptlieferanten" in ihre Reihen aufnehmen, desto schwerer wird es für ihn.

Der Schamane

Sein Lebensraum: Ein erfolgreiches, mittelständisches Handelsunternehmen, geprägt durch die Person des Gründers, der auch Eigentümer ist. Er führt – unbeschadet einer fünfköpfigen Geschäftsleitung – im Wesentlichen die Geschäfte. Seine Überzeugung: „Ich kenne und verstehe mein Geschäft. Was kann mir da ein Berater nutzen?". Und doch gibt es einen, Claude L., der Zugang zu und Einfluss auf den Unternehmer hat. In Aussehen und Ausbildung unterscheidet er sich deutlich vom klassischen Berater. In den Worten des Unternehmers erkennen Eingeweihte unschwer die Weltbilder des Schamanen, die der Unternehmer nur zu gerne als die eigenen ausgibt.

Der Schamane beschwört den Geist oder gar die Geister der Organisation. Unheil abzuwenden, Krankheiten auszutreiben und den Wandel zum Guten herbeizuführen, das ist sein Metier. Damit steht der Schamane besonders zwei Problemfeldern von Organisationen sehr nahe: der Zukunft und der Kultur. Dabei ist er den „harten" Konzepten völlig abhold. Insofern bildet er das „weiche" Gegenstück zum Konzeptlieferanten. Wichtigen Vorhaben und Entscheidungen lässt er einen présage vorangehen, so wie unsere fernen Vorfahren keinen Schritt taten, ohne das Orakel zu befragen. Die Ritualisierung des présage erlaubt es, die mit der Unberechenbarkeit der Zukunft einhergehenden Ängste zu enttabuisieren. Während für den Konzeptlieferanten jede Organisation eine Kultur hat, heißt das Credo für den Schamanen, eine Organisation ist eine Kultur. Er geht also an die Mythen und Bilder in der Organisation heran, an die Wahrnehmungsfilter und die „vorherrschende Logik", an die Selbstbeobachtung und das Entlernen. Chamäleonhaft schlüpft er schon mal in die Rolle des Irritierenden oder Mentors. Man findet ihn bei den Schlanken und nicht allzu Großen; denn nur wer keine Stäbe hat, leistet sich den Schamanen. Große Konzerne haben den Schamanismus bereits vorsorglich integriert.

Der Umsetzer

> *Ernst K. war acht Jahre lang Abteilungsleiter in einer großen Versicherung. Man nannte ihn „den Macher". Die zunehmende Reglementierung des Unternehmens drängte ihn mehr und mehr in die Rolle des „Überwachers". Bis es ihm schließlich zu viel wurde und er die Brocken hinwarf. Heute ist er der „Umsetzer" in einer mittelgroßen Unternehmensberatung. Hier kann er seinen Tatendrang ausleben. Sein Credo: Geht nicht, gibt's nicht! Ernst K. ist nicht Fachmann, er ist Allrounder. Er kombiniert Merkmale des Routiniers (Effizienz) und des Arbitrageurs (rasches Erkennen, was wann am besten funktioniert), solche des Kommunikators (das Wissen, wie mit wem zu sprechen ist), des Innovators (er liebt neuartige Situationen) und des Rambos (der Widerstände bricht).*

Der Umsetzer stellt sein Handeln über das Denken. Nicht dass er etwas gegen Konzepte hätte, aber sie sind für ihn nur ein Mittel zum Zweck. Das unterscheidet ihn vom Konzeptlieferanten, der die Umsetzung gerne dem Klienten überlässt. Deshalb hat der Umsetzer auch nichts dagegen, wenn das Konzept vom Klienten kommt. Den Mehrwert verbindet er nicht mit Visionen, sondern allein mit Taten. Er ist geradezu aktivitätssüchtig. Gefühle sind für ihn dabei nur hinderlich. Sie lenken vom Ziel ab und bedeuten Reibungsverlust. Wie der Mentor pocht er auf seine Erfahrung. Anders als jener, bleibt er jedoch nicht im Hintergrund, sondern versteht es, sich in Szene zu setzen. Der Umsetzer läuft zur Hochform auf, wenn sich alles mechanisch ineinander fügt. Bürokratische Organisationen brauchen ihn, denn sie neigen zur Zwanghaftigkeit. Hier kann er wahre Wunder wirken. Und doch wird es für den Umsetzer immer schwerer. Zumindest die Großen pochen mehr und mehr auf die eigene Umsetzungsstärke.

Der Spiegel

Die Mondal AG, ein international tätiges Unternehmen der Spezialchemie, wird von einem achtköpfigen Gremium geführt. Das Alter im Leadership-Team schwankt zwischen 35 und 63 Jahren; zwei Frauen, sechs Nationen, drei Hautfarben. Dementsprechend hoch ist die Ideenvielfalt, in der letztlich die Wettbewerbsstärke der Mondal AG wurzelt. Schwierig wird es, wenn sich das Führungsteam auf eine Strategie oder gar auf einen leitenden Gedanken festlegen möchte. Es entstehen unzählige Bilder, Richtungen und Wertmaßstäbe. Die Mondal AG hat, wie viele andere innovative Unternehmen auch, Probleme mit der Selbstbeschreibung. Hier kommt Thomas D. gerade recht. Er ist unbestechlich, ein exzellenter Beobachter, kein Blender und schon gar kein Verkäufer. Man schätzt ihn als jemanden, der (scheinbar) fotografisch genaue Abbilder von der Klientenorganisation liefert. Weil er als objektiv gilt, finden sich die Führungskräfte in seinen Spiegelungen am ehesten wieder.

Auch Organisationen zweifeln von Zeit zu Zeit an ihrer Identität und Leistungsfähigkeit. Dann ist der Blick in den Spiegel unumgänglich. Diesen kann man sich entweder selbst vorhalten oder andere darum bitten. Berater tun dies schon deshalb gerne, weil sich im Spiegelbild einer Organisation immer Abweichungen vom Idealbild finden lassen, die sich dann in Beratungstage ummünzen lassen. Soll-Ist-Profile der Organisationskultur sind ein bekanntes Beispiel dafür. Gleichwohl ist mit Verzerrungen zu rechnen. Der Berater kann eben nur das widerspiegeln, was seine vorgeschalteten Filter, deren er sich gar nicht bewusst sein muss, überhaupt durchlassen. Je komplexer die Organisation, desto eher wird sie sich an einen Spiegel wenden. Auch wenn dies die Mehrdeutigkeiten nicht immer beseitigt, man kann sich zumindest nichts vorwerfen. Diese Rolle bleibt wohl weiter attraktiv. Wo indes Selbstbeschreibung zur „Normalität" gehört, weiß man mit ihm nur wenig anzufangen.

Der Legitimator

Ausgangslage: Ein DAX-30-Unternehmen trifft intern die Entscheidung, den Personalstand zu reduzieren, zwei Produktionsstandorte zusammenzulegen und Teile der Administration in ein osteuropäisches Land zu verlagern. So aber will man das nicht kommunizieren. Es bedarf einer „wasserdichten" Analyse und diese muss zudem aus berufenem Munde stammen. So schreibt man ein „Revitalisierungsprogramm" aus und erteilt schließlich jener Beratung den Zuschlag, deren Expertise das Vorhaben nach außen mit dem notwendigen Gütesiegel versieht.

Immer wieder gibt es in Organisationen Ideen, die weder auf fremden Konzepten beruhen noch der Umsetzung durch andere bedürfen; Ideen, die auf der Hand liegen und die man von Irritationen unbedingt frei halten möchte, weil man von ihrer Richtigkeit überzeugt ist. Aber auch eitle Prestigeprojekte, bspw. eine Akquisition, die den Sprung zur Größe verheißt, lassen sich gegen die Interessen der Stakeholder kaum durchsetzen, wenn man als Argument nicht mehr als einen „guten Riecher" zu bieten hat. Hier springt der Legitimator ein. Er bürgt mit seinem Namen, dass das hinter den Kulissen vielfach schon beschlossene Projekt einer rationalen Prüfung standhält und dass es, wenn auf dieses Urteil Wert gelegt wird, durchaus der jeweils im Markt gültigen Managementlogik entspricht. Der Legitimator lebt riskant, denn er zehrt von seiner Substanz. Er wird sich daher auch nie in die Umsetzung einmischen, denn auf diese kann er immerhin die Kritik umlenken. Vor diesem Hintergrund ist die Besorgnis der Branche über einen all zu sorgenlosen Umgang der Medien mit der einen oder anderen Fehlleistung gut zu verstehen. Nimmt der Ruf Schaden, ist die lukrative Rolle als Legitimator passé.

Der Übersetzer

Michael S. kennt sich aus in vielen Welten. Über Jahre war er führend in der Wirtschaft tätig. Dennoch hat er nach seiner Promotion nie den Kontakt zur Akademia abreißen lassen; er publizierte, hielt Vorträge und später auch Lehrveranstaltungen ab. Die Akademia würdigte dies mit einer Ho-

norarprofessur. Die Inhaltslehre mancher Beratungskonzepte blieb ihm genauso wenig verborgen, wie die „Überalterung" so mancher unternehmensseitiger Lösungen. Hier verschafft ihm die Nähe zur Akademia den entscheidenden Vorteil. Sprachspiel und Verspieltheit der Wissenschaft sind für ihn keine Hürden. Aus dem Meer der Gedanken erkennt er sicher das Hilfreiche.

Es gibt noch eine Rolle in der Beratung. Mit ihr wird der Berater zum Brückenbauer zwischen Wissenschaft und Praxis. Er spürt vorhandene Erkenntnisse auf und macht sie verständlich und verdaulich. Wer in diese Rolle schlüpft, der kennt sich aus in beiden Welten. Er pflegt Kontakt zur Akademia und ist dort ein gern gesehener Gast. Mehrwert entsteht durch seine Übersetzungen. Vorzugsweise von der Wissenschaft in die Praxis, weil vieles von dem, was jene produziert, zu Unrecht auf der Halde des Nutzlosen landet. Damit spielt der Übersetzer quasi eine Rolle höherer Ordnung, denn sie schließt alle anderen bereits skizzierten Rollen mit ein. Der Übersetzer kann irritieren, spiegeln oder umsetzen, er kann als Mentor, Schamane oder Legitimator agieren und er kann schließlich sein Übersetzungswissen in Konzepte einfließen lassen, um sie gegen Imitation zu schützen und ihre Anwendungsorientierung zu erhöhen.

4 Anknüpfungspunkte für eine erwartungszentrierte Beratung

Würden Berater beherzigen, was sie den Unternehmen predigen, wären ihre Probleme möglicherweise kleiner (DIRKES/Friedrich V.D. EICHEN, 2001). Teils aus eigenem Antrieb, teils unter Beraterregie geht es den Unternehmen zuletzt darum, ihre Kräfte zu bündeln („Fokussierung") und aktiv nach Signalen der Kunden zu suchen, um diese in Werte umzuwandeln („Öffnung"). Dabei greifen sie in immer stärkerem Maß auf die komplementären Fähigkeiten von Wertschöpfungspartnern zurück („Vernetzung") (Friedrich V.D. EICHEN et al. 2003). Fokussierung, Öffnung und Vernetzung sind Ausprägungen der Zukunftsfähigkeit und steuern zukünftige Erfolge an (Friedrich V.D. EICHEN/STAHL 2004) – das gilt für Dienstleistungsunternehmen im Allgemeinen und für Beratungen im Besonderen (Friedrich V.D. EICHEN 2003). Abermals eröffnet das Rollenspiel zusätzliche und wie wir meinen wertvolle Perspektiven; diesmal weniger für die Person des Beraters, als vielmehr für die strategische Ausrichtung des Beratungsbetriebs im Sinne der Fokussierung, Öffnung und Vernetzung.

Beraterrollen und Fokussierung

Auch für die Beratung gilt: Je homogener, vergleichbarer und reproduzierbarer eine Leistung, desto geringer die Marge. Prinzipiell ist ein „Rat" immer etwas, was auf den Ratsuchenden zugeschnitten ist. Die Verlockung wird mit der Zeit allerdings größer, diesen Rat gleichsam auf „Vor-Rat" zu halten. Das ebnet schließlich alle Unterschiede ein. Und noch eines: Möglichst vieles anzubieten, und dazu noch in voller Wertschöpfungstiefe, wird immer riskanter, weil der härter werdende Wettbewerb die ganze Aufmerksamkeit verlangt. Am Ende fehlt die Kraft, etwas für den eigenen Wettbewerbsvorteil zu tun (Friedrich V.D. EICHEN 2002).

Kein Zweifel, viele Beratungen haben – schnelles Wachstum vor Augen – ihr Leistungsangebot „überdehnt". Die Branche hat daraus gelernt. McKinsey Chef Jürgen Kluge erkennt: „Je breiter wir sind, desto mehr Angriffsfläche bieten wir." Für Bernd Gaiser von Horváth & Partners hat es sich bewährt, „dass wir uns auf einen Schwerpunkt konzentrieren; wir wollen weiter wachsen, aber am wichtigsten ist, dass wir unsere Tugenden behalten". Damit greift in der Branche Platz, was man mit „Fokussierungswettbewerb" umschreiben kann. Wann aber ist eine Beratung fokussiert? Branchen, in denen man Rat anbieten will, Funktionen (z.B. Produktionsplanung, 1:1 Marketing, Logistik) oder aber aktuelle Themen, die man branchenübergreifend treibt (z.B. EVA, CRM, Balanced Sorecard), stellen gängige Fokussierungsmuster dar.

Das mag seine Berechtigung haben. Doch melden wir an dieser Stelle Bedenken an. Grundlage ist unser Rollenbild. Die einzelnen Rollen verlangen den Beratern recht Unterschiedliches ab. Aus Kundensicht betrachtet kommt dann selbst die Ein-Branchen-Beratung höchst unfokussiert daher, da sie de facto als Viel-Rollen-Beratung agiert. Umgekehrt ist ein Berater mit nur einer Rolle, z.B. die des Irritierenden, die er noch dazu in einer Branche „spielt", wohl „überfokussiert". Um diese Rolle auszufüllen, braucht er eine Vielfalt von Bildern und diese Vielfalt entsteht nur durch intensives Beobachten über Industriegrenzen hinweg. Ergo plädieren wir dafür, neben Branchen und Themen, die Rollen als weiteres, ergänzendes Beurteilungskriterium in die Fokussierungsdiskussion aufzunehmen.

Beraterrollen und Öffnung

Die Beraterrollen machen etwas zugänglich, was bisher hinter Branchenbezeichnungen („Strategien für die Chemieindustrie"), Funktionen („Ihr Partner für neue Wege in der Logistik") oder der Berateridentität (Lux & Partner – Professionalität seit 25 Jahren) verborgen war. Sie entbündeln die kryptischen Angebote zu speziellen Profilen und Fähigkeiten.

Die schlechte Nachricht: Die Erwartungen des Klienten werden präziser. Man erwartet einen bestimmten Typus von Intervention und wartet nicht mehr geduldig (oder ungeduldig) darauf, was aus dem Bauchladen des Beraters alles auftauchen mag. Die Beraterrollen setzen beraterseitig Öffnung voraus, tragen aber auch viel zur Offenheit gegenüber Beratung bei. Das ist die gute Nachricht. Über die Rollen entsteht Transparenz und Identität. Das hilft nicht nur Vorurteile abzubauen, sondern erschließt der Beratung auch dort Möglichkeiten, wo man ihr bislang eher ablehnend gegenüber stand.

Beraterrollen und Vernetzung

Vernetzung ist die Konsequenz aus Fokussierung und Öffnung. Wer fokussiert, der muss sich zwangsläufig auch vernetzen. Und Vernetzung ohne Öffnung bleibt am Ende ein Lippenbekenntnis. Obgleich Fokussierung längst ein Thema in der Branche ist, hält man sich in Sachen Vernetzung spürbar zurück. Sowohl für eine Vernetzung nach innen als auch für die nach außen bestehen hohe Hürden. Wer die Branche kennt, weiß, wie wenig durchlässig die vielbemühte Matrix aus „Industry Practice" und „Functional Practice" ist, nach der sich so viele Beratungen aufstellen. Auch hier mag sich das Rollenspiel als nützlich erweisen. Beratungen könnten sich nach innen als Netzwerk von Rollen definieren: Übersetzer, Irritierende, Konzeptverkäufer und Umsetzer schaffen engverzahnt Mehrwert für den Klienten. Doch der Gedanke trägt weiter, über Unternehmensgrenzen hinaus. Wo Rollen zum Schnittmuster für die eigene Wertschöpfung werden, ist der Weg für Ko-evolution bereitet. Der Markt für Beratungsleistungen wird zum vernetzten Wertschöpfungsraum, in dem sich fokussierte (weil rollenzentrierte) Beratungszellen einem neuen Spiel öffnen.

5 Fazit

Die Schwierigkeiten der Beratungsbranche sind dort hausgemacht, wo man den Klienten aus dem Blickfeld verloren hat (oder ihn gar nie im Blickfeld hatte). Dem wirkt die Einführung von Rollen entgegen. Sie zwingt einerseits den Berater dazu, sich mit dem Drehbuch auseinander zu setzen. Andererseits führen die Rollen dem Klienten vor Augen, was er überhaupt erwarten darf. Je mehr eine Beratung ihre Rollen schärft, desto „passender" werden die Kundenerwartungen. Voraussetzungen für höhere Kundenzufriedenheit und positive Propaganda.

Literatur

DIRKES, M./FRIEDRICH V.D. EICHEN, ST.A. (2001): Unternehmen brauchen andere Beratung, in: Frankfurter Allgemeine Zeitung, 22.10.2001, S. 28.

FINK, D./KNOBLACH, B. (2002): Management Consulting 2002: Trends und Tendenzen in der Managementberatung, Bonn.

FISCHER, O. (2001): Viele Consultants beraten am Markt vorbei, in: Financial Times Deutschland, 15.11.2001.

FRIEDRICH V.D. EICHEN, ST.A. (2002): Kräftekonzentration in der diversifizierten Unternehmung, Wiesbaden.

FRIEDRICH V.D. EICHEN, ST.A. (2003): Kritische Phasen nach der Unternehmensgründung: Ein Erfahrungsbericht aus der Unternehmensberatung, in: STAHL, H.K./HINTERHUBER, H.H. (Hrsg.): Erfolgreich im Schatten der Großen, Berlin, S. 281-300.

FRIEDRICH V.D. EICHEN, ST.A./HINTERHUBER, H.H./MIROW, M./STAHL, H.K. (2003): Das Netz knüpfen, in: Harvard Business Manager, August, S. 99-107.

FRIEDRICH V.D. EICHEN, ST.A./STAHL, H.K. (2003): Was heute zählt: Auf den Spuren der Vorsteuergrößen des Erfolgs, in: FRIEDRICH V.D. EICHEN, ST. A. et al. (Hrsg.): Strategisches Kompetenz-Management, Wiesbaden, S. 325-346.

FRIEDRICH V.D. EICHEN, ST.A.; RASCHE, C. (2002): Consulting 2000+: What really matters!, in: BREIDENSTEIN, F. (Hrsg.): Consulting in Deutschland 2002; Frankfurt, S. 40–46.

HINTERHUBER, H. H.; VACCANI, R. (2000): Der Unternehmensberater als Lehrender und Lernender, in: Unternehmensberater, Heft 1, S. 36-39.

STAHL, H. K./FRIEDRICH V.D. EICHEN, ST.A. (2003): Wie kann Beratung heute Mehrwert schaffen? in: Frankfurter Allgemeine Zeitung, 10.03.2003, S. 22.

WISKOW, J.-H. (2003): Zehnkampf der Besserwisser, in: Capital, 06.02.2003, S. 32-37.

Kommentar: Das zwiespältige Versprechen der Erwartungssicherheit

PD Dr. Michael Faust
Soziologisches Forschungsinstitut (SOFI) an der Georg-August-Universität Göttingen

Der Autor nimmt verbreitete Klagen über die Managementberatung ernst und sucht nach Auswegen, wie sich Berater in dem veränderten Umfeld neu positionieren und nützlich machen können. Der Kern des Arguments lautet: Über (wechselseitige) Erwartungsklärung lässt sich sowohl Klientenunzufriedenheit vermeiden, die zu Abwanderung und letztlich wirtschaftlichem Niedergang des Beratungsunternehmens führt, als auch im Beratungsunternehmen intern ein Strategiefindungsprozess anstoßen, der zu einer klareren und dann auch einlösbaren Positionierung des Beratungsunternehmens führt, die ihrerseits Erwartungssicherheit für den Klienten produziert. Der Autor nähert sich dieser Aufgabe über eine Typologie von Beraterrollen, die er als bildhaft verdichtete Erwartungsbündel fasst. Die Rollen werden anhand beispielhafter Personen, ihren Stärken und Schwächen und ihrer Orientierungen verdeutlicht. Ferner wird eine Einschätzung der zukünftigen Erfolgsaussichten der verschiedenen Beratertypen versucht (vgl. Abbildung 1). Im Schlussabschnitt diskutiert er „Anknüpfungspunkte für eine erwartungszentrierte Beratung". Die für notwendig gehaltene Fokussierung, in Selbstanwendung gegenwärtig gängiger Empfehlungen, soll sich nicht nur auf Branchen- und Themenschwerpunkte beziehen, sondern auch auf das Rollenprofil der Beratungsorganisation, das durchaus mehrere der diskutierten Rollen umfassen kann. Über die Rollen entsteht nach außen Transparenz und nach innen Identität. Vor allem aber führt die Rollenzentrierung zu der erwünschten Erwartungssicherheit beim Kunden.

Ohne Zweifel sind die vorgestellten Überlegungen anregend, und sei es nur, um das Selbstverständnis des Beraters oder auch des Beratungsunternehmens im „Rollenspiel" zu reflektieren. Inwieweit die Überlegungen tragen, um die diagnostizierten „Schwierigkeiten der Beratungsbranche" – andere sprechen von einer veritablen Krise (WIMMER/KOLBECK/MOHE 2003) – zu überwinden, steht auf einem anderen Blatt.

Bestehen die „Schwierigkeiten der Beratungsbranche" darin, dass man den „Klienten aus dem Blickfeld verloren hat"? Verspricht dementsprechend Erwartungssicherheit Abhilfe?

Es lohnt ein Blick zurück auf den „Beratungsboom" bis 2002 und seine Erklärungsversuche (ERNST/KIESER 2002; FAUST 2005). Ein Moment der Erklärung des Branchenwachstums bestand darin, dass es den führenden Beratungsunternehmen[1] immer wieder gelungen ist, ein Wechselspiel aus Verunsicherung und daran anknüpfendem (partiellen) Sicherheitsversprechen zu inszenieren. Beratungsunternehmen liefern (Um)welt- und Problemdiagnosen und -deutungen und erneute Entscheidungssicherheit versprechende Lösungen für die definierte Situation. Diese „Lösungen" verspricht das Beratungsunternehmen, an die spezifischen Bedingungen des jeweiligen Klienten anzupassen und (sofern gewünscht) dazu beizutragen, diese auch intern gegen Widerstreben noch nicht überzeugter oder in Position und Status negativ betroffener Mit- und Gegenspieler durchzusetzen („change agent"). Darin besteht im Kern die erbrachte Dienstleistung, die aber den weiteren Horizont von Problemdefinition und Lösungsraum zu ihrer Erklärung und Rechtfertigung benötigt, den Beratungsunternehmen über ihre eigenen Publikationen und Angebote gewissermaßen kostenlos der Öffentlichkeit zur Verfügung stellen. In einem strengen Sinne ist „Kundenorientierung" gar nicht möglich; es muss immer mit Typisierungen von Problemen und Lösungen gearbeitet werden. Die Kunst der Beratung besteht darin, die eigenen Typisierungen als diejenigen plausibel zu machen, die auch für den Kunden relevant sind. Solche Problemdefinitionen und -lösungen können sich zu Managementmoden verdichten, deren Aufkommen seit den 1980er Jahren selbst als Erklärungsfaktor für den Beratungsboom dient (KIESER 2002). Einzelne Beratungsunternehmen können selbst Gefangene und Getriebene von Moden sein, nichtsdestotrotz sind sie oft die Schöpfer und Verbreiter derselben (ABRAHAMSON 1996). Für sich genommen klingt das zu sehr nach „Verschwörung" und die Manager erscheinen als „Marionetten" der Berater und der Moden. Tatsächlich ist die Kombination elementarer Entscheidungsun-

---

[1] Ich spreche hier vom Mainstream, vernachlässige dessen innere Differenzierung, vor allem aber die Vielfalt kleiner und mittlerer Unternehmen und von Nischenanbietern. Diese Eingrenzung scheint angebracht, da der zu kommentierende Autor aus diesem Segment kommt.

gewissheit, gesteigerter Umweltkomplexität und beschleunigtem Wandels bei gleichzeitig verstärktem Bedarf nach Erklärung und Rechtfertigung getroffener Entscheidungen *auf Seiten des Managements* die Grundlage dafür, dass das Wechselspiel aus Verunsicherung und nachfolgendem Sicherheitsversprechen in der Lage ist, „Geschäft" zu generieren. Aber auch Berater können „schief" liegen und auch das Consulting ist ein „insecure business" (STURDY 1997). Es sind solche Erfahrungen (prominent: Enron), die den Diskurs über „Grenzen der Beratung" ausgelöst haben. Wie könnte ein Ausweg aussehen, der „den Klienten" wieder in den Blickpunkt rückt und Erwartungsabklärung auf die Tagesordnung setzt und zugleich Überleben und neues Wachstum für die Branche ermöglicht, wenn doch der Erfolg der Branche gerade auf „unabgeklärten" Erwartungsüberschüssen beruhte, die immer wieder neu mobilisiert werden konnten?

Ist Rollenklärung ein Ausweg? Und wie müsste eine Rollentypologie aussehen, die dazu beiträgt?

Bei der Bewertung der „zukünftigen Bedeutung" der vorgestellten Rollen werden diejenigen positiv beurteilt, in denen der Berater ein kritisch-distanziertes, reflektierendes, vermittelndes Verhältnis zum Klienten einnimmt (der „Mentor" und der „Übersetzer", mit Abstrichen der „Irritierende"). Hier, wie beim „Schamanen", handelt es sich um ein persönlich eingefärbtes, vertrauensbasiertes Verhältnis zum individuellen „Kunden". Schlecht wegkommen hingegen der „Konzeptlieferant" und der „Legitimator", Typenbezeichnungen, die die negative Konnotation geradezu vor sich her tragen.

Ist diese Bewertung nur ein Zugeständnis an den kritischen Beratungsdiskurs (WIMMER/KOLBECK/MOHE 2003)? Wer will schon ein bloßer „Konzeptlieferant" oder „Legitimator"[2] sein? Wer wäre nicht am liebsten ein „Übersetzer", der von einer höheren Warte aus in der Lage ist, alle anderen Rollen situationsspezifisch in sich zu vereinen? Und adeln die positiv besetzen Rollen nicht auch

---

[2] Legitimation kann nur eine latente Funktion oder Rolle sein. Legitimationsbedarf, verstanden als die Notwendigkeit, Entscheidungen zu erklären und zu rechtfertigen, ist ein ubiquitäres Organisationsphänomen. Legitimation geschieht dann beiläufig und geräuschlos, wenn Praktiken institutionalisiert sind, also fraglos gültig. Wenn dies nicht (mehr) der Fall ist, hilft nur ein erneuter Versuch der Erklärung und Rechtfertigung oder eine neue Praktik, die ihrerseits erklärt und gerechtfertigt werden muss. Kommt einem Akteur hierbei aufgrund eines wie auch immer begründeten Expertenstatus besondere Glaubwürdigkeit zu, kann er zur Legitimation beitragen. Er erreicht dies besonders wirkungsvoll, wenn er kein „Legitimator" im Sinne des Autors ist. Insofern kann es gar keine Positionierung der Managementberatung über die Rolle des „Legitimators" geben.

zugleich den Auftraggeber, der eben keine Konzepte „von der Stange" braucht und keiner Legitimation seiner Entscheidungen durch Dritte bedarf? Der Autor liefert gute Gründe für den Nutzen der favorisierten Rollen. Akademische Beobachter favorisieren sie so oder so, sind es doch die Rollen, die sie bei gelegentlichen Ausflügen in die Beratung am liebsten selbst ausfüllen und die bei „Rückkehr" in die „scientific community" am wenigsten Stirnrunzeln auslösen. Aber genauso wie die kritische akademische Beratungsliteratur oftmals an den Handlungs- und Entscheidungszwängen des Managements wie des Beraters vorbei argumentiert, unterschätzt der Autor aus der Beratungspraxis den Stellenwert der „überkommenen" Rollen und überschätzt den der „zukunftsfähigen". Es müsste zumindest berücksichtigt werden, dass am bisherigen und wohl auch heutigen Beratungsmarkt die Rollen „mit Zukunft" einen geringen Anteil haben, wenn auch eine Steigerung des Marktanteils nicht ausgeschlossen werden soll (KOLBECK 2001). Kurzum: Ich vermute eine „unpraktische" Überschätzung der zukünftigen Bandbreite von Beratungsrollen durch den „Praktiker" und eine spiegelbildliche Unterschätzung der traditionellen.

Wie kommt es zu Überschätzung und spiegelbildlicher Unterschätzung? Sie ist schon in der Konstruktion der Typologie angelegt. Die vorgestellten Rollen stellen eigentlich eine Typologie von Berater-Klienten-Beziehungen dar und nicht nur eine Beratertypologie. Es ist die Engführung der Beziehungstypologie auf die Dyade individueller Berater und Manager, auf eine „Zweier-Beziehung", die Relevantes ausblendet. Die Intention des Autors nutzend möchte ich die dyadische Beziehung erweitern und dann andeuten, was man ergänzend in den Blick bekommt. Neben den Personen, die in der Beratungsbeziehungstypologie des Autors vorkommen, ist ein Beratungsprojekt durch eine erweiterte Akteurskonstellation gekennzeichnet, die die Beratungsorganisation des Beraters und die Klientenorganisation und damit den Kreis der internen und externen Adressaten und Betroffenen eines Beratungsprojekts umfasst. Wer die Adressaten sind, steht nicht von vorneherein fest, kann sich im Zeitablauf ändern und wechselt von Fall zu Fall, auch wenn es bestimmte institutionell vorgebe Adressatengruppen gibt, die üblicherweise relevant sind (z.B. Konzernleitungen, Betriebsräte, Kreditgeber; Aktionäre). Von Fall zu Fall kommen Konkurrenten um Aufstiegspositionen oder andere funktionale oder professionelle Gruppen als die des Auftraggebers hinzu. Ferner ließ die Dezentralisierung von Verantwortung die potenziellen Auftraggeber zahlenmäßig zunehmen und hinsichtlich Position und Funktion vielfältiger werden, sodass sich in großen Organisationen eine Vielzahl von Beratungsanlässen, Motiven und Akteurskonstellationen ergeben.

Veränderungsprojekte und daran geknüpfte Beratung müssen das Ziel verfolgen, die Wettbewerbsfähigkeit des Unternehmens wieder herzustellen oder auszubauen. Aber nichts in diesem Feld ist eindeutig. Aufgrund der hohen organisationsinternen Komplexität und der vielfältigen Interdependenzen mit der Umwelt sind Ursache-Wirkungsketten immer strittig und oft umkämpft. Auch im Nachhinein müssen Erfolg oder Misserfolg Maßnahmen zugerechnet werden, sodass es auch ex post auf Ursache-Wirkungs*überzeugungen* ankommt. Kurzum, es kommt auf das Glaubhaftmachen von Erfolgsversprechen an, weil relevante Stakeholder überzeugt oder doch zumindest beruhigt werden müssen, weil nur so Ressourcen mobilisiert, Koalitionen des Wandels geschmiedet und Zweifler und Bremser delegitimiert und entmutigt werden können. Auch das persönliche Macht- oder Sicherheitsstreben von Managern kann nicht als solches verfolgt werden, sondern nur mit Bezug auf ein Erfolgsversprechen für die Organisation. Es waren und sind diese Konstellationen, die die „große" Managementberatung ins Spiel brachten und bringen – und zwar in Kombinationen der vom Autor eher kritisch gesehenen Rollen des „Konzeptlieferanten", „Umsetzers" und „Legitimators". Managementmoden sind gewissermaßen der Schmierstoff in diesem Spiel. Ist dieses Spiel nun zu Ende? Das ist die Frage, die im Krisendiskurs der Branche von kritischen Beobachtern aufgeworfen und tendenziell mit „Ja" beantwortet wird (WIMMER/KOLBECK/MOHE 2003). Müssen die großen Beratungsgesellschaften sich auf ein neues Spiel einlassen? Diese Frage wirft der Autor auf und beantwortet sie tendenziell mit „Ja". Vermutlich können die großen Beratungsgesellschaften einen solchen Wandel nicht in bisheriger Größe, Wachstumsdynamik und Struktur bewältigen, denn Rekrutierungspraxis, Kompetenzaufbau und -profile, Karrieremodell und Muster des Reputationsaufbaus der großen Beratungsgesellschaften sind eng untereinander und mit Größe und Wachstum verbunden.

Aber, *ob* das bisherige „Spiel" zu Ende ist, ist nicht ausgemacht. Insbesondere in den großen managementgeführten, kapitalmarktorientierten Unternehmen sind die bisherigen Triebkräfte weiterhin wirksam. Hierzu passt eine aktuelle Meldung (Spiegel Online, 18. Mai 2005), wonach inzwischen nirgends die „Jobs" der Vorstandschefs so unsicher sind wie in Deutschland[3]. Nehmen wir die vermutlich noch größere Positions-, Status- und oft auch Beschäftigungsunsicherheit auf den Ebenen darunter hinzu (vgl. FAUST u.a. 2000), deren Positionsinhaber oft ebenfalls Auftraggeber von Beratung sind, so summieren sich die Motive auf, sich beglaubigte Rückversicherung zu holen. Nehmen wir ferner die intensivere Beobachtung und Bewertung von börsennotierten Unternehmen durch Analysten und Fondsmanager sowie Banken und Rating-Agenturen hinzu, die mangels anderer Einblicke Unternehmen zukunftsbezogen nur nach Maßgabe standardisierter Erfolgskonzepte (Benchmarks, Best Practices) beurteilen können, so mehren sich die Anlässe, die notwendigen Erfolgsversprechen mit beglaubigten Konzepten und mit Einschaltung derjenigen Beratungsgesellschaften zu unterlegen, die eben jene Benchmarks und Best Practices (mit) hervorbringen. Alles in allem, es sind jedenfalls nicht die Bedingungen unter denen Manager vornehmlich den „Irritierenden", den „Mentor" oder den „Übersetzer" suchen können(!). Zeitdruck herrscht vor und in der Folge ein Bedarf an einfach kommunizierbaren Erfolgskonzepten, die unvermeidlich *Neuerung* signalisieren müssen.

Vor allem außerhalb dieses Bezugsrahmens[4] ist eine andere als die bisherige Mainstream-Beratung möglich und erwünscht, „Beratung", die aber nicht notwendigerweise durch externe, kommerzielle Akteure erbracht werden muss[5]. Nicht, dass in der gegenwärtigen Situation generell „Irritierende", „Mentoren" und „Übersetzer" nicht vonnöten wären, ganz im Gegenteil, aber sie müssten die Rahmenbedingungen mitreflektieren, die bislang in weiten Bereichen der Wirtschaft Manager und (Mainstream-)Beratung gleichermaßen gefangen halten. War das die eigentliche Idee des Autors? Sie verdiente weitere Ausarbeitung, auch wenn sie nicht die Probleme der großen Unternehmensberatung löst.

---

[3] Das wirft zunehmend auch das Problem auf, wer denn *der* Kunde ist, auf den hin orientiert werden soll.

[4] Sich häufende Berichte über langfristig orientierte, im Familienbesitz befindliche Unternehmen, die auf „patient capital" bauen können, zeugen davon, dass es andere Rahmungen gibt (vgl. „Erfolgsmuster langlebiger Familienunternehmen", Wittener Diskussionspapier Sonderband Nr. 2, 2005).

[5] Zu den institutionellen Voraussetzungen für den Beratungsboom im Zeit- und Ländervergleich und zu funktionalen Äquivalenten für kommerzielle Beratung siehe Faust (2005).

Literatur

ABRAHAMSON, E. (1996): Management Fashion, in: Academy of Management Review, Vol. 21 (1996), S. 254-285.

ERNST, B./KIESER, A. (2002): Versuch, das unglaubliche Wachstum des Beratungsmarktes zu erklären, in: SCHMIDT, R/GERGS, H.-J./POHLMANN, M. (Hrsg.): Managementsoziologie. Themen, Desiderate, Perspektiven, München/Mering, S. 56-85.

FAUST, M. (2005): Managementberatung in der Organisationsgesellschaft, in: Jäger, W./Schimank, U. (Hrsg.): Organisationsgesellschaft. Facetten und Perspektiven, Reihe Hagener Studientexte zur Soziologie, Opladen, S. 529-588.

FAUST, M. (2002): Consultancies as Actors in Knowledge Arenas: Evidence from Germany, in: KIPPING, M./ENGWALL, L. (Hrsg.): Management Consulting: Emergence and Dynamics of a Knowledge Industry, Oxford, S.146-163.

FAUST, M./JAUCH, P./NOTZ, P. (2000): Befreit und entwurzelt: Führungskräfte auf dem Weg zum „internen Unternehmer", München/Mering.

KIESER, A. (2002): Managers as Marionettes? Using Fashion Theories to Explain The Success of Consultancies, in: KIPPING, M./ENGWALL, L. (Hrsg.): Management Consulting: Emergence and Dynamics of a Knowledge Industry, Oxford, S. 167-183.

KOLBECK, CH. (2001): Zukunftsperspektiven des Beratungsmarktes, Wiesbaden.

STURDY, A. (1997): The Consultancy Process: An Insecure Business?, in: Journal of Management Studies, Vol. 34 (1997), S. 389-413.

WIMMER, R./KOLBECK, CH./MOHE, M. (2003): Beratung: Quo vadis? In: Organisationsentwicklung, Heft 3/2003.

3 Anmerkungen zur Strategieberatung

Prof. Dr. Clemens Börsig
Mitglied des Vorstands, Deutsche Bank AG
Dr. Gurdon Wattles
Managing Director, Head of Group Market Communications,
Deutsche Bank AG

Die Geschichte der Strategieberatung ist kurz, aber ereignisreich. Seit ihren Anfängen in den 60er Jahren hat sie sich zu einem stark beachteten, ertragreichen, erfolgreichen und umstrittenen Zweig der globalen Beratungsindustrie entwickelt. Im Zuge des fortschreitenden Wachstums hat die Strategieberatung einen erheblichen – einige würden sagen einen unverhältnismäßig hohen – Einfluss innerhalb der Geschäftswelt erworben. Einige der weltweit bekanntesten Unternehmen haben die Hilfe von Strategieberatern in Anspruch genommen. Strategieberatungsunternehmen ziehen weltweit einige der größten Talente von Wirtschaftsschulen und Universitäten an, und eine steigende Zahl an Führungskräften aus den verschiedensten Industriezweigen verfügt über eigene Erfahrungen als Strategieberater. Aus der Strategieberatung ist eine ungeheure Fülle an Fachliteratur erwachsen, in Form von Lehrbüchern, Fallstudien, Aufsätzen und sonstigen Veröffentlichungen. Der Einfluss des Strategieberatungsparadigmas steht außer Zweifel.

Nichtsdestotrotz steht die Strategieberatung heute vor einer Reihe von Herausforderungen. Das Ertrags- und Margenwachstum hat nachgelassen. Hinsichtlich der Frage, welchen Wert Strategieberater schaffen, gehen die Meinungen von Unternehmenslenkern weit auseinander. Die führenden Strategieberatungsunternehmen sind scharfem Wettbewerb ausgesetzt, nicht nur durch die Konkurrenz aus anderen Zweigen der Beratungsindustrie, sondern auch durch die zunehmende Entwicklung strategischer Kompetenzen bei ihren angestammten Kunden. Vor allem aber ist eine Korrelation zwischen der Inanspruchnahme von Strategieberatung und der Schaffung von Börsenwert nach wie vor nicht nachweisbar. Und die in den letzten Jahren immenses Aufsehen erregenden Zusammenbrüche von Unternehmen, die mitunter in erheblichem Umfang Strategieberatungsleistungen in Anspruch genommen hatten, haben die Skepsis gegenüber der Leistung der Strategieberatung erneut bekräftigt.

Angesichts dieser zunehmend schwierigen Rahmenbedingungen mehren sich die Anzeichen, dass sich das Paradigma der Strategieberatung einem Wandel unterzieht. Eine Branche, die ihre Kunden zu Innovation und Differenzierung ermutigt hat, strebt nun für sich selbst nach Innovation und Differenzierung. Der Wandel des Strategieberatungsmodells wird erhebliche Folgen für die führenden Vertreter der Branche haben: Sowohl die Organisationsstrukturen der Strategieberatungsunternehmen als auch die Fähigkeiten ihrer Lenker werden sich verändern müssen, wenn die Strategieberatung auch im 21. Jahrhundert weiterhin prosperieren soll.

Strategieberatung: Ursprung zahlreicher Kontroversen

Die Diskussion über den Nutzen der Strategieberatung hat einige stark beachtete und erheblich voneinander abweichende Meinungen hervorgebracht. So zeichnet Dietmar Fink im Rahmen seiner Studie „Management Consulting 2004" (FINK 2004) ein durchaus positives Bild aus Kundensicht:

„Die Zufriedenheit mit den Leistungen von Managementberatern hat seit unserer letzten Untersuchung beachtlich zugelegt und in diesem Jahr das höchste von unserem Institut jemals gemessene Niveau erreicht."

Im Gegensatz dazu beschreibt ein im selben Jahr im Manager Magazin erschienener Artikel (STUDENT/WERRES 2004) einige der Herausforderungen, derer sich die führenden Strategieberatungsunternehmen gegenübersehen:

„Unternehmensberater: Das Image der klugen Helfer ist so mies wie seit Jahren nicht...Kunden werden kritischer, das Ringen der Berater um Verträge, Projekte und Etats wird härter...So misstrauisch sind die Klienten geworden, dass einige sogar die Arbeit ihrer Berater von der Konkurrenz überprüfen lassen."

Und einer der erfahrensten Manager der deutschen Industrie, Ferdinand Piëch, äußert sich mehr als deutlich:

"Wenn man ein Unternehmen zerstören will,..., dann muss man nur versuchen, es mit externen Beratern in Ordnung zu bringen." (vgl. Vorwort von Günter OGGER in STEPPAN 2003).

Strategieberatung und Börsenwert: keine eindeutige Korrelation

Diese abweichenden Meinungen spiegeln ein grundlegenderes Problem wider, nämlich den Mangel einer eindeutigen Korrelation zwischen der intensiven Nutzung von Beratungsleistungen und dem geschäftlichen Erfolg. Das Schicksal von Swissair und Enron, die beide in großem Umfang Beratungsleistungen in Anspruch genommen haben, ist hinreichend bekannt. Zudem haben sich einige äußerst erfolgreiche Unternehmen wie Berkshire Hathaway, Bosch oder Aldi explizit gegen die Zusammenarbeit mit Beratern ausgesprochen. Andere erfolgreiche Konzerne wie Nokia und der mexikanische Zementhersteller Cemex wiederum haben in wichtigen Phasen ihrer Entwicklung die Leistungen von Strategieberatern nachgefragt.

Eine systematischere Betrachtung unterstützt den Eindruck, dass die Korrelation zwischen der Inspruchnahme von Beratungsleistungen und der nachhaltigen Schaffung von Shareholder-Value alles andere als eindeutig ist. Eine Analyse über die Aktienmarktentwicklung in den letzten drei Jahrzehnten konnte keine ausgeprägte Korrelation identifizieren (vgl. Abbildung 1).

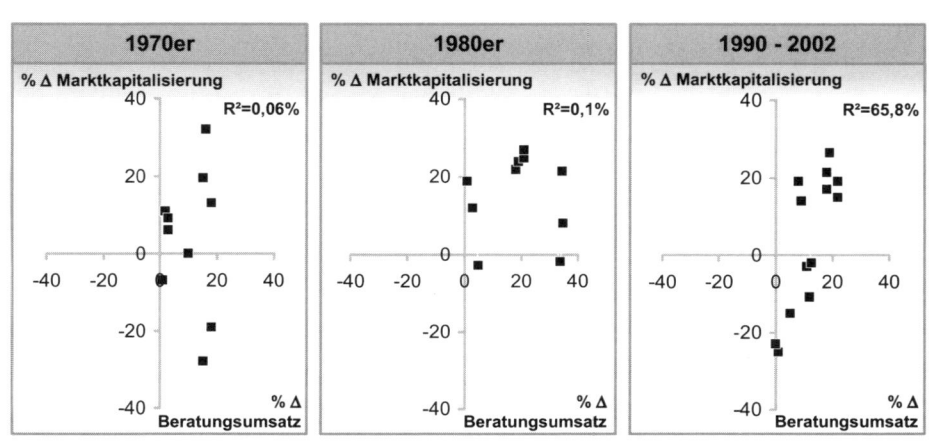

Abb. 1: Korrelation zwischen Beratung und Börsenwert nicht nachweisbar
Hinweis: MSCI World Index dient als Basis der Marktkapitalisierung

(Quelle: Kennedy, T.F. Datastream)

Eine Analyse des DAX-Indexes über die letzten zehn Jahre zeigt sogar eine negative Korrelation, das heißt, der Anteil von DAX-Unternehmen am Euro Stoxx-Index ist proportional zur Nutzung von Beratungsleistungen zurückgegangen (vgl. Abbildung 2). Das ist ein signifikantes Ergebnis, denn es gibt klare Anzeichen dafür, dass die durchschnittliche Amtsdauer des CEO eines großen Unternehmens immer mehr abnimmt und dass die „Langlebigkeit" im Amt des CEO zunehmend an die Entwicklung des Aktienkurses gekoppelt ist.

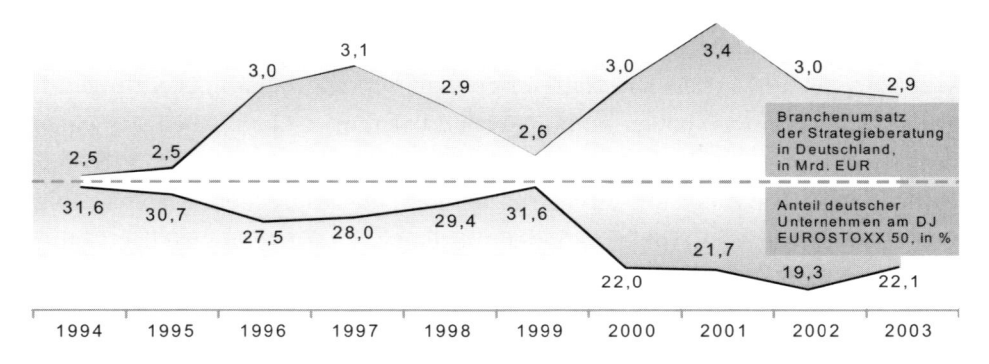

Abb. 2: Einige Indikatoren suggerieren eine negative Korrelation zwischen Strategieberatung und Unternehmenserfolg
Hinweis: Alle Zahlenangaben gerundet
(Quellen: Bundesverband Deutscher Unternehmensberater BDU e.V., Stoxx Limited (www.stoxx.com))

Andererseits besteht kein Zweifel über den Beitrag der Strategieberatung zur Schaffung von intellektuellem Kapital. Die Strategieberatung hat fraglos den Anstoß zu einer datenbasierten, analytischen Vorgehensweise bei der Bestimmung der Unternehmensstrategie gegeben. Viele konzeptionelle Instrumente hatten ihren Ursprung in der Strategieberatung, wurden jedoch in hohem Maße außerhalb der Beratungsbranche eingesetzt. Strategieberatungsunternehmen stellen eine wichtige Verbindung zwischen den Hochschulen und der Geschäftswelt dar, und die führenden Anbieter haben sich als „Talentschmiede" für den Unternehmenssektor erwiesen. Ein in diesem Zusammenhang zu nennendes Phänomen sind die immer zahlreicheren „Alumni-Netzwerke", deren Bedeutung und Einfluss erheblich sind.

Bevor die heutigen Herausforderungen für die Strategieberatung aufgezeigt werden, empfiehlt es sich, die derzeitige Situation der Branche näher zu betrachten, das heißt Marktentwicklungen, Wachstumstrends und den intellektuellen Leistungsanspruch.

Der Markt für Strategieberatung

Der Gesamtwert des Marktes für Beratungsdienstleistungen beträgt, gemessen an den jährlichen Gebühreneinnahmen, ungefähr 120 Mrd. $ (vgl. Abbildung 3). Davon sind rund 50 % auf IT-bezogene Beratungsleistungen zurückzuführen. Die 80er Jahre könnten als die „Wachstumsphase" der Branche bezeichnet werden: In den Jahren 1982 bis 1990 lag die durchschnittliche Wachstumsrate jeweils über 25 %. Zwischen 1990 und 2002 mehrten sich die Anzeichen für eine Marktsättigung mit Wachstumsraten von knapp über 11 %. Die Strategieberatung belegt heute einen Nischenplatz innerhalb der gesamten Beratungsindustrie – bei Jahresumsätzen von über 20 Mrd. $ handelt es sich allerdings um eine durchaus beachtliche „Nische".

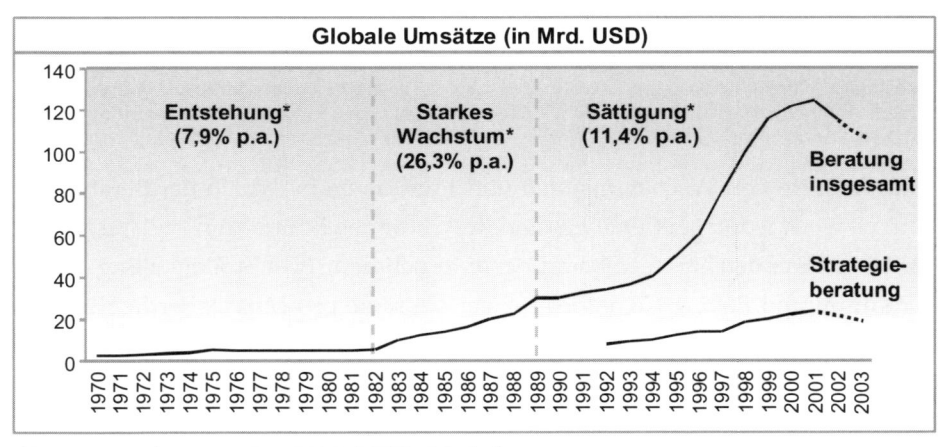

Abb. 3: Strategieberatung: Eine 20 Mrd. USD „Nische"
Hinweis: Kumuliertes jährliches Wachstum der Beratung insgesamt von 1989 bis zum Höhepunkt in 2001 war 13 % p.a.; Entwicklung ab 2002: eigene Schätzung
(Quelle: Kennedy, AdAge, American Lawyer)
*Wachstumsraten beziehen sich auf Beratung insgesamt

Darüber hinaus ermöglicht Strategieberatung einen erheblichen Preisaufschlag: Im Jahr 2002 betrug der Umsatz pro Mitarbeiter bei den führenden Strategieberatungsunternehmen knapp über 400.000 $ (vgl. Abbildung 4), mehr als doppelt so viel wie der durchschnittliche Umsatz anderer Beratungsunternehmen. Auch im Vergleich zu anderen Anbietern von Beratungsleistungen wie Wirtschaftsprüfern und Werbeagenturen können deutlich höhere Preise durchgesetzt werden; nur Top-Anwaltskanzleien erzielen einen höheren Umsatz pro Mitarbeiter.

Umsatz pro Mitarbeiter in ausgesuchten Beratungsbrachen: 2002 (in Tsd. USD)

- Top Anwaltskanzleien[1]: 513
- Top Beratungsunternehmen[2]: 402
- Top Wirtschaftsprüfer: 279
- Top Werbeagenturen[3]: 241
- Andere Beratungsunternehmen[4]: 156

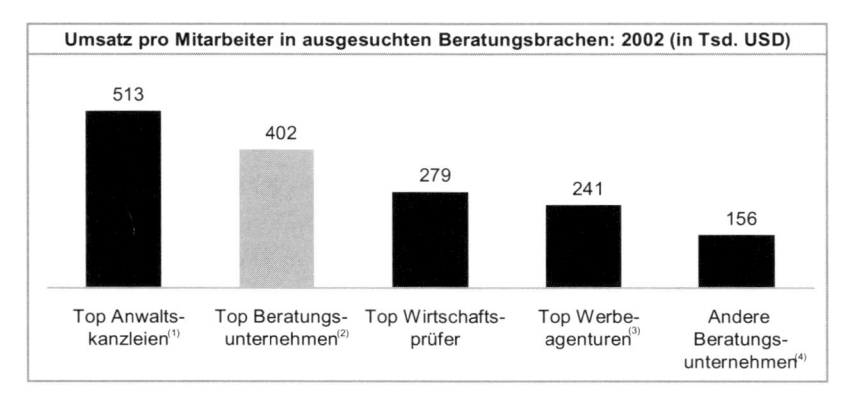

Abb. 4: Strategieberatung erlaubt eine signifikante Prämie
(1) Globale Top 100
(2) McKinsey, BCG, Bain und Roland Berger
(3) Top 25 Werbeagenturen (US Kerngeschäft)
(4) Deloitte, Accenture, KPMG, PwC, Cap Gemini Ernst & Young (einschließlich ehemals Gemini Consulting)
(Quelle: Kennedy, Harvard Case Studies, Adage.com, American Lawyer, Public Accounting Report)

Eine Analyse von Wachstumsraten und Preissätzen innerhalb der Beratungsindustrie weist jedoch auf eine Erosion des „Prämien-Status" hin (vgl. Abbildung 5). Die führenden Strategieberatungsunternehmen, Boston Consulting Group, McKinsey und Bain & Co, erzielen zwar Umsätze pro Mitarbeiter in Höhe von rund 400.000 $, ihre Fünfjahres-Wachstumsraten liegen jedoch unter 15 % und damit deutlich unter denen auf schnelles Wachstum ausgerichteter Beratungsfirmen mit niedrigeren durchschnittlichen Preissätzen wie Accenture, Deloitte, Cap Gemini oder Ernst & Young. Letztere steigerten ihre Strategieberatungsumsätze zwischen 1997 und 2001 um mehr als 30 % pro Jahr.

Erheblicher Wettbewerbsdruck entsteht darüber hinaus von Seiten der Kunden, die ihre eigenen Fähigkeiten und Ressourcen zur Strategieentwicklung deutlich ausgebaut haben. So hat sich in Nordamerika die Zahl der in Führungsebenen von Unternehmen vertretenen MBA-Absolventen in den 80er Jahren mehr als verdoppelt und stieg auf über 10 %. Im Jahr 2003 waren 35 % der leitenden Führungskräfte von Fortune 500-Unternehmen ehemalige Berater – nur sechs Jahre zuvor waren es noch 20 %.

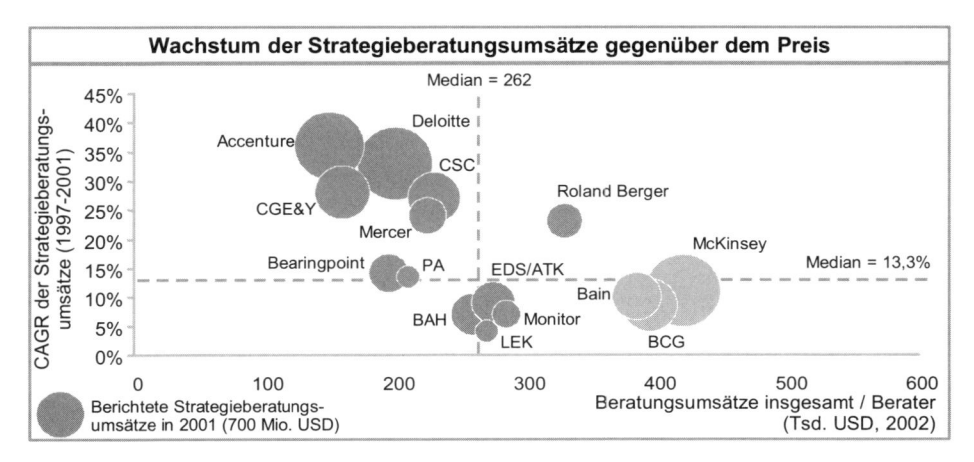

Abb. 5: Erosion des „Prämien-Status"
Hinweis: Wachstumsrate von Deloitte wurde für sehr starkes nicht organisches Wachstum in 1999 nach unten angepasst; unangepasst CAGR = 66 %
(Quelle: Kennedy)

Die wirtschaftlichen Konsequenzen für das Geschäft der Strategieberatung sind offensichtlich. Der Wettbewerb nimmt zu und die Ansprüche der Kunden steigen. Dem gegenüber steht eine gleichbleibend hohe Nachfrage nach den besten Fachkräften und damit eine begrenzte Kostenelastizität der führenden Strategieberatungsunternehmen: Die Erosion der Preise wird sich unmittelbar im Ergebnis niederschlagen. Um Druck auf die Margen zu vermeiden, ist es für die etablierten Strategieberater wichtiger denn je, sich eindeutig von der Konkurrenz abzuheben.

Um das gesamte Potenzial für nachhaltige Differenzierung zu verdeutlichen, empfiehlt es sich, sich kurz mit der Entwicklung des „Produkts" Strategieberatung auseinander zu setzen.

Das „Strategieprodukt"

In den Anfängen der Strategieberatung in den 60er Jahren stand die Überzeugung im Mittelpunkt, dass die Faktoren, die zu einem Wettbewerbsvorteil führen, durch konzeptionelles Denken in Verbindung mit einer konsequenten, datenbasierten Analyse identifiziert, zusammengefasst und entwickelt werden können. Das Erzielen von Wettbewerbsvorteilen wurde zu einer Wissenschaft, deren Konzepte auf verschiedene Branchen und wirtschaftliche Rahmenbedingungen angewendet und damit zu einem wirtschaftlich verwertbaren Beratungsprodukt werden konnten. Dies war eine deutliche Abkehr vom herkömmlichen Modell der operativen Managementberatung, deren Anfänge bis in die 1880er Jahre zurückreichten (FINK/KNOBLACH 2003). Die Analyse des externen Umfelds einschließlich der Position der Kunden unterschied sich grundlegend von der nach innen gerichteten Untersuchung der Produktivität, die bis dahin das Leistungsangebot externer Berater bestimmt hatte.

Erste konzeptionelle Instrumente

Bruce Henderson, der die Erfahrungskurve und die damit verbundene Marktwachstums-Marktanteils-Matrix entwickelt und veröffentlicht hatte, gründete 1963 die Boston Consulting Group, bei der die „Strategieberatung" explizit im Mittelpunkt ihres Leistungsangebots stand (FINK/KNOBLACH 2003).

Ebenfalls Anfang der 60er Jahre entwickelte Fred Borch bei General Electric ein Modell zur Profitabilitätsoptimierung, um die Renditen der im gesamten Geschäftsportfolio von GE getätigten Investitionen zu ermitteln. Einige Jahre später entwickelte Borch gemeinsam mit McKinsey das Konzept der Strategischen Geschäftseinheiten (SGE) und die Marktattraktivitäts-Wettbewerbsvorteils-Matrix als ein Instrument zur Unterstützung von Investitionsentscheidungen (SCHRADER/BINDER 2002). Ein weiteres Konzept, das in den frühen 60er Jahren entwickelt wurde, ist die von Professor Kenneth Andrews (ANDREWS 1971) von der Harvard Business School ausgearbeitete SWOT-Analyse (Stärken/ Schwächen, Chancen/ Risiken).

Das grundlegende Ziel dieser neuen Art der Beratung war das Aufspüren von Chancen zur Erzielung von Wettbewerbsvorteilen in entscheidenden Bereichen eines Geschäftsportfolios. Der Unternehmensführung sollte ermöglicht werden, gezielt in Bereiche mit hohem Geschäftspotenzial zu investieren. In einem schnelllebigen und wettbewerbsintensiven Umfeld gibt es nur wenige Wettbewerbsvorteile, die dauerhaft oder zumindest langlebig sind. Nachhaltige Wettbewerbsvorsprünge basieren daher auf fortwährender Weiterentwicklung und der konsequenten Ausrichtung des Angebots auf die Bedürfnisse der Kunden. Der Wechsel von nach innen gerichteten Analysen zu einer marktorientierten und portfoliobasierten Vorgehensweise war der entscheidende Meilenstein in der Entwicklung der Strategieberatung.

„Harte" und „weiche" Faktoren

Nichtsdestotrotz galten für diese konzeptionellen und analytischen Instrumente zwei Einschränkungen. Zum einen konnten die verständlichen und kommunizierbaren Konzepte gelehrt, kopiert und unabhängig von den Beratern, die damit ihr Geld verdienten, angewendet werden. Zum anderen wurde nur ein Teil der zahlreichen Faktoren, die für die Erzielung nachhaltiger Wettbewerbsvorsprünge entscheidend sind, berücksichtigt. Mit der zunehmenden Weiterentwicklung der Industrien und Technologien stieg auch die Komplexität. Angesichts der zunehmenden Effizienz der Kapitalmärkte und der Fortschritte bei der betriebswirtschaftlichen Ausbildung stiegen die Kosten für Humankapital schneller als die Kapitalkosten. Der „Faktor Mensch" wurde immer mehr zu einem Erfolgsfaktor.

Entsprechend erweiterten die führenden Beratungsunternehmen ihre Angebotspalette. Prozessbezogene Fähigkeiten spielten bei der Suche nach Wettbewerbsvorteilen eine immer bedeutendere Rolle. Neben statischen wettbewerbsrelevanten Stärken wurden zunehmend dynamische Aspekte in das Angebot der Strategieberatungen integriert. Ein Beispiel hierfür ist das Konzept des Zeitwettbewerbs der Boston Consulting Group (STALK 1988). Darüber hinaus konzentrierten sich Strategieberater darauf, einen höheren Nutzen aus dem „menschlichen Kapital" zu ziehen. Mitarbeiterbezogene Faktoren – manchmal auch als „weiche Faktoren" bezeichnet" – wurden in die Überlegungen miteinbezogen.

Das 7S-Modell von McKinsey (PETERS/WATERMAN 1982) verdeutlicht, wie die Strategieberatung ab den 80er Jahren ihr Spektrum ausgeweitet sowie „harte" und „weiche" Faktoren einbezogen hat, um eine möglichst umfassende Zahl von wettbewerbsentscheidenden Faktoren zu berücksichtigen.

Die Strategieberatung hat im Laufe der letzten vier Jahrzehnte eine bemerkenswerte Entwicklung vollzogen. Dennoch sehen sich die einschlägigen Unternehmen mit einer Reihe von Herausforderungen konfrontiert, die die zukünftige Ausrichtung der Branche maßgeblich beeinflussen werden.

7s-Modell

■ „Harte" Faktoren
□ „Weiche" Faktoren

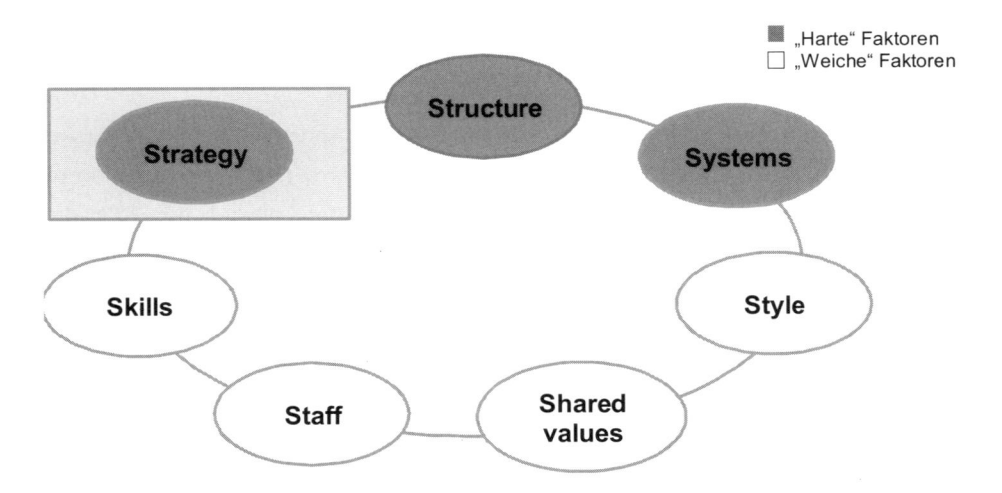

[Diagramm: Kreisförmige Anordnung der 7 S – Structure, Systems, Style, Shared values, Staff, Skills, Strategy; „Harte Faktoren" (grau): Structure, Systems, Strategy; „Weiche Faktoren" (weiß): Style, Shared values, Staff, Skills]

Abb. 6: Strategisches Management – Abstimmung von „harten" und „weichen" Faktoren
(Quelle: PETERS/WATERMAN 1982)

Externe und interne Herausforderungen für das traditionelle Geschäftsmodell

Einige der externen Herausforderungen, denen sich die Branche stellen muss, wurden bereits angesprochen: zunehmende Marktreife mit abnehmenden Wachstumsraten, Margendruck durch Wettbewerber mit niedrigeren Preisen, gleichbleibend hohe Kosten für qualifizierte Mitarbeiter sowie zunehmend anspruchsvollere und kompetentere Kunden. Zugleich stehen die Strategieberatungsunternehmen vor einer internen Herausforderung, die sich aus dem klassischen Geschäftsmodell der Branche ergibt. Um diese Herausforderung zu verdeutlichen, ist es notwendig, das herkömmliche Geschäftsmodell eingehender zu betrachten.

Das Modell der Hebelwirkung

Die klassische „Pyramidenstruktur" eines Strategieberatungsunternehmens besteht aus drei wesentlichen Hierarchieebenen (vgl. Abbildung 7). Die oberste Ebene umfasst die für die Akquise und das Relationship-Management zuständigen Top-Führungskräfte. Die mittlere Ebene übernimmt ebenfalls Relationship-Management-, vor allem aber Projektmanagement-Funktionen. Die dritte Ebene umfasst die Analysten und Junior-Berater, die für die grundlegenden Analysen und die Durchführung der Projekte verantwortlich sind. Berufliches Weiterkommen wird durch interne Beförderung und Selektion ermöglicht. Die Ebene der Top-Führungskräfte, einschließlich der Partner und Managing Directors, stellt in der Regel den geringsten Teil des Personals, verursacht aber einen erheblichen Teil der gesamten Kosten.

Titel (Beispiele)		Anteil, in %	
		Personalaufwand	Berater
Partner, Managing Director, Vice President	Relationship-management	40	15
Projektleiter	Projektmanagement	30	35
Analyst, Associate, Berater	Projektdurchführung	30	50

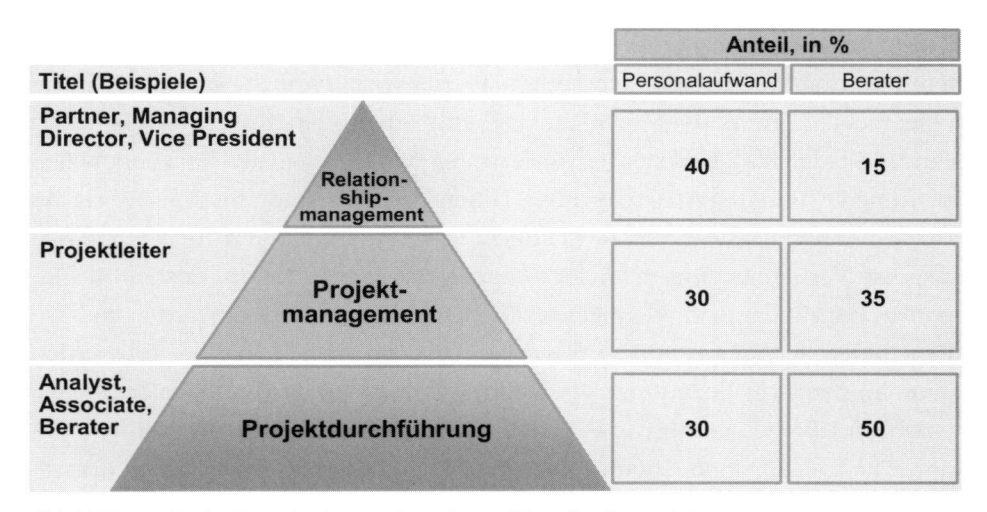

Abb. 7: Hierarchische Organisationsstruktur der traditionellen Strategieberatung

Ein entscheidender Faktor zur Erreichung maximaler Effizienz ist die Ausnutzung größtmöglicher Hebeleffekte. Effektives Management von Wissen - unter Einhaltung des Vertraulichkeitsprinzips - spielt dabei eine entscheidende Rolle. Die im Rahmen eines bestimmten Projekts gewonnenen Daten und Erkenntnisse müssen zugunsten des gesamten Unternehmens bestmöglich verwertet werden. Da die oberste Führungsebene für die Gewinnung von Geschäften verantwortlich ist, muss sie Aktivitäten, die nicht unmittelbar Erträge generieren, zwangsläufig eine geringere Priorität zuweisen oder diese delegieren. Die Betreuung der Kunden und die Überwachung der Projekte fallen damit in den Verantwortungsbereich der zweiten Ebene. Auf der Ebene der Analysten und Juniorberater gewährleisten Standardtools und Standardmethoden die maximale Kosteneffizienz bei der Nutzung des intellektuellen Kapitals des Unternehmens.

Die herkömmliche Vorgehensweise der Strategieberatungsunternehmen basierte auf dem „Up-or-out-Prinzip", bei dem die Mitarbeiter, die im Unternehmen blieben, Aussichten auf schnelle Aufstiegsmöglichkeiten und wachsende Verdienste hatten. Jährliche Kostensteigerungen sind daher in dem Modell berücksichtigt. Allerdings begrenzt das Prinzip der unternehmensinternen Beförderung die Möglichkeiten zur „Auffrischung des Genpools" durch Einstellung externer Führungskräfte.

Einschränkungen aus Sicht des Kunden

In den letzten Jahren hat die traditionelle Organisationsstruktur der Strategieberatungsunternehmen dafür gesorgt, dass der wirtschaftliche Erfolg des „Strategiemodells" im Widerspruch zu den sich ändernden Kundenbedürfnissen stand. Mit der Standardisierung und weiten Verbreitung der konzeptionellen Instrumente und Methoden werden Differenzierung und die Anpassung an Kundenwünsche zunehmend wichtiger. Der Wert von Branchenkenntnissen steigt im Verhältnis zum Wert der Beratungserfahrung. Da die Kosten für Humankapital zunehmend wichtiger für die Unternehmenslenker werden, messen die Kunden der Erfahrung von Seniorberatern, die eben nicht delegiert werden kann, immer mehr Bedeutung bei. Und mit zunehmender Komplexität bei Systemen und Prozessen birgt die Verwendung von Standardkonzepten die Gefahr, Chancen zur Innovation und Kreativität zu Lasten des Kunden zu übersehen (vgl. Abbildung 8).

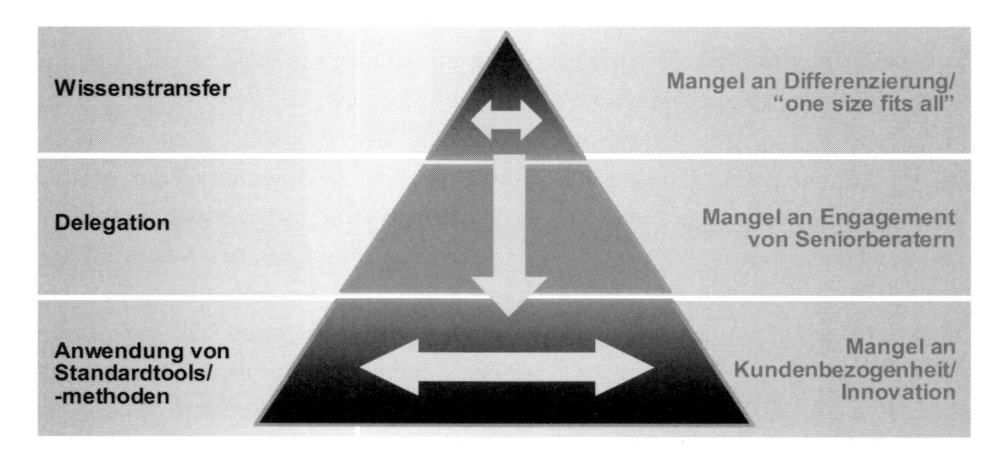

Abb. 8: Risiken und Probleme aus Kundensicht

Die Konsequenzen sind offensichtlich. Die Strategieberatungsbranche muss ihr Geschäftsmodell in Einklang mit den geänderten Kundenbedürfnissen bringen. Das Modell belohnt die Hebelwirkung von Seniorberatern und die Delegation; die Kunden verlangen aber gerade nach der nicht delegierbaren Kompetenz der Seniorberater. Das Modell belohnt effizienten Wissenstransfer; die Kunden verlangen aber gerade nach der nicht übertragbaren Erfahrung, einschließlich der spezifischen Branchenkenntnisse der Top-Consultants. Das Modell der Strategieberatung muss sich deshalb weiterentwickeln, um seinen intellektuellen Vorsprung und seinen „Prämien-Status" aufrechtzuerhalten.

Die Suche nach einem neuen Paradigma

Die Kunden werden zunehmend wählerischer und anspruchsvoller, wenn es um die Inanspruchnahme externer Berater geht – insbesondere bei der Strategieberatung. Einige Kunden haben ihr Wissen über Gebühren und Preise signifikant erweitert und sind so in der Lage, das Leistungsversprechen der Anbieter in einzelne Komponenten zu zerlegen. Dadurch können die Kunden ihre Beratungsaufwendungen auf genau die Teile des Angebots konzentrieren, in denen der externe Berater tatsächlich über Kompetenzen und Erfahrungen verfügt, die der Kunde nicht aufweisen kann.

Auf Grundlage von Kundenuntersuchungen führender Strategieunternehmen ist es möglich, einige Bestandteile des neuen Paradigmas der Strategieberatung zu identifizieren. Diese spielen nicht nur für die Weiterentwicklung der führenden Unternehmen eine erhebliche Rolle, sie sind ebenso wesentliche Erfolgsfaktoren für andere Beratungsgesellschaften, die ihre Aktivitäten im Strategiebereich ausweiten wollen.

- **Verstärkte Ausrichtung auf Wertschöpfung durch Implementierung:** Die Ausrichtung auf greifbare Ergebnisse und stark ergebnisorientierte Umsetzungsplanung wird zunehmen. Für Prozess- und Technologie-Berater ist die Umsetzungsunterstützung ein zentraler Bestandteil des Geschäftsmodells. Strategieberater mussten ihr Engagement bei der Implementierung deutlich erhöhen – eine Entwicklung, die sich fortsetzen dürfte.
- **Engagement von Seniorberatern:** Mit fortschreitender Reifephase des Produkts „Beratung" gewinnt das kumulierte Wissen immer stärker an Bedeutung. Dies trifft insbesondere auf CEOs und andere Führungskräfte auf

Kundenseite zu, denen „einschneidende Ereignisse" innerhalb ihrer Organisation bevorstehen, wie z.B. Unternehmenszusammenschlüsse, größere Akquisitionen oder signifikante Transformationsprogramme. Diese Ereignisse können für einige oder alle Mitglieder des Managementteams eine neue Erfahrung darstellen.

- **Kombination aus Beratungsexpertise und Branchenkenntnissen:** Die Entwicklung von eigenen internen Strategieberatungskapazitäten stellt die Schaffung von Mehrwert durch externe „professionelle Strategen" immer mehr infrage. Gleichzeitig ist die Bereitschaft der Kunden, den Beratern erst einmal Kenntnisse über das eigene Geschäft zu vermitteln, nie geringer gewesen. Die Kunden suchen zunehmend nach externen Meinungen und Anregungen, die auf einer sachkundigen Branchensicht basieren.
- **Change Management Expertise: Kommunikation, umsetzungsorientierte Lösungen:** Die Schaffung von Mehrwert durch Strategieberatung hängt zunehmend davon ab, nicht nur das Management überzeugen zu können, sondern das gesamte Unternehmen. Klare, kommunizierbare Ideen, erstklassige umsetzungsspezifische Details, Pragmatismus und kulturelles Feingefühl sind Voraussetzungen für diese Phase. All diese Eigenschaften haben Auswirkungen auf die Fähigkeiten, auf die Strategieberater bei Neueinstellungen achten und die sie entwickeln müssen.
- **Messbare Ergebnisse**: Die Führungskräfte auf Kundenseite verspüren immer stärkeren Druck, Wert zu schaffen und den Börsenwert zu steigern. Dieser Druck muss sich in der Natur der Beratungsmandate widerspiegeln. In einigen Fällen haben Technologie- oder umsetzungsorientierte Berater diesbezüglich Vorteile, da sie mitunter ein Medium zur Transparenz schaffen – z.B. Eigenkapitalbeteiligungen oder Jointventure-Vereinbarungen im Rahmen von Out- oder Smartsourcing-Initiativen.

Die Entwicklung des neuen Paradigmas wird erhebliche Auswirkungen auf den Wettbewerb unter den Strategieberatern haben. Profitieren werden dabei vor allem diejenigen Anbieter, die in der Lage sind, auf allen Ebenen die größten Talente anzuziehen und zu binden. Angesichts der Nachfrage nach praktischen, branchenspezifischen Erfahrungen gewinnt das Vorhalten umfassender Branchenkenntnisse immer stärker an Gewicht. Des Weiteren müssen erfolgreiche Strategieberater ihren zunehmend global agierenden Kunden einen gleichbleibend hohen Qualitätsstandard durch ein weltweites Netzwerk bieten, unter Beachtung der regionalen Vielfalt.

Vor diesem Hintergrund ist eine starke Marke unabdingbar – nicht nur im Hinblick auf die Kunden, sondern auch als Anziehungspunkt für talentierte Mitarbeiter. Den geforderten Bestand an Branchenexperten aufrechterhalten und effizient nutzen können nur diejenigen Unternehmen, die entsprechende Skaleneffekte erzielen können. Die Weiterentwicklung der Strategieberatung wird demzufolge eine Hand voll der am besten etablierten und weltweit operierenden Marktteilnehmer begünstigen. Damit kommen die Eigenschaften eines „bulge bracket" zum Tragen.

Fazit

Mit steigendem Reifegrad des Produkts Strategieberatung und zunehmend anspruchsvolleren Kunden, sowohl als Strategen als auch als Käufer, befindet sich das Strategieberatungsmodell in einem Prozess der „Zwangswandlung". Der Druck auf die Margen wird anhalten. Der Druck der Aktionäre auf die Kunden zwingt diese, einen konkreten Nachweis für Wertschöpfung zu liefern. Das wiederum sorgt für eine Fokussierung auf jene Aspekte des Geschäfts, für die Strategieberater einzigartige, nicht kopierbare Expertise liefern.

Positiv ist zu vermerken, dass das Interesse für Strategieberatung an Universitäten und Wirtschaftsschulen nach wie vor sehr hoch ist. Alumni Netzwerke – und damit die „Netzwerke" möglicherweise empfänglicher neuer Kunden – nehmen jedes Jahr zu. Nur wenige Branchen oder Sektoren verfügen über eine derartig hohe Konzentration an intellektueller Begabung. Nichtsdestotrotz werden die Herausforderungen im wirtschaftlichen Umfeld diese Begabung zu einer neuen Ausrichtung zwingen. Die Strategieberatung hat seit ihren Anfängen in den 60er Jahren eine immense Weiterentwicklung vollzogen. Dieser Prozess wird und muss sich fortsetzen.

Literatur

ANDREWS, K.R. (1971): The Concept of Corporate Strategy, in: The Concept of Corporate Strategy, Homewood/IL, S. 18-46.

FINK, D. (2004): Management Consulting 2004: Trends und Kompetenzen in der Managementberatung (Informationen zur Studie), The Institute of Management and Consulting Sciences, 2004.

FINK, D./KNOBLACH, B. (2003): Die großen Management Consultants – Ihre Geschichte, ihre Konzepte, ihre Strategien, München.

PETERS, T.J./ WATERMAN, R.H. (1982): In Search of Excellence, New York u.a.

SCHRADER, J./ BINDER, C. (2002), Portfoliomodell, in: KÜPPER, H.-U./ WAGENHOFER, A. (2002; Hrsg.): Handwörterbuch Unternehmensrechnung und Controlling, 4. Aufl., Stuttgart, S. 1477-1487).

STALK, G. (1988): The Time Paradigm, The Boston Consulting Group.

STEPPAN, R. (2003): Versager im Dreiteiler: Wie Unternehmensberater die Wirtschaft ruinieren, Frankfurt a.M.

STUDENT, D./WERRES, T. (2004): Sanierung in eigener Sache, in: Manager Magazin, 5. Heft, 23.04.2004, S. 38ff.

Kommentar: Strategieberatung im Umbruch?

Prof. Dr. Christoph Lechner
Universität St. Gallen

Wenn man sich beim Lesen eines Artikels, wie dem von Börsig & Wattles, dabei ertappt, immer wieder zustimmend den Kopf zu nicken, dann kann es in einem Kommentar nur darum gehen, divergierende Meinungen aufzuzeigen und, wo es hilfreich ist, die Argumente weiterzuspinnen. Auf dieser Grundlage stehen vier Themen im Vordergrund.

1 Steigert Strategieberatung den Börsenkurs?

Die Zusammenhänge, die die Autoren zu dieser Thematik aufzeigen, werden wohl den ein oder anderen Berater zunächst einmal betroffen machen. Denn wenn es nicht gelingt, den Unternehmen der Klienten Wert hinzuzufügen, ja eventuell sogar eine negative Korrelation besteht, dann stellt sich ernsthaft die Frage nach Sinn oder vielmehr Unsinn des Strategieberatungsgeschäfts. Jedoch kann man die Strategieberater aus zwei Gründen wieder etwas beruhigen. Erstens wird der Börsenkurs von Unternehmen durch eine Vielzahl von Faktoren beeinflusst, und die Wirkung einer Strategieberatung ist nur einer unter ihnen - und wohl nicht einmal der wichtigste. Zweitens müsste man, um diesen Zusammenhang mit der nötigen statistischen Strenge zu analysieren, in einem Forschungsdesign den Einfluss aller als theoretisch relevant erachteten Faktoren kontrollieren und darauf aufbauend die statistische Signifikanz überprüfen. Unter anderem aufgrund anspruchsvoller methodologischer Herausforderungen, wie z.B. der zeitlichen Verzögerung zwischen Ursache und Wirkung, gibt es dazu bislang (noch?) keine Studie.

Doch warum interessiert uns denn alle so sehr die Frage nach dem Zusammenhang zwischen Strategieberatung und Börsenkurs der Klienten? Ist denn nicht eigentlich zu erwarten, dass sich hier keine statistisch signifikanten Zusammenhänge finden lassen? Wer Erfahrungen mit Strategieberatern gemacht hat, kennt in aller Regel die hohe Varianz im Erfolg bzw. Misserfolg dieser Projekte. Einige landen in der Schublade, während andere im besten Fall zu tief greifenden Veränderungen eines Unternehmens führen können. Ergiebiger wäre daher die Thematik, welche Faktoren für die Divergenz in den Resultaten verantwortlich sind. Was unterscheidet erfolgreiche von gescheiterten Projekten und was liegt im Einflussbereich der Berater? Analog ist man z.B. in der Finanzbranche auch weniger an der Frage interessiert, ob Banken überhaupt Wert generieren, sondern analysiert die Unterschiede in ihrer Fähigkeit dies zu tun. Warum haben z.B. einige Banken eine bessere Eigenkapitalrendite als andere? Leider ist unser Wissen über diese Zusammenhänge in der Strategieberatung noch immer sehr limitiert. Die Branche zeichnet sich nicht gerade durch ein „brennendes" Interesse daran aus, geeignete Daten zur Verfügung zu stellen.

2 Woraus speist sich der Zweifel am klassischen Strategieprodukt?

Die Autoren weisen zu Recht darauf hin, dass viele Ansätze der Strategieberatung mittlerweile in standardisierte Tools transformiert wurden. Diese Standardmethoden, die von Juniors abgearbeitet werden, entsprechen allerdings nicht mehr dem, was viele Klienten wünschen. Das klassische Strategieprodukt ist im Vergleich mit einer noch viel fundamentaleren Problematik konfrontiert: Strategieberatung beruht letztendlich auf der Annahme, dass Unternehmen dann erfolgreich sind, wenn man mithilfe geeigneter Methoden die richtigen Strategien zuerst formuliert und sie anschließend implementiert. Eine gute Formulierung wiederum basiert auf einer der Rationalität verpflichteten, systematischen Analyse und Planung einer Strategie. So logisch dies klingt, so dünn ist leider der Beleg dafür. Wissenschaftliche Studien zur strategischen Planung (die auf diesem Vorgehen beruhen) haben nämlich keine eindeutige, statistische Signifikanz für einen Zusammenhang zwischen diesem Vorgehen und einer überdurchschnittlichen Performance von Unternehmen finden können. Pearce, Freeman & Robinson kommen denn auch nach einer Sichtung der existierenden Studien zu dem Schluss: „Empirical support for the normative suggestions that all firms should engage in formal strategic planning has been inconsistent and often contradictory"[1]. Auch intuitiv macht dieses Ergebnis Sinn. Denn wenn Firmen mit Strategieberatern arbeiten, die die gleichen Methoden verwenden

---

[1] Pearce, J. A., Freeman, E. B., & Robinson, R. B. 1987. The tenuous link between formal strategic planning and financial performance. Academy of Management Review, 12: 658-675.

und die sich gleichermaßen rational verhalten, woher soll dann der Unterschied zwischen ihnen kommen, der zu überdurchschnittlichen Renditen führt? Zudem, und dies zeigen die wegweisenden Arbeiten von Mintzberg zum „Rise and Fall of Strategic Planning"[2], ergibt sich das, was Firmen tatsächlich tun bzw. die wirkliche Realisierung einer Strategie oft auf verschlungenen Pfaden, die mit dem Idealbild einer vorausblickenden Planung nur wenig zu tun haben. Eigentlich müssten diese Tatsachen die Branche alarmieren und sie zur Suche nach alternativen Strategieprozessen veranlassen. Doch überraschenderweise tut sie dies nur recht spärlich.

3 Wie stark ist das Geschäftsmodell unter Druck?

In kompakter Form gehen die Autoren auf die Punkte ein, die sie für den Druck auf das Geschäftsmodell der Strategieberatung verantwortlich machen: geringere Wachstumsraten, Professionalisierung der Klienten, Standardisierung der Services, Preisdruck durch neue Wettbewerber und Margenerosion, konstante Kosten für gute Professionals, etc.

Dass ein Geschäftsmodell unter Druck kommt, impliziert jedoch nicht, dass dieser Druck auch mittel- und langfristig anhalten wird. So können innovative Konzepte wieder eine neue Wachstumsphase auslösen. Ein Blick in die Geschichte der Strategieberatung zeigt, dass die Branche in den gut 40 Jahren ihres Bestehens immer dann stark gewachsen ist, wenn neue Ansätze (wie Portfoliomatrix, Balanced Scorecard, etc.) am Markt als „Blockbuster" einschlugen. Fast jedes Unternehmen will dann bei solchen Wellen mit dabei sein und füllt die Auftragsbücher der Branche. Auch der seit langem angemahnte Trend, nun endlich tatkräftig bei der Implementierung von Projekten mitzuwirken, spricht nicht für weniger Arbeit. Fraglich ist nur, ob die Klienten bereit sind, dafür auch weiterhin die gleich hohen Honorarsätze zu bezahlen. Zudem stellt auch das Aufbrechen der Deutschland AG oder die fortschreitende Integration der europäischen Märkte viele Unternehmen vor Herausforderungen, bei denen sie gerne einen Berater zur Seite haben. Oder sie vergeben bestimmte Projekte aufgrund mangelnder eigener Ressourcen an Berater, wie dies z.B. aktuelle Projekte im Bereich „Outsourcing" oder „Shared Services" verdeutlichen.

---

[2] Mintzberg, H. 1994. The rise and fall of strategic planning. Hertfordshire, England: Prentice Hall.

4 Kommt es zu einer „Zwangswandlung" des Geschäftsmodells?

Die Autoren sehen die Strategieberatung zu Recht in einer Zwickmühle. Die von ihnen vorgeschlagenen Eckpfeiler eines neuen Paradigmas (gekennzeichnet durch eine stärkere Implementierung, höheres Engagement von Seniorberatern, Aufbau von Change Management Expertise, etc.) lassen sich mit dem bestehenden Geschäftsmodell nicht mehr ohne weiteres erreichen. Die Pyramidenstruktur und die mit ihr verbundene Logik des Ausnützens von Hebeleffekten, steht dazu in einem mehr oder weniger starken Widerspruch.

Wenn es zu einer Zwangswandlung kommen sollte, heißt dies jedoch nicht automatisch, dass ein neues Paradigma das alte gänzlich ablösen wird. Stattdessen ist eher mit einer stärkeren Ausdifferenzierung der Geschäftsmodelle zu rechnen. So beginnen sich mittlerweile bereits neben den klassischen „Pyramiden" neue Formen wie „Diamanten" (mit einem hohen Anteil von Beratern der zweiten Ebene), „Glocken" (mit einer in etwa Gleichverteilung der Ebenen) und auch „Kreisel" (mit einer Dominanz der Partnerebene und einem geringen Einsatz von Juniors) herauszukristallisieren. Dies impliziert nicht, dass es gar keine Pyramidenstrukturen mehr geben wird. Auch diese Art von Geschäft wird wohl weiterhin ihren Markt finden. Aber wie eine aktuelle Studie der Universität St. Gallen zu Herausforderungen an das Geschäftsmodell der Beratungsindustrie zeigt, beginnt Vielfalt die „Einfalt" zu ersetzen[3]. Für eine Branche, die ihren Klienten immer wieder Innovation und Veränderung empfohlen hat, dabei jedoch selbst relativ stabil geblieben ist, entbehrt diese Entwicklung nicht einer gewissen Ironie. Man darf auf den sich abzeichnenden Wettbewerb der Geschäftsmodellarchitekturen gespannt sein.

---

[3] Lechner, C., Müller-Stewens, G., Kreutzer, M., Malcherek, N. 2005. Herausforderungen an das Geschäftsmodell der Beratungsindustrie, Institut für Betriebswirtschaft, Studie der Universität St. Gallen.

4 Was gute Strategieberatung ausmacht

Dr. Burkhard Schwenker
CEO, Roland Berger Strategy Consultants

1 Einleitung

In der öffentlichen Diskussion ist Strategieberatung jüngst zunehmend in die Kritik geraten: Der Sinn externer Beratung wird gegenwärtig von einigen Kreisen gezielt infrage gestellt, weil sie nicht (mehr) als ein optimaler Weg zur Schaffung von zusätzlichem Wert begriffen wird. Damit findet sich eine über lange Jahre bewusst ausgeprägte, weil sinnvolle makroökonomische Arbeitsteilung in einer sehr grundsätzlichen Debatte.

Im Nachfolgenden möchte ich zuerst einmal darlegen, warum ich der festen Überzeugung bin, dass Strategieberatung, allen Diskussionen der letzten Zeit zum Trotz, eine Zukunft hat und auch immer haben wird. Daran anschließend werde ich mich dann mit der Frage auseinander setzen, welche Prämissen erfüllt sein müssen, um wirklich gute Strategieberatung leisten zu können.

2 Beratung hat Zukunft – trotz zyklischer Marktschwächen

Der Beratungsmarkt war lange ein extrem dynamischer Wachstumsmarkt. Von 1990 bis zum Jahr 2000 expandierte der Markt für Strategieberatung weltweit jährlich mit Wachstumsraten im zweistelligen Bereich. Diese starken Zuwächse schwächten sich seit dem Jahr 2001 deutlich ab, in den Jahren 2003 und 2004 schrumpfte der globale Markt sogar. Dieser Einbruch hat mehrere Gründe:

- Das Abschwächen globaler makroökonomischer Mega-Trends – mit der Folge, dass zahlreiche Klienten ihre Budgets für Beratungsleistungen reduzierten oder größere Aufträge erst einmal in die Zukunft verschoben.

- Eine vorübergehende spürbare Verlangsamung der Outsourcing-Tendenzen innerhalb der klassischen Branchen zugunsten von hochspezialisierten Anbietern, ja teilweise sogar ein vermehrtes Insourcing.
- Ein dramatischer Einbruch der weltweiten Übernahmen und Allianzen, traditionell eine sehr große Nachfragesäule im Beratungsgeschäft.

Ein Übriges taten Ethikschwächen und eklatante Fehlleistungen mancher Beratungen, die in einer Phase zunehmender öffentlicher Aufmerksamkeit dazu beigetragen haben, das Image der gesamten Branche zu verringern. In Verbindung mit dem Fehlen eines großen „Beratungsthemas" (wie etwa in den späten 1990er Jahren dem strukturellen Wandel zu e-basierten Prozessabläufen, der einen starken Schub nach Beratungsnachfrage auslöste) kühlte der Markt über mehrere Jahre stark ab. Derzeit befinden wir uns global als Branche in einer Erholungsphase. Die Prognosen für den Beratungsmarkt sind gut, auch wenn wir im Moment nicht auf die starke Dynamik der 1990er Jahre setzen können – dennoch suchen die Unternehmen wieder externe Unterstützung und Begleitung, namentlich in folgenden Feldern:

- Strategien, um Wachstum zu generieren bzw. abzusichern
- Verbesserung der Innovationsfähigkeit
- Regionale Expansion
- Konsolidierungen nach Deregulierungs- und Liberalisierungsprogrammen
- Restrukturierung und Kostensenkung
- Organisatorische Optimierung.

Die konstante Nachfrage nach Unterstützung in diesen Themen resultiert aus der Erkenntnis der Klienten heraus, dass Beratungsanbieter Strukturvorteile aufweisen, weil sie wichtige unternehmerische Fragestellungen für den Markt vordenken und „vorbearbeiten" – nicht zuletzt übrigens durch enge, themenbezogene Kooperationen mit Wissenschaftlern. Die hohe Innovationsfähigkeit ist insbesondere eine Folge des harten Wettbewerbs im Beratungsmarkt, der dazu zwingt, sich durch ein besseres Leistungsangebot von der Konkurrenz abzusetzen. Deshalb sind Beratungen in der Lage, eine effektive und insbesondere effiziente Beantwortung der jeweiligen Thematik anzubieten.

Diese Vorteile werden in einem frischen Nachfrageumfeld wieder zum Tragen kommen – allerdings bedeutet das nicht automatisch, dass alle Beratungen gleichermaßen mit dem Markt wachsen werden. Denn die Klientenseite hat sich gewandelt. Die nachfragenden Unternehmen sind „sophisticated buyers" geworden, die sich ihren Berater sehr viel kritischer und gezielter aussuchen.

Auslöser dafür sind einerseits deutliche Sparzwänge bei den Klienten sowie die sich in der letzten Zeit verstärkende Kapitalmarktorientierung, die gesteigertes Ertragsdenken und transparentere Management-Entscheidungen nach sich zieht. Hinzu kommt der in der Vergangenheit gestiegene Rechtfertigungsdruck der Unternehmen gegenüber kritischer werdenden Stakeholdern (Mitarbeiter, Betriebsräte, externes Umfeld). Gerade bei Beratung erfolgt die Kaufentscheidung für den Klienten zunächst unter hoher Unsicherheit über das, was er tatsächlich geliefert bekommt.

Andererseits haben sich die Klienten auch zunehmend professionalisiert. Ihre Beratungserfahrung hat durchweg zugenommen und auch die Einkaufsprozesse sind deutlich professioneller und wettbewerblicher gestaltet als in der Vergangenheit. Ein Berater ist sehr viel stärker als früher gefordert, die Umsetzbarkeit seiner Dienstleistung darlegen zu können und die Schaffung eines konkreten Mehrwertes für den Auftraggeber zu belegen. Damit einher gehen gestiegene Leistungserwartungen der Klienten an ihre Berater, etwa globale Lieferfähigkeit, deutlich erhöhte Kompetenzanforderungen und die Erwartung seniorer Beraterteams.

3 Was Beratung zu guter Beratung macht

Bedenkt man all dies, dann stellt sich die Frage: Was macht eine gute Beratungsleistung heute aus? Meine Überzeugung ist: Klienten bemessen ihre Zufriedenheit in erster Linie daran, dass drei klassische Kerntugenden vom beauftragten Beratungsunternehmen eingelöst werden, und diese sind:

1. Leistungsqualität
2. Konzeptionelle Stärke und Kreativität
3. Objektivität, Neutralität, Integrität

Um es klar zu sagen: Für mich verschiebt sich unser Markt nicht in Richtung Preisorientierung. Die Auswahlentscheidung und die Bewertung des Projekterfolgs ex post sind vielmehr strikt qualitätsorientiert: Die Nachfrager wollen nicht das „preiswerteste" Angebot, sondern sie suchen ganz bewusst die beste Lösung.

Doch nun einige Anmerkungen zu den einzelnen Kerntugenden:

1. Qualität

In der Strategieberatung impliziert der Qualitätsbegriff, dem Klienten mit maßgeschneiderten Konzepten den größtmöglichen Mehrwert in einem stringent gemanagten Projekt zu verschaffen. Qualität sichert Kundenvertrauen und in der Konsequenz auch Kundenbindung. Wer sie immer wieder liefern kann, bleibt im Markt, ansonsten droht dank zunehmender Transparenz heute schnell ein Imageschaden. Strategieberater sind in einem Reputationsgeschäft, d.h. in der Klientenwahrnehmung sind sie immer nur so gut wie ihr letztes abgeschlossenes Projekt.

Das Management einer Beratung (sowohl das übergeordnete als auch das dezentrale Projektmanagement) muss deshalb seinen Fokus darauf richten, dass das Unternehmen eine Qualitätsdefinition entwickelt, die immer oberhalb der Klientenerwartungen liegt, und alle Einzelprozesse darauf ausrichten. Das ist nicht nur eine Frage der eingesetzten Systeme, der Qualifizierungsmaßnahmen oder des Wissensmanagements, es ist primär ein kultureller Aspekt, bei dem aus einer Mission heraus Führungsvorgaben abgeleitet und aktiv gelebt werden (Stichworte etwa: Leistungskultur, partizipative Kultur, Vorbildfunktion top-down, exzellente interne Kommunikation usw.).

2. Konzeptionelle Kraft und Kreativität

Klienten erwarten, dass am Projektende ein messbarer Erfolg steht, der ihnen zu einer verbesserten Wettbewerbsposition verhilft. Dabei übertragen Klienten immer häufiger Innovationsaufgaben an externe Berater und erwarten, dass diese unternehmenspraktisches und akademisches Wissen in individuelle Lösungen integrieren und daraus implementierungsfähige Lösungen vorschlagen.

Der Wettbewerbsvorsprung eines guten Beraters liegt darin, dass er wesentliche Entwicklungen frühzeitig zu erkennen und zu bewerten vermag, um sie anschließend adäquat zum Nutzen des Klienten für dessen konkrete Situation zu übersetzen. Die Beratungsunternehmen wirken zumeist als Katalysator, sie stellen das Bindeglied dar zwischen den Resultaten beispielsweise der aktuellen mikroökonomischen Forschung und marktrelevanten Wissenselementen. Daraus entwickeln sie Konzepte, die dann auf breiter Ebene in den Unternehmen eingesetzt werden, konkret etwa die Portfolio-Analyse oder das Business Process Reengineering. Sie waren umsetzbar und brachten einen fassbaren Mehrwert für den Klienten.

3. Objektivität, Neutralität und Integrität

Ein konstitutives Element externer Beratungstätigkeit ist die Außenperspektive. Durch sie kann der Berater die Probleme des Klienten von einem unabhängigen, also objektiven und neutralen Blickwinkel aus untersuchen und begreifen. Der Klient hat ein Anrecht darauf, ein ungeschminktes Bild seiner aktuellen Situation zu bekommen – die einzig mögliche Basis für anschließende solide und fundierte Managemententscheidungen.

Der Klient erwartet deshalb von einem guten Berater, dass er diese externe Rolle mit keiner weiteren Rolle, etwa der des Prüfers, Bankiers oder anderen verquickt. Dies haben viele Berater im Strategiesegment in den letzten Jahren schmerzlich erfahren müssen, als sie mit dem vermeintlich innovativen Modell des „one-stop-shoppings" keine Akzeptanz auf Klientenseite fanden. Gute Beratung darf nicht in Abhängigkeit von Interessen Dritter stehen. Konkret heißt das, neben der inhaltlichen Unabhängigkeit unbedingt auch organisatorisch absolut unabhängig zu sein – auch hier gab es manchen Lernprozess auf Beraterseite in den letzten Jahren.

Die genannten Kerntugenden zu erfüllen ist im Projektgeschäft, das eine Beratung kennzeichnet, eine starke Herausforderung: Wie kann ein Beratungsunternehmen sicherstellen, dass sie in jedem einzelnen Projekt überall auf der Welt gegen typische Widerstände (Interaktion zwischen Klienten- und Beratungsteams bei üblicherweise starken Unterschieden in Kultur, Sprachverwendung, Methodik – starker Zeitdruck – Projektkomplexität usw.) eingelöst werden? Eben hier beginnt sich gute von mittelmäßiger oder gar schlechter Beratung zu trennen, und der Markt kennt inzwischen auch Instrumentarien, dies zu tun.

4 Fazit

Alle Marktanalysen belegen, dass die Unternehmen hohen Bedarf an fallbezogener Beratung haben, und die lässt sich aus inhaltlichen Gründen am besten extern einkaufen anstatt intern vorgehalten zu werden. Berater müssen sich heute – zu Recht, denn es geht um Investitionen – kritischen Auswahlverfahren unterziehen. Die Klienten werden hierbei zunehmend professioneller und selektieren sehr gezielt. Der Markt ist inzwischen hochtransparent und Beraterversagen wird entsprechend hart sanktioniert. Das ist gut so, denn nur über maximale Qualität, hohe Innovationsfähigkeit und strikte Unabhängigkeit beweist und rechtfertigt sich gute Strategieberatung. Dort, wo diese Kerntugenden im Klienteninteresse realisiert werden, wird auch keine Debatte über den Sinn oder Unsinn von externen Beratungsaufträgen entstehen. Es liegt damit in erster Linie an den Anbietern, wie der Markt die von ihnen angebotene Leistung aufnimmt.

Kommentar: Zur Strategie guter Strategieberatung

Prof. Dr. Gerd Walger
Universität Witten/Herdecke,
Geschäftsführender Direktor des IUU Institut für Unternehmer- und Unternehmensentwicklung GmbH an der Universität Witten/Herdecke
Ralf Neise
Projektleiter am IUU Institut für Unternehmer- und Unternehmensentwicklung GmbH an der Universität Witten/Herdecke

Es ist eine gute Strategie der Strategieberatung auf die Frage nach den Grenzen der Strategieberatung die eigenen Gütekriterien (Qualität, konzeptionelle Kraft und Kreativität und Objektivität) zu benennen, an denen man sich selbst orientiert. Für eine solche Strategieberatung liegen die Grenzen der Strategieberatung innen und insofern ist dies in einer ersten Näherung eine gute Antwort auf die Frage nach den Grenzen der Strategieberatung.

Besteht aber die Strategie der Strategieberatung einzig darin, die eigenen Grenzen als Grenzen der Strategieberatung auszumachen, erscheint sie nach außen als grenzenlos und bleibt letztlich doch sehr beschränkt im Hinblick auf das Strategische.

Wenn die Grenzen des Klienten nicht auch als Grenzen der Möglichkeit, ihn zu beraten, begriffen werden, werden die eigenen Konzepte scheinbar grenzenlos und in Bezug auf jeden Kunden anwendbar. Es bedarf dann keines Umgangs mit den Grenzen des Klienten, die Konzepte müssen lediglich angepasst werden. Es stellt sich dann nicht mehr die Frage, wer der Klient ist und was seine Möglichkeiten sind, denn dies ist qua Konzept geklärt. Dass Manager heute vielfach ihre Führungsaufgabe in einem begrenzten Sinne als Technik begreifen, verdankt sich ihrer Ausbildung durch die herrschende Managementlehre, die den Menschen von Anfang an und im Wesentlichen bis heute ausgegrenzt hat und sich als Technik versteht, die unbegrenzt anwendbar ist. Die Managementlehre legt den Managern nahe zu meinen, über alles entscheiden zu können – insbesondere wenn die Entscheidung durch Strategieberatung legitimiert ist. Sie grenzt aber einen Strategiebegriff aus, der die Menschen und ihre Möglichkeiten in den Unternehmen zu entwickeln unternimmt und produktiv werden lässt.

Darüber hinaus dient die Managementlehre der Strategieberatung selbst als eine wesentliche Quelle der eigenen Konzepte und bestimmt damit ihre strategischen Möglichkeiten und ihr Verhältnis zu ihrem Kunden. Diese Konzepte sind unabhängig von dem und bedürfen nicht des eigentlich Strategischen, der schöpferischen Kraft der Menschen in den Unternehmen und derer, die beim Klienten die Beratung vor Ort durchführen. Dies ist die Voraussetzung dafür, dass Strategieberatung im Vorhinein entwickelt und dem Kunden wie ein industrielles Produkt angeboten werden kann, das von jungen Hochschulabsolventen mit wenig Erfahrung realisiert wird. Die vermeintliche Grenzenlosigkeit sowie die Ausgrenzung des Menschen und damit des Strategischen, die für die Managementlehre heute typisch ist, reproduziert sich in der Strategieberatung.

Eine Strategieberatung, die ihren Klienten strategisch beraten will, steht in der Notwendigkeit, die Grenzen des Klienten auch als eigene Grenzen zu begreifen, die es gemeinsam zu überschreiten gilt zugunsten einer Strategie, die der Klient persönlich verantworten will und kann. Insoweit muss er sie mit Bezug auf sich selbst selber entwickeln und dies bedarf der persönlichen Entwicklung der Menschen und ihrer Potenziale im Unternehmen. Wenn Strategieberatung diesen Prozess der Selbstentwicklung des Klienten unternimmt, stärkt sie die Quellen seiner Wertschöpfung und damit strategisch auch ihre eigene wirtschaftliche Basis. Diesen Nutzen stiften zu können, macht sie unabhängiger von vorübergehenden Trends. Für die an der Selbstentwicklung des Klienten orientierte Strategieberatung stellt sich noch einmal neu die Frage, die Burkhard Schwenker aufgeworfen hat: Was macht gute Strategieberatung aus, d.h. was sind ihre Kriterien und was ist ihre Strategie?

5 Über gewohnte Grenzen hinaus – Strategieberatung zwischen Analyse und Umsetzung

Dr. Franz-Josef Seidensticker
Managing Director, Bain & Company Germany, Inc.

1   Kontroverse Diskussion

Kaum ein anderer Wirtschaftszweig löst so viele kontroverse Diskussionen aus und wird öffentlich so häufig getadelt wie die Beraterbranche. Der Spiegel tituliert Unternehmensberater als "Job-Killer und teure Besserwisser", das Manager Magazin bemerkt zur Qualität der Beraterarbeit: "Die Klienten sind so misstrauisch geworden, dass einige sogar die Arbeit ihrer Berater von der Konkurrenz überprüfen lassen."

Selbst Top-Manager, die konkrete Erfahrung im Umgang mit Beratern haben und Beraterleistungen eigentlich differenzierter sehen müssten, üben Kritik. Beispielsweise äußerte der ehemalige VW-Chef Ferdinand Piëch: "Wenn man ein Unternehmen zerstören will, dann muss man nur versuchen, es mit externen Beratern in Ordnung zu bringen." Schlechte Noten erhalten die Berater auch von DaimlerChrysler-Vorstand Rüdiger Grube, der ihnen konzeptionelle Schwäche vorwirft: "Wir brauchen weniger, aber bessere Konzepte. ... Wir erleben es täglich, dass die gleichen Konzepte, die bei VW oder Opel angewendet wurden, nun uns vorgetragen werden."

Doch sind die Grenzen der Unternehmensberatung – insbesondere in der Strategieberatung – wirklich erreicht? Sind Berater generell Versager, die überheblich auftreten und den Unternehmen mit vermeintlichen Patentrezepten mehr schaden als nutzen? Die kritische Wahrnehmung in der Öffentlichkeit – insbesondere der Vorwurf, für hohe Honorare eher bescheidene Ergebnisse zu liefern – steht in einem auffälligen Gegensatz zur prinzipiellen Wertschätzung seitens der Rat suchenden Unternehmen, die 2003 allein für Managementberatung 7,25 Milliarden Euro ausgegeben haben.

Dass es sich bei dieser Summe zum größten Teil um gut investiertes Geld handelt, belegt eine aktuelle, empirische Untersuchung des Institute of Management and Consulting Sciences (IMCS). Danach bewerteten 13 Prozent der befragten Unternehmen die bei ihnen durchgeführten Managementberatungsprojekte als "sehr erfolgreich", 43 Prozent vergaben das Prädikat "erfolgreich". Addiert ergibt das beinahe 60 Prozent und damit einen Wert, der eindrucksvoll das Vorurteil widerlegen dürfte, Berater würden ihren Klienten zwar immense Kosten verursachen, dafür aber keinen signifikanten Gegenwert erbringen.

Weiter bemerkenswert dabei: Die Benotung lag 2004 sogar deutlich über dem bei der vorherigen Analyse vor zwei Jahren gemessenen Level. "Die Zufriedenheit mit den Leistungen von Managementberatern", kommentiert IMCS-Leiter Professor Dr. Dietmar Fink das Ergebnis seiner Analyse, "hat seit unserer letzten Untersuchung beachtlich zugelegt und in diesem Jahr das höchste von unserem Institut jemals gemessene Niveau erreicht."

2 Marktveränderungen und ihre Auswirkung auf die Rolle von Strategieberatern

2.1 Stärken und Schwächen der Berater

Wer den Rat eines Strategieberaters sucht, verbindet damit hohe Ansprüche an dessen Kompetenz und Know-how. Der Berater soll fachlich und analytisch brillant sein, eine Vielzahl von Managementmethoden beherrschen, die Branche des Klientenunternehmens hervorragend kennen und ein hohes Maß an Kommunikationsfähigkeit und persönlicher Integrität mitbringen. Je höher jedoch die Erwartungen sind, desto größer ist das Risiko der Enttäuschung. Außerdem sind die Frage- und Aufgabenstellungen heute zu komplex und je nach Unternehmen zu verschieden, als dass jeder Berater und oder jedes Beratungsunternehmen für jedwede Problemlage der optimale Partner wäre.

Ein realistisches Bild, wo Berater aus Klientensicht ihre besonderen Stärken und Schwächen haben, zeichnet die IMCS-Studie. Demnach zählen auf der Habenseite zu den als überdurchschnittlich attestierten Fähigkeiten von Beratern die Methodenkompetenz, die Internationalität sowie die Fachkompetenz. Auf der Sollseite stehen folgende, nur unterdurchschnittlich ausgeprägte Faktoren: die Umsetzbarkeit der Problemlösung, ihre Individualität sowie das Preis-Leistungs-Verhältnis des Beratereinsatzes.

2.2 Signifikant veränderte Klienten-Berater-Beziehung

Consulting-Firmen, die im zunehmend härteren Wettbewerb bestehen wollen, sollten sich vor allem die Faktoren mit unterdurchschnittlicher Ausprägung genau ansehen und dort Verbesserungen anstreben. Denn bei den Klienten vollzieht sich derzeit ein dramatischer Wandel. Wurden vor noch gar nicht so langer Zeit Aufträge nach der vagen Maßgabe vergeben, doch einfach einmal das Gesamtportfolio eines Unternehmens unter die Lupe zu nehmen, trifft das heute nur noch auf etwa 20 Prozent der Beratungsaufträge zu. An Beratungsprojekte werden zunehmend konkrete Ziele gekoppelt, die erreicht werden sollen – beispielsweise Wachstum, Profitabilität oder die Lösung eines akuten Problems.

Es gibt eine ganze Reihe von Einflussfaktoren, die das Klienten-Berater-Verhältnis momentan verändern und durch die von Klientenseite gleichsam proaktiv auch die Grenzen für die Strategieberatung definiert werden. Aufgrund gestiegener Ansprüche der Klienten geht der Trend zu maßgeschneiderten Lösungen, die schneller erarbeitet und schneller umsetzbar sein müssen als in der Vergangenheit. Dass der Berater die dazu nötige vertikale und horizontale Expertise mitbringt, gilt dabei als selbstverständliche Grundvoraussetzung. Darüber hinaus erwarten die Klienten verstärkt globales Know-how.

Dass immer mehr Unternehmen über Beratungserfahrung verfügen und im Management immer mehr ehemalige Berater zu finden sind, schraubt die Ansprüche an Beratungsprojekte weiter hoch. Eine brillante Analyse allein reicht nicht mehr aus, um beim Klienten zu punkten; ein qualifizierter Berater muss es auch verstehen, diese gemeinsam mit den Verantwortlichen auf den verschiedensten operativen Ebenen des Unternehmens umzusetzen. Dabei profitiert das Unternehmen zusätzlich von dem Wissenstransfer, der durch die intensive Zusammenarbeit mit dem Berater entsteht. Zusammen genommen bewirken diese Entwicklungen eine erheblich größere Wertschöpfungstiefe der Beratungsarbeit.

Durch zunehmend professionalisiertes Einkaufsverhalten folgt die Akquise neuen Spielregeln. Es zählen weniger gewachsene Beziehungen und Empfehlungen als vielmehr formalisierte Vergabeprozesse, bei denen dem Preis-Leistungs-Verhältnis ein wesentlich höherer Stellenwert beigemessen wird. Die systematische Bewertung von Beratungen und Beratern sorgt für klare Entscheidungskriterien bei der Auswahl einer Consulting-Firma. Während eines Projekts werden die Beraterarbeit und die dabei erbrachte Leistung einem kontinuierlichen Monitoring unterzogen, in institutionalisierten Jahresendgesprächen eine Gesamtbeurteilung vorgenommen.

2.3   Die Haupttreiber der Beratungsnachfrage

Zwar liegt die Messlatte für die Leistung von Strategieberatungen durch die sich verändernden Rahmenbedingungen heute ein ganzes Stück höher, und der Auswahlprozess wird strenger. Um Aufträge braucht die Branche dennoch nicht zu fürchten. Auch das belegt die für die IMCS-Studie durchgeführte Umfrage: Bei 98 Prozent der Unternehmen besteht nach wie vor die generelle Bereitschaft, in Managementfragen einen externen Berater hinzuziehen.

Die Motive dabei können, so zeigt die Erfahrung, durchaus unterschiedlich sein. Manchmal suchen Top-Manager schlicht einen Sparringspartner, der wichtige Weichenstellungen mit ihnen diskutiert und ihnen mit seinem Expertenwissen Rückendeckung gibt. Auch als Sündenbock für Fehlentwicklungen sind Strategieberater ab und zu gefragt und notfalls müssen sie auch als Alibi für bereits feststehende unbequeme Managemententscheidungen herhalten. Die absolute Mehrzahl der Beratungsaufträge aber resultiert aus dem zunehmenden Bedarf an Problemlösungen – und zielt damit auf diejenige Rolle, in der sich auch die meisten Berater am liebsten sehen dürften.

Folgende Felder sind derzeit die Haupttreiber für die Nachfrage nach Beratungsleistungen:

- **Strategische Herausforderungen**
    - Definition des Kerngeschäfts im Hinblick auf globale Märkte und neue Wettbewerber
    - Strategien für profitables Wachstum
    - Mergers & Acquisitions
- **Operative Herausforderungen**
    - Wertschöpfungstiefe unter dem Aspekt Kernaktivitäten vs. Outsourcing, Off-shoring/Near-shoring
    - Kostenoptimierung
    - Kundenbindung/-ausschöpfung

- **Organisatorische Herausforderungen**
  - Verknüpfung von Mission, Strategie und Wertesystemen
  - Leadership Supply
  - Entscheidungsverteilung in globalen Organisationen
  - Managementsysteme (Steuerung, Planung, Incentivierung).

Mit Beratungskonzepten von der Stange, wie es beispielsweise das einst als Allheilmittel propagierte Business Process Reengineering war, werden sich Top-Manager bei der Bewältigung dieser Aufgaben nicht zufrieden geben können. Wo es darum geht, die Grenzen herkömmlicher Strategieberatung auszuweiten und Klientenunternehmen nachhaltig zu Erfolgen in immer härteren Märkten zu verhelfen, ist der Strategieberater als unternehmerisch denkender Mitgestalter gefordert, der mit innovativen Ideen und individuellen Lösungen dazu einen wesentlichen Beitrag leistet – und das nicht nur im Hinblick auf kurzfristige Quartalserfolge, sondern auf Dauer.

3 Kernfaktoren erfolgreicher Strategieberatung

Zeitgemäße und erfolgreiche Strategieberatung basiert auf einem ganzheitlichen Beratungsansatz, bei dem die verschiedensten Elemente von der konzeptionellen Idee bis hin zur kompletten Implementierung zusammen wirken. Ziel und Anspruch ist es jeweils, gemeinsam mit dem Klientenmanagement passgenaue Problemlösungen zu finden.

Folgende Kernfaktoren spielen dabei zusammen:

- Fach- und Methodenkompetenz
- Pragmatischer Ansatz
- Das richtige Thema
- Veränderungsbereitschaft der Organisation
- Gemeinschaftliche Ziele
- Nachhaltige Ergebnisse.

Die Mischung aus verschiedenen Faktoren, die den Projekterfolg auf praktisch allen Ebenen beeinflussen, lässt den Beratern viel Freiraum, um die Vorgehensweise der individuellen Situation des Klientenunternehmens anzupassen und auch unkonventionelle Ideen zu realisieren. Auch für die Beratungsfirmen selbst werden Individualität und Kreativität der Problemlösungen ein zunehmend wichtigeres Argument bei ihrer Positionierung im Wettbewerb.

3.1 Fach- und Methodenkompetenz

Die Beratungsgeschichte ist von Methodenwellen gekennzeichnet. Ob Gemeinkostenwert-Analyse oder strategische Portfolio-Analyse – sie alle hatten ihre Zeit und waren als zugkräftige Marketing-Argumente für ihre Erfinder von besonderem Wert. Wenn es jedoch darum geht, nachhaltige Wettbewerbsvorteile zu schaffen, greifen modische Patentrezepte ebenso zu kurz wie die unkritische Anwendung standardisierter Management-Tools.

Zu den Erfolgsfaktoren führender Strategieberatungen zählt darum weniger die Entwicklung methodischer Neuheiten als vielmehr ihre Fähigkeit zur Problemlösung. Der Consultant muss wissen, wie welcher Ansatz funktioniert, ob er zielführend ist und welcher Methodenmix das gewünschte Ergebnis bringt. Qualifizierte Berater betrachten das Arsenal der verschiedenen Managementtheorien und Methoden heute eher wie einen Werkzeugkasten, aus dem sie sich je nach Einschätzung der Wettbewerbslage und Geschäftsperspektiven des Klientenunternehmens die geeignetsten Instrumente heraussuchen.

Weiter wichtig im Handwerkszeug eines kompetenten Strategieberaters sind ein profundes Branchenverständnis sowie darüber hinaus ein möglichst vielfältiges branchenübergreifendes Wissen. Ersteres ist praktisch die Eingangsvoraussetzung, um die Situation und die Entwicklung eines Klientenunternehmens in seinem Umfeld sicher einzuschätzen. Die Klienten erhalten so die Sicherheit, dass der Berater nicht erst bei ihnen branchenbezogenes Know-how erwirbt.

Um jedoch neue Ideen zu entwickeln und branchentypische Denk- und Sichtweisen zu hinterfragen und aufzubrechen, muss sich ein guter Berater auf ein breites über die Kenntnis einzelner Wirtschaftszweige hinausgehendes Wissensreservoir stützen können. Wer als Berater auch große, weltweit tätige Unternehmen beraten will, braucht außerdem eine globale Basis. Ob eine Beratungsfirma mit eigenen Büros in wichtigen Ländern der Triade Nordamerika, Asien und Europa verankert ist und auch über Klienten aus dem jeweiligen Land verfügt, wird zunehmend zu einem Argument im Wettbewerb.

3.2 Pragmatischer Ansatz

Originelle Lösungen, die einem Klientenunternehmen neue Wege abseits eingetretener Pfade weisen, sind freilich nicht das Ergebnis genialer Einfälle: Sie basieren auf einem pragmatischen Ansatz, dessen Grundlage regelmäßig eine vorurteilslose und umfassende Analyse objektiver Zahlen, Daten und Fakten bildet. Oft gelangen Strategieberater dabei zu Erkenntnissen, die konventionelles Branchendenken infrage stellen.

Zu dieser Herangehensweise gehört es ebenso, Klartext mit den Klienten zu reden. Problempunkte und unbequeme Wahrheiten werden offen und direkt angesprochen, selbst wenn sich der Berater damit nicht immer beliebt macht.

Doch das beste Konzept und die beste Entscheidung nutzen nichts, wenn sie nicht ins Unternehmen hineingetragen und dort umgesetzt werden. Darum besteht ein wichtiger Teil der Beraterarbeit darin, die Organisation des Klientenunternehmens möglichst frühzeitig in ein Projekt einzubinden. Denn nur wenn die Organisationsverantwortlichen von dessen Nutzen überzeugt sind, werden sie den Implementierungsprozess aktiv unterstützen und dem Prinzip der selbst entdeckten Logik folgend zu einem forcierten Projektfortschritt beitragen.

Stellt es sich im Projektverlauf heraus, dass der Kraftaufwand, alle in einer Konzeption festgeschriebenen Ideen zu realisieren, überproportional hoch sein würde, empfiehlt es sich, auch das pragmatisch zu sehen: Eine Machbarkeitsquote von 80:20 spricht immer noch für die Qualität eines Konzepts. Unter Umständen entpuppt sich sogar die zweitbeste Lösung, die sich aber zügig und ohne große Reibungsverluste umsetzen lässt, als die bessere Variante.

Allerdings darf das nicht zu einer unkritischen Anwendung standardisierter Management-Methoden führen – das wäre vielleicht in dem einen oder anderen Fall pragmatisch, würde aber dem individuellen Anspruch des Klientenunternehmens diametral entgegen stehen. Oberstes Ziel der Strategieberatung muss es jeweils sein, eine im Endergebnis spezifische und für das Klientenunternehmen maßgeschneiderte Problemlösung zu finden und diese auch umzusetzen. Schon darum ist die Wahl der Mittel limitiert.

3.3 Das richtige Thema

In der Beratungspraxis kommt es immer wieder vor, dass dem Management des Klientenunternehmens nicht richtig klar ist, wo die wirklichen Probleme liegen. Beispielsweise ist oftmals die Vorstellung anzutreffen, man müsse nur die Organisation ändern, um zu neuer Wertschöpfung zu gelangen. Ein qualifizierter Strategieberater wird eine solche Problemortung nicht einfach als gegeben ansehen, sondern zunächst gemeinsam mit dem Klienten prüfen, welches das Kernthema ist und damit die größte Hebelwirkung erzielt.

Ein zentrales Element zur Positionsbestimmung eines Unternehmens in seinem Wettbewerbsumfeld ist die Frage nach seinen Wurzeln. Hier wird deutlich, was das Kraftzentrum des Unternehmens ausmacht und wo es seine Ressourcen eventuell vergeudet. Denn auf die Dauer, das hat Bain & Company empirisch nachgewiesen, sind die Unternehmen am erfolgreichsten, die sich auf diejenigen Geschäftssegmente und Aktivitäten fokussieren, bei denen sie gegenüber dem Wettbewerb über eindeutige Stärken verfügen. Diese gilt es voll auszuschöpfen und forciert auszubauen.

Was ist unser Kerngeschäft und wo stehen wir? Diese Fragen müssen sich Unternehmen immer wieder stellen, ganz gleich ob es um umfassende Veränderungen, um die Ausschöpfung von Verbesserungspotenzialen in einzelnen Bereichen, um Wachstumsstrategien oder um einen Turnaround geht. Erst ein gründliches Verständnis dessen, was das Kerngeschäft ausmacht, erlaubt es, nachhaltig wirksame Strategien sowohl für das Gesamtunternehmen als auch für bestimmte Teilbereiche zu entwickeln.

3.4 Veränderungsbereitschaft der Organisation

Die beste Analyse und die beste Strategie bewirken nichts oder erzielen nicht das optimal erreichbare Ergebnis, wenn ihre Umsetzung scheitert oder sich ihre Implementierung über Gebühr in die Länge zieht. Ursachen dafür können unvorhergesehene Hindernisse und unerwartet entstehende Widerstände im Unternehmen sein. Vielleicht hat der Berater aber auch die Beharrungskräfte unterschätzt, wenn plötzlich statt konzeptioneller Überlegungen handfeste Entscheidungen gefordert sind und das Projekt dann vom Management nicht den nötigen Rückenwind erhält.

Zu den erfolgskritischen Faktoren bei der Umsetzung von Beratungsprojekten zählt deshalb immer auch die Offenheit des Managements und der Organisation für Neues. Ist hier die Bereitschaft vorhanden, auch unangenehmen Wahrheiten ins Auge zu sehen? Sind die Verantwortlichen bereit, die mit dem Projekt verbundenen Veränderungen für sich und das Unternehmen mit zu tragen?

Ein erfahrener Berater weiß um solche Stolpersteine und sorgt dafür, dass das Top-Management von Anfang an in das Beratungsprojekt involviert ist und sich als aktiver Treiber des Programms versteht. Nur ein derart motiviertes Management wird die nötige Energie entwickeln, um das gemeinsam mit dem Berater erarbeitete Konzept auch in die Praxis umzusetzen. Die Auswahl und Zusammenstellung eines dementsprechend starken, veränderungsbereiten Projektmanagements zählt dabei zu jenen Aufgaben, die eine erfolgreiche Implementierung auf den operativen Ebenen sicherstellen.

3.5 Gemeinschaftliche Ziele

Wachstum, Wertsteigerung und Vorteile im Wettbewerb – das wollen viele Unternehmen. Soll sie eine Strategieberatung dabei unterstützen, eins oder mehrere dieser Ziele in die Tat umzusetzen, müssen beide Parteien jedoch das Gleiche darunter verstehen. Schon bei Projektbeginn sollten Beratung und Klient daher gemeinsam festlegen, welche messbaren Resultate sie erreichen wollen. Je eindeutiger vor dem Projektstart definiert ist, welche Aufgabe mit welchem Ergebnis gelöst werden soll, desto größer ist die Erfolgsmotivation. Auch zur späteren Erfolgskontrolle sind klare, nachprüfbare Zielvorgaben eine unabdingbare Voraussetzung.

Dabei ist es wichtig, dass Unternehmen und Berater sich auf gleicher Augenhöhe begegnen. Eine Beratungsfirma, die sich als verlängerte Werkbank ihres Klientenunternehmens versteht, wird sich – selbst bei als richtig erkannten Lösungsansätzen – kaum mit ihren Vorstellungen durchsetzen. Sieht umgekehrt das Top-Management in dem Beratungsunternehmen nur den Auftragnehmer, sind ebenso Akzeptanzprobleme programmiert. Vorschläge des Beraters, insbesondere wenn sie unbequem und kritisch sind, werden leicht vom Tisch gewischt.

Deshalb gehen führende Strategieberatungen zunehmend dazu über, Mitverantwortung für den wirtschaftlichen Erfolg eines Strategiekonzepts zu übernehmen. Das beginnt schon bei der gemeinsamen Strategieentwicklung mit dem Klienten, bei der sowohl die Machbarkeit als auch die spätere Umsetzung in die Überlegungen einbezogen werden. In der Praxis heißt das, dem Klientenunternehmen nicht nur Leitlinien vorzugeben, sondern konkrete Handlungsempfehlungen für die notwendigen Strukturveränderungen und Prozessverbesserungen abzuleiten. Überdies unterstützen diese Beratungen ihre Klienten aktiv in der Implementierungsphase.

Zur partnerschaftlichen Realisierung gemeinsam mit dem Klienten definierter Ziele zählt es auch, dass im Rahmen des Beratungsprojektes gleichgerichtete Anreize für alle Beteiligten geschaffen werden. Bewährt haben sich hierbei auf Klientenseite persönliche Zielvereinbarungen für die am Projekt beteiligten Führungskräfte und Mitarbeiter. Ansporn für das Beratungsunternehmen ist eine leistungs- und erfolgsabhängige Honorierung. Sie zwingt außerdem dazu, nachprüfbare Projektergebnisse zu formulieren, konsequent auf diese hinzuarbeiten und schließlich auch zu dokumentieren, inwieweit diese Ziele erreicht worden sind.

3.6 Nachhaltige Ergebnisse

Erfolgreiche Strategieberatung, wie sie hier in ihren Grundzügen skizziert wurde, ist kein kurzlebiges Geschäft, das mit der Konzeptentwicklung oder ein paar besseren Zahlen im nächsten Halbjahresbericht abgeschlossen ist. Vielmehr handelt es sich für das Klientenunternehmen in den meisten Fällen um einen längerfristigen Veränderungsprozess. Auch aus diesem Grund empfiehlt es sich, den Berater über die Konzeptphase hinaus bis zur weitgehenden Implementierung in die Pflicht zu nehmen. Ein weiterer Vorteil dieser Vorgehensweise: Die Organisation des Klientenunternehmens gewinnt – unter anderem durch den Wissenstransfer während der Umsetzungsphase – an Stärke, sodass sie auch nach dem Ausscheiden des Beraters für die Nachhaltigkeit der Projektergebnisse sorgen wird.

Die Arbeit des Beraters lässt sich, basierend auf den Zielvereinbarungen, anhand quantitativer beziehungsweise qualitativer Kriterien bewerten. So sollte am Ende eines jeden Beratungsprojekts ein möglichst standardisierter Review-Prozess stehen. Dabei wird gemeinsam mit dem Klienten untersucht, welche finanziellen Verbesserungen identifiziert, in die Businesspläne integriert und schließlich realisiert wurden. Auch die Qualität der Zusammenarbeit und ob ein erfolgreicher Know-how-Transfer stattgefunden hat, fließt in die Bewertung ein.

4 Ohne Resultate kein Beratungserfolg

Die veränderte Klienten-Berater-Beziehung sowie die steigenden Ansprüche an Strategieberatungsprojekte erfordern auf Anbieterseite eine zunehmende Differenzierung und klare Positionierung. Strategieberatungen, die keine Resultate erzielen, haben im Wettbewerb keine Chance und werden über kurz oder lang vom Markt verschwinden.

Aber auch die Klientenunternehmen sind gefordert: Sie werden in Zukunft, mehr als in der Vergangenheit, eindeutige Ziele definieren müssen, um die gewünschten Ergebnisse zu erreichen. Je besser sie sich auf ein Beratungsprojekt einstellen und die Mitarbeiter darauf vorbereiten, desto größer ist die Chance einer erfolgreichen Implementierung.

Auf Beraterseite gewinnt die leistungs- und erfolgsabhängige Vergütung als Motivationsinstrument und Motor, sich mit aller Kraft für ein Klientenunternehmen einzusetzen, zunehmend an Bedeutung. Die ergebnisorientierte Entlohnung von Beratungsleistungen wird in nur wenigen Jahren allgemein akzeptierter Standard sein.

Eine enge, partnerschaftliche Zusammenarbeit zwischen Berater und Klientenunternehmen, ein ganzheitlicher Beratungsansatz sowie die aktive Unterstützung des Beraters im Implementierungsprozess sind die Stellhebel, die in ihrem Zusammenwirken individuelle und kreative Problemlösungen ermöglichen. Für die Beratungsunternehmen bilden diese Faktoren das Rüstzeug, mit dem sie die gewohnten Grenzen der Strategieberatung überschreiten und auch in Zukunft Erfolge erzielen können.

Kommentar: Strategieberatung im Spannungsfeld harter und weicher Erfolgsfaktoren: Der Unique Selling Proposition auf der Spur

Prof. Dr. Christoph Rasche
Universität Potsdam

Franz-Josef Seidensticker reflektiert in seinem Beitrag als geschäftsführender Partner bei Bain & Company die Entwicklungsperspektiven der Strategieberatung, die seiner Auffassung nach über gewohnte Grenzen hinausgehen müsse. Damit verbindet sich implizit die Forderung nach einem Paradigmenwechsel in der Managementberatung, indem der Brückenschlag von der strategischen Analyse über die Konzeptumsetzung bis hin zum Change Management besonders akzentuiert wird. Einschränkend zu konzedieren ist, dass die überwiegende Mehrheit der renommierten Strategieberatungen derweilen eine Profilschärfung durch eine konsequente Umsetzungs- und Ergebnisorientierung zu erreichen versucht, wodurch diese zu einer stumpfen Waffe im Sinne eines nachhaltigen Differenzierungsmerkmals zu werden droht.

Das Modell der ferndiagnostischen Strategieberatung weicht damit einem integrativen Prozess der Ideengenerierung und –Umsetzung unter aktiver Einbeziehung des Klienten. Dieser ist nicht länger Beratungsobjekt, sondern gleichermaßen Co-Produzent und Konsument kreativer und ergebnisorientierter Problemlösungen. In diesem Kontext verweist Seidensticker auf die veränderte Klienten-Berater-Beziehung, wobei es die Klienten selbst seien, die die Grenzen der Strategieberatung definierten. Vermehrt ist nach Meinung des Autors ein Trend zur Anspruchsinflation zu beobachten, der sich in einem professionalisierten Beschaffungsverhalten von Beratungsleistungen sowie deren Entmystifizierung manifestiere. So weist Seidensticker in seinem Artikel zu Recht auf den Umstand hin, dass ehemalige Berater häufig exponierte Führungspositionen besetzen und dementsprechend hohe Anforderungen an ihre ehemaligen Kollegen stellen. Trotzdem ist seiner Auffassung nach die überwiegende Mehrheit des Top-Managements bereit, externe Beratungsleistungen in Anspruch zu nehmen. Dieser Sacherhalt ist allerdings auch der Tatsache geschuldet, dass der Trend zu schlanken Konzernzentralen die verstärkte Auslagerung planerisch-konzeptioneller Tätigkeiten an hierfür spezialisierte Expertenorganisationen begünstigte. Beratungsunternehmen füllen somit zum Teil das in vielen Zentralen durch Lean Management entstandene Planungs- und Konzeptionsvakuum.

Den Bedarf nach Beratungsleistungen begründet Seidensticker mit strategischen, operativen und organisatorischen Herausforderungen, wobei die politischen Herausforderungen im Zuge der jüngst entfachten Kapitalismusdiskussion gleichsam eine vierte Beratungsdimension begründen. Nicht selten findet Strategieberatung in multiplen Politik- und Machtfeldern statt, weshalb aseptische Beratungsleistungen einer Einbettung in politische Referenzsysteme bedürfen, ohne dass dabei Strategieberatungen zu politischen Legitimatoren mutieren. Die Kernfaktoren erfolgreicher Strategieberatung sieht Seidensticker in (1) nachhaltigen Ergebnissen, (2) der Fach- und Methodenkompetenz, (3) einem pragmatischen Ansatz, (4) der Wahl des richtigen Themas, (5) der organisatorischen Veränderungsbereitschaft sowie (6) der Definition gemeinschaftlicher Ziele begründet. Jeden dieser sechs praxisbewährten Erfolgsfaktoren operationalisiert Seidensticker über eine Reihe von Indikatoren, sodass im Ergebnis ein breit gefächertes Erfolgsfaktorensystem der Strategieberatung entsteht. Zwar sind die hier genannten Einflussvariablen erfolgreicher Strategieberatung nicht statistisch abgesichert, doch dürfen sie allein aufgrund der hohen Branchenexpertise des Verfassers als „expertenvalidiert" gelten. Die Operationalisierung und Messung des Beratungserfolgs gestaltet sich angesichts der Dienstleistungskomplexität als anspruchsvolle Aufgabe, weil in der Praxis unterschiedliche Erfolgsmaßstäbe kursieren, die von unmittelbar GuV-wirksamen Ergebnisverbesserungen über die Ausweisung mittelfristiger Verbesserungspotenziale bis hin zur Identifikation vager Realoptionen reichen.

Mit der Einführung erfolgsabhängiger Pay-for-Performance-Systeme wird der präzisen Ex-ante-Formulierung des geschuldeten Beratungsergebnisses eine entscheidende Rolle zukommen, um ex post keinen Rechtsstreit austragen zu müssen. Seidensticker entwickelt in seinem Beitrag ein sehr fortschrittliches Bild der strategischen Unternehmensberatung, wobei dem Strategieberater die Rolle des versierten Managementpartners zugewiesen wird. Begrüßenswert ist die realistische Einschätzung, als Beratung nicht der bessere Unternehmer bzw. CEO sein zu wollen und zu können. Vielmehr besteht der Mehrwert der Beratung in Vorteil schaffenden Komplementärleistungen außerhalb der Einflusssphäre der verantwortlichen Leitungsorgane und Linienverantwortlichen. Im Einzelnen zählen hierzu die von Seidensticker tangierten „Schlüsselqualifikationen in den

Bereichen Problemanalyse, Methodenexpertise, Projektsteuerung und Ergebniskompetenz. Während Seidensticker in seinem Aufsatz tendenziell die „harten", analytisch induzierten Kompetenzfelder der Strategieberatung betont, wird in der Literatur zum Change Management die Vernachlässigung weicher Schlüsselqualifikationen, insbesondere bei Unternehmensberatern moniert. So werden die einschlägigen Strategieberater mit dem Vorwurf konfrontiert, zu wenig Empathie für den Klienten und seine Mitarbeiter aufzubringen. Den Strategieberatern ist allerdings zu Gute zu halten, dass sie in den letzten Jahren einen Imagewandel herbeigeführt haben, der den intern gepflegten Elitegedanken in der Firmenkultur gegenüber dem Klienten in den Hintergrund treten lässt, um in der tagtäglichen Projektarbeit „auf gleicher Augenhöhe" zu kommunizieren.

Seidensticker entkräftet in nüchtern sachlicher Manier die unterschwelligen Vorbehalte gegenüber den meisten Strategieberatungen durch sein Plädoyer für einen fakten-, umsetzungs- und ergebnisgetriebenen Beratungsansatz jenseits der oft kritisierten Jagd nach Managementinnovationen in Gestalt immer neuer Beratungsprodukte und Consulting Tools. In diesen sieht Seidensticker analytische Heuristiken zur Entscheidungsunterstützung und eben keine neuen Managementtheorien, wie häufig gegenüber dem Klienten kommuniziert. Als Zwischenfazit ist festzuhalten, dass Seidensticker ein belastbares Erfolgsmodell der Strategieberatung aufzeigt, dessen Lackmus-Test in der Verstetigung im Beratungsalltag besteht. Hiervon wird es letztlich abhängen, ob es sich um einen generischen oder einen unverwechselbaren Beratungsansatz handelt – würden doch alle Wettbewerber die von Bain & Company reklamierten Erfolgsfaktoren auch in voller Gänze für sich in Anspruch nehmen. Erfolgsfaktoren der Strategieberatung können nur so gut oder so schlecht wie ihre idiosynkratische Umsetzung und Befolgung während der Projektarbeit mit dem Klienten sein. Grundsätzlich stellt sich damit die Kardinalfrage, wie Strategieberatungen *die* komparativen Konkurrenzvorteile aufbauen können, die sie bei ihren Klienten zu erschließen versuchen, wenn sich die Beratungsansätze zumindest in der Außenkommunikation stark ähneln und nahezu identische Erwartungshaltungen an das eigene Humankapital sowie die Qualität der abzuliefernden Beratungsleistungen formuliert werden.

Von dem Beitrag darf in diesem Zusammenhang jedoch nicht erwartet werden, dass er dem Leser dieses spezifische Wissen um die Frage des „What makes us unique, beyond tools and techniques?" preisgibt, sofern dies angesichts der sozialen Komplexität einer gewachsenen Beratungskultur überhaupt möglich ist. Die Frage nach der Unique Selling Proposition im kompetitiven Beratungsgeschäft lässt sich damit anscheinend weniger über harte Erfolgsfaktoren definieren, als vielmehr über einen Kanon subtiler Variablen, die in Interaktion die distinguierte Identität von Bain, McKinsey oder der Boston Consulting Group ausmachen. Die von Seitsticker identifizierten Erfolgsfaktoren können letztlich nur die Oberflächenstruktur der Unternehmensberatung reflektieren, weil sich die Tiefenstruktur nur über die konsequente Umsetzung derselben im Rahmen des Beratungsalltags bzw. der operativen Projektarbeit erschließen lässt. Vor diesem Hintergrund gewinnt die Prozessdimension der Strategieberatung stark an Bedeutung – dient sie doch gleichsam als Transmissionsriemen, um die richtigen Strategieinhalte in die richtigen Maßnahmen zum Ziel der nachhaltigen Ergebnisverbesserung zu überführen. Im Gegensatz zur akademischen Strategieberatung mit ihren eher sporadischen Klientenkontaktpunkten übernimmt die umsetzungsorientierte Strategieberatung die Rolle des Change Agents, indem der Weg für radikale Strategieinnovationen schrittweise geebnet wird.

Diese Anmerkungen können den insgesamt sehr kompetenten Beitrag nicht schmälern, weil sich naturgemäß nur solche Erfolgsfaktoren explizieren lassen, die klar kommuniziert werden können. Dem Leser jedenfalls wird ein gelungener Überblick bezüglich der Entwicklungsperspektiven der Strategieberatung vermittelt, ohne das von Bain & Company praktizierte Geschäftsmodell zu überhöhen.

6 Neues Paradigma in der Strategieberatung?

Prof. Dr. Wilhelm Rall
Director, McKinsey & Company, Inc.

Brauchen wir ein neues Paradigma in der Strategieberatung? Um das Resultat der folgenden Überlegungen vorweg zu nehmen: Wir brauchen kein vollständig neues, sondern ein erweitertes Paradigma. Und diese Erweiterung ist konzeptionell nicht neu, aber sie wird in der Praxis teilweise nicht wahrgenommen, teilweise nicht konsequent realisiert.

Unabhängig davon, wie man die Frage beantwortet, ist auf jeden Fall eines sicher: In der heutigen Situation erhöhter Volatilität und Unsicherheit bedarf es – entgegen einer temporären Philosophie der „New Economy" – nicht weniger, sondern mehr an strategischem Denken. Zwar werden Vorhersagen schwieriger, aber Strategie war noch nie der Versuch einer Vorhersage, sie war immer Strukturierung und Gestaltung eines Lösungsraumes. Strategische Beratung ist damit unverändert relevant, vielleicht mehr als in der jüngsten Vergangenheit. Allerdings nicht eine Strategieberatung, die standardisierte Ansätze in Analyse und Konzepterarbeitung verfolgt, sondern eine, die Spezifität, Identifikation und Mobilisierung erreicht.

Das gesamte Buch steht unter dem Thema „Grenzen der Strategieberatung". Dabei muss zunächst geklärt werden, ob die Grenzen der Strategieberatung andere sind als die Grenzen der Strategie und die Grenzen der Beratung, jeweils isoliert betrachtet, denn dass es Grenzen der Strategie und Grenzen der Beratung gibt, würde niemand ernsthaft bestreiten, ja nicht einmal ernsthaft diskutieren wollen.

- Strategie beschreibt die Ziel- und Programmdimension des unternehmerischen Handelns, sie deckt die Fragen der Qualität der Führung, der organisatorischen Leistungsfähigkeit und des operativen Handelns nicht ab. Wer erfolgreich unternehmerisch handeln will, darf nicht nur in der strategischen Dimension denken.

- Die Grenzen der Beratung sind noch einleuchtender: Beratung und unternehmerisches Handeln können nicht gleichgesetzt werden, Beratung unterstützt vielmehr unternehmerisches Handeln. Das unternehmerische Ergebnis wird durch die Qualität der Inhalte, den Prozess, die Persönlichkeiten der Berater etc. beeinflusst, aber nicht bestimmt.

In der Diskussion der letzten Jahre wurde nun aber über diese unumstrittene grundlegende Position hinausgehend spezifisch auf Grenzen und Schwächen der Strategieberatung abgestellt. Im Folgenden wird kurz auf diese Kritik eingegangen und danach die notwendige Ergänzung eines traditionellen Verständnisses von Strategieberatung diskutiert.

Zur Kritik an der Strategieberatung

Sowohl in populären als auch in wissenschaftlichen Veröffentlichungen sind konzeptionelle Grundpfeiler, aber auch Beobachtungen der Praxis in die Kritik geraten[1]. Die Kritik lässt sich vereinfachend in vier Punkten zusammenfassen:

1. *Die Fundamentalkritik*: Da erfolgreiche Unternehmensstrategien einzigartig sein müssten, die Anwendung allgemein verfügbarer strategischer Konzepte und Frameworks jedoch zu ähnlichen, wenn nicht sogar identischen Strategien führe, seien diese abzulehnen. Unterstellt wird dabei Differenzierung als strategisches Ziel und eine zumindest starke Beeinflussung der Strategien durch die bei ihrer Erarbeitung eingesetzten Instrumente.
2. *Die „Moden"-Kritik*: Neue strategische Konzepte seien im Wesentlichen Marketing-Rhetorik, die primär darauf abzielen würde, mit immer neuen Begrifflichkeiten und Problembeschreibungen Nachfrage nach Beratungsleistung zu schaffen. Angenommen wird dabei, dass zumindest die Berater glaubten, dass die Nachfrage nach ihren Leistungen primär induziert und nicht originär sei.

---

[1] Siehe dazu detaillierter: Maximilian Scherr-Achim Berg-Birgit König-Wilhelm Rall: Einsatz von Instrumenten der Strategieentwicklung in der Beratung; in: Ingolf Bamberger (Hrsg.), Strategische Unternehmensberatung, 4. Auflage Wiesbaden 2005

3. *Die inhaltliche Kritik*: Die Inhalte für die Strategieerarbeitung seien entweder nicht präzise genug formuliert – und damit nicht falsifizierbar – oder der eindeutige wissenschaftliche Nachweis ihrer Vorteilhaftigkeit (z.B. in der strategischen Planung) sei bisher nicht erbracht worden. Letztlich steht dahinter die Forderung nach weitgehender Theoriebasierung von Strategiekonzepten.
4. *Die Kritik an der mangelnden Sorgfalt bei der Anwendung*: Auch wenn zahlreiche Instrumente bei ihrer Entwicklung nicht so simplifizierend geplant waren, so würden sie dennoch in vielen Fällen stark verkürzt angewandt. Dieser Vorwurf richtet sich zwar in erster Linie an die Anwender, doch schwingt dabei meist auch eine Kritik an den Instrumenten selbst mit, da diese infolge ihrer stark vereinfachten Darstellung strategischer Probleme dazu verleiteten, deren Komplexität zu übersehen.

Wenn man die Richtigkeit oder Zweckmäßigkeit von Instrumenten in der Strategieentwicklung diskutieren will, muss zunächst klar sein, von welcher Position aus man argumentiert, in welcher Begriffswelt man sich befindet und welche Maßstäbe man anwenden möchte. Daher skizzieren wir im Folgenden unsere Rahmenbedingungen und Prämissen der Argumentation:

- Strategien, präziser: Geschäftsstrategien, sollen Unternehmen Vorteile im Wettbewerb verschaffen. (Typischerweise wird hier auch noch das Attribut der Nachhaltigkeit herangezogen. Darauf verzichten wir, da Nachhaltigkeit im Sinne von echter Langfristigkeit bei unserem sich sehr rasch verändernden wirtschaftlichen Umfeld nur in Ausnahmefällen zu realisieren ist). Eine vollständig formulierte Strategie besteht aus einer hinreichend präzisen Beschreibung der Zielsituation, der für ihr Erreichen notwendigen Aktionen und der zugehörigen Zeithorizonte. Um Missverständnisse zu vermeiden: In den meisten Fällen sind die Aktionen eher ein Entscheidungspfad mit abnehmender Konkretheit der zugeordneten Maßnahmen als ein geschlossenes Aktionsprogramm für den gesamten Zeitraum.
- Die mit der Strategie angestrebten Vorteile lassen sich in den meisten Fällen am ehesten mit einer Differenzierungsstrategie erzielen, die einem Unternehmen zumindest teilweise und temporär eine Alleinstellung verschafft. Es gibt aber wohldefinierte Fälle, in denen Ähnlichkeitsstrategien vorteilhaf-

ter sind. Die Wahl strategischer Ähnlichkeit resultiert dabei aus einem strategischen Kalkül und nicht aus unbeabsichtigten Prozesseffekten.
- Strategie in der Realität ist immer Strategie unter Unsicherheit, wenn auch in unterschiedlichem Ausmaß. Strategie befasst sich deshalb mit Möglichkeits- und Zielräumen. Die Annahme einer Punktpräzision wäre Selbsttäuschung. Quellen der Unsicherheit können dabei sowohl exogener als auch endogener Natur sein.
- Da jedes Unternehmen selbst bei identischem strategischen Kontext jeweils spezifische Ressourcen, Kompetenzen, Stärken/ Schwächen – mit anderen Worten: strategische Plattformen – hat, muss eine Strategie auf das jeweilige Unternehmen abgestimmt sein. Standardstrategien existieren nicht.
- Bei der Erarbeitung von Strategien werden Instrumente eingesetzt, die sich in verschiedene Kategorien einteilen lassen. Einige sind präskriptiv, d.h. sie strukturieren eine „Wenn-dann"-Beziehung, die die Ableitung einer strategischen Stoßrichtung aus dem Komplex von strategischem Kontext und eigenen strategischen Plattformen ermöglicht. Wegen der Komplexität üblicher strategischer Fragestellungen und der inhärenten Unsicherheit zukünftiger Entwicklung sind hinreichend spezifische und starke „Wenn-dann"-Beziehungen sehr selten. Die Mehrzahl der Instrumente sind primär Strukturmodelle für das Denken, d.h. sie ordnen Situationsanalysen, strukturieren Entscheidungssituation usw. Gerade die bekannteren Instrumente wie Portfoliomatrizen etc. fallen ganz überwiegend in diese Kategorie. Eine dritte Kategorie enthält prozessbezogene Instrumente, die das zweckmäßige Vorgehen bei der Strategieerarbeitung und -implementierung beschreiben. Nur wenn man die Natur der einzelnen Instrumente versteht, lässt sich ihre Einsatz- und Leistungsfähigkeit zutreffend beurteilen.
- Die Instrumente erleichtern es, transparentere und besser nachvollziehbare – und damit bessere – Ergebnisse in der Strategieerarbeitung zu erzielen. Sie sind Hilfsmittel im klassischen Sinne und keine Garantie für das Generieren einer erfolgreichen Strategie, genauso wenig, wie noch so perfekte Werkzeuge bei einem Bildhauer eine sehr gute Plastik garantieren.

Akzeptiert man diese Rahmenbedingungen und Prämissen, lösen sich einige der Kritikpunkte gewissermaßen in Luft auf, da entweder realistische Maßstäbe verwendet oder die Einsatzfähigkeit der Instrumente überschätzt wird. Wenn die Instrumente der Strategieentwicklung in ihrem Charakter und ihrer

Zweckmäßigkeit richtig verstanden und eingesetzt werden, leisten sie einen wertvollen Beitrag zum strategischen Denken und Entscheiden in Organisationen und schaffen damit erst die Basis für eine reflektierte, professionalisierte strategische Unternehmensführung.

Strategische Unternehmensführung ist entscheidungsorientiert, und strategische Entscheidungen haben ihre Besonderheiten. Sie zeichnen sich insbesondere durch ihre unklare Strukturierung sowie durch die große Bedeutung individueller Wertprämissen aus. Die Unvollständigkeit der Problembeschreibung kann sich dabei auf den Ausgangszustand, den Zielzustand und/oder mögliche Wege und Hindernisse zwischen diesen beiden Zuständen beziehen. Zusätzlich ist davon auszugehen, dass in Organisationen einzelne Akteure und Gruppen – trotz der von ihnen geteilten Normen und Werte – sowohl die Probleme als auch die verfügbaren Informationen unterschiedlich interpretieren. Die Einbringung individueller Wertvorstellungen ist in strategischen Prozessen nicht nur unvermeidbar, sondern erwünscht. Innerhalb von Organisationen wird dadurch letztlich auch ein „politisches" Lösen kollektiver Entscheidungsprozesse notwendig; strategische Entscheidungen sind daher immer auch organisatorische Entscheidungen. Dies mag von manchen als Schwäche wahrgenommen werden, ist in Wirklichkeit aber nicht nur unvermeidlich, sondern auch vorteilhaft, da nur so unterschiedliche Präferenzen von Entscheidungsträgern synchronisiert werden können.

Strategieinstrumente sind dabei nützlich, da sie eine Sprache schaffen, Bezugsgrößen und Annahmen transparent machen, Informationen und Lösungsräume strukturieren. In diesem Sinne sind sie Heuristiken für Entscheidungsträger.

Nach diesen relativierenden Anmerkungen zur Instrumentenkritik kommen wir zu dem m.E. wirklich kritischen Punkt: Sorgfältige professionelle Erarbeitung führt zu einer guten Strategie, aber noch nicht zu ihrer erfolgreichen Umsetzung, zumindest nicht automatisch. Und hier setzt nun die oben erwähnte Erweiterung des Denkens über Strategieentwicklung und Strategieberatung an: die Einbeziehung der Implementierung von Anfang an.

Strategieentwicklung mit Implementierungs-"Sicherheit"

Überprüft man nach einer Reihe von Jahren den Erfolg von Strategien, so sind teilweise negative Urteile, manchmal auch vollständig negative Urteile gar nicht selten. Dagegen sind auch Strategien nicht gefeit, die analytisch fundiert, umfassend durchdacht und einschließlich aller erwarteten sekundären und tertiären Effekte durchgespielt waren. Für das Scheitern von Strategien kann es mehrere Gründe geben, u.a. ein Zurückfallen im Wettbewerb, weil andere Unternehmen besser waren, oder eine im Vorfeld als unwahrscheinlich erachtete, starke Diskontinuität im Unternehmensumfeld, die die Basis der Strategie obsolet machte. Dies sind Entwicklungen, die in der Dynamik des Wettbewerbs und in den Grundcharakteristika von Unsicherheit begründet sind; vor ihnen kann sich letztlich kein Unternehmen vollständig schützen.

Viele Strategien scheitern jedoch auch aus unternehmensinternen Gründen. Die wichtigsten tieferen Ursachen für das Scheitern sind nach unseren Erfahrungen die folgenden:

- Die Führungskräfte des Unternehmens teilen kein gemeinsames mentales Modell für ihr Geschäft, d.h. es gibt unterschiedliche Auffassungen darüber, was die wesentlichen Triebkräfte und Spielregeln des Geschäfts sind und sein werden, wohin sich die Schwerpunkte entwickeln werden usw. Die gemeinsame Erfahrung in der Führung des Geschäftes wird offenbar zu wenig thematisiert und in Konsequenzen für die Zukunft umgesetzt.
- Das Top-Management einigt sich zwar im Verlauf des Strategieentwicklungsprozesses auf eine Zielformulierung und die damit verbundene zahlenmäßige Konkretisierung der Strategie, letztlich werden Strategie und Ziele jedoch nicht wirklich von allen Führungskräften mitgetragen. Dies kann u.a. daran liegen, dass die einzelnen persönlichen Agenden nicht ausreichend abgebildet wurden oder die Verbindlichkeit nicht sehr ernst genommen wird, da der Realisierungstest ohnehin erst in der unsicheren Zukunft ansteht.
- Die Strategie bezieht die relevanten Entscheidungsträger in der Organisation zu wenig ein. Sie bildet für die breitere Organisation keine Identifikationskerne, aus denen die einzelnen Mitarbeiter Motivation und Richtung gewinnen können. Die Strategie ist nicht konkret genug, um allen Mitarbeitern klar zu machen, was sie für jeden Einzelnen von ihnen bedeutet. Diese

Phänomene treten immer dann auf, wenn Strategieumsetzung nur als Angelegenheit der oberen Unternehmensführung verstanden wird und nicht als eine Aufgabe, für die die gesamte Organisation mobilisiert werden muss.
- Die Strategie ist in der Organisation nicht als Beschreibung einer gewünschten und realisierbaren Zukunft kommuniziert worden, sondern als quantitatives Gerüst mit fixem Umsetzungsplan. Sobald sich – nahezu unvermeidlich – wesentliche Veränderungen im Markt oder im Wettbewerb einstellen, geht die Strategie aus Sicht der Mitarbeiter an der Realität vorbei, sie wird obsolet, die Realisierungsenergie verschwindet.

Die Schwierigkeit bei der Bewältigung dieser Probleme liegt darin, dass sie in tieferen Schichten der Organisation verwurzelt sind, nur selten an der Oberfläche sichtbar werden und kaum je eine offene Diskussion initiieren. In jedem Falle spielen sich die ihnen zugrunde liegenden Prozesse außerhalb der Analysen und Wirtschaftlichkeitsüberlegungen ab, die häufig als Kern der Strategieentwicklung angesehen werden. Stattdessen treten sie im Schnittmengenbereich der Themen Organisation und Strategie auf.

Folglich muss ein erweitertes Paradigma der Strategieentwicklung und damit auch der Strategieberatung auf organisatorischen Ansätzen aufbauen. Das bekannte Modell, nach dem sich organisatorische Leistungsfähigkeit aus dem Zusammenspiel von Ausrichtung und Interaktion ergibt, lässt sich auf die Strategieentwicklung direkt anwenden (Abb. 1).

Die z.B. der traditionellen strategischen Planung zugrunde liegende primäre Ausrichtung auf Zielsetzung und möglichst klare Handlungsanweisungen ist zwar konzeptionell in Wissenschaft und Praxis längst überwunden, keineswegs aber in der Realität der Strategieerarbeitung. Der Wandel in Richtung Interaktionsqualität bedarf nicht nur der grundsätzlichen Einsicht, die, wie sich in vielen Gesprächen in der Praxis immer wieder zeigt, durchaus vorhanden ist, sondern auch der konsequenten Umsetzung. Dabei sind zunächst durchaus prinzipielle Spannungsverhältnisse aufzulösen, wie z.B. zwischen Vertraulichkeit (Abschirmung gegen Wettbewerber) und Offenheit gegenüber einem breiten Kreis von eigenen Führungskräften, Involvierung und Knappheit an Zeit/ Ressourcen, Geschwindigkeit des Prozesses und „Mitnahme" der Organisation. Gerade wenn ein kurzes strategisches Fenster zur Verfügung steht, d.h. rasches Entscheiden und Handeln notwendig ist, muss manchmal das Risiko der begrenzten Involvierung eingegangen werden.

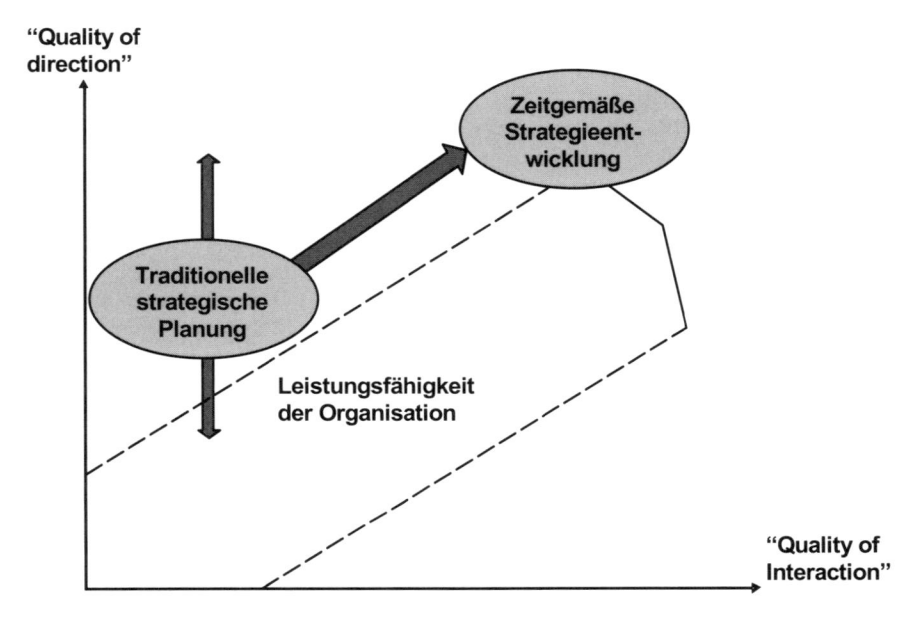

Abb. 1: Strategieentwicklung ist auch Organisationsentwicklung (Quelle: McKinsey)

Die Beantwortung dieser Fragen im konkreten Fall reicht jedoch noch nicht aus, man benötigt auch ein ergänzendes, in diesem Falle primär organisatorisches Instrumentarium. Bei einer zeitgemäßen Strategieentwicklung müssen also Strategieinstrumente und Organisationsinstrumente gleichermaßen angewandt werden. Die meisten dieser Instrumente stammen aus der Werkzeugkiste organisatorischer Transformationen, einige sind aber auch spezifisch entwickelt. Für jede Stufe des Strategieentwicklungsprozesses gibt es dabei spezifische Ansatzpunkte, die für Individuen, kleine und große Gruppen entwickelt sind (Abbildung 2)

Das Spektrum reicht von Analysen und Vorgehensweisen, die sehr nahe an der Strategie liegen, bis zu reinen Instrumenten der organisatorischen Intervention. In die erste Kategorie fällt z.B. die Analyse der organisatorischen Fähigkeiten mithilfe von Ressourcen und Kompetenzerhebungen. In der ressourcenbasierten Schule des strategischen Denkens, wie sie z.B. von HAMEL/PRAHALAD vertreten wird[2], gehört die Kompetenzanalyse zur Festlegung der Plattform einer von innen nach außen zu definierenden Strategie. In dem hier diskutierten erweiterten Ansatz werden diese strategischen Analysen in Richtung auf eine stärkere Orientierung auf Implementierungshürden und die sie verursachenden Kompetenzlücken vertieft. Die der gleichen Stufe der Strategieentwicklung zuzuordnenden Tiefeninterviews gehören zur anderen Seite des Spektrums dieser Instrumente. Es handelt sich dabei um eine Gesprächstechnik, die bei Führungskräften Grundüberzeugungen exploriert, die strategischen Veränderungen im Wege stehen können. Letztlich geht es dabei um den Schritt von der Oberfläche der verbalen Kommunikation zu den Überzeugungen, Annahmen und Anreizmechanismen, die Identität und damit Handeln bestimmen.

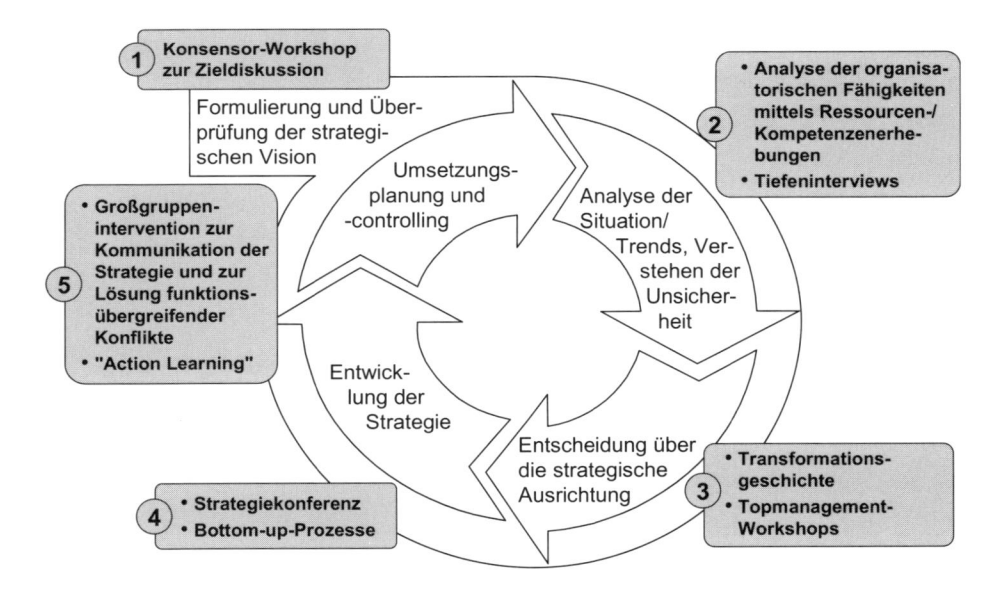

Abb. 2: Ausgewählte Instrumente zur Sicherstellung des Umsetzungserfolgs

Bei der nächsten Stufe der Strategieentwicklung, der Entscheidung über die strategische Ausrichtung, ergeben sich ebenfalls Modifikationen zu dem konventionellen Vorgehen. Einerseits wird sehr verstärkt eine Workshop-Methodik eingesetzt, die nicht nur auf den Vorstand zielt, sondern die wichtigsten Entscheidungsträger im Unternehmen einbezieht. Andererseits geht die zu entwi-

---

[2] z.B. in: Hamel, G./ Prahalad, C. K. (1994): Competing for the Future, Boston/Mass.

ckelnde „Transformationsgeschichte" über die Erarbeitung eines strategischen Programms hinaus. Ein Programm, das nicht für Investoren, Aufsichtsgremien, Kunden, Mitarbeiter und Geschäftspartner mitreißend und aufregend klingt, wird kaum je Unterstützung für seine Umsetzung finden. Transformationsgeschichten legen den aktuellen Handlungsbedarf offen, beschreiben den kritischen Wendepunkt, haben einen klaren Fokus, definieren einen hohen Anspruch und kristallisieren sich in einer klaren Vision. Dadurch bewegen sie sehr unterschiedliche Zuhörer dazu, zum Wohle des Unternehmens zu agieren.

Eckpfeiler des strategischen Erfolgs ist stets eine überzeugende Führung. Dazu gehört ein gemeinsames Verständnis aller Führungskräfte in Bezug auf Anspruch und Maßnahmen. Nur wenn Strategie nicht als analytische Übung begriffen wird, sondern als Beschreibung eines gemeinsamen Weges, kann eine strategische Neuausrichtung von Unternehmen gelingen. Eine so verstandene Strategieberatung liefert mit ihrer Methodenkompetenz sowohl in der Analyse als auch im Prozess die notwendige Unterstützung für diese wahrlich herausfordernde Aufgabe.

Kommentar: Bewirken Instrumente des Strategischen Managements eine Standardisierung von Strategien?

Prof. Dr. Dr. h.c. Alfred Kieser
Universität Mannheim

Vorbemerkung

Bei der Formulierung dieser Replik ist mir wieder einmal klar geworden, dass Wissenschaft, auch die Managementwissenschaft, ein anderes Sprachspiel ist als Praxis oder Beratung[1]. Wenn Wissenschaftler Berater kritisieren, so läuft das im Gunde darauf hinaus, dass sie verlangen, Berater sollten so denken und agieren wie sie. Das trifft auch auf diese Replik zu. Die Herausgeber wollen es so.

Wider den Haarschneideautomaten

Zu Beginn seines Beitrags stellt Rall fest: „In der heutigen Situation erhöhter Volatilität und Unsicherheit bedarf es… nicht weniger, sondern mehr an strategischem Denken. Zwar werden Vorhersagen schwieriger, aber Strategie war noch nie der Versuch einer Vorhersage, sie war immer Strukturierung und Gestaltung eines Lösungsraumes."

Was folgt daraus? Wenn angesichts erhöhter Unsicherheit (und Volatilität!) ist eines sicher: Mehr strategisches Denken ist erforderlich, vor allem, wie später deutlich wird, professionelles strategisches Denken, wie es die Berater beherrschen. Weshalb? Weil „Strukturierung und Gestaltung eines Lösungsraums" erforderlich sind. Wer würde dem widersprechen wollen (können)?

Rall listet einige bekannte kritische Argumente gegen Strategieberatung auf: (1) „[D]ie Anwendung allgemein verfügbarer strategischer Konzepte und Frameworks [führe]… zu ähnlichen, wenn nicht sogar identischen Strategien", Wettbewerbsvorteile würden aber in aller Regel durch Differenzierungen geschaffen. (2) Beratern gehe es bei der Generierung von modischen Strategiekon-

---

[1] Benjamin Wellstein danke ich für wertvolle Anregungen.

zepten vor allem darum, Nachfrage nach ihren Leistungen zu induzieren. (3) Die „Strategiebearbeitung" durch Berater sei unpräzise. Der Nachweis einer Vorteilhaftigkeit sei nicht erbracht. Eine theoretische Fundierung fehle. (4) Strategische Lösungen würden unzureichend umgesetzt.

Wie setzt sich Rall mit dieser Kritik auseinander? Zunächst arbeitet er, der Überlegung folgend, dass diese den Verlauf des Strategieformulierungsprozesses entscheidend beeinflussen, die Rahmenbedingungen heraus, unter denen Strategieberatung jeweils stattfindet. Die für mich wichtigen Sätze in diesem Passus: „Da jedes Unternehmen... jeweils spezifische Ressourcen, Kompetenzen, Stärken/Schwächen – mit anderen Worten: strategische Plattformen – hat, muss eine Strategie auf das jeweilige Unternehmen abgestimmt sein. Standardstrategien existieren nicht... Instrumente sind primär Strukturmodelle für das Denken, d.h. sie ordnen Situationsanalysen, strukturieren Entscheidungssituationen usw... Sie sind Hilfsmittel im klassischen Sinne und keine Garantie für das Generieren einer erfolgreichen Strategie, genauso wenig, wie noch so perfekte Werkzeuge für einen Bildhauer eine sehr gute Plastik garantieren."

Also: Weil die Instrumente nur Heuristiken und keine deterministischen Verfahren sind und in unterschiedlichen Ausgangsbedingungen eingesetzt werden, produzieren sie keine ähnlichen Lösungen, sondern unterschiedliche. Sie ersetzen das Denken oder – wie die Bildhauer-Metapher suggeriert – die Kreativität nicht. Berater lassen sich von ihren eigenen Instrumenten nicht gängeln: „Wenn die Instrumente der Strategieentwicklung in ihrem Charakter und ihrer Zweckmäßigkeit richtig verstanden und eingesetzt werden, leisten sie einen wertvollen Beitrag zum strategischen Denken und Entscheiden in Organisationen und schaffen damit erst die Basis für eine reflektierte, professionalisierte strategische Unternehmensführung". Reflexion und Professionalität gewährleisten eine Differenzierung.

Die Feststellung, dass der Einsatz der gleichen Instrumente nicht notwendigerweise zu ähnlichen Strategien führt, ist nicht sehr überraschend. Schon die Schöpfer der BCG-Analyse haben darauf hingewiesen, dass die Normstrategien nicht mechanistisch anzuwenden seien. Und Porter scheint generell der Auffassung zu sein, dass eine gründliche Analyse die Manager ohne weiteres Zutun auf die richtige strategische Fährte bringt. Seine Instrumente implizieren keine Standardisierung. Mithilfe der Metapher des Haarschneideautomaten, der nicht nur die Frisuren, sondern auch die Köpfe (!) standardisiert, haben KIRSCH u.a. (1982) bereits Anfang der 80er Jahre darauf hingewiesen, dass man trotz des atraktiven Angebots an Konsens generierenden Instrumenten zu individualistischen Strategien kommen muss.

Der Vorwurf, die Berater würden modische Konzepte entwickeln, um Nachfrage zu generieren (s. dazu ERNST 2002; KIESER 1996), bleibt unkommentiert. Auch auf das Argument der mangelnden theoretischen Fundierung und des noch ausstehenden Beweises der Vorteilhaftigkeit eines strategischen Managements mit oder ohne Beratung geht Rall nicht ein. Man kann jedoch anmerken, dass der Versuch, einen solchen Nachweis zu bringen, zur Erfolglosigkeit verurteilt ist (siehe dazu NICOLAI/KIESER 2002 und die sich anschließende Diskussion in der Zeitschrift für Betriebswirtschaft, 64. Jg. (2004)).

Die Einbeziehung der Manager in die Strategieformulierung zur Sicherstellung der Umsetzung

Besonders ausführlich setzt sich Rall mit dem letzten der aufgeführten Kritikpunkte auseinander: Bei der Umsetzung der erarbeiteten Strategie walte häufig nicht die erforderliche Sorgfalt. „Dieser Vorwurf richtet sich zwar in erster Linie an die Anwender, doch schwingt dabei meist auch eine Kritik an den Instrumenten selbst mit, da diese infolge ihrer stark vereinfachten Darstellung strategischer Probleme dazu verleiteten, deren Komplexität zu übersehen." Dieser Kritik begegnet Rall mit einem Konzept einer „Strategieentwicklung mit Implementierungs-"Sicherheit"". Für das Scheitern von Strategieentwürfen sind seiner Ansicht nach vor allem die üblichen Verdächtigen verantwortlich zu machen: Uneinigkeit des Top-Managements, nicht ausreichende Identifizierung einzelner Top-Manager mit der Strategie, die unzureichende Einbeziehung von relevanten Entscheidungsträgern in die Strategieerarbeitung und irreführende Kommunikation der Strategie nach innen und außen. Da diese Probleme „in tieferen Schichten der Organisation verwurzelt sind", müssen „organisatorische Instrumente" wie Tiefeninterviews oder Strategiekonferenzen zur Anwendung kommen. In diesen Prozessen findet dann wohl auch „die Einbringung individueller Wertvorstellungen" statt, die „nicht nur unvermeidbar, sondern erwünscht" ist. Und diese Wertvorstellungen, so ist anzunehmen, tragen dann weiter dazu bei, dass standardisierte Strategien vermieden werden.

Aber: Bei der Lektüre des Wirtschaftsteils der täglichen Zeitung kann man sich des Eindrucks nicht erwehren, dass Manager wetteifern, wer die Standard-

Shareholder-Strategien der Konzentration auf Kernkompetenzen, des Downsizing, des Outsourcing und Offshoring am nachdrücklichsten verfolgen kann. Nicht wenige dieser Unternehmen haben wahrscheinlich das von Rall beschriebene „McKinsey-De-Standardisierungsprogramm" durchlaufen.

Plastikwörter

Was einem bei der kritischen Analyse der Rhetorik des Rallschen Aufsatzes – wie generell bei Analysen der Managementliteratur – auffällt, ist der häufige Gebrauch von „Plastikwörtern" wie Strukturierung, Spezifität, Mobilisierung, strategische Plattform, Strukturmodell, organisatorische Transformation, Interaktionsqualität, begrenzte Involvierung usw. Plastikwörter weisen, so der Sprachwissenschaftler PÖRKSEN (1989, S. 37), die folgenden Eigenschaften auf: „Dem Sprecher fehlt die Definitionsmacht... Das Wort ist äußerlich den Termini der Wissenschaft verwandt... Es hat einen sehr weiten Anwendungsbereich... Es ist inhaltsarm... Es verliert sich ins Imaginäre. ... Es hat eher eine Funktion als einen Inhalt... Es ist mehrheitsfähig... Es bringt zum Schweigen und verankert das Bedürfnis nach expertenhafter Hilfe", denn „[d]ie expertenhafte Sprache beruhigt. Fachausdrücke haben etwas ungemein Beschwichtigendes. Sie entschärfen. Sie sagen: Nur keine Aufregung, die Sache ist sicher in der Hand von Experten" (S. 105).

Wissenschaftler sind gehalten, nur definierte Begriffe – bereits in der Theorie, die sie einsetzen, definiert oder im jeweiligen Text – zu verwenden. Das ist der Unterschied zwischen Plastikwörtern und wissenschaftlichen Begriffen. Auch müssen Wissenschaftler die Verfahren, mit denen sie ihre Ergebnisse erzielen, offen legen. Sie können nicht sagen: Die Instrumente allein sind es nicht, denn der Künstler – der Berater – wie auch der Auftraggeber denken sich auch was bei ihrem Einsatz. Welche Richtung dieses Denken in Abhängigkeit von den Ausgangsbedingungen und von eingesetzten Instrumenten wie Tiefeninterviews einnimmt, das weiß oder sage ich nicht. Nun kann man, wie festgestellt, nicht verlangen, dass Berater so sein sollen wie Wissenschaftler. Wissenschaftler sollen wissenschaftlichen Fortschritt produzieren, Unternehmensberater ihrem Unternehmen – dem eigenen und dem ihrer Klienten – Umsatz und Gewinn bescheren (KIESER 2002). Indem beide ihren jeweiligen Aufgaben gerecht werden, befördern sie auch ihre jeweiligen Karrieren.

Literatur

ERNST, B. (2002): Die Evaluation von Beratungsleistungen - Prozesse der Wahrnehmung und Bewertung, Wiesbaden.

KIESER, A. (1996): Moden & Mythen des Organisierens, in: Die Betriebswirtschaft, 56. Jg. (1996), S. 21-39.

KIESER, A. (2002): Wissenschaft und Beratung, Heidelberg.

KIRSCH, W./ROVENTA, P./TRUX, W. (1982): Wider den Haarschneideautomaten - Ein Plädoyer für mehr „Individualität" bei der Strategischen Unternehmensführung, in: Blick Durch Die Wirtschaft, Nr. 35, 19.02.1982.

NICOLAI, A./KIESER, A. (2002): Trotz eklatanter Erfolglosigkeit: Die Erfolgsfaktorenforschung weiter auf Erfolgskurs, in: Die Betriebswirtschaft, 62. Jg. (2002), S. 579-596.

PÖRKSEN, U. (1989): Plastikwörter. Die Sprache einer internationalen Diktatur, Stuttgart.

7 Durchsetzen von Strategien durch diskursive Beratung – Anschlussfähigkeit und Umsetzung in der Strategieberatung

Dr. Thomas Schnelle
Geschäftsführender Gesellschafter, Metaplan GmbH

1 Diskursive Strategieberatung überwindet Grenzen klassischer Strategieberatung

Strategieberatung stößt (notwendigerweise) an Grenzen, die sich aus der Natur der beratenen Organisationen ergeben: der Arbeitsteilung und des Zusammenwirkens der arbeitsteiligen Funktionen. Es sind genau diese Grenzen, durch die die Umsetzung von Strategien ganz scheitert oder die strategischen Konzepte verwässern.

Man kann diese Grenzen – ein Stück weit – überwinden, wenn man die Beratung diskursiv anlegt. Die Strategieberatung sorgt dann dafür, dass die strategischen Konzepte bei den verschiedenen Akteuren der Organisation, die man braucht, anschlussfähig werden: Sie können sie verstehen, inkorporieren und sich zu eigen machen.

Die Natur von Organisationen: Sie entwickeln lokale Rationalitäten entlang ihrer inneren Arbeitsteilung

Organisationen untergliedern sich nach Funktionen, nach Regionen, in Geschäftsfelder und in Prozessabschnitte: Die übergreifenden Geschäftsziele werden unter ihnen 'aufgeteilt'. Organisationen sind arbeitsteilig angelegt, damit sich die Funktionen nicht um das Unternehmen an sich kümmern müssen. Arbeitsteilung schafft damit Effizienz:

Jeder konzentriert sich auf seinen Bereich. Jede Funktion, jede Einheit entwickelt ihre eigene Professionalität - und damit allerdings auch ihr eigenes Denken.

Was die eine Einheit als rational ansieht, erscheint der anderen oft als unvernünftig. Jede Einheit verfolgt eigene, wohl begründete Interessen und versucht, ihre Kompetenzen und Ressourcen zu vermehren, um das, was sie tut, gut und besser zu machen. Bewusst ist dies den Mitgliedern der Organisationen meist nicht: Die meisten Organisationen stehen als Ganzes im Wettbewerb mit anderen Organisationen. Die Akteure in einer solchen Organisation können also mit Recht annehmen: Das Interesse der Organisation, also etwa die Geschäftsziele, determinieren auch die Ziele der Organisationseinheiten und seiner Mitglieder.

Letztere werden daneben aber auch von ihrer arbeitsteiligen Funktion bestimmt: Die den Einheiten zugewiesenen Aufgaben bestimmen ihre Rationalität, welches Denken und Handeln als vernünftig angesehen wird.

Die Untereinheiten bilden jeweils eigene Identitäten aus: Sie verpflichten ihre Leute auf gleiche Auffassungen und gleiche Normen. Sie bilden gemeinsame Auffassungen heraus, wie sie die Wirklichkeit und sich darin sehen. In die Auffassungen flechten sich Interessen ein, was sie für sich erreichen oder abwehren wollen. Ihr Denken verfestigt sich: 'Geschlossene Denkgebäude' entstehen. Und sie verfolgen Abteilungsinteressen, die ihre Identität weiter festigen. Z.B. versuchen sie, ihre Kompetenzen und Ressourcen zu vermehren.

Das führt zu (meist sinnvollen) Konflikten: Die Einheiten entwickeln also unterschiedliche 'Rationalitäten' und Ziele. Dadurch entstehen Zielkonflikte – sie können nicht vermieden werden. Dies ist ein im Prinzip für die Organisation sinnvoller Mechanismus: Das Blickfeld der Organisation wird durch Arbeitsteilung breiter. Jede Untereinheit kann sich auf eine Perspektive konzentrieren. Der 'Preis': Verständigung kann schwer, gar unmöglich werden. So werden etwa Strategien, die 'oben' erdacht werden, 'unten' oder auch an lateralen Stellen nicht verstanden, sodass sie verpuffen.

Arbeitsteilung führt zu Machtauseinandersetzungen

Die arbeitsteiligen Funktionen und Abteilungen verfolgen zwar je eigene Interessen. Aber die Akteure sind natürlich nicht autonom: Sie brauchen einander. Das erklärt, warum es zum Phänomen der Macht kommt.

Macht ist Teil jeder Beziehung in Organisationen und darf nicht mit Hierarchie gleichgesetzt werden. Sie erwächst aus der Beherrschung von Unsicherheitszonen: Macht ist die Fähigkeit, bei anderen ein Verhalten zu erzeugen, das sie spontan nicht angenommen hätten. Die Machtmöglichkeiten sind meist asymmetrisch, aber stets wechselseitig: Der Meister kann anordnen, solange der Arbeiter ihm folgt.

Macht ist eine Austauschbeziehung: Getauscht werden Handlungsmöglichkeiten. Das ist die Fähigkeit, für andere wichtige Probleme zu lösen oder seine Hilfe zu verweigern. Macht hängt von der Relevanz der Handlungsmöglichkeiten für andere ab und von der Autonomie und Nichtersetzbarkeit der Akteure.

Wer für andere Probleme lösen kann, beherrscht Unsicherheitszonen, soweit oder solange er nicht oder nur schwer ersetzbar ist. Typische Unsicherheitszonen in Organisationen sind:

Fachwissen, beherrscht von Experten, Markt und Umwelt, beherrscht von den entsprechenden Relaisstellen, Kommunikation, beherrscht durch die Gatekeeper, Formale Bedingungen, beherrscht durch die Hierarchie.

In Organisationen kommt es unweigerlich zu Machtspielen: Die Bereiche, die arbeitsteilig ausgerichtet sind und miteinander kooperieren, beherrschen unterschiedliche Unsicherheitszonen. Sie müssen in Austauschbeziehungen treten: Sie tauschen ihre Fähigkeiten aus, anderen Handeln zu ermöglichen. Dieser Austausch wird in Machtspielen geregelt.

In den Machtspielen treffen unterschiedliche Auffassungen aufeinander. Jeder Bereich verfolgt damit seine eigenen Interessen. Die Dauer eines Machtspiels hängt vom Machtgefälle ab: Je steiler es ist, umso eher wird klar, wer nachzugeben hat. Es mag enden, wenn die Austragungskosten höher als der mögliche Spielgewinn werden. Er kann unter Kampfhähnen dennoch endlos weitergehen.

Arbeitsteilung schafft Abstimmungsbedarf

Die arbeitsteiligen Funktionen und Abteilungen sind aufeinander angewiesen: Sie können sich nur halten, wenn sich auch die Organisation erhält. Sie müssen also zusammenwirken. Das schafft Abstimmungsbedarf.

Weil die Akteure unterschiedliche Interessen und Sichtweisen vertreten, sind sie oft nicht in der Lage, ihre Vorstellungen und Ideen zu einer strategischen Gesamtsicht zusammenzuführen.

Integriert der CEO?

Integriert der CEO die Sichtweisen und Interessen der arbeitsteiligen Funktionen zum 'Gesamtinteresse des Unternehmens'?

Einerseits: Das ist seine definierte Aufgabe. Wenn überhaupt jemand das Gesamtinteresse eines Unternehmens vertritt, dann der CEO.

Andererseits: Auch die CEO-Funktion ist eine ausdifferenzierte Teilfunktion. Sie soll zwar das Gesamtinteresse zusammenführen und führen – kann aber auch nur einen Teilausschnitt der Umwelt, wie der Organisation, zur Kenntnis nehmen und berücksichtigen. Sie steht unter für sie spezifischen Zwängen und Erwartungen, insbesondere der Eigentümer bzw. des Aufsichtsrats.

Also entwickelt auch die CEO-Funktion eine ihr spezifische lokale Rationalität, eine funktionale Identität und ein ihr spezifisches Denkgebäude.

Deshalb verstehen leitende Manager oft nicht, warum sie an anderen Stellen in der Organisation nicht verstanden werden: Sie übersehen, dass *ihre* Sicht *ihren* Positionen entspricht. Sie können dann von *anderen* aus *deren* Sicht nicht nachvollzogen werden. Da nützt es wenig, wenn sie ihre Konzepte wieder und wieder erklären – damit werden sie bei den anderen nicht verständlicher.

Lokale Rationalitäten führen zu Beharrungstendenzen und Schaden für die Organisation

Der Mechanismus der Arbeitsteilung und der Ausbildung lokaler Rationalitäten führt gleichzeitig auch zu Beharrungstendenzen – das macht ihn heikel:

Die Umwelt entwickelt sich weiter. Die arbeitsteiligen Funktionen nehmen dies aber nur soweit war, wie sie es mit ihren gegenwärtigen Denkgebäuden bzw. Denkstilen können. Da sich die Denkstile unterscheiden, nehmen die Funktionen des Unternehmens die Umweltveränderungen unterschiedlich wahr. Sie benutzen die Teile, die ihre Identität weiter festigen.

Das verschärft die Diskrepanzen zwischen den Auffassungen der arbeitsteiligen Organisationseinheiten darüber, was angemessenes Handeln ist. Die Reibungsverluste nehmen zu.

Eine oder mehrere Einheiten können dies als unbefriedigend empfinden. Man spürt und oft sagt man auch: 'Es muss etwas geschehen, wir müssen etwas tun.' Anpassungen an die sich entwickelnde Umwelt finden in einer Organisation natürlich laufend statt. Meist gelingen sie und passieren mehr oder weniger reibungs- und geräuschlos.

Im anderen Extrem gibt es auch immer wieder Beispiele dafür, wie die Untereinheiten ihre Kämpfe derart verbissen austragen, dass dabei die Gesamtorganisation leidet: Sie verliert an Bedeutung, muss schrumpfen oder ganz untergehen. Bei einem Konkurs spricht man dann gern von 'Managementfehlern'. Dabei ließe sich dieser Niedergang in aller Regel vermutlich treffender als logische Konsequenz des Konflikts von Akteuren mit heterogenen Denkstilen bezeichnen, die ihren spezifischen lokalen Rationalitäten folgen.

Dies passiert, wie gesagt, immer wieder, obwohl die Untereinheiten natürlich kein Interesse am Untergang der Gesamtorganisation haben. Denn dann ist das Spiel auch für sie aus. Ihre Rationalität versperrt ihnen aber in diesen Fällen den Blick dafür, diese Entwicklung rechtzeitig zu erkennen.

Will man erreichen, dass von der Leitung als notwendig erkannte Anpassungen und Veränderungen von der Organisation getragen und umgesetzt werden, muss man dafür sorgen, dass diese Konzepte 'verstanden' werden. Es reicht nicht, sie aus der eigenen Sicht zu erklären: Man muss sie *anschlussfähig* machen. Nur dann können sie die anderen Funktionen in ihr Denken inkorporieren, nur dann können die Konzepte also Wirkung entfalten (siehe Abschnitt 5).

Kommunikation punktuell, nicht 'an sich' verbessern

Organisationen reduzieren Kommunikation: Sie sind arbeitsteilig angelegt, *damit* Kommunikation reduziert werden kann. Es muss, ja es darf nicht jeder alles mit allen besprechen. Darin genau liegt ihr Rationalisierungsvorteil.

Es kann nicht Ziel sein, diesen Rationalisierungsvorteil aufzugeben. Es kann also nicht darum gehen, die Kommunikation an sich zu verbessern.

Es geht vielmehr darum, die Kommunikation gezielt an den Stellen herzustellen, an denen man dafür sorgen muss, dass die strategischen Konzepte anschlussfähig werden.

2 Strategien sind Aktionskurse für die Zukunft der Organisation

Es sind viele Definitionen darüber im Umlauf, was eine Strategie ist. Ich wähle eine sehr offene Definition, die *Strategie als einen beabsichtigten Aktionskurs für die Zukunft der Organisation* bezeichnet. Sie lässt offen, worauf sich die Strategie beziehen soll, etwa auf Effizienzsteigerung, auf das Erzielen eines Wettbewerbvorsprungs, lediglich auf einen Aspekt in einer Organisation. Und sie lässt offen, welche Akteure eine Strategie erarbeiten und welche sie exekutieren sollen.

Strategien beinhalten in aller Regel *bewusst angestrebte, beabsichtigte* Veränderungen: Strategien werden definiert, wenn Akteure in der Organisation Zustände und Handlungsrichtlinien überprüfen und in der Regel mehr oder weniger verändern wollen.

Anstrengungen, Strategien zu definieren, werden also meist dann unternommen, wenn einige der relevanten Akteure Veränderungen für notwendig halten. In stärker ausdifferenzierten Organisationen gibt es Einheiten, deren Aufgabe und lokale Rationalität 'Strategieorientierung' beinhaltet: interne Berater, Stabstellen der Organisation, Marketing und der CEO.

Die Aktivitäten und Bemühungen um das Definieren von Strategien werden damit (notwendigerweise) Bestandteil der Auseinandersetzungen zwischen den arbeitsteiligen Funktionen der Organisation. Jede Akteursgruppe betrachtet sie aus ihrer Rationalität, aus ihrem Denkgebäude heraus.

3 Strategieberater werden Teil der kommunikativ definierten Organisation

Wenn von Organisationen die Rede ist, so hat man verfasste Gebilde wie Firmen, Verwaltungen und dergleichen vor Augen. Sie haben Beschäftigte bzw. Mitglieder, die in diese Organisationen eingetreten oder berufen worden sind. Gemeinhin meint man, dass zu einer Organisation nur die Beschäftigten gehören. Mit diesem Begriff der formal zur Umwelt abgegrenzten Organisation kann man viele Phänomene erklären. Man tut sich mit dieser Definition aber schwer, wenn man das verstehen will, was sich im organisationalen Handeln zwischen Einheiten der Organisation und formal außen stehenden Einheiten abspielt, also etwa mit Kapitalgebern in Form von Aktionären, Eigentümern, Banken, freien Mitarbeitern und Handelsvertretern, Kunden und Lieferanten, die mit ihnen mehr oder weniger eng verbunden sind.

Ich wähle deshalb hier eine weiter gefasste Definition: *Nach der befinden sich in einer Organisation alle diejenigen, die sich wiederholt kommunikativ oder handelnd* aufeinander *beziehen*, und zwar nach gewissen Regeln und Strukturen.

In diesem Verständnis gehören auch die Berater zur Organisation: Sie differenzieren deren Arbeitsteilung weiter aus. Und sie beziehen sich kommunikativ auf andere Akteure der Organisation. Nur so können sie auf die Organisation einwirken.

Auch Strategieberatung kann das Dilemma nicht lösen

Berater nehmen für sich in Anspruch, die Vorstellungen und Ideen aus den Funktionen zu einer Gesamtsicht und dazu zu einem 'objektiven' Bild des Unternehmens zusammenzuführen. Sie sind dem Glauben an die 'richtige' Lösung verhaftet.

Der Anspruch kann nur ein schöner Traum bleiben: Auch Berater können, ja müssen eine spezifische, arbeitsteilige Aufgabe übernehmen. Und diese Aufgabe bestimmt ihre Rationalität, welches Denken und Handeln als vernünftig angesehen wird. Sie bilden ihnen spezifische Kriterien professioneller Exzellenz. Sie bilden eine eigene Identität aus: Sie verpflichten ihre Leute auf gleiche Auffassungen, gleiche Normen. Sie bilden gemeinsame Auffassungen heraus, wie sie die Wirklichkeit und sich darin sehen. In die Auffassungen flechten sich Interessen ein, was sie für sich erreichen oder abwehren wollen. Ihr Denken verfestigt sich: 'Geschlossene Denkgebäude' entstehen. Und sie verfolgen Interessen, die ihre Identität weiter festigen. Z.B. versuchen sie, ihre Kompetenzen und Ressourcen zu vermehren.

Darin liegt die *erste Grenze strategischer Beratung* – einer Grenze, der man nicht entrinnen kann: *Der Ratschlag folgt der Logik einer lokalen Rationalität. Damit bleibt offen, ob er bei den anderen Einheiten der Organisation anschlussfähig ist und (die erhoffte) Wirkung entfalten kann.*

4 Strategiearbeit verlangt Veränderung der Denkstrukturen

Schon um eine Strategie zu entwerfen, muss in anderen Bahnen gedacht werden. Das ist einer der Gründe, warum man Berater von extern hereinholt: Sie denken anders.

Erst recht muss anders gedacht werden, wenn Strategien umgesetzt werden sollen. Will man bei den betroffenen Untereinheiten und Akteuren Wirkung entfalten, müssen diese verstehen, was von ihnen erwartet wird. Aber 'verstehen' reicht nicht: Die Akteure müssen es auch 'wollen'. Jede Akteursgruppe will aber immer nur etwas, von dem sie aus ihrer Rationalität heraus urteilen, dass es vorteilhaft für sie ist. 'Vorteilhaft' kann dabei durchaus auch das Vermeiden negativer Sanktionen sein.

Organisationen sind eher auf die Beibehaltung der Strukturen eingestellt als auf ihren Wandel. Veränderungen, die man nicht versteht oder die man versteht, aber nicht will, setzen sehr rasch viel Energie unter den Akteuren frei. Diese Energie wirkt als Widerstand der strategischen Intention entgegen. Sie lässt sich nicht konstruktiv nutzen.

Darin liegt die *zweite Grenze strategischer Beratung*, zu der es in der Praxis des Öfteren kommt: *Das Erdenken findet in den Köpfen der Berater statt. Auf die Köpfe derer, die die Umsetzung mittragen müssen, wird in aller Regel nicht geachtet.* Darin erkennt sich dann in der Regel die auftraggebende Spitze wieder – aber nicht die beitragenden Funktionen und Abteilungen. Weil sie das dahinter stehende Interesse und die abgeleiteten Maßnahmen nicht teilen, verpuffen die Konzepte.

Damit sind diese Köpfe oft für die Umsetzung verloren. Sie erkennen sich in den Vorschlägen nicht wieder und distanzieren sich offen oder versteckt. Bestenfalls signalisieren sie der Firmenleitung, dass ein Implementierungsvorstoß im Morast der unabgestimmten Organisationsinteressen stecken bleibt. Eine kluge Firmenleitung wird sich hüten, dennoch auf Umsetzung zu bestehen.

Strategien müssen anschlussfähig sein:
Wer Strategien ausarbeitet, muss sich also überlegen, wie er in der Organisation anschlussfähig wird.

Berater orientieren sich hier oft an ihren Auftraggebern, in der Regel also an der oberen Hierarchie oder an einem Hierarchen. Das geht immer dann gut, wenn diese Hierarchie oder dieser Hierarch durchsetzungsstark in der Organisation eingebunden ist und die Komplexität des Betätigungsfeldes der Organisation überschaubar ist.

Häufig fehlt es aber an diesen Voraussetzungen. Dann schlägt die *dritte Grenze strategischer Beratung* zu: *Die Orientierung an der beauftragenden Hierarchie, ohne auf die Anschlussfähigkeit in der Organisation zu achten.* Dieser Orientierung liegt die häufig gemachte Annahme zugrunde, dass die Hierarchie schon weiß, wie sie ihre Intentionen zur Umsetzung bringt. Aber damit überfordert sie die 'Machthaber': Denn grundsätzlich verfügt *jede* Untereinheit, die für den Organisationszweck gebraucht wird, über ein eigenes 'Machtpozential': Sie kann ihren Beitrag leisten oder verweigern. Sie kann anderen Funktionen auf deren Bedürfnisse ausgerichtet zuarbeiten oder sie damit allein lassen, ihre Arbeit aufzugreifen und weiter zu verarbeiten.

Der Hierarch steht vor dem gleichen Dilemma wie der Berater: Er betrachtet die Strategie aus dem Blickwinkel *seiner* Rationalität. Setzt er sich mit den Beratern auseinander, ermöglicht er es ihnen, auf sein Denken einzuwirken und es zu verändern. Die Gefahr: Der Hierarch entfernt sich damit noch weiter vom Rest der Organisation – das Akzeptanz- und Umsetzungsproblem bleibt ungelöst.

Es ist natürlich meist gute Praxis, in einem Beratungsprojekt mit Akteuren auf den unterschiedlichen Hierarchieebenen und in unterschiedlichen Funktionen zu sprechen und deren Sicht als Input in die Projektarbeit einfließen zu lassen. So, wie dies in aller Regel praktiziert wird, ändert dies aber nicht wirklich etwas an der einseitigen Orientierung der Berater an der auftraggebenden Hierarchie: Es dient dazu, der Hierarchie nahe zu bringen, was die unteren Stufen denken. Beleuchtet wird meist das, was an diesem Denken 'richtig' oder 'falsch' ist – nicht aber, warum es aus der lokalen Rationalität der Gesprächspartner heraus 'richtig' ist.

5 Herbeiführen von Anschlussfähigkeit und Einsicht

Der Weg aus der Umsetzungsfalle führt nicht über eine entfremdende Beratung, sondern über einen diskursiven Prozess, der für Anschlussfähigkeit, Einsicht und damit Verständigung sorgt: Sie gibt den Funktionen und Abteilungen den Raum, sich mit den konzeptionellen Vorstellungen der Veränderungsträger auseinander zu setzen und sie sich zu eigen machen. Dadurch verändert sich zunächst das Denken als Voraussetzung dafür, dann auch das Handeln zu verändern.

Zwar gibt es Fälle, in denen ein mächtiger Chef die von ihm ersonnene Strategie ohne Diskussionen mit Brachialgewalt durchsetzt. Aber diese Fälle sind eher die Ausnahme, denn heute treffen die zwei dafür erforderlichen Voraussetzungen nur selten gleichzeitig zu: Einerseits ein sehr steiles Machtgefälle in der Organisation, das es erlaubt, erwartetes Verhalten durchzusetzen. Andererseits so geringe Komplexität der Prozesse, sodass das Mitdenken anderer für den Erfolg der Strategieumsetzung nicht erforderlich ist.

Heute kommt es meist darauf an, bei einer Reihe von Akteuren, Abteilungen und *Funktionen Einsicht über den Zukunftskurs herzustellen, damit eine Strategie realisiert werden kann.* Dazu müssen die Berater:

- Anschlussfähigkeit *herstellen*: Die Konzepte so darstellen, dass die Angesprochenen sie sich aus *ihrer* Denkwelt heraus erschließen können.
- *für Einsichten sorgen*: Den Akteuren helfen, ihre jeweilige lokale Rationalität, ihr Denkgebäude, weiter zu entwickeln.
- *Verständigung herstellen*: Die funktionalen Interessen der Untereinheiten in hinreichende Übereinstimmung mit den strategischen Unternehmensinteressen (eigentlich: die von bestimmten Hierarchen für richtig gehaltenen strategischen Intentionen) bringen.

Dies ist kein Bottom-up-Prozess: Es kann nicht darum gehen, aus lokaler Sicht 'unten' entwickelte Vorstellungen mit der Erwartung nach 'oben' zu transportieren. Es ist vielmehr ein *Top-down-Prozess*, der für nachhaltige Umsetzung sorgt: Die Konzepte von 'oben' werden 'unten' anschlussfähig, man macht sie sich zu eigen.

Für Einsichten sorgen:
Was man tun muss, damit Akteure ihr Denken weiter entwickeln

Denkgebäude sind das Geflecht von Auffassungen einer Akteursgruppe darüber, was man für richtig und für wichtig hält und das sich verfestigt hat. In die Auffassungen sind Interessen eingewoben. Die betroffenen Akteure sind sich dessen in aller Regel nicht bewusst. Um zu neuen Auffassungen kommen zu können, muss der diskursiv arbeitende Berater:

- zunächst einmal die Denkgebäude der jeweiligen Akteursgruppen nachvollziehen: Er muss lernen, möglichst 'wie sie' zu denken (nicht: mit der eigenen Denksystematik das Denken der anderen einordnen).
- die Denkgebäude öffnen: Dazu muss er eine 'didaktische Logik' entwickeln, die den anderen hilft, ihr Denken zu öffnen: Man muss die Sache so darstellen, dass die Adressaten sie sich erschließen können – aus *ihrer* Gedankenwelt heraus. Und man muss Zweifel und Einreden bewusst herbeiführen: Wer Zweifel äußert, öffnet sich für das Dafürsprechende. Als Stimulator regt er die Phantasie an, sich andere als die gewohnten Vorstellungen zu

machen. Dazu gehört auch, dass sie sich Vorstellungen darüber machen, was passiert, wenn sie sich den Veränderungsabsichten öffnen oder sich ihnen verweigern. Schließlich muss man den Vorschlag ein Stück unfertig und offen lassen, Spielraum einräumen: Die Adressaten sollen mitgestalten können.
- Verständigung herstellen: Was man tun muss, um die strategischen und die funktionalen Intentionen zur Übereinstimmung zu bringen. Diskurse sind Verständigungsgespräche zwischen konträren Positionen darüber, ob sich ein Einvernehmen herstellen lässt oder akzeptiert wird, wenn sich die einen stärker durchsetzen. Diskursführung ist die Methode, Denkgebäude zu öffnen, um zu neuen Auffassungen zu kommen und um konträre Auffassungen und Interessen zu überwinden. In Diskursen entstehen, verändern und festigen sich Normen, Regeln, Interessen und Auffassungen neu.

Die Diskurse müssen so angelegt werden, dass:

- Verständigungsbrücken geschaffen werden: Die einen sollen nachvollziehen, was die anderen meinen, ohne es sofort aus der eigenen Logik zu interpretieren.
- tatsächliche Interaktion entsteht, kein 'aneinander Vorbeireden': Die einen reagieren auf die Äußerungen der anderen in ihrer Meinungsbildung. Anknüpfungen werden aufgenommen und weiter gesponnen.

6 Die strategischen Konzepte werden organisational umsetzbar – verwässern sie dadurch?

Der diskursive Ansatz erweitert die Strategieberatung um die Dimension der organisationalen Umsetzbarkeit:

- Entwicklung und Umsetzung einer Strategie werden zum Auseinandersetzungsprozess, in dem die Denkstrukturen als Vorbereitung veränderten Agierens weiter entwickelt werden.
- Die strategischen Konzepte werden in der Organisation anschlussfähig: Die Impulse werden aufgenommen, 'verarbeitet' – und entwickeln die Organisation strategisch weiter.
- Das Erdenken findet in den Köpfen von Beratern, Hierarchen *und* betroffenen Akteuren statt, die man zur Umsetzung braucht.

Nichts kommt ohne Preis: Was 'verarbeitet' wird, das wird auch verändert. Eine diskursive Interaktion ist eben eine wirkliche Interaktion: Der eine setzt sich mit dem anderen auseinander – und wirkt auf den einen zurück. Das heißt also: Die strategischen Konzepte, mit denen man in den Diskurs geht, müssen sich ein Stück weit verändern und konkretisieren können.

Das ist aber nicht dasselbe wie 'Abstriche machen'. Es geht nicht um ein 'Verwässern': Der diskursiv arbeitende Berater sorgt dafür, dass die strategische Intention in den Diskursen präsent ist. Die Konzepte werden besser, weil sie gelebt werden.

Kommentar: Diskursive Beratung – Rettung des alten Modells oder Aufbruch zu neuen Ufern?

Prof. Dr. Jean-Paul Thommen
European Business School, Oestrich-Winkel

Vorerst ist der Begriff „Diskursive Beratung" fast ein Widerspruch in sich, denn kann Beratung ohne Kommunikation auskommen bzw. welcher Berater würde nicht von sich behaupten, dass er im Rahmen seiner Tätigkeit nicht häufig kommuniziert, um Anschlussfähigkeit herzustellen, für Einsichten zu sorgen und Verständigung herzustellen? Klar, es bleibt noch die Möglichkeit offen, auf autoritäre Weise eine Strategie durchzusetzen, deshalb auch nur „fast" ein Widerspruch. Oder handelt es sich bei der diskursiven Beratung um einen faulen Trick, mit dem ein (autoritärer) Top-down-Ansatz marketingmäßig möglichst geschickt unter dem Deckmantel der Sozialkompetenz oder kooperativen Verhaltens verkauft wird? Um damit letztlich einen Ansatz zu retten, der ins Schlingern geraten ist?

Hilfreich sind in diesem Zusammenhang einige Gedanken über den Sinn bzw. Zweck von Kommunikation im Rahmen von strategischen Prozessen. Für die Beantwortung dieser Frage ist vorerst entscheidend, welche Eigenschaften bzw. Qualitäten ein System aufweist, in dem kommuniziert wird. Grundsätzlich können dabei – vereinfacht – zwei Modelle unterschieden werden. Das klassisch rational-ökonomische Modell geht dabei – in Anlehnung an die klassischen Naturwissenschaften – von eindeutigen und linearen Ursache-WirkungsZusammenhängen aus. Demgegenüber steht die systemisch-konstruktivistische Perspektive, die unterstellt, dass jedes System eine Eigendynamik aufweist, die nicht vorhersehbar ist. Es handelt sich um ein komplexes System mit emergenten Prozessen. Dazu kommt, dass es immer mehrere Handlungsmöglichkeiten gibt, die nützlich und zieldienlich sind – man spricht von Kontingenz –, und man sich aber immer für eine Alternative entscheiden muss.

Die Unterscheidung dieser beiden Perspektiven hat nun schwerwiegende Konsequenzen auf die Ausübung von Management bzw. Beratung im Allgemeinen sowie auf die Bedeutung von Kommunikation im Speziellen. Im ersten Fall geht man von der Planbarkeit des Strategieprozesses aus. Ausgehend von einem Zielsystem sind die entsprechenden Strategien zu formulieren und die dazu notwendigen Ressourcen zur Verfügung zu stellen und anschließend gemäß dem strategischen Plan einzusetzen. Dabei gilt es, die Mitarbeitenden entsprechend zu überzeugen und zu motivieren. Die neuen Konzepte müssen verständlich gemacht werden, damit sie verstanden werden, damit sie einsichtig werden. Ist dies der Fall, dann ist die Anschlussfähigkeit hergestellt. Gelingt dies, dann hat man die im Beitrag erwähnten Grenzen der Beratung überwunden und die Voraussetzungen für die Realisierung einer Strategie geschaffen.

Die zweite Perspektive, das systemisch-konstruktivistische Modell, verneint die eben unterstellte Planbarkeit einer Strategie. Aus konstruktivistischer Sicht ist zudem zu hinterfragen, was unter dem Begriff Strategie zu verstehen ist. Strategie ist nämlich primär das Resultat unternehmerischen Handelns, nicht eine das unternehmerische Handeln bestimmende Größe. Strategie kommt durch einen emergenten Prozess zustande, d.h. das System hat die Fähigkeit, durch das Zusammenspiel seiner Komponenten etwas entstehen zu lassen, das mehr als die Summe aller Teile ist. Dieser Mehrwert entsteht nun nicht aufgrund der Eigenschaften seiner Komponenten, sondern durch deren Verknüpfung. Damit dient Kommunikation aber nicht der Vermittlung einer Strategie, sondern dem Entstehen, dem Generieren einer Strategie. Das strategische Wissen entsteht erst im Prozess, denn das Resultat der Verknüpfung kann nicht vorausgesagt werden! Damit sind wir beim Paradox des Managements angelangt: Wie soll das Unsteuerbare gesteuert werden? Und es wird verständlich, warum aus einer systemischen Perspektive der Grundsatz „(Strategisches) Wissen ist Handeln" gilt.

Mit dieser Betrachtung sind wir auf die Grenzen des Systems als Ganzes gestoßen, die Grenzen, die es aufgrund seiner Eigenschaften aufweist. Andeutungsweise wurde dabei deutlich, dass die systemisch-konstruktivistische Betrachtung von Unternehmen und damit von Kommunikation wesentlich komplexer ist als das klassisch ökonomisch-rationale Modell. Es stellt sich daher die berechtigte Frage, warum Letzteres dennoch funktioniert hat. Die überraschende Antwort darauf ist, dass es eigentlich gar nie richtig funktioniert hat bzw. nur unter gewissen Voraussetzungen als Näherungsmodell eingesetzt werden kann. Denn immer dann, wenn ein stabiler dynamischer Zustand sich eingependelt hat und die Umwelt relativ konstant bleibt, kann dieses Modell als Annäherung funktionieren. Da die Umweltdynamik zum großen Teil Resultat der Systemdynamiken ist, bedeutet dies, dass in diesem Fall die beteiligten Systeme relativ vorhersehbar agieren und den rekursiven Prozess stabilisieren. In solchen Phasen verzichten die beteiligten lebenden Systeme weitgehend auf die Inanspruchnahme ihrer Nicht-Trivialität. Dass die Voraussetzung einer konstanten Umwelt inzwischen in dramatischer Weise nicht mehr zutrifft, wird die Unternehmen und auch die Berater dazu zwingen, die Perspektive der Trivialität zu verlassen und diejenige der Komplexität einzunehmen. Die hat aber einen einschneidenden Paradigmenwechsel mit nicht unerheblichen Nebenwirkungen für Wissenschaft und Praxis zur Folge!

Der Beitrag von Schnelle erweckt nun den Eindruck, als könnte mit einer diskursiven Beratung das ökonomisch-rationale Modell gerettet werden. Doch was passiert, wenn die Abteilungen oder die Berater in ihren lokalen Rationalitäten verharren? Wie können die Berater ihre eigenen lokalen Rationalitäten überwinden – wer soll mit den Beratern den Diskurs führen, damit sie ihre Denkmuster überwinden und *sie* anschlussfähig werden? Damit drehen wir uns im Kreis herum! Denn letztendlich wird immer noch unterstellt, dass der Berater die Fachexpertise besitzt, die er im Diskurs möglichst gut, d.h. anschlussfähig verkaufen soll.

Mit Recht wird zwar im Beitrag auf drei Grenzen der strategischen Beratung hingewiesen, die sich im Wesentlichen aufgrund der lokalen Rationaliäten der einzelnen Funktionen und der beauftragenden Hierarchie im Unternehmen sowie der Rationalität der Berater selbst ergeben. Allerdings wird dabei aus systemischer Perspektive eine wichtige Rationalität vergessen, nämlich diejenige des gesamten Systems! Die systemische Betrachtung geht davon aus, dass komplexe Systeme die Fähigkeit besitzen oder die Fähigkeit erlangen können, sich selber weiter zu entwickeln, um überleben zu können. Dazu nimmt das System über seine Kommunikation eine eigene Wirklichkeitskonstruktion vor, d.h. es gibt sich Strukturen, Prozesse und Regeln. Dadurch bekommt es seinen Sinn, eine Orientierung. Damit wird auch Relevanz geschaffen, insbesondere um aus dem unendlichen Meer von Daten jene zu beachten und zu bearbeiten, die als Informationen für das jeweilige System Bedeutung erlangen. Diese innere Landkarte oder Systemrationalität ist ein mögliches Denk- und Handlungsmuster, das erfolgreich sein kann oder nicht. Ist es nicht mehr erfolgreich, so muss es verändert werden. Daraus kann eine zweifache Aufgabe des Beraters – gerade auch im Hinblick auf die Kommunikation – abgeleitet werden:

1. Der Berater hilft dem Unternehmen, seine innere Landkarte oder Rationalität zu sehen, damit es diese überwinden und damit zu einer neuen Wirklichkeitskonstruktion kommen kann. Es handelt sich dabei um eine Hilfe zur Selbsthilfe oder eine Beratung ohne Ratschlag – die klassische Prozessberatung. Kommunikation bedeutet in diesem Zusammenhang vor allem Irritation, Hinterfragen, Hypothesenbildung. Kurzum: Fragen statt Antworten.
2. Soll Beratung aber nachhaltig sein, dann müsste es dem Berater gelingen, sich selber überflüssig zu machen. Dies würde aber bedeuten, dass Unternehmen fähig werden, sich selber bzw. ihre Rationalität infrage zu stellen, sich neuen Optionen zu öffnen, die auch im Widerspruch zu den bisherigen Denk- und Handlungsmustern stehen, und deren Anschlussfähigkeit herstellen zu können. Um dies zu erreichen, besteht die Aufgabe des Beraters darin, eine Unternehmung zu einer Kommunikation über die eigene Kommunikation zu bringen und damit die Reflexionsfähigkeit zu erhöhen.

Mit diesen Überlegungen wird aber letztlich auch die innere Landkarte klassischer Beratung bzw. deren Rationalität infrage gestellt. Sie bedeuten einen Aufbruch zu neuen Ufern. Um sich dieser Herausforderung zu stellen, gibt es (für die Beratung) nur eine Antwort: zu kommunizieren!

Nachbetrachtung

Nachbetrachtung: Wechselseitige Beobachtungen im Feld der Strategieberatung

In dieser Nachbetrachtung wollen wir kurz darlegen, wie die Beiträge dieses Buches auch gelesen werden können bzw. sollten. Sie sind nicht nur argumentative Beiträge, die Aspekte der Strategieberatung gleichsam von außen, d.h. „extramundan" betrachten, sondern stellen selbst empirische Phänomene im weiteren „Feld der Strategieberatung" dar. Mit ihren Beiträgen und Kommentaren kommunizieren die jeweiligen Verfasser nicht nur ihre Ansichten zur Strategieberatung, sondern sie präsentieren auch sich selbst vor und im Verhältnis zu anderen Akteuren dieses Feldes. In diesem Sinne reflektieren die Texte jeweils auch die Eingebundenheit der jeweiligen Verfasser in ein Netz vielfältiger, z.T. wechselseitiger Beobachtungen.

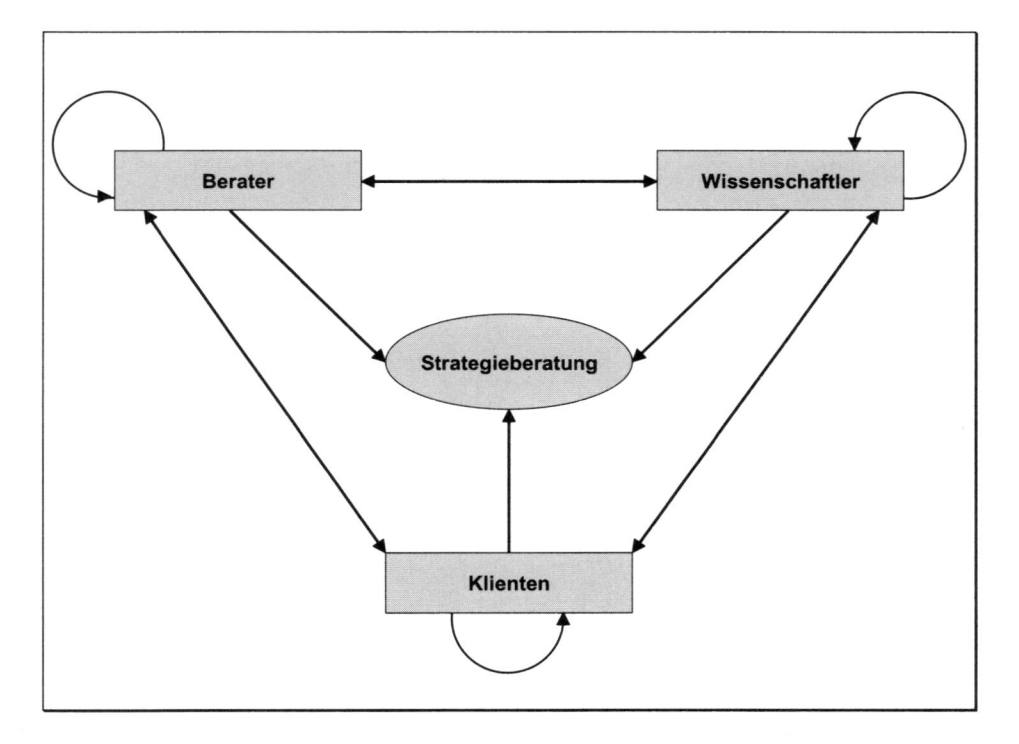

Abb. 1: Strategieberatung und das Feld wechselseitiger Beobachtungen

Abbildung 1 symbolisiert diesen Gedanken[1]. Im Zentrum stehen die Möglichkeiten und Grenzen der Strategieberatung, welche von den Wissenschaftlern, Beratern und Klienten in Form ihrer Beiträge und Kommentare beobachtet werden (einfache Pfeile)[2]. Wie mit den Doppelpfeilen angedeutet beobachten sich die drei Akteursgruppen auch wechselseitig in Hinblick auf ihre jeweiligen Beobachtungen. Berater beispielsweise beobachten wie potenzielle Klientenunternehmen die Möglichkeiten und Grenzen von Strategieberatung sehen und präsentieren dementsprechend ihre eigenen Beobachtungen der Möglichkeiten und Grenzen. Dabei reflektieren sie auch, in welcher Form sie ihre Beobachtungen für Klientenunternehmen verständlich kommunizieren können. Beispielsweise lassen sich komplexe Konzepte gegenüber Klienten schlechter „verkaufen" als simple. Vor diesem Hintergrund kann es sinnvoll erscheinen, originär komplexe Konzepte eventuell sogar verkürzt und simplifiziert zu präsentieren. Ebenso werden Wissenschaftler, wenn sie ihre Texte auf Berater oder Klienten als Zielgruppe ausgerichtet haben, versuchen, die Beobachtungen auf ihre Kontexte abzustimmen. Wie durch die kreisförmigen Pfeile symbolisiert, beobachten sich die einzelnen Mitglieder einer jeweiligen Gruppe auch selbst. So sind viele Beobachtungsaussagen sicherlich auch vor dem Hintergrund abgefasst, wie sie von anderen Mitgliedern ihrer Gruppe beobachtet werden. Berater beispielsweise reflektieren sicherlich, wie ihre Aussagen von anderen Beratern wahrgenommen werden, und Wissenschaftler präsentieren sich vielfach so, wie es von der wissenschaftlichen Community erwartet wird. Diese vielfältigen wechselseitigen Beobachtungen werden selbst wieder von den verschiedenen Beobachtern (z.B. in Form von Lesern dieses Buches) beobachtet, wodurch sich letztlich auch wieder Rückwirkungen auf die Beobachtung der Möglichkeiten und Grenzen der Strategieberatung ergeben. Und aus den Beobachtungen von Beobachtungen von Beobachtungen… können Verhaltensweisen der Beobachter, also nicht zuletzt auch der Vertreter von Klientenunternehmen, resultieren, die dann natürlich wiederum Gegenstand von Beobachtungen sind oder sein können. Für den Leser mag dies sehr schnell sehr unübersichtlich werden. Aber gerade dies mei-

---

[1] Der hier dargestellte beobachtungstheoretische Zusammenhang ist Ausdruck einer allgemeineren organisationstheoretischen Theoriekonzeption, welche wir unter der Bezeichnung „Ökologie des Wissens" seit geraumer Zeit anstreben. Genauere Hinweise hierzu finden sich in Kirsch (1997; 2001) und Kirsch/Eckert (2005).

[2] Neben Wissenschaftlern, Beratern und Klienten gibt es selbstverständlich noch weitere relevante Beobachtergruppen wie z.B. Analysten, Journalisten oder Mitarbeiter.

nen wir auch, wenn wir in der Vorbetrachtung von dem unübersichtlichen Feld der Strategieberatung gesprochen haben.

Abstrahiert man vom konkreten Zusammenspiel der unterschiedlichen Beiträge in vorliegendem Herausgeberband, so ist festzuhalten, dass sich das empirische Phänomen „Strategieberatung" in einem Feld wechselseitiger Beobachtungen konstituiert. Verfolgt man angesichts des bereits einleitend identifizierten Wissensdefizits die Zielsetzung, einen Erkenntnisbeitrag zu diesem Phänomen zu leisten, so muss man sich des gesamten Spektrums dieser konstitutiven Einflussfaktoren bewusst werden. Auch hierzu will dieses Buch einen ersten Beitrag leisten.

Literatur

KIRSCH, W. (1997): Wegweiser zur Konstruktion einer evolutionären Theorie der strategischen Führung, München.
KIRSCH, W. (2001): Die Führung von Unternehmen, München.
KIRSCH, W./ECKERT, N. (2005): Die Strategieberatung im Lichte einer evolutionären Theorie der strategischen Führung, in: BAMBERGER, I. (Hrsg.): Strategische Unternehmensberatung. Konzeptionen, Prozesse, Methoden, 4. Auflage, Wiesbaden, S. 331-384.

Hauptsache Management

Rolf Dubs, Johannes Rüegg-Stürm,
Dieter Euler, Christina E. Wyss
(Herausgeber)

Einführung in die Managementlehre

2004. 1836 Seiten, 5 Bände,
522 Abbildungen und 18 Tabellen,
Fadenheftung/Broschur
CHF 178.– / € 122.–
ISBN 3-258-06999-9

Schon das St. Galler Management-Modell von Hans Ulrich und Walter Krieg aus den 1970er Jahren stellte Führungskräften und Studierenden einen integralen Bezugsrahmen zur Verfügung – ein Modell, an dem sich die vielfältigen Zusammenhänge und Perspektiven komplexer Managementherausforderungen übersichtlich darstellen ließen. Im Hinblick auf die inzwischen umgesetzte Neukonzeption der Lehre an der Universität St. Gallen (HSG) beschloss eine Gruppe von Dozierenden vor einigen Jahren, das bestehende Modell grundlegend zu überarbeiten, zu erweitern und zu aktualisieren und auf dieser Basis ein umfassendes Einführungs-Lehrwerk für die neue Assessment-Stufe an der HSG zu verfassen.
Nach aufwändigen Vorarbeiten liegt das Produkt nun vor: ein neues fünfbändiges Lehrbuch. An der Publikation haben sich Dutzende von HSG-Dozierenden beteiligt.
In dem klar und systematisch aufgebauten, verständlich geschriebenen und leserfreundlich gestalteten Werk werden zentrale Probleme und Grundkategorien einer integrierten Managementlehre vorgestellt, theoriegeleistet und zugleich immer praxisnah. Der Aufbau der Bände orientiert sich streng am neuen St. Galler Management-Modell.

: Haupt **Haupt Verlag** Bern • Stuttgart • Wien
verlag@haupt.ch • www.haupt.ch